Managementwissen für Studium und Praxis

Herausgegeben von
Professor Dr. Dietmar Dorn und
Professor Dr. Rainer Fischbach

Bisher erschienene Werke:

Arrenberg · Kiy · Knobloch · Lange, Vorkurs in Mathematik, 2. Auflage
Baršauskas · Schafir, Internationales Management
Barth · Barth, Controlling
Behrens · Kirspel, Grundlagen der Volkswirtschaftslehre, 3. Auflage
Behrens, Makroökonomie – Wirtschaftspolitik, 2. Auflage
Bichler · Dörr, Personalwirtschaft – Einführung mit Beispielen aus SAP® R/3® HR®
Blum, Grundzüge anwendungsorientierter Organisationslehre
Bontrup, Volkswirtschaftslehre, 2. Auflage
Bontrup, Lohn und Gewinn
Bontrup · Pulte, Handbuch Ausbildung
Bradtke, Mathematische Grundlagen für Ökonomen, 2. Auflage
Bradtke, Übungen und Klausuren in Mathematik für Ökonomen
Bradtke, Statistische Grundlagen für Ökonomen, 2. Auflage
Bradtke, Grundlagen im Operations Research für Ökonomen
Breitschuh, Versandhandelsmarketing
Busse, Betriebliche Finanzwirtschaft, 5. A.
Camphausen, Strategisches Management
Clausius, Betriebswirtschaftslehre I
Clausius, Betriebswirtschaftslehre II
Dinauer, Allfinanz – Grundzüge des Finanzdienstleistungsmarkts
Dorn · Fischbach, Volkswirtschaftslehre II, 4. Auflage
Dorsch, Abenteuer Wirtschaft ·75 Fallstudien mit Lösungen
Drees-Behrens · Kirspel · Schmidt · Schwanke, Aufgaben und Lösungen zur Finanzmathematik, Investition und Finanzierung
Drees-Behrens · Schmidt, Aufgaben und Fälle zur Kostenrechnung
Ellinghaus, Werbewirkung und Markterfolg
Fank, Informationsmanagement, 2. Auflage
Fank · Schildhauer · Klotz, Informationsmanagement: Umfeld – Fallbeispiele
Fiedler, Einführung in das Controlling, 2. Auflage
Fischbach · Wollenberg, Volkswirtschaftslehre I, 12. Auflage
Fischer, Vom Wissenschaftler zum Unternehmer
Frodl, Dienstleistungslogistik
Götze, Techniken des Business-Forecasting
Götze, Mathematik für Wirtschaftsinformatiker
Götze · Deutschmann · Link, Statistik
Götze · van den Berg, Techniken des Business Mapping
Gohout, Operations Research, 2. Auflage
Haas, Kosten, Investition, Finanzierung – Planung und Kontrolle, 3. Auflage
Haas, Marketing mit EXCEL, 2. Auflage
Haas, Access und Excel im Betrieb
Hans, Grundlagen der Kostenrechnung
Hardt, Kostenmanagement, 2. Auflage

Heine · Herr, Volkswirtschaftslehre, 3. Aufl.
Hildebrand · Rebstock, Betriebswirtschaftliche Einführung in SAP® R/3®
Hofmann, Globale Informationswirtschaft
Hoppen, Vertriebsmanagement
Koch, Marketing
Koch, Marktforschung, 4. Auflage
Koch, Betriebswirtschaftliches Kosten- und Leistungscontrolling in Krankenhaus und Pflege, 2. Auflage
Krech, Grundriß der strategischen Unternehmensplanung
Kreis, Betriebswirtschaftslehre, Band I, 5. Auflage
Kreis, Betriebswirtschaftslehre, Band II, 5. Auflage
Kreis, Betriebswirtschaftslehre, Band III, 5. Auflage
Laser, Basiswissen Volkswirtschaftslehre
Lebefromm, Controlling – Einführung mit Beispielen aus SAP® R/3®, 2. Auflage
Lebefromm, Produktionsmanagement, 5. Auflage
Martens, Betriebswirtschaftslehre mit Excel
Martens, Statistische Datenanalyse mit SPSS für Windows, 2. Auflage
Martin · Bär, Grundzüge des Risikomanagements nach KonTraG
Mensch, Investition
Mensch, Finanz-Controlling
Mensch, Kosten-Controlling
Müller, Internationales Rechnungswesen
Olivier, Windows-C – Betriebswirtschaftliche Programmierung für Windows
Peto, Einführung in das volkswirtschaftliche Rechnungswesen, 5. Auflage
Peto, Grundlagen der Makroökonomik, 12. Auflage
Peto, Geldtheorie und Geldpolitik, 2. Auflage
Piontek, Controlling, 3. Auflage
Piontek, Beschaffungscontrolling, 3. Aufl.
Piontek, Global Sourcing
Plümer, Logistik und Produktion
Posluschny, Controlling für das Handwerk
Posluschny, Kostenrechnung für die Gastronomie, 2. Auflage
Posluschny · von Schorlemer, Erfolgreiche Existenzgründungen in der Praxis
Rau, Planung, Statistik und Entscheidung – Betriebswirtschaftliche Instrumente für die Kommunalverwaltung
Reiter · Matthäus, Marktforschung und Datenanalyse mit EXCEL, 2. Auflage
Reiter · Matthäus, Marketing-Management mit EXCEL
Reiter, Übungsbuch: Marketing-Management mit EXCEL
Rothlauf, Total Quality Management in Theorie und Praxis, 2. Auflage
Rudolph, Tourismus-Betriebswirtschaftslehre, 2. Auflage
Rüth, Kostenrechnung, Band I
Sauerbier, Statistik für Wirtschaftswissenschaftler, 2. Auflage

Schaal, Geldtheorie und Geldpolitik, 4. Auflage
Scharnbacher · Kiefer, Kundenzufriedenheit, 3. Auflage
Schuchmann · Sanns, Datenmanagement mit MS ACCESS
Schuster, Kommunale Kosten- und Leistungsrechnung, 2. Auflage
Schuster, Doppelte Buchführung für Städte, Kreise und Gemeinden
Specht · Schmitt, Betriebswirtschaft für Ingenieure und Informatiker, 5. Auflage
Stahl, Internationaler Einsatz von Führungskräften
Steger, Kosten- und Leistungsrechnung, 3. Auflage
Stender-Monhemius, Marketing – Grundlagen mit Fallstudien
Stock, Informationswirtschaft
Strunz · Dorsch, Management
Strunz · Dorsch, Internationale Märkte
Weeber, Internationale Wirtschaft
Weindl · Woyke, Europäische Union, 4. Aufl.
Wilde, Plan- und Prozeßkostenrechnung
Wilhelm, Prozeßorganisation
Wörner, Handels- und Steuerbilanz nach neuem Recht, 8. Auflage
Zwerenz, Statistik, 2. Auflage
Zwerenz, Statistik verstehen mit Excel – Buch mit CD-ROM

Makroökonomie Wirtschaftspolitik

Von

Prof. Dr. Christian-Uwe Behrens

2., überarbeitete und erweiterte Auflage

R. Oldenbourg Verlag München Wien

Bibliografische Information Der Deutschen Bibliothek

Die Deutsche Bibliothek verzeichnet diese Publikation in der Deutschen Nationalbibliografie; detaillierte bibliografische Daten sind im Internet über <http://dnb.ddb.de> abrufbar.

© 2004 Oldenbourg Wissenschaftsverlag GmbH
Rosenheimer Straße 145, D-81671 München
Telefon: (089) 45051-0
www.oldenbourg-verlag.de

Gedruckt auf säure- und chlorfreiem Papier
Gesamtherstellung: Druckhaus „Thomas Müntzer" GmbH, Bad Langensalza

ISBN 3-486-57625-9

Vorwort

Für viele an der Volkswirtschaftslehre interessierte Menschen ist das Teil-
gebiet, das üblicherweise als Makroökonomie bezeichnet wird und sich
mit den gesamtwirtschaftlichen Zusammenhängen befasst, von mit Abstand größtem Interesse. Dies liegt nicht zuletzt darin begründet, dass die
in diesem Gebiet behandelten Fragestellungen von jedermann als für die
Wirtschaftspolitik unmittelbar praktisch bedeutsam erkannt werden. Deshalb liegt es nahe, in einem Lehrbuch über gesamtwirtschaftliche Zusammenhänge wichtige wirtschaftspolitische Problembereiche in unmittelbarem Zusammenhang mit der makroökonomischen Theorie abzuhandeln.
Diesem naheliegenden Gedanken wurde in dem vorliegenden Lehrbuch
gefolgt. Auf diese Weise wird im vorliegenden Lehrbuch das theoretische
Erkenntnisinteresse bezüglich makroökonomischer Phänomene unmittelbar mit dem praktischen Anwendungsinteresse der Wirtschaftspolitik verknüpft. Damit ist dies Lehrbuch nicht nur für angehende Volkswirte von
Interesse, sondern zudem auch für solche Leserinnen und Leser, die sich,
etwa als Studierende der Betriebswirtschaftslehre, der Ingenieurwissen-
schaften oder anderer Studiengänge, in einem angemessenem Zeitraum
und mit einem für sie noch zumutbaren Aufwand Kenntnisse über das
gesamtwirtschaftliche Geschehen mit unmittelbarem Anwendungsinteresse aneignen wollen.

Auch bei der Entstehung dieses Werkes hat sich wieder Dankesschuld
angehäuft. Vor allem hoffe ich, dass die Verzichte, die meine Familie
während der Fertigstellung des Buches auf sich nehmen musste, durch das
Ergebnis gerechtfertigt sind. Besonderen Dank schulde ich meiner Frau
und Kollegin *Prof. Dr. Christa Drees-Behrens*, die das gesamte Werk
sorgfältig gelesen und mancherlei Verbesserungen bewirkt hat. Für ihre
stete Diskussionsbereitschaft danke ich zudem den Herren *Prof. Dr. Konrad A. Hillebrand* und *Prof. Dr. Matthias Kirspel*. Auch die Diskussionen
mit ihnen haben zu einigen Verbesserungen des Textes beigetragen. Ver-
bliebene Fehler und Ungenauigkeiten liegen selbstverständlich allein in

der Verantwortung des Unterzeichners, der hofft, dass die Richtigkeit der Aussagen dort, wo solche Fehler und Ungenauigkeiten auftauchen, unbeeinträchtigt bleibt. Für einige technische Hilfen, insbesondere bei der Anfertigung des Literaturverzeichnisses danke ich Herrn *Dipl.-Oec. Heinz Loll.*

Bleibt noch darauf hinzuweisen, dass selbstverständlich alle hier vorgestellten Gedanken bereits gedacht und publiziert worden sind. Quellen finden die Leserinnen und Leser im Literaturverzeichnis, das jedoch nicht allein belegen, sondern Interessierte vor allem auch in weiterführende Literatur weisen soll.

Christian-Uwe Behrens

Vorwort zur zweiten Auflage

Für die zweite Auflage wurde das in der Lehre bewährte Konzept des Lehrbuches beibehalten. Es wurden einige Aktualisierungen und Berichtigungen vorgenommen, insbesondere im Abschnitt zur Volkwirtschaftlichen Gesamtrechnung. Zudem wurden kleinere Ergänzungen eingefügt. Diese betreffen die Rolle von Lohnersatzleistungen des Staates als reale Lohnuntergrenze zur Erklärung klassischer Arbeitslosigkeit, die keynesianische Arbeitslosigkeit, Aspekte des Wachstums- und Entwicklungsprozesses von Volkswirtschaften und nicht-keynesianische Effekte der Finanzpolitik. Für die kritische Lektüre der entsprechenden Abschnitte danke ich meinem Kollegen *Prof. Dr. Matthias Kirspel*. Für die Anpassung und Erweiterung des Stichwortverzeichnisses danke ich Herrn *Dipl.-Oec. Heinz Loll*.

Christian-Uwe Behrens

Inhalt

I. EINFÜHRUNG

Im Rahmen der volkswirtschaftlichen Ausbildung nicht allein angehender Volkswirte, sondern zudem auch angehender Betriebswirte, Ingenieure und Naturwissenschaftler, kommen der Makroökonomik und der auf ihren Erkenntnissen aufbauenden Wirtschaftspolitik eine hohe Bedeutung zu. Dabei geht es nicht allein und vordringlich darum, Allgemeinwissen über die Funktionsbedingungen von Volkswirtschaften zu erwerben, um etwa in allgemeinen Gesprächen darüber mithalten zu können.[1]

Vornehmlich bedeutsam für verantwortliche Mitarbeiter und Manager in Unternehmen sind die Makroökonomik und das wirtschaftspolitische Verhalten des Staates aus zwei Gründen.

- Einerseits ist der eigene Betrieb in das gesamtwirtschaftliche Umfeld eingebunden und das Schicksal des Betriebes hängt nicht nur von der eigenen Leistungskraft und der Beherrschung der technischen und betriebswirtschaftlichen Seiten des Betriebsgeschehens ab, sondern auch von gesamtwirtschaftlichen Ereignissen und Entwicklungen, die auf den Unternehmenserfolg einwirken.

- Andererseits ist der Staat ein Wirtschaftssubjekt besonderer Art. Obgleich der Staat ein heterogenes Gebilde darstellt, kann er auf Grund gleichgerichteter Verhaltensregeln und einer inneren Zusammengehörigkeit seiner Glieder für viele Untersuchungszwecke problemlos als Einheit betrachtet werden. Der Staat zeichnet sich dann durch sein besonders hohes Gewicht aus, denn es handelt sich um ein Wirtschaftssubjekt besonderer Größe. Desweiteren hat der Staat in weiten Bereichen hoheitliche Zugriffsrechte und ist nicht immer auf freiwillige Verträge mit Privaten angewiesen. Schließlich ist der Staat es, der die Spielregeln festlegt nicht nur für das Verhalten der Privaten untereinander, sondern auch bezüglich des Verhältnisses zwischen Staat und

---

[1] Zu unterschiedlichen privaten und gesellschaftlichen Anforderungen an die Hochschul(aus)bildung vgl. *BEHRENS* (2000).

Bürgern. Er hat also insofern ein Recht, die Spielregeln zu seinen Gunsten zu ändern. Diese Eigenschaften des Wirtschaftssubjektes Staat sind es, die es besonders wichtig werden lassen, staatliches Handeln zu beobachten, Erwartungen über staatliches Verhalten zu bilden und gegenwärtige und erwartete staatliche Verhaltensweisen in ihrer Bedeutung für den eigenen Betrieb zu erkennen und zu berücksichtigen.

Die Makroökonomik und die Wirtschaftspolitik gehören insofern zusammen, weil das Verhalten des Staates ganz maßgeblich von gesamtwirtschaftlichen Ereignissen und Entwicklungen abhängt. D. h., es ist weder möglich, konkrete Erwartungen über Staatshandeln zu bilden, noch die gesamtwirtschaftlichen Wirkungen des Staatshandelns abzuschätzen, wenn man nicht über zureichende Kenntnisse der gesamtwirtschaftlichen Zusammenhänge, also über makroökonomische Vorstellungen verfügt.

Damit makroökonomisches und wirtschaftspolitisches Wissen im späteren Berufsleben wirklich wirksam eingesetzt werden kann, muss es allerdings zum inneren Maßstab der Beurteilung werden, sodass eine routinemäßige Fähigkeit zur Einschätzung der Bedeutung gesamtwirtschaftlichen und wirtschaftspolitischen Geschehens entsteht. „Nicht wirklich systematisch gelerntes und verinnerlichtes Wissen wird der spätere Betriebswirt als Manager nicht verwenden können, da er keine Zeit hat und regelmäßig keine Lust verspüren wird, bei auftretenden Problemen Lehrbücher heranzuziehen, um sich ein fachkundiges Urteil über Problemlagen verschaffen zu können." (BEHRENS/KIRSPEL (2003), S. 6 f.; vgl. zur Bedeutung verinnerlichten Wissens POLANYI (1985) und NELSON/WINTER (1982), S. 73 ff.)

Das Ziel, makroökonomisches und wirtschaftspolitisches Wissen in der betrieblichen Praxis verwendbar zu machen, fordert *unabweisbar* Beschränkung ein. Denn: „Die Makroökonomen sind offensichtlich eine in der Erfindung neuer Forschungsrichtungen und -moden überaus kreative Spezies." (WESTPHAL (1994), S. V.) So mag zwar die weit verbreitete Mode, möglichst den Verzweigungen der Makroökonomik nachzugehen, sie gegeneinander abzugrenzen und der Argumentenvielfalt ebenso wie

empirischen Tests mit mannigfaltigen Ausgestaltungen und unterschiedlichsten Ergebnissen Raum zu geben, sehr nützlich sein, wenn es gilt,
Wissenschaftler heranzubilden, die nach der Ausbildung zum Diplom-
Volkswirt in der Lage sein sollen, sich der Forschung auf dem Gebiet der
Makroökonomik widmen zu können. Kommt es jedoch darauf an, unter
starken zeitlichen Beschränkungen ein einigermaßen zuverlässig in der
Praxis verwendbares Weltbild von der Gesamtwirtschaft zu vermitteln, ist
dies der falsche, weil wenig ertragreiche Weg. In der Ausbildung angehender verantwortlicher Mitarbeiter und Manager von Unternehmen, seien
es nun Volkswirte, Betriebswirte, Ingenieure oder andere, kommt es darauf an, weder in die theoretischen Verästelungen akademischer Forschung
zu verfallen, die für künftige Forscher relevant sind, noch rein praktische
Berufsausbildung, die an den Weltbildern der derzeitigen Führungsmann-
schaften der Wirtschaft orientiert wäre, zu betreiben. Vielmehr bedarf es
der Vermittlung an mittelfristigen Erfordernissen privater Wirtschaftstätigkeit ausgerichteter, theoretisch begründeter Denkstrukturen, die eine
angemessene Anpassung an das gesamtwirtschaftliche und
wirtschaftspolitische Geschehen erlaubt. (Vgl. auch BEHRENS (1994).)

Die meisten Lehrbücher zur Makroökonomik beachten entweder, um einfach zu bleiben, den wissenschaftlichen Fortschritt der letzten fünfund-
zwanzig Jahre so gut wie nicht und ergehen sich in ausführlichen Darstellungen traditioneller keynesianischer Einkommen-Ausgaben-Modelle und
ihrer Erweiterungen, oder sie pfropfen, fast wie Dogmengeschichten aufgebaut, nach Darstellung der Grundmodelle neuere Entwicklungen auf,
sodass die Bücher an Dicke und Bedeutung zunehmen, in der Lehre unter
realen Bedingungen knapper Vermittlungszeit dann aber doch nicht alles
geschafft werden kann, sodass ebenfalls wichtige Weiterentwicklungen
untergehen. Das Ergebnis solcherart Lehrbücher ist dann entweder eine
viel zu einfache, in wesentlichen Aspekten ungenügende und deshalb sogar falsche Weltsicht, die mit nicht geringer Wahrscheinlichkeit zu Schaden führt, oder das zur Frustration Anlass gebende Gefühl, die Volkswirte
wüssten selber nichts, man hätte auch nicht alles geschafft und überhaupt
sei die Makroökonomik zum einen undurchschaubar und zum anderen

wegen nebeneinander stehender, sich widersprechender Denkgebäude, unfruchtbar für die betriebliche Praxis. Nach Ansicht des Verfassers sollte man beide Arten der Vermittlung von Makroökonomik und Wirtschaftspolitik auf Grund damit verbundener Gefahren unterlassen. Selbst wenn diese Gefahren nicht eintreten müssen, so sollten sie vorsichtigerweise doch vermieden werden, denn die wirtschaftspolitischen Konsequenzen könnten durchaus ungewünscht sein. Durch diese Art der Darstellung besteht entweder die Gefahr, dass mit akademischer Autorität ein letztlich in der Konsequenz unzutreffendes Weltbild vermittelt wird, oder die, dass mit dem beabsichtigten Eindruck vorgeblicher wissenschaftlicher Objektivität, die keine Entscheidung zwischen konkurrierenden Ansätzen fällen will, sondern dies dem Lernenden zu überlassen beabsichtigt, dessen Urteilsfähigkeit sogleich hervorgehoben wird, Verwirrung und Ablehnung der Volkswirtschaftslehre vermittelt wird. Beides kann nicht sinnvolles Ziel einer praxisrelevanten Vermittlung makroökonomischer und wirtschaftspolitischer Zusammenhänge sein. Und während im Rahmen volkswirtschaftlicher Studiengänge diese Gefahren im Verlauf der weiteren umfassenden Ausbildung noch gebannt werden können und häufig sicher auch gebannt werden, ist dies doch im Allgemeinen im Rahmen anderer Studiengänge, die nur eine sehr begrenzte Zahl von Ausbildungsstunden für die Volkswirtschaftslehre reserviert haben, kaum mehr möglich. Diese knappe Zeit kann von vornherein sinnvoller genutzt werden.

Bei der Vermittlung makroökonomischer und wirtschaftspolitischer Zusammenhänge ist deshalb zunächst genau zu analysieren, welche Zielgruppe mit der Ausbildung angesprochen werden soll. Dann sind die Inhalte der Ausbildung auf die Entscheidungserfordernisse dieser Zielgruppe zuzuschneiden. In diesem Sinne Überflüssiges ist dabei zu vermeiden, um der Gefahr des Verlustes des eigentlichen Ausbildungsziels vorzubeugen. Dabei soll natürlich die Neugierde und Studierfreiheit nicht beschränkt werden, sondern möglichst Förderung finden, indem durch Literaturangaben Zugang zu alternativen Lehrmeinungen ebenso erschlossen werden sollte, wie zu tiefer- und weitergehenden Darstellungen des Themengebietes und angrenzender Problembereiche. Insofern ist es nicht unbedingt ein

Notbehelf, wenn Literaturverweise die Darstellung von Lehrmeinungen ersetzen, sondern kann und soll rationale Studiengestaltung sein. Nichts soll verheimlicht, aber nur das Wesentliche in den Vordergrund gestellt werden.

Die Zielgruppe des vorliegenden Textes sind weniger angehende Forscher der Makroökonomik, obgleich, so die Hoffnung, auch diese in ihren niederen Semestern vom hier vorgelegten Einblick ins Gebiet profitieren können. Zielgruppe ist die große Majorität der Studierenden, die nach ihrem Studienabschluss erfolgreich in Unternehmen, Verbänden und anderen Organisationen praktisch und möglichst auch verantwortlich mitzuwirken beabsichtigen. Darunter fallen Studierende vieler Studienrichtungen. Nicht nur die meisten Volkswirte, sondern auch fast alle Betriebswirte, ein großer Teil der Ingenieure und die Absolventen vieler anderer Studiengänge sind später in die Meinungsbildung und Entscheidungsfindung in Betrieben und anderen Organisationen eingebunden. Sie brauchen die Kenntnisse und Einsichten, die mit diesem Lehrbuch vermittelt werden sollen, für ihren beruflichen Erfolg, weil sie die Rahmenbedingungen dieses Erfolgs abschätzen können müssen.

Dieser Zielgruppe erst alle makroökonomischen und wirtschaftspolitischen Ansichten beibringen zu wollen, um ihnen dann in minutiöser Diskussion die Mängel und Lücken der einzelnen Ansichten zu verdeutlichen bis sie selbst schließlich eine Entscheidung zwischen ihnen fällen können (oder keine Lust mehr haben), ist Zeitverschwendung und damit ökonomischer Unsinn. Vor allem ist es nach Auffassung des Verfassers unangebracht, in allererster Konfrontation mit dem Gebiet der Makroökonomie eine Modellversion (wie das zugegeben einfache keynesianische Elementarmodell) lernen zu lassen, von deren gesamtwirtschaftlicher Angemessenheit wohl kaum jemand mit Sachverstand heute noch überzeugt ist, die dann aber das Bild von der Wirtschaft beim Empfänger für vielleicht immer geprägt hat! (Vgl. auch KING (1993), S. 78 f.) Eine solche Vorgehensweise grenzt an wirtschaftspolitisch wenig verantwortlicher Verschwendung von Zeit anderer, die darauf vertrauen, in akzeptabler Zeit ein angemessenes Wirtschaftsbild vermittelt zu bekommen.

Für die hier angesprochene Zielgruppe ist die ganz kurze Frist kaum von Bedeutung. Die meisten bedeutsamen betrieblichen Entscheidungen betreffen einen Zeitraum von mehreren Jahren. Dies beginnt mit der Standortentscheidung und der Wahl der Rechtsform, geht über die Investitionen in Gebäude und Investitionen in Maschinen und Anlagen bis hin zur Wahl der Organisationsform, der Rekrutierung des Personals, der Festlegung von Absatz- und Beschaffungswegen, der Bindung an einen oder mehrere Verbände, der Wahl der Hausbank und selbst der Firmenwagen. Fast die einzigen sehr kurzfristigen Dispositionen von Bedeutung betreffen operative Entscheidungen des Tagesgeschäfts, beispielsweise die Einstellung und Entlassung geringer qualifizierter Arbeiter (etwa in der Bauwirtschaft), und einige Finanz-, insbesondere Liquiditätsdispositionen. Während bezüglich der ersteren kaum makroökonomische und wirtschaftspolitische Erkenntnisse vonnöten sein dürften, werden die kurzfristigen Finanzdispositionen heute von den meisten Unternehmen den Profis in der Hausbank oder denen von anderen Finanzberatern überlassen, die über eine zureichende Zahl gut ausgebildeter Volkswirte verfügen, um die sehr kurzfristigen (keynesianischen) Folgen von Ereignissen abschätzen und in Handlungen umsetzen zu können. Sollte der einzelne Unternehmer oder sein Manager selbst einmal entsprechenden Informationsbedarf haben, genügt im Allgemeinen ein Telefonat mit dem Finanzbetreuer oder mit der entsprechenden Serviceabteilung des Unternehmensverbandes, dem das Unternehmen angehört. Die längerfristige Bindung, an deren Fortbestand beide Partner interessiert sind, ersetzt die eigene kurzfristige Kompetenz.

Aus diesen Gründen soll hier auf die Darstellung sehr kurzfristiger gesamtwirtschaftlicher Abläufe weitestgehend verzichtet werden. Da nach heute verbreiteter Auffassung aber die keynesianischen Modelle, sofern ihnen überhaupt zureichende Eignung zuerkannt wird, allenfalls für die sehr kurze Frist Geltung beanspruchen können (Vgl. z. B. BURDA/

WYPLOSZ (1994), MANKIW (1998), MANKIW (2000)), ist die Befassung mit diesen Ansätzen aus der Sicht der künftigen Bedarfe des Studierendenkreises, an den sich dieses Lehrbuch wendet, ein Luxus, den man sich gönnen kann, wenn nach Vermittlung der Zusammenhänge für die relevante Betrachtungsfrist noch Zeit bleibt. Interessenten, die über mehr freie Zeit verfügen als der üblicherweise ernsthaft Studierende, oder angehende Volkswirte, die es ohnedies müssen, können heute in wohl jeder Hochschulbibliothek, ja sogar in den meisten öffentlichen Leihbibliotheken, viele Lehrbücher mit elementaren keynesianischen Modellen finden. Diesen Lehrbüchern soll mit dem vorliegenden Buch keines hinzugefügt werden.

Das vorliegende Lehrbuch beschränkt sich konsequent einerseits auf die für die allermeisten betrieblichen Belange bedeutsame mittlere Frist, in der sich Erwartungen, etwa über künftige Absatzmöglichkeiten, bilden, Investitionspläne aufgestellt werden, Ausbildungsentscheidungen gefällt werden und vieles andere mehr. Es handelt sich durchweg um Fristen, die länger als etwa Probezeiten oder Bauzeiten für Eigenheime sind. In diesen Fristen können im Allgemeinen Preise und Löhne variiert werden und vernünftige Erwartungen gebildet werden. Andererseits werden längere Fristen, in denen Arbeitsvolumen, Kapitalstock und die Technologie sich ändern, mit in die Betrachtung einbezogen, die für die langfristigen Entscheidungen, wie z. B. die Frage, in welchem Land das neue Zweigwerk errichtet werden sollte, von Bedeutung sind. Makroökonomische Theorien, die zu diesen Fristen passen, sind im Wesentlichen die neoklassischen Kreislauf- und Wachstumstheorien. (Vgl. MANKIW (1998), S. 261, MANKIW (2000), S. 240.)

Sodann sind zur Abschätzung staatlicher Wirtschaftspolitik zunächst die Zielfelder dieser Politik abzustecken und die damit verbundenen Probleme zu behandeln. Dies ist für die hier angesprochenen Studierenden wichtig, weil aus den Problemen die wirtschaftspolitischen Handlungsbedarfe, aus diesen das wirtschaftspolitische Handeln und aus jenem die Änderung des erfolgsrelevanten Umfeldes der Betriebe erwächst. Die Problemfelder rechtzeitig zu erkennen und angemessene Erwartungen über die künftige Reaktion der Politik in diesen Problemfeldern bilden zu können, gehört zu den erfolgswirksamen Fähigkeiten von Unternehmern und Managern.

Schließlich ist zu vermitteln, welche Reaktionen dem Typ nach die Wirtschaftspolitik auf Probleme zeigen kann und wie sie einzuschätzen sind. Dabei kommt es nicht auf die Darstellung von Einzelheiten an. Die Vermittlung der Vielfalt von Trägern und Mitteln der Wirtschaftspolitik ist zwar interessant, führt aber auch leicht zur Überfütterung mit Informationen. Hier wird die Überzeugung vertreten, dass es vornehmlich auf die Vermittlung einiger Grundprinzipien ankommt, die es dem, der sie verstanden hat, jederzeit ermöglicht, Maßnahmen des Staates richtig einzuschätzen und sich bei Bedarf dazu auch nähere Informationen zu erschließen. Auch hier helfen Literaturangaben weiter.

Zur Abrundung des Bildes ist dann noch eine Abschätzung vonnöten, welche Instrumente die Wirtschaftspolitik in Problemlagen bevorzugen wird. Erst auf dieser Stufe ist eine Abschätzung des Handelns des größten Wirtschaftssubjektes, des Staates, möglich. Die Folgen dieses Handelns auf mittlere und längere Sicht können dann wieder mit Hilfe der dargestellten Makroökonomik abgeschätzt werden.

Mit dem diesem Lehrbuch zu Grunde liegenden Plan soll somit den Studierenden für ihre künftige berufliche Praxis ein Baustein an volkswirtschaftlichem Managementwissen mitgegeben werden, der es erlaubt, mit dem erworbenen Schatz an Wissen und Urteilskraft zum Unternehmenserfolg und damit zum künftigen beruflichen Erfolg beizutragen. Dies wäre zugleich ein Gewinn für die gesamte Volkswirtschaft.

II. Gesamtwirtschaftliche Kreislaufanalyse und Begriffe der Volkswirtschaftlichen Gesamtrechnung

Ein Einstieg in die Makroökonomik erfordert grundlegende Kenntnisse der gesamtwirtschaftlichen Kreislaufanalyse und wichtiger Begriffe der Volkswirtschaftlichen Gesamtrechnung und der Beziehungen zwischen ihnen. Solche grundlegenden Kenntnisse sind üblicherweise Bestandteil volkswirtschaftlicher Einführungslehrveranstaltungen (Vgl. z. B. BEH-RENS/KIRSPEL (2003), Teil IV und Anhang 4). Um die Geschlossenheit der Darstellung zu sichern und um nicht interessierte Leserinnen und Leser zunächst auf die Lektüre anderer, obzwar angegebener, Lehrbücher verweisen zu müssen, bevor mit dem vorliegenden begonnen werden kann, ist eine kompakte Gesamtdarstellung von Kreislaufanalyse und Volkswirtschaftlicher Gesamtrechnung notwendig der makroökonomischen Analyse voranzustellen.

1. Der volkswirtschaftliche Kreislauf

1.1 Kreislauftheoretische Grundbegriffe

Den Ausgangspunkt kreislaufanalytischer Betrachtungen bildet der Begriff einer *Wirtschaftseinheit* oder eines *Wirtschaftssubjektes*. Eine **Wirtschaftseinheit** *oder ein* **Wirtschaftssubjekt** *ist eine natürliche oder juristische Person, die wirtschaftliche Entscheidungen fällt und wirtschaftliche Wahlhandlungen vornimmt. Das gesamte Wirtschaftsergebnis ist, in der Regel unbeabsichtigte* (Vgl. V. HAYEK (1967a), *Folge der Entscheidungen und Handlungen der einzelnen Wirtschaftssubjekte.*

In der Geldwirtschaft verfügt jede Wirtschaftseinheit in einer bestimmten Betrachtungsperiode über Einnahmen einerseits und Ausgaben andererseits. Einnahmen und Ausgaben sind Ereignisse, die nur zu bestimmten Zeitpunkten auftreten. Es lässt sich deshalb zu einem Zeitpunkt kein Einnahmen- oder Ausgaben"bestand" ermitteln. Es ist nur möglich, für einen bestimmten *Zeitraum* festzustellen, wie groß in diesem Zeitraum die bestimmten *Zeitraum* festzustellen, wie groß in diesem Zeitraum die Summe aller Einnahmen und die Summe aller Ausgaben war. Betrachtet man Planungen, kann man feststellen, welche Einnahmen- oder Ausgabensumme für den in Frage stehenden Zeitraum geplant ist.

Eine systematische Gegenüberstellung von Einnahmen und Ausgaben eines Wirtschaftssubjektes in einer Periode bezeichnet man als **Budget** dieses Wirtschaftssubjektes. (Vgl. zu den dargelegten Grundbegriffen HELMSTÄDTER (1986), S. 4 ff.)

Einnahmen und Ausgaben sind *Stromgrößen*. Es handelt sich um Ströme, die von einem Wirtschaftssubjekt zu einem anderen Wirtschaftssubjekt fließen. Daraus ergibt sich *zwingend, dass die Ausgaben eines Wirtschaftssubjektes notwendig die Einnahmen eines anderen Wirtschaftssubjektes sind und umgekehrt.* Die Wirtschaftssubjekte sind durch die Einnahmen- und Ausgabenströme miteinander verknüpft.

Fließen die Zahlungsmittel zwischen Wirtschaftssubjekten so, dass sie wieder zum Ausgangspunkt zurückfließen, kann man von einem Kreislauf sprechen. Einnahmen- und Ausgabenströme sind dann *Kreislaufströme*. Was dabei eigentlich umläuft, sind Zahlungsmittel, die man auch als *Geld* bezeichnet.

Sind die Budgets *aller* an einem Kreislauf beteiligter Wirtschaftssubjekte in dem Sinne ausgeglichen, dass die Einnahmen den Ausgaben bei jedem Wirtschaftssubjekt gleich sind, sagt man, der Kreislauf befinde sich im *Gleichgewicht*. Da allerdings mit dem Begriff Gleichgewicht im Allgemeinen ein Zustand oder ein Entwicklungspfad bezeichnet wird, in dem es keine Kräfte gibt, die zu einer Veränderung des Zustandes oder der Eigenschaften des Entwicklungspfades führen, ist ein *Kreislauf* nur dann *im Gleichgewicht*, wenn die geplanten Einnahmen mit den geplanten Ausgaben übereinstimmen.

Die Betrachtung dieses Kreislaufgleichgewichts, das von geplanten Größen handelt, ist Gegenstand der Makroökonomik.

Wie in der Volkswirtschaftslehre insgesamt werden in der Makroökonomik drei Ebenen (Vgl. z. B. BEHRENS/KIRSPEL (2003), S. 8 ff.) behandelt:

a) *Beschreibung*

Hier werden gesamtwirtschaftliche Fakten dargestellt und in interessante Zusammenhänge gebracht. Mit Fragen dieser Art befasst sich die *empirische Wirtschaftsforschung*. Ergebnisse werden auf diesem Gebiet in großer Zahl und Vielfalt erzeugt und verbreitet.

b) *Erklärung*

Hier werden „Warum-Fragen" gestellt und beantwortet. Die wesentlichen Fragen betreffen dabei folgende Probleme:

- Die Bestimmung des Niveaus der volkswirtschaftlichen Aktivität, des Kreislaufniveaus, in einer Betrachtungsperiode. Hierdurch wird schließlich das Gesamteinkommen in der Volkswirtschaft in der Betrachtungsperiode festgelegt, mithin die Güterversorgung.

- Die Bestimmung der Erwerbstätigkeit in der Periode und die Bestimmung der Entwicklung des Preisniveaus.

- Die Bestimmung des Entwicklungspfades und des Entwicklungsmusters des Kreislaufniveaus, also insbesondere des Wachstums, der Konjunkturschwankungen und des Strukturwandels.

Mit diesen Problemkreisen befasst sich die *makroökonomische Theorie*.

c) *Gestaltung*

Hier werden Fragen danach gestellt, welche Möglichkeiten der gezielten Einflussnahme auf gesamtwirtschaftliche Größen bestehen, welche Eingriffe sinnvoll sind und wie sie ausgestaltet werden sollten.

Diese Fragen sind Gegenstand der *makroökonomischen Politik*.

Außer in der Makroökonomik findet die Kreislaufanalyse eine weitere wichtige Anwendung in der so genannten *Volkswirtschaftlichen Gesamtrechnung*. In der Volkswirtschaftlichen Gesamtrechnung VGR [englisch NIA (National Income Accounting)] geht es um die empirische Darstellung tatsächlich eingetretener gesamtwirtschaftlicher Wirtschaftsergebnisse. Die Darstellung bezieht sich demnach auf Ergebnisse bereits abgelaufener Wirtschaftskreisläufe. *Nicht geplante, sondern bereits realisierte Größen* werden berücksichtigt. Man sagt auch, die *Volkswirtschaftliche Gesamtrechnung stellt eine* **ex-post-Analyse** *des Wirtschaftsprozesses dar.*

Im Gegensatz zur Volkswirtschaftlichen Gesamtrechnung ist die *Makroökonomik eine* **ex-ante-Analyse**, sie befasst sich mit geplanten Größen. Eine gute makroökonomische Theorie sollte dabei einerseits plausibel sein und andererseits nicht zu dem in Widerspruch geraten, was von der empirischen Wirtschaftsforschung als Fakten festgestellt wird. (Vgl. SOLOW (1997), S. 231.)

Die kreislaufanalytischen Instrumente seien nun genauer dargestellt. (Die folgende Darstellung der Instrumente beruht im Wesentlichen auf HELMSTÄDTER (1986), S. 4 ff. Vgl. dazu auch WAGNER (1990), S. 37 ff.)

Zunächst einmal ist der Begriff der wirtschaftlichen Transaktion von Bedeutung. Eine *wirtschaftliche Transaktion* liegt dann vor, wenn ein Gut oder eine Forderung von einem Wirtschaftssubjekt auf ein anderes Wirtschaftssubjekt übergeht. Aus solchen Transaktionen setzt sich der volkswirtschaftliche Kreislauf zusammen. Jede wirtschaftliche Transaktion geht von einem Wirtschaftssubjekt aus und endet bei einem anderen Wirtschaftssubjekt.

Nun werden gerade in der Makroökonomik nicht nur Wirtschaftssubjekte betrachtet, sondern vor allem *Aggregate von Wirtschaftssubjekten*. Sehr grob werden dabei vier *Sektoren* unterschieden:

* Private Haushalte,
* Private Unternehmen,
* Staat,
* Ausland.

Je nach dem Untersuchungsziel können die Aggregate weiter differenziert werden. Beispielsweise macht eine Untersuchung der personellen Einkommensverteilung, also der Verteilung des Einkommens zwischen verschiedenen Beziehergruppen, es erforderlich, den Sektor Private Haushalte weiter aufzuspalten.

Da auch Aggregate von Wirtschaftssubjekten in die Kreislaufanalyse einbezogen werden, kann man allgemein von *Transaktoren* sprechen, von denen Transaktionen ausgehen und bei denen Transaktionen enden.

Betrachten wir beispielsweise einen Kreislauf, der nur aus den zwei Transaktoren Private Haushalte HH und Private Unternehmen U besteht. Als Transaktionen nehmen wir beispielsweise das Faktoreinkommen Y der Periode, das der Transaktor HH vom Transaktor U erhält einerseits und die Konsumausgaben C, die vom Transaktor HH zum Transaktor U fließen andererseits. Wir erhalten folgendes Bild, das auch als *Flussdiagramm* bezeichnet wird:

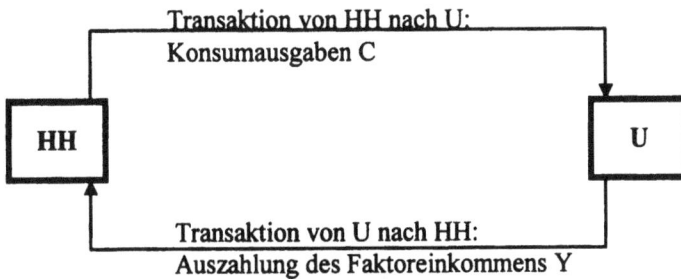

Transaktion von HH nach U:
Konsumausgaben C

HH

U

Transaktion von U nach HH:
Auszahlung des Faktoreinkommens Y

Werden Wirtschaftssubjekte zu Aggregaten von Wirtschaftssubjekten zusammengefasst, kann es vorkommen, dass zwischen Wirtschaftsubjekten des gleichen Aggregates Transaktionen fließen. Werden diese Transaktionen ausdrücklich erfasst, so würden sie von einem Sektor zum gleichen Sektor fließen. Ein Beispiel sind die Ausgaben von Unternehmen für Investitionen. Hier fließt Geld von den Unternehmen ab, die investieren (Ausgaben). Es fließt den Unternehmen zu, die die Investitionsgüter hergestellt haben (Einnahmen). Die Transaktion fließt also vom Transaktor U zum Transaktor U.

Transaktionen, die vom gleichen Transaktor abfließen, dem sie auch zufließen, werden als *In-sich-Transaktion* des entsprechenden Transaktors bezeichnet. Die Ausgaben für Investitionsgüter I wären demnach eine In-sich-Transaktion des Transaktors/Sektors Private Unternehmen U.

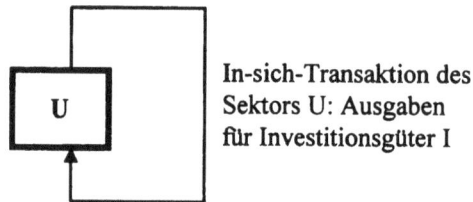

In-sich-Transaktion des Sektors U: Ausgaben für Investitionsgüter I

Die Gesamtheit der Transaktoren und der zwischen ihnen fließenden Transaktionen werden als *Kreislaufsystem* bezeichnet.

Die meisten Transaktoren bestehen aus Wirtschaftssubjekten. Da Wirtschaftssubjekte wirtschaftliche Entscheidungen fällen und Handlungen vollziehen, gilt dies für solche Transaktoren ebenfalls. Diese Art von Transaktoren werden *institutionelle Transaktoren* genannt.

Allerdings ist es möglich, Transaktoren zu bilden, die nur dem Zweck dienen, die Kreisaufanalyse zu erleichtern, indem sie zur sachlichen Untergliederung der Kreislaufsysteme beitragen. In diesen Transaktoren werden dann keine Entscheidungen über Transaktionen gefällt. Sie werden als *funktionelle Transaktoren* bezeichnet.

Würde beispielsweise in unserem weiter oben dargestellten Kreislauf zwischen HH und U der Strom C kleiner sein als der Strom Y, so würden die Haushalte einen Teil ihres Einkommens Y sparen: Ersparnis S = Y - C. Dadurch erhöht sich das *Geldvermögen* des Sektors Private Haushalte. Das Geldvermögen des Sektors Private Unternehmen würde entsprechend sinken. Der Sektor U könnte jedoch den entsprechenden Betrag bei den Haushalten als Kredit K aufnehmen, sodass bei ihm ein entsprechender Mittelzufluss entstünde. Dann flösse den Unternehmen ebenso viel zu, wie abfließt: $Y = C + K$. Und bei den Privaten Haushalten flösse ebenso viel ab, wie zufließt: $C + S = Y$. Die Kreditausleihungen des Sektors HH entsprechen den Kreditaufnahmen des Sektors U: $S = K$. Nehmen wir nun weiter an, dass diese Ströme niemanden überraschen. Sie mögen den Planungen der Transaktoren entsprechen. Die Unternehmen wussten vom Ausgabenverhalten der Privaten Haushalte. Sie haben nur so viel Haushalte für die Herstellung von Konsumgütern (immer einschließlich Dienstleistungen) eingestellt, dass das daraus fließende Einkommen dem Strom C entspricht. Die übrigen Einkommen sind aus der Produktion von Investitionsgütern entstanden. In der entsprechenden Höhe wird von HH gespart, was U erwartet hat, von U Kredit aufgenommen und von U investiert. Überall entsprechen die (geplanten) Einnahmen den (geplanten) Ausgaben, der Kreislauf ist im Gleichgewicht.

Zur grafischen Darstellung dieses Kreislaufs führen wir den funktionellen Transaktor Vermögensänderungskonto VÄ ein.

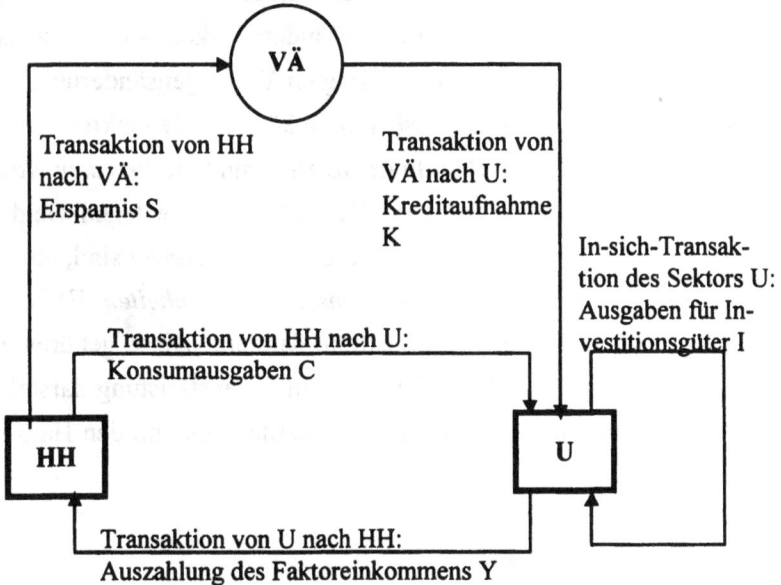

Allerdings ist in diesem Kreislaufbild stets $I = K$, weil die Kredite zur Finanzierung der Investitionen aufgenommen werden. Deshalb ist es üblich, in der Darstellung die In-sich-Transaktion entfallen zu lassen und die

Transaktion von VÄ nach U mit I zu bezeichnen. Verwenden wir nurmehr die Buchstaben, erhalten wir das folgende Flussdiagramm.

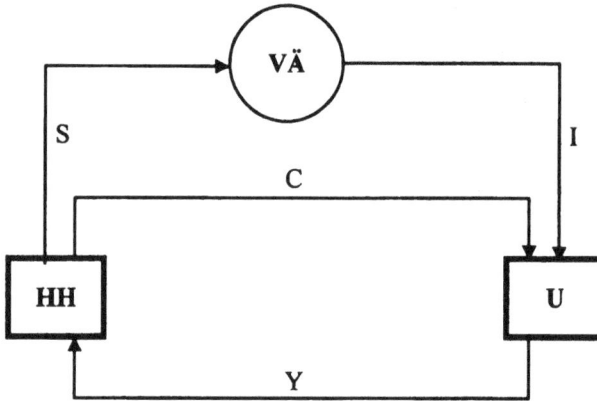

```
                    ┌─────┐
                    │ VÄ  │
                    └─────┘
         S                      I

              C
    ┌──────┐                ┌──────┐
    │  HH  │                │  U   │
    └──────┘                └──────┘
              Y
```

Dieser Kreislauf stellt ein einfaches Beispiel dar. Die Verwendung des funktionellen Transaktors Vermögensänderungskonto VÄ ist zweckmäßig, weil dort die durch die Ströme bedingten Vermögensänderungen der institutionellen Transaktoren erfasst werden können, die makroökonomisch eine bedeutende Rolle spielen. In der Realität sind die *Privaten Haushalte* in ihrer Summe die Anbieter von (Geld-)Kapital, sie legen Geld an. Man nennt sie auch *Überschusseinheiten*. Die *Unternehmen* sind, ebenso wie in der Regel der *Staat, Nettokreditnehmer, Defiziteinheiten*. Es ist zu beachten, dass VÄ nicht die Kreditinstitute darstellt. Diese gehören zu U. Sie führen allenfalls Buch über VÄ, was eine Dienstleistung darstellt, für die sie eine Vergütung von den übrigen Unternehmen und den Haushalten bekommen.

Die Summe aller Vermögensänderungen stellt das **Geldvermögen** dar. In der Realität sind die Haushalte Nettogeldvermögensbesitzer, d. h. der Geldvermögensbestand ist größer als die Kreditsumme der Privaten Haushalte. Lässt man das *Ausland einmal außer Betracht*, dann sieht man, dass das *Geldvermögen in der Summe stets Null sein muss*, weil ja das Geldvermögen eine Forderung gegen andere Wirtschaftssubjekte darstellt. Die Haushalte als Kapitalgeber haben eine Forderung gegen die Unternehmen als Kreditnehmer. Hat jedoch ein Wirtschaftssubjekt eine Forderung gegen ein anderes, so hat dieses notwendig eine Verbindlichkeit gegenüber jenem. Jeder Forderung steht eine Verbindlichkeit gegenüber. Dem *Nettogeldvermögensbestand* (Geldvermögen minus Schulden) der Privaten Haushalte steht ein Nettokreditbestand der Privaten Unternehmen und des Staates gegenüber.

In der offenen Volkswirtschaft, also mit Berücksichtigung des Auslands, kann es einen positiven/negativen Geldvermögensbestand einer Volkswirtschaft geben, wenn es einen Nettoforderungsbestand/Nettoverbindlichkeitenbestand gegenüber dem Ausland gibt. Da die Welt insgesamt eine geschlossene Volkswirtschaft darstellt, ist das *Weltgeldvermögen gleich Null*.

Bezüglich der Transaktionen werden folgende unterschieden (Vgl. HELMSTÄDTER (1986), S. 15 f.):

Arten ökonomischer Transaktionen:	
1. Leistungstransaktion:	Tausch eines Gutes gegen eine Forderung im Rahmen der laufenden Leistungserstellung.
2. Bestandstransaktion:	Tausch eines Gutes gegen eine Forderung, wobei das Gut aus dem vorhandenen Vermögensbestand stammt.
3. Finanztransaktion:	Tausch einer Forderung gegen eine Forderung.
4. Transfer:	Unentgeltliche Transaktion.
• Realtransfer:	Übertragung eines Gutes ohne Gegenleistung (Schenkung).
• Transferzahlung:	Übertragung einer Forderung ohne (spezielle) Gegenleistung (z. B. Steuern, Subventionen, Sozialhilfe).

Bestandstransaktionen sind im Allgemeinen nicht direkter Gegenstand der Kreislaufbetrachtung, obgleich Änderungen von Beständen, insbesondere von Vermögensbeständen, beachtliche Wirkungen auf die Kreislaufströme haben können und in der Regel auch haben (*Vermögenseffekte*).

Das *Budget eines Transaktors* ist die Gegenüberstellung der Einnahmen und Ausgaben dieses Transaktors, ebenso wie das Budget eines Wirtschaftssubjektes die Gegenüberstellung der Einnahmen und Ausgaben dieses Wirtschaftssubjektes ist. In der Regel wird das Budget in Form einer Gleichung dargestellt. Es handelt sich dann um eine *Budgetgleichung*. Hinsichtlich dieser Budgetgleichungen ist es wichtig, zwei Arten zu unterscheiden. (Zum Folgenden vgl. HELMSTÄDTER (1986), S. 6 - 11.)

Arten von Budgetgleichungen	
Budgetgleichungen als Gleichgewichtsbedingungen:	Diese Budgetgleichungen sind nur im Kreislaufgleichgewicht erfüllt: Geplante Einnahmen und geplante Ausgaben stimmen dann überein.
	Summe der geplanten Einnahmen = Summe der gelanten Ausgaben des Transaktors.
Budgetgleichungen, die definitorisch stets erfüllt sind:	Diese Budgetgleichungen sind immer erfüllt, weil der Unterschied zwischen geplanten Einnahmen und geplanten Ausgaben durch eine so genannten Saldentransaktion ausgeglichen wird.
	Summe der geplanten Einnahmen = Summe der geplanten Ausgaben + Kassenbestandszunahme bzw. - Kassenbestandsabnahme beim Transaktor. Die Hinzufügung der Kassenbestandsveränderung stellt sicher, dass auch außerhalb des Kreislaufgleichgewichts das Gleichheitszeichen gilt.

Damit ein *Kreislaufsystem* vorliegt, das auf ein mögliches Gleichgewicht hin untersucht werden kann, muss es *mindestens zwei Budgetgleichungen als Gleichgewichtsbedingungen* geben. Die Zahl der zulässigen weiteren, definitorisch stets erfüllten Budgetgleichungen ist hingegen beliebig groß. Besteht das System ausschließlich aus definitorisch erfüllten Budgetgleichungen, spricht man nicht von einem Kreislaufsystem, sondern von einem *Buchungssystem*. Man denke hier etwa an das System der doppelten Buchhaltung, in dem jedes Konto durch eine *Saldentransaktion* ausgeglichen wird.

Warum aber muss es in einem Kreislaufsystem wenigsten zwei Budgetgleichungen als Gleichgewichtsbedingungen geben? Warum genügt nicht
eine? Der Grund liegt darin, dass in einem Kreislaufsystem nicht alle
Budgetgleichungen voneinander unabhängig sind. Nehmen wir beispielsweise unser Kreislaufsystem:

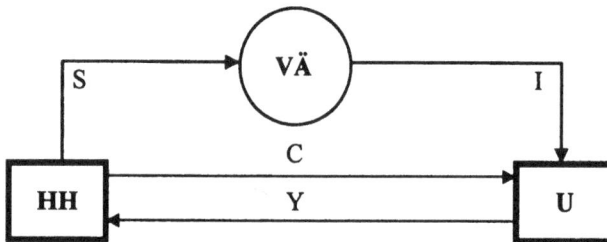

$$
\begin{array}{ccc}
 & V\ddot{A} & \\
S \nearrow & & \searrow I \\
 & C & \\
HH & \xleftarrow{\quad Y \quad} & U
\end{array}
$$

Die Budgetgleichung des Transaktors HH lautet: $Y = C + S$.

Die Budgetgleichung des Transaktors U lautet: $C + I = Y$.

Aus der Addition der beiden Gleichungen folgt: $I = S$.

Somit konnten wir die Budgetgleichung des Transaktors VÄ gewinnen,
indem wir die Budgetgleichungen der anderen beiden Transaktoren ad-
dierten. Jede der drei Budgetgleichungen vermag man durch Addition aus
den beiden anderen zu gewinnen. Wir haben drei Budgetgleichungen, von
denen allerdings nur zwei Budgetgleichungen mathematisch unabhängig
sind. Diese Entdeckung lässt sich auf Kreislaufsysteme mit beliebig vielen
Transaktoren verallgemeinern. Das tat bereits *LÉON WALRAS* (1834 -
1910). Das nach ihm benannte „*Walras-Gesetz* besagt: ... Ein Kreislaufsystem mit n Transaktoren enthält lediglich n - 1 unabhängige Budgetgleichungen." (HELMSTÄDTER (1986), S. 8)

Bezeichnen wir allgemein eine Transaktion vom Transaktor i an den Transaktor j als Xij, ergibt sich bei drei Transaktoren I, II und III (Vgl. zum
Folgenden HELMSTÄDTER (1986), S. 8 ff. und auch WAGNER (1990). S. 42
ff.):

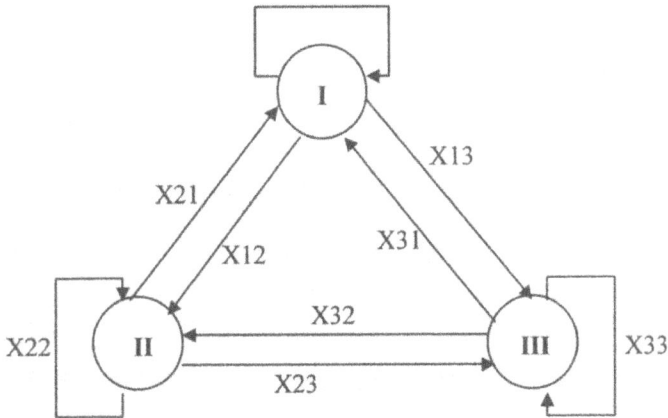

Budgetgleichung des Transaktors	Einnahmen		Ausgaben
Budgetgleichung I:	X11 + X21 + X31	=	X11 + X12 + X13
Budgetgleichung II:	X12 + X22 + X32	=	X21 + X22 + X23
Budgetgleichung III:	X13 + X23 + X33	=	X31 + X32 + X33

Werden aus diesen Budgetgleichungen die In-sich-Transaktionen eliminiert, so erkennt man, dass jede Budgetgleichung aus der Addition der beiden anderen Budgetgleichungen gewonnen werden kann.

Durch Saldierung kann dieses Kreislaufsystem wie jedes System von Budgetgleichungen ausgeglichen werden. Dazu muss jeder Budgetgleichung eine Saldentransaktion hinzugefügt werden. Diese Saldentransaktionen können auch als Transaktionen zwischen den bisherigen Transaktoren und einem neu aufzunehmenden Saldentransaktor interpretiert werden. Es ergibt sich als Gleichungssystem (Vgl. HELMSTÄDTER (1986), S. 9):

$$\text{I:} \quad X11 + X21 + X31 - X11 - X12 - X13 \equiv \Delta X1$$

$$\text{II:} \quad X12 + X22 + X32 - X21 - X22 - X23 \equiv \Delta X2$$

III: $X13 + X23 + X33 - X31 - X32 - X33 \equiv \Delta X3$

$\Rightarrow$ Saldentransaktor: $\Delta X1 + \Delta X2 + \Delta X3 \equiv 0$

Fließen alle Transaktionen ausschließlich zwischen den in das Kreislaufsystem aufgenommenen Transaktoren (*geschlossenes Kreislaufsystem*), ist
*unumgänglich die Summe der Werte aller abfließenden Transaktionen der
Summe der Werte aller zufließenden Transaktionen gleich.* Dennoch können Saldentransaktionen auftreten, es kann sich also um einen unausgegli-
chenes Kreislaufsystem handeln: Ein geschlossener Kreislauf darf nicht
mit einem ausgeglichenen Kreislauf verwechselt werden. Ein Kreislaufsystem ist ausgeglichen oder im Gleichgewicht, wenn *bei keinem einzigen*
Transaktor ein ungeplanter Saldo auftritt.

1.2 Darstellungsformen eines Kreislaufsystems

Ein Wirtschaftskreislauf kann im Wesentlichen in vier Darstellungsformen
abgebildet werden. (Zur folgenden Darstellung vgl. HELMSTÄDTER
(1986), S. 12 ff. Vgl. dazu auch WAGNER (1990), S. 41 ff.) Die Darstellung eines Kreislaufsystems ist möglich in der Form
1. von Budgetgleichungen,
2. eines Flussdiagramms,
3. von Konten und
4. einer Tabelle oder Matrix.
Die vier Darstellungsformen unterscheiden sich in ihrer inhaltlichen Aussage nicht.

Betrachtet sei *beispielsweise* das oben bereits eingeführte Kreislaufsystem
mit den drei Transaktoren Private Haushalte HH, Unternehmen U und
Vermögensänderungskonto VÄ und den aufgeführten Transaktionen Faktoreinkommen Y, Konsumausgaben C, Sparen S und Investieren I. Die
Darstellungsformen Flussdiagramm und Budgetgleichungen haben wir dazu bereits kennen gelernt. Sie seien hier kurz wiederholt:

zu 1. Darstellung als Budgetgleichungen:

Die Budgetgleichung des Transaktors HH lautet: $Y = C + S$.

Die Budgetgleichung des Transaktors U lautet: $C + I = Y$.

Die Budgetgleichung des Transaktors VÄ lautet: $S = I$.

Budgetgleichungen haben den Vorteil, dass sie zu Gleichungssystemen zusammengefasst werden können. Zur Behandlung und Lösung solcher Gleichungssysteme stehen mathematische Verfahren zur Verfügung. Somit können verhältnismäßig leicht Lösungen berechnet werden, bespielsweise das Niveau eines gleichgewichtigen Kreislaufs in der Einkommens- und Beschäftigungstheorie.

zu 2. Darstellung als Flussdiagramm:

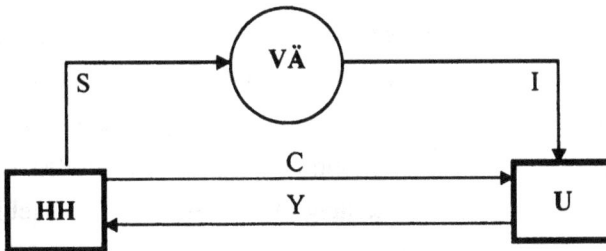

Die Darstellung als Flussdiagramm ist auf den ersten Blick sehr anschaulich. Diese Anschaulichkeit macht die Darstellungsform bestens für didaktische Zwecke geeignet, sofern einfache Kreislaufsysteme betrachtet werden. Allerdings werden Flussdiagramme sehr schnell unübersichtlich, wenn sich die Anzahl der Transaktoren und Transaktionen erhöht. Sie verlieren dann jede Eignung, sowohl zur Analyse als auch zur anschaulichen Darstellung.

zu 3. Darstellung als Kontensystem:

In diesem Fall wird für jeden Transaktor ein T-Konto eingerichtet. Auf der linken Seite des Kontos (der so genannten Soll-Seite) werden nun die Zuflüsse Z verbucht und auf der rechten Seite des Kontos (der so genannten Haben-Seite) die Abflüsse A.

Da jedem Abfluss bei einem Transaktor ein Zufluss bei einem anderen Transaktor entspricht, wird bei dieser Darstellungsform jede Transaktion zwei Mal verbucht (Prinzip der doppelten Buchführung, der Doppik), jeder Transaktor ist hingegen nur einmal erfasst.

Z	HH	A	Z	U	A	Z	VÄ	A
Y		C	C		Y	S		I
		S	I					

Die Kontendarstellung eignet sich bestens für den Umgang mit großen Systemen definitorisch erfüllter Budgetgleichungen, also mit Buchungssystemen. Insbesondere erlaubt die doppelte Erfassung der Vorgänge eine leichtere Kontrolle der Fehlervermeidung. Für solche großen Buchungssysteme hat sich die Kontendarstellung als Regelform herausgebildet. Die Konten können dabei nicht nur als T-Konten geführt werden. Weithin üblich ist auch die Staffelform, in der alle Buchungsvorgänge untereinander verbucht werden, wobei von den Zuflüssen dann die Abflüsse subtrahiert werden.

Zu 4. Darstellung als Tabelle oder Matrix:

		Transaktoren als Empfänger einer Transaktion		
		HH	U	VÄ
Trans- aktoren als Absender einer Transaktion	HH	-	C	S
	U	Y	-	-
	VÄ	-	I	-

Im Gegensatz zur Darstellung in Konten wird in der Tabellen- oder Matrixdarstellung jede Transaktion nur einmal erfasst, während jeder Transaktor zwei Mal vorkommt. Die Darstellungsform eignet sich besonders gut für die Analyse von Verflechtungen der Transaktoren über Transaktionen, also beispielsweise für die Input-Output-Analyse. (Vgl. BEHRENS/KIRSPEL (2003), S. 278 ff.)

1.3 Zur Bestimmung der Kreislaufströme

Den Kreislaufströmen zwischen den Transaktoren eines Kreislaufsystems liegen zum einen *Verhaltensfunktionen* zu Grunde, die die wirtschaftlichen Entscheidungen der Transaktoren in Abhängigkeit von anderen Variablen, die sich unter anderem auch aus den wirtschaftlichen Entscheidungen anderer Transaktoren ergeben, bestimmen.

Bezüglich dieser Verhaltensfunktionen von Transaktoren, die Aggregate von Wirtschaftssubjekten darstellen, ist allerdings Vorsicht angebracht, denn durch die Aggregation gehen Informationen verloren, die sich insbesondere auf die innere Zusammensetzung des Aggregats beziehen. Ändert sich diese innere Zusammensetzung, etwa die Anteile armer und reicher Haushalte im Aggregat Private Haushalte, so kann sich die Verhaltensfunktion des Aggregates ändern, obgleich die Verhaltensfunktionen der einzelnen Wirtschaftssubjekte unverändert geblieben sind. Man sollte deshalb nicht einfach irgendeine Verhaltensfunktion für das Aggregat annehmen, sei sie auch aus beobachtetem tatsächlichem Verhalten erschlossen. Da dieses Verhalten sich ändern kann, auch wenn die Individuen gleichen Regeln folgen, sollte das Verhalten des Aggregats (also der Makroebene) auf Verhaltensfunktionen der einzelnen Wirtschaftssubjekte oder eines repräsentativen Wirtschaftssubjektes (also der Mikroebene) zurückgeführt werden können. Diese Forderung entspricht dem auf *JOSEPH ALOIS SCHUMPETER* (1883 - 1950) zurückgehenden Prinzip des *methodologi-*

schen Individualismus. Daraus ergibt sich die grundlegende *Forderung nach einer mikroökonomischen Fundierung der Makroökonomik*. Dieser Forderung wird von modernen Ansätzen der Makroökonomik entsprochen.

Die Verhaltensgleichungen allein, seien sie auch mikroökonomisch fundiert, vermögen die Höhe des Werts der Transaktionen noch nicht zu bestimmen. Dazu mache der Leser sich klar, dass hinter den (monetären) Einnahme-/Ausgabeströmen sachliche Ströme stehen, die in die entgegengesetzte Richtung fließen.

Dem Faktoreinkommensstrom Y stehen reale Faktorleistungen (Arbeit, Bodennutzung, Einsatz von Realkapital, wie beispielsweise Maschinen und Anlagen, Unternehmerinitiative) gegenüber. Dem Strom Konsumausgaben C steht ein Strom von Gütern und Dienstleistungen gegenüber, der vom Transaktor Unternehmen zum Transaktor Private Haushalte fließt. Der monetären Transaktion Sparen S steht der entgegengerichtete Erwerb von Forderungstiteln gegenüber und der Transaktion Investition I der Erwerb von Investitionsgütern und die Abgabe von Forderungstiteln (der Leser erinnere sich, dass hinter dem Strom I in Wahrheit zwei Ströme gleicher Stärke stehen).

Wodurch wird die Übereinstimmung des jeweiligen monetären Stromes mit dem Wert des in entgegengesetzter Richtung fließenden realen Stromes bewirkt? Im Allgemeinen wird die Verbindung zwischen den Strömen durch Märkte herbeigeführt. Der frei gebildete Marktpreis führt einen Ausgleich der Ströme herbei (*Ausgleichsfunktion freier Marktpreise*) (Vgl. hierzu z. B. BEHRENS/KIRSPEL (2003)).

Beispielsweise entfalten die Haushalte aus ihrem Einkommen Nachfrage nach Gütern und Dienstleistungen C, der ein Angebot an realen Gütern und Leistungen durch die Unternehmen gegenübersteht. Die Haushalte streben dabei ein möglichst hohes Maß an Bedürfnisbefriedigung an (Nutzenmaximierung), während die Unternehmen versuchen, eine möglichst große positive Differenz zwischen den in der Produktion geschaffenen Werten (Erlösen) und den dabei verbrauchten Werten (Kosten) zu erreichen (Gewinnmaximierung). (Vgl. dazu z. B. BEHRENS/PEREN (1998)). Der auf dem aggregierten Gütermarkt (in Wahrheit auf allen einzelnen Gütermärkten) gebildete Marktpreis führt einen Ausgleich von Angebot und Nachfrage herbei.

Hinter dem Strom C steht eine Konsumfunktion und ein (aggregierter) Gütermarkt. Ebenso steht hinter der Transaktion Y eine Produktionsfunktion und ein (aggregierter) Faktormarkt. Hinter dem Strom S stehen eine intertemporale Konsumwahl, d. h. eine über mehrere Zeitperioden gehende Planung der Konsumausgaben zwecks Nutzenmaximierung, und der Kapitalmarkt. Ebenso steht hinter den Investitionen eine Investitionsfunktion, d. h. eine über mehrere Zeitperioden gehende Planung der Produktionsverhältnisse zwecks langfristiger Gewinnmaximierung, ebenso wie ebenfalls der Kapitalmarkt.

Die wechselseitigen Wünsche werden demnach über Märkte kommuniziert. In unserem einfachen Beispielskreislauf wird auf dem Gütermarkt die Haushaltsnachfrage mit dem Unternehmensangebot an Konsumgütern in Übereinstimmung gebracht, auf dem Faktormarkt die Faktornachfrage der Unternehmen mit dem Faktorangebot der Haushalte und auf dem Kapitalmarkt bzw. Finanzmarkt das Kapitalangebot der Haushalte mit der Kapitalnachfrage der Unternehmen zu Investitionszwecken. Sind von diesen drei Märkten zwei im Gleichgewicht, so muss der Dritte gemäß Walras-Gesetz ebenfalls im Gleichgewicht sein. „Die Summe der Überschussnachfragen aller Märkte ist gleich Null." (FELDERER/HOMBURG (1994), S. 93) Die Annahme der Wertgleichheit von monetären und entgegengerichteten realen Kreislaufströmen bedeutet, dass ein ausgeglichener Kreislauf der monetären Ströme auch einen ausgeglichenen Kreislauf der Werte der realen Ströme impliziert. Diese Annahme kann als *Markträumungsmodell* bezeichnet werden.

Zusammenfassend kann gesagt werden, dass für das makroökonomische Geschehen *drei Erklärungsebenen* von Bedeutung sind:

- die Ebene der mikroökonomisch begründeten Verhaltensgleichungen der (aggregierten) Transaktoren,

- die Ebene der Koordination der individuellen Pläne, etwa über Märkte, und

- die Ebene der kreislauftheoretischen Notwendigkeiten, die sich aus der Beachtung von Buchung und Gegenbuchung ergeben (Saldenmechanik) (Vgl. STÜTZEL (1978)).

Auf der ersten Erklärungsebene werden die Reaktionen der Pläne der Transaktoren auf Änderungen wichtiger ökonomischer Variablen, wie beispielsweise des Einkommens, des Zinssatzes, der institutionellen Regelungen und anderem mehr, einer systematischen Betrachtung unterzogen. Diese Pläne und ihre Reaktion auf Datenänderungen werden im Allgemeinen in der Form einer (mathematischen) Funktion dargestellt, also beispielsweise der Konsumfunktion, der Investitionsfunktion etc. Unter Ökonomen besteht heute weite Einigkeit, dass die Verhaltensfunktionen mikroökonomisch begründet sein sollten. Die Mikroökonomik hat sich als überaus erfolgreiches Gebiet der Wirtschaftswissenschaft erwiesen, deren Methoden weitestgehende Akzeptanz erfahren. Da zudem die meisten Ökonomen der Meinung sind, dass, dem *Prinzip des methodologischen Individualismus* entsprechend, auch das Verhalten von Aggregaten auf das Verhalten der dahinter stehenden Wirtschaftssubjekte zurückgeführt werden können muss, verleiht erst eine mikroökonomische Begründung makroökonomischen Verhaltensgleichungen ein ausreichendes Maß an Plausibilität. So hält etwa *ROBERT M. SOLOW*, Wirtschaftsnobelpreisträger 1987, fest, dass er „...would want consumption functions, investment functions, import functions and the like to look as if they could plausibly arise from aggregation of economic behavior of some reasonable kind at the micro level." (SOLOW (1997), S. 231.)

Auf der zweiten Ebene wird die Koordination der Pläne einer Betrachtung unterzogen. Grundsätzlich gibt es nach *R. E. DAHL* und *CH. E. LINDBLOM*

(1963/1953ᵉ) *vier Entscheidungs- und Koordinationsverfahren*, um Pläne aufeinander abzustimmen (Vgl. zusammenfassend BEHRENS/KIRSPEL (2003), S. 72 ff.): Das Marktsystem, die Demokratie, die Bürokratie und die Gruppeneinigung.

Das *Marktsystem* ist in westlichen Industrieländern das weitaus wichtigste Koordinationsverfahren. In ihm findet ein Ausgleich der Interessen durch freiwillige Verträge zwischen den Betroffenen statt. Es liegt im Interesse der Betroffenen, soweit es ökonomisch vernünftig ist, tauschrelevante Informationen zu gewinnen, möglichst zutreffend zu verarbeiten und in die Tauschhandlung einfließen zu lassen. Dasselbe gilt für die Bildung von Erwartungen. Die Marktteilnehmer gewinnen, wenn Irrtümer entdeckt und korrigiert werden.

In wirtschaftlichen Fragen ist die *Demokratie*, also die Mehrheitsabstimmung als Einigungsverfahren, dem Koordinationsverfahren Markt weitgehend unterlegen. Im Hinblick auf ihre alltäglichen wirtschaftlichen Belange, sei es bei ihren Konsumentscheidungen oder bei ihren Entscheidungen zur Berufstätigkeit, würden die Menschen wohl auch kaum Abstimmungen mit Mehrheitsentscheid begrüßen. Lediglich dort, wo es um die Entscheidung (aber im Allgemeinen nicht um die Durchsetzung) über das Angebot an öffentlichen Gütern geht, ist dieses Verfahren in der demokratischen Gesellschaft unumgänglich.

Wichtiger für das makroökonomische Geschehen ist die *Bürokratie* als Verfahren. Hierbei handelt es sich um eine autoritäre, hierarchische Problemlösung, bei der letztlich eine oberste Stimme entscheidet (die ihrerseits natürlich nach demokratischen Regeln gebildet werden *kann*). Dieses Koordinationsverfahren gilt einerseits innerhalb von Unternehmen, was Unternehmen u. a. erleichtert, ohne neu in Lohnverhandlungen eintreten zu müssen, Arbeitsleistungen an Produktionsschwankungen anzupassen. (Vgl. auch BARRO (1979), S. 54 f., BARRO (1984), S. 417, BARRO (1992), S. 629). Andererseits ist dieses Verfahren im Verhalten des Staates zu seinen Bürgern über weite Bereiche die Regel, denn der Staat nimmt seinen Bürgern zwangsweise Mittel, Steuern, und zwingt den Bürgern auf der an-

deren Seite seine Leistungen auf, z. B. öffentliche Güter (zum Begriff vgl.
z. B. BEHRENS/KIRSPEL (2003), S. 168 ff.). Allerdings werden auch vom
Staat viele Mittel ganz normal über Märkte erworben, z. B. Büromaterial,
Gebäude, Mitarbeiter, Kredite, und Güter an die Bürger verkauft, z. B. E-
lektrizität, Leistungen der öffentlichen Verkehrsmittel usw.

Das Koordinationsverfahren *Gruppeneinigung*, bei dem sich Gruppen ein-
vernehmlich einigen, ist zwar nicht übermäßig weit verbreitet, jedoch e-
benfalls von großer Bedeutung. Dieses Verfahren liegt in Deutschland etwa der Festlegung von Mindestbedingungen für Arbeitskontrakte durch
Tarifverträge zu Grunde. Teilweise wird das Verfahren durch das Verfahren der Bürokratie ergänzt, wenn etwa der Bundesarbeitsminister einen
Tarifvertrag für allgemeinverbindlich erklärt, sodass sich auch nicht in Tarifvertragsparteien (Arbeitgeberverbänden und Gewerkschaften) organisierte Unternehmen und Arbeitnehmer daran halten müssen.

Auf der dritten Erklärungsebene stehen logisch zwingende Kreislaufbe-
ziehungen, deren Einhaltung unabwendbar ist. So ergibt sich Walras-
Gesetz notwendig aus der Tatsache, dass des einen Einnahmen eines anderen Ausgaben sein müssen. Diese Erklärungsebene stellt die volkswirtschaftlichen Budgetgleichungen zur Verfügung, die *für die Transaktoren
gemeinsam den Raum des Möglichen abgrenzen*, innerhalb dessen sich das
makroökonomische Geschehen bewegen muss. „Bist Du Volkswirt, so be-
achte stets des anderen Gegenbuchung." (Lt. *WOLFGANG STÜTZEL* „erster
Lehrsatz" seines ersten nationalökonomischen Lehrers *WILHELM
LAUTENBACH.* Aus: STÜTZEL (1978), S. X.)

2. Begriffe der volkswirtschaftlichen Gesamtrechnung

Die Volkswirtschaftliche Gesamtrechnung VGR ist ein Buchungssystem. Innerhalb dieses Buchungssystems werden wohldefinierte gesamtwirtschaftliche Größen erfasst. Diese Größen werden empirisch ermittelt und in der offiziellen Statistik publiziert. Der Zweck ist letztlich, zu Aussagen über die Wirtschaftskraft einer Volkswirtschaft, zu Schwankungen dieser Wirtschaftskraft und ihrer längerfristigen Entwicklung, zur Verflechtung mit anderen Volkswirtschaften und vielem anderen mehr zu kommen. Damit sollen die Öffentlichkeit und die wirtschaftspolitischen Entscheidungsträger zu planungs- und handlungsrelevanten Informationen gelangen und ihnen sollen Vergleichsmöglichkeiten, etwa mit der Vergangenheit oder mit anderen Ländern, eröffnet werden.

In der *Volkswirtschaftlichen Gesamtrechnung* werden zeitraumbezogen die Werte von Stromgrößen erfasst. Das Verbindungsglied zur Vermögensbestandsrechnung stellt das bereits bekannte Vermögensänderungskonto dar. (Zu den Darlegungen in diesem Abschnitt vgl. die ausführlichere Darstellung in BEHRENS/KIRSPEL (2003), S. 223 ff., 358 ff. sowie SACHVERSTÄNDIGENRAT (2003), S. 490 ff.)

2.1 Inlands- und Inländerkonzept der Volkswirtschaftlichen Gesamtrechnung

Will man die in einer Periode neu geschaffenen Werte einer Volkswirtschaft erfassen, so muss zunächst geklärt werden, was unter „eine Volkswirtschaft" verstanden wird. Einerseits kann damit eine räumliche Abgrenzung gemeint sein, etwa das Staatsgebiet Deutschlands im Jahre ... In diesem Fall bezieht sich die Erfassung der neu geschaffenen Werte auf das Inland, man spricht vom *Inlandskonzept*. Die nach diesem Konzept ermittelten Werte bezeichnet man als *Inlandsprodukte*. Stattdessen kann aber auch erfasst werden, was die Menschen, die ihren Wohnsitz auf dem Staatsgebiet Deutschlands im Jahre ... hatten, an neuen Werten geschaffen haben. In diesem Fall erfolgt die Abgrenzung nach den Wirtschaftseinheiten, die im betreffenden Land ihren Wohnsitz bzw. ihre Hauptniederlassung hatten, man spricht vom *Inländerkonzept*, wobei betont sei, dass *nicht* nach der rechtlichen Staatsangehörigkeit festgelegt wird, wer Inländer ist. Die nach diesem Konzept ermittelten Werte bezeichnet man als *Nationaleinkommen.*

Die nach dem Inlandkonzept geschaffenen Werte sind im Allgemeinen von denen verschieden, die nach dem Inländerkonzept ermittelt werden, denn Inländer können auch in der Übrigen Welt und Einwohner der Übrigen Welt im Inland Werte geschaffen haben. Es ergibt sich folgender Zusammenhang (aktualisiert nach WOLL (1993), S. 317)

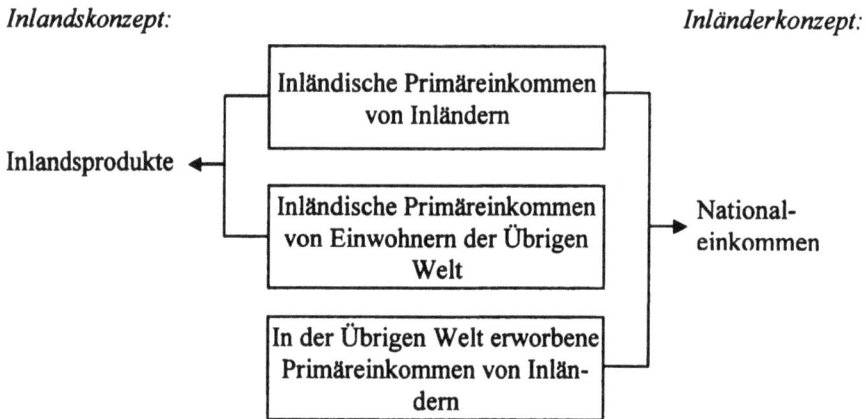

Inlandskonzept:		*Inländerkonzept:*
	Inländische Primäreinkommen von Inländern	
Inlandsprodukte ◄	Inländische Primäreinkommen von Einwohnern der Übrigen Welt	National- einkommen
	In der Übrigen Welt erworbene Primäreinkommen von Inländern	

Das *Primäreinkommen* ist dabei wie folgt definiert (Vgl. z. B. SACHVERSTÄNDIGENRAT (2003), S. 491 f.):

    Arbeitnehmerentgelt
+   Unternehmens- und Vermögenseinkommen
+   Produktions- und Importabgaben an den Staat
-   Subventionen vom Staat
=   *Primäreinkommen*

Somit erhält man als *Saldo der Primäreinkommen aus der übrigen Welt* als Unterschied zwischen dem Inlands- und dem Inländerkonzept (Vgl. SACHVERSTÄNDIGENRAT (2003), S. 491, siehe auch BEHRENS/KIRPSEL (2003), S. 361, STATISTISCHES BUNDESAMT (4/1999), S.- 264, (6/1999), S. 470 ff.):

Aus der Übrigen Welt empfangene Primäreinkommen (Arbeitnehmerentgelt, Vermögenseinkommen, Subventionen)

- An die Übrige Welt geleistete Primäreinkommen (Arbeitnehmerentgelt, Vermögenseinkommen, Produktions- und Importabgaben)

= *Saldo der Primäreinkommen aus der Übrigen Welt*

2.2 Vom Bruttoproduktionswert zum Volkseinkommen: Einige wichtige Begriffe

Den gesamten Wert der in einer Volkswirtschaft nach ihrer räumlichen Abgrenzung (Inlandskonzept) in einer Periode produzierten Waren und Dienstleistungen bezeichnet man als *Produktionswert*. Der Produktionswert setzt sich zusammen aus dem Wert der Verkäufe an Waren und Dienstleistungen der Unternehmen ohne Umsatzsteuer, dem Wert der selbsterstellten Anlagen und dem Wert der Bestandsveränderungen an Halb- und Fertigwaren. Der Produktionswert des Staates und der privaten Organisationen ohne Erwerbszweck wird durch deren Aufwand erfasst.

Im Produktionswert sind allerdings Werte mehrfach enthalten. Erstellt beispielsweise ein Unternehmen ein Gut, das für ein anderes Unternehmen als Vorprodukt Einsatz findet, so geht der Wert dieses Gutes sowohl als Output des ersten Unternehmens in den Bruttoproduktionswert ein, als auch als Teil des Wertes des Outputs des anderen Unternehmens. Solche Lieferungen von Unternehmen an Unternehmen, sei es nun in Form von Material, von Vor- und Zwischenprodukten, von Energie oder von Dienst-

leistungen, werden als *Vorleistungen* bezeichnet. Werden diese Vorleistungen vom Produktionswert abgezogen, um Mehrfachberücksichtigungen
zu vermeiden, gelangt man zur *unbereinigten Bruttowertschöpfung*, nach
Abzug einer „unterstellten Bankgebühr" zur *bereinigten Bruttowertschöpfung*. Wird zur bereinigten Bruttowertschöpfung der Saldo aus Gütersteuern abzüglich Subventionen addiert, erhält man das *Bruttoinlandsprodukt
BIP* (Vgl. SACHVERSTÄNDIGENRAT (2003), S. 492.):

  Produktionswert
- Vorleistungen
= Unbereinigte Bruttowertschöpfung
- Unterstellte Bankgebühr
= Bereinigte Bruttowertschöpfung
+ Gütersteuern
- Subventionen
= ***Bruttoinlandsprodukt BIP***

Das Bruttoinlandsprodukt stellt jedoch noch nicht den tatsächlich neu geschaffenen Wert der Periode dar, weil bei der Herstellung der Güter und
Leistungen auch Werte verbraucht werden. Dies betrifft vor allem den
Verzehr von vorhandenen Kapitalgütern. Gebäude, Anlagen und Maschinen werden verbraucht bzw. in ihrem Wert gemindert. Die entsprechende
Wertminderung wird durch *Abschreibungen* berücksichtigt. Dem gesamten Wertzuwachs im Lande, dem Bruttoinlandsprodukt der Periode, steht
eine Wertminderung, die Abschreibungen, gegenüber. Wird daraus ermittelt, um wie viel der Wertzuwachs die Wertminderung übersteigt, so gelangt man vom Bruttoinlandsprodukt der Periode zum *Nettoinlandsprodukt NIP* der Periode. In der Volkswirtschaftlichen Gesamtrechnung entspricht der Unterschied zwischen einer Brutto- und der entsprechenden
Nettogröße stets den Abschreibungen.

Bruttoinlandsprodukt BIP

- Abschreibungen

= *Nettoinlandsprodukt NIP*

Damit sind einige wichtige Grundbegriffe der Volkswirtschaftlichen Gesamtrechnung nach dem Inlandskonzept erfasst. Die entsprechenden Größen nach dem Inländerkonzept ergeben sich aus denen nach dem Inlandskonzept, indem hinzuaddiert wird, was (Wohnsitz-)Inländer in der Übrigen Welt erwirtschaftet haben und abgezogen wird, was (Wohnsitz-)Ausländer im Inland geschaffen haben. Die Differenz aus beiden Strömen bezeichnet man als *Saldo der Primäreinkommen aus der Übrigen Welt*.

Primäreinkommen von (Wohnsitz-)Inländern aus der Übrigen Welt

- Primäreinkommen von (Wohnsitz-)Ausländern aus dem Inland

= *Saldo der Primäreinkommen aus der Übrigen Welt*

Es ergibt sich dann:

Größe nach dem Inlandskonzept (*Inlandsprodukte*)

+ Saldo der Primäreinkommen aus der Übrigen Welt

= Größe nach dem Inländerkonzept (*Nationaleinkommen*)

Auf diese Weise erhält man aus dem Bruttoinlandsprodukt BIP das *Bruttonationaleinkommen BNE* und aus dem Nettoinlandsprodukt NIP das *Nettonationaleinkommen NNE*. Subtrahiert man von Nettonationaleinkommen die Produktions- und Importabgaben abzüglich der Subventionen, so erhält man das *Volkseinkommen*. Das Volkseinkommen als Größe des Inländerkonzepts gibt erst an, welche Werte den Inländern, also denen, die im Inland ihren Wohnsitz haben, zum Verbrauch in der Periode zur Verfügung stehen.

2.3 Entstehungs-, Verteilungs- und Verwendungsrechnung

Die in der Periode geschaffenen Werte können an drei Ansatzpunkten des Wirtschaftskreislaufs erfasst werden: Bei der *Entstehung der Werte*, bei der *Verteilung der Werte* und bei der *Verwendung der Werte*.

Wird das *Inlandsprodukt* bei seiner Entstehung ermittelt, spricht man von *Entstehungsrechnung.* Hierzu werden zunächst die Bruttowertschöpfungen der einzelnen Sektoren erfasst, d. h. es wird zu Faktorkosten einschließlich der Abschreibungen gerechnet. Üblich ist die Einteilung in die Wirtschaftssektoren »Land- und Forstwirtschaft; Fischerei«, »Produzierendes Gewerbe« und »Dienstleistungsbereiche«. Die Summe der Bruttowertschöpfungen dieser Sektoren macht die **unbereinigte Bruttowertschöpfung** aus. Addiert man zur Bruttowertschöpfung die Gütersteuern abzüglich der Subventionen, erhält man das *Bruttoinlandsprodukt*. Wird des Weiteren der Saldo der Primäreinkommen mit der Übrigen Welt berücksichtigt, findet man den Wert des *Bruttonationaleinkommens*.

In der *Verteilungsrechnung* wird im Allgemeinen vom Volkseinkommen, als Maß des *Inländerkonzepts*, ausgegangen, weil dieses den Rahmen der an die Inländer verteilbaren neu geschaffenen Werte setzt. Dabei werden zwei Einkommensarten unterschieden. Zum einen das *Arbeitnehmerentgelt*, zum anderen die *Unternehmens- und Vermögenseinkommen*. Aus beiden setzt sich das Volkseinkommen zusammen. Wird in dieser Rechnung der *Anteil der Arbeitnehmerentgelte am Volkseinkommen* in Prozent berechnet, so erhält man die *Lohnquote*. Allerdings ist es *unrichtig*, den Rest, also den Anteil der Unternehmens- und Vermögenseinkommen am Volkseinkommen als Gewinnquote zu bezeichnen. Die Unternehmens- und Vermögenseinkommen entstehen als Gegenleistung für die Einbringung der anderen Produktionsfaktoren, außer dem Faktor Arbeit, in den Produktionsprozess. Darin ist also das Zinseinkommen für die Einbringung des Faktors Kapital, die Bodenrente in Form von Mieten und Pachten für die Einbringung des Faktors Boden und der Gewinn als Einkommen für den Faktor Unternehmerinitiative enthalten. Ein nicht unbeträchtlicher Teil insbesondere des Zinseinkommens in der Volkswirtschaft geht heute an so genannte Arbeitnehmerhaushalte, die im Mittel Geldvermögensbesitzer sind. Was die Verteilungsrechnung demnach wiedergibt, ist eine *funktionelle Einkommensverteilung*, eine Verteilung der Einkommen auf die Produktionsfaktoren, die sich aus den Einsätzen der Produktionsfaktoren ergibt. Demgegenüber würde eine *personelle Einkommensverteilung* zeigen, welches Einkommen verschiedene Personen- bzw. Haushaltsgruppen beziehen. Die personelle Einkommensverteilung würde nur dann mit der funktionellen der Verteilungsrechnung übereinstimmen, wenn die Arbeitnehmerhaushalte ausschließlich aus der Einbringung des Faktors Arbeit Einkommen bezögen. Das entspricht heute nicht mehr der Realität in den entwickelten Volkswirtschaften.

Die dritte Möglichkeit der Ermittlung der in einer Periode neu geschaffenen Werte einer Volkswirtschaft ist die *Verwendungsrechnung*. Hier wird das Bruttoinlandsprodukt nach Ausgabenrichtungen erfasst. Die inländische Verwendung des Bruttoinlandsproduktes setzt sich zusammen aus den *Privaten Konsumausgaben* der privaten Haushalte und der privaten Organisationen ohne Erwerbszweck., den *Konsumausgaben des Staates*, den *Bruttoinvestitionen* und dem *Außenbeitrag*. Die Bruttoinvestitionen wiederum ergeben sich aus den *Bruttoanlageinvestitionen*, die in Ausrüstungen, Bauten und Sonstige Anlagen unterschieden werden, und den *Vorratsverändergungen*. Als *Außenbeitrag* wird der Saldo zwischen Exporten und Importen von Waren und Dienstleistungen bezeichnet. Der Außenbeitrag zum Bruttoinlandsprodukt beinhaltet *nicht* die grenzüberschreitenden Primäreinkommen. Dieser Saldo wäre zur Ermittlung des Bruttonationaleinkommens noch zum *Außenbeitrag zum Bruttoinlandsprodukt* zu addieren.

Alle drei Rechnungen der Volkswirtschaftlichen Gesamtrechnung werden laufend statistisch ermittelt und veröffentlicht. Sie sind ausführlich im Statistischen Jahrbuch für die Bundesrepublik Deutschland, das vom Statistischen Bundesamt herausgegeben wird, zu finden. Eine besonders leicht zugängliche Quelle für die interessante Grobaufstellung dieser Rechnungen findet man im statistischen Teil eines jeden Monatsberichts der Deutschen Bundesbank. Da diese Quellen jedem Studierenden der Wirtschaftswissenschaften leicht zugänglich sind, soll hier auf die Angabe von Daten verzichtet und die Einblicknahme in die genannten Publikationen empfohlen werden.

2.4 Ex-post-Algebra der Volkswirtschaftlichen Gesamtrechnung

Betrachtet seien zunächst einige Identitäten (Folgende Darstellung geht zurück auf WOLL (1993), S. 322, (2003), S. 397. Die Begriffe wurden aktualisiert, vgl. SACHVERSTÄNDIGENRAT (2003), S. 492):

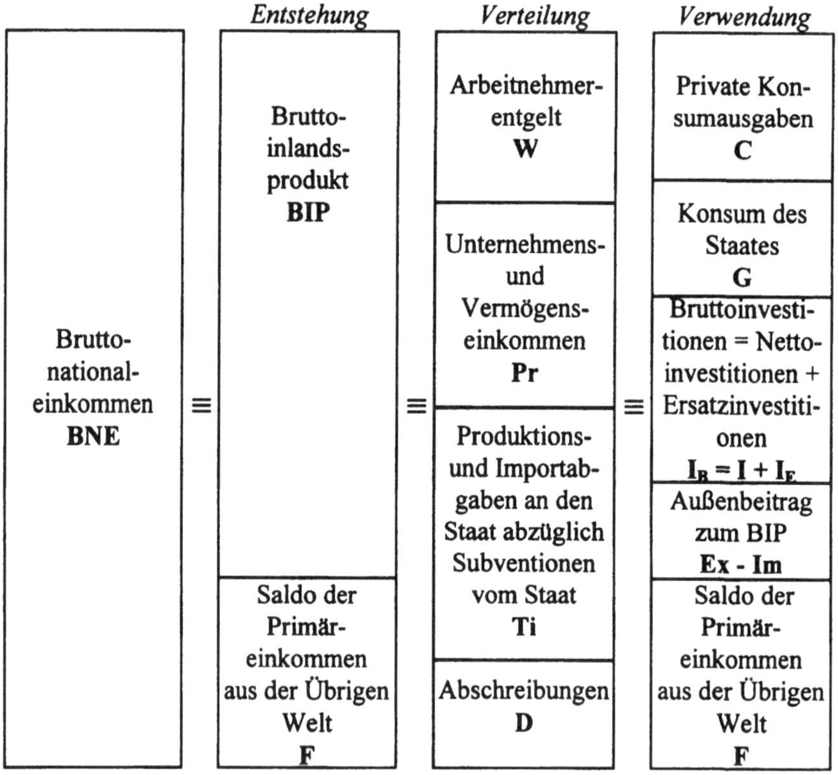
Entstehung
Verteilung
Verwendung
Brutto-national-einkommen BNE
≡
Brutto-inlands-produkt BIP
Saldo der Primär-einkommen aus der Übrigen Welt F
≡
Arbeitnehmer-entgelt W
Unternehmens- und Vermögens-einkommen Pr
Produktions- und Importab-gaben an den Staat abzüglich Subventionen vom Staat Ti
Abschreibungen D
≡
Private Kon-sumausgaben C
Konsum des Staates G
Bruttoinvesti-tionen = Netto-investitionen + Ersatzinvestiti-onen
$I_B = I + I_E$
Außenbeitrag zum BIP Ex - Im
Saldo der Primär-einkommen aus der Übrigen Welt F

Die in der Darstellung angegebenen Abkürzungen und Gleichungen finden in den folgenden Formeln Verwendung. Eine Anmerkung bedarf die Gleichung für den Außenbeitrag. Mit der vor einigen Jahren erfolgten Änderung der Systematik der Zahlungsbilanz ist unter anderem eine eigene Teilbilanz „Erwerbs- und Vermögenseinkommen" eingerichtet worden. Der Saldo dieser Teilbilanz der Leistungsbilanz ist in der obigen Darstellung mit F bezeichnet. Wird nun der Saldo des Waren und Dienstleistungshandels (Ex - Im) als *Außenbeitrag zum Bruttoinlandsprodukt BIP* bezeichnet, so kann man den um den Saldo der Primäreinkommen aus der Übrigen Welt vermehrten Außenbeitrag zum BIP (Ex - Im + F) als *Außenbeitrag zum Bruttonationaleinkommen BNE* bezeichnen. Dieser entspricht, wenn man den noch in der realen Leistungsbilanz einbezogenen Posten „laufende Übertragungen" ausnimmt, vereinfacht dem Leistungsbilanzsaldo. (Vgl. dazu DEUTSCHE BUNDESBANK (3/1995), bes. S 37)

Es ergeben sich folgende Bestimmungsgleichungen für das Bruttonationaleinkommen BNE (Vgl. zu den Zusammenhängen WOLL (1993), S. 323 ff. und die aktuellen Begriffsabgenzungen, z.B. bei SACHVERSTÄNDIGENRAT (2003), S. 492 ff.):

$$
\begin{aligned}
\text{BNE} \quad &= \ \text{BIP} + \text{F} & & \text{[Entstehung]} \\
&= \ W + Pr + Ti + D & & \text{[Verteilung]} \\
&= \ C + G + I + I_E + Ex - Im + F & & \text{[Verwendung]}
\end{aligned}
$$

Somit gilt für das Bruttoinlandsprodukt BIP:

$$
\begin{aligned}
\text{BIP} \quad &= \ \text{BNE} - \text{F} & & \text{[Entstehung]} & & \text{(I)} \\
&= \ W + Pr + Ti + D - F & & \text{[Verteilung]} & & \text{(II)} \\
&= \ C + G + I + I_E + Ex - Im & & \text{[Verwendung]} & & \text{(III)}
\end{aligned}
$$

Das Volkseinkommen ergibt sich, indem vom Bruttonationaleinkommen die Abschreibungen sowie die Produktions- und Importabgaben abzüglich der Subventionen abgezogen werden:

$$\text{Volkseinkommen} \quad = \quad \text{BNE - D - Ti} \quad = \quad W + Pr$$

Werden vom Volkseinkommen W + Pr die direkten Steuern (abzüglich Transferzahlungen) Td abgezogen, so erhält man das verfügbare Einkommen der Inländer, das für Konsum und Sparen verwendet wird:

$$W + Pr - Td = C + S \quad \Rightarrow \quad C + S + Td = W + Pr$$

Wird das Volkseinkommen W + Pr in der Bestimmungsgleichung (II) [Verteilung] ersetzt durch C + S + Td, folgt:

$$\text{BIP} = C + S + Td + Ti + D - F.$$

Nun entspricht ja das Nettoinlandsprodukt NIP dem Bruttoinlandsprodukt abzüglich Abschreibungen:

$$\text{NIP} = \text{BIP - D.}$$

Werden die direkten Steuern Td und die indirekten Steuern Ti zu den Steuern T zusammengefasst, so erhält man für das Nettoinlandsprodukt:

(NIP1) $\text{NIP} = C + S + T - F \quad \text{mit} \quad T = Td + Ti$

Das gesamte Nettoeinkommen der Inländer, das Nettonationaleinkommen NNE, wird auf Private Konsumausgaben C, Steuerzahlungen T und Ersparnisse S aufgeteilt. Diese Summe ist um F größer, als das im Inland erwirtschaftete Nettoeinkommen, weil in Höhe von F die Inländer (netto) im Ausland Einkommen erzielt haben.

Jetzt sei von der Bestimmungsgleichung (III) [Verwendung] ausgegangen. Dabei wird berücksichtigt, dass immer dann, wenn zusätzlicher (Sach-)-Kapitalstock geschaffen wird (also Nettoinvestition I > 0 gilt), was hier durchweg angenommen sei, der Teil der Bruttoinvestitionen I_B, der dem Ersatz verbrauchten Sachkapitals entspricht, I_E, den Abschreibungen D gleich ist (Ersatzinvestitionen I_E = Abschreibungen D). Diese Größe wird zur Bestimmung des Nettoinlandsproduktes von der rechten Seite der Gleichung (III) subtrahiert. So erhält man NIP:

(NIP2) $NIP = C + G + I + Ex - Im$, da $I_E = D$.

Definieren wir nun den Wert des von der inländischen Volkswirtschaft verteilbaren Güterbergs der Betrachtungsperiode als Summe der netto im Inland geschaffenen Werte NIP zuzüglich der Werte der ins Inland importierten Güter und Dienstleistungen Im:

$$X = NIP + Im \qquad \text{[Wert des verteilbaren (Netto-)Güterbergs]}$$

Unter Verwendung der Formel (NIP2) entspricht dies der Verwendung des verteilbaren Güterberges für die inländischen Privaten Konsumausgaben C, die Konsumausgaben des Staates G, die inländischen Nettoinvestitionen I und den Export von Waren und Dienstleistungen Ex:

$$X = C + G + I + Ex \qquad \text{[Wert der volkswirtschaftlichen (Netto-)Endnachfrage]}$$

Dabei ist zu beachten, dass bezüglich der Größen C, G und I kein Unterschied zwischen dem Inlandskonzept und dem Inländerkonzept existiert. Definitionsgemäß haben alle Inländer nach der VGR ihren Wohnsitz im Inland. Gleichwohl enthält C + G + I auch im Ausland erzeugte und dann importierte Waren und Dienstleistungen.

Wird berücksichtigt, dass auch Formel (NIP1) das Nettoinlandsprodukt wieder gibt, so erhält man daraus:

$$X = C + S + T - F + Im.$$

Gleichsetzen der beiden letzten Formeln zeigt, dass:

$$\boxed{G + I + Ex + F = S + T + Im}$$

Wird diese Gleichung nach der inländischen Ersparnis S aufgelöst und etwas umgestellt, ergibt sich:

$$S \quad = \quad I \quad + \quad (G - T) \quad + \quad (Ex - Im + F)$$

| Gesamtwirtschaftliche Ersparnis der Inländer | = | Gesamtwirtschaftliche Nettoinvestitionen | + | Finanzierungssaldo des Staatshaushalts | + | Außenbeitrag zum BNE/ Leistungsbilanzsaldo (vereinfacht)= Finanzierungssaldo mit dem Ausland |

Wäre der Außenhandel in dem Sinne *ausgeglichen*, dass *Ex - Im + F = 0* gewährleistet wäre, d. h., würde es weder einen Finanzierungsmittelabfluss (im Falle eines Überschusses in der Leistungsbilanz werden im Gegenwert Forderungstitel aus dem Ausland importiert, also entspricht ein Leistungsbilanzüberschuss einem Nettokapitalexport) ans Ausland, noch einen Finanzierungsmittelzufluss aus dem Ausland geben, so wäre:

$$S \quad = \quad I \quad + \quad (G - T)$$

Würde zusätzlich der Staatshaushalt ausgeglichen sein, sodass G = T gilt, so erhielte man:

$$S \quad = \quad I$$

Das heißt, in einer geschlossenen Volkswirtschaft (oder einer mit ausgeglichenen Außenhandel im Sinne von *Ex - Im + F = 0*), in der der Staatshaushalt ausgeglichen wäre, würde die inländische Ersparnis der inländischen Nettoinvestitionen entsprechen.

Wäre zwar der *Staatshaushalt ausgeglichen*, der *Außenhandel* aber im obigen Sinne *nicht*, so würde gelten:

$$S \quad = \quad I \quad + \quad (Ex - Im + F)$$

In einer offenen Volkswirtschaft, in der der Staatshaushalt ausgeglichen wäre, könnte die inländische Ersparnis für inländische Nettoinvestitionen I und für den Erwerb von Forderungstiteln aus dem Ausland (Nettokapitalexport) in Höhe von (Ex - Im + F) verwendet werden. Ein positiver Erwerb von ausländischen Forderungstiteln ginge demnach mit einem Leistungsbilanzüberschuss (Ex - Im + F > 0) einher. Umgekehrt würde ein Leistungsbilanzdefizit (Ex - Im + F < 0) bedeuten, dass im gleichen Umfang Kapital importiert worden wäre (Veräußerung von Forderungstiteln an das Ausland). Dann stehen mehr Mittel als nur die inländische Ersparnis für inländische Nettoinvestitionen zur Verfügung. Der Wert der zusätzlichen Investitionsgüter entspräche dann dem Importüberschuss.

III. Makroökonomische Theorie

> „Unsere Theorien sind unsere Erfindungen. ... Sie
> sind nie mehr als kühne Vermutungen, *Hypothe-
> sen*. Aus diesen erschaffen wir eine Welt: nicht
> die wirkliche Welt, sondern Modelle; von uns
> gemachte Netze, mit denen wir die wirkliche Welt
> einzufangen versuchen."
>
> *Sir Karl R. Popper [1902 - 1994],
> (1979), S. 80.*

1. Elemente der makroökonomischen Analyse

In diesem Kapitel geht es zunächst einmal darum, ein Gedankengerüst für
die Beschäftigung mit einer hohen Aggregatebene der Volkswirtschaft,
eben der Makroökonomie, aufzustellen. Es geht darum, ein Theoriegerüst
zu entwickeln, das die makroökonomischen Phänomene zureichend zuverlässig abbildet, um darauf aufbauend Abschätzungen als Entscheidungs-
grundlagen bilden zu können. Auf Theorie kann dabei prinzipiell nicht
verzichtet werden, denn theoriefreie Betrachtung der Welt ist unmöglich.
Es ist deshalb „darauf hinzuweisen, dass die Alternative zu einer richtigen
ökonomischen Theorie nicht etwa der Verzicht auf Theorie ist (was
manchmal als »Gebrauch des gesunden Menschenverstandes« bezeichnet
wird). Die Alternative zu richtiger Theorie ist falsche Theorie."
(FRIEDMAN (1999), S. 39. Zu einem kurzen Überblick über die methodi-
schen Grundlagen der Volkswirtschaftslehre vgl. z. B. BEHRENS/KIRSPEL
(2003), S. 16 - 29.)

Bei der Aufstellung des für die Makroökonomik und die darauf aufbauende Betrachtung wirtschaftspolitischer Zusammenhänge notwendigen The-
oriegebäudes wird hier so weit wie möglich den folgenden Forderungen
gefolgt:

- Die ***Strukturen sollen möglichst einfach sein*** im Sinne von *Occams
  Rasiermesser*, da es nach *WILLIAM VON OCKHAM (WILHELM VON
  OCCAM)* (zw. 1290 u. 1300 bis 1349 od. 1350) „... unnütz [ist], etwas

mit mehr zu tun, was auch mit weniger getan werden kann." (zitiert nach RUSSEL (1992), S. 481). Einfachheit erleichtert zudem die Anwendung einer Theorie, sodass nach *ROBERT E. LUCAS JR.*, Nobelpreisträger für Wirtschaft 1995, gilt, dass: „... ein Schlüssel zum Erfolg der angewandten Wissenschaft ... darin [liegt], so seicht zu bleiben, wie dies gerade noch möglich ist ..." (LUCAS JR. (1989), S. 12)

- Die *Verhaltensannahmen sollten mikroökonomisch begründet sein* (vgl. z. B. SOLOW (1997), S. 231.), was unter anderem bedeutet, dass die übliche und bewährte Annahme Verschwendung systematisch vermeidender, d. h. rationaler, Individuen zu Grunde liegen sollte (homo oeconomicus-Annahme). Die rationale Disposition über Mittel sollte sich möglichst auch auf die Zukunft und die Erwartungsbildung erstrecken. Diese Annahme erweist sich allerdings häufig als nicht erforderlich (sie ist hinreichend aber nicht notwendig), um zu vielen der in diesem Buch dargestellten Ergebnisse zu gelangen.

Diese Annahme so genannter *rationaler Erwartungen,* die von *JOHN F. MUTH* (1961) eingeführt wurde, besagt zudem nicht, dass die Wirtschaftssubjekte etwa alles wissen oder gar perfekt voraussehen können. Die Wirtschaftssubjekte müssen nicht über vollkommene Informationen über die Gegenwart und über die Zukunft verfügen. Die Hypothese besagt lediglich, dass das durchschnittliche Wirtschaftssubjekt sich bei seiner Erwartungsbildung nicht systematisch irrt, also dauernd Unter- oder Überschätzungen von Entwicklungen begeht. Stellen Wirtschaftssubjekte Erwartungsfehler fest, korrigieren sie ihre Erwartungsbildung. (Vgl. PARKIN (1984), S. 396 ff., HANUSCH/KUHN (1994), S. 309 f., BARRO (1992), S. 15, 563, BURDA/WYPLOSZ (1994), S. 64 f.) Die Erwartungskorrekturen können dabei vom Marktmechanismus ausgehen, indem einfach eine Anpassung in eine bestimmte Richtung durch die Marktanreize bewirkt wird. Als Annahme über in diesem Sinne tatsächliches Verhalten aufgefasst, mag die Hypothese zwar unrealistisch sein, „die Alternativen sind aber um nichts realistischer, denn sie behaupten, dass sich die Wirtschaftssubjekte systematisch irren können.

Tatsächlich genügt es für die Gültigkeit rationaler Erwartungen in der Regel, dass einige wohlinformierte Wirtschaftssubjekte sich auf diese Weise verhalten." (BURDA/WYPLOSZ (1994), S. 66)

In diesem Zusammenhang ist anzumerken, dass die Annahme rationaler Erwartungen keine empirisch zu klärende Angelegenheit ist, wie manchmal suggeriert wird. Ebenso wenig wie im Falle der homo oeconomicus-Annahme allgemein (vgl. dazu GROSSEKETTLER (1980), S. 26 ff.), wird hier eine Behauptung über Fähigkeiten und Verhalten der einzelnen Menschen oder etwa aller Menschen aufgestellt. Worum es bei der Bildung von Annahmen vornehmlich geht, ist die Frage, ob eine solche Annahme zu brauchbaren Theorien führt, also zu Theorien, die reale Prozesse und Systemeigenschaften zureichend gut kennzeichnen. Dem „ .. Begriff der »rationalen Erwartungen« ... [kann] man .. nur im Kontext spezifischer Modelle eine präzise Bedeutung geben .." (LUCAS JR. (1989), S. 14, Fn. 4, so auch BLINDER (1984), S. 417) Annahmen müssen so gesehen nicht realistisch, sondern im Rahmen eines Hypothesensystems brauchbar sein. (Vgl. FRIEDMAN (1979), S. 22 ff., insbes. S. 26, LUCAS JR. (1980), vgl. dazu auch z. B. TIETZEL (1981), S. 241 f.)[1]

- *Es sind saldenmechanisch notwendige Zusammenhänge zu berücksichtigen,* d. h. dass bei der Analyse nicht gegen die Logik verstoßen werden sollte, was im Rahmen der Makroökonomik beispielsweise bedeutet, dass zu berücksichtigen ist, dass Bestände nur den Besitzer wechseln, im Allgemeinen aber, von gewissen Verlusten durch Hausbrand, Überschwemmung, Verlieren etc. abgesehen, durch Transaktionen nicht verschwinden können. Ebenso, dass ein Strom, der irgendwo ankommt, auch irgendwo abgegangen sein muss und dass jedem Kre-

---

[1] Die Forderung nach Realitätsnähe der Annahmen könnte sogar im Widerspruch zur Logik stehen. (Vgl. dazu etwa KÄSTLI (1978). Zu verschiedenen Ansichten zur Frage des empirischen Gehalts einer Theorie vgl. KROMPHARDT (1982), S. 914 ff.

ditgeber ein Kreditnehmer gegenüberstehen muss und vieles andere dieser Art mehr.

• *Es soll vom Markträumungsansatz ausgegangen werden*, nicht zuletzt, weil Markträumung Konsistenzbedingungen sicherstellt und die Beurteilung von Abweichungen von der Markträumung des Markträumungsansatzes als eines Referenzmaßstabes bedarf.

In der Lehrbuchliteratur wird der Markträumungsansatz verbreitet nicht angewandt, beispielsweise weil man von fixen Preisen ausgeht, um die Folgen verzögerter Preisanpassungen und den Handel zu »falschen«, d. h. nicht markträumenden, Preisen zu modellieren. Solche Ansätze stammen aus der Tradition einer Schule der Volkswirtschaftslehre, die mit dem Namen des Politikers und Volkswirten JOHN MAYNARD KEYNES (1883 - 1946), der ungeheuren Einfluss auf ganze Generationen von Nationalökonomen ausgeübt hat, verbunden ist. Diese Schule wird insgesamt als *Keynesianismus* bezeichnet. Der Tradition dieser Schule soll hier nicht gefolgt werden. Als Begündung soll angeführt werden, dass der Preismechanismus das weitaus wichtigste Koordinationsverfahren in realen Wirtschaftssystemen, die sich ordnungspolitisch auf den Markt gründen, darstellt. (Vgl. dazu beispielsweise BEHRENS/KIRSPEL (2003), S. 95 - 123 und 143 - 165.) Und die Preise sind es gerade, die die Aktivitäten der Wirtschaftssubjekte nicht allein aufeinander abstimmen, sondern über die dabei vermittelten Signale in die richtige Richtung lenken: „Die wichtigste Funktion der Preise ist aber, dass sie uns sagen, *nicht wie viel*, sondern *was* wir leisten sollen." (V. HAYEK (1968), S. 258) Eine Makroökonomik, die über eine Marktwirtschaft unter der Annahme philosophiert, die Preise seien starr, mutet recht paradox an, weil sie vom Hauptmerkmal des analysierten Systems abstrahiert.[2]

---

[2] Auf diesen Punkt hat mich Herr Prof. Dr. *Mathias Erlei* in einem Gespräch aufmerksam gemacht. Ähnlich äußerte sich schon BARRO (1989), S. 263, indem er darauf hinwies, daß die Annahmen träger Preis- und Lohnanpassungen Ökonomen, die im Rahmen der Preistheorie und gut funktionierender privater Märkte denken, seltsam anmutet.

Zwar mag hier nicht abgestritten werden, dass in sehr kurzer Frist Preisreaktionen ausbleiben oder zu verhalten ausfallen können, sodass lediglich über Mengen reagiert werden kann, aber dabei kann es sich aus marktwirtschaftlicher Sicht nur um einen vorübergehenden Effekt handeln, es sei denn, es läge Staatsversagen in dem Sinne vor, dass es der Wettbewerbspolitik nicht gelungen wäre, die Rahmenbedingungen für funktionsfähigen Wettbewerb zu setzen und durchzusetzen. (Zur Notwendigkeit und zur Ausgestaltung der Wettbewerbspolitik vgl. z. B. HERDZINA (1999), sowie die knappe Übersicht in BEHRENS/KIRSPEL (1999), 183 ff.). Ohne dies hier näher überprüfen zu können, ist es insofern vielleicht möglich, die älteren ebenso wie die moderneren *keynesianischen Ansätze* einerseits *als Theorien über sehr kurzfristige anomale Reaktionen des Marktsystems* oder andererseits *als Analyse von Folgen des Versagens staatlicher Wirtschaftspolitik, insbesondere Wettbewerbspolitik,* zu betrachten. In jedem Fall soll hier auf die keynesianischen Ansätze nicht näher eingegangen werden, denn die Befassung mit den sehr kurzfristigen anomalen Reaktionen eines Marktsystems kann, insbesondere auch, weil die Analyse wegen fehlender vernünftiger Erwartungen regelmäßig nicht fehlerfrei sein dürfte, zu einer falschen Grundeinstellung bei Studenten und Politikern führen. (Vgl. KING (1993), S. 78 f.) Der Keynesianismus hat in der Vergangenheit sehr oft zu solchen Fehleinschätzungen auch hinsichtlich der wirtschaftspolitischen Fragen geführt und erheblichen volkswirtschaftlichen Schaden verursacht. „Über Jahrzehnte hinweg hielt man das keynesianische Modell für das Alpha und Omega der Makroökonomik. Viele Wirtschaftspolitiker übernahmen diese Denkweise in den sechziger Jahren; sie vergaßen, dass die Preise nicht konstant sind, richteten ihre gesamte Aufmerksamkeit auf die Nachfrageseite der Wirtschaft und ließen die Angebotsseite außer Acht. Das Ergebnis war in den siebziger Jahren Inflation und in den achtziger Jahren Arbeitslosigkeit." (BURDA/WYPLOSZ (1994), S. 358).[3] „In sum ... one can easily conclude that macroeconomists are schizophrenic. On the one hand, the current research approach casts serious doubt on models with ad-hoc price or wage rigidity ... On the other hand, central features in the leading textbooks include ... some degree of wage and price rigidity." (POLICANO (1985), S. 396.)[4] Dieser Schizophrenie soll hier nicht Folge geleistet werden: Ohne entscheiden zu wollen, ob der Keynesianismus richtige Ansichten für die kurze Frist liefert oder nicht, halten wir a) die Beschäftigung mit dieser kurzfristigen Sicht nicht für das Verständnis der Volkswirtschaft für *vorrangig* und b) die Prägung mit dieser Sicht der Welt wegen der wirtschaftspolitischen Folgen für schädlich.

Gleichwohl gibt es, so könnte noch angeführt werden, weitere Probleme des Marktmechanismus. So zählt etwa *GAHLEN* in einer Kritik am Markträumungsmodell als „eine zu ideale Welt" folgende Störungen des Marktmechanismus auf: „Mangelnde Mobilität, staatliche Regulierungen, verzögerter Strukturwandel, zu inflexible Preise, unvollständige Informationen, usw." (GAHLEN (1987), S. 431). Nicht nur inflexible Preise, auch die anderen Störungen lassen sich aber bei näherem Hinsehen als vorübergehende Koordinationsverzögerungen und/oder als Staatsversagen kennzeichnen. Und niemand wird behaupten, die Annahme eines Modells mit perfekter Marktkoordination würde die Realität korrekt widerspiegeln, höchstens, mit diesem Modell könnten viele zutreffende Aussagen, etwa über die Richtung von Anpassungen an Datenänderungen, über die reale Welt gewonnen werden.

---

[3] Insofern könnte man geneigt sein, die Auffassung *VON HAYEK*s für nicht unsachlich zu halten, die „Theorie von *Lord Keynes* [sei ein (Ch.-U. B.] ... Ornament einer Zivilisation, die in wesentlich besserer Verfassung wäre, wenn er niemals über Wirtschaft geschrieben hätte." (V. HAYEK (1984), S. 27, (1996), S. 146.)

[4] In den ausgelassenen Stellen bezieht POLICANO seine Kritik auch auf das sogenannte IS/LM-Modell, das eine - in diesem Lehrbuch nicht dargestellte - wesentliche Basis der keynesianischen Makroökonomik bildet, in sich aber, ebenso wie die darauf aufbauende gesamtwirtschaftliche AD/AS-Analyse, widersprüchlich ist (Vgl. BARRO/GRILLI (1996), S. 709 ff., BARRO (1994)).

Schließlich scheint es auch wenig mit ökonomischem Denken in Einklang zu bringen zu sein, bei der Beurteilung der Realitätsnähe des Markträumungsmodells allein auf einen Vergleich des (utopischen) Ideals mit dem real mängelbehafteten Marktsystem (das zudem nie rein zu verwirklichen ist (vgl. TUCHTFELDT (1982)) abzustellen, denn angebracht ist ein Denken in Opportunitäten: Das Modell kommt dem realen Marktsystem von allen denkbaren Koordinationsverfahren am nächsten. Ein Vergleich mit einer Alternative, beispielsweise einem Staatseingriff, müsste dann die Abweichungen des realen Marktes vom Ideal mit denen der Koordination durch den Staat vom Ideal vergleichen. Dann sehen manche Mängel des Marktsystems vielleicht gar nicht mehr so sehr mangelhaft aus, insbesondere die Anpassungsgeschwindigkeit an Datenänderungen nicht. Lassen wir dazu *FRIEDRICH AUGUST VON HAYEK* (1899 - 1992), Wirtschaftsnobelpreisträger 1974, zu Wort kommen: „Die Kosten des Entdeckungsverfahrens, das wir gebrauchen, sind beträchtlich. Aber wir tun den Leistungen des Marktes Unrecht, wenn wir sie gewissermaßen »von oben herunter« beurteilen, nämlich durch den Vergleich mit einem idealen Standard, den wir in keiner bekannten Weise erreichen können. Wenn wir sie, wie das allein zulässig erscheint, »von unten herauf« beurteilen, d. h. im Vergleich mit dem, was wir mittels irgendeiner anderen uns zur Verfügung stehenden Methode erreichen können, insbesondere im Vergleich mit dem, was produziert würde, wenn Wettbewerb verhindert würde - z. B wenn nur jene ein Gut erzeugen dürfen, denen eine Behörde das Recht dazu erteilt -, so muss die Leistung des Marktes sehr beträchtlich erscheinen." (V. HAYEK (1968), S. 257)

Vergleichen wir in diesem Sinne lediglich die Koordinationsverfahren Markt *M*, demokratische Abstimmung *D* und Befehl durch eine Planungszentrale *B* mit dem Markträumungsideal *I* (zur näheren Begründung zur Einschätzung der Effizienz von Koordinationsverfahren sei auf die ordnungstheoretische Literatur verwiesen, z. B. BOETTCHER (1974), CASSEL/RAMB/THIEME (1988), GROSSEKETTLER (1982), TUCHTFELDT (1982)), so kann möglicherweise folgendes Bild nützlich sein, in dem, ohne konkrete Skalierung, sodass die Abstände rein willkürlich sind und nicht reale Abstufungen widerspiegeln, der Pfeil zunehmende Nähe zum Ideal kennzeichnet:

Natürlich bedeutet dies nicht, dass immer und stets das dem Ideal im Sinne eines Markträumungsmodells nächste Verfahren M eingesetzt werden sollte, denn es gibt natürlich unvermeidliche Koordinationsmängel des Marktsystems, die einen Einsatz eines anderen Koordinationsverfahrens unumgänglich machen (Vgl. z. B. TUCHTFELDT (1982) und, zusammenfassend, BEHRENS/KIRSPEL (2003), S. 166 - 210.)

Man kann natürlich wie *GAHLEN*, stellvertretend für viele andere Ökonomen, fordern, dass die von ihm benannten Störungen, die die Marktanpassung beeinträchtigen, zu modellieren sind (Vgl. GAHLEN (1987), S. 431), dabei ist aber abzuwägen, ob wirklich durch die größere Annäherung des Modells an die Realität im Sinne der (komplizierteren) Verhaltensannahmen mehr gewonnen wird, als durch die größere Kompliziertheit des Modells an Einsichten verloren geht. (Vgl. zur entsprechenden Einschätzung von „Fix-Preis"-Modellen z. B. LUCAS JR. (1989), S. 55 ff.) Schließlich wird man auch niemandem, der mit seinem Auto von Hamburg nach Nürnberg fahren möchte, raten, zur Orientierung aufeinander folgende Stadtpläne und Wanderkarten zu benutzen mit der Begründung, dass die Übersichtskarte, auf der lediglich die Autobahnen verzeichnet sind, doch zu stark von der Landschaft abstrahiere, durch die er fahren muss.

Allerdings bedarf, wenn es um ganz bestimmte Fragen geht, die Störungen des Marktes voraussetzen, das Markträumungsmodell noch der Ergänzung durch andere, speziell auf die jeweilige Fragestellung zugeschnittene Modelle und Überlegungen. So „[wird] [d]ie Arbeit der "Gleichgewichts"-Makroökonomen .. oft kritisiert, als ob es sich um einen fehlgeschlagenen Versuch einer Erklärung der Arbeitslosigkeit handelte (die sie sicherlich nicht erklären kann) und nicht um den Versuch, etwas anderes zu erklären." (LUCAS JR. (1989), S. 52) Zur Erklärung wichtiger Phänomene, wie das der andauernden Arbeitslosigkeit, wird man auf ergänzende Modelle und Überlegungen zurückgreifen *müssen*, weil die Ursachen nicht selten gerade darin liegen, dass auf der Mikroebene etwas nicht stimmt, also beispielsweise markträumende Preise und andere Konditionen oder effektive Informations- und Suchprozesse verhindert sind. Um eine unglückliche aber verbreitete Unterscheidung aufzugreifen handelt es sich auch bei der so genannten „freiwilligen" Arbeitslosigkeit um ein wirtschaftspolitisch relevantes Problem und „[d]urch ihr [der Keynesianischen Tradition (Ch.-U.B.)] dogmatisches Beharren auf der Einstufung der Arbeitslosigkeit als »unfreiwillig« begibt sich diese Tradition einfach aller Möglichkeiten, um über die tatsächlichen Optionen arbeitsloser Menschen ernsthaft nachzudenken und zugleich zu lernen, wie alternative soziale Arrangements diese Optionen verbessern könnten." (LUCAS JR. (1989), S. 72 f.)

Wenn es darum geht, praktisch brauchbare Einsichten in gesamtwirtschaftliche Veränderungen und Entwicklungen zu vermitteln und weniger darum, Forscher auszubilden, die sich auf hohem Abstraktionsniveau mit Einzelheiten des makroökonomischen Prozesses zu befassen vermögen, dann scheint das Markträumungsmodell gerade durch seine Einfachheit und durch die durch dieses Modell vermittelte Vielzahl praktisch brauchbarer Einsichten in Reaktionen des Systems auf Datenänderungen, insbesondere auch Politikänderungen, insgesamt überaus zweckmäßig. Insbesondere, wenn auf mittlere Frist, die in praxi nur einige wenige Jahre beträgt, relativ zuverlässig gültige Aussagen gewonnen werden können, die besser als die Kenntnis kurzfristig wirksamer Anpassungsabweichungen zur Grundlage betrieblicher Entscheidungen, etwa hinsichtlich des anzustrebenden Kapital- und Personalbestandes, gemacht werden können. Zweifellos bleibt es dann noch nötig, für die ganz kurzfristigen Anpassungen, etwa der Liquiditätsdispositionen, auf den Sachverstand auch mit den Kurzfristmodellen vertrauter Volkswirte zurückzugreifen. Diesbezüglich kann sich das durchschnittliche Unternehmen auch an seinen Verband oder seine Bank wenden. Aber auch hier ist mit *PAUL ANTHONY SAMUELSON*, Nobelpreisträger für Wirtschaft 1970, zu warnen: „Auch die klügsten Köpfe der Wall Street liegen im Durchschnitt mit ihrer Wahl nicht besser als der Aktienmarktindex (Dow-Jones, Standard & Poor etc.)." (SAMUELSON/NORDHAUS (1998), S. 584.)

Bezüglich der Vorgehensweise in diesem Abschnitt fassen wir zusammen:

Im ersten Schritt wird es zunächst darum gehen, zu ermitteln, was das Kreislaufniveau bestimmt und was dies für das (freiwillige) Beschäftigungsniveau und das Preisniveau bedeutet. Vorerst wird von Schwankungen der Kreislaufaktivität, also von Konjunkturzyklen abgesehen, zumal „.. der Konjunkturzyklus in der Nachkriegszeit für die Wohlfahrt der Individuen kein sehr wichtiges Problem [ist]." (LUCAS JR. (1989), S. 114, vgl. auch S. 28 ff.) Ebenso wird der längerfristige Pfad des Kreislaufniveaus, also das Wirtschaftswachstum, noch nicht betrachtet.

Nach der Ermittlung der Bestimmung des Kreislaufniveaus wird sich der Frage, nach dem Geldmarktgleichgewicht und der Bestimmung des Preisniveaus gewidmet.

Dann erfolgt eine Analyse zunächst einiger ausgewählter exogener Datenänderungen und sodann der Aktivitäten des Staates und ihrer Wirkungen auf das Kreislaufniveau.

Nachdem das makroökonomische Modell dann steht und seine Reaktionen bekannt sind, wird auf einen Abschnitt zur Wirtschaftspolitik eingegangen, in dem die Ziele und die Möglichkeiten ihrer Erreichung erörtert werden.

In diesem Zusammenhang ist auf Inflation und ihre Bekämpfung ebenso einzugehen, wie auf das Phänomen der Arbeitslosigkeit und der Wege, ihm zu entkommen. Auch ist hier die Beschäftigung mit dem Wachstums- und Entwicklungspfad und den Möglichkeiten ihrer positiven Beeinflussung angezeigt. Schließlich soll im Zusammenhang damit auch auf die Schwankungen des (wachsenden) Kreislaufniveaus, also das Konjunkturphänomen, in der gebotenen Kürze eingegangen werden.

Schließlich wird nach Klärung all dieser Fragen ein Kapitel den Fragen der tatsächlichen Möglichkeiten und des Sinns der wirtschaftspolitischen Beeinflussung der Makroökonomie gewidmet werden. Dabei ist darauf einzugehen, was für die Wirtschaftspolitik bestimmend ist und welche Folgen zu erwarten sind, weil es sowohl darauf ankommt, richtig einzuschätzen, wie der Staat sich in bestimmten Problemlagen voraussichtlich verhält, als auch darauf, die Folgen zutreffend vorauszuschätzen und sich nicht von den mit den Verhaltensbegründungen abgegebenen Ergebniserwartungen blenden zu lassen.

2. Komponenten der gesamtwirtschaftlichen Nachfrage

Wie auf einzelnen Märkten, muss auch gesamtwirtschaftlich einerseits von Einflussgrößen der Nachfrageseite und andererseits von solchen der Angebotsseite ausgegangen werden. Dabei wird nun allerdings ein recht hohes Aggregationsniveau gewählt. Wir gehen von vier Aggregaten aus, deren Handlungen über (globale) Märkte koordiniert werden. (Erst später werden wir darauf eingehen, dass Abweichungen vom Koordinationsmechanismus Marktsystem zu Koordinationsproblemen, beispielsweise höherer Arbeitslosigkeit als es sonst der Fall wäre, führen.)

Hinsichtlich der gesamtwirtschaftlichen (Netto-)Nachfrage ergibt sich:

Aggregat	Komponenten der Nachfrage
Private Haushalte HH	Nachfrage nach Konsumgütern $C = C^i + C^a$
Unternehmen U	Nachfrage nach Investitionsgütern $I = I^i + I^a$
Staat St	Nachfrage des Staates $G = G^i + G^a$
Ausland A	Nettonachfrage des Auslandes Ex - Im

Die *inländischen Privaten Haushalte* fragen Konsumgüter im Werte von C nach. Ein Teil dieser Konsumnachfrage richtet sich an die inländischen Unternehmen C^i, ein anderer Teil an die ausländischen Unternehmen C^a. Ebenso fragen die *inländischen Unternehmen* Investitionsgüter im Nettowert von I nach. Genau genommen fragen sie natürlich Investitionsgüter im Bruttowert IB nach, von denen ein Teil dem Ersatz der verbrauchten Investitionsgüter D gilt. Netto ergibt sich dann eine Nachfrage von I, von der ein Teil durch Lieferungen inländischer Unternehmen I^i und ein Teil durch Lieferungen ausländischer Unternehmen I^a befriedigt wird. Der *inländische Staat* entfaltet Nachfrage im Wert von G, die von inländischen Unternehmen G^i und von ausländischen Unternehmen G^a befriedigt wird. G könnte natürlich aufgeteilt werden in staatlichen Konsum C^{St} und staatliche Investitionen I^{St}, wovon hier abgesehen wird. Schließlich erfahren die inländischen Unternehmen noch Nachfrage aus dem *Ausland*, da die ausländischen Privaten Haushalte, die ausländischen Unternehmen und die ausländischen Staaten Konsum- und Investitionsgüter im Inland nachfragen. Dies ist der Wert des Exports von Gütern und Dienstleistungen Ex. Das Ausland erfährt natürlich auch Nachfrage aus dem Inland, nämlich C^a, I^a und G^a. Diese Größen ergeben zusammen den Wert des Imports von Gütern und Dienstleistungen aus dem Ausland Im.

Als Summe ergibt sich die gesamte beim inländischen Aggregat U entfaltete Nettonachfrage als Nettoinlandsprodukt: $NIP = C^i + I^i + G^i + Ex$. Nehmen wir zur Vereinfachung weiter an, dass alle Importe durch inländische Unternehmen vermittelt werden, so können die gesamten inländi-

schen Konsum-, Investitions- und Staatsausgaben als Nachfrage bei inländischen Unternehmen interpretiert werden. In diesem Fall ist dann der
Wert der Bruttonachfrage des Auslands Ex um den Wert der Bruttonachfrage des Inlands im Ausland Im zu bereinigen, sodass sich als Nettonachfrage des Auslandes Ex - Im ergibt. Es folgt:

$$NIP = C + I + G + Ex - Im.$$

Stellen wir den beschriebenen Kreislauf als Flussdiagramm dar, so erhält
man folgendes Bild der Nachfrageströme:

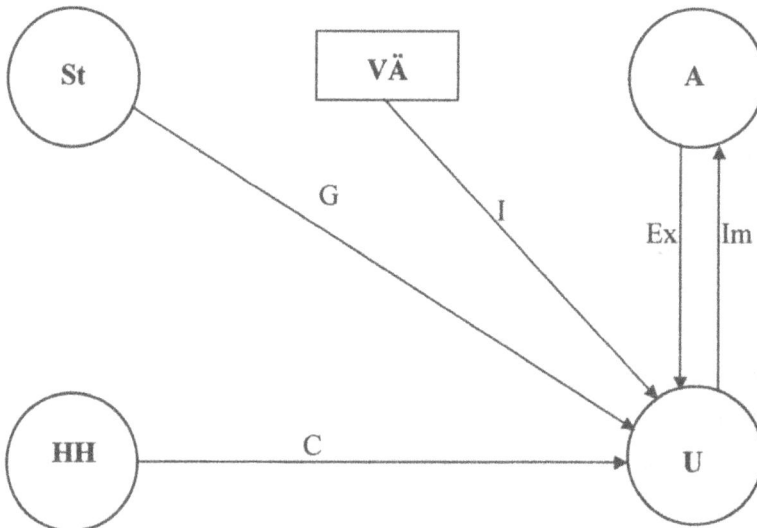

Wie leicht erkennbar ist, machen die Nachfrageströme allein noch lange
keinen vollständigen Kreislauf aus. Es fehlen einfach die Gegenbuchun-
gen. Der wahre Wirtschaftsprozess wird durch Angebot *und* Nachfrage
bestimmt. Aber auch diese Aussage ist noch doppeldeutig. Wir hatten
nämlich bereits früher als Gleichgewicht definiert, dass die geplanten
Handlungen der Wirtschaftssubjekte miteinander kompatibel sein müssen.
Wenn das der Fall ist, müssen auch die geplanten wirtschaftlichen Handlungen der Aggregate miteinander kompatibel sein, denn die Aggregate
setzen sich ja aus den Wirtschaftssubjekten zusammen. Demnach steht im
Kreislaufgleichgewicht den angeführten Nachfrageströmen ein entspre-

chendes Angebot der Unternehmen gegenüber. Des einen Nachfrage ist eben bei Markträumung des anderen Angebot. Die im obigen Schaubild noch fehlenden Ströme können demnach nicht einfach als Angebote gekennzeichnet werden. Beispielsweise entfaltet der Sektor Private Haushalte HH seine Nachfrage nach Konsumgütern aus seinem Faktoreinkommen Y, welches in der Regel zuvor um die Steuerzahlungen an den Staat T vermindert wird. Der Staat wiederum finanziert sich aus Steuereinnahmen T und Kreditaufnahmen, also einem Budgetdefizit BD (das auch negativ, also ein Budgetüberschuss, sein kann). Und das Ausland erhält, wenn Ex < Im ist, einen Geldvermögensgewinn gegenüber dem Inland, im umgekehrten Fall entsteht eine Forderungszunahme des Inlands gegenüber dem Ausland. Die entsprechende Vermögensänderung des Auslands gegenüber dem Inland kürzen wir mit dVA ab. Wird zur Vereinfachung unterstellt, dass von den Unternehmen zunächst alle Faktoreinkommen, einschließlich des Gewinns, an die Privaten Haushalte als Letzteigentümer und Anbieter von Faktorleistungen ausgeschüttet werden **(NIP = Y)**, aus denen der Staat dann seine Steuereinnahmen erzielt, so ergibt sich als vollständiges Kreislaufbild:

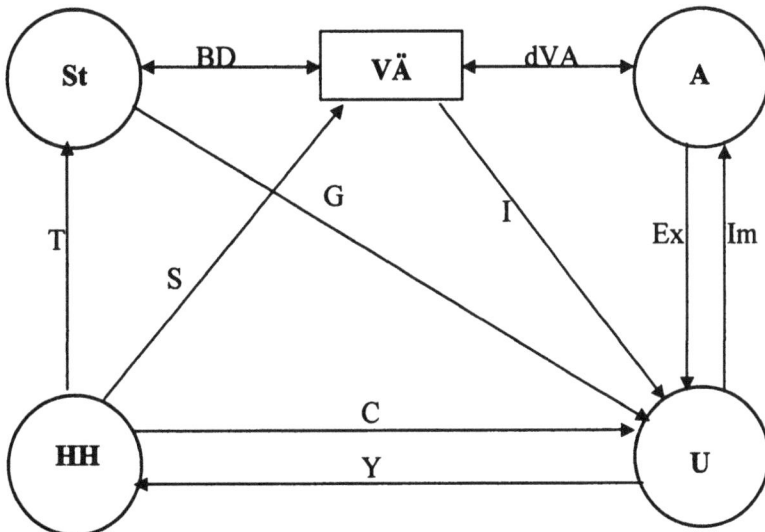

Die Budgetgleichungen der Transaktoren sind diesem Flussdiagramm unmittelbar zu entnehmen. Erklärt werden muss nun, was die Größe beziehungsweise die Stärke der einzelnen Ströme bestimmt, denn davon hängt offenkundig das *Kreislaufniveau*, d. h. die Höhe von Y (bzw. NIP) ab.

2.1   Die Konsum- und Sparentscheidungen der Privaten Haushalte

Die Konsumentscheidung eines repräsentativen Haushalts ist Ergebnis eines Nutzenmaximierungskalküls. Der typische Haushalt steht vor den drei ökonomischen Entscheidungen, wie er sein Einkommen erwirbt, wie er es verwendet und wie er das Vermögen anlegt. (Vgl. STOBBE (1991), S. 68 ff.) Die entsprechenden Entscheidungen wird der Haushalt so fällen, dass sein Nutzen maximiert wird. Das Problem des Einkommenserwerbs kann dann auf die Entscheidung zwischen Arbeit und Freizeit zurückgeführt werden, woraus sich das Arbeitsangebot des typischen Haushalts ergibt. Darauf wird zurückzukommen sein, wenn das gesamtwirtschaftliche Angebot erörtert wird. Hier sei zunächst angenommen, das Problem des Einkommenserwerbs sei gelöst.

Ein vernünftig wirtschaftender Haushalt wird nun bei der Entscheidung über die Aufteilung seines Periodeneinkommens in Konsumausgaben einerseits und Sparen, also Aufbau eines (Geld-)Vermögens, andererseits auch das künftig zu erwartende Einkommen berücksichtigen. Er wird eine nutzenmaximale Konsumaufteilung auf die verschiedenen Perioden wünschen. Die so genannte *Zeitpräferenzrate* gibt dabei an, welchen relativen Konsumzuwachs ein Haushalt für einen gegenwärtigen Konsumverzicht wünscht. (Vgl. SCHUMANN (1992), S. 123, FEHL/OBERENDER (1999), S. 387.) Üblicherweise wird angenommen, dass der repräsentative Haushalt eine positive Zeitpräferenzrate besitzt, was bedeutet, dass er nur bereit ist, jetzt Konsumverzicht zu üben, wenn er dadurch einen höheren Zuwachs an Konsummöglichkeit in der Zukunft erhält. In der positiven Zeitpräferenzrate zeigt sich eine Minderschätzung künftigen Konsums, eine Konsumeinheit jetzt wird als wertvoller als eine Konsumeinheit morgen angesehen. Eine solche positive Zeitpräferenzrate kann beispielsweise Folge der Tatsache sein, dass es aus der Sicht der Wirtschaftssubjekte eine positive (wenn auch möglicherweise sehr kleine) Wahrscheinlichkeit für Ereignisse gibt, die zu einem Weltuntergang führen (Vgl. MEYER/MÜLLER-SIEBERS/STRÖBELE (1998), S. 133). Durch die Annahme einer positiven Zeitpräferenzrate kann ein positiver Zinssatz begründet werden. Allerdings ist eine positive Zeitpräferenzrate nicht immer eine vernünftige Annahme. Ist der Haushalt beispielsweise in der Gegenwart sehr gut mit Mitteln für den Konsum ausgestattet und erwartet für die Zukunft keinen weiteren Erhalt von Konsummitteln, so kann es für ihn durchaus rational sein, Konsummöglichkeiten in die Zukunft zu verlagern, auch wenn dafür ein Abschlag, also ein negativer Zinssatz hingenommen werden müsste. Er *muss* sozusagen für den Fall, dass die Welt nicht untergeht, einen Vorrat für die Zukunft anlegen. Dabei ist allerdings unterstellt, dass der repräsentative Haushalt nicht auf (zinslose) Geldhortung allein zurückgreifen kann, wenn die Geldmenge konstant ist.

Zur Erhellung der intertemporalen Konsumzusammenhänge betrachten wir zunächst ein einfaches Zwei-Perioden-Modell (Vgl. zum folgenden bspw. BEHRENS/KIRSPEL (2003), S. 312 ff., BURDA/WYPLOSZ (1994), S. 106 ff., BARRO/GRILLI (1996), S. 109 ff., MANKIW (1998), S. 452 ff., FEHL/OBERENDER (1999), S. 380 ff., MANKIW (2000), S. 439 ff.) Diese Methode zur Analyse intertemporaler Entscheidungen geht auf *IRVING FISHER* (1867 - 1947) (1930) zurück und wird auch als *Fisher-Methode*, das Modell als *Fisher-Modell* bezeichnet. (Vgl. z. B. BARRO/GRILLI (1996), S. 116, Fn 2 oder MANKIW (1998), S. 452 ff., (2000), S. 439 ff.)

Angenommen sei, dass der betrachtete Haushalt in Periode 1 ein Einkommen in Höhe von Y_1 erwirbt und in Periode 2 eines von Y_2. Weiter sei angenommen, dass der Haushalt jederzeit zum Zinssatz r Geld aufnehmen oder Geld anlegen kann. Aus den Ausstattungen mit Einkommen in den beiden Perioden ergeben sich dann die Konsummöglichkeiten des Haushalts gemäß der folgenden zeitlichen Budgetgleichung:

$$C_2 = Y_2 + (1+r) \cdot Y_1 - (1+r) \cdot C_1 = Y_2 + (1+r) \cdot (Y_1 - C_1)$$

Beispielsweise könnte der Haushalt in jeder Periode das konsumieren, was er in der entsprechenden Periode verdient hat. In diesem Falle wäre dann der Konsum der Periode 1 gleich dem Einkommen der Periode 1, sodass als Konsum der Periode 2 das Einkommen der Periode 2 verbliebe:

$$C_1 = Y_1 \quad \wedge \quad C_2 = Y_2 \,.$$

Der Haushalt könnte aber auch in der Periode 2 mehr konsumieren als er verdient hat, wenn er in Periode 1 gespart hat, also dort verdiente Einkommensteile nicht für Kosumzwecke verausgabt hat. Hat er beispielsweise den Betrag $Y_1 - C_1 (> 0)$ gespart, so kann er in der Periode 2 sein Einkommen aus Periode 2 Y_2 und den gesparten Betrag einschließlich Zinsen $(1 + r) \cdot (Y_1 - C_1)$ verausgaben. Hat er aber in Periode 1 einen Kredit aufgenommen ($Y_1 - C_1 < 0$), so müsste er aus seinem Einkommen in Periode 2 diesen Kredit einschließlich Zinsen zurückzahlen, sodass er in Periode 2 nurmehr $Y_2 - (1 + r) \cdot (C_1 - Y_1)$ konsumieren könnte.

Ermittelt man in einer $[C_1, C_2]$-Ebene die Achsenabschnitte der zeitlichen Budgetgleichung, so erhält man:

$$C_2 = Y_2 + (1+r) \cdot Y_1 \quad \text{für} \quad C_1 = 0,$$

$$C_1 = Y_1 + \frac{Y_2}{(1+r)} \quad \text{für} \quad C_2 = 0 \,.$$

Damit ist der zeitliche Raum der Konsummöglichkeiten des Haushalts gekennzeichnet. Aus diesen Möglichkeiten wird der repräsentative Haushalt nun die nutzenmaximale Konsumaufteilung auswählen. Dazu ist eine Annahme über die intertemporale Nutzenfunktion (*Zeitpräferenzfunktion* (vgl. SCHUMANN (1992), S. 122)) erforderlich. Wir nehmen an, der Haushalt habe eine substitutionale Nutzenfunktion, in der der Konsum der Periode 1 und der Konsum der Periode 2 als Argumente enthalten seien:

$U=f(C_1,C_2)$.

Für Linien gleichen Nutzens in der $[C_1,C_2]$-Ebene, also für *Indifferenz-kurven*, dieser Nutzenfunktion möge das Gesetz der abnehmenden Grenz-rate der Substitution gelten. Somit ist jedes Nutzenniveau durch eine kon-vex zum Ursprung verlaufende Indifferenzkurve darstellbar. Und eine höhere, d. h. auf einem beliebigen Fahrstrahl weiter vom Koordinatenur-sprung entfernte Indifferenzkurve repräsentiert ein höheres Nutzenniveau.

Das Haushaltsoptimum im Sinne einer nutzenmaximalen Aufteilung des in beiden Perioden erworbenen Einkommens auf den Konsum in beiden Pe-rioden wird dann dort gefunden, wo eine Indifferenzkurve die Budgetglei-chung gerade noch tangiert. Eine höhere Indifferenzkurve wäre dann unter den gegebenen Umständen nicht erreichbar, eine niedrigere würde von der Budgetgleichung geschnitten, sodass also die Konsummöglichkeiten ein höheres Nutzenniveau erlaubten. In der Grafik erhält man:

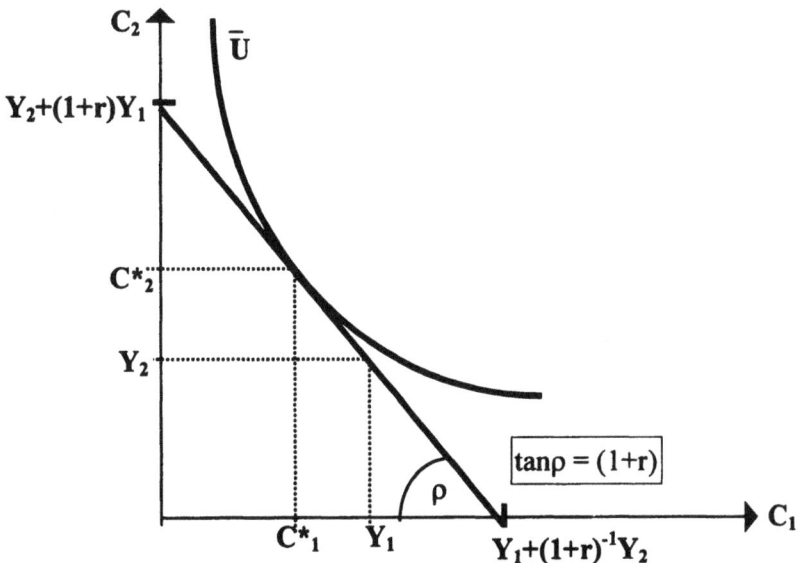

Im hier betrachteten Beispiel würde also der Haushalt sein Optimum errei-chen, wenn er in Periode 1 in Höhe von $Y_1 - C^*_1$ spart und die Ersparnisse einschließlich Zinsen $(1 + r) \cdot (Y_1 - C^*_1) = C^*_2 - Y_2$ in der zweiten Periode zusätzlich zum Einkommen aus der Periode 2 Y_2 konsumiert. Er erreicht dann den optimalen Konsumpunkt $[C^*_1, C^*_2]$.

Wie man der Grafik entnehmen kann, ist an der Stelle der optimalen intertemporalen Konsumwahl die (absolute) Steigung der Indifferenzkurve, also die Grenzrate der Substitution des Konsums der Periode 2 durch den Konsum der Periode 1 der (absoluten) Steigung der zeitlichen Budgetgleichung $(1 + r)$ gleich:

$$\left| \frac{dC_2}{dC_1} \right| = (1 + r).$$

Diese Bedingung für eine optimale Verteilung des Konsums über die Zeit entspricht der Bedingung, dass *im Optimum die Zeitpräferenzrate gleich dem Zinssatz* ist (vgl. SCHUMANN (1992), S. 123):

$$\left| \frac{dC_2}{dC_1} \right| - 1 = r.$$

Die Größe der Grenzrate der Substitution des Konsums der Periode 2 durch den Konsum der Periode 1 auf einer Indifferenzkurve erhält man allgemein aus dem totalen Differential der Nutzenfunktion, das auf einer Indifferenzkurve gleich Null zu setzen ist:

$$dU = \frac{\partial U}{\partial C_1} dC_1 + \frac{\partial U}{\partial C_2} dC_2 \overset{!}{=} 0 \quad \Rightarrow \quad \left| \frac{dC_2}{dC_1} \right| = \frac{\frac{\partial U}{\partial C_1}}{\frac{\partial U}{\partial C_2}}.$$

Die Grenzrate der Substitution des Konsums der Periode 2 durch den Konsum der Periode 1 entspricht demnach auf jedem Punkt der Indifferenzkurve dem Verhältnis des Grenznutzens aus dem Konsum der Periode 1 zu dem Grenznutzen aus dem Konsum der Periode 2.

Im Optimalpunkt - und nur dort - ist dieses Verhältnis der Grenznutzen des Konsums in beiden Perioden der (absoluten) Steigung der zeitlichen Budgetgleichung gleich:

$$\frac{\frac{\partial U}{\partial C_1}}{\frac{\partial U}{\partial C_2}} = (1+r).$$

Die linke Seite dieser Gleichung gibt an, auf wie viel Grenznutzen in Periode 1 pro Grenznutzeneinheit in Periode 2 auf einer Indifferenzkurve verzichtet wird. Die rechte Seite der Gleichung gibt an, wie viel Konsumeinheiten in Periode 2 erreichbar sind, wenn auf eine Konsumeinheit in Periode 1 verzichtet wird. Bei einem positiven Zinssatz r übersteigt im Konsumoptimum der Grenznutzen aus einer Konsumeinheit in Periode 1 den Grenznutzen aus einer Konsumeinheit in Periode 2 um den Zinssatz, d. h. der Zugewinn an konsumierbaren Gütereinheiten gleicht gerade den Verlust an Grenznutzen pro Konsumeinheit durch Verlagerung in die Zukunft aus.

Würde sich in der Grafik der Haushalt auf einem Punkt auf der Budgetgleichung links oben vom Optimalpunkt befinden, so wäre eindeutig die (absolute) Grenzrate der Substitution größer als die (absolute) Steigung der Budgetgeraden. Dies würde bedeuten, dass der Grenznutzenverlust durch Verlagerung einer Konsumeinheit in die Zukunft größer wäre als der Zugewinn an Konsumeinheiten, was nicht sinnvoll ist. Konsum sollte dann in die Gegenwart verlagert werden. Befände sich der Haushalt hingegen rechts unterhalb des Optimalpunktes auf der Budgetgeraden, so würde dies bedeuten, dass der Zugewinn an Konsumeinheiten den Verlust an Grenznutzen je Konsumeinheit überwöge. In diesem Falle sollte eine Verlagerung des Konsums in die Zukunft vorgenommen werden. *Die Kraft der Vernunft wirkt demnach in Richtung auf die nutzenmaximale Konsumaufteilung des über alle Betrachtungsperioden hinweg erzielten Gesamteinkommens.*

Wichtig zu beachten ist dabei, dass dem rationalen Haushalt tatsächlich Einkommen heute und Einkommen morgen insoweit gleichwertig erscheint, als es für ihn lediglich darauf ankommt, die Einkommensteile durch Bezug auf den gleichen Zeitpunkt vergleichbar zu machen. In dem Modell wird der optimale Konsumpunkt $[C*_1, C*_2]$ bei jeder beliebigen Einkommenskombination Y_1, Y_2 gewählt, die auf der zeitlichen Budgetgeraden mit dem Gegenwartswert des Einkommens von $Y_1 + (1+r)^{-1}Y_2$ liegt. Insofern *ist bei gegebenem Zinssatz die optimale Aufteilung des Konsums auf die beiden Perioden unabhängig von der tatsächlichen Verteilung des Einkommens auf die beiden Perioden, wenn nur der Gegenwartswert des Einkommens unverändert bleibt.*

In dieser Betrachtung ist der einzige Grund für Sparen und Kreditaufnahme in einem nutzenmaximierenden Ausgleich der Einkommensströme für den Konsum über die Zeit zu finden. Das ist vielleicht nicht der einzige Spargrund. Zumindest leuchtet nicht unmittelbar ein, warum sich daraus für die Volkswirtschaft insgesamt eine positive Ersparnis ergeben sollte, denn einen Zins für Erspartes erhält ein Haushalt ja nur, wenn er jemanden findet, der in entsprechendem Maße einen Kredit gegen Zins aufzunehmen wünscht.

Bevor wir uns diesem weiteren Problem widmen, soll zunächst erörtert werden, wie der repräsentative Haushalt im betrachteten Modellrahmen auf Datenänderungen reagiert. Dabei soll, wie in der mikroökonomischen Theorie üblich, unterschieden werden zwischen a) *Einkommenseffekten* oder allgemeiner *Vermögenseffekten* von Datenänderungen und b) *Substitutionseffekten* von Datenänderungen. (Vgl. BEHRENS/KIRSPEL (2003), S. 297 ff., BARRO/GRILLI (1996), S. 117 ff., MANKIW (1998), S. 457 ff., MANKIW (2000), S. 445 f.) Mit *BARRO/GRILLI* seien dabei *Vermögenseffekte* nach *JOHN R. HICKS* (1904 - 1989) ((1946), S. 31 f.), Nobelpreisträger für Wirtschaft 1972, allgemein wie folgt definiert: „Ganz allgemein sprechen wir von einer Erhöhung unseres Vermögens, wenn wir ein höheres Nutzenniveau erreichen. Andererseits sinkt unser Vermögen, wenn wir zu einem niedrigeren Nutzenniveau gelangen." (BARRO/GRILLI (1996), S.

63) **Substitutionseffekte** betreffen Austauschwirkungen bei gegebenem Vermögen.

Diese Differenzierung von Wirkungen ist wichtig. Während nämlich die Frage nach dem Niveau der gesamtwirtschaftlichen Ersparnis aus dem bisherigen Modell noch nicht zureichend beantwortet werden kann, ist vielleicht eine Aussage zu gewinnen, in welcher Richtung der repräsentative Haushalt und damit im Mittel alle Haushalte auf Datenänderungen reagieren. Dann wäre eine gesamtwirtschaftliche Aussage über die Richtung der Veränderung der Ersparnis bei Einkommens- und/oder Zinssatzänderungen möglich.

* **Vermögenseffekt und Substitutionseffekt einer Einkommensveränderung**

Betrachtet seien zunächst die Wirkungen einer Veränderung des Einkommens in der Periode 1 oder des Einkommens in der Periode 2 oder beider Einkommen auf den optimalen Konsumplan. Ausgehend von dem alten Einkommenspunkt $[Y_1, Y_2]$ bewirkt eine jede Einkommenserhöhung, unabhängig von ihrem zeitlichen Anfall, eine Parallelverschiebung der zeitlichen Budgetgeraden nach rechts. Wie schon zuvor dargestellt, ist es für die optimale Aufteilung in Gegenwarts- und Zukunftskonsum unerheblich, wie genau das Gegenwartseinkommen sich zum Zukunftseinkommen verhält, wenn nur die Einkommenskombination sich auf der gleichen zeitlichen Budgetgeraden befindet. Dies gilt aber nicht für die Ersparnis in der Periode 1. Welcher Konsumverzicht in der Periode 1 nämlich erforderlich ist, um zum Optimalpunkt zu gelangen, hängt von der Größe des Anpassungserfordernisses vom Einkommenspunkt zum optimalen Verbrauchspunkt ab. Somit ist es ein nicht unerheblicher Unterschied für die gesamtwirtschaftliche Ersparnis in Periode 1, ob der Einkommenszuwachs in Periode 1 eintritt, in Periode 2 oder in beiden Perioden.

Die Zusammenhänge seien in der Grafik ermittelt:

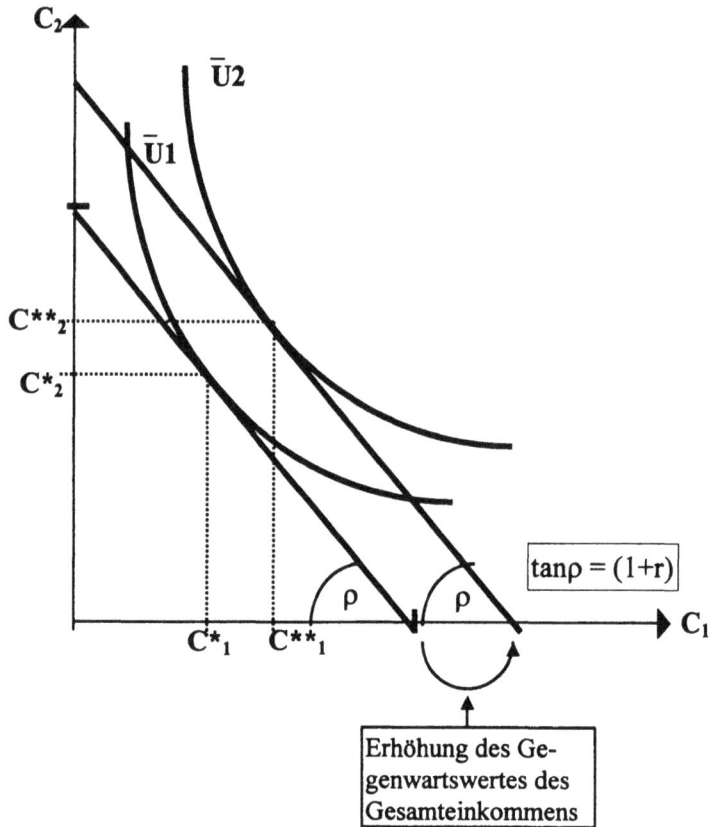

Im Ergebnis hat die Einkommenserhöhung lediglich einen Vermögenseffekt, jedoch keinen Substitutionseffekt, denn der Zinssatz hat sich nicht geändert, folglich hat sich auch die Austauschrelation von Gegenwarts- zu Zukunftskonsum nicht geändert. Und der Vermögenseffekt bewirkt eine Erhöhung sowohl des Konsums der Gegenwart als auch des Konsums der Zukunft. Der Konsum ist in beiden Perioden superior, er reagiert auf Vermögensänderungen wie normale Güter, d. h. er steigt, wenn das Vermögen zunimmt und er sinkt, wenn das Vermögen sich vermindert.

Sehen wir uns nun an, welche Bedeutung der zeitlichen Verteilung der Einkommenserhöhung zukommt. (Vgl. hierzu auch BURDA/WYPLOSZ (1994), S. 108 ff.) Dazu machen wir vereinfachende Annahmen: Zum einen sei angenommen, dass in der Ausgangslage die Einkommen in beiden Perioden den Konsumausgaben in den Perioden entsprechen, es also weder Sparen noch Kreditaufnahme gibt. Zudem sei lediglich der Fall, dass das Einkommen in der Periode 1 wächst, in der Periode 2 aber unverändert bleibt [Fall (1)], mit dem verglichen, dass das Einkommen in der Periode 2 wächst, in der Periode 1 jedoch unverändert bleibt [Fall (2)]. Natürlich kann in der Wirklichkeit auch jede Kombination zwischen den Fällen eintreten. Und es ist auch möglich, eine Verminderung des Einkommens in einer Periode hinzunehmen, um das Einkommen in anderen Perioden zu erhöhen, etwa wenn durch Bildungsanstrengungen Humankapitalinvestitionen vorgenommen werden.

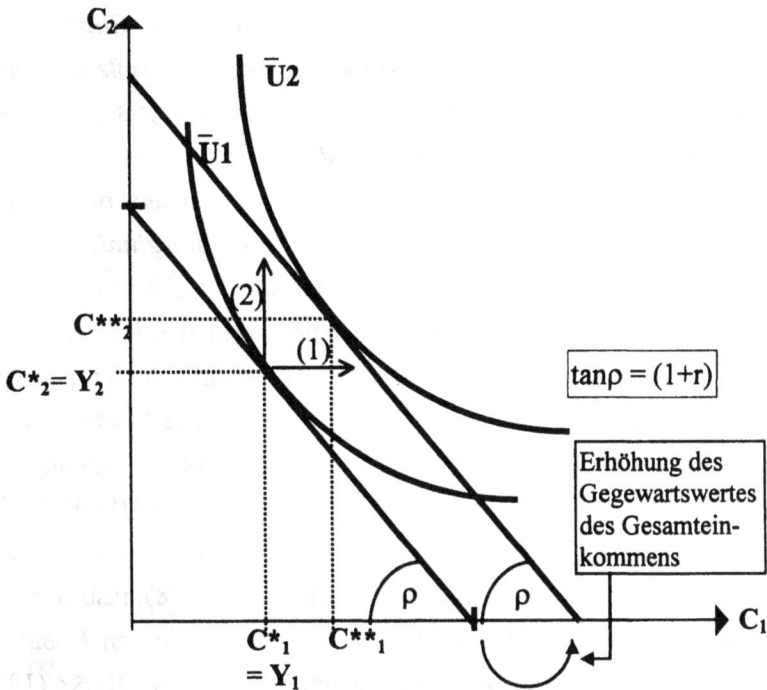

Wie dem Schaubild zu entnehmen ist, führt die Einkommenserhöhung (1) zu einem Punkt, der rechts unterhalb des neuen Optimalpunktes liegt, sodass eine Ersparnis notwendig wird, um ihn zu erreichen. Die Einkommenserhöhung (2) hingegen führt in unserem Schaubild zu einem Punkt links oberhalb des neuen Optimalpunktes, sodass eine Kreditaufnahme notwendig wird, um ihn zu erreichen. Da der neue Optimalpunkt unabhängig vom exakten Einkommenspunkt auf der Budgetgeraden ist, ist dieses Ergebnis leicht einzusehen. Die durch die Einkommenserhöhung bewirkte Vermögenszunahme wird zeitlich mehr oder weniger gleichmäßig auf die Perioden verteilt, eine momentane Vermögenszunahme auf die Zukunft und eine künftige Vermögenszunahme in die Gegenwart. Desto näher der zeitliche Einkommensstrom am gewünschten zeitlichen Konsumstrom liegt, in umso geringerem Maße ist eine Anpassung durch Ersparnis- oder Kreditaufnahmevorgänge notwendig.

Dieses Ergebnis ist überaus wichtig, denn daraus folgt, dass eine vorübergehende Einkommenserhöhung vermutlich wenig Einfluss auf das gegenwärtige Konsumniveau haben wird, aber eine große Zunahme der Ersparnis bewirkt, während eine als dauerhaft angesehene Einkommenserhöhung kleine Wirkungen auf die Ersparnis aber große Wirkungen auf den Konsum hat. Die Veränderung des Konsums bei (marginaler) Änderung des Einkommens wird allgemein als *marginale Konsumneigung* bezeichnet. Folglich konnte man feststellen: „Ganz allgemein lässt sich auf Grund der statistischen Untersuchungen des Konsumverhaltens sagen, dass die marginale Konsumneigung bezüglich der permanenten Veränderungen des Einkommens hoch ist und nahezu 1 beträgt, wohingegen sich die Konsumneigung bezüglich des temporären Einkommens nur zwischen 20 % und 30 % bewegt [vgl. Robert Hall (1989)]." (BARRO (1992), S. 86. Vgl. hierzu auch die in BARRO/GRILLI (1996), S. 129 aufgeführten empirischen Ergebnisse. Vgl. auch HALL (1978), insbes. S. 982 ff., 986 und HALL (1989), S. 161 f.) Die Konsumtheorie von *ROBERT HALL* „ist empirisch überraschend gut bestätigt." (BURDA/WYPLOSZ (1994), S. 112, Fn. 6).)

Wenn dies so ist, ist zur Abschätzung der Konsumveränderung bei einer Einkommensvariation die Frage interessant, welcher Anteil der Veränderung des Einkommens des repräsentativen Haushalts längerfristiger und welcher vorübergehender Natur ist beziehungsweise als längerfristig oder vorübergehend empfunden wird. „*Solows* Schätzungen ergeben, dass 87,5 % des Wachstums des Pro-Kopf-Einkommens in den Vereinigten Staaten von 1909 bis 1950 auf den technischen Fortschritt zurückzuführen ist. Er verweist auch auf die Schätzungen *Solomon Fabricants* aus dem Jahre 1954, nach denen etwa 90 % des Wachstums des Outputs pro Kopf in der Periode von 1871 bis 1951 aus dem technischen Fortschritt resultierte." (BEHRENS (1988), S. 1, Fn. 2 nach SOLOW (1971), S. 354 f. u. 361.) Technischer Fortschritt ist nun jedoch im Allgemeinen ein unumkehrbarer Prozess dauerhafter Einkommenerhöhung, sodass dieser Anteil, zumindest für die fragliche Zeit, als *Mindestschätzung* einer permanenten Einkommenserhöhung des repräsentativen Haushalts angesehen werden könnte. Werden die oben zitierten Konsumreaktionen zu Grunde gelegt, so ergäbe sich für die längerfristig *im Mittel beobachtbare* marginale Konsumquote, wenn - als eine vorsichtige und in dieser Form sicher nicht zureichenden Annäherung - nur die Einkommensverbesserungen aus technischem Fortschritt als aus der Sicht des repräsentativen Haushalts dauerhaft angesehen werden würden und die übrigen als aus der Sicht des Haushalts vorübergehende Schwankungen nach oben oder unten, ein Wert zwischen knapp 0,84 und 0,93.

Die Größenordnung dieser Werte entspräche in etwa Schätzungen von Konsumfunktionen auf der Grundlage der einfachen **absoluten Einkommenshypothese**[5] der Form $C_t = \overline{C} + c \cdot Y_t$ mit $0 < c < 1$ und $\overline{C} > 0$, *obgleich diese nicht mit den obigen Hypothesen übereinstimmte.* Für eine solche Konsumfunktion auf der Basis der absoluten Einkommenshypothese wurden auf der Basis von (realen) Jahresdaten für die Bundesrepublik Deutschland im Zeitraum von 1962 bis 1988 bzw. von 1960 bis 1987 beispielsweise marginale Konsumquoten c von 0,87 (Vgl. FELDERER/HOMBURG (1994), S. 108) bzw. von 0,86 ermittelt (Vgl. HARDES/MERTES (1994), S. 302.) Diese Zahlen wären im obigen Intervall, das jedoch ohne

---

[5] Wie sie regelmäßig in der sogenannten keynesianischen Makroökonomik verwendet wird.

die Annahme einer solchen Konsumfunktion ermittelt wurde. Obzwar demnach die Schätzungen der entsprechenden Konsumfunktionen das Konsumverhalten *im Durchschnitt* richtig abbilden mögen, gilt dies doch nicht für Reaktionen auf Einkommensänderungen, die beispielsweise auch durch wirtschaftspolitische Maßnahmen hervorgerufen worden sein können. Hinsichtlich der Konsumplanung über viele Perioden hinweg ist es für den repräsentativen Haushalt wichtig, zu unterscheiden, ob eine Einkommensvariation vorübergehend, vielleicht nur sehr kurzfristig gilt oder es sich um eine dauerhafte Veränderung handelt. Nach der hier gefolgten Konsumtheorie würde der Haushalt Änderungen des Einkommens entsprechend bewerten und dann unterschiedlich reagieren, je nach vermuteter Fristigkeit der Änderung. Für kürzere Zeitintervalle *vor* konjunkturellen Einbrüchen ermitteln HARDES/MERTES (ebenda) geringere Werte für die marginale Konsumquote in der Konsumfunktion der absoluten Einkommenshypothese (zw. 0,73 und 0,80), was nach der hier dargelegten Konsumtheorie vereinbar mit der Vermutung wäre, dass die Haushalte in diesen Phasen einen größeren Teil der Einkommensveränderungen für vorübergehend gehalten, also die Hochkonjunktur als solche erkannt haben.

Wird der von den Haushalten in ihre Erwägungen einbezogene Zeithorizont sehr lang, eine Annahme, die für das *repräsentative makroökonomische* Wirtschaftssubjekt, das im Prinzip unsterblich ist, nicht unrealistisch ist, so wird der Einfluss vorübergehender Einkommensveränderungen auf den Konsum sehr klein. *Vereinfachend* kann man deshalb annehmen, dass im Falle einer permanenten Verbesserung des Einkommens die marginale Konsumneigung bei nahezu 1 liegt, während sie bei einer vorübergehenden Änderung nahe bei 0 liegt. (Vgl. BARRO (1992), S. 85 ff. oder BARRO/GRILLI (1996), S. 130 f.) Zwar stellt die Annahme der marginalen Konsumquote von 0 gegenüber den empirischen Feststellungen (0,2 bis 0,3) eine Untertreibung dar, sie vereinfacht jedoch die Analyse ungemein, sodass ihre Verwendung im Vergleich zur marginalen Konsumquote von 1 bei dauerhaften Änderungen des Einkommens gerechtfertigt ist, da auf einfachere Weise korrekte *Richtungsaussagen*, d. h. Angaben der Richtung von Änderungen nach Datenvariationen, getroffen werden können.

- **Vermögens- und Substitutionseffekte einer Veränderung des realen Zinssatzes r**

Bleiben die Einkommensströme unverändert, so führt jede Zinssatzänderung zu einer anderen zeitlichen Budgetgeraden, wobei alle Budgetgeraden in der $[C_1, C_2]$-Ebene durch den Punkt $[Y_1, Y_2]$ gehen. Ein höherer Realzins r bewirkt eine (absolut) steilere, ein nierdrigerer Realzins eine (absolut) flachere Budgetgerade. Tragen wir etwa in das obige Schaubild zwei weitere Budgetgeraden ein, die sich aus der ersten bei gleichen Einkommen in beiden Perioden durch Erhöhungen des Zinssatzes ergeben, so zeigt sich:

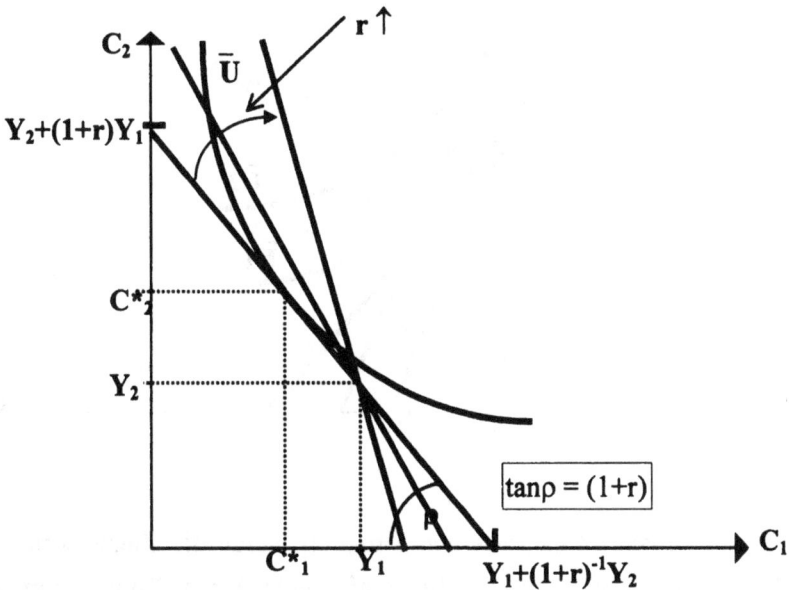

Ohne die neuen Optimalpunkte einzutragen ist erkennbar, dass durch die Zinssatzerhöhung der Gegenwartswert aller Einkommen gesunken, der Zukunftswert aber gestiegen ist. Unser Haushalt, der Nettosparer in Periode 1 ist, wird dadurch vermögender, weil er eine höhere Indifferenzkurve, also einen insgesamt höheren Nutzen aus dem Gesamteinkommen, erreichen kann. Wäre unser Haushalt Nettokreditnehmer, sein Tangentialpunkt also rechts unterhalb des Punktes $[Y_1,Y_2]$, so würde sein Vermögen insgesamt sinken, weil er nurmehr auf ein niedrigeres Nutzenniveau gelangen könnte. Die Zinssatzänderung ist also mit einem Vermögenseffekt verbunden, da eine andere Indifferenzkurve als vorher erreichbar ist.

Wir können nun den Substitutionseffekt einer Zinserhöhung von dem Vermögenseffekt der Zinserhöhung trennen. Dies sei an folgendem Schaubild dargestellt.

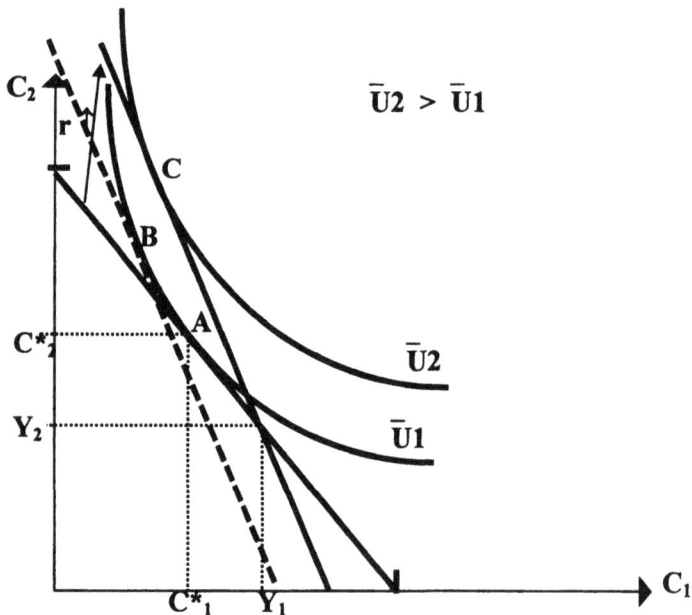

In der im Schaubild dargestellten Situation würde die Zinserhöhung bewirken, dass der Haushalt vom Tangentialpunkt A zum Tangentialpunkt C gelangt. Dieser Übergang beinhaltet aber einen Vermögenseffekt, da die neue erreichte Indifferenzkurve einen höheren Nutzen repräsentiert. Reduzieren wir nun den Gegenwartswert des Einkommens des Haushalts (Abszissenschnittpunkt der Budgetgeraden) solange, bis beim neuen Zinssatz (neuer Steigung der Budgetgeraden) die alte Indifferenzkurve tangiert wird, so finden wir den Tangentialpunkt B auf der alten Indifferenzkurve.

Hier ist definitionsgemäß der Vermögenseffekt Null, d. h. der Übergang vom Tangentialpunkt A zum Tangentialpunkt B repräsentiert den *Substitutionseffekt der Zinssatzänderung*. Dieser Effekt ist eindeutig: Der Gegenwartskonsum sinkt und der Zukunftskonsum steigt. *Der Substitutionseffekt einer Zinssatzerhöhung bewirkt demnach bei jedem Haushalt eine Verminderung gegenwärtigen Konsums zu Gunsten künftigen Konsums.* Auf Grund des Substitutionseffektes steigt demnach die gesamtwirtschaftliche Ersparnis mit dem Zinssatz.

Der *Vermögenseffekt der Zinssatzerhöhung* ist allerdings für Sparer positiv und für Kreditnehmer negativ. D. h. der Haushalt wird, sofern er Konsum in die Zukunft verlagert, vermögender, was sich in einem höheren Verbrauch jetzt und in der Zukunft zeigt. Sofern der Haushalt allerdings Konsum in die Gegenwart verlagert, wird er weniger vermögend, d. h. er wird auf Grund des Vermögenseffektes sowohl seinen Gegenwartskonsum als auch seinen Zukunftskonsum einschränken. „Wirtschaftssubjekte, die überwiegend als Kreditgeber auftreten, erfahren bei steigendem Zinssatz eine Vermögenserhöhung, während Kreditnehmer eine entsprechende Vermögenseinbuße hinnehmen müssen.

Obwohl für ein Individuum eine der beiden Situationen zutreffen kann, lassen sich beide Fälle nicht gleichzeitig auf den durchschnittlichen Marktteilnehmer anwenden." (BARRO/GRILLI (1996), S. 132) Wenn wir uns in einer geschlossenen Volkswirtschaft befinden oder in einer, in der der Außenhandel weitgehend ausgeglichen ist, und berücksichtigen, dass die Haushalte notwendig auch letzte Eigentümer der Unternehmen sind, also deren Kredite auch ihre Vermögensposition schmälern, dann steht jedem Kredit, den ein Haushalt gibt, ein Kredit gegenüber, den ein Haushalt direkt oder indirekt genommen hat, „... der aggregierte Wertpapierbestand ... [ist] immer gleich Null .., [sodass (C.-U.B.)] der Durchschnittshaushalt weder ein typischer Kreditgeber noch ein typischer Kreditnehmer ist. Insofern ist der durch Zinssatzänderung ausgelöste Vermögenseffekt in der Gesamtbetrachtung gleich Null. Dieses Ergebnis ... besagt, dass wir bei der Analyse der Aggregate ohne weiteres die durch Zinsänderungen ausgelösten Vermögenseffekte vernachlässigen und uns auf die intertemporalen Substitutionseffekte einer Zinssatzänderung konzentrieren können." (BARRO/GRILLI (1996), S. 132) (Vgl. zu diesen Zusammenhängen auch HAVRILESKY (1988), S. 115.) Das teilweise gegen diesen Zusammenhang gebrauchte Argument, es gäbe, im Gegensatz zur Anlageentscheidung, Haushalte mit Kreditrestriktionen, die nicht so viel Kredit aufnehmen können, wie sie gern möchten, sodass die Nettovermögensposition größer als Null wäre, kann nicht zutreffen, weil kreislauftheoretisch jedem gewährten Kredit ein Kreditnehmer gegenüberstehen muss, sonst kommt ein Kreditvertrag nicht zu Stande. Demnach muss die geliehene Summe (= Wert der insgesamt ausgegebenen Wertpapiere) der verliehenen Summe (= Wert der insgesamt gekauften Wertpapiere) entsprechen.

Dies könnte erst anders werden, wenn der durchschnittliche Inländer Gläubiger gegenüber dem durchschnittlichen Ausländer würde. In diesem Falle würde eine Zinssatzsteigerung zu einer Zunahme des Vermögens der Inländer und einer entsprechenden Abnahme des Vermögens des Auslandes führen. Auch der hieraus resultierende Vermögenseffekt sollte jedoch nicht überschätzt werden, da Forderungswerte gegen das Ausland auch wechselkursbedingten Umbewertungen unterliegen, die die Zinseffekte überwiegen können, die dann allerdings als relative Preise gleichwohl ihre intertemporalen Substitutionswirkungen erzielen.

Gesamtwirtschaftlich wäre demnach zu erwarten, dass Zinssatzerhöhungen zu einer Ausdehnung der Spartätigkeit führen würden, weil es sich in höherem Maße als zuvor lohnt, Gegenwartskonsum zu Gunsten von Zukunftskonsum einzuschränken. Über die Stärke dieses Zusammenhangs, für dessen Geltung nicht nur für einzelne Haushalte, sondern auch für den Haushaltsektor insgesamt, empirische Untersuchungen sprechen (vgl. FEHL/ OBERENDER (1999), S. 386), dürfte allerdings eine präzise Aussage kaum möglich sein. Einige Untersuchungen führen zur Aussage, es gäbe einen deutlichen Zusammenhang, andere eher dazu, der Zusammenhang sei vernachlässigbar gering. (Vgl. HALL (1989), S. 170.) Kein Autor konnte dabei aber zeigen, dass die Einflüsse anderer Variabler auf den Konsum in ihrer Voraussagekraft durch diese Ergebnisse beeinträchtigt würden. (Vgl. HALL (1989), S. 173.)

- **Einkommensvariationen, Zinssatzänderungen, Konsum und Sparen**

Fassen wir die bisher gewonnenen Ergebnisse zusammen, so kann man feststellen, dass sowohl Einkommensänderungen als auch Zinssatzvariationen Einfluss auf den gesamtwirtschaftlichen Konsum und die gesamtwirtschaftliche Ersparnis haben.

Zinssatzerhöhungen führen in der Tendenz zu einer Verlagerung von Konsum in die Zukunft, also einer Neuaufteilung der Einkommensverwendung zu Gunsten der Sparquote. *Zinssatzsenkungen* führen tendenziell zu einer Verminderung der Sparquote.

Einkommenserhöhungen führen zu einer Zunahme des Konsums. Wird die Einkommenserhöhung als momentan angesehen, ist die marginale Konsumquote allerdings sehr gering (in der Analyse nehmen wir sie vereinfachend als Null an), d. h. die marginale Sparquote einer momentanen Einkommenserhöhung liegt nahe bei Eins (in der Analyse vereinfachend Eins). Wird die Einkommenserhöhung als dauerhaft angesehen, erhöht sie den Konsum in vollem Maße, d. h. die marginale Konsumquote ist in diesem Falle Eins, während die marginale Sparquote Null beträgt.

Für die *gesamtwirtschaftliche Konsumfunktion* erhalten wir:

$$C = C(Y,r) \qquad \text{mit} \qquad \frac{\partial C}{\partial Y} = 0 \text{ falls } \partial Y \text{ vorübergehend,}$$

$$\frac{\partial C}{\partial Y} = 1 \text{ falls } \partial Y \text{ dauerhaft und}$$

$$\frac{\partial C}{\partial r} < 0 \, .$$

Für die *gesamtwirtschaftliche Sparfunktion* folgt:

$$S = S(Y,r) \qquad \text{mit} \qquad \frac{\partial S}{\partial Y} = 1 \text{ falls } \partial Y \text{ vorübergehend,}$$

$$\frac{\partial S}{\partial Y} = 0 \text{ falls } \partial Y \text{ dauerhaft und}$$

$$\frac{\partial S}{\partial r} > 0 \text{ aber möglicherweise klein.}$$

Durch die gesamtwirtschaftliche Konsumfunktion und die gesamtwirt-schaftliche Sparfunktion sind gleichzeitig die Nachfrage der Privaten Haushalte auf dem Gütermarkt C und das Angebot der Privaten Haushalte auf dem Kapitalmarkt S bestimmt.

Diese Ergebnisse sind einerseits vereinbar mit der *Lebenszyklushypothese* nach *ALBERT ANDO* und *FRANCO MODIGLIANI*, letzterer Nobelpreisträger für Wirtschaftswissenschaft 1985, nach der ein Haushalt bestrebt ist, sein im Lebensverlauf ungleichmäßig anfallendes Einkommen durch Sparen und Entsparen relativ gleichmäßig auf das Leben zu verteilen. (Vgl. dazu MANKIW(1998), S. 464 ff., MANKIW (2000), S. 451 ff. oder BRANSON (1997), S. 245 ff.)

Ebenso vereinbar sind die Ergebnisse andererseits mit der *Hypothese des permanenten Einkommens* von *MILTON FRIEDMAN*, Nobelpreisträger für Wirtschaftswissenschaft 1976. Nach dieser Hypothese, die berücksichtigt, dass makroökonomisch von der Lebenszeit eines einzelnen Menschen abgesehen werden kann, ermittelt das repräsentative Wirtschaftssubjekt das langfristige durchschnittliche Lebenseinkommen pro Jahr, das als *permanentes Einkommen* bezeichnet werden kann. Die Schwankungen des Einkommens um dieses permanente Einkommen wird als vorübergehend angesehen, *transitorisches Einkommen*. Das permanente Einkommen repräsentiert das Vermögen des Wirtschaftssubjektes, das das Wirtschaftssubjekt nutzenmaximierend zeitlich verteilt. Demnach hängt der Konsum vom Vermögen (=permanentes Einkommen) und von Zinssatz in der bereits oben abgeleiteten Weise ab, während die transitorische Komponente eine untergeordnete Rolle für den Konsum spielt. (Vgl. dazu RICHTER/SCHLIEPER/FRIEDMANN (1981), S. 225 ff., BURDA/WYPLOSZ (1994), S. 108 ff., BRANSON (1997), S. 251 ff. oder MANKIW (1998), S. 469 ff., MANKIW (2000), S. 455 ff.) „... it is not correct to claim that the permanent income theory just means that the marginal propensity to consume is low. Rather, the marginal propensity to consume depends in an essential way on the nature of the income profile under consideration: it is low for changes in income that are temporary; high for those that are permanent; and depends in a delicate way on the details of the stochastic process for situations in between." (KING (1993), S. 76.)

Neben dem Wunsch, das Einkommen auf den Konsum zeitlich so zu verteilen, dass ein Nutzenmaximum erreicht wird, d. h. Schwankungen im Lebenseinkommen und andere Schwankungen des laufenden Einkommens um das permanente Einkommen auszugleichen, sind noch *weitere Sparmotive*:

- „Der Haushalt spart, um Vermögen für spätere größere Anschaffungen zu bilden.

- Der Haushalt spart, um vorhersehbare Lebensrisiken im Sinne eines besonderen Liquiditätsbedarfs abdecken zu können.

- Der Haushalt spart, um Vermögensbestände auf spätere Generationen zu übertragen. In diesem Fall hat der Haushalt eine Vererbungspräferenz.

- Der Haushalt spart, weil er für seine Ersparnis als Gegenwert den Zins erhält, d. h. er verzichtet jetzt auf möglichen Konsum, um später höheren Konsum aus dem erzielten Vermögenseinkommen zu realisieren." BEHRENS/KIRSPEL (2003), S. 79 f.)

Diese Sparmotive können in eine Beziehung zur Höhe des (permanenten) Einkommens des Haushalts gebracht werden, wobei im Allgemeinen ein positiver Zusammenhang bestehen dürfte. Sie werden in dem Zusammenhang, der durch die obige Sparfunktion beschrieben ist, mit erfasst. Das erste Motiv beeinflusst die intertemporale Konsumaufteilung durch das Problem der Unteilbarkeit bestimmter Konsumgüter. Das zweite durch vorhersehbare, aber nicht sichere, Liquiditätsbedarfe, etwa im Falle einer Heirat. Insbesondere das Vererbungsmotiv *muss nicht* mit Altruismus gegenüber den eigenen Nachkommen begründet werden, denn es gibt Untersuchungen, die nahe legen, dass ein eigennütziges Nutzenmaximierungsmotiv dahinter stecken kann, weil Eltern, die vererbungsfähige Vermögensmasse besitzen, also nicht beispielsweise Rentenansprüche, im Alter in höherem Maße Zuwendung durch ihre Nachkommen erfahren bzw. das Verhalten ihrer Nachkommen besser kontrollieren können (*enforcement theory of giving*). (Vgl. BARRO (1992), S. 426 f., Fn. 16, BARRO/GRILLI (1996), S. 597, Fn. 17 und die dort jeweils angegebene Literatur sowie MANKIW (1998), S. 490 f., MANKIW (2000), S. 423.)

2.2 Die Investitionsentscheidungen der Unternehmen

Die nächste zu behandelnde Nachfragekomponente wird durch die Investitionsnachfrage der Unternehmen gebildet. Diese hängt unmittelbar mit den Produktionsverhältnissen der Unternehmen der Volkswirtschaft zusammen, sodass hier eine Verbindung zur Angebotsseite der Volkswirtschaft besteht, auf die im Zusammenhang mit dem Wachstumsziel noch einzugehen ist. Man kann Unternehmen dabei als Kooperationen von Haushalten betrachten mit dem Zweck, die Produktion von gewünschten Gütern und Dienstleistungen effizient zu gestalten. Die Investitionen speisen den Produktionsfaktor (Sach-)Kapital, bei dem es sich um produzierte Produktionsmittel handelt. Diese ermöglichen es, die Produktion zu erweitern und zu verbessern.

Die gesamtwirtschaftlichen Produktionsverhältnisse können im Allgemeinen recht gut durch eine substitutionale Produktionsfunktion abgebildet werden, in der das Produktionsergebnis der Periode t Y_t abhängig ist vom Arbeitseinsatz der Periode L_t und vom Kapitaleinsatz K_t:

$$Y_t = Y_t(K_t; L_t).$$

Den Kapitaleinsatz definieren wir dabei als den zu Beginn der betrachteten Produktionsperiode vorhandenen Kapitalstock, den Arbeitseinsatz als in der Periode eingesetztes Arbeitsvolumen, etwa in Arbeitsstunden gemessen. Im Allgemeinen ist es, solange der technische Fortschritt unberücksichtigt bleibt, nicht unbegründet, anzunehmen, dass ein höherer Faktoreinsatz zu einer höheren Produktion führt, wobei der Produktionszuwachs mit zunehmender Einsatzmenge eines Faktors bei Konstanz der Einsatzmenge des anderen Faktors immer kleiner wird: Abnehmende *Grenzerträge*. Wird hingegen das Einsatzniveau beider Faktoren in gleichem Maße erhöht, so soll hier angenommen werden, dass die Produktionsmenge proportional mit dem Einsatzniveau der Faktoren steigt: Konstante *Skalenerträge*. (Zu den Zusammenhängen vgl. BEHRENS/PEREN (1998).) Formal ergibt sich:

$$\frac{\partial Y}{\partial K} > 0 \quad \wedge \quad \frac{\partial^2 Y}{\partial K^2} < 0,$$

$$\frac{\partial Y}{\partial L} > 0 \quad \wedge \quad \frac{\partial^2 Y}{\partial L^2} < 0,$$

$$Y(\lambda) = \lambda \widetilde{Y} = Y(\lambda \widetilde{K}; \lambda \widetilde{L}).$$

Zur Analyse der Investitionsentscheidung halten wir in diesem Abschnitt den Arbeitseinsatz konstant, sodass sich ergibt:

$$Y_t = Y_t(K_t, \overline{L}), \quad \frac{\partial Y}{\partial K} > 0 \quad \wedge \quad \frac{\partial^2 Y}{\partial K^2} < 0.$$

Grafisch:

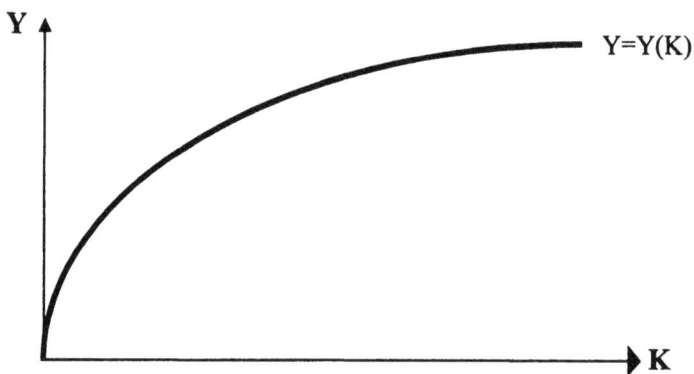

Für den Grenzertrag = Grenzproduktivität des Faktors Kapital GPK ergibt sich:

$$GPK = \frac{\partial Y}{\partial K}$$

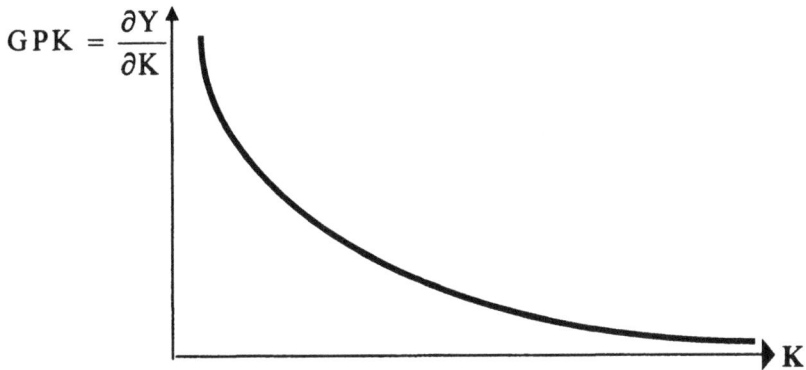

Eine **Nettoinvestition** der Periode t I_t ist definiert als Zunahme des Kapitalstocks $K_{(t+1)} - K_t = \Delta K_t = I_t$. Damit ein solcher Zuwachs des Kapitalstocks eintreten kann, muss zunächst einmal der Verschleiß des Kapitalstocks in der Produktionsperiode ausgeglichen werden. D. h. die Veränderung des Kapitalstocks setzt sich aus dem vermindernden Effekt des Verschleißes von Sachkapital in der Produktionsperiode, den Abschreibungen D, und dem vermehrenden Effekt des Aufbaus neuen Kapitals, den Bruttoinvestitionen IB, zusammen:

$$I_t = K_{t+1} - K_t = \Delta K_t = IB_t - D_t.$$

Die insgesamt in der Periode t nachgefragten Investitionsgüter entsprechen natürlich den Bruttoinvestitionen. Die Nettoinvestitionen geben jedoch an, um welche Menge tatsächlich zusätzliches Kapital geschaffen wird. Für die Entscheidung, eine zusätzliche Einheit Sachkaptial nachzufragen, ist ein Vergleich der Kosten der zusätzlichen Kapitaleinheit mit den Erträgen der zusätzlichen Kapitaleinheit bedeutsam. Dabei ist zu beachten, dass in der Periode t die Variablen K_t und D_t durch frühere Entscheidungen bereits vorgegeben sind. Somit sind die Bruttoinvestitionen die Entscheidungsvariable, denn auch über den Wiederaufbau verschlissenen Kapitals muss entschieden werden. (Vgl. zu den hier dargestellten Zusammenhängen BARRO (1992), S. 244 ff., BARRO/GRILLI (1996), S. 391 ff.)

Nehmen wir nun an, eine repräsentative Unternehmung wolle ein Kapitalgut erwerben. Da Y sowohl für Konsumzwecke als auch für Investitionszwecke verwendet wird, kann der Preis für eine Einheit von Y in der Periode t als P_t bezeichnet werden. Der Preis für ein zusätzliches Kapitalgut beträgt demnach P_t. Diesen Betrag bezeichnen wir als Anschaffungsausgabe. In dieser Höhe muss das Unternehmen (Geld-)Kapital beschaffen. Dies kann entweder Fremdkapital sein, das zum (Nominal-)Zinssatz i aufgenommen wird oder Eigenkapital, für dessen Bindung dann auf eine (Nominal-)Verzinsung in Höhe von i verzichtet wird. Die Kosten der Kapitalbindung in der Produktionsperiode t+1 entsprechen demnach $i \cdot P_t$. Eine weitere bedeutsame Kostenart sind die Abschreibungen, die den Werteverzehr durch Einsatz des Kapitalgutes in der Produktion messen. Nehmen wir einen konstanten Abschreibungssatz von δ an, so entsprechen die Kosten des Kapitalverschleißes in der Produktionsperiode t+1: $\delta \cdot P_t$. Wie groß sind die Erträge der Investition? Die durch die Beschaffung des Kapitalgutes zusätzlich in der Periode t+1 produzierbare Gütermenge entspricht bei konstantem Arbeitseinsatz dem Grenzprodukt des Faktors Kapital $GPK_{(t+1)}$, die zum Preis von $P_{(t+1)}$ verkauft wird. Nach Abschluss der Produktionsperiode ist auf Grund der Abschreibungen vom ursprünglichen Wert des Kapitalgutes noch ein Restwert von $(1-\delta) \cdot P_t$ übrig. Dieses um Abschreibungen verminderte Kapitalgut kann auf dem Markt für gebrauchte Kapitalgüter beim neuen Preisniveau $P_{(t+1)}$ verkauft werden. Solange der zusätzliche Ertrag einer weiteren Kapitalbindung über den zusätzlichen Kosten liegt, lohnt sich der Erwerb zusätzlicher Kapitalgüter.

Der Erwerb eines zusätzlichen Kapitalgutes lohnt sich, solange gilt:

$$P_t + i \cdot P_t < GPK_{t+1} \cdot P_{t+1} + (1-\delta) \cdot P_{t+1} \text{, also}$$

$$P_t + i \cdot P_t < GPK_{t+1} \cdot P_t \cdot (1+\pi_{t+1}) + (1-\delta) \cdot P_t \cdot (1+\pi_{t+1}),$$

mit $\quad \pi_{t+1} = \dfrac{P_{t+1} - P_t}{P_t} = \textbf{\textit{Inflationsrate}}$, demnach:

$$1 + i < [GPK_{t+1} + (1 - \delta)] \cdot (1 + \pi_{t+1}).$$

Da mit zusätzlichem Kapitaleinsatz, also größerer Bruttoinvestition die Grenzproduktivität des Kapitals sinkt, wird solange investiert, bis die zusätzlichen Kosten einer Investition (Grenzkosten der Investition) dem zusätzlichen Ertrag der Investition (Grenzertrag der Investition) gleich ist. Daraus folgt:

$$\frac{(1 + i)}{(1 + \pi_{t+1})} = GPK_{t+1} + (1 - \delta).$$

Dabei ist: $\quad \dfrac{(1 + i)}{(1 + \pi)} = 1 + r$, mit r = Realzinssatz,

woraus sich ergibt:

$$r = GPK_{t+1} - \delta.$$

Das bedeutet, dass solange vorteilhaft investiert wird, bis der Realzinssatz r der Grenzproduktivität des Kapitals abzüglich der Abschreibungen gleich ist. (Vgl. dazu BARRO/GRILLI (1996), S. 391 f. Zu den Nutzungskosten des Kapitals vgl. auch knapp BEHRENS/PEREN (1998), S. 96 und die ausführliche Darstellung der Zusammenhänge in BRANSON (1997), Kap. 13.). Und da die Grenzproduktivität des Kapitals von der Höhe des Kapitalstocks abhängig ist, ist durch diese Beziehung der gewünschte Kapitalstock festgelegt.

Es ergibt sich als *Grenzproduktivitätsfunktion des Kapitals*:

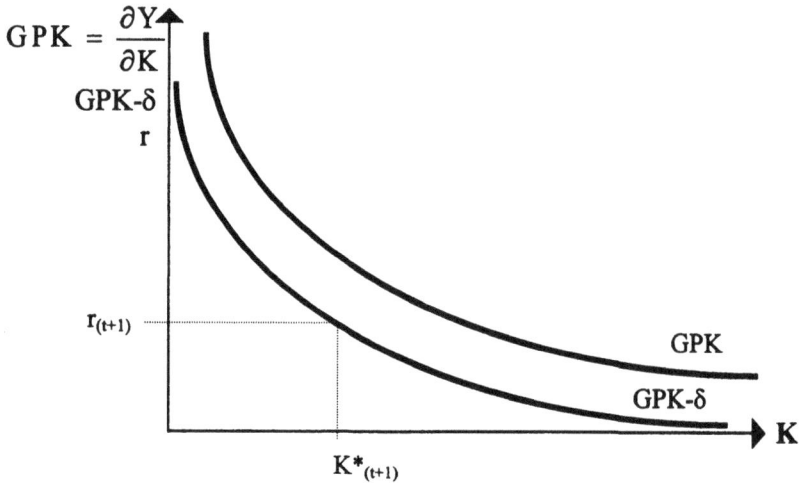

$$GPK = \left.\frac{\partial Y}{\partial K}\right.$$

(Diagramm mit den Achsen GPK-δ, r auf der Ordinate und K auf der Abszisse; die Kurven sind mit GPK und GPK-δ beschriftet; eingezeichnet sind $r_{(t+1)}$ und $K^{*}_{(t+1)}$)

(Quelle: leicht geändert aus BARRO/GRILLI (1996), S. 393)

Bei gegebener Produktionstechnologie, wie sie sich in der Funktion der Grenzproduktivität des Kapitals widerspiegelt, hängt die Höhe des in einer Periode gewünschten Kapitalstocks K* von der Höhe des Realzinssatzes r und der Höhe der Abschreibungsrate δ ab. Sowohl ein höherer Realzinssatz als auch eine höhere Abschreibungsrate erhöhen die Kosten der Investition, sodass mit ihrem Anstieg der gewünschte Kapitalstock kleiner wird.

Die Nachfrage nach Investitionsgütern resultiert aus der Anpassung des vorhandenen Kapitalstocks an den gewünschten Kapitalstock:

Bruttoinvestition: $IB_t = K^{*}_{t+1} - (1-\delta) \cdot K_t$.

Die - im obigen Kreislaufmodell relevante - Nettonachfrage nach Investitionsgütern ergibt sich, indem von den Bruttoinvestitionen die Abschreibungen abgezogen werden:

Nettoinvestition: $I_t = K^{*}_{t+1} - K_t$.

Die Bruttoinvestition kann gesamtwirtschaftlich nur Null oder größer als Null sein, weil ein vorhandener Kapitalstock lediglich den Eigentümer wechseln kann, aber nicht verschwinden, wenn Verschwendung ausgeschlossen wird. Zudem ist die Bruttoinvestition normalerweise größer als der Kapitalverschleiß, so dass auch von einer positiven Nettoinvestition ausgegangen wird.

Als *Investitionsfunktion* folgt daraus (Vgl. BARRO/GRILLI (1996), S. 394, vgl. auch RICHTER/SCHLIEPER/FRIEDMANN (1981), S. 237 ff., BURDA/WYPLOSZ (1994), S. 72 ff.):

$$I_t = K_{t+1}^*(r,\delta) - K_t.$$

Da K_t gegeben ist, ist die Nettoinvestition, die stets größer gleich Null sein muss, eine Funktion des Realzinssatzes und der Abschreibungsrate:

$$I_t = I_t(r,\delta) \qquad \text{mit} \qquad \frac{\partial I}{\partial r} < 0 \ \wedge \ \frac{\partial I}{\partial \delta} < 0.$$

Dabei ist zu beachten, dass die Nettoinvestitionen vom gewünschten Kapitalstock abhängen. „Da die Nettoinvestitionen eines Jahres ein relativ geringer Teil ... des vorhandenen Kapitalstocks sind, können geringfügige prozentuale Veränderungen des geplanten Kapitalstocks erstaunlich starke prozentuale Veränderungen der Nettoinvestitionsnachfrage nach sich ziehen." (BARRO/GRILLI (1996), S. 395)

Die Anpassung des vorhandenen an den gewünschten Kapitalstock kann allerdings wegen der relativ hohen Anpassungskosten auch einige Zeit in Anspruch nehmen, sodass dann der Unterschied zwischen K*(t+1) und Kt nur verzögert ausgeglichen würde. Berücksichtigt man in einer Formel, dass die Anpassung sich über mehrere Perioden hinziehen kann, aber nicht muss, so erhält man als so genannte *Realkapital-Anpassungshypothese* (Vgl. WAGNER (1990), S. 90):

$$I_t = \alpha[K_{t+1}^*(r,\delta) - K_t] \quad \text{mit} \quad 0 < \alpha \leq 1.$$

Diese - realistische - Komplikation verändert die wesentlichen Analyseer-
gebnisse jedoch nicht. (Vgl. BARRO/GRILLI (1996), S. 397)

Darauf hinzuweisen ist noch, dass bei der Analyse stets die Grenzproduktivität des Kapitals herangezogen wurde. Obgleich die Wahl der ökonomisch richtigen Technologie eine bedeutsame ökonomische Entscheidung
darstellt, und nicht etwa bloß eine technische Entscheidung (Vgl. zu diesen Zusammenhängen ausführlich BEHRENS/PEREN (1998), insbesondere
Kap. II. 3), ist die Grenzproduktivität des Kapitals doch nach der Entscheidung über die Technologie eine technische Größe. Für die Erklärung
kurzfristiger konjunktureller Schwankungen können jedoch auch Erwartungen über die Zukunft, insbesondere Erwartungsfehler, eine Rolle spielen. Verwendet man statt der Grenzproduktivität des Kapitals den *erwarteten* Ertragswert eines zusätzlichen Kapitalgutes, sodass beispielsweise optimistische oder pessimistische Zukunftserwartungen eine Rolle spielen
können, erhält man die *Grenzleistungsfähigkeit des Kapitals*. Die Verwendung dieser subjektive Absatzerwartungen berücksichtigenden Größe
führt nicht zu einer grundsätzlich anderen Investitionsfunktion.

Zusammenfassend halten wir fest, dass die gesamtwirtschaftlichen Nettoinvestitionen im Allgemeinen positiv sind - sofern nicht Sachkapitalbe-
stände ins Ausland wandern - und das Volumen der Nettoinvestitionen
vom Realzinssatz so abhängig ist, dass mit steigendem Realzinssatz die
Nettoinvestitionen kleiner werden und mit sinkendem Realzinssatz die
Nettoinvestitionen steigen. *Die Schwankungen der Nettoinvestitionen können dabei sehr erheblich sein.*

Die Nettoinvestitionsnachfrage ist dabei einerseits eine Nachfrage auf dem
Gütermarkt und andererseits eine Nachfrage auf dem Kapitalmarkt, da ja
der mit I bezeichnete Strom genau genommen für zwei Kreislaufströme
steht, wie im Abschnitt II. zu Beginn dargelegt wurde.

2.3 Der Kapitalmarkt: Sparentscheidung und Investitionsnachfrage im Zusammenhang

Wir haben bislang gesehen, auf welche Weise die Sparentscheidungen und die Investitionsentscheidungen durch den Realzinssatz beeinflusst werden. Für die privaten Haushalte stellt der Realzinssatz eine Ertragsrate auf gesparte, also momentan nicht für Konsum verausgabte Mittel dar. Für die Unternehmen stellt der Realzinssatz einen Kostenfaktor dar. Sie haben den Realzins und die Tilgung in der kommenden Periode an die privaten Haushalte zu zahlen.

Da sich letztendlich alle privaten Unternehmen im Eigentum privater Haushalte befinden, ist die private Unternehmung als Mittel der privaten Haushalte zum effektiven Einkommenserwerb zu betrachten, die Unternehmung stellt eine freiwillige Koalition von Individuen dar. (Vgl. zu dieser Sicht von der Unternehmung die moderne Institutionenökonomik, beispielsweise WILLIAMSON (1990), RICHTER/FURUBOTN (1996).) In diesem Sinne wird von den privaten Haushalten ein Management damit beschäftigt, auf effektive Weise effiziente Einsatzmöglichkeiten für die Ersparnisse zu finden. Die möglichen Erträge sind bei gegebener Technik der gesamtwirtschaftlichen Produktionsfunktion zu entnehmen.

Durch ihr Kapitalangebot auf dem Kapitalmarkt erhalten die Haushalte für die Zurverfügungstellung von Fremdkapital real den Zinssatz r. Als Eigentümer der Unternehmung müssen sie den Fremdkapitalgebern den Zinssatz r zahlen. Sie erhalten dafür als Verzinsung des Eigenkapitals die Grenzproduktivität des Kapitals GPK abzüglich der Abschreibungsrate δ. Daraus ergab sich die im letzten Abschnitt hergeleitete Optimalbedingung für die Investition. Zugewinn im Sinne eines Vermögenszuwachses entsteht für den repräsentativen Haushalt, solange eine über den Kapitalmarkt in eine Investition vermittelte Geldeinheit mehr einbringt als die Verzinsung auf dem Kapitalmarkt. Der maximale Zugewinn wird dort erreicht, wo eine zusätzlich gesparte Geldeinheit auf dem Kapitalmarkt die gleiche Verzinsung abwirft wie ihre Investition im Unternehmenssektor. Auch aus

Sicht des Unternehmens ist es vorteilhaft, die Verschuldung, also die Fremdfinanzierung so weit zu treiben, um den so genannten *Leverage-Effekt* (Hebelwirkung) auszunutzen, der darin besteht, dass eine geliehene Geldeinheit, die geringer zu verzinsen ist als es dem Zugewinn durch ihre Investition im Betrieb entspricht, den Gewinn erhöht. (Vgl. dazu z. B. WÖHE (1993), S. 841 ff.)

Grafisch ergibt sich beispielsweise (Vgl. zum Schaubild und zum Folgenden BURDA/WYPLOSZ (1994), S. 76 ff. und 121 f.)

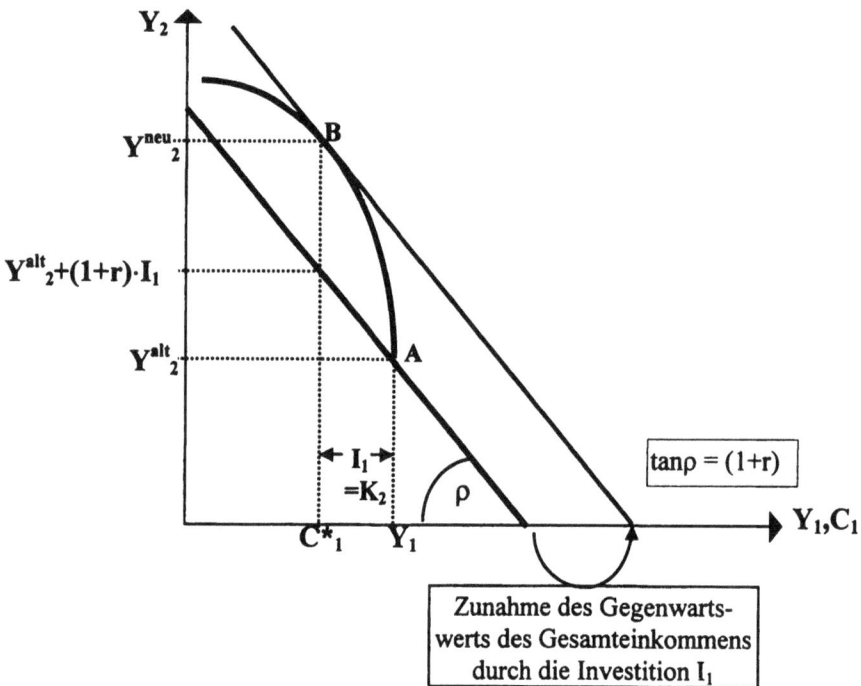

Im Schaubild ist die gesamtwirtschaftliche Produktionsfunktion als Ertragsfunktion des Faktors Kapital an den Punkt A angesetzt. Der Punkt A repräsentiert das Einkommen in Periode 1 Y_1 und das Einkommen in der Periode 2 ohne Investition Y^{alt}_2. Wenn der repräsentative Haushalt den Betrag I_1 von seinem Einkommen Y_1 spart, erhält er dafür als Kapitalanleger den Zinssatz r vergütet, sodass er in Periode 2 den Betrag von Y^{alt}_2 + (1+r)·I_1 zur Verfügung hätte. Als Eigentümer der Unternehmung wird der Haushalt den Betrag I_1 zum Zinssatz r als Kredit aufnehmen und investieren, sodass er den Sachkapitalbestand K_2 für die Produktion zur Verfügung hat. Wie der Produktionsfunktion zu entnehmen ist, kann er mit diesem Kapitalbestand eine Produktionsmenge in Höhe von Y^{neu}_2 erzeugen. Die Produktionsmenge Y^{alt}_2 wäre ohne Kapitalbestand erreichbar gewesen. Beim Zinssatz r würde demnach das repräsentative Unternehmen Kapital nachfragen, bis der Zugewinn aus der letzten investierten Geldeinheit der Zahlungsverpflichtung aus der Aufnahme dieser Geldeinheit auf dem Kapitalmarkt entspricht. Der im Schaubild enthaltenen Annahme, dass der gesamte Kreditbetrag einschließlich Zinsen in der Periode 2 zurückgezahlt werden muss, entpricht die Annahme, dass der investierte Kapitalbestand in der Produktionsperiode zur Gänze verschlissen wird, sodass die verdienten Abschreibungen der Kredittilgung entsprechen. Die Optimalbedingung lautet dann:

$$(1 + r) = GPK \qquad \text{bzw.} \qquad r = GPK - 1.$$

Dass hier an Stelle der früher abgeleiteten Bedingung 1 statt δ in der Optimalbedingung steht, liegt an der Annahme, dass der Kapitalstock in der Produktionsperiode verschlissen wird und die verdienten Abschreibungen zur Rückzahlung des Kredites verwendet werden.

Im Schaubild ist die optimale Investition bereits eingetragen. Sie führt zu einem Vermögenszuwachs, weil der Gegenwartswert des Gesamteinkommens, wie im Schaubild zu sehen, steigt. Dieser Effekt ist Ausdruck der Tatsache, dass sich in den Produktionstechnologien der Unternehmen die Ideen zur Verbesserung der Produktion durch produzierte Produktionsmittel, also durch Einsatz von Sachkapital, finden. Der Mensch schlägt Produktionsumwege ein, d. h. er produziert erst Mittel, mit deren Hilfe er sodann mehr produzieren kann, um seinen Wohlstand zu mehren. Das ist das Wesentliche an wirtschaftlichen Investitionen. Auf diese Weise können die Haushalte ihren Wohlstand mehren, indem sie nicht nur, wie weiter oben dargestellt, über den Kapitalmarkt ihren Konsum in die gewünschte Periode transferieren können, sondern, indem sie zugleich ihre Ersparnisse in sinnvolle Investitionen lenken, sodass Faktoreinkommen und Gewinne steigen.

Der Kapitalmarkt sorgt dafür, dass es zu der optimalen Übereinstimmung von Zinssatz und Grenzproduktivität des Kapitals abzüglich Abschreibungsrate kommt, indem die positiv vom Realzinssatz abhängige Ersparnis, also das Kapitalangebot K^A, mit der negativ vom Realzinssatz abhängigen Investition, also der Kapitalnachfrage K^N, in Übereinstimmung gebracht wird. Grafisch ergibt sich:

Kapitalmarkt

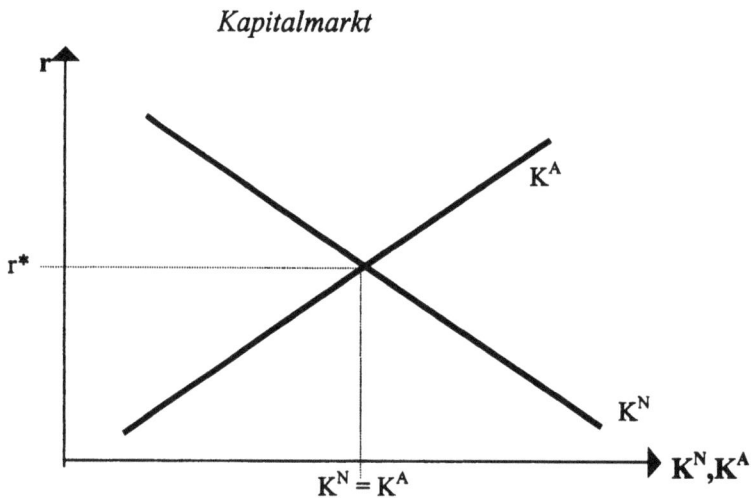

Da die Kapitalnachfrage von den Produktionsverhältnissen abhängt, wird das Investitionsvolumen durch die Produktionstechnologie und sodann den Kapitalmarkt bestimmt. Der Realzinssatz bildet sich so, dass jede Geldeinheit Ersparnis in eine produktive Verwendung gelenkt wird, bis schließlich das Grenzprodukt des Faktors Kapital gerade ausreicht, um die Zeitpräferenzrate des Anbieters der letzten ersparten Geldeinheit zu decken. Somit wird jede Geldeinheit Einkommen auch nachfragewirksam, entweder für gegenwärtige Konsumgüter oder für Kapitalgüter zwecks Schaffung künftiger Konsumgüter. Es kann zwar vorkommen, dass einzelne Anbieter zu viel oder zu wenig produzieren, aber solche Planungsfehler einzelner Anbieter werden über die freien Marktpreise im Wettbewerb alsbald ausgeglichen (Vgl. zu den diesbezüglichen Funktionen freier Marktpreise z. B. BEHRENS/KIRSPEL (2003), S. 122 ff., 152 ff.). Insgesamt schafft jedes Angebot Faktoreinkommen, das zur Gänze nachfragewirksam wird. Das gilt auch für Planungsgrößen, da niemand einen Einkommenserwerb plant, ohne eine Verwendung des Einkommens vorzusehen. Dieser Zusammenhang vom Angebot über das dabei entstehende Faktoreinkommen zur entsprechenden gesamtwirtschaftlichen Nachfrage ist die Aussage des so genannten *Say'schen Theorems* („*Say's Law*", „*Law of Markets*") nach dem französischen Ökonomen JEAN BAPTISTE SAY (1767 - 1832). (Vgl. dazu z. B. BAUMOL (1999), insbes. S. 197.) Die häufig anzutreffende Formulierung, dass jedes Angebot sich seine Nachfrage schaffe, ist insofern missverständlich, als sie eine - entsprechend oft anzutreffende - einzelwirtschaftliche Interpretation nahe legt, die der Aussage des Say'schen Theorems nicht entspricht. Nur gesamtwirtschaftlich schafft jedes Angebot (über die damit verbundenen Faktorentgelte) eine entsprechend hohe Nachfrage irgendwo in der Volkswirtschaft, was allerdings nicht stets auch Vollbeschäftigung impliziert, nicht zuletzt, weil es Ereignisse gibt, die die Angebotsbedingungen beeinflussen. (Vgl. auch BAUMOL (1999), S. 197 ff.)

Sofern das Kapitalangebot lediglich aus der inländischen Ersparnis S herrührte und die Kapitalnachfrage allein aus der Investitionsnachfrage sich ergäbe, würde dieses Gleichgewicht bedeuten, dass der Nachfrageausfall bei inländischen Unternehmen durch die inländische Ersparnis exakt durch die zusätzliche Nachfrage aus den Investitionen inländischer Unternehmen ausgeglichen wäre. Der Realzinssatz bildet sich demnach so, dass Güternachfrage und Güterangebot übereinstimmen. Für dieses Gleichgewicht muss nicht vom Staat und vom Ausland abstrahiert werden, sondern es muss lediglich angenommen werden, dass der Staatshaushalt ausgeglichen ist und dass der Außenhandel in dem Sinne ausgeglichen ist, dass der Außenbeitrag Null ist. Wenden wir uns nun dem Staat und dem Ausland als Nachfragern zu.

2.4   Die Nachfrageentscheidung des Staates

Die Ausgaben des Staates ergeben sich aus den wahrgenommenen Staatsaufgaben. Diese kann man, nach RICHARD A. MUSGRAVE, drei Aufgabenbereichen des Staates zuordnen (Vgl. grundlegend MUSGRAVE/MUSGRAVE/KULLMER (1994), Kap. 1):

- *Allokationsaufgaben:* Hierbei geht es um einen staatlichen Ausgleich in Fällen, in denen Marktversagen in dem Sinne vorliegt, dass eine eigentlich gewünschte Güterversorgung nicht oder nicht zureichend erfolgt. Der Staat greift in diesen Fällen mit einem eigenen Güterangebot oder mit unterstützenden oder unterdrückenden Maßnahmen für bestimmte Angebote ein, er verändert die Zuordnung von Produktionsfaktoren zu Produktionszwecken (Allokation). (Vgl. dazu auch BEHRENS/KIRSPEL (2003), S. 166 ff.)

- *Distributionsaufgaben*: Der Staat tritt hier ein, um eine vom Markt herbeigeführte Einkommens- und Vermögensverteilung zu verändern. Obgleich davon auch allokative Wirkungen ausgehen können, etwa weil die Risikoneigung oder die durchschnittliche Sparneigung sich verändern oder die Nachfragestrukturen sich wandeln, geht es vereinfacht um Umverteilung von Einkommen und Vermögen zwischen Privaten. Eine zusätzliche Staatsnachfrage entsteht dadurch nicht. Zudem ist fraglich, ob es dem Staat gelingen kann, in irgendeiner Weise „bessere" Verteilungsergebnisse hervorzubringen und „[s]olange nicht die Politik, so wie sie tatsächlich funktioniert, und nicht so, wie sie idealerweise funktionieren sollte, nachweislich bessere Verteilungsergebnisse hervorbringt als der Markt, »besser« in Begriffen eines vernünftigen, akzeptablen Maßstabes, sollten Ratgeber davon Abstand nehmen, Verteilungspolitik zu befürworten." (BUCHANAN (1989), S. 46 f.)

- *Stabilisierungsaufgabe*: Hier wird dem Staat die Aufgabe zugewiesen, durch systematische Veränderung seiner Ausgaben und Einnahmen auf den Konjunkturablauf stabilisierend einzuwirken. Allerdings haben die anfänglich durch eine unausgereifte Makrotheorie geschürten Hoffnungen sich praktisch nicht erfüllt und auch theoretisch steht sehr in Zweifel, ob der Staat wirklich positive antizyklische Wirkungen auf den Wirtschaftsablauf zu entfalten vermag. Die Möglichkeiten werden in diesem Lehrbuch noch abzuklopfen sein.

Während die Allokationsaufgaben und die Distributionsaufgaben des Staates zwar schwierig abzugrenzen, aber dennoch sachlich mit gewissen Funktionsmängeln des Marktsystems zu begründen sind, sofern nicht systematisches Staats- oder Politikversagen der Behebung der Mängel entgegenstehen, sind die Ausgabenschwankungen, die zu einer Stabilisierung des Konjunkturablaufs beitragen sollen, im Wesentlichen lediglich mit der Beeinflussung des Kreislaufniveaus begründet. Zusätzliche Ausgaben des Staates dienen etwa dem Zweck, ausgefallene Nachfrage der Privaten zu ersetzen. Da aber in diesem Fall ja durch die Allokationsaufgaben des Staates bereits seine vernünftigen Güterkäufe zureichend begründet und auch erledigt sind, würde der Staat „überflüssige" Käufe tätigen, nur um das Kreislaufniveau zu beeinflussen. Dies erinnert an den schon sprichwörtlichen keynesschen Graben, der von einem Trupp Arbeitslosen ausgehoben und von einem anderen Trupp wieder zugeschüttet wird. Um solche Ausgaben zu begründen, bedarf es schon eindeutiger Erfolgsausweise, d. h. nachweisbar nützlicher Wirkungen. Die praktischen Erfahrungen mit solchen Versuchen zeigen jedoch ein anderes Bild.

Insgesamt können wir feststellen, dass die Staatsausgaben G im Wesentlichen in ihrer Höhe durch politische Prozesse festgelegt werden. Welche Höhe konkret zu Stande kommt, hängt dabei von vielerlei Faktoren ab, neben den Präferenzen der Bürger etwa vom gewählten Wahlmechanismus, von den zur Wahl zugelassenen Personenkreisen, vom Altersaufbau der Wählerschaft, von den ideologischen Meinungen der Parteien, von Gesetzmäßigkeiten der bürokratischen Prozesse und vielem anderen mehr. Mit diesen Bestimmungsgründen staatlichen Handelns und des resultierenden Niveaus der staatlichen Ausgaben beschäftigt sich eingehend die finanzwissenschaftliche Literatur (Vgl. beispielsweise BANKART (1998)).

Hier werden die **Staatsausgaben G** deshalb vornehmlich als **autonom**, d. h. durch Parlamentsbeschlüsse und nicht durch Variablen des Wirtschaftskreislaufs bestimmt, angesehen. Veränderungen der Staatsausgaben zum Zwecke der Beeinflussung des Kreislaufniveaus bzw. der Schwankungen im Kreislaufniveau können dann einfach als Veränderungen der autonomen Staatsausgaben diskutiert werden. Diese sind allerdings, um einem vielleicht nahe liegenden Missverständnis vorzubeugen, keineswegs willkürlich oder zufällig. Sie können systematisch, etwa durch bestimmte Problemlagen hervorgerufen, beeinflusst sein, sodass vernunftbegabte Wirtschaftssubjekte durchaus mit ihnen rechnen könnten.

Obgleich der Staat, insbesondere im allokativen Bereich, auch manche Leistungen an bestimmte Nutzerkreise verkauft, soll davon abgesehen werden, weil diese Verkäufe von untergeordneter Bedeutung für den gesamten Staat und die Volkswirtschaft insgesamt sind. Deshalb sei hier durchweg angenommen, dass der Staat seine Ausgaben für Güter und Dienstleistungen G durch Steuereinnahmen T oder durch Kreditaufnahme, also beispielsweise der Ausgabe von Schuldverschreibungen des Staates, in Höhe eines Budgetdefizits BD finanziert, sodass sich ergibt:

$$G_t = T_t + BD_t.$$

Die Möglichkeiten des Staates, Steuern zu erheben, sind ebenfalls mannigfaltig, und die Wirkungen, die von verschiedenen Steuern und Erhebungsarten ausgehen, sind ziemlich unterschiedlich. Auch hierzu sei auf die finanzwissenschaftliche Literatur verwiesen. Hier seien lediglich zwei mögliche Steuererhebungen angenommen: Zum einen kann es sich um eine **allokationsneutrale Pauschalsteuer** handeln, d. h. um eine Steuer, die so erhoben wird, dass kein Ausweichen durch Umschichtung wirtschaftlicher Aktivitäten auf verschiedene Handlungsbereiche oder auf verschiedene Zeitperioden möglich ist. Eine pauschal pro Person erhobene Steuer wäre eine solche Steuer, die zwar in der Realität so gut wie nicht vorkommt, gleichwohl sinnvoll angenommen werden kann, um von den allokativen Wirkungen von Steuererhebungen abstrahieren zu können.

Pauschalsteuer: $\qquad T_t = Tp_t$.

Zum anderen kann es sich um eine *Einkommensteuer* handeln, die hier als proportionale Steuer auf das Einkommen angenommen wird. Eine solche Steuer senkt die Erträge der Arbeit im Vergleich zu dem Nutzen aus der Freizeit, sie hat also allokative Effekte, die im Falle einer realitätsnäheren progressiven Einkommensteuer - die hier zur Vereinfachung ausgeschlossen wird - noch verstärkt würden.

Einkommensteuer: $\qquad T_t = \tau \cdot Y_t$

mit $\quad \tau$ = Einkommensteuersatz.

Bezüglich des Budgetdefizits (oder, bei umgekehrtem Vorzeichen, Budgetüberschusses) sei angenommen, dass sich der Staat auf dem normalen Kapitalmarkt verschuldet, wobei die *Kreditnachfrage des Staates* nur durch die Höhe des Budgetdefizits BD als Saldo aus Ausgaben G und Steuereinnahmen T bestimmt wird, d. h. insbesondere *zinsunabhängig* ist.

Budgetdefizit: $\qquad BD_t = G_t - T_t$.

Der Staat fragt demnach auf zwei Märkten nach, nämlich auf dem Gütermarkt in Höhe von G und auf dem Kapitalmarkt in Höhe von BD. (Vgl. das Kreislaufdiagramm unter III.2.)

Sofern sich der Staat der Finanzierung durch eine Einkommensteuer bedient, schwankt bei vorgegebenen Ausgaben G sein Kreditbedarf mit dem Kreislaufniveau. Steigt das Nettoinlandsprodukt, so sinkt das Defizit und umgekehrt. Insofern gibt es eine gewisse Einkommensabhängigkeit der Kreditnachfrage des Staates, *wenn ein Teil der Einnahmen durch eine Einkommensteuer bewirkt wird*:

$$BD = BD(Y) \qquad \text{mit} \qquad \frac{dBD}{dY} < 0.$$

Wenn der Staat in einer Periode Kredit aufnimmt, so wird er diesen allerdings mit Zins in der Zukunft zurückzahlen müssen. Der Gegenwartswert der Staatsausgaben muss dann letztlich dem Gegenwartswert der Steuern entsprechen. Greifen wir zur Analyse auf unser Zwei-Perioden-Modell zurück, so muss gelten:

$$G_t + \frac{G_{t+1}}{(1+r)} = T_t + \frac{T_{t+1}}{(1+r)}.$$

Sofern also in der Periode t ein Budgetdefizit für den Staat eintritt, muss gelten:

$$G_t - T_t = \frac{(T_{t+1} - G_{t+1})}{(1+r)}.$$

Demnach entspricht das gegenwärtige Budgetdefizit dem Gegenwartswert des künftigen Überschusses, den der Staat für die Rückzahlung des Kredites einschließlich Zinsen verwendet. Die Gegenwartsverschuldung ist dem Gegenwartswert der künftig dadurch erhöhten Steuerzahlung der Privaten an den Staat äquivalent. Das ist die Kernaussage des so genannten *Ricardo-Barro-Äquivalenztheorems (Ricardo Äquivalenztheorem, ricardianische Äquivalenz)*. (Vgl. BARRO/GRILLI (1996), S. 580 ff., BLANKART (1998), S. 344 ff., BURDA/WYPLOSZ (1994), S 81 ff., MANKIW (1998), S. 483 ff., MANKIW (2000), S. 419 ff.) „Es besagt, dass die Wohlfahrt der Bürger durch die Art der Finanzierung der Staatsausgaben unbeeinflusst bleibt." (BLANKART (1998), S. 344) Das Theorem, dass die Individuen durch einen momentanen Ersatz von Steuerzahlungen an den Staat durch Staatsverschuldung nicht wohlhabender werden, gilt auch für eine größere Zahl von Perioden. Das Äquivalenztheorem beschreibt in dieser Form zunächst einmal eine einfache und unabweisbare Tatsache. Die künftige Steuerzahlung hat den angegebenen Gegenwartswert, d. h., soll der Konsum in Periode t+1 aufrecht erhalten werden, muss der Betrag der Staatsverschuldung in Periode t zum realen Marktzins r angelegt werden. Dass auch die Individuen das so in ihren Wirtschaftsplänen berücksichtigen, ist

klar, sofern die privaten Individuen so weit in die Zukunft planen wie der
Staat (Vgl. HAVRILESKY (1988), S. 144), was unter den Bedingungen des
weitgehend wahlperiodenabhängigen Entscheidungshorizonts der Politik
wohl für westliche Demokratien nicht unvernünftig ist, anzunehmen. Die
korrekte Berücksichtigung der Ereignisse in den Wirtschaftsplänen der
Wirtschaftssubjekte wird sich aber im Mittel - und damit bezüglich des
makroökonomisch repräsentativen Wirtschaftssubjektes - auch bei unvoll-
kommener oder sogar fehlender Voraussicht in die Zukunft einstellen, da
Entscheidungen über Einkommensverwendungen notwendig in die Zukunft wirken. Einige werden in ihren Dispositionen die künftige Belastung
unterschätzen, andere werden sie überschätzen. Gibt es keine wirksamen
Gründe für systematische Verzerrungen in die eine oder die andere Richtung, stellt sich im Mittel bezüglich der Erwartungen ebenfalls Äquivalenz
ein, d. h. die zeitliche Verteilung von Belastungen durch Finanzierung von
Staatstätigkeit wird im Mittel dann korrekt erwartet. Zudem werden die
Staatsschuldtitel stets bis zur Rückzahlung gehalten und verzinst.

2.5 Bestimmungsgründe des Außenbeitrags

Der zwischenstaatliche Wirtschaftsverkehr beansprucht ein eigenes um-
fangreiches Gebiet der Wirtschaftswissenschaft und kann hier unmöglich
umfassend abgehandelt werden. Deshalb sei dazu auf die Spezialliteratur
verwiesen (Vgl. etwa KRUGMAN/OBSTFELD (2004), HABERLER (1970),
SIEBERT (2000), ROSE/SAUERNHEIMER (1995), SAMUELSON/NORDHAUS
(1998), Teil Sieben, oder auch den geschichtlichen Abriss von NIEHANS
(1995). Zur Einbindung Deutschlands in die Weltwirtschaft vgl. DONGES
(1995)).

Hier sei nur kurz auf einige wenige Bestimmungsgründe des Waren- und
Dienstleistungsverkehrs eingegangen (Vgl. zum folgenden WAGNER
(1990), S. 92 ff., HAVRILESKY (1988), S. 387 ff.), der stets vorteilhaft ist,
wenn so genannte komparative Kostenvorteile gegeben sind (Vgl.
SAMUELSON/NORDHAUS (1998), S. 778 ff., BEHRENS/KIRSPEL (2003), S.
49 ff.) , worauf später noch einzugehen ist.

- *Importe*: Der Wert der Importe ergibt sich aus der inländischen Nachfrage nach im Ausland erzeugten Gütern und Dienstleistungen.

  Jeweils ceteris paribus, d. h. unter sonst gleichen Bedingungen, erhöhen sich die Importe mit

  * steigendem inländischen Einkommen Y,

  * steigendem inländischen Preisniveau Pi,

  * sinkendem ausländischen Preisniveau Pa und

  * sinkendem **Wechselkurs** e, der definiert wird als *Preis einer aus-
    ländischen Währungseinheit in inländischen Währungseinheiten.*

  Dabei lassen sich die preislichen Bestimmungsgründe Pi, Pa und e zu
  den so genannten ***terms of trade*** **totr** zusammenfassen:

  terms of trade: $$\text{totr} = \frac{P_i}{e \cdot p_a}.$$

  Die terms of trade steigen mit steigendem inländischen Preisniveau Pi,
  mit sinkendem ausländischen Preisniveau Pa und mit sinkendem
  Wechselkurs e, d. h. die oben aufgelisteten drei preislichen Bestimmungsgründe des steigenden Importwertes führen alle zu einer Steigerung der terms of trade. Von - teilweise kurzfristig üblichen - anomalen
  Reaktionen beispielsweise auf Wechselkursänderungen wird hier abgesehen.

  Es ergibt sich:

  $$\text{Im} = \text{Im}(Y, \text{totr}) \quad \text{mit} \quad \frac{\partial \text{Im}}{\partial Y} > 0 \quad \text{und} \quad \frac{\partial \text{Im}}{\partial \text{totr}} > 0.$$

- *Exporte*: Der Wert der Exporte ergibt sich aus der ausländischen Nachfrage nach im Inland erzeugten Gütern und Dienstleistungen.

  Die Exporte sind mithin die Importe des Auslands aus dem Inland, d.
  h., für die Exporte gelten die obigen Bestimmungsgründe aus der Sicht

des Auslandes. Aus der Sicht des Inlands hängt demnach der Wert der Exporte vom ausländischen Einkommen Ya und von den terms of trade ab, von letzteren jedoch im Vergleich zum Import umgekehrt:

$$Ex = Ex(Y_a, totr) \text{ mit } \frac{\partial Ex}{\partial Y_a} > 0 \text{ und } \frac{\partial Ex}{\partial totr} < 0.$$

Unter Berücksichtigung des Kapitalverkehrs ergeben sich noch weitere Einflüsse auf den Export und den Import von Waren auf Grund der durch Zinssatzdifferenzen hervorgerufenen Kapitalströme zwischen den Ländern. Auf diesen Zusammenhang wird noch eingegangen werden.

Vereinfacht besteht die *Zahlungsbilanz eines Landes* aus drei Teilbilanzen, deren Salden sich insgesamt zu Null ergänzen:

- Die *Leistungsbilanz*, in der der Wert der Exporte **Ex** (Mittelzufluss), der Wert der Importe **Im** (Mittelabfluss) und der Wert des Saldos des Erwerbs- und Vermögenseinkommens zwischen Inland und Ausland F(positiv: Mittelzufluss; negativ: Mittelabfluss) erfasst werden. Zur Vereinfachung wird im Folgenden der Saldo des Erwerbs- und Vermögenseinkommens zwischen Inland und Ausland **F** aufgespalten in Einkommen aus dem Ausland, das als Mittelzufluss dem Exportwert zugeschlagen wird, einerseits und Einkommen an das Ausland, das als Mittelabfluss dem Importwert zugeschlagen wird, andererseits.

- Die *Kapital(verkehrs)bilanz*, in der der Wert der Kapitalexporte **Kex** (= Forderungstitelimporte = Mittelabfluss)und der Wert der Kapitalimporte **Kim** (= Forderungstitelexporte = Mittelzufluss) erfasst werden.

- Die *Devisenbilanz*, in der der Wert der Änderung der Devisenreserven der Zentralbank erfasst wird. Kauft die Zentralbank Devisen (also Forderungstitel gegen eine ausländische Zentralbank) hinzu, liegt ein Mittelabfluss vor, verkauft sie Devisenreserven, ein Mittelzufluss.

Unterstellen wir einmal, *die Zentralbank überließe den Devisenhandel sich selbst*, sodass der Saldo der Devisenbilanz gleich Null wäre, so setzt sich das *Devisenangebot DA* (= Nachfrage nach inländischem Geld durch

Ausländer, die dafür ihr ausländisches Geld anbieten) aus den Geldbedarfen aus dem Erwerb von Exportgütern durch Ausländer (Export Ex) und aus dem Erwerb inländischer Forderungstitel durch Ausländer (Kapitalimport Kim) zusammen:

$$DA = Ex + Kim \, .$$

Die **Devisennachfrage DN** ergibt sich entsprechend aus den Geldbedarfen aus dem Erwerb von Importgütern durch Inländer (Import Im) und aus dem Erwerb ausländischer Forderungstitel durch Inländer (Kapitalexport Kex):

$$DN = Im + Kex \, .$$

Nehmen wir normal verlaufende Nachfrage- und Angebotskurven auf den Devisenmärkten an, was insbesondere sehr kurzfristige anomale Reaktionen ausschließt, so würde das Devisenangebot mit dem Preis für die Devise, dem **Wechselkurs e**, der ja definiert ist als Anzahl inländischer Währungseinheiten, die für eine Einheit der ausländischen Währung zu bezahlen ist, steigen, während die Devisennachfrage mit dem Wechselkurs sinken würde. Der Wechselkurs würde sich so einstellen, dass Devisenangebot und Devisennachfrage ausgeglichen wären:

Devisenmarkt

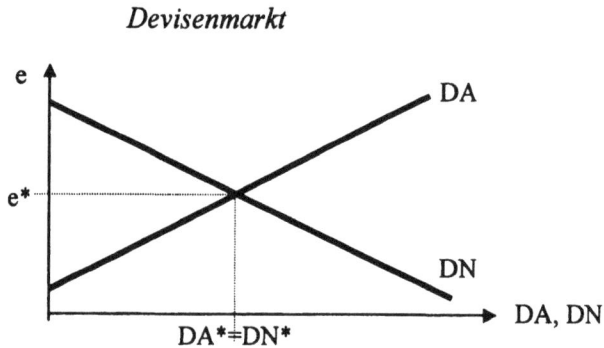

Betrachten wir ein *Beispiel* mit den folgenden vereinfachenden Annahmen: Einerseits sei in der *Ausgangslage* der Saldo der Leistungsbilanz zwischen zwei Ländern (etwa dem Inland und dem Rest der Welt) gleich Null: Ex - Im = 0. Der Kapitalverkehr zwischen den beiden Ländern sei ausschließlich zinsabhängig, d. h. sonstige Gründe für Kapitalverkehr seien ausgeschlossen. In dere *Ausgangslage* sind Inlandszinssatz r und Auslandszinssatz r^a gleich: (r - r^a) = 0, sodass auch Kex = 0 und Kim = 0 sind.

Würde nun der inländische Zinssatz r bei konstantem ausländischen Zinssatz r^a steigen [(r- r^a)↑] so hätte unter sonst gleichen Umständen, also ceteris paribus (c. p.), dies einen Kapitalimport, also einen Export der nun besser verzinslichen inländischen Forderungstitel, zur Folge: Kim > 0. Der Kapitalexport bliebe Null: Kex = 0. Von der Ausgangslage ausgehend würde sich die Devisenangebotskurve nach rechts verschieben. In der Folge würde der Wechselkurs sinken und gemäß unserer obigen Import- und Exportfunktionen würden die Importe steigen und die Exporte sinken, da mit sinkendem Wechselkurs bei c. p. gleich bleibenden Preisen im Inland und im Ausland die inländischen Güter im Ausland teurer werden, während die ausländischen Güter im Inland billiger werden. Diese Veränderung schlägt sich als Bewegung auf der Devisennachfragekurve nach unten rechts (zunehmender Import) und auf der Devisenangebotskurve nach unten links (abnehmende Exporte) nieder, bis das neue Gleichgewicht bei niedrigerem Wechselkurs erreicht ist.

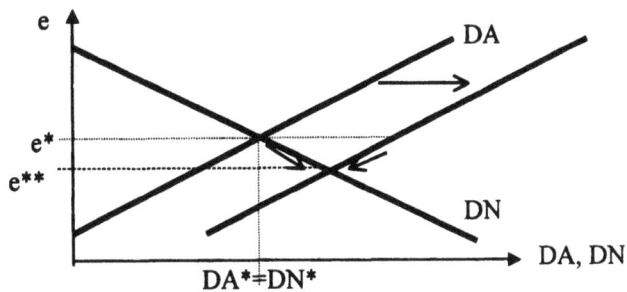

Im Ergebnis hätte die inländische Zinssteigerung zu einem Importüberschuss, also einem Leistungsbilanzdefizit, geführt. Die gesamte Zahlungsbilanz bleibt ausgeglichen, aber es gäbe einen Überschuss in der Kapitalverkehrsbilanz (Kim > Kex, mit Kim > 0 und Kex = 0), der dem Defizit in der Leistungsbilanz (Ex < Im) entspräche.

Auch bezüglich dieser außenwirtschaftlichen Betrachtungen wollen wir uns auf ein Zwei-Perioden-Modell beschränken. Was geschieht demnach nun in der zweiten Periode?

In der zweiten Periode muss das Inland dem Ausland den Nettokredit mit Zinsen zurückzahlen: $(Kim_t) \cdot (1+r)$. Diese Summe kann zahlungsbilanztechnisch aufgegliedert werden in einen Rückkauf von Forderungstiteln, also einem zusätzlichen Kapitalexport in der zweiten Periode Kex_{t+1}, in Höhe von Kim_t:

$$Kex_{t+1} = Kim_t,$$

und in eine Verzinsung auf diese Forderungstitel, also einem Vermögenseinkommen an das Ausland (-F) in Höhe von $r \cdot Kim_t$, also einem Mittelabfluss, der in der hier vereinfachten Leistungsbilanz wie ein Import erfasst wird:

$$\Delta Im_{t+1} = r \cdot Kim_t.$$

Beide Vorgänge verschieben die Devisennachfrage nach rechts, sodass der Wechselkurs wieder steigt, was einen Leistungsbilanzüberschuss zur Folge hätte, der zum einen die Rückzahlung des Urspungskredites an das Ausland und zum anderen die Verzinsung des Kredites an das Ausland erlaubte. Der Leistungsbilanzüberschuss wäre demnach in der Periode t+1 nur Folge der Auslandsverschuldung des Inlands in Periode t.

Den Anstieg des Wechselkurses in der Periode t+1 werden die Wirtschaftssubjekte des Auslandes natürlich bei ihrer Anlageentscheidung berücksichtigen, sodass der Nettokapitalimport ins Inland auf Grund des höheren Inlandszinssatzes begrenzt wird. Ein Anstieg des Wechselkurses bedeutet schließlich eine Abwertung der Inlandswährung, d. h. der anlegende Ausländer muss später zu einem für ihn ungünstigeren Kurs in seine eigene Währung zurücktauschen.

Wie lautet das Entscheidungsproblem für den Kapitalanleger aus dem Ausland? Er bekommt zunächst für eine Einheit Auslandswährung e_t Einheiten Inlandswährung. Diese Anlage wird mit dem Inlandszinssatz r verzinst, sodass der Anleger in der Periode t+1 den Betrag von $e_t \cdot (1+r)$ zur Verfügung hat. Diesen Betrag kann er dann zum Wechselkurs in der Periode t+1 e_{t+1} in die Auslandswährung zurücktauschen. Er erhält demnach in der Periode t+1 pro angelegter Einheit Auslandswährung $e_t \cdot (1+r)/e_{t+1}$ Einheiten Auslandswährung zurück. Die Alternative für den Ausländer wäre die Anlage im Ausland gewesen. In diesem Falle erhielte er pro angelegter Einheit Auslandswährung nach einer Periode den Betrag $(1+r^a)$ zurück.

Sofern das ausländische Wirtschaftssubjekt nun das Wechselkursänderungsrisiko ausschließen will, wird es am Devisenterminmarkt, an dem in der Periode t bereits der Austausch von Devisen in der Periode t+1 vereinbart wird, seine Währung für die Periode t+1 zurückkaufen wollen. Dies ist ein so genanntes *Kurssicherungsgeschäft*, der Vorgang der Kurssicherung wird auch *Hedging* genannt. Der Transfer von Anlagekapital ins Inland bewirkt demnach ein zunehmendes Devisenangebot in der Periode t und eine zunehmende Devisennachfrage in der Periode t+1, d. h. der Wechselkurs in der Periode t beginnt zu sinken und der Terminkurs für die Periode t+1 beginnt zu steigen. Die für die erforderlichen Handelsströme notwendigen Wechselkursänderungen werden also bereits in der Periode t ausgelöst.

Vergleicht das ausländische Wirtschaftssubjekt die Anlage seiner Mittel in seinem Land mit der Anlage der Mittel im Inland, so wird er solange Mittel ins Inland transferieren, wie die Gesamtverzinsung im Inland die im Ausland übersteigt (Vgl. hierzu ROSE/SAUERNHEIMER (1995), S. 189 ff., BORCHERT (1997), S. 289 f.):

Anlage im Ausland erbringt für den Ausländer		Anlage im Inland erbringt für den Ausländer
$(1 + r^a)$	$<$	$\dfrac{e_t \cdot (1 + r)}{e_{t+1}}$

Durch Umformung finden wir, dass die Anlage im Inland für den Ausländer sinnvoll ist, solange gilt:

$$\frac{e_{t+1}}{e_t} < \frac{1+r}{1+r^a}, \text{ bzw.}$$

$$\frac{e_{t+1} - e_t}{e_t} < \frac{(1+r) - (1+r^a)}{(1+r^a)}.$$

Auf der linken Seite dieser Ungleichung steht die Einbuße durch die Wechselkursänderung in Prozent[1]. Auf der rechten Seite steht der Zugewinn durch Anlage im Inland im Vergleich zur Anlage im Ausland in Prozent. Und solange der prozentuale Zugewinn durch die bessere Verzinsung den prozentualen Verlust durch die Abwertung der Inlandswährung übersteigt, lohnt sich der Kapitaltransfer ins Inland. Den prozentualen Unterschied zwischen dem Preis der Devisen auf dem so genannten Terminmarkt, dem *Terminkurs*, und dem Preis der Devisen heute, d. h. auf dem so genannten Kassamarkt, dem *Kassakurs*, bezeichnet man auch als *Swapsatz*:

$$\text{Swapsatz } s = \frac{e_{t+1} - e_t}{e_t}.$$

---

[1] Zur Angabe in Prozent müßten genau genommen beide Seiten der Ungleichung mit Hundert multipliziert werden, was hier aus Vereinfachungsgründen unterbleibt.

Der Nettokapitalimport mit Kurssicherung ins Inland hält demnach an, bis gilt:

$$s = \frac{r - r^a}{1 + r^a}.$$

In welchem Umfang demnach Nettokapitalimport durch eine Zinssatzdifferenz hervorgerufen wird, hängt von der Stärke der Wechselkursreaktionen auf das zusätzliche Devisenangebot per Kasse und die zusätzliche Devisennachfrage per Termin ab, da die Stärke dieser Reaktionen bestimmt, wie schnell der Swapsatz s der relativen Zinssatzdifferenz entspricht.

Wenn jetzt die Inländer die Rückzahlung des Auslandskredites und die damit verbundene Zinszahlung korrekt antizipieren, werden sie den Wohlstandsgewinn in der Periode t, der aus dem zusätzlichen Importüberschuss resultiert ($Im_t - Ex_t > 0$), vergleichen mit dem Wohlstandsverlust in der Periode t+1, der aus Zins und Tilgung und dem entsprechenden Exportüberschuss resultiert [$(Ex_{t+1} - Im_{t+1}) = (1+r)(Im_t - Ex_t)$]. Damit ein Vergleich der jeweiligen Wohlstandsänderungen möglich ist, sind die Wohlstandsänderungen auf die gleiche Periode zu beziehen, d. h., aus der Sicht der Gegenwart ist der Wohlstandsverlust in der nächsten Periode auf die gegenwärtige Periode abzuzinsen. Dazu verwenden wir den inländischen Zinssatz r. Es ergibt sich:

$$(Im_t - Ex_t) - \frac{(Ex_{t+1} - Im_{t+1})}{(1+r)} = 0.$$

Auch hinsichtlich der *intertemporalen Kreditbeziehungen mit dem Ausland* gilt daher, wenn von Komplikationen des internationalen Wirtschafts- und Kapitalverkehrs abgesehen wird, die zu Erwartungsfehlern führen würden, die *ricardianische Äquivalenz*. Das bedeutet, dass eine intertemporale Konsumverlagerung durch Kreditbeziehungen mit dem Ausland zu *keinem Vermögenseffekt* im Inland führt. Die Zinssatzänderung (jetzt natürlich c. p., also im Vergleich zum Auslandszinssatz) führt *aber intertemporale Substitutionseffekte* herbei. Ein c. p. höherer Zinssatz im Inland erweitert die im Inland verfügbare Ersparnis, weil die Ersparnis der Inländer durch zufließende Ersparnisse der Ausländer angereichert wird. Ein c. p. höherer Zinssatz im Inland verbessert demnach die Warenversorgung jetzt und verringert sie in der Zukunft. Wie von diesen Möglichkeiten, die intertemporale Güterverteilung zu beeinflussen Gebrauch gemacht wird, hängt wie bisher von den Präferenzen der Wirtschaftssubjekte ab. Ändern sich die Präferenzen nicht, so können die Wirtschaftssubjekte in Höhe der in Periode t zufließenden Güter sparen, sodass sie in der Periode t+1 mit dieser Ersparnis exakt Zins und Tilgung durch den dann abfließenden Warenstrom begleichen können, dessen Wert aus ihrer Sicht dem gegenwärtig zufließenden Strom entspricht. Die Analyse führt demnach zu den Aussagen, die im Abschnitt über das Konsum- bzw. Sparverhalten getroffen wurden.

2.6   Die gesamtwirtschaftliche Güternachfrage

Zusammenfassend können wir nunmehr die gesamtwirtschaftliche Nachfrage charakterisieren. Sie setzt sich zusammen aus der privaten Konsumnachfrage, der Investitionsnachfrage, der Nachfrage des Staates und dem Außenbeitrag. Bis auf die Staatsnachfrage sind durch die Berücksichtigung der künftigen wirtschaftlichen Folgen heutiger Entscheidungen durch die Wirtschaftssubjekte all diese Nachfragekomponenten zinsabhängig. Wie gezeigt wurde, nimmt die private Konsumnachfrage C mit steigendem Zinssatz ab, weil der Nutzen einer Verlagerung des Konsums in die Zukunft steigt. Auch die Investitionen der privaten Unternehmen I sinken mit steigendem Zinssatz, weil der optimale Kapitaleinsatz kleiner wird. Schließlich führt ceteris paribus ein höherer Inlandszinssatz zu einem Importüberschuss, d. h. die außenwirtschaftliche Nachfragekomponente (Ex - Im) sinkt. Lediglich bezüglich der Staatsausgaben G ist eine solche Zinsabhängigkeit unplausibel, solange der Staat sich nicht wegen der Zinslasten des Schuldenbestandes des Staates sorgen muss.

Im Ergebnis ist deshalb von einer gesamtwirtschaftlichen Nachfrage Y^D auszugehen, die zinsabhängig ist, wobei sie mit steigendem Zinssatz sinkt und mit sinkendem Zinssatz steigt.

Gesamtwirtschaftliche Nachfrage

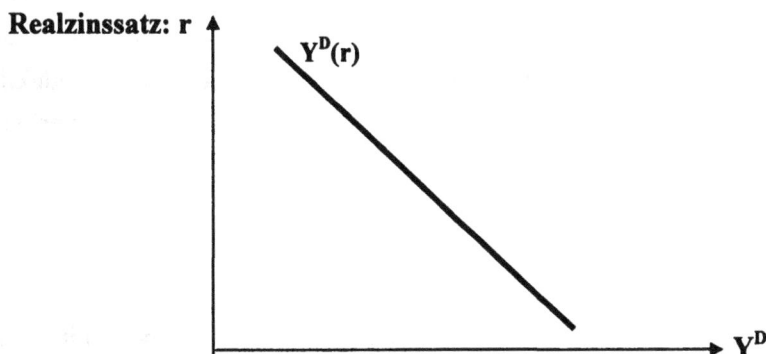

Auf Grund von Vermögenseffekten kann sich diese Nachfragefunktion verschieben. So führen als dauerhaft empfundene Vermögenseinbußen, wie beispielsweise durch die so genannten Ölpreisschocks 1973/74 und 1979/80, zu einer Linksverschiebung der Nachfragefunktion, während als dauerhaft empfundene Vermögenszuwächse, etwa durch den technischen Fortschritt, zu einer Rechtsverschiebung der Nachfragefunktion führen. Als vorübergehend empfundene Verbesserungen oder Verschlechterungen der Lage führen allerdings nur zu geringfügigen Verschiebungen der Nachfragefunktion. Eine Ausnahme stellen die Variationen der Staatsnachfrage zum Ausgleich solcher Schwankungen dar. Sie hängen von politischen Entscheidungen und nicht von der Frage der Dauerhaftigkeit von Vermögenseffekten ab. Allerdings wirken sich die Finanzierungen der Staatsausgaben auf die übrigen Nachfragekomponenten aus. Deshalb kann erst bei einer parallelen Analyse der Änderungen der Staatsnachfrage und der damit verbundenen Änderungen, die aus der Finanzierung der Staatsausgaben resultieren, ermittelt werden, wie sich die gesamtwirtschaftliche Nachfrage verändert. Auf diese Fragen wird noch eingehend einzugehen sein.

3. Der Arbeitsmarkt und das gesamtwirtschaftliche Güterangebot

Das gesamtwirtschaftliche Güterangebot wird über eine gesamtwirtschaftliche Produktionsfunktion ermittelt, die die ausgebrachte Gütermenge zu dem Einsatz von Produktionsfaktoren in Beziehung setzt. Bereits zur Herleitung der Investitionsnachfrage der Unternehmen benötigten wir diese Produktionsfunktion, für die wir angenommen haben, dass das Produktionsergebnis der Periode t Y_t abhängig ist vom Arbeitseinsatz der Periode L_t und vom Kapitaleinsatz K_t:

$$Y_t = Y_t(K_t; L_t).$$

Für diese Produktionsfunktion nehmen wir positive, aber mit dem Einsatzniveau abnehmende Grenzerträge der Faktoren und konstante Skalenerträge an. (Zu den produktionstheoretischen Zusammenhängen vgl. BEHRENS/PEREN (1998).) Formal ergibt sich:

$$\frac{\partial Y}{\partial K} > 0 \quad \wedge \quad \frac{\partial^2 Y}{\partial K^2} < 0, \qquad \frac{\partial Y}{\partial L} > 0 \quad \wedge \quad \frac{\partial^2 Y}{\partial L^2} < 0,$$

$$Y(\lambda) = \lambda \tilde{Y} = Y(\lambda \tilde{K}; \lambda \tilde{L}).$$

Zur Analyse des Güterangebots in einer bestimmten Periode t nehmen wir den in dieser Periode eingesetzten Kapitalstock $K_t = \overline{K}$ als gegeben an. Selbst wenn es aus einzelwirtschaftlicher Sicht einen gut funktionierenden Markt für gebrauchte Kapitalgüter gibt, kann gesamtwirtschaftlich ein vorhandener Kapitalstock nicht einfach verschwinden. Ein vorhandener Bestand kann, von Verkäufen an das Ausland einmal abgesehen, nur den Besitzer wechseln. (Vgl. BEHRENS/PEREN (1998), S. 66.) Innerhalb der Periode kann dann nur noch die Einsatzmenge des Produktionsfaktors Arbeit variiert werden. Aus der Einsatzmenge des Produktionsfaktors Arbeit in Verbindung mit einem vorhandenen Kapitalstock ergibt sich dann das gesamtwirtschaftliche Angebot Y_t^S:

$$Y_t^S = Y_t(\overline{K}, L_t), \quad \frac{\partial Y}{\partial L} > 0 \quad \wedge \quad \frac{\partial^2 Y}{\partial L^2} < 0.$$

Zur Ermittlung des Niveaus des gesamtwirtschaftlichen Angebots Y_t^S muss also der Arbeitseinsatz in der Periode bestimmt werden. Und der Arbeitseinsatz ergibt sich aus der Arbeitsnachfrage und dem Arbeitsangebot.

Wenden wir uns zunächst der Arbeitsnachfrage zu. Dabei ist zu beachten, dass wir jetzt makroökonomisch von einer homogenen Arbeit ausgehen, mit der Einheitsinlandsprodukteinheiten hergestellt werden. D. h. in diesem Abschnitts können vielerlei Gründe für Arbeitslosigkeit, die sich aus der Heterogenität des Faktors Arbeit ergeben, nicht behandelt werden.

Der optimale Arbeitseinsatz der Unternehmen ergibt sich wieder aus einem Maximierungskalkül. Es wird verglichen. Einerseits ist zu berücksichtigen, was eine weitere Arbeitseinheit kostet. Das ist der Nominallohnsatz der Periode t l_t. Andererseits ist der Ertrag der zusätzlich eingesetzten Arbeitseinheit zu berücksichtigen. Das ist der Grenzertrag des Faktors Arbeit in Periode t GPL_t multipliziert mit dem Preis des Outputgutes (= der Sozialprodukteinheit) P_t. Solange eine weitere Arbeitseinheit weniger kostet als sie einbringt, wird diese Arbeitseinheit beschäftigt:

Kosten einer zusätzlich eingesetzten Arbeitseinheit		Ertrag einer zusätzlich eingesetzten Arbeitseinheit
l_t	$<$	$P_t \cdot GPL_t$

Dies führt zu der Optimalbedingung, so viel Arbeit einzusetzen, bis der Reallohnsatz $w_t = l_t/P_t$ der Grenzproduktivität des Faktors Arbeit GPL_t entspricht:

$$w_t = \frac{l_t}{P_t} = GPL_t = \frac{\partial Y_t}{\partial L_t}.$$

Dies kann in nominalen Größen auch als die Bedingung ausgedrückt werden, dass der Nominallohnsatz dem Wert des Grenzproduktes (*Wertgrenzprodukt*) des Faktors Arbeit entsprechen muss:

$$l_t = P_t \cdot GPL_t = P_t \cdot \frac{\partial Y_t}{\partial L_t}.$$

Die Grenzproduktivität des Faktors Arbeit ergibt sich aus der Produktionsfunktion durch erste Ableitung nach dem Faktor Arbeit. Demnach stimmt die Arbeitsnachfragefunktion in Abhängigkeit vom Reallohnsatz mit der Grenzproduktivitätsfunktion des Faktors Arbeit überein.

Grafisch ergibt sich für die *Grenzproduktivitätsfunktion der Arbeit*:

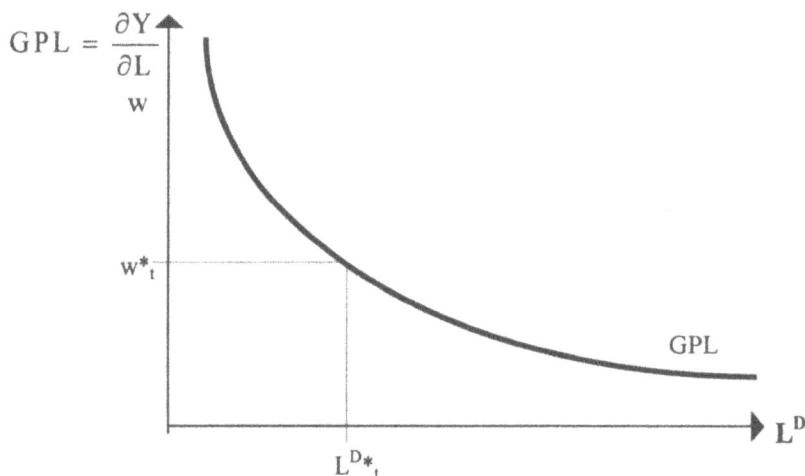

Was bestimmt nun das Arbeitsangebot?

Im Ein-Perioden-Modell befindet sich der repräsentative Haushalt in einer Entscheidungssituation, wie die vorhandene Zeit optimal, d. h. nutzenmaximal, auf Arbeit und Freizeit aufgeteilt werden soll.

Betrachten wir den einfachsten Fall der *Entscheidung zwischen Arbeits-zeit und Freizeit pro Tag.* (Vgl. dazu z. B. FEHL/OBERENDER (1999), S. 361 - 367, SCHUMANN (1992), S. 112 f., HELMSTÄDTER (1991), S. 86 ff., WOLL (1993), S. 239 ff. und BARRO/GRILLI (1996), S. 53 ff.; zur folgen-den Darstellung vgl. BEHRENS/KIRSPEL (2003), S. 296 ff.) Auf der einen Seite zieht der Haushalt Nutzen aus seinem Realeinkommen, auf der ande-ren Seite aus seiner Freizeit. Das Realeinkommen Y erwirbt der Haushalt durch Einsatz täglicher Arbeitszeit in Stunden (Arbeitsangebot L^S) zum Reallohnsatz w.

Bezüglich der Nutzenfunktion nehmen wir an, dass Realeinkommen gegen Freizeit substituiert werden kann und umgekehrt, aber weder auf Einkom-men, noch auf Freizeit vollkommen verzichtet werden kann. Die Nutzen-funktion ist dann durch konvexe Indifferenzkurven darstellbar, für die das Gesetz der abnehmenden Grenzrate der Substitution gelten:

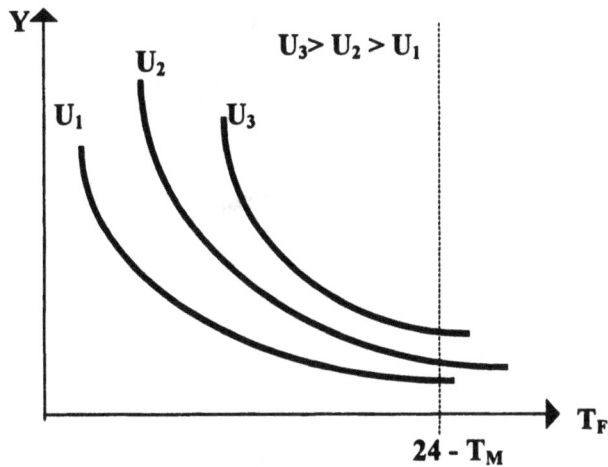

In dem Schaubild ist auf der Abszisse die Freizeit pro Tag T_F und auf der Ordinate das Einkommen pro Tag Y (real, d. h. in nutzenstiftenden Gü-tereinheiten) abgetragen. Die für die Zeitaufteilung in Arbeitszeit und Freizeit nicht verfügbare Zeit, die absolut notwendige Erholungs- bzw. Mußezeit T_M, ist bereits von den 24 Stunden des Tages abgezogen, sodass noch 24 - T_M Stunden verbleiben.

Die Indifferenzkurven bilden die Wünsche oder Präferenzen des repräsentativen Haushalts ab. Die Möglichkeiten, durch Aufteilung der verfügbaren Zeit in Arbeitszeit T_A und Freizeit T_F in den Genuss von letzterer und von Realeinkommen Y zu gelangen, werden durch die Budgetgleichung abgebildet:

$$Y = w \cdot (24 - T_M - T_F) \quad \text{bzw.} \quad Y = w \cdot T_A$$

Durch Einfügen dieser Budgetgleichung in das obige Schaubild, werden für verschiedene Lohnhöhen die optimalen Zeitaufteilungen durch die Tangentialpunkte der Budgetgleichungen an den Indifferenzkurven gefunden. (Vgl. BEHRENS/KIRSPEL (2003), S. 298).

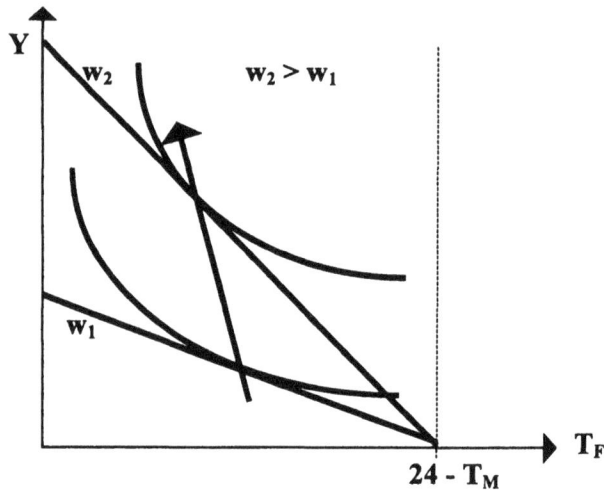

Im gezeichneten Fall würden mit steigendem realen Lohnsatz w die Freizeit abnehmen, d. h. die Arbeitszeit zunehmen, und der Güterkonsum (= Realeinkommen) zunehmen.

Wiederum kann zwischen Substitutionseffekt und Vermögenseffekt der Lohnsatzänderung unterschieden werden. Dies sei für den Übergang von w_1 zu w_2 im folgenden Schaubild gezeigt, in dem als gestrichelte Linie eine Parallele zur Budgetgleichung mit w_2 eingezeichnet ist.

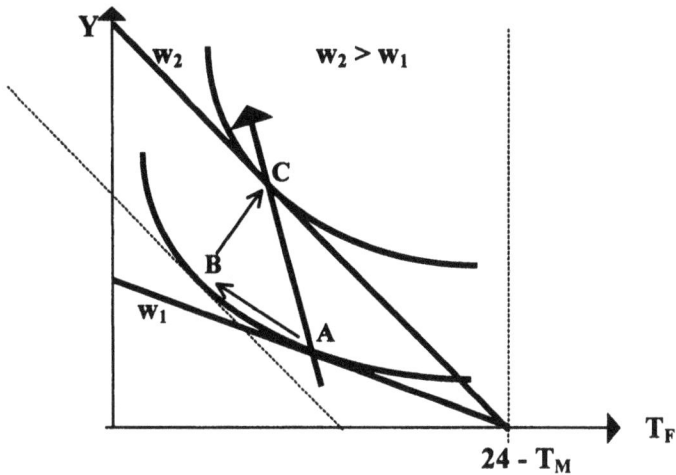

Der Gesamteffekt der Lohnerhöhung (A→C) wird zerlegt in einen *Substitutionseffekt der Lohnerhöhung* (A→B), der sich daraus ergibt, dass sich der relative Preis der Freizeit erhöht hat, und in einen *Vermögenseffekt der Lohnerhöhung* (B→C), der daraus folgt, dass nunmehr der Haushalt insgesamt ein höheres Nutzenniveau erreichen kann, weil sich sein Möglichkeitenraum nach außen verschoben hat.

Der Substitutionseffekt führt eindeutig zu einer höheren Güterversorgung durch Einschränkung der (teurer gewordenen) Freizeit. Der Vermögenseffekt führt, sofern es sich sowohl bei dem Realeinkommen als auch bei der Freizeit aus der Sicht des Haushalts um *superiore Güter* (Zum Begriff vgl. BEHRENS/KIRSPEL (2003), S. 292 f.) handelt, sowohl zu mehr Freizeitkonsum als auch zu höherer Güterversorgung. Die Aufteilung hängt allerdings ausschließlich vom Verlauf der Indifferenzkurven ab. Aus der Lohnerhöhung könnte auch insgesamt eine Einschränkung der Freizeit folgen. Ebenso wäre es möglich, dass die Haushalte ihren gesamten Vermögenseffekt in Freizeit umsetzen, was so weit gehen kann, dass sogar die Arbeitszeit mit steigendem Lohnsatz insgesamt eingeschränkt wird. In sehr armen und in sehr wohlhabenden Gesellschaften werden höhere Lohnsätze häufig zu einer Einschränkung des Arbeitsangebots führen, weil der Freizeitgewinn höher bewertet wird, während in diesbezüglich mittleren Gesellschaften eher ein Anreiz mehr zu arbeiten aus einer Lohnerhöhung folgt. Die Gesamtwirkung einer Lohnsatzvariation ist also auch vom Entwicklungsstand einer Volkswirtschaft abhängig. (Vgl. hierzu BARRO (1992), S. 52 ff., MANKIW (1999), S. 499 ff., HAVRILESKY (1988), S. 55 ff., BARTLING/LUZIUS (1998), S. 160 ff., FEHL/OBERENDER (1999), S. 364 ff.). Auf solche Verläufe hat bereits *WILHELM LAUNHARDT* (1832 - 1918) aus seiner mathematischen Analyse geschlossen (Vgl. LAUNHARDT (1885), S. 88 - 97 und die kurze Darstellung in BEHRENS/KIRSPEL (2003), S. 304 - 306.) Auch vom Verhältnis der Bedeutung von Fortschritten bei den Herstellungsverfahren (Prozessinnovationen) zur Hervorbringung neuer oder Verbesserung bestehender Produkte (Produktinnovationen) kann die Reaktion abhängen, denn erstere erhöhen das Vermögen der Wirtschaftssubjekte, das sie bei ausbleibenden Produktneuerungen auf Grund von Sättigungserscheinungen verstärkt in Freizeit umsetzen wollen, bei sehr interessanten Produktneuerungen aber vielleicht vornehmlich in Konsum (vgl. z. B. BEHRENS (1988), S. 181 ff. und die dort angegebene Literatur).

Wir können also insgesamt davon ausgehen, dass in der Ein-Perioden-Betrachtung aus einer Lohnerhöhung keine eindeutige Wirkung auf den Arbeitseinsatz folgt. Der Substitutionseffekt ist stets positiv, aber der Vermögenseffekt negativ. Zur Umgehung der empirischen Frage, welcher Effekt konkret überwiegt, soll von einem in einer Periode relativ konstanten Arbeitsangebot A^S ausgegangen werden.

Grafisch ergibt sich in Abhängigkeit vom Reallohnsatz w:

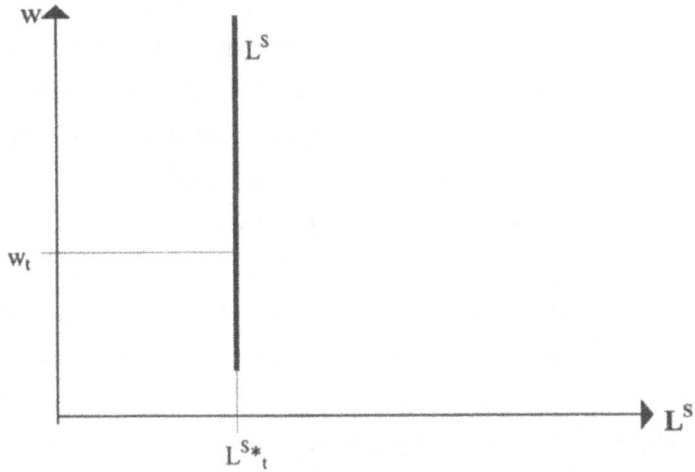

Werden Arbeitsnachfrage und Arbeitsangebot als Funktionen des Reallohnsatzes w zusammengefügt, ergibt sich das folgende Bild mit dem
Gleichgewichtsreallohnsatz w* und der Gleichgewichtsbeschäftigung
$L^{D*}=L^{S*}$:

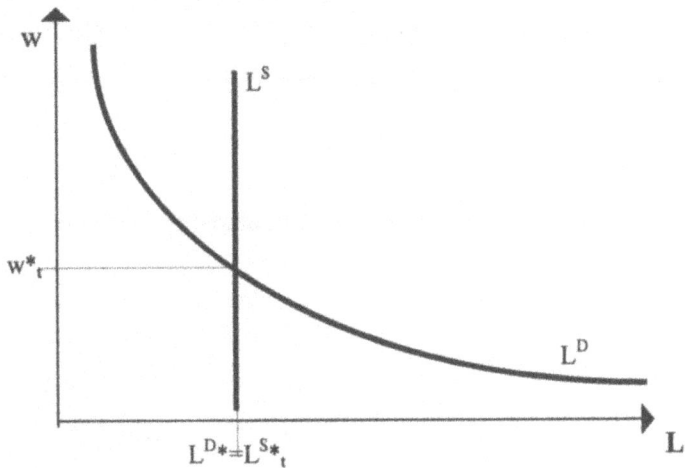

Werden *mehrere Perioden* (wir betrachten einen *Zwei-Perioden-Fall*) bei
der Bestimmung des Arbeitsangebotes in die Analyse einbezogen, ergeben
sich allerdings zusätzliche *intertemporale Effekte*. Der repräsentative

Haushalt kann sich nämlich entscheiden, bereits in der Periode t Einkommen zu erwerben, welches er in Periode t+1 konsumieren möchte. Die Übertragung wird umso ertragreicher, je höher der Zinssatz r ist. Das bedeutet, dass unter sonst gleichen Bedingungen der Zinssatz r darüber entscheidet, wie der Haushalt seinen Arbeitszeiteinsatz intertemporal substituiert. Dabei kann man davon ausgehen, dass der Haushalt umso mehr Arbeitszeit in die Gegenwart verschiebt, also Freizeit in die Zukunft verschiebt, je höher der Zinssatz ist. Ein höherer Zinssatz bedeutet nämlich, dass jemand umso mehr Freizeit in der Zukunft für eine Einheit Freizeitverzicht in der Gegenwart erhält. Daraus folgt, dass ein höherer Zinssatz die Arbeitsangebotsfunktion in der Gegenwart nach rechts verschiebt, während ein niedrigerer Zinssatz die Arbeitsangebotskurve nach links verschiebt. Das Arbeitsangebot der Periode t ist zinsabhängig. (Vgl. BARRO (1992), S. 77 ff.)

$$\frac{\partial L_t^S}{\partial r} > 0 \, .$$

Nehmen wir *zur Illustration* eine Nutzenfunktion, in der der Nutzen abhängt vom Konsum der Periode 1 C_1, vom Konsum der Periode 2 C_2, von der Freizeit der Periode 1 T_{F1} und von der Freizeit in der Periode 2 T_{F2}:

$$U = U\big(C_1, C_2, T_{F1}, T_{F2}\big).$$

In dieser Nutzenfunktion gibt es sechs Nutzenbeziehungen:

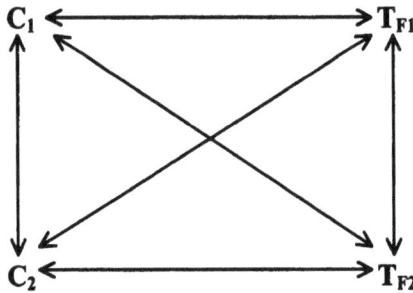

Bezüglich jeder dieser Beziehungen sei angenommen, dass für eine Indifferenzkurve mit den entsprechenden beiden Argumenten der Nutzenfunktion das *Gesetz der abnehmenden Grenzrate der Substitution* gilt. Dies wäre etwa erfüllt, wenn für jedes Argument der Nutzenfunktion das Erste Gossensche Gesetz (als hinreichende, jedoch nicht unbedingt notwendige Bedingung) gelten würde.

Als *Nebenbedingung* muss eingehalten werden, dass der Gegenwartswert des Konsums C beider Perioden dem Gegenwartswert des Einkommens Y beider Perioden entsprechen muss:

$$Y_1 + \frac{Y_2}{(1+r)} - C_1 - \frac{C_2}{(1+r)} = 0.$$

Das Einkommen Y einer Periode ist wiederum nur unter Verzicht auf Freizeit in dieser Periode zu erlangen. Ist die in einer Periode maximal verfügbare Zeit T_{max}, so beträgt die Arbeitszeit ($T_{max} - T_F$). Das Einkommen ergibt sich aus dieser Arbeitszeit, multipliziert mit dem Lohnsatz pro Zeiteinheit w. Die Nebenbedingung wird zu:

$$w_1 T_{max1} - w_1 T_{F1} + \frac{w_2 T_{max2} - w_2 T_{F2}}{(1+r)} - C_1 - \frac{C_2}{(1+r)} = 0.$$

Als erweiterte Nutzenfunktion (Lagrange-Funktion) (Zur Lagrange-Methode vgl. beispielsweise SCHWARZE (1996)) erhält man dann:

$$U_L = U\big(C_1, C_2, T_{F1}, T_{F2}\big) +$$

$$\lambda \cdot \left(w_1 T_{max1} - w_1 T_{F1} + \frac{w_2 T_{max2} - w_2 T_{F2}}{(1+r)} - C_1 - \frac{C_2}{(1+r)} \right)$$

Diese erweiterte Nutzenfunktion ist zu maximieren. Als Bedingungen erster Ordnung erhält man:

$$\frac{\partial U_L}{\partial C_1} = U'_{C_1} - \lambda \overset{!}{=} 0,$$

$$\frac{\partial U_L}{\partial C_2} = U'_{C_2} - \frac{\lambda}{(1+r)} \overset{!}{=} 0,$$

$$\frac{\partial U_L}{\partial T_{F1}} = U'_{T_{F1}} - w_1 \lambda \overset{!}{=} 0,$$

$$\frac{\partial U_L}{\partial T_{F2}} = U'_{T_{F2}} - \frac{w_2 \lambda}{(1+r)} \overset{!}{=} 0.$$

Auf die erste Ableitung nach λ und Nullsetzung, woraus man die Einhaltung der Nebenbedingung erhält, und auf die Ermittlung der Bedingungen zweiter Ordnung, die erfüllt sein mögen, wird hier verzichtet.

Der so genannte Lagrange-Multiplikator λ gibt den Grenznutzen des verfügbaren Einkommens, also den Nutzenzuwachs durch die letzte verdiente Geldeinheit an.

Nach wenigen Umstellungen der obigen Gleichungen erhält man:

$$\lambda = U'_{C_1} = (1+r) \cdot U'_{C_2} = \frac{U'_{T_{F1}}}{w_1} = (1+r) \cdot \frac{U'_{T_{F2}}}{w_2}.$$

Aus diesem Ergebnis sind für die obigen sechs Nutzenbeziehungen, die sich teilweise auseinander ergeben, die Bedingungen für die optimalen Aufteilungen auf die jeweiligen Alternativen abzulesen als:

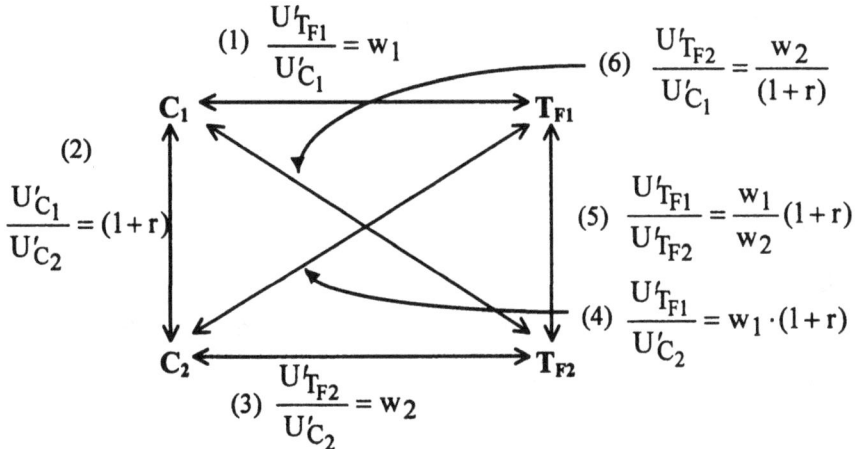

$$(1)\quad \frac{U'_{T_{F1}}}{U'_{C_1}} = w_1$$

$$(6)\quad \frac{U'_{T_{F2}}}{U'_{C_1}} = \frac{w_2}{(1+r)}$$

$$(2)\quad \frac{U'_{C_1}}{U'_{C_2}} = (1+r)$$

$$(5)\quad \frac{U'_{T_{F1}}}{U'_{T_{F2}}} = \frac{w_1}{w_2}(1+r)$$

$$(4)\quad \frac{U'_{T_{F1}}}{U'_{C_2}} = w_1 \cdot (1+r)$$

$$(3)\quad \frac{U'_{T_{F2}}}{U'_{C_2}} = w_2$$

In diesem Beziehungsgeflecht gibt es die drei Einflussgrößen w_1, w_2 und r, deren Veränderungen Anpassungsreaktionen auslösen. Zur Analyse dieser Anpassungsreaktionen betrachten wir vier Fälle und untersuchen dabei jeweils zunächst die Substitutionseffekte, dann die Vermögenseffekte. Zur Abschätzung der Substitutionseffekte soll auf das obige Schaubild, das die Optimalbedingungen beinhaltet, zurückgegriffen werden. Dabei wird stets von einer Optimalbedingung ausgegangen, die von der Veränderung unmittelbar betroffen ist. Die anderen Optimalbedingungen werden dann unter Nennung der Nummer aus dem obigen Schaubild nach und nach abgearbeitet.

1. Fall: *Vorübergehende Reallohnerhöhung in Periode 1: $w_1 \uparrow$, w_2 und r bleiben konstant:*

Der reine *Substitutionseffekt* der Lohnerhöhung in Periode 1 ist eindeutig. Die Lohnerhöhung führt in Periode 1 zu einer Einschränkung der Freizeit und zu einer Ausweitung der Arbeitszeit, der Konsum in der Periode 1 steigt. Durch die Anpassung der Zeitaufteilung und des Konsums in Periode 1 wird die Geltung der Bedingung (1) wiederhergestellt. Allerdings wird durch den Anstieg von C_1 die Bedingung (2) verletzt. Diese kann nur wieder in Geltung kommen, wenn auch der Konsum der Periode 2 steigt, bis (2) wieder erfüllt ist. Der Anstieg von C_2 bewirkt wiederum eine Verletzung der Bedingung (3), deren Geltung durch Ausdehnung der Freizeit und mithin Einschränkung der Arbeitszeit in Periode 2 wieder herbeigeführt wird. Die Einschränkung der Freizeit T_{F1} und die Ausweitung des Konsums C_2 bewirken, dass die Bedingung (4) weiter erfüllt bleibt. Zudem wird durch die Einschränkung der Freizeit T_{F1} und die Ausweitung der Freizeit T_{F2} die Bedingung (5) erfüllt. Schließlich müssen, zur Erfüllung der Bedingung (6) die Freizeit der Periode 2 und der Konsum der Periode 1 jeweils so gestiegen sein, dass die Grenzrate der Substitution zwischen diesen Variablen gleich geblieben ist.

Was den *Vermögenseffekt* betrifft, ist die Annahme plausibel, dass alle vier Variablen der Nutzenfunktion für den repräsentativen Haushalt superiore Güter darstellen. Somit wird der Vermögenseffekt zu einer Ausweitung von Konsum und Freizeit in beiden Perioden führen. Unbestimmt ist lediglich die Variation der Freizeit in Periode 1, denn hier treffen ein negativer Substitutionseffekt und ein positiver Vermögenseffekt aufeinander. Die Gesamtreaktion kann beispielsweise vom Entwicklungsstand der Volkswirtschaft abhängen.

In der *Gesamtwirkung* der Erhöhung von w_1 sind C_1, C_2 und T_{F2} gestiegen, während die Veränderung von T_{F1} unbestimmt ist. Da gegenwärtige Wohlstandszunahmen auch in künftigen Konsum gewandelt wurden, muss die

die Ersparnis in Periode 1 gestiegen sein. Die Gesamtwirkungen sind in der nachstehenden Tabelle noch einmal zusammengefasst.

2. Fall: *Korrekt erwartete Reallohnerhöhung in Periode 2: $w_2 \uparrow$, w_1 und r bleiben konstant:*

Der reine *Substitutionseffekt* der Lohnerhöhung in Periode 2 ist, bezogen auf die Periode 2, ebenso eindeutig, wie es die Lohnerhöhung in Periode 1 auf die Periode 1 war. Die Lohnerhöhung führt zu einer Einschränkung der Freizeit und zu einer Ausweitung der Arbeitszeit, der Konsum in der Periode 2 steigt. Durch diese Anpassung wird die Geltung der Bedingung (3) wiederhergestellt. Zur Geltung der Bedingung (4) muss T_{F1} ebenfalls steigen. Durch diese Anpassung kann auch die Bedingung (5) zur Geltung gebracht werden. Da der Konsum der Periode 2 steigt, muss zur Geltung der Bedingung (2) auch der Konsum der Periode 1 zunehmen. Durch die Zunahme von C_1 und die Abnahme von T_{F2} kann die Bedingung (6) eingehalten werden. Schließlich zeigt noch die Bedingung (1), dass Konsum und Freizeit in Periode 1 gestiegen sind.

Auf Grund des *Vermögenseffekts* ist eine Ausweitung von Konsum und Freizeit in beiden Perioden zu erwarten. Jetzt ist die Variation der Freizeit in der Periode 2 unbestimmt.

Als *Gesamtwirkung* der Erhöhung von w_2 sind C_1, C_2 und T_{F1} gestiegen, während die Veränderung von T_{F2} unbestimmt ist. Da für die Zukunft korrekt erwartete Wohlstandszunahmen auch in gegenwärtigen Konsum und gegenwärtige Freizeit gewandelt wurden, muss die Ersparnis in Periode 1 gesunken sein. Die Gesamtwirkungen sind ebenfalls in der nachstehenden Tabelle noch einmal zusammengefasst.

3. Fall: *Dauerhafte Reallohnerhöhung in Periode 1: $w_1 \uparrow$ und $w_2 \uparrow$, r bleibt konstant:*

Zur Abschätzung der *Substitutionseffekte* der dauerhaften Lohnerhöhung in Periode 1 gehen wir von den Bedingungen (1) und (3) aus. Da w_1 und w_2 in gleichem Maße steigen, tritt in beiden Perioden eine Substitutionswirkung zu Gunsten des Konsums und zu Lasten der Freizeit ein. Dabei muss gemäß Bedingung (2) die Grenzrate der Substitution muss gemäß Bedingung (2) die Grenzrate der Substitution zwischen Gegenwarts- und Zukunftskonsum konstant bleiben. Somit werden durch die Substitutionswirkung auch die Bedingungen (4), (5) und (6) erfüllt.

Auf Grund des *Vermögenseffekts* ist eine Ausweitung von Konsum und Freizeit in beiden Perioden zu erwarten. Somit ist wieder die Wirkung der Wohlstandszunahme auf die Freizeit und mithin die Arbeitszeit, nunmehr in beiden Perioden, unbestimmt. Sie hängt abermals vom Entwicklungsstand der Volkswirtschaft ab.

Als *Gesamtwirkung* der dauerhaften Reallohnerhöhung in Periode 1 werden C_1, C_2 gestiegen sein, während die Veränderungen von T_{F1} und T_{F2} unbestimmt sind. Da die dauerhafte Wohlstandszunahme auch gleichmäßig auf die Perioden verteilt wird, ist die Ersparnis in Periode 1 unverändert geblieben. Die Gesamtwirkungen der dauerhaften Lohnerhöhung sind der nachstehenden Tabelle als Summe der Wirkungen der einzelnen Lohnerhöhungen zu entnehmen, wobei darauf zu achten ist, dass dort, wo ein „unbestimmt" eingetragen ist, dieses eine Richtungsaussage in der anderen Spalte dominiert, da die Stärke der Richtung nicht mehr bestimmt werden kann.

4. Fall: *Erhöhung des Realzinssatzes r: r $\uparrow$, w_1 und w_2 bleiben konstant:*

Bezüglich der *Substitutionseffekte* der Realzinserhöhung können wir mit der Bedingung (2) beginnen. Danach wird die Zinserhöhung bewirken, dass der Gegenwartskonsum zu Gunsten des Zukunftskonsums eingeschränkt wird. Da die Lohnsätze konstant geblieben sind, folgt aus den Bedingungen (1) und (3), dass die Freizeit der Periode 1 T_{F1} eingeschränkt und die Freizeit der Periode 2 T_{F2} ausgeweitet wird. Mit anderen Worten wird zu Gunsten künftiger Freizeit und künftigen Konsums in der Gegenwart mehr gearbeitet und weniger konsumiert. Diese Anpassungen bewirken, dass auch die Bedingungen (4) bis (6) eingehalten werden.

Aus bereits weiter oben bei der Herleitung der Konsumfunktion dargelegten Gründen, soll auch hier auf die Annahme zurückgegriffen werden, dass es spürbare *Vermögenseffekte* der Zinserhöhung nicht gibt. Vielmehr sinkt der Gegenwartswert der gesamten Einkommen und es steigt der Zukunftswert der gesamten Einkommen.

Als *Gesamtwirkung* der Realzinserhöhung in Periode 1 ergeben sich:

- Bezüglich der *Beziehung zwischen Gegenwartskonsum und Zukunftskonsum* führt eine Erhöhung des Zinssatzes zu einer Einschränkung des Gegenwartskonsums und einer Ausweitung des Zukunftskonsums.

- Im Hinblick auf die *Beziehung zwischen Gegenwartsfreizeit und Zukunftsfreizeit* hat ein höherer Zinssatz zur Folge, dass die optimale Gegenwartsfreizeit sinkt und die Zukunftsfreizeit steigt.

- Da ein gegebener Zeitvorrat je Periode auf Freizeit und Arbeitszeit aufgeteilt wird, führt ein höherer Zinssatz eine höhere *Arbeitszeit in der Gegenwart und* eine niedrigere Arbeitszeit *in der Zukunft* herbei.

Die weiteren Schlussfolgerungen ergeben sich aus diesen Feststellungen. Insbesondere muss die Ersparnis in Periode 1 steigen, da in Periode 1 die Freizeit und der Konsum eingeschränkt werden, während in der Periode 2 Freizeit und Konsum steigen. Die Gesamtwirkungen der Realzinserhöhung sind wieder der nachstehenden Tabelle zu entnehmen.

Darauf hinzuweisen ist noch, dass diese Beziehungen in der Realität natürlich nicht auf der Anwendung eines bewussten Optimierungskalküls durch die Wirtschaftssubjekte beruhen müssen. Verschwendung vermeidende Wirtschaftssubjekte werden in der Realität ihr Verhalten allerdings in die Richtung anpassen, die mit den hier analysierten Anpassungsvorgängen übereinstimmt, sofern das Gesetz der abnehmenden Grenzrate der Substitution gilt, worauf für den Regelfall vieles hindeutet. Ein niedriger Zinssatz wird beispielsweise die Neigung, Kapital zu bilden, mildern. Das wiederum kann zu einer neuen Abwägung zwischen Freizeit und Arbeit führen, wenn es etwa gilt, die Nützlichkeit einer Überstunde abzuwägen. Und schon wird in der Richtung der niedrigere Zinssatz zu einer Einschränkung der Arbeitszeit in der Gegenwart führen. Der Markt gibt die richtigen Anpassungssignale, ohne dass etwa jedes Wirtschaftssubjekt eine analytische Problemlösung wagen müsste. (Zur grundlegenden Ratio-

nalitätsannahme als methodische Grundlage der Volkswirtschaft und zu
den entsprechenden Eigenschaften des Marktsystems vgl. z. B. die kurze
Darstellung in BEHRENS/KIRSPEL (2003), S. 24 ff., 143 ff., auch FRIED-
MAN (1999), S. 18 ff.)

Die Wirkungen der Lohnsatz- und Zinssatzvariationen, die sich später bei
der Beurteilung der Reaktion der Volkswirtschaft auf vielfältige Einflüsse,
beispielsweise auf exogene Schocks, die auf die Produktionsbedingungen
einwirken, oder auf wirtschaftspolitische Maßnahmen, als überaus wichtig
erweisen werden, sollen hier noch einmal in einer Tabelle zusammengefasst werden.

Wirkungen der Erhöhung ↑			
von c. p. auf	Lohnsatz der Periode 1 w_1	Lohnsatz der Periode 2 w_2	Zinssatz r
Konsum 1 C_1	↑	↑	↓
Konsum 2 C_2	↑	↑	↑
Freizeit 1 T_{F1}	unbestimmt	↑	↓
Freizeit 2 T_{F2}	↑	unbestimmt	↑
Arbeitszeit 1 T_{A1}	unbestimmt	↓	↑
Arbeitszeit 2 T_{A2}	↓	unbestimmt	↓
Ersparnis 1	↑	↓	↑

Im Ergebnis ist deshalb unter anderem gezeigt, *dass ein höherer Zinssatz
den gegenwärtigen Arbeitseinsatz, also die gegenwärtige Produktion,
positiv beeinflusst.* Da in der Produktionsfunktion der Betrachtungsperiode
ein gegebener Kapitalstock steht, würde mithin im oben dargestellten Ar-
beitsmarktdiagramm eine Zinssatzsteigerung eine Rechtsverschiebung der
Arbeitsangebotsfunktion zur Folge haben. Dadurch sinkt zwar der Real-

lohnsatz, aber die angebotene Gütermenge steigt, weil in der Produktionsfunktion der Arbeitseinsatz zunimmt.

Im Ergebnis ist deshalb von einem gesamtwirtschaftlichen Angebot Y^S
auszugehen, das zinsabhängig ist, wobei es mit steigendem Zinssatz steigt
und mit sinkendem Zinssatz sinkt.

Gesamtwirtschaftliches Angebot

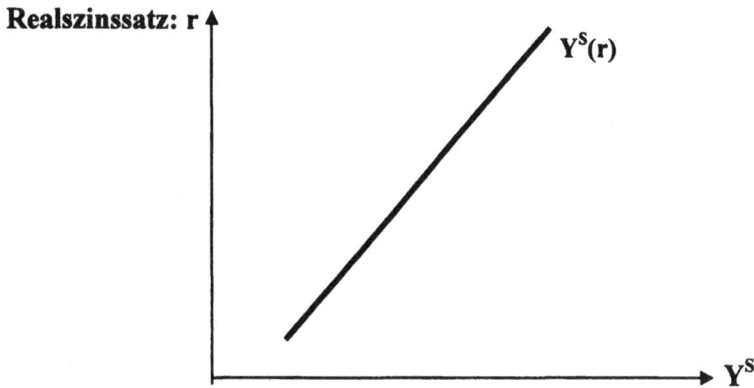

Realszinssatz: r

$Y^S(r)$

Y^S

Die dargestellte gesamtwirtschaftliche Angebotsfunktion kann sich natürlich auch verschieben. Für solche Verschiebungen sind vor allem so genannte *Angebotsschocks* verantwortlich. (Vgl. dazu BARRO/GRILLI
(1996), S. 151 ff.) „Ökonomen verwenden den Begriff Angebotsschocks,
um plötzliche Veränderungen der Produktionsbedingungen zu kennzeichnen." (Ebenda, S. 151.) Der Begriff Angebotsschocks wurde vor allem
nach den beiden so genannten Ölpreisschocks 1973/74 und 1979/80 zur
Kennzeichnung plötzlicher negativer Einflüsse populär. Auch plötzliche
positive Änderungen der Produktionsbedingungen sind aber, etwa durch
grundlegende Neuerungen, möglich und können auf analoge Weise wie
negative Schocks behandelt werden. Auch diese positiven Veränderungen
der Produktionsbedingungen werden im Übrigen von manchen Anbietern,
deren Produkte oder Produktionsmethoden durch eine Neuerung obsolet
werden, als Schock (negativ) empfunden und von ihnen und ihren Ar-

beitskräften, die ihren Arbeitsplatz verlieren, nicht durchweg positiv aufgenommen, auch wenn sie als Konsumenten dabei längerfristig gewinnen.

Zu unterscheiden ist, ob lediglich das Produktionsniveau beeinflusst wird oder auch der Zinssatz. Obzwar auch von Lohnsatzänderungen Einflüsse ausgehen können, wollen wir sie hier vernachlässigen, da diese Einflüsse vornehmlich vom Entwicklungsstand der Volkswirtschaft abhängen und, je nach Entwicklungsstand, in jede Richtung gehen können.

Wird lediglich das Produktionsniveau beeinflusst, würden negative Schocks, wie plötzliche Rohstoffpreiserhöhungen, Kriege, Naturkatastrophen und Ähnliches mehr, bei gegebenem realem Zinssatz das gesamtwirtschaftliche Angebot senken. Positive Schocks, wie die Entdeckung neuer Rohstoffquellen, Innovationen, positiv wirkende wirtschaftsordnungspolitische Reformen, würden hingegen die gesamtwirtschaftliche Angebotsfunktion nach rechts verschieben. Diese Veränderungen werden im Folgenden als **Verschiebungen der Angebotskurve** berücksichtigt werden können.

Wird durch einen positiven oder negativen Angebotsschock der Zinssatz beeinflusst, so wird davon ein Einfluss auf das Arbeitsangebot ausgehen. Ein sinkender Zinssatz wird es senken, ein steigender Zinssatz erhöhen. Diese Wirkungen werden als **Bewegungen auf der Angebotskurve** abzulesen sein.

Zu beachten ist, dass die Ergebnisse, die aus der Zwei-Perioden-Betrachtung gewonnen wurden, bei einer Ausdehnung auf viele Perioden anzupassen sind. So sind die Zukunftswirkungen, die hier in Periode 2 auftreten, bei einer Betrachtung vieler Perioden auf alle künftigen Perioden zu verteilen, sodass dann unter Umständen der Einfluss auf eine einzelne Zukunftsperiode sehr klein ist und vernachlässigt werden kann.

4. Das Gleichgewicht auf dem Gütermarkt

Von einem Gleichgewicht auf dem Gütermarkt wird dann gesprochen, wenn die geplante Nachfrage einer Periode dem geplanten Angebot der Periode entspricht.

Fassen wir deshalb zunächst noch einmal die Funktionen der Nachfrage nach Gütern zur *gesamtwirtschaftlichen Nachfrage* Y^D zusammen (vgl. Abschnitt 2.6.):

- Die *Konsumnachfrage*: Die Herleitung der gesamtwirtschaftlichen Konsumfunktion hat ergeben, dass die Konsumausgaben einer Periode negativ vom Realzinssatz abhängig sind. Daneben ist die Konsumnachfrage vom Einkommen in der Weise abhängig, dass als dauerhaft angesehene Veränderungen des Einkommens zu einer Verschiebung der Konsumausgaben um die Einkommensveränderung führen (marginale Konsumquote $\cong$ 1), während eine nur als vorübergehend angesehene Einkommensveränderung die Konsumausgaben der Periode kaum verändert (marginale Konsumquote $\cong$ 0).

- Die *Investitionsnachfrage*: Durch Investitionen wird der Kapitalstock in Richtung auf den optimalen Kapitalstock angepasst. Da der optimale Kapitalstock einer Volkswirtschaft negativ vom Realzinssatz abhängig ist, ergibt sich eine negative Abhängigkeit der Investitionen vom Realzinssatz.

- Der *Außenbeitrag*: Wie gezeigt wurde, bewirkt eine reale Zinssatzerhöhung im Inland eine Verringerung des Außenbeitrags, weil dem induzierten Kapitalimport ein Import von Waren und Dienstleistungen entspricht. Auch hier ergibt sich eine Abnahme der Nachfrage bei Erhöhungen des Realzinssatzes.

- Die *Staatsnachfrage*: Bezüglich der Nachfrage des Staates ist eine Zinsabhängigkeit unplausibel, solange nicht Haushaltsprobleme zu einer solchen Abhängigkeit zwingen. Deshalb wird hier von einer exogenen Staatsnachfrage ausgegangen. Welche Nachfragewirkungen von

Änderungen der Staatsnachfrage ausgehen, hängt von der Art der Finanzierung der Staatsnachfrage ab. Das wird später diskutiert werden.

Das ***gesamtwirtschaftliche Angebot*** Y^S zeigte sich hingegen als positiv vom Realzinssatz abhängig, vornehmlich weil vernünftige Menschen bei gegebenen Gegenwarts- und Zukunftspräferenzen bezüglich des Konsums und der Freizeit bei steigendem Zinssatz Arbeit zu Gunsten von mehr Freizeit in der Zukunft in die Gegenwart verlegen. Das gesamtwirtschaftliche Angebot beinhaltet entsprechend freiwillige Entscheidungen über das Arbeitsangebot der Haushalte. Da der Arbeitsmarkt dabei im Gleichgewicht ist, sind zur Behandlung des Arbeitslosigkeitsproblems noch weitere Betrachtungen nötig, die später angestellt werden.

Fügen wir die gewonnenen Funktionen zusammen, wird das ***gesamtwirtschaftliche Gleichgewicht auf dem Gütermarkt*** bestimmt als:

$$Y_t^D(r) = Y_t^S(r).$$
$${}_{-}{}_{+}$$

Dadurch werden die gesamtwirtschaftliche Produktionsmenge Y* und der gesamtwirtschaftliche Realzinssatz r* im Gütermarktgleichgewicht bestimmt:

Gesamtwirtschaftlicher Gütermarkt

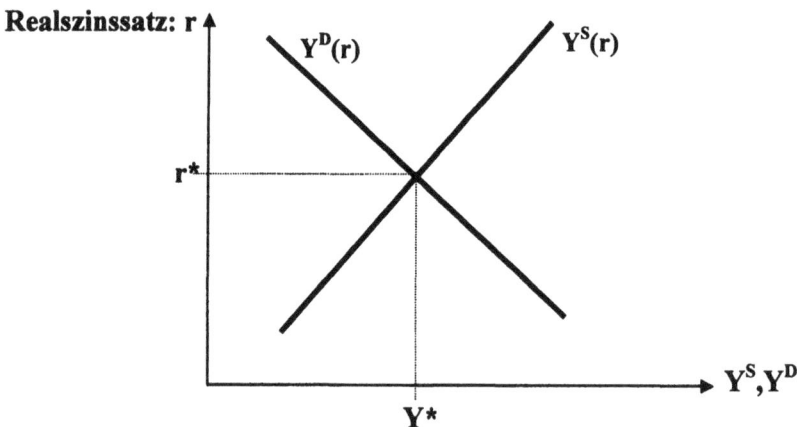

Dieses Gleichgewicht auf dem Gütermarkt impliziert gemäß dem Walras-Gesetz auch ein Gleichgewicht auf dem Kapitalmarkt.

Betrachten wir, um dies zu verdeutlichen, das vollständige Kreislaufbild:

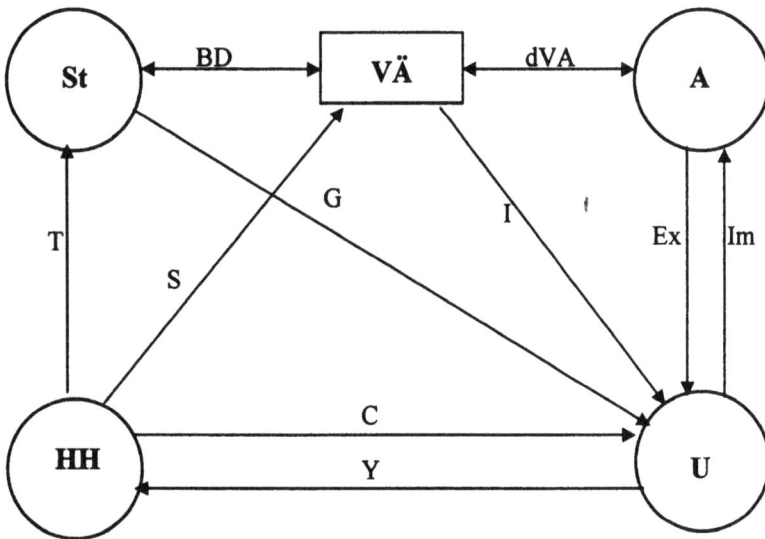

Die gesamtwirtschaftliche Angebotsfunktion enthält den Strom Y dieses Schaubilds. Die gesamtwirtschaftliche Nachfragefunktion setzt sich aus den Strömen C + I + G + (Ex - Im) zusammen. Gleichheit von Angebot und Nachfrage auf dem gesamtwirtschaftlichen Gütermarkt bedeutet, dass

$Y - C - G - I - Ex + Im = 0$ ist.

Nun ist Y - C = T + S und G = T + BD sowie Ex - Im = dVA, somit:

$T + S - T - BD - I - dVA = 0$,

woraus unmittelbar folgt:

$$S = I + BD + dVA.$$

Das ist jedoch die Gleichgewichtsbedingung auf dem Kapitalmarkt.

Der Realzinssatz bildet sich so, dass Gütermarkt und Kapitalmarkt bezüglich geplanter Angebote und Nachfragen ausgeglichen sind.

5. Der Geldmarkt

5.1   Wesen und Formen des Geldes

Die Frage nach dem Wesen des Geldes mutet viele Laien seltsam an. Geht man doch täglich damit um, hält das Rechnen mit Geld für so selbstverständlich, dass häufig beispielsweise Kosten mit Geldausgaben verwechselt werden. Jeder kennt Geld, jeder geht damit um, jeder will mehr davon haben. Aber da kommen Zweifel auf: Will tatsächlich jeder mehr davon haben? Oder möchte jeder nur wohlhabender sein? Wenn die Wohlstandszunahme durch einen Zufluss an Geld zu Stande kommt, wie beispielsweise bei einem Lottogewinn, dann versucht sogleich nahezu jeder, wenn er vernünftig ist, den Zugewinn auf verschiedene Arten von Vermögensanlagen aufzuteilen, also den größten Teil des Geldzuflusses rasch wieder loszuwerden. Dies ist eine Frage, der wir uns im nächsten Abschnitt zur Geldnachfrage zuwenden. Hier ist zunächst zu klären, was da eigentlich als Geld nachgefragt wird.

Wir definieren mit *MANKIW*: „Geld ist ein Bündel von Aktiva, die die Menschen in einer Volkswirtschaft regelmäßig dazu verwenden, Waren und Dienstleistungen von anderen Menschen zu erwerben." (MANKIW (1999), S. 644.) Diese Definition betont vor allem eine wesentliche Eigenschaft, eine der *Funktionen des Geldes*, nämlich seine *Funktion als allgemeines Tauschmittel*. (Vgl. zu den volkswirtschaftlichen Funktionen des Geldes BORCHERT (1997), S. 21 ff.) Zugleich wird Geld aber auch als Bündel von Aktiva bezeichnet, was bedeutet, dass es sich um einen Wertvorrat handelt, den die Geldhalter als Wirtschaftssubjekte besitzen. Geld ist ein *Wertaufbewahrungsmittel*. Schließlich können in Geld die Preise aller anderen Güter ausgedrückt werden, Geld erfüllt als so genanntes *Standardgut* oder *numéraire* [nach *LÉON WALRAS* (1834 -1910)] die Funktion einer *Recheneinheit*.

In diesen drei Funktionen löst das Geld genannte Bündel von Aktiva ökonomische Probleme (Vgl. zum folgenden BORCHERT (1997), S. 23 ff. und

HELMSTÄDTER (1986), S. 17 ff.). Es erleichtert *als Recheneinheit* die In-
formationsbeschaffung und Informationsverarbeitung bezüglich zu ver-
gleichender Güterwerte. Während es bei n Gütern insgesamt n·(n-1)/2
relative Preise gibt, führt die Einführung eines Standardgutes Geld zu
lediglich n *absoluten*, d. h. in Geld ausgedrückten, *Preisen*. (Vgl. BEH-
RENS/KIRSPEL (2003), S. 34 - 37.)

Als allgemeines Tauschmittel erleichtert Geld den Tauschverkehr ungemein und trägt damit zur Effektivität von Arbeitsteilung und Tausch bei.
Insbesondere muss nicht immer erst ein Tauschpartner gefunden werden,
der das von ihm besessene Gut gegen das, was ein anderer Tauschwilliger
gerade hat, tauschen möchte. Ein allgemein akzeptiertes Tauschmittel
fungiert als Mittler zwischen paarweisen Tauschen, sodass ein bilateraler
Tausch von Gütern nicht mehr nötig ist.

Schließlich erlaubt Geld *als Wertaufbewahrungsmittel*, Tauschakte zeit-
lich zu strecken. So ist es möglich, heute gegen Geld ein Gut oder eine
Leistung abzugeben, den Wert aufzubewahren und dann in einer späteren
Periode dafür ein anderes Gut oder eine andere Leistung zu erwerben.
Damit diese Funktion des Geldes erfüllt werden kann, muss allerdings das
Geld seinen Wert über die Zeit bewahren. D. h., dass sich die Gütermenge,
die im Mittel mit einer Geldeinheit erworbenen werden kann, nicht spürbar verändern sollte, also keine Inflation (= dauernder Geldwertschwund)
und keine Deflation (= dauernde Steigung des Geldwertes) existieren sollten. Geld ermöglicht dann ein effektives Wirtschaften über mehrere Perioden hinweg.

In allen drei Funktionen erleichtert Geld demnach die Lösung wichtiger
volkswirtschaftlicher Probleme. Es senkt die so genannten Transaktionskosten des Tauschverkehrs, hier vor allem Informationskosten und Kosten
der sachlichen und temporären Synchronisation von Tauschvorgängen. Da
sich der Tauschverkehr aus der produktiven Arbeitsteilung ergibt, wirkt in
diesem Sinne Geld förderlich auf eine effektive Arbeitsteilung der Volkswirtschaft.

Damit stellt sich die Frage, welche Formen von Aktiva diese Funktionen erfüllen. Dabei sei hier lediglich auf die gegenwärtigen Geldformen in entwickelten Marktwirtschaften eingegangen. Einige historische Geldformen, wie z. B. Warenwährungen, etwa Zigarettenwährungen, Muschelwährungen oder Metallwährungen, werden hier deshalb nicht dargelegt. (Vgl. hierzu etwa BORCHERT (1997), Kap. „I. Die Entwicklung des Geldwesens".)

Im Wesentlichen wird heute unterschieden zwischen Zentralbankgeld einerseits und Buch- oder Giralgeld andererseits. Von Feinheiten abgesehen gilt dabei:

• Zum *Zentralbankgeld* wird einerseits das Bargeld gezählt, also die Banknoten und das Münzgeld, und andererseits die bei der Zentralbank unterhaltenen Guthaben.

• Das *Buch- oder Giralgeld* besteht hingegen aus bestimmten Verbindlichkeiten der Geschäftsbanken und ähnlicher Institute gegenüber Nichtbanken, also aus bestimmten Guthaben der Nichtbanken bei diesen Instituten.

Welche Guthaben der Nichtbanken bei Geschäftsbanken zur Geldmenge gezählt werden, hängt davon ab, was als Geld oder Nichtgeld angesehen werden soll. Der Übergang ist nämlich, je nach Betonung der beiden Funktionen des Geldes als allgemeines Tauschmittel einerseits oder als Wertaufbewahrungsmittel andererseits fließend, wobei klar ist, dass nicht jedes Wertaufbewahrungsmittel als Geld anzusehen ist, sondern schon, entsprechend der obigen Definition von Geld, eine gewisse Nähe zu Tauschgeschäften bestehen soll. Nach abnehmender Zahlungsmittelfunktionsnähe ihrer Bestandteile werden im Europäischen Währungssystem für das Euro-Währungsgebiet folgende Geldmengenbegriffe unterschieden (Vgl. EUROPÄISCHE ZENTRALBANK (1/1999), S. 23 und EUROPÄISCHE ZENTRALBANK (2/1999), S. 29 - 47. Entwicklung und deutscher Beitrag zu den entsprechenden Geldbeständen sind ab 3/1999 der regelmäßig veröffentlichten Tabelle II.1. im Statistischen Teil der Monatsberichte der DEUTSCHEN BUNDESBANK zu entnehmen.):

Abgrenzungen monetärer Aggregate im Euro-Währungsgebiet

Verbindlichkeiten[1]	*M1*	*M2*	*M3*
Bargeldumlauf	X	X	X
Täglich fällige Einlagen	X	X	X
Einlagen mit vereinbarter Laufzeit von bis zu 2 Jahren		X	X
Einlagen mit vereinbarter Kündigungsfrist von bis zu 3 Monaten		X	X
Repogeschäfte			X
Geldmarktfondsanteile und Geldmarktpapiere			X
Schuldverschreibungen bis zu 2 Jahren			X

1) Verbindlichkeiten des Geldschöpfungssektors und Verbindlichkeiten der Zentralregierung mit monetärem Charakter in den Händen des Geldhaltungssektors.

Quelle: EUROPÄISCHE ZENTRALBANK (2/1999), S. 35.

Der Geldschöpfungssektor umfasst nach dieser Definition „die Stellen, die Verbindlichkeiten mit einem hohen Geldgrad an Nicht-MFIs im Euro-Währungsgebiet (ohne Zentralregierung) ausgeben. Er umfasst die im Euro-Währungsgebiet ansässigen MFIs ..." (EUROPÄISCHE ZENTRALBANK (2/1999), S. 33/35.) Die Abkürzung *MFIs* steht für *Monetäre Finanzinstitute*. „MFIs umfassen drei Hauptgruppen von Instituten: erstens die Zentralbanken; zweitens gebietsansässige Kreditinstitute im Sinne des Gemeinschaftsrechts. ... Die dritte Gruppe besteht aus allen sonstigen gebietsansässigen Finanzinstituten, deren wirtschaftliche Tätigkeit darin besteht, Einlagen bzw. Einlagensubstitute im engeren Sinne von anderen Wirtschaftssubjekten als MFIs entgegenzunehmen und auf eigene Rechnung ... Kredite zu gewähren und/oder in Wertpapieren zu investieren. Zu dieser Gruppe gehören hauptsächlich Geldmarktfonds." (EUROPÄISCHE ZENTRALBANK (2/1999), S. 31.) Die in die Geldmenge M3 aufgenommenen Elemente bezeichnet die Europäische Zentralbank als so genannte Einlagensubstitute im engeren Sinne (Vgl. ebenda). Bei den Repogeschäften handelt es sich um Verbindlichkeiten der MFIs aus so genannten Repurchase Agreements (Repos), also um Käufe von Forderungstiteln von Nicht-MFIs mit Rückkaufverpflichtung. Die anderen Bestandteile der Geldmengenbegriffe bedürfen hier einer genaueren Erläuterung nicht.

Diese Geldmengendefinitionen enthalten sowohl Zentralbankgeld als auch Buch- oder Giralgeld. Der Zusammenhang zwischen diesen beiden Geldarten ist im übernächsten Abschnitt über das Geldangebot noch genauer zu erhellen. Als Vorarbeit dazu ist noch der Geldmengenbegriff der Geldbasis einzuführen.

Die **Zentralbankgeldmenge** umfasst in weiter Abgrenzung den Banknotenumlauf, die Einlagen von Banken, die Einlagen der öffentlichen Haushalte, die Einlagen von inländischen Nichtbanken und die Einlagen ausländischer Einleger bei der Zentralbank. Üblicherweise wird der geldtheoretischen Betrachtung allerdings eine engere Definition von Zentralbankgeld zu Grunde gelegt, die **Geldbasis** (monetäre Basis). Sie enthält lediglich den Banknotenumlauf und die Einlagen von Banken bei der Zentralbank. (Vgl. BORCHERT (1997), S. 43.)

5.2   Die Geldnachfrage

Wie weiter oben bereits angedeutet wurde, geht es in diesem Abschnitt um die Frage, welchen Teil ihres Vermögens die Wirtschaftssubjekte in Form von Geld zu halten wünschen. Geld ist ein Vermögensgegenstand unter anderen und die Frage ist, welche gesamtwirtschaftlichen Größen die gewünschte Geldhaltung bestimmen. Nicht nötig ist es, in diesem Abschnitt alle verschiedenen Geldnachfragetheorien darzulegen. (Vgl. dazu z. B. BORCHERT (1997), S. 93 ff.) Hier genügt es, einige wenige Zusammenhänge zwischen den gesamtwirtschaftlichen Größen Realeinkommen Y und Realzinssatz r und der Geldnachfrage zu erhellen.

Man kann davon ausgehen, dass „Geld in erster Linie für *Transaktionszwecke* (Geld als Tauschmittel) nachgefragt wird. Daneben spielen Motive der Geldhaltung zur Vermeidung von Illiquidität (*Vorsichtsmotiv*) und als Vermögensanlage (Geld als *Wertaufbewahrungsmittel*) eine erhebliche Rolle ..." (BORCHERT (1997), S. 93.)

Betrachtet seien als zwei wichtige Beispiele zur Erklärung der Geldnachfrage zum einen das *BAUMOL-TOBIN-MODELL* der Kassenhaltung als einem lagerhaltungstheoretischen Ansatz der Geldhaltung zur Optimierung der Abwicklung von Transaktionen und zum anderen die Geldnachfragefunktion nach *MILTON FRIEDMAN*, als einem vermögenstheoretischen Ansatz.

- *Lagerhaltungstheorie der Geldnachfrage*

Zunächst sei das ***Baumol-Tobin-Modell der Kassenhaltung*** dargestellt (Vgl. z. B. BARRO/GRILLI (1996), S. 89 ff., MANKIW (1998), S. 539 ff., MANKIW (2000), S. 497 ff., BORCHERT (1997), S. 103 f.). Es geht zurück auf einen Aufsatz von *WILLIAM J. BAUMOL* (1952) und einen Aufsatz von *JAMES TOBIN*, Nobelpreisträger für Wirtschaftswissenschaft 1981, (1956) (Vgl. MANKIW (1998), S. 539, Fn. 1, MANKIW (2000), S. 496, Fn. 4).

Die vornehmliche Verwendungsabsicht für das gehaltene Geld entspringt in diesem Ansatz dem *Transaktionsmotiv*, d. h. dem Wunsch, Geld zum Kauf von Gütern und Dienstleistungen zu verwenden. Die Wirtschaftssubjekte halten nach diesem Motiv Geld, um nicht für jede Zahlung den Weg zur Bank, also einen Aufwand an Zeit und Mühe, auf sich nehmen zu müssen und Kosten der Liquidisierung von Vermögensgegenständen, wie Börsenumsatzsteuer, Maklergebühren, Strafzinsen etc. auf sich nehmen zu müssen. Aus dieser Ersparnis von Transaktionskosten der Geldbeschaffung besteht der Nutzen der Geldhaltung. Auf der anderen Seite gibt es

Geldhaltung natürlich nicht umsonst. Geld ist ein unverzinsliches Aktivum, sodass als Kosten der Geldhaltung der entgangene Zinsertrag anfällt.

Spezifizieren wir den Nutzen der Geldhaltung genauer, so können wir davon ausgehen, dass jede Geldbeschaffung eine bestimmte Summe kostet. Nehmen wir nun vereinfachend an, das repräsentative Wirtschaftssubjekt erhalte zu Beginn der Betrachtungsperiode sein nominales Periodeneinkommen $E = P \cdot Y$ ausgezahlt, das das Wirtschaftssubjekt verzinslich zum (Nominal-)Zinssatz i anlegt. Dieses Einkommen wird im Verlauf der Periode vollständig verausgabt, wobei angenommen sei, dass die Auszahlungen des Wirtschaftssubjektes völlig gleichmäßig auf die Periode verteilt sind. Das Wirtschaftssubjekt hat nun die Möglichkeit, seinen verzinslichen Vermögensbestand in beliebig vielen Teilbeträgen gleicher Größe zu liquidieren. Wird das Periodeneinkommen in n Teilbeträgen liquidiert, beträgt jeder Teilbetrag $E/n = P \cdot Y/n$. Da dieser Teilbetrag gleichmäßig verausgabt wird, befindet sich zu Beginn der Teilperiode der Betrag $E/n = P \cdot Y/n$ als Geld im Besitz des Wirtschaftssubjektes und zum Ende der Teilperiode der Betrag 0, d. h., die *durchschnittliche nominale Transaktionskassenhaltung* beträgt: $M^d_{TN} = E/2n = P \cdot Y/2n$. Die *reale Transaktionskassenhaltung* beträgt dann $M^d_T = M^d_{TN}/P = Y/2n$. Für drei Teilperioden $n = 3$ ergibt sich im Schaubild:

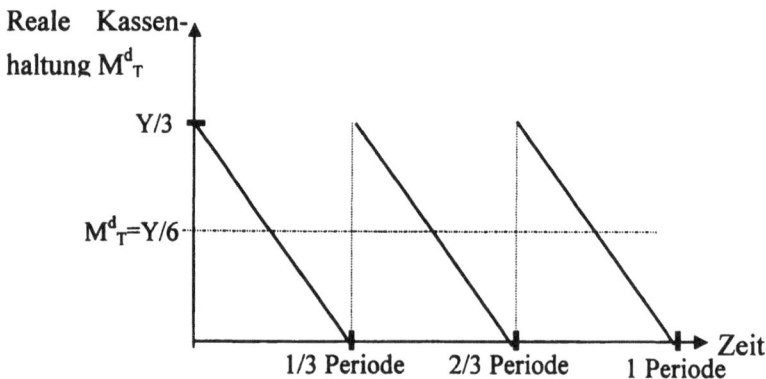

Der Betrag M^d_{TN} steht im Durchschnitt der Betrachtungsperiode nicht zur verzinslichen Anlage zur Verfügung. Die nominalen Opportunitätskosten der Kassenhaltung betragen demnach $K_{ON} = i \cdot E/2n = i \cdot P \cdot Y/2n$. Für die *realen Opportunitätskosten der Kassenhaltung* ergibt sich: $K_O = K_{ON}/P = i \cdot Y/2n = i \cdot M^d_T$.

Pro Umwandlung der Einkommensanlage in Geld entstehen Kosten in Höhe der Transaktionskostenpauschale θ_N. Diese Kosten können auch als *Konvertibilitätskosten* bezeichnet werden (Vgl. EUROPÄISCHE ZENTRAL-BANK (2/1999), S. 31). Daraus folgen als nominale Transaktionskosten der Umwandlung verzinslicher Anlagen in Geld, also *nominale Konvertibilitätskosten*: $K_{TUN} = n \cdot \theta_N$. Die *realen Konvertibilitätskosten* betragen dann: $K_{TU} = K_{TUN}/P = n \cdot \theta_N/P = n \cdot \theta$. Da die durchschnittliche reale Transaktionskassenhaltung $M^d_T = Y/2n$ beträgt, ergibt sich als Funktion der realen Kassenhaltungskosten in Abhängigkeit von der durchschnittlichen realen Transaktionskassenhaltung:

$$K_T = K_O + K_{TU} = \frac{i \cdot Y}{2 \cdot n} + n \cdot \theta = i \cdot M^d_T + \frac{\theta \cdot Y}{2 \cdot M^d_T}.$$

Die Entscheidungsvariable in dieser Kostenfunktion ist die gewünschte durchschnittliche reale Transaktionskassenhaltung M^d_T.

Schaubild:

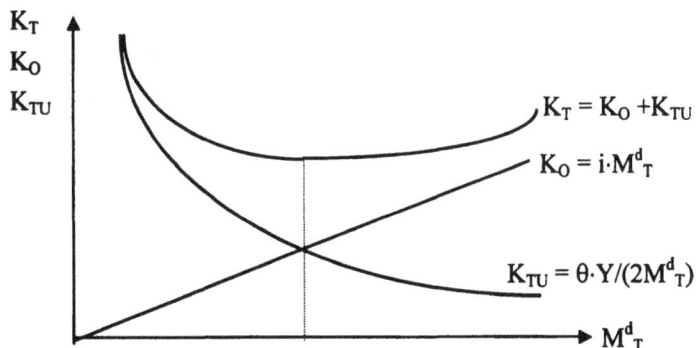

Zur Kostenminimierung muss als Bedingung erster Ordnung die Ableitung der Kostenfunktion nach M^d_T gleich Null gesetzt werden:

$$\frac{\partial K_T}{\partial M_T^d} = i - \frac{\theta \cdot Y}{2 \cdot M_T^{d\,2}} \stackrel{!}{=} 0.$$

Daraus folgt dann:

$$M_{Topt}^d = \sqrt{\frac{\theta \cdot Y}{2 \cdot i}} \quad \text{bzw.} \quad M_{TNopt}^d = P \cdot \sqrt{\frac{\theta \cdot Y}{2 \cdot i}}.$$

Bei vernünftiger Disposition über die Transaktionskasse steigt demnach die durchschnittliche *reale Transaktionskassenhaltung* mit dem Realeinkommen Y ebenso wie mit dem realen Transaktionskostensatz für den Umtausch verzinslicher Anlagen in Geld (*Konvertibilitätskostensatz*) und sinkt mit dem Nominalzinssatz. Die *nominale Transaktionskasse* verhält sich zudem proportional zum Preisniveau.

Auch für die *Vorsichtskassenhaltung* aus dem Motiv, Illiquidität zu vermeiden, was zu Illiquiditätskosten führen würde, lässt sich eine negative Zinsabhängigkeit der Kassenhaltung und, sofern die Varianz der Ein- und Auszahlungen positiv mit der Höhe des Einkommens korreliert ist, eine positive Abhängigkeit vom Einkommen nachweisen. (Vgl. WHALEN (1966) und WESTPHAL (1970), S. 9 ff.) Schließlich lässt sich auch für das Halten von Geld für spekulative Zwecke, die so genannte Spekulationskasse, eine negative Zinsabhängigkeit nachweisen. (Vgl. BORCHERT (1997), S. 98 ff. und, grundlegend als Erweiterung zur so genannten Portfoliotheorie, in der Rendite und Risiko verschiedener Anlagen Berücksichtigung finden, TOBIN (1957/58), BRANSON (1997), S. 320 ff., BORCHERT (1997), S. 105 ff.). Zudem ergibt sich aus der *TOBIN*schen Erweiterung zur Portfoliotheorie eine positive Vermögensabhängigkeit der Geldnachfrage (Vgl. BORCHERT (1997), S. 112), sodass davon ausgegangen werden kann, dass auch hiernach mit dauerhaft steigendem Einkommen die Geldnachfrage zunimmt.

Die drei Motive der Kassenhaltung für Transaktionszwecke, für Zwecke der Vermeidung von Illiquidität und für spekulative Zwecke führen demnach zu einer positiven Abhängigkeit vom Transaktionsvolumen, das durch das laufende Realeinkommen Y angezeigt wird, einer negativen Abhängigkeit vom nominalen Zinssatz i, einer positiven Abhängigkeit vom Konvertibilitätskostensatz θ und einer positiven Abhängigkeit vom Vermögen W.

Man erhält demnach für die gesamte **reale Geldnachfrage** M^d in Abhängigkeit vom realen Transaktionskostensatz für die Umwandlung verzinslicher Anlagen in Geld θ, vom Nominalzinssatz i, vom Realeinkommen Y und vom realen Vermögensbestand W:

$$M^d = M^d \left(\underset{+}{\theta}, \underset{-}{i}, \underset{+}{Y}, \underset{+}{W} \right).$$

Die **nominale Geldnachfrage** M^d_N ergibt sich durch Multiplikation mit dem Preisniveau P:

$$M^d_N = P \cdot M^d \left(\underset{+}{\theta}, \underset{-}{i}, \underset{+}{Y}, \underset{+}{W} \right).$$

Die Vorzeichenangaben unter den Variablen geben dabei die Vorzeichen der entsprechenden ersten Ableitungen nach den Variablen, also die Richtung der Reaktion, an. Sehr häufig wird dabei in der Literatur der Faktor θ, also die Transaktionskosten der Umwandlung von verzinslichen Anlagen in Geld (*Konvertibilitätskosten*), vernachlässigt (nicht z. B. bei BARRO (1992), BURDA/WYPLOSZ (1994), BARRO/GRILLI (1996)), was voraussetzt, dass die institutionellen und technischen Bedingungen der Geldwirtschaft sich in Hinsicht auf die Umwandlung von anderen Aktiva in Geld nicht stark verändern. Davon kann aber in der heutigen Zeit des Einzugs elektronischer Verfahren in die Geldwirtschaft keine Rede sein. Vielmehr ist eher eine nicht unerhebliche Abnahme der entsprechenden Umwandlungskosten zu beobachten, sodass die Geldhaltung insgesamt geringer wird. Das gleiche Transaktionsvolumen kann nämlich dadurch mit einem geringeren Geldvolumen bewältigt werden, d. h., die Umlaufgeschwindigkeit des Geldes nimmt zu. (Vgl. BARRO /GRILLI (1996), S. 97, 101,

BORCHERT (1997), S. 298 ff.) Auch schon für kurze Fristen ist heute eine relativ risikolose verzinsliche Anlage für fast jedermann zu finden.

* ***Vermögenshaltungstheorie der Geldnachfrage***

Betrachten wir nun als Ergänzung zu dem Baumol-Tobin-Modell, das die wesentlichen Zusammenhänge, d. h. die Richtung der Reaktion der Geldnachfrage auf Datenänderungen, bereits gut abbildet, den ***vermögenstheoretischen Ansatz von MILTON FRIEDMAN***, Nobelpreisträger für Wirtschaftswissenschaft 1976. (Zum folgenden vgl. FRIEDMAN (1976), S. 79 ff.) In der von *FRIEDMAN* konzipierten Geldnachfragetheorie wird Geld als eine Vermögensart unter anderen analysiert, sodass der Wunsch nach Geldhaltung ebenso behandelt werden kann, wie der Wunsch, andere Vermögenstitel zu halten. Die Nachfrage nach Geld hängt in diesem Konzept „von drei Hauptgruppen von Einflussgrößen ab: (a) von dem in verschiedenen Formen zu haltenden Gesamtvermögen - analog zur Budgetbeschränkung, (b) von den Preisen und dem Ertrag dieser Vermögensform und alternativer Formen und (c) den Neigungen und Präferenzen der Vermögen haltenden Wirtschaftseinheiten." (FRIEDMAN (1976), S. 79.)

Ensprechend des schon weiter oben im Abschnitt über den privaten Konsum behandelten Konzepts des permanenten Einkommens und unter Berücksichtigung der Tatsache, dass makroökonomisch das repräsentative Wirtschaftssubjekt eine unendliche Lebensdauer hat, wenn nicht die Volkswirtschaft ausstirbt, umfasst das gesamte Vermögen W alle Quellen des Einkommens und konsumierbarer Dienste. Da das Vermögen dann der Gegenwartswert des gesamten Einkommenstroms mit Y^P pro Periode (Y^P ist als reales permanentes Einkommen aufzufassen) ist, ergibt sich, mit i als durchschnittlicher Verzinsung auf Vermögensgegenstände:

$$W = \frac{Y^P}{i}.$$

Nach *FRIEDMAN* werden die in der folgenden Tabelle erfassten fünf möglichen Formen der Vermögenshaltung mit den jeweils angegebenen Ertragsarten unterschieden (FRIEDMAN (1976), S. 80 ff.):

Vermögenshaltung nach Milton Friedman	
Form der Vermögenshaltung	*Erträge der Vermögenshaltung*
Geld (M)	Naturalien
Obligationen (B)	Nominalrendite der Obligationen i_B
Anteilswerte (E)	Nominalrendite der Anteilswerte i_E
physische Güter (G)	Naturalien
menschliches Kapital (H)	Nutzen oder Einkommen.

Diese Tabelle bedarf noch der Erläuterung. Die Erträge des Geldes sind als Naturalien angegeben. Diese bestehen vor allem in der Bequemlichkeit der Geldverwendung und dem Sicherheitsaspekt. Verliert das Geld seine Kaufkraft, nehmen diese Erträge ab. Die Nominalverzinsung der Kassenhaltung ist Null, die Realverzinsung entspricht dem negativen Wert der Preisniveauänderung. Dies bedeutet, dass die Geldnachfrage aus Gründen der Erzielung des realen Geldertrages in Form der Naturalerträge proportional zum Preisniveau P steigen muss. Der Nominalertrag der Obligationen i_B entspricht ihrer Nominalverzinsung plus/minus Kapitalwertänderungen. Der Nominalertrag der Anteilswerte i_E unterscheidet sich von dem der Obligationen dadurch, dass er inflationsgesichert ist, da sich allgemeine Preisniveauerhöhungen in den Dividenden niederschlagen. Der reale Ertrag physischer nicht-menschlicher Güter ist vom Preisniveau unabhängig, sodass ihr nominaler Ertrag, der in Geldpreisen gerechnete Wert der Dienste, mit dem Preisniveau steigt, $\dfrac{\partial P}{\partial t} \cdot \dfrac{1}{P}$.

Steigt eine der Ertragsraten der zur Kassenhaltung alternativen Vermögensanlageformen, so nimmt ceteris paribus die Geldnachfrage ab, weil die Opportunitätskosten der Kassenhaltung zunehmen.

Einer besonderen Betrachtung bedarf das Humankapital, denn eine kurzfristige Substitution von Geld durch Humankapital ist nicht möglich, wenn Sklaverei ausgeschlossen bleibt (Vgl. FRIEDMAN (1976), S. 83). Deshalb

gibt es keine diesbezüglichen Substitutionseffekte, sodass die Aufnahme
einer Ertragsrate für Humankapital in die Geldnachfragefunktion nicht
angebracht ist. Stattdessen nimmt *FRIEDMAN* an, dass ein steigender Anteil
des menschlichen Kapitals (= Humankapitals) am Gesamtvermögen H/W
zu einer höheren realen Geldnachfrage führt. Dies ist plausibel, weil eine
schnelle Umwandlung von Geld in Humankapital und umgekehrt nicht
möglich ist.

Zusätzlich zu den verschiedenen Anlageformen führt *FRIEDMAN* einen
Nutzenterm u zur Bestimmung der Geldnachfrage ein, der die Präferenzen
für verschiedene Anlageformen widerspiegelt.

Unter der Annahme der Konstanz der Präferenzen des repräsentativen
Wirtschaftssubjektes ergibt sich die folgende Funktion der realen Geldnachfrage M^d (Vgl. FRIEDMAN (1976), S. 86, vgl. BORCHERT (1997), S.
119.):

$$M^d = \frac{M_N^d}{P} = f\left(\underset{-}{i_B}, \underset{-}{i_E}, \underset{-}{\frac{\partial P}{\partial t} \cdot \frac{1}{P}}, \underset{+}{H\big/W}, \underset{+}{Y^P} \right).$$

Für diese Geldnachfragefunktion wird angenommen, dass sie weitgehend
stabil ist, wobei die „Stabilität ... in der funktionalen Beziehung zwischen
der nachgefragten Geldmenge und den sie bestimmenden Variablen
[liegt]..." (FRIEDMAN (1976), S. 92 f.) „In der Geldnachfragetheorie hat
sich die auf *M. Friedman* zurückgehende Auffassung weitgehend durchgesetzt, daß die reale Geldnachfrage eine stabile Funktion einer begrenzten
Anzahl von unabhängigen Variablen ist, wobei das erwartete Dauerein-
kommen (Vermögensrestriktion), verschiedene reale Ertragssätze alternativer Aktiva sowie die erwartete Inflationsrate besonders bedeutsam sind."
(THIEME (1995), S. 165.)

In dieser Formel gibt M^d_N die nominale Geldnachfrage, also die Geldnachfrage in Geldeinheiten, an. Es ergibt sich:

$$M_N^d = P \cdot f\left(\underset{-}{i_B}, \underset{-}{i_E}, \underset{-}{\frac{\partial P}{\partial t} \cdot \frac{1}{P}}, \underset{+}{H\!\!\diagup\!\!_W}, \underset{+}{Y^P} \right).$$

Dies bedeutet, dass bei gegebener Inflationsrate die Geldnachfrage positiv vom permanenten Einkommen, damit vom Vermögen, negativ von der Verzinsung alternativer Anlageformen (den Opportunitätskosten der Kassenhaltung) und der Inflationsrate und proportional vom Preisniveau abhängt.

Die wesentliche Aussage bezüglich der Einflussgrößen der Geldnachfrage hat sich gegenüber dem vorher behandelten lagerhaltungstheoretischen Modell nicht geändert[1].

Zusammenfassend kann gesagt werden, dass die gewünschte Geldmenge, d. h. die nominale Geldnachfrage, positiv vom realen Transaktionsvolumen, also vom Realeinkommen, positiv vom realen Vermögen, positiv von den realen Transaktionskosten der Umwandlung anderer Aktiva in Geld *(Konvertibilitätskosten)*, negativ vom Nominalzinssatz und proportional vom Preisniveau abhängt.

In vereinfachter Form werden wir deshalb als Geldnachfragefunktion die folgende Funktion benutzen, in der der Vermögensterm fehlt, weil Änderungen des Vermögens sich als dauerhafte Veränderungen des laufenden Einkommens abbilden lassen:

$$\mathbf{M^d} = \mathbf{M^d}\underset{+\ -\ +}{(\theta, i, Y)} \qquad \text{bzw.} \qquad \mathbf{M_N^d} = \mathbf{P} \cdot \mathbf{M^d}\underset{+\ -\ +}{(\theta, i, Y)}.$$

Zwischen Realzinssatz r und Nominalzinssatz i besteht dabei die Beziehung: $1+r = \dfrac{1+i}{1+\pi}$, wobei π die Inflationsrate $\dfrac{\partial P}{\partial t} \cdot \dfrac{1}{P}$ ist, woraus sich die nach *IRVING FISHER* (1867-1947) benannte *Fisher-Gleichung (= Fisher-*

---

[1] Zudem stellt sich heraus: „Auf Grund portfoliotheoretischer Gundlagen in beiden Theoriezweigen nähern sich die monetaristische und die *postkeynesianische* Theorie in ihren Schlußfolgerungen einander an." (BORCHERT (1997), S. 103.)

Relation) ergibt, wenn der in nicht von starker Inflation geprägten Zeiten kleine Faktor r·π als unbedeutend vernachlässigt wird (Vgl. RICHTER/SCHLIEPER/FRIEDMANN (1981), S. 121, 135 ff., BURDA/WYPLOSZ (1994), S. 305 f., MANKIW (1998), S. 180 f., MANKIW (1999), S. 675 ff., Mankiw (2000), S. 169):

$$i = r + \pi \qquad \text{Fisher-Gleichung.}$$

Auf Grund dieser Beziehung könnte die Geldnachfragefunktion auch geschrieben werden:

$$M_N^d = P \cdot M^d(\underset{+}{\theta}, \underset{-}{i}, \underset{+}{Y}) = P \cdot M^d(\underset{+}{\theta}, \underset{-}{(r + \pi)}, \underset{+}{Y}).$$

Bei gegebenem Nominalzinssatz i, d. h. bei gegebenem Realzinssatz r und gegebener Inflationsrate π, gegebenem Realeinkommen Y, gegebenem Vermögen W und gegebenem Konvertibilitätskostensatz (Transformationskostensatz) θ ist damit die reale Geldnachfrage bestimmt, sodass die nominale Geldnachfrage M^d_N sich proportional zum Preisniveau P verhält:

Nominale Geldnachfrage

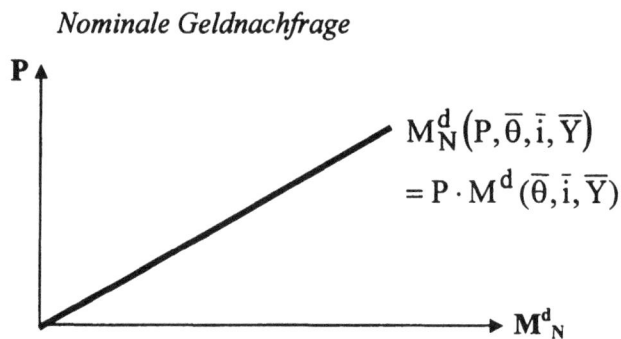

Eine Erhöhung des Transformationskostensatzes θ dreht die Geldnachfragefunktion in diesem Schaubild nach rechts, eine Zinssatzerhöhung nach links, eine Realeinkommenserhöhung nach rechts, ebenso wie eine Vermögenszunahme.

5.3 Das Geldangebot

In diesem Abschnitt wird der Frage nachgegangen, wie das Geld, das die Wirtschaftssubjekte zu halten wünschen, in die Wirtschaft kommt und was die Höhe der Geldmenge bestimmt. Diese Fragen sind zunächst für das Zentralbankgeld zu beantworten, sodann für das Buch- oder Giralgeld und schließlich ist der Zusammenhang zwischen beiden zu erhellen.

a) Zentralbankgeld:

Grundsätzlich hat eine Zentralbank vier Möglichkeiten, ihr Geld in die Wirtschaft zu bringen:

- **Zentralbankkredite an Monetäre Finanzinstitute (MFIs) und Einlagen von MFIs.** Dabei kann es sich um Kredite durch Ankauf von Wechseln (Diskontkredite) oder auf Grund einer Verpfändung von Wertpapieren (Lombardkredite) handeln. Dies waren bis zum Beginn der Europäischen Währungsunion wichtige Instrumente der Zentralbank der Bundesrepublik Deutschland, der Deutschen Bundesbank. Zum 1. Januar 1999 hat das Europäische System der Zentralbanken (ESZB), das aus der Europäischen Zentralbank (EZB) und den nationalen Zentralbanken der Teilnehmerländer besteht, die geldpolitische Verantwortung übernommen. Auch in diesem System gibt es ein Kreditinstrument, die so genannten *Ständigen Fazilitäten*. Zum einen handelt es sich um die *Spitzenfinanzierungsfazilität*, aus der Kredite zu einem vorgegebenen Zinssatz für einen Geschäftstag gewährt werden. Sie ersetzt sozusagen den früheren Lombardkredit (Vgl. hierzu und zu den anderen Instrumenten: DEUTSCHE BUNDESBANK (11/1998), vgl. auch CLEMENT/TERLAU (1998), S. 245 - 251 oder MANKIW (1999), S. 654 f.) Zum anderen gibt es die *Einlagefazilität*. Hierbei „können die Geschäftspartner überschüssige Habensalden bei der Bundesbank jeweils „über Nacht" bis zum Beginn des nächsten Geschäftstages als Einlagen zu einem vorgegebenen Zinssatz anlegen." (DEUTSCHE BUNDESBANK (11/1998), S. 22.)

- **Offenmarktpolitik, d. h. An- und Verkäufe von Wertpapieren** am offenen Markt. In der Regel sind sie als Wertpapierpensionsgeschäfte ausgelegt, d. h., dass der jeweilige Ankauf mit einer Rückkaufverpflichtung des Verkäufers bzw. der Verkauf mit einer Rückverkaufsverpflichtung des Käufers verbunden sind. Darunter fallen zunächst die so genannten wöchentlichen *Hauptrefinanzierungsgeschäfte* mit zweiwöchiger Laufzeit. Desweiteren gibt es die *längerfristigen Refinanzierungsgeschäfte* im monatlichen Rhythmus und dreimonatiger Laufzeit. Ergänzt werden diese Instrumente durch *Feinsteuerungsoperationen* zur Steuerung unerwarteter Liquiditätsschwankungen und *strukturelle Operationen* zur Anpassung von Liquiditätspositionen des Finanzsektors. Hier sind auch definitive Ankäufe von Wertpapieren möglich. (Vgl. hierzu DEUTSCHE BUNDESBANK (11/1998), S. 21 f.)

- **Devisenankäufe der Zentralbank.** Diese können vor allem vorkommen, um Wechselkursschwankungen gegenüber anderen Währungen zu verhindern oder zu mildern.

- **Zentralbankkredite an den Staat.** Sie sind zwar in der Europäischen Währungsunion nicht zulässig, stellen aber historisch und auch heute noch in anderen Ländern der Welt durchaus keine unübliche Form der Geldversorgung und eine zentrale Quelle von Inflation dar.

b) Buch- oder Giralgeld:

Buch- oder Giralgeld entsteht durch *Buchgeldschöpfung* des Bankensystems, der MFIs. Dieser Vorgang sei an einem sehr vereinfachten Beispiel erläutert. (Der Prozess der Buchgeldschöpfung ist in nahezu jedem Lehrbuch zur Makroökonomik oder zur Geldtheorie und -politik dargelegt. Vgl. beispielsweise MANKIW (1999), S. 651 ff., MANKIW (1998), S. 528 ff., BARRO/GRILLI (1996), S. 312 ff., BRANSON (1997), S. 344 ff., BURDA/WYPLOSZ (1994), S. 322 ff., BORCHERT (1997), S. 55 ff., CLEMENT/ TERLAU (1998), S. 25 ff.)

In der Ausgangslage gäbe es zunächst kein Giralgeld. Ein MFI genanntes Unternehmen möchte nun dem Wunsch eines Kunden entgegenkommen, ihm einen Kredit in Höhe von K in Form von Zentralbankgeld auszuleihen.

1. Schritt: Zu diesem Zwecke verkauft das MFI genannte Unternehmen der Zentralbank ein Wertpapier, wofür es den Gegenwert auf seinem Zentralbankkonto gutgeschrieben bekommt. In der Bilanz des MFIs würde sich dieser Vorgang als Aktivtausch niederschlagen. Der Wertpapierbestand sinkt und das Guthaben bei der Zentralbank steigt. Den Guthabenbetrag bei der Zentralbank bezeichnen wir als Überschussreserve ÜR.

2. Schritt: Das MFI stellt seinem Kreditnehmer einen Kredit in Höhe der Überschussreserve zur Verfügung: $\Delta K = \text{ÜR}$. Aus der Forderung gegen die Zentralbank wird eine gegen den Kreditnehmer. Vereinfachend sei angenommen, das MFI zahle Bargeld aus, mit dem der Kreditnehmer einen Einkauf tätigt.

3. Schritt: Ein fester Teil β des ausgeliehenen Betrages verbleibt als Bargeld BG in den Händen der Nicht-MFIs, der Rest kommt nach Erledigung der Einkäufe durch den Kreditnehmer als Sichteinlage D eines Nicht-MFIs zu einem MFI zurück.

4. Schritt: Von der hereingenommenen Einlage muss das MFI eine so genannte Mindestreserve bei der Zentralbank in Höhe eines Anteils μ von D unterhalten. Der Rest steht für eine erneute Ausleihung zur Verfügung, sodass mit diesem Rest wieder bei Schritt 2 eingesetzt werden kann.

[Exkurs: **Die Mindestreserve**

Weiter oben wurden die Instrumente kurz vorgestellt, die zum Zwecke der Versorgung der Wirtschaft mit Zentralbankgeld eingesetzt werden. Zusätzlich verfügt die Zentralbank über ein Instrument, dessen Zweck vornehmlich in der Begrenzung der Buchgeldschöpfungsmöglichkeiten zu finden ist. Diesem Zweck dient die so genannte Mindestreserve, die von den MFIs bei der Zentralbank unterhalten werden muss.

„Das Reserve-Soll wird errechnet, indem ein Mindestreservesatz auf ausgewählte Verbindlichkeiten aus der Bilanz der Kreditinstitute angewendet wird. ... Reserveguthaben werden zu dem Satz für die Hauptrefinanzierungsgeschäfte des Eurosystems verzinst." (EUROPÄISCHE ZENTRALBANK (1/1999), S. 21.) Die im Eurosystem gültigen Mindestreservesätze sind den Statistischen Teilen der Monatsberichte der Deutschen Bundesbank und der Monatsberichte der Europäischen Zentralbank zu entnehmen.]

Bei jedem Durchlauf vom 2. Schritt bis zum 4. Schritt vermindern dabei die Bargeldhaltung und die entstehende Mindestreservepflicht die weiteren maximalen Ausleihmöglichkeiten. Der Prozess immer erneuter Ausleihungen aus der einmal erworbenen Überschussreserve ÜR kann so lange fortgesetzt werden, bis die ursprünglichen Überschussreserven vollständig als Bargeldhaltung BG und/oder als Mindestreservehaltung MR verbraucht sind.

Stellen wir dies als Tabelle dar, wobei ÜR = 10, β = 0,1 und μ =0,1 angenommen sei.

Runde	Kredit ΔK	Bargeld $\Delta BG = \beta \cdot \Delta K$	Sichteinlagen $\Delta D = \Delta K - \Delta BG$	Mindestreserve $\Delta MR = \mu \cdot \Delta D$
1	10	1	9	0,9
2	8,1	0,81	7,29	0,729
3	6,561	0,6561	5,9049	0,59049
.	.	.	.	.
.	.	.	.	.
.	.	.	.	.
Σ:	K = 52,633	BG = 5,263	D = 47,37	MR = 4,737

In diesem einfachen Beispiel ergibt sich die Geldmenge M1 als Summe aus Bargeldhaltung BG und Sichteinlagenhaltung D: M1 = BG + D = 52,633. Dieser Betrag stimmt exakt mit der Kreditsumme überein. Die ursprüngliche Überschussreserve ÜR ist nach Abschluss des Prozesses in Bargeld BG und in Mindestreserve MR verbraucht worden: ÜR = BG + MR = 10.

Der dargestellte Prozess der Buch- oder Giralgeldschöpfung bildet eine *Obergrenze für die Giralgeldschöpfung* ab. Es hängt von vielerlei Faktoren ab, ob diese Obergrenze auch ausgeschöpft wird.

Diese Obergrenze sei noch einmal algebraisch abgeleitet:

Die Geldbasis war ja weiter oben definiert worden als Banknotenumlauf plus Einlagen von Banken bei der Zentralbank. Wir definieren deshalb jetzt die *Geldbasis B* als:

$$B = BG + R \qquad \text{mit} \qquad \text{Reserven} = R = \ddot{U}R + MR.$$

Die *Geldmenge M1* war definiert als:

$$M1 = BG + D \qquad \text{mit} \qquad D = \text{Sichteinlagen von Nicht-MFIs.}$$

Aus diesen beiden Definitionsgleichungen ergibt sich unmittelbar die folgende Beziehung zwischen der Geldmenge M1 und der Geldbasis B:

$$M1 = m_1 \cdot B = \frac{BG + D}{BG + R} \cdot B.$$

In dieser Formel stellt m_1 den so genannten *Geldschöpfungsmultiplikator*, hier bezogen auf die Geldmenge M1, dar.

Definieren wir nun als *Bargeldhaltungsquotienten* β den Anteil der Bargeldhaltung an der gesamten Geldmenge M1, was mit dem Quotienten im obigen Beispiel übereinstimmt, weil dort der Quotient als Anteil von K definiert wurde und K der Geldmenge M1 entspricht:

$$\beta = \frac{BG}{BG + D}.$$

Des Weiteren sei ein *Reservequotient* μ als Anteil der Reservehaltung der MFIs bei der Zentralbank an den bei ihnen von Nicht-MFIs eingelegten Sichtdepositen definiert:

$$\mu = \frac{R}{D}.$$

Es ergibt sich unter Berücksichtigung dieser Quotienten:

$$m_1 = \frac{BG + D}{BG + R} = \frac{1}{\dfrac{BG}{BG + D} + \dfrac{R}{BG + D}}.$$

Nun ist $\dfrac{R}{BG + D} = \dfrac{R}{D} \cdot \dfrac{D}{BG + D} = \mu \cdot (1 - \beta).$

Somit erhalten wir als Ergebnis:

$$M1 = \frac{1}{\beta + \mu(1 - \beta)} \cdot B.$$

Die Geldmenge M1, die aus einer von der Zentralbank zur Verfügung gestellten Geldbasis B geschöpft werden kann, hängt demnach nicht allein von der Zentralbank ab. Vielmehr hat ganz entscheidenden Einfluss auch der Bargeldhaltungsquotient. Wenn er steigt, nehmen die Geldschöpfungsmöglichkeiten ab. Dasselbe gilt, wenn der Mindestreservesatz, der zur Reservehaltung zwingt, steigt, weil dann c. p. der Reservequotient steigt.

Auf den Bargeldhaltungsquotienten haben natürlich die Kreditinstitute einen ganz erheblichen Einfluss. Insbesondere die neuen Entwicklungen des Zahlungsverkehrs dienen dem Zweck, den Bargeldhaltungsbedarf und damit auch den entsprechenden Quotienten zu senken. Daraus ergeben sich c. p. weitere Kreditschöpfungsmöglichkeiten der Banken, was die Anstrengungen der Kreditinstitute in dieser Richtung vielleicht etwas erklären hilft. Es ist zu betonen, dass auch die Nichtbanken einen Einfluss auf die Kreditschöpfungsmöglichkeiten haben. Und zwar nicht nur über den Bargeldhaltungsquotienten, sondern auch über ihre Kreditnachfrage, weil ohne diese der Geldschöpfungsprozess vor Ausschöpfung der vollen Möglichkeiten zum Erliegen kommt. Durch die Mindestreserve hält die Zentralbank die Möglichkeiten begrenzt, aus einer gegebenen Geldbasis Geld und Kredit zu schöpfen. Insofern kommt der Mindestreservepolitik eine gewisse Bedeutung bei der Steuerung der Geldmenge zu, insbesondere, wenn es gilt, eine schnell wirksame restriktive Maßnahme zu ergreifen.

Wir werden im Folgenden stets von der empirisch gestützten Annahme (Vgl. THIEME (1995), S. 164 f.) ausgehen, dass die Zentralbank die Kontrolle über die Geldmengenentwicklung besitzt. Dann ist die angebotene Geldmenge vom Zinssatz unabhängig. Sie ist eine allein politische Entscheidung. Das bedeutet, dass hier für das nominale Geldangebot M^S_N angenommen wird, dass es exogen ist:

$$M_N^S = \overline{M}_N.$$

Das reale Geldangebot ergibt sich dann aus der Division der Geldmenge M_N^S durch das Preisniveau P. Grafisch erhält man dann für das *nominale Geldangebot* M_N^S, das zugleich die verfügbare Geldmenge in der Volkswirtschaft darstellt, d. h. den Bestand an Geld, der von den Wirtschaftssubjekten gehalten werden *muss*:

Nominales Geldangebot

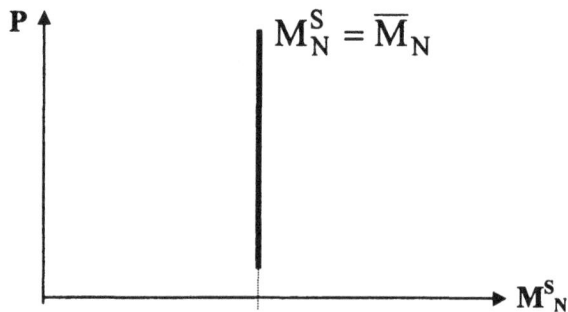

Von einer *expansiven Geldpolitik* spricht man, wenn die Geldpolitik der Zentralbank bewirkt, dass die Geldangebotsfunktion sich in diesem Schaubild nach rechts verschiebt. Ergibt sich eine Verschiebung nach links, spricht man von einer *restriktiven Geldpolitik*.

5.4   Gleichgewicht auf dem Geldmarkt

Vom einem *Gleichgewicht auf dem Geldmarkt* soll gesprochen werden, wenn die Geldnachfrage dem Geldangebot entspricht:

$$M_N^d = \overline{M}_N \quad \text{bzw.} \quad M^d = \frac{M_N^d}{P} = \frac{\overline{M}_N}{P}.$$

In der Grafik ergibt sich bei Verwendung der nominalen Größen:

Geldmarkt, nominal

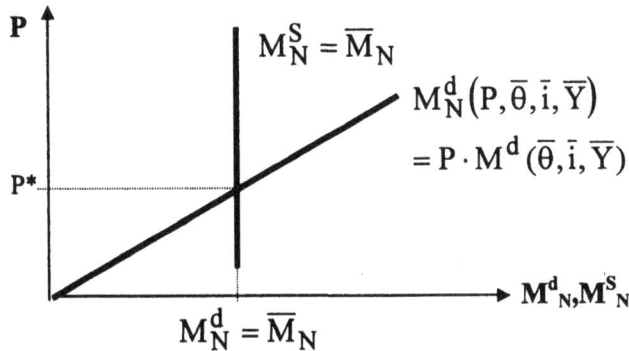

$$M_N^S = \overline{M}_N$$

$$M_N^d\left(P, \overline{\theta}, \overline{i}, \overline{Y}\right) = P \cdot M^d\left(\overline{\theta}, \overline{i}, \overline{Y}\right)$$

$$M_N^d = \overline{M}_N$$

Das Preisniveau bringt Geldangebot und Geldnachfrage in Übereinstimmung. Diese Rolle kann nur das Preisniveau übernehmen, weil die anderen beiden wesentlichen Bestimmungsgründe der Geldnachfrage, der Zinssatz und das Einkommensniveau, bereits auf dem gesamtwirtschaftlichen Gütermarkt bestimmt wurden.

Eine höhere Geldmenge hat ein höheres Preisniveau zur Folge, eine niedrigere Geldmenge ein niedrigeres Preisniveau. (Vgl. hierzu und zu den Schaubildern BARRO (1992), S. 131 f.) Bleibt die Geldmenge gleich, so reagiert das Preisniveau auf Variationen der Geldnachfrage. Diese wird zwar von durchaus realen Größen, wie dem Realeinkommen und dem Realzins bestimmt. Worauf es ankommt ist, dass diese realen Größen nur dann einen Einfluss auf das Preisniveau nehmen, wenn sie auf den Geldmarkt einwirken.

Das Preisniveau ist eine Größe, die auf dem Geldmarkt gebildet wird, ein monetäres Phänomen. Darüber besteht inzwischen unter Ökonomen ein sehr weitgehender Konsens.[2]

---

[2] In einer Befragung von 1350 U.S.-amerikanischen Ökonomen aus Wissenschaft und Praxis fand die These, dass Inflation vornehmlich ein monetäres Phänomen ist, rund 70 % Zustimmung. Und im Zeitverlauf nahm die allgemeine Zustim-

Geldmarkt: nominal

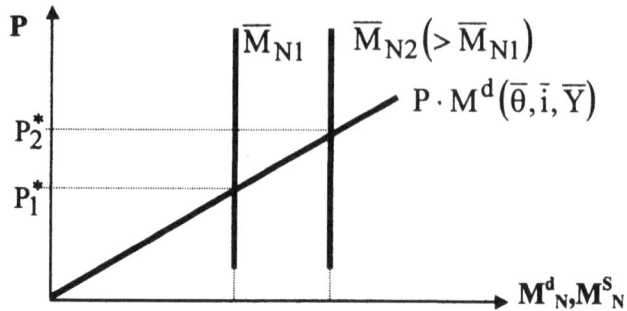

Die Preisanpassung nach oben bedeutet einen *inflationären Prozess*, der vorübergehend eine abnehmende Geldnachfrage bewirkt (bei sehr hoher Inflation: Flucht in die Sachwerte), wodurch die Preisanpassung beschleunigt wird. Dadurch bewirkt die Geldmengenerhöhung auch reale Effekte, weil vorübergehend die reale Geldnachfrage vermindert wird. (Vgl. BARRO (1992), S. 207 ff.. Man sagt auch, *Geld sei nicht superneutral.* (vgl. ebenda, S. 214).) Findet keine weitere Geldmengenerhöhung statt, endet der Prozess jedoch alsbald im neuen Gleichgewicht. Dann hat die erhöhte Geldmenge lediglich eine Erhöhung des Preisniveaus, d. h. eine Aufblähung der nominalen Werte, bei unveränderten realen Werten zur Folge. *Geld ist* dann *neutral.* Es kann bereits zum Zeitpunkt der Geldmengenerhöhung zu einem Preissprung nach oben kommen, weil die Wirtschaftssubjekte die preissteigernde Wirkung erwarten und deshalb bereits ihre Kassenhaltung anzupassen wünschen. (Zum Anpassungsprozess vgl. z. B. Kap. 8 in BARRO (1992), BARRO/GRILLI (1996).)

Kurzfristige reale Wirkungen der Geldpolitik sind möglich, sie sind aber schlecht voraussehbar, weil der Prozess der Übertragung eines monetären

---

mung zu der These tendenziell im großen und ganzen zu. (Vgl. ALSTON/KEARL/VAUGHAN (1992), S. 204 und 207.) Bereits eine Dekade früher wurde bezüglich dieser Frage eine überwiegende Zustimmung von U.S.-amerikanischen, deutschen und schweizerischen Ökonomen festgestellt, nicht aber von österreichischen und französischen Ökonomen (Vgl. FREY/ POMMEREHNE/SCHNEIDER/GILBERT (1984), S. 991).

Impulses kompliziert ist und von unterschiedlichsten Bedingungen abhängt, worunter auch politisch schwer zu kontrollierende Verhaltensänderungen der Privaten durch Erwartungsbildungen fallen. Deshalb herrscht sowohl über die Stärke als auch über den Zeitpunkt des Eintritts und die Dauer der realwirtschaftlichen Wirkungen von geldpolitischen Maßnahmen erhebliche Unsicherheit, sodass heute weitgehender Konsens existiert, dass eine Geldpolitik kaum zur Konjunktursteuerung geeignet ist. So führt *REIMUT JOCHIMSEN*, Nationalökonom und Präsident der Landeszentralbank in Nordrhein-Westfalen, der Öffentlichkeit vor Augen: „Das Hauptproblem einer jeden Geldpolitik sind die langen und schwankenden Wirkungsverzögerungen des geldpolitischen Mitteleinsatzes, wo mit Zeiten von 18 bis 24 Monaten zu rechnen ist. Statt kompensatorisch zu wirken, haben Versuche zu einer konjunkturorientierten Geldpolitik häufig die Zyklen nur noch verstärkt." (JOCHIMSEN (1999), S. 19.)

Wie schnell die Anpassung des Preisniveaus an die neuen monetären Verhältnisse nach einer Geldmengenvariation geschieht, hängt unter anderem maßgeblich davon ab, wie rasch sich die Geldnachfrage an die neuen Verhältnisse anpasst. Ist die Geldmengenpolitik voraussehbar, ist die Annahme rationaler Erwartungen nicht unrealistisch, sodass von einer relativ schnellen Anpassung zum neuen Preisniveau ausgegangen werden könnte. Im Euro-System, das aus den Staaten, die den Euro zur Gemeinschaftswährung erkoren haben und ihren Zentralbanken besteht (vgl. EUROPÄISCHE ZENTRALBANK (1/1999)), ist es beispielsweise ausdrückliche Strategie der Geldpolitik, ein sehr hohes Maß an Verlässlichkeit, Voraussehbarkeit und Durchschaubarkeit beim Publikum herzustellen. (Vgl. die Ausführungen zur geldpolitischen Strategie der Europäischen Zentralbank in EUROPÄISCHE ZENTRALBANK (1/1999), S. 43 - 56, hier insbesondere S. 48 f.) Man könnte auch sagen, dass die Herstellung möglichst hoher Transparenz und Voraussicht, verbunden mit der Aufklärung über geldpolitische Zusammenhänge, also *Förderung rationaler Erwartungen, Teil der geldpolitischen Strategie in Euro-Land* ist.

In realer Betrachtung von Geldnachfrage und Geldangebot in Abhängigkeit vom Preisniveau P, ergibt sich folgendes Bild:

Geldmarkt: real

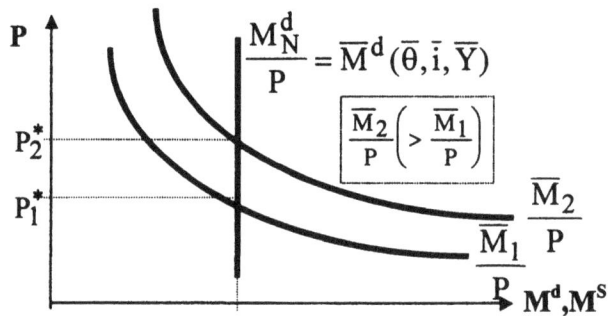

In diesem Schaubild wird deutlich, wie bei gegebener realer Geldnachfrage in Abhängigkeit von θ, i und Y das Preisniveau von der Geldmenge M^S_N abhängt. Um diesen Zusammenhang noch etwas zu erhellen, sei auf die auf *IRVING FISHER* (1867-1947) zurückgehende so genannte *Fisher'sche Verkehrsgleichung* (Vgl. z. B. HANUSCH/KUHN (1994), S. 274 f.) zurückgegriffen. In ihrer usprünglichen Formulierung bezog sie sich auf das Handelsvolumen H und besagte, dass das mit dem Preisniveau P^H bewertete Handelsvolumen H stets der Geldmenge M_N mulipliziert mit der Umlaufgeschwindigkeit des Geldes V gleich ist. Dabei gibt die **Umlaufgeschwindigkeit des Geldes** V an, wie oft im Mittel eine Geldeinheit pro Periode für Transaktionszwecke verwendet wird. Heute und auch hier wird die **Fisher'sche Verkehrsgleichung** in der Regel in einer modifizierten Form angewendet, in der das Handelsvolumen H durch das Realeinkommen Y der Periode ersetzt wird, von dem man annimmt, dass zum Handelsvolumen ein relativ festes Verhältnis besteht. Die *Umlaufgeschwindigkeit des Geldes*, in diesem Fall auch **Einkommenskreislaufgeschwindigkeit des Geldes** U genannt, bezieht sich dann auf das Verhältnis vom Nominaleinkommen P·Y zur nominalen Geldmenge M_N bzw. vom Realeinkommen Y zur realen Geldmenge M:

$$M_N \cdot U = P \cdot Y \quad \text{bzw.} \quad M \cdot U = Y \quad \text{mit } M = \frac{M_N}{P}.$$

Für das Preisniveau folgt dann unter der Annahme eines konstanten (weil real bestimmten) Einkommens und einer konstanten (weil institutionell, etwa durch Zahlungsgewohnheiten, bestimmten) Umlaufgeschwindigkeit des Geldes:

$$P = \frac{\overline{U}}{\overline{Y}} \cdot M_N.$$

Das Preisniveau wird also durch die Geldmenge (im Gleichgewicht gleich dem Geldangebot) bestimmt.

Natürlich können *reales Geldangebot und reale Geldnachfrage* auch *als Funktionen des Nominalzinssatzes i* dargestellt werden. Man erhält dann die folgende grafische Darstellung:

Geldmarkt: real

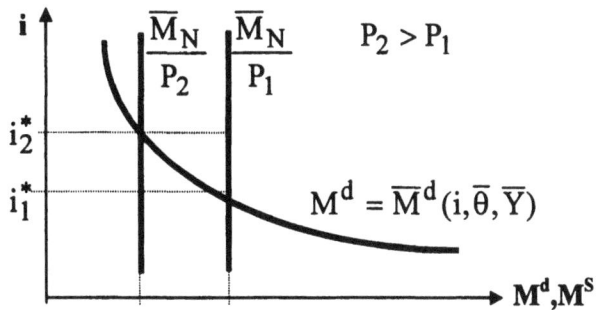

In diesem Schaubild ist erkennbar, dass ein höherer Zinssatz die reale Geldnachfrage vermindert. Die Folge ist eine Umschichtung des Kassenhaltungsüberschusses in andere Anlagen, unter anderem in den Erwerb von Gütern, sodass das Preisniveau steigt, bis das reale Geldangebot auf die verminderte reale Geldnachfrage abgesunken ist. (Vgl. HAVRILESKY (1988), S. 285 f.)

Eine Erhöhung der Geldmenge hat demnach lediglich eine Anpassung des Preisniveaus zur Folge und (zumindest längerfristig) keine realwirtschaftlichen Auswirkungen. Beschäftigung und Output ändern sich nicht. Man spricht deshalb auch von **Neutralität des Geldes**. (Vgl. HAVRILESKY (1988), S. 278, BARRO (1992), S. 147.) „Ich glaube, dass wir jedes monetäre Modell, das diese Neutralitätseigenschaft nicht besäße, mit äußerstem Argwohn betrachten würden - genau wie ein physikalisches Modell, das unterschiedliche Zeiten für eine Erdumkreisung angeben würde, je nachdem, ob die Entfernung in Meilen oder Kilometer gemessen wird." (LUCAS JR. (1989), S. 88 f.)

Betont sei noch einmal, dass das für den Anpassungsprozess hin zum höheren Preisniveau nicht gilt. Die kurzfristige negative Veränderung des Geldwertes vermindert die Geldnachfrage weiter, sodass davon positive Impulse auf die Nachfrage ausgehen können. Allerdings hat Inflation im Allgemeinen auch negative Effekte. So hat *BARRO* festgestellt, dass höhere Inflation im Allgemeinen mit geringerem Wirtschaftswachstum verbunden ist. (Vgl. z. B. BARRO (1996), S. 65 ff.) „A reasonable inference is therefore that an additional percentage point of inflation despresses growth in a similar way regardless of the starting level of inflation. In any event, none of the evidence suggests that more inflation in any range is favorable for economic performance. There is, in other words, no empirical support for the idea that more inflation has to be tolerated to achieve higher output and employment." (BARRO (1996), S. 67.)

Auch die *Europäische Zentralbank* begründet ihre auf Vermeidung von Inflation gerichtete geldpolitische Strategie unter anderem mit negativen Wachstumseffekten der Inflation und Kosten aus inflationsbedingten Verzerrungen in Steuer- und Sozialleistungssystemen. Sie beruft sich dabei auf entsprechende Untersuchungen von BARRO (1997) und FELDSTEIN (1999)[3]. (Vgl. EUROPÄISCHE ZENTRALBANK (1/1999), S. 44.].

---

[3] Es handelt sich um folgende Publikationen: ROBERT J. BARRO, Determinants of economic growth, MIT Press, 1997 und MARTIN S. FELDSTEIN, Costs and bene-

Aus den geschilderten Zusammenhängen des Geldmarktes folgt, dass die Zentralbank durch die Geldpolitik in längerer Sicht maßgeblichen Einfluss auf das Preisniveau, nicht aber auf Output und Beschäftigung hat. In kürzerer Sicht bewirkt die Zentralbank durch expansive Geldpolitik eine Beschleunigung der Inflation, was negative Auswirkungen auf das gesamtwirtschaftliche Wachstum, und somit auf Output und Beschäftigung, zur Folge hat. Daraus folgt, wie es auch schon Strategie der Deutschen Bundesbank war und nunmehr der Europäischen Zentralbank ist, dass der Geldpolitik vornehmlich eine Verantwortung für das Preisniveau zukommt. Sie sollte eine Politik der möglichst inflationsfreien Geldversorgung der Wirtschaft betreiben. (Zur stabilitätsorientierten geldpolitischen Strategie des Eurosystems vgl. EUROPÄISCHE ZENTRALBANK (1/1999), S. 43 ff.)

Zur kurzfristigen Beeinflussung der Konjunktur und/oder der Beschäftigung eignet sich Geldpolitik im Allgemeinen nicht. Die vorhersehbaren Einflüsse einer transparenten Geldpolitik werden weitgehend von den Wirtschaftssubjekten in ihren Dispositionen berücksichtigt und die unvorhergesehenen stören die Dispositionen der Wirtschaftssubjekte, sodass deren Planungen c. p. schlechter werden. Insgesamt liegt der Schluss nahe, „daß die Gewährleistung der Preisstabilität an sich zur Verwirklichung der Produktions- beziehungsweise Beschäftigungsziele beiträgt." (EURO-PÄISCHE ZENTRALBANK (1/1999), S. 44.)

Im nächsten Kapitel wird der Frage nachgegangen, welche realwirtschaftlichen Folgen Veränderungen von Produktionsbedingungen durch vorübergehende und dauernde Datenänderungen haben, sodann ist im darauf folgenden Kapitel zu prüfen, was Staatsausgaben, je nach ihrer Finanzierung, für Output und Beschäftigung in der Volkswirtschaft bedeuten.

---

fits of price stability, Chicago University Press, Veröffentlichung vorgesehen für 1999.

6. Datenänderungen und Kreislaufniveau

Nachdem die grundlegenden makroökonomischen Zusammenhänge dargelegt sind, gilt es, die Auswirkungen einiger typischer Datenänderungen zu
analysieren. Dabei soll einerseits zwischen einmaligen Ereignissen und
dauernden Änderungen unterschieden werden, weil die Reaktionen der
privaten Haushalte in beiden Fällen unterschiedlich sind. Des Weiteren ist
auf der Angebotsseite danach zu unterscheiden, ob und wie die Grenzproduktivitäten der Faktoren sich ändern, weil von solchen Änderungen Substitutionseffekte ausgehen.

6.1 Änderungen im Produktionsniveau ohne Grenzproduktivi-
tätsvariationen

Zunächst sei der Fall betrachtet, dass die Produktionsfunktion auf Grund
eines exogenen Einflusses sich nach oben oder nach unter verschiebt, ohne
dass die Grenzproduktivitäten der Faktoren beeinträchtigt werden. (Vgl.
BARRO (1992), S. 43 ff., 133 ff.) Beispiele für negative Effekte, so genannte *Angebotsschocks*, wären Ernteausfälle, Heuschreckenplagen, Vul-
kanausbrüche, Streiks, die Ölpreisschocks der 70er Jahre, Raub von produzierten Gütern durch Eroberer, Revolutionen usw. Positive Verschiebungen wären eine besonders gute Ernte, eine Zuwendung im Rahmen der
Entwicklungshilfe, die Einführung einer neuen Technologie etc.

Da annahmegemäß von diesen Erscheinungen in diesem Abschnitt keine
Substitutionseffekte ausgehen sollen, sind nur die Vermögenseffekte zu
betrachten.

6.1.1 Einmalige Verlagerung der Produktionsfunktion

Ein einmaliger Angebotsschock, interpretiert als negativer Einfluss, wird
von den Wirtschaftssubjekten als sehr begrenzte Vermögenseinbuße empfunden. Diese Einbuße wird über Spar-/Entsparvorgänge auf viele Perioden verteilt. Demnach liegt die Änderung des Konsums nahe bei Null
(marginale Konsumquote $\cong$ Null), der Schock wird über eine Veminde-
rung der Ersparnis aufgefangen und auf andere Perioden übertragen (mar-

ginale Sparquote $\cong$ Eins). Demnach sinkt auf dem Kapitalmarkt das Kapitalangebot, der Realzinssatz steigt, bis Angebot und Nachfrage auf dem Gütermarkt wieder ausgeglichen sind. Der Realzinssatz ist gestiegen und die Produktion ist gesunken.

Es ergäbe sich im Schaubild für den *einmaligen negativen Schock*:

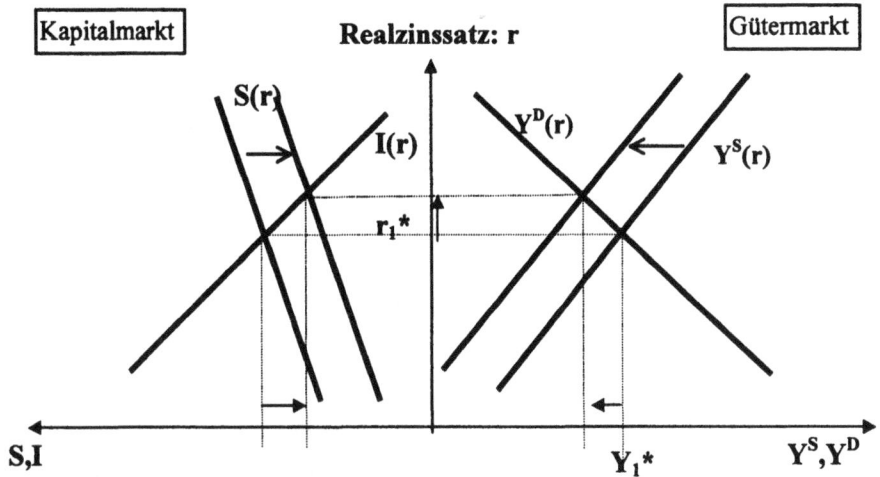

Umgekehrt wäre es im Falle eines *einmaligen positiven Einflusses*. Hier ergäbe sich im Schaubild:

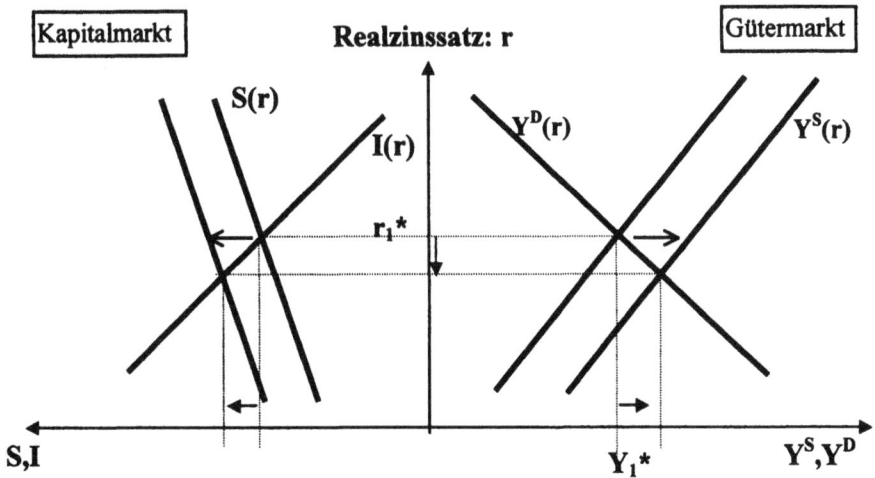

Ein positiver Schock hat demnach auch positive Wachstumswirkungen: „... ein günstiger technologischer Zufallseinfluss erweitert die gegenwärtigen Produktionsmöglichkeiten; diese führen zu einer hohen Kapitalakkumulation, die den Vorteil auf künftige Perioden ausdehnt." (LUCAS JR. (1989), S. 43.)

6.1.2 Dauernde Verlagerung der Produktionsfunktion

Eine dauernde Verlagerung der Produktionsfunktion hat einen spürbaren und dauerhaften Vermögenseffekt. Infolge dessen werden die Wirtschaftssubjekte auf eine solche Änderung durch Einschränkung ihres Konsums bei einer negativen Verschiebung oder durch Ausdehnung des Konsums bei einer positiven Verschiebung reagieren. Also liegt die Änderung des Konsums nahe bei der Änderung der Produktion (marginale Konsumquote $\cong$ Eins), die Sparentscheidung bleibt unberüht (marginale Sparquote $\cong$ Null). Demnach sinkt auf dem Gütermarkt die gesamtwirtschaftliche Nachfrage ebenso wie das gesamtwirtschaftliche Angebot bei einer negativen Verschiebung bzw. es steigt die gesamtwirtschaftliche Nachfrage wie das Angebot bei einer positiven Verschiebung. In beiden Fällen ändert sich auf dem Kapitalmarkt nichts, der Realzinssatz bleibt gleich. (Vgl. BARRO (1992), S. 142 ff.)

Weil dauerhafte positive Verschiebungen häufig durch technischen Fortschritt hervorgerufen werden, sei dieser *positive Fall im Schaubild* dargestellt:

Dauernde Erhöhung der Produktionsmöglichkeiten:

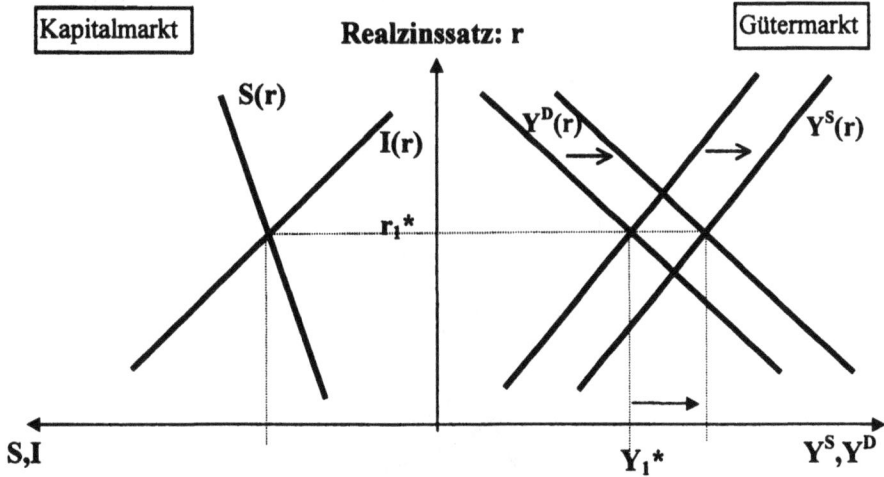

| Kapitalmarkt | **Realzinssatz: r** | Gütermarkt |

$S(r)$

$I(r)$

$Y^D(r)$

$Y^S(r)$

r_1^*

S,I

Y_1^*

Y^S, Y^D

6.2   Änderungen im Produktionsniveau mit Änderung der Grenzproduktivität des Faktors Arbeit

Betrachten wir jetzt den Fall, dass die Produktionsfunktion sich nach oben oder nach unten verschiebt und sich dabei die Grenzproduktivität des Faktors Arbeit ebenfalls nach oben oder unten verschiebt. (Vgl. BARRO (1992), S. 140 ff.)

6.2.1 Einmalige Veränderung der Produktionsfunktion

Bei einem einmaligen Angebotsschock ist wiederum der Vermögenseffekt vernachlässigbar, mit den bekannten Folgen für die Spar- und Konsumnachfragereaktion. Bei einem negativen Schock ist allerdings jetzt die Grenzproduktivität der Arbeit gesunken, bei einem positiven gestiegen. Aus dem Kapitel über das gesamtwirtschaftliche Angebot ist bekannt, dass die Substitutionseffekte eine ganz bestimmte Richtung haben, wobei in diesem Abschnitt zu beachten ist, dass *nur* Substitutionseffekte auftreten. (Zwar hat die Absenkung der Grenzproduktivität einen Vermögenseffekt, der aber annahmegemäß von den Wirtschaftssubjekten auf viele Perioden verlagert wird und deshalb in einer einzelnen Periode sehr gering ist.) Die Senkung des Lohnsatzes löst Substitutionseffekte in Richtung auf weniger Arbeit in der Betrachtungsperiode aus. Ohne Vermögenseffekt ist das Arbeitsangebot positiv vom Lohnsatz der Periode abhängig:

Arbeitsmarkt

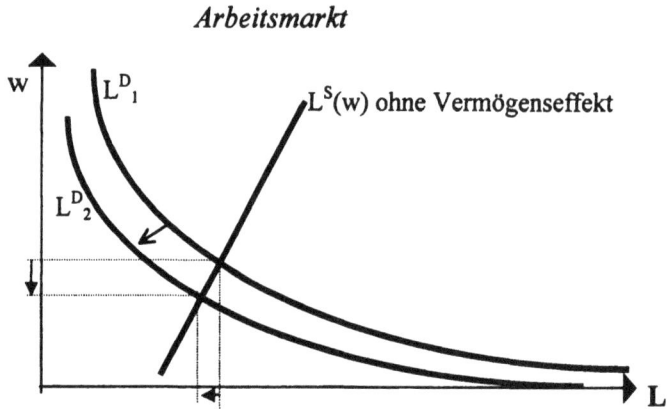

Zusätzlich zu den unter 6.1.1 geschilderten Wirkungen nimmt deshalb der Arbeitseinsatz durch die negative Anreizwirkung ab. Damit verschiebt sich bei gegebenem Realzinssatz die gesamtwirtschaftliche Angebotsfunktion nach links, der Konsum bleibt unverändert und die Ersparnis sinkt. Grafisch ergibt sich:

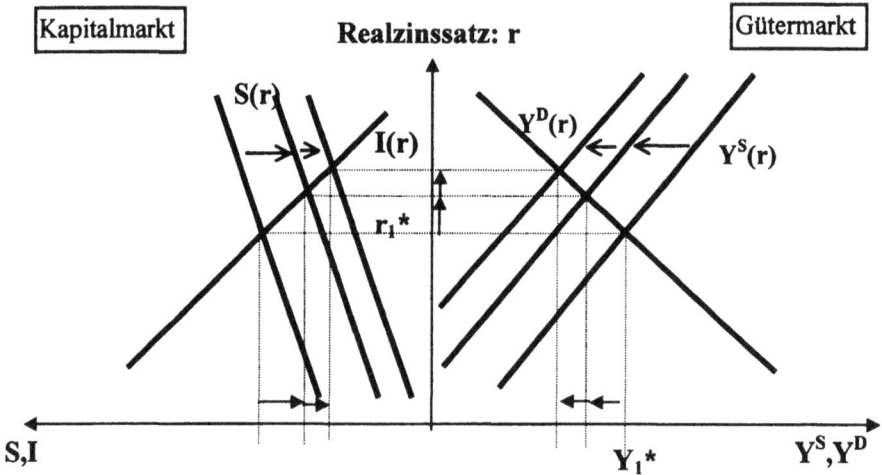

Der Zinssatz ist damit erneut gestiegen, sodass (entlang der Kurven) Konsum in die Zukunft verlagert wird. Dadurch gäbe es wieder einen geringen Impuls, in der Betrachtungsperiode mehr zu arbeiten, was in der Verschiebung der Kurven bereits berücksichtigt sei.

Durch die Anreizwirkungen, die von der Veränderung der Grenzproduktivität der Arbeit ausgehen, werden die Wirkungen negativer wie positiver Schocks im Vergleich zum Fall 6.1.1 verschärft.

6.2.2 Dauernde Veränderung der Produktionsfunktion

Im Vergleich zur einmaligen Änderung sind nun die Vermögenseffekte zu berücksichtigen. Folglich wird eine Verschiebung der Produktionsfunktion nach unten über ihre negativen Vermögenseffekte eine entsprechende Verminderung des Konsums, eine Verschiebung nach oben eine entsprechende Vermehrung des Konsums zur Folge haben.

Betrachten wir hier zur Abrundung eine dauerhafte positive Veränderung, die beispielsweise durch die Einführung einer neuen Technologie, die die Arbeit auch im Sinne ihrer Grenzproduktivität effektiver macht, hervorgerufen werden könnte.

Bei einer dauerhaften Verbesserung der Wirksamkeit des Arbeitseinsatzes tritt ein anhaltender Vermögenseffekt auf. Die Wirtschaftssubjekte werden darauf mit einer Zunahme des Periodenkonsums in gleicher Höhe reagieren, die Ersparnis bleibt unverändert (marginale Konsumquote $\cong$ Eins; marginale Sparquote $\cong$ Null). Jedoch ist jetzt die Grenzproduktivität der Arbeit gestiegen, weil die Änderung positiv war. Aus dieser Erhöhung der realen Entlohnung der Arbeit ergibt sich ein Substitutionseffekt, der aber, wie aus dem Kapitel über das gesamtwirtschaftliche Angebot wiederum bekannt ist, von dem Vermögenseffekt der Lohnsatzerhöhung konterkariert wird. Die Gesamtwirkung auf den Arbeitseinsatz ist demnach unbestimmt und wir gehen hier davon aus, dass der Arbeitseinsatz nicht auf langfristige Lohnsatzänderungen reagiert:

Arbeitsmarkt

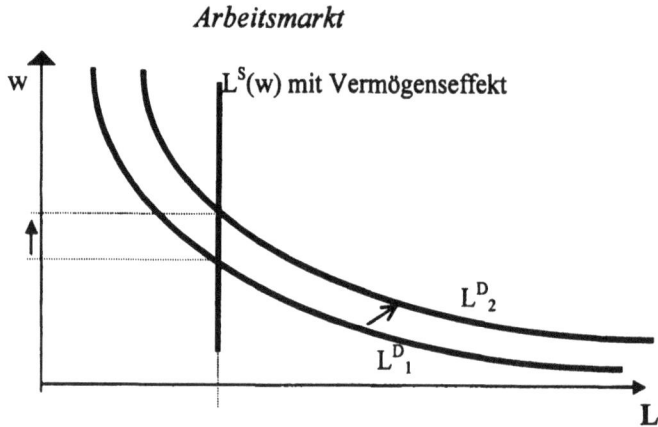

Auf Grund dessen bleibt der Realzinssatz unverändert und der Perioden-konsum nimmt um die zusätzliche Periodenproduktion zu.

Grafisch:

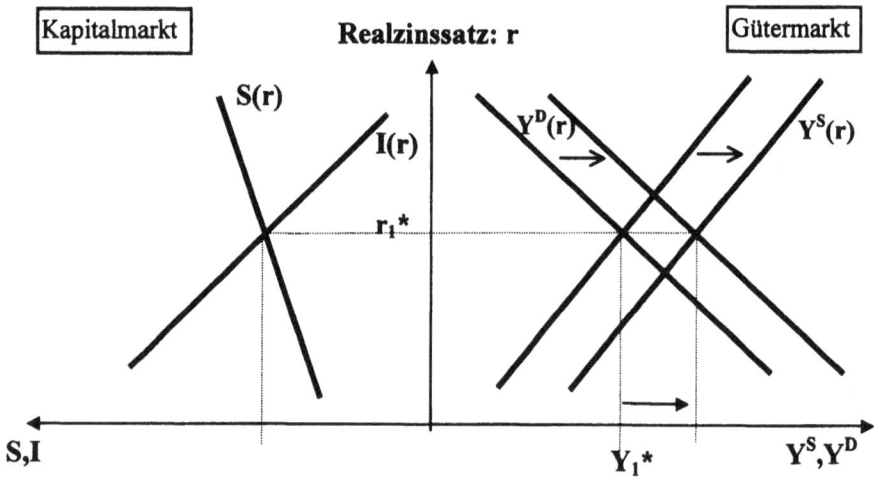

Im Ergebnis führt diese Art von technischem Fortschritt, die die Arbeit effektiver macht (man spricht auch von arbeitsvermehrendem technischen Fortschritt, wobei Arbeit in so genannten Effizienzeinheiten gemessen wird (Vgl. WALTER (1983), S. 115)), zu einem entsprechend höheren

Lohnsatz, während der Realzinssatz als Entlohnung für den Faktor Kapital konstant bleibt. Bei gleichem Kapitaleinsatz könnte die vorherige Produktionsmenge mit weniger Arbeit hergestellt werden. Dann bliebe die Einkommensverteilung zwischen den Faktoren unverändert. Man spricht in diesem, dem Beispiel entsprechenden, Fall von *Harrod-neutralem technischen Fortschritt*. (Vgl. dazu die produktions- und wachstumstheoretische Literatur, z. B. BEHRENS/PEREN (1998), S. 160 ff.)

6.3 Änderungen im Produktionsniveau mit Änderung der Grenzproduktivität des Faktors Kapital

Betrachten wir jetzt den Fall, dass die Produktionsfunktion sich nach oben oder nach unten verschiebt und sich dabei gleichzeitig die Grenzproduktivität des Faktors Kapital ebenfalls nach oben oder unten verschiebt. (Vgl. BARRO (1992), S. 258 ff., 263 ff.). Wegen der Analogie zum vorangegangenen Fall können wir uns hier kurz fassen.

6.3.1 Einmalige Veränderung der Produktionsfunktion

Eine einmalige Änderung gebietet es, den Vermögenseffekt zu vernachlässigen. Bei einem negativen Angebotsschock würde demnach der gesunkenen Produktion eine beim Ausgangsrealzinssatz konstante Nachfrage gegenüberstehen. Die Ersparnis, also das Kapitalangebot ist gesunken, der Zins muss steigen. Eine *einmalige Verminderung der Grenzproduktivität des Kapitals* würde jedoch ceteris paribus einen Rückgang des gewünschten Kapitalstocks mit sich führen, woraus eine abnehmende Kapitalnachfrage für Investitionszwecke folgt, was eine senkende Wirkung auf den Realzinssatz hat. Je nachdem, welche Funktion, die Sparfunktion oder die Investitionsfunktion stärker reagiert, kann der Zinssatz steigen oder fallen (Vgl. BARRO (1992), S. 265). Allerdings „... können geringfügige prozentuale Veränderungen des geplanten Kapitalstocks erstaunlich starke pro-

zentuale Veränderungen der Nettoinvestitionsnachfrage nach sich ziehen."
(BARRO (1992), S. 254.)

Grafisch ergibt sich, wenn sich die beiden Zinseffekte gerade aufheben,
was nicht der Fall sein muss:

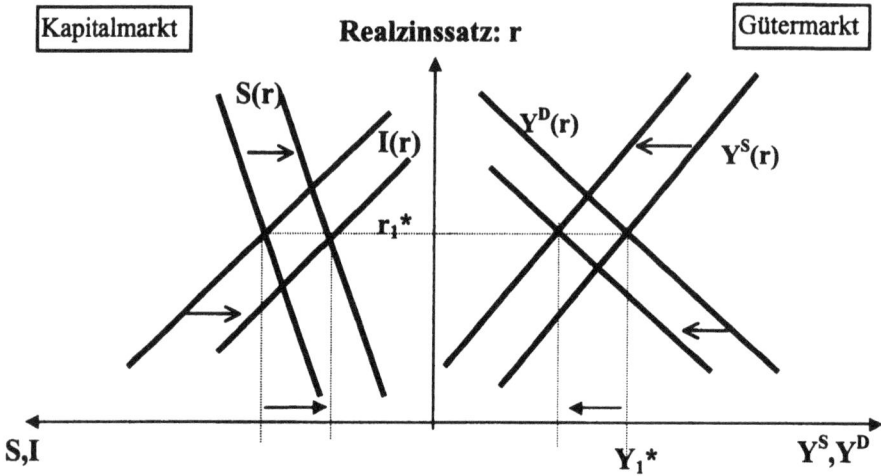

Würden die Investitionen schwächer reagieren, dann wäre der Realzinssatz höher als im Schaubild und die Abnahme des Realeinkommens geringer. Reagierten die Investitionen stärker, wäre es umgekehrt.

6.3.2 Dauernde Veränderung der Produktionsfunktion

Wieder sind im Vergleich zur einmaligen Änderung jetzt die Vermögens-
effekte zu berücksichtigen. Durch eine Verschiebung der
Produktionsfunktion nach unten wird über ihre negativen
Vermögenseffekte eine Verringerung des Konsums, durch eine
Verschiebung nach oben eine entsprechende Erhöhung des Konsums
bewirkt.

Betrachten wir wie unter 6.2.2 abermals eine *dauerhafte positive Veränderung*, die beispielsweise durch die Einführung einer neuen Technologie, die jetzt den Faktor Kapital im Sinne seiner Grenzproduktivität wirkungsvoller werden läßt, entstanden sein könnte. Der mit der dauerhaften Veränderung zum Besseren verbundene positive Vermögenseffekt veranlasst die Wirtschaftssubjekte, ihren Konsum entsprechend der Produktion auszuweiten und die Ersparnis unverändert zu lassen (marginale Konsumquote $\cong$ Eins; marginale Sparquote $\cong$ Null). Aber die Grenzproduktivität des Faktors Kapital ist gestiegen, somit auch der gewünschte Kapitalstock, also verschieben sich die Kapitalnachfrage und die Investitionsnachfrage nach außen. Der Realzinssatz steigt und bringt Angebot und Nachfrage auf Kapital- und Gütermarkt wieder ins Gleichgewicht, denn der steigende Zinssatz bewirkt höhere Ersparnis und mehr Arbeit, also höheres Angebot, in der Gegenwart.

Grafisch zeigt sich:

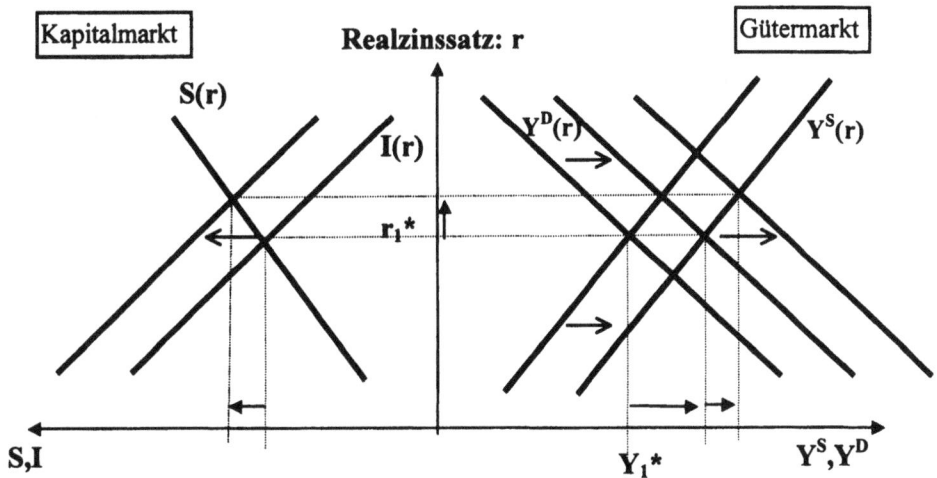

6.4   Tabellarische Zusammenfassung der Wirkungen

Fassen wir die (vereinfachten) Ergebnisse tabellarisch zusammen. In der Tabelle stehen die Auslöserfälle mit der Nr. 6.1 für Änderungen des Produktionsniveaus ohne Grenzproduktivitätsvariationen, die Fälle mit der Nr. 6.2 für Änderungen des Produktionsniveaus mit gleichgerichteten Änderungen der Grenzproduktivität des Produktionsfaktors Arbeit und die Fälle mit der Nr. 6.3 für Änderungen des Produktionsnivaus mit gleichgerichteten Änderungen der Grenzproduktivität des Produktionsfaktors Kapital. Der Unterfall 1 steht jeweils für eine einmalige, der Unterfall 2 für eine dauerhafte Änderung der angegebenen Art.

Ergebnisse der Datenänderungen im Vergleich					
Wirkung auf: Auslöserfall:	*Zins- satzr*	*Produktion Y*	*Beschäfti- gung L*	*Konsum C*	*Investi- tion I*
6.1.1 ↑(↓)	↓(↑)	↑(↓)	↓(↑)	↑(↓)	↑(↓)
6.1.2 ↑(↓)	const.	↑(↓)	↓(↑)	↑(↓)	const.
6.2.1 ↑(↓)	↓(↑)	↑(↓)	?	↑(↓)	↑(↓)
6.2.2 ↑(↓)	const.	↑(↓)	?	↑(↓)	const.
6.3.1 ↑(↓)	?	↑(↓)	?	?	↑(↓)
6.3.2 ↑(↓)	↑(↓)	↑(↓)	?	↑(↓)	↑(↓)

(Vgl. zu tabellarischen Zusammenstellungen von Wirkungen auch BARRO/RUSH (1992), S. 93.)

7. Staatsausgaben und Kreislaufniveau

Ausgangspunkt der Betrachtung in diesem Kapitel sei zunächst die Annahme, es gäbe keine staatlichen Ausgaben und Einnahmen in der Volkswirtschaft. Dies ist zwar eine recht unrealistische Annahme, sie ist gleichwohl sinnvoll, um zu analysieren, was geschieht, wenn der Staat beginnt, Ausgaben zu tätigen. In diesem Falle muss er über Einnahmen verfügen können. Diese kann der Staat sich einerseits zwangsweise verschaffen, indem er seinen Bürgern etwas fortnimmt. Dafür hat sich der Begriff der *Steuer* eingebürgert. Andererseits kann er jedoch auch von seinen Bürgern oder aus dem Ausland Kredit nehmen, man spricht von *Staatsverschuldung*. In diesem Fall bürdet er sich für eine Folgeperiode die Verpflichtung auf, den Kredit verzinst zurückzuzahlen. Je nach Art der Finanzierung seiner Ausgaben resultieren unterschiedliche Kreislaufwirkungen. (Die Darstellungen in diesem Kapitel folgen weitgehend BARRO (1992), BARRO/GRILLI (1996). Weitere Einzelheiten und empirische Belege finden sich dort.[1])

7.1 Pauschalsteuerfinanzierte Staatsausgaben

Zunächst sei angenommen, der Staat lege über seine parlamentarischen Entscheidungsprozesse für die Periode t ein bestimmtes Ausgabenniveau G_t fest. Diese Ausgaben finanziere der Staat durch eine Pauschalsteuer T_{Pt}, die er von seinen Bürgern unabhängig von ihren ökonomischen Aktivitäten erhebt. Es ergibt sich dann:

$$\overline{G}_t = T_{Pt}.$$

---

[1] Während dort allerdings regelmäßig die so genannte *Differentialinzidenz* (eine Finanzierungsform wird durch eine andere ersetzt) analysiert wird, betrachten wir hier im allgemeinen die sogenannte *Budgetinzidenz* (eine zusätzliche Ausgabe wird so oder so finanziert). Dies harmoniert einerseits besser mit der verbreiteten Betrachtung von Staatseinflüssen auf das Kreislaufniveau und andererseits mit unserer Ausgangsvorstellung fehlender staatlicher Ausgaben und Einnahmen.

Was werden die Wirtschaftssubjekte von diesem Vorgang halten? Zunächst einmal ist klar, dass die Steuerbelastung in Höhe von T_{Pt} von den Wirtschaftssubjekten als Verminderung des Vermögens empfunden werden wird. (Vgl. zum folgenden BARRO (1992), S. 338 ff., BARRO/GRILLI (1996), S. 507 ff.)

7.1.1 Einmalige pauschalsteuerfinanzierte Staatsausgabe

Handelt es sich um eine *einmalige Steuerzahlung*, so wird sich gemäß unseren Annahmen zum Konsumverhalten beim Ausgangsrealzinssatz keine (wesentliche) Änderung des Konsums ergeben, weil die Belastung über die Zeit verteilt wird (marginale Konsumquote ist $\cong$ Null). Allerdings würde die Ersparnis um diesen Betrag sinken (marginale Sparquote ist $\cong$ Eins). Zugleich würde Nachfrage aus den Staatsausgaben in Höhe der Steuerzahlung resultieren.

Dieser Vorgang hätte bei gegebenem Ausgangsrealzins r^*_1 zum Ergebnis, dass die gesamtwirtschaftliche Konsumnachfragefunktion unverändert bleibt, jedoch die Ersparnisse um etwa den gleichen Betrag zurückgehen, um den die Nachfrage des Staates steigt. Auf die Aufteilung der Arbeitszeit in Gegenwartsarbeit und Zukunftsarbeit hätte diese Finanzierung zunächst keinen Einfluss, weil der Reallohnsatz als Zugewinn durch eine zusätzliche Arbeitseinheit von einer Pauschalsteuer nicht berührt wird, sich mithin die optimale Freizeit-Arbeitszeit-Wahl nicht ändert. Die gesamtwirtschaftliche Angebotsfunktion würde deshalb ihre Lage beim Ausgangsrealzinssatz nicht ändern.

Bei gegebenem Realzins r^*_1 würde demnach auf dem Gütermarkt ein Nachfrageüberschuss entstehen, dem auf dem Kapitalmarkt ein gleich großer Überschuss der Kapitalnachfrage gegenüber stünde. Als Folge stiege der Realzinssatz an, bis das (entlang der Kurve steigende) Kapitalangebot der (entlang der Kurve sinkenden) Kapitalnachfrage entspricht. Diesem Vorgang entspricht ein zinsbedingter Rückgang der gesamtwirtschaftlichen Nachfrage (auf der Kurve). Das gesamtwirtschaftliche Angebot würde zinsbedingt steigen, weil es sich lohnt, Arbeit zugunsten künftiger

Freizeit in die Gegenwart zu verlagern. Der Arbeitseinsatz nimmt demnach zinsbedingt zu.

Es ergäbe sich im Schaubild:

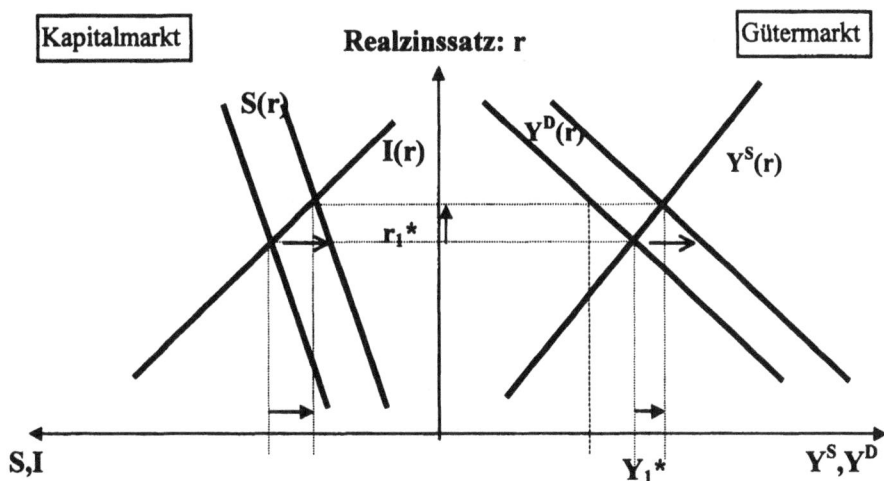

Als Ergebnis ist festzustellen, dass auf Grund der einmaligen pauschalsteuerfinanzierten Staatsausgabe der Zinssatz gestiegen ist, sodass einerseits Investitionsnachfrage zurückgegangen ist und andererseits zinsbedingt der Konsum eingeschränkt wurde, weil mehr gespart wurde. Die durch die staatliche Aktivität verursachte Zunahme der Ersparnis (= Abnahme des Konsums) und die hervorgerufene Abnahme der Investitionen entspricht exakt der zusätzlichen staatlichen Nachfrage. Gegenüber der vorherigen Situation ist aber die private Nachfrage weniger zurückgegangen als in Höhe der Staatsausgaben, weil und insoweit der steigende Zinssatz eine höhere Produktion bewirkt hat! Gleichwohl bleibt die Güterversorgung der Privaten hinter der vorherigen Güterversorgung zurück, private Güterversorgung wird durch die staatliche Nachfrage verdrängt (*crowding out*), und von diesem Nachfragerückgang sind sowohl Konsum als auch Investitionen betroffen. Die Höhe des crowding outs ist im rechten Quadranten des obigen Schaubildes als Differenz zwischen dem Ausgangsrealeinkommen Y^*_1 und der linken senkrechten gestrichelten Linie dargestellt. Das crowding out von Investitionen beeinträchtigt vor allem auch den künftigen Kapitalstock, sodass damit gerechnet werden kann, dass das künftige Wirtschaftswachstum, soweit es vom Aufbau eines Kapitalstocks abhängt, beeinträchtigt wird.

Die bisherige Betrachtung ist allerdings um *Vermögenseffekte* der Staatstätigkeit zu ergänzen, weil der Rückgang der Konsumgüterversorgung und der Investitionen als Vermögenseinbuße empfunden wird und sich die Frage stellt, ob diese Vermögenseinbuße aufgewogen wird durch die Vermögenseffekte, die von den Staatsausgaben ausgehen.

Den Staatsausgaben können zwei Wirkungen zugerechnet werden. (Vgl. BARRO (1992), S. 339 ff., BARRO/GRILLI (1996), S. 510 ff.) Zum einen *erwirbt der Staat Konsumsubstitute*, d. h. Güter, die er den Privaten als Konsumgüter kostenlos zur Verfügung stellt, wie z. B. Parks, Autobahnen etc. Dies wird die Privaten veranlassen, auf Grund dieser kostenlosen Substitute für andere Konsumgüter, ihren Konsum einzuschränken. Man kann auch sagen, die Privaten empfinden nicht die gesamte Steuerzahlung als Last, sondern nur den Teil, der ihnen nicht in Form von ihnen nutzenstiftenden Gütern vom Staat zurückgegeben wird.

Zum Zweiten *erwirbt der Staat Güter, die produktiv auf die private Wirtschaft wirken*, wie die Einrichtungen der Infrastruktur. Dies wird die Produktion bei gegebenem Arbeitseinsatz und gegebenem privatem Kapitaleinsatz erhöhen, sodass die gesamtwirtschaftliche Güterangebotskurve sich nach rechts verschiebt. Die hohe Bedeutung dieser Vorleistungen des Staates für private Wirtschaftstätigkeit wurde beispielsweise nach der deutschen Vereinigung in den neuen Bundesländern überaus deutlich.

Hinzu kommt Staatskonsum, der weder die Konsumausgaben reduziert, noch die Produktion als Vorleistung erhöht, wie beispielsweise die Beschaffung von Panzern. Nicht nutzen- oder produktivitätserhöhend würden vor allem auch Staatsausgaben wirken, die nicht durch Allokationsaufgaben oder Distributionsaufgaben zu begründen sind, also Staatsaufgaben aus Stabilisierungsgründen. Diese werden ja ausschließlich zu dem Zweck getätigt, das Kreislaufniveau zu beeinflussen, wobei bereits vorausgesetzt ist, dass der Staat die aus allokativer und distributiver Sicht sinnvollen Aufgaben schon erledigt hat. Deshalb ist die *Annahme nicht unrealistisch, dass der Rückgang der Konsumausgaben und der Zuwachs an Produktion zusammen kleiner als die Staatsausgaben sind.*

Diese Effekte bewirken zusätzlich zum obigen Schaubild eine Linksverschiebung der gesamtwirtschaftlichen Güternachfragefunktion und eine Rechtsverschiebung der gesamtwirtschaftlichen Güterangebotsfunktion, wobei beide Verschiebungen zusammen kleiner sind als die zusätzlichen Staatsausgaben. Da die Änderung als vorübergehend angesehen wird, geht der größte Teil der Wohlstandszunahme durch die zur Verfügung gestellten kostenlosen Konsumgüter in die Ersparnis, um den Vermögenszuwachs in die Zukunft zu verteilen. Die Ersparnis sinkt im Gegensatz zum ersten Schaubild im Ergebnis nur um den Teil der Steuerzahlungen, die nicht in Form nutzenstiftender Güter zu den Haushalten zurückkommen.

Im Bild:

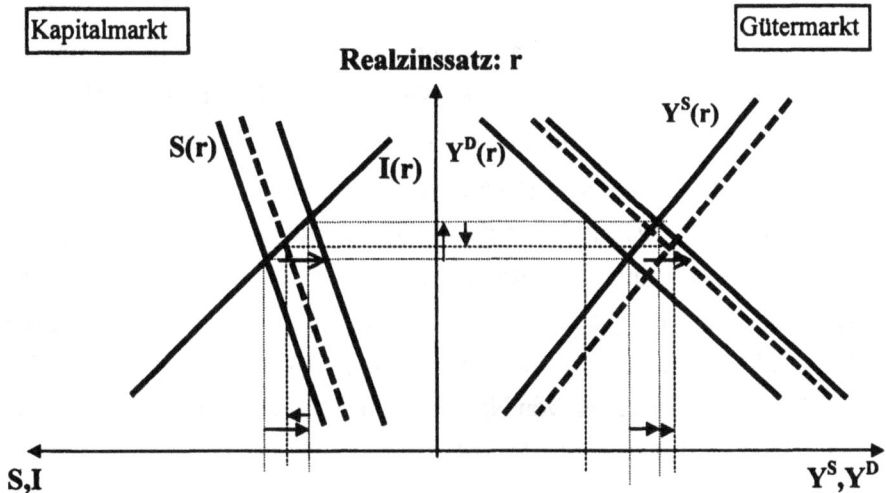

Im Ergebnis sind zwar sowohl die gesamtwirtschaftliche Nachfrage, als auch die Produktion gestiegen. Dieser Anstieg ist jedoch *kleiner* als die zusätzlichen Steuereinnahmen, die den Staatsausgaben entsprechen. Es bleibt beim crowding out, das jedoch im Vergleich zur obigen Betrachtung geringer ist. Das bedeutet, dass die einmaligen pauschalsteuerfinanzierten Staatsausgaben zwar einen positiven Effekt auf Einkommen und Beschäftigung haben, dieser Effekt jedoch von den Staatsausgaben überwogen wird, „d.h. das Verhältnis der Produktionsveränderung zur Veränderung der staatlichen Nachfrage ist positiv, aber kleiner als eins. Falls dieses Verhältnis größer als eins wäre, hätte eine Veränderung der staatlichen Güterkäufe einen multiplikativen Effekt auf die Produktion. In unserem Modell tritt ein solcher **Multiplikator** im Sinne einer überproportionalen Wirkung nicht auf, weil die Volkswirtschaft Schocks eher dämpft als verstärkt." (BARRO (1992), S. 343.)„Insoweit bringt das Markträumungsmodell gewissermaßen einen „*Dämpfer*" anstelle eines Multiplikators hervor." (BARRO (1992), S. 609.)

7.1.2 Dauerhafte pauschalsteuerfinanzierte Staatsausgaben

Betrachten wir jetzt den Fall dauerhafter pauschalsteuerfinanzierter Staatsausgaben. In diesem Fall ist die Vermögenseinbuße durch die Steuerzahlung mit einer entsprechenden Konsumreduktion in voller Höhe verbunden (marginale Konsumquote ≅ Eins), während die Ersparnis unverändert bleibt (marginale Sparquote ≅ Null). Der Grund ist, dass der repräsentative Haushalt sich auf eine dauerhafte Vermögensverminderung durch Verminderung seines Konsumniveaus anpasst. Der zusätzlichen Staatsnachfrage steht ein gleich großer Rückgang der Konsumnachfrage gegenüber, „d. h. eine permanente Veränderung der öffentlichen Güterkäufe stört nicht die Gleichheit von Nachfrage und Angebot." (BARRO (1992), S. 352, BARRO/GRILLI (1996), S. 524).

Wie bereits unter 7.1.1 erörtert, steht dem negativen Vermögenseffekt der Steuerpflicht der positive Vermögenseffekt aus der Substitution privater Güter durch die Bereitstellung von nutzenstiftenden Konsumgütern durch

den Staat gegenüber. Der Rückgang der gesamten privaten Konsumnachfrage ergibt sich einerseits daraus, dass Haushalte vom Staat Konsumgüter
zurückerstattet bekommen, die sie nicht mehr selbst nachfragen. Wegen
dieser besonderen Art der Steuerrückerstattung (nutzenstiftende Gegenleistung für Steuerzahlungen) verlieren die Haushalte in jeder Periode
nicht in Höhe der Steuerzahlung an den Staat Einkommen, sondern lediglich in Höhe der Steuerzahlung abzüglich der zur Verfügung gestellten
nutzenstiftenden Konsumgüter. Wegen der Annahme, dass die marginale
Konsumquote bei dauerhaften Änderungen des Einkommens ja ungefähr
gleich Eins ist, geht die private Konsumnachfrage andererseits noch um
diese verminderte (Netto-)Steuerzahlung zurück. Insgesamt sinkt die private Nachfrage nach Konsumgütern demnach um den Betrag der Staatsnachfrage. Nachfrage, Angebot und Realzinssatz bleiben somit gleich.
(Vgl. BARRO/GRILLI (1996), S. 527 f.)

Des Weiteren wird, wie ebenfalls bereits weiter oben erläutert, ein Teil der
staatlichen Güterkäufe produktive Wirkungen zeigen, sodass das gesamtwirtschaftliche Angebot ansteigt. Da dieser Anstieg dauerhaft ist, bedeutet
er einen gleich großen dauerhaften Anstieg des Einkommens. Weil in diesem Falle die marginale Konsumquote bei Eins liegt, führt dies zu einer
gleichgroßen Zunahme des Konsums, sodass wiederum Angebot und
Nachfrage einander gleich bleiben, jedoch auf höherem Niveau. Der Anstieg des gesamtwirtschaftlichen Angebots beruht dabei zum Teil auf einem vermehrten Arbeitsangebot, weil der negative Vermögenseffekt der
Pauschalsteuer bewirkt, dass auch Freizeit eingeschränkt wird, sofern Freizeit ein superiores Gut ist (Vgl. BARRO/GRILLI (1996), S. 528).

Der Realzinssatz bleibt unverändert. Und da die Produktivitätswirkung nur
von einem Teil der Staatsausgaben ausgeht, sodass angenommen werden
kann, dass der Zuwachs an Produktion kleiner ist als die zusätzlichen
Staatsausgaben, ergibt sich auch im Falle einer dauerhaft pauschalsteuer-
finanzierten Staatsausgabe kein Multiplikatoreffekt im Sinne einer überproportionalen Outputreaktion auf die Staatsnachfrage, sondern eine un-
terproportionale Outputreaktion. (Vgl. zu den Zusammenhängen BARRO

(1992), S. 353, 355, BARRO/GRILLI (1996), S. 524 - 528). Die ausbleibende Realzinserhöhung allerdings bewirkt, dass die Verdrängung privater
Nachfrage (crowding out) in Höhe eines Teils der Staatsnachfrage ausschließlich zu Lasten des Konsums geht, nicht aber zu Lasten der Investitionen. Eine dauerhafte pauschalfinanzierte Staatsausgabe verdrängt demnach nur privaten Konsum und beeinträchtigt nicht den Aufbau eines Kapitalstocks.

Die Gesamtwirkung der dauerhaften pauschalfinanzierten Staatsausgaben
ist dem folgenden Schaubild zu entnehmen, in dem sich zunächst die gesamtwirtschaftliche Nachfragefunktion durch die Steuerzahlung (= verminderte private Nachfrage) nach links und in gleicher Höhe durch die
Staatsnachfrage nach rechts verschiebt (durchgezogene Kurven). Zusätzlich nimmt die Produktion und, wegen der Dauerhaftigkeit, in gleicher
Höhe die private Nachfrage zu (gestrichelte Kurven):

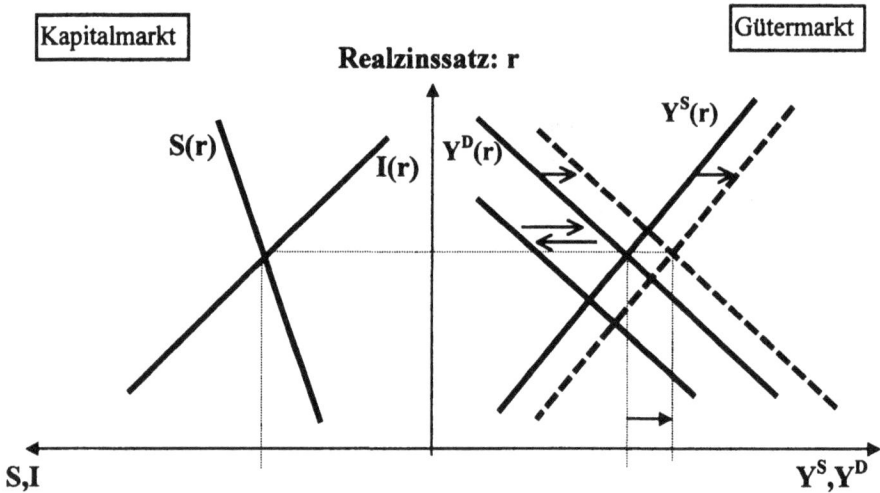

Im Ergebnis sind gesamtwirtschaftliches Angebot und gesamtwirtschaftliche Nachfrage gestiegen, jedoch normalerweise in geringerem Maße als
die Staatsausgabe. Der Zinssatz ist unverändert. Somit geht mit den zusätzlichen dauerhaften pauschalsteuerfinanzierten Staatsausgaben eine
Verdrängung privater Nachfrage einher, wobei diesmal ausschließlich der

Konsum, nicht aber die Investitionen betroffen sind. (Vgl. BARRO (1992), S. 353.) Die Beschäftigung steigt, da der negative Vermögenseffekt in weniger Einkommen und weniger Freizeit, also höherer Arbeitszeit, umgesetzt wird.

7.2   Einkommensteuerfinanzierte Staatsausgaben

Von der Annahme einer Finanzierung der Staatsausgaben durch pauschale Steuern soll jetzt abgegangen werden. Stattdessen werde angenommen, der Staat beabsichtige zusätzliche Staatsausgaben, die er durch eine proportionale Einkommensteuer mit dem Einkommensteuersatz τ finanziert. (Zur Integration der Einkommensteuer vgl. BARRO (1992), S. 374 ff., BARRO/GRILLI (1996), S. 548 ff.) Es gilt:

$$\overline{G}_t = \tau \cdot Y_t \quad \text{mit} \quad 0 < \tau < 1.$$

Der wesentliche Unterschied einer Einkommensteuer gegenüber einer Pauschalsteuer ist, dass die Einkommensteuer einseitig die Aktivität des Einkommenserwerbs belastet, während sie die ebenfalls nutzenstiftende Freizeit unberührt lässt. Dies führt zu Substitutionseffekten. Betrachten wir aber zunächst die *Vermögenseffekte*.

Der Annahme entsprechend legt der Staat ein bestimmtes Ausgabenvolumen $\overline{G}$ fest und wählt sodann einen Einkommensteuersatz τ, der zu Steuereinnahmen gerade in Höhe der Staatsausgaben führt. Wird, wie bisher, angenommen, dass ein Teil von G dazu verwendet wird, die Haushalte mit nutzenstiftenden Konsumgütern zu versorgen und ein weiterer Teil produktiv eingesetzt wird, so gelangte unsere Analyse der Vermögenseffekte zu dem gleichen Ergebnis wie bei einer Pauschalsteuer, bei der es annahmegemäß nur Vermögenseffekte gibt.

Zusätzlich treten jetzt aber *Substitutionseffekte* auf. Zunächst einmal ist der Lohnsatz davon betroffen. Erzielte ein Haushalt vor der Steuererhebung ein Einkommen pro Zeiteinheit in Höhe des Reallohnsatzes w, so sinkt dieser Reallohnsatz nun um den Steuersatz τ, sodass als Einkommen pro Zeiteinheit der **Reallohnsatz nach Steuern** $(1 - \tau) \cdot w$ verbleibt. Einfluss auf die Dispositionen des repräsentativen Wirtschaftssubjekts hat jedoch der Lohnsatz, den das Wirtschaftssubjekt netto erhält. Ein veränderter Lohnsatz beeinflusst die optimale Aufteilung der Zeit auf Arbeits- und Freizeit und die optimale Aufteilung von Gegenwartsfreizeit und Zukunftskonsum, sowie von Gegenwartskonsum und Zukunftsfreizeit, wie bereits im Abschnitt über das gesamtwirtschaftliche Güterangebot dargelegt wurde.

Des Weiteren ist der Realzinssatz von der Einkommensteuererhebung betroffen, denn das Zinseinkommen wird ebenfalls durch die Steuerzahlung reduziert. Der **reale Zinssatz nach Steuern** beträgt $(1 - \tau) \cdot r$.

Wieder soll danach unterschieden werden, ob es sich um eine einmalige Staatsausgabe handelt, etwa um einen momentanen Finanzierungsbedarf zu decken, oder um eine dauerhafte einkommensteuerfinanzierte Staatsausgabe.

7.2.1 Einmalige einkommensteuerfinanzierte Staatsausgabe

Handelt es sich um eine *einmalige einkommensteuerfinanzierte Staatsausgabe,* etwa zum Zwecke eines einmaligen Finanzierungsbedarfs wie beispielsweise zur Deckung zusätzlicher Staatsausgaben zur Katastrophenbekämpfung, so wird in der betroffenen Periode zunächst einmal die Nachfrage um die Staatsausgaben zunehmen.

Was geschieht aber durch die Steuerbelastung? Zunächst kann auf einige Erkenntnisse aus dem Abschnitt zur Pauschalsteuer zurückgegriffen werden. Die vorübergehende Steuerlast wird auf viele Perioden verteilt, d. h., dass gemäß unseren Annahmen zum Konsumverhalten keine (wesentliche) Änderung des Konsums in der Betrachtungsperiode zu erwarten ist (marginale Konsumquote $\cong$ Null). Die Ersparnis würde um den Betrag der Steuerzahlung sinken (marginale Sparquote $\cong$ Eins). In sofern unterschiede sich das Bild nicht von dem zur Pauschalsteuer. Im Schaubild auf der kommenden Seite ist dieses Ergebnis mit durchgezogenen Kurvenverläufen gekennzeichnet. Dieses Ergebnis berücksichtigt aber nicht die Substitutionseffekte.

Betrachten wir den *Zwei-Perioden-Fall*: Wird die Einkommensteuer lediglich in der Periode 1 erhoben, hat dies eine Senkung des Lohnsatzes nach Steuern in Periode 1 zur Folge, lässt aber den Lohnsatz der Periode 2 unberührt. Hinsichtlich des Zinseinkommens tritt zwar der schon behandelte Vermögenseffekt auf, weil das Zinseinkommen aus früheren Perioden in der Betrachtungsperiode reduziert wird. Weil aber in der nächsten Periode annahmegemäß eine Einkommensteuer nicht erhoben wird, wird das aus der gegenwärtigen Ersparnis in der kommenden Periode zu erwartende Zinseinkommen nicht geschmälert. Deshalb ist hier nur der Substitutionseffekt durch die Beeinflussung des gegenwärtigen Lohnsatzes nach Steuern zu betrachten.

Wie bereits im Abschnitt über das gesamtwirtschaftliche Angebot gezeigt wurde, sind vom gegenwärtigen Lohnsatz zum einen die optimale Arbeitszeit-Freizeit-Wahl in der Periode 1 und zum anderen das optimale Verhältnis von Gegenwartsfreizeit (mit den Opportunitätsgrenzkosten w_1) zu Zukunftskonsum abhängig.

Im Hinblick auf die Arbeitszeit-Freizeit-Wahl in der Periode 1 wurde festgestellt, dass die Gesamtwirkung einer Lohnsatzänderung von der Stärke des Substitutionseffektes einerseits und der Stärke des Vermögenseffektes andererseits abhängt. Auf Grund der Einmaligkeit des Ereignisses wird der Vermögenseffekt von den Wirtschaftssubjekten als vernachlässigbar angesehen. Dies bedeutet, dass der Haushalt versuchen wird, seine Gegenwartsfreizeit auszudehnen, d. h. die Gegenwartsarbeitszeit einzuschränken, um den negativen Einkommensschock über eingeschränkte Ersparnisse auf die Zukunft zu verlagern, in der es durch die Datenänderung lohnender ist, zu arbeiten. Dieser Vorgang senkt das gegenwärtige Güterangebot ab.

Ebenso ist bezüglich des optimalen Verhältnisses von Gegenwartsfreizeit (mit den Opportunitätsgrenzkosten w_1) und Zukunftskonsum festzustellen, dass die einmalige Staatsnachfrage, d. h. der Vermögenseffekt, die Aufteilung in Gegenwarts- und Zukunftskonsum kaum beeinflusst. Demnach muss bei sinkendem Lohnsatz nach Steuern in der Periode 1 (d. h. sinkenden Opportunitätsgrenzkosten der Gegenwartsfreizeit) die Gegenwartsfreizeit ausgedehnt werden. Auch dieser Vorgang führt zu einer Einschränkung des gegenwärtigen Arbeitseinsatzes und einer Verminderung des Güterangebots.

Im Unterschied zu dem Ergebnis bei einer Pauschalsteuer führt die einmalige Erhebung einer Einkommensteuer zu einer Reduktion des Arbeitseinsatzes und damit zu einer Reduktion des gesamtwirtschaftlichen Angebots in der Gegenwart. Dies ist durch die gestrichelte Linie gekennzeichnet. Die Folge ist, dass der Reealzinssatz abermals steigt, sodass der *Verdrängungseffekt (crowding out) privater Nachfrage der einkommensteuerfinanzierten Staatsausgabe größer ist als der einer pauschalsteuerfinanzierten Staatsausgabe.* Durch den durch die Anpassungsvorgänge steigenden Realzinssatz werden der Gegenwartskonsum leicht zurückgehen, die Ersparnis steigen und die Investitionen gesenkt.

Im Schaubild:

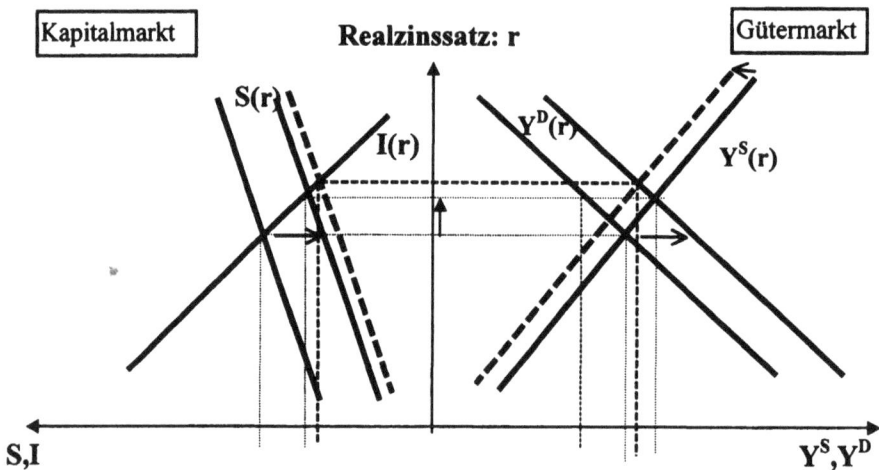

Der beschriebene Vorgang bei einer einmaligen einkommensteuerfinanzierten Staatsnachfrage wirkt dem schon bei einer Pauschalsteuer geringen, aber positiven Effekt der zusätzlichen Staatsnachfrage auf das Outputniveau entgegen. Je nachdem, wie stark diese Reaktion ist, kann der expansive Effekt sogar ganz verschwinden oder überkompensiert werden. War zuvor, bei der Pauschalsteuer, schon der so genannte „Multiplikator" eher ein „Dämpfer", so gilt dies erst recht im Falle einer Einkommensteuer. Hier kann die Gesamtwirkung einer Staatsnachfrage sogar ohne weiteres negativ sein, etwa, wenn die Abgabenbelastung der Bürger schon sehr hoch ist, sodass die Bürger auf weitere (Grenz-)Belastungen stark mit Leistungsrückgängen reagieren.

Die übrigen Effekte aus der Bereitstellung von Konsumsubstituten durch den Staat und aus der produktiven Wirkung der Staatsausgaben, die im Abschnitt über die pauschalsteuerfinanzierte Staatsausgabe zu finden sind, brauchen hier nicht wiederholt zu werden. Sie sind von der Ausgabenseite abhängig, die sich hier nicht vom anderen Fall unterscheidet.

Im Ergebnis ist festzuhalten, dass die Wahl einer Einkommensteuer anstelle einer Pauschalsteuer bei der Finanzierung einer einmaligen Staatsausgabe zu zusätzlichen negativen Effekten auf Produktion und Beschäftigung führt. Diese negativen Effekte resultieren aus den vom Einkommensteuersatz (als marginaler Belastung der Produktionsaktivität) ausgehenden negativen Anreize, produktiv tätig zu werden.

7.2.2 Dauerhafte einkommensteuerfinanzierte Staatsausgaben

Bei *dauerhaften einkommensteuerfinanzierten Staatsausgaben,* wie im Allgemeinen bei der Finanzierung des laufenden Staatshaushalts, wird die Einkommenseinbuße, d. h. der Vermögenseffekt, als dauerhaft empfunden. Entsprechend unseren Annahmen zum Konsumverhalten wird dementsprechend die private Nachfrage je Periode um genau den Betrag der Staatsausgabe je Periode zurückgehen (marginale Konsumquote ist $\cong$ Eins und marginale Sparquote ist $\cong$ Null), sodass bei gleich bleibendem Realzinssatz Angebot und Nachfrage gleich bleiben. Auch hier wollen wir die weiteren Wirkungen durch die Zurverfügungstellung von Konsumgütern durch den Staat und die produktive Wirkung staatlicher Ausgaben nicht weiter ausdiskutieren, weil sich diesbezüglich nichts zum Fall bei Pauschalsteuern ändert, sodass auf die entsprechenden obigen Ausführungen verwiesen werden kann. Insgesamt ist lediglich wichtig festzuhalten, dass der Vermögenseffekt nunmehr spürbar ist und entsprechende Reaktionen bewirkt. Insbesondere hat dies eine Auswirkung auf die Entscheidung über den Arbeitseinsatz in einer Periode. Wenn Freizeit als superiores Gut angesehen wird, was wir regelmäßig tun, wirkt der negative Vermögenseffekt freizeitreduzierend, also arbeitszeiterhöhend. Dieser Effekt ist gegen den Substitutionseffekt durch die marginale Besteuerung des Lohneinkommens aufzurechnen.

Wird die Einkommensteuer dauerhaft erhoben, hat dies eine Senkung des Lohnsatzes nach Steuern in der jetzigen und jeder Folgeperiode zur Folge. Zudem ist jetzt durchweg der reale Zinssatz nach Steuern entscheidungsrelevant.

Wie im Abschnitt über das gesamtwirtschaftliche Angebot gezeigt wurde, sind vom Lohnsatz zum einen die optimale Arbeitszeit-Freizeit-Wahl und zum anderen das optimale Verhältnis von Gegenwartsfreizeit (mit den Opportunitätsgrenzkosten w_1) und Zukunftskonsum sowie das optimale Verhältnis von Zukunftsfreizeit (mit den Opportunitätsgrenzkosten w_2) und Gegenwartskonsum abhängig. Vom Realzinssatz sind alle intertemporalen Entscheidungen abhängig.

Im Hinblick auf die *Arbeitszeit-Freizeit-Wahl in einer Periode* führt eine Besteuerung der Arbeit in jeder Periode zu einem geringeren Reallohnsatz. Da nunmehr der Vermögenseffekt nicht zu vernachlässigen ist, hängt die Gesamtreaktion auf die Besteuerung des Lohneinkommens von der Stärke des Substitutionseffektes einerseits und der Stärke des Vermögenseffektes andererseits ab. Somit ist, wie im Abschnitt über das gesamtwirtschaftliche Angebot ausgeführt, die Gesamtreaktion vom Entwicklungsstand der Volkswirtschaft abhängig. Wir vernachlässigen deshalb wie bisher die Wirkung einer Lohnsatzänderung auf das gesamtwirtschaftliche Angebot und nehmen Unabhängigkeit an. Das bedeutet, dass *wir durchweg annehmen, dass das Arbeitsangebot in jeder Periode nicht auf die Einkommensteuer reagiert, wenn diese dauerhaft erhoben wird.* Diese Annahme trifft in der Realität durchaus nicht zu, weil bei der Abschätzung des Gesamteffektes die Höhe der Steuer*belastung* zu berücksichtigen wäre. Solche Reaktionen gesondert zu berücksichtigen, wenn die Fragestellung das erfordert, dürfte jedoch nicht auf Schwierigkeiten stoßen. Hier sei nur sehr kurz auf diese Anreizproblematik eingegangen.

Eine Steuersatzerhöhung zum Zwecke der Finanzierung einer weiteren Staatsausgabe kann nämlich sogar dazu führen, dass über eine starke negative Outputreaktion das Steueraufkommen sinkt. Dann ist eine allein über Einkommensteuern finanzierte weitere Staatsausgabe gar nicht möglich. Der schon seit dem Altertum bekannte Zusammenhang ist bereits von JONATHAN SWIFT (1667 - 1745) im Jahr 1728 formuliert worden und in der heutigen Finanzwissenschaft als *Swiftsches* Steuereinmaleins bekannt. (Vgl. BLANKART (1998), S. 241, Fn. 41.) Die These hat in der amerikanischen Steuerdiskussion unter dem Präsidenten *Ronald Reagan* (40. Präsident der U.S.A. von 1981-1989) Aufmerksamkeit gefunden und ihre grafische Darstellung ist nach dem amerikanischen Ökonomen ARTHUR B. LAFFER, der die These vertreten hat, als **Laffer-Kurve** bekannt geworden. (Vgl. BLANKART (1998), S. 241, BARRO/GRILLI (1996), S. 560 f., BURDA/ WYPLOSZ (1994), S. 566 f., BRENNAN/BUCHANAN (1993), S. 113 ff., kritisch: MANKIW (1999), S. 187 ff.)

Exkurs: Die **Laffer-Kurve** (*Swiftsches Steuereinmaleins*):

Der Zusammenhang geht von dem wohl kaum einem Zweifel unterliegenden Phänomen aus, dass die Steuereinnahmen bei einem Steuersatz von 0 % und bei einem Steuersatz von 100 % jeweils Null betragen werden. Dazwischen gibt es eine zunächst mit steigendem Steuersatz positive Entwicklung der Steuereinnahmen. Bei einem bestimmten Steuersatz erreichen die Steuereinnahmen dann einen Höhepunkt (der nicht an der im folgenden Schaubild dargestellten Stelle liegen muss). Mit weiteren Steuersatzerhöhungen nehmen die Steuereinnahmen wieder ab, weil die vom Steuersatz ausgehenden negativen Anreizwirkungen die Wirtschaftssubjekte zu einer Einschränkung ihrer Aktivitäten veranlassen. (Vgl. BARRO (1992), S. 388 f., BARRO/GRILLI (1996), S. 560 f., HANUSCH/KUHN (1994), S. 236 f., BANKART (1998), S. 240 ff.):

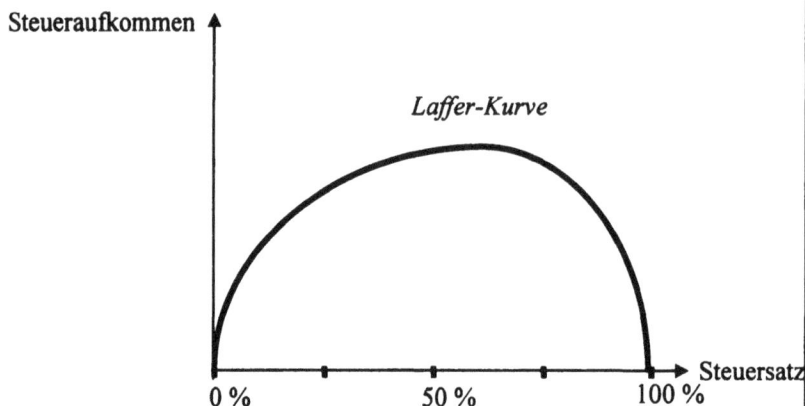

Quelle: HANUSCH/KUHN (1994), S. 237, BARRO (1992), S. 389,
BARRO/GRILLI (1996), S. 560

Formal beträgt das Steueraufkommen einer Einkommensteuer T_Y:

$$T_Y = \tau \cdot Y(\underline{\tau}) \,.$$

In dieser Bestimmungsformel ist das Einkommen Y als vom Steuersatz τ negativ abhängig gekennzeichnet, was aus den obigen mikroökonomisch begründeten Erwägungen zu den optimierenden zeitlichen Dispositionen folgt. Aus der Formel für die Einkommensteuer ergibt sich als Änderung des Steueraufkommens T_Y bei Variation des Einkommensteuersatzes τ:

$$\frac{\partial T_Y}{\partial \tau} = Y + \tau \cdot \frac{dY}{d\tau} = \left(1 + \frac{dY}{d\tau} \cdot \frac{\tau}{Y}\right) \cdot Y = \left(1 + \eta_{Y\tau}\right) \cdot Y \,.$$

Die Änderung des Steueraufkommens hängt demnach von der Steuersatzelastizität des Einkommens $\eta_{Y\tau}$ ab, d. h. von der relativen Reaktion des Einkommens auf Steuersatzänderungen. Ist diese Reaktion negativ, also

$\eta_{Y\tau}<0$, wovon in der Regel ausgegangen werden kann, so nimmt das Steueraufkommen zu, solange $0<|\eta_{Y\tau}|<1$, es bleibt gleich, wenn $|\eta_{Y\tau}|=1$ und es sinkt, sobald $|\eta_{Y\tau}|>1$ ist. Ein sinkendes Steueraufkommen ist demnach zu erwarten, wenn die Steuerbelastung so groß ist, dass die Wirtschaftssubjekte mit einer überproportionalen Einschränkung ihrer (offiziellen, d. h. steuerpflichtigen) Produktionsaktivitäten auf Steuersatzerhöhungen reagieren.

Dabei kann die Reaktionszeit, wie bei vielen Maßnahmen, die die Anreize zu wirtschaftlicher Aktivität verändern, durchaus erheblich sein, sodass kurzfristig sinkende Steuersätze zunächst zu Steuerausfällen führen können, die erst die mit der Zeit eintretenden positiven Beschäftigungseffekte in zunehmende Steuereinnahmen umkehren werden. (Vgl. BRENNAN/ BUCHANAN (1993); S. 116 - 118.) Beispielsweise haben die Steuersatzsenkungen unter dem Präsidenten *Reagan* zu Steuerausfällen geführt, während die langfristigen Wirkungen der Angebotspolitik etwa zehn Jahre später unter dem Präsidenten *William J. Clinton* (42. Präsident der U.S.A.) zu hoher Beschäftigung und einem etwa ausgeglichenen Staatshaushalt beigetragen haben. Viele Kritiker der Laffer-Kurve haben vielleicht bei der Beurteilung des Zusammenhangs (gewohnheitsmäßig?) zu kurzfristig gedacht?!

Zu betonen ist zudem, dass das tatsächliche Einkommen der Wirtschaftssubjekte nicht mit dem rückläufigen offiziellen Einkommen auf Grund der Steuersatzerhöhungen sinken muss, weil die Wirtschaftssubjekte unter solchen Bedingungen häufig Aktivitäten zum Zwecke der Steuervermeidung in die so genannte *Schattenwirtschaft*, d. h. in die *Untergrundwirtschaft*, die *illegale Wirtschaft* und die *Selbstversorgungswirtschaft* (Vgl. zu den Begriffen z. B. BEHRENS/KIRSPEL (1999), S. 265 f.) verlagern. (Vgl. HANUSCH/KUHN (1994), S. 237, BARRO (1992), S. 380, BLANKART (1998), S. 241). Auch diese Verlagerung von Aktivitäten kann wie die Rückverlagerung Zeit brauchen. Insbesondere sind illegale Aktivitäten häufig mit hohen Transaktionskosten, die zu einem großen Teil Kosten der Absicherung gegen Entdeckung sind, verbunden. Die entsprechenden

> Verbindungen zwischen Wirtschaftssubjekten bedürfen eines kostenträchtigen Aufbaus und sie können nur verhältnismäßig schwer verlassen werden. (Vgl. z. B. CASSEL (1986). Zur ökonomischen Bedeutung von Transaktionskosten und Bindungen allgemein vgl. bspw. RICHTER/FURUBOTN (1996)).

Allerdings wird auch die *Frage der optimalen Aufteilung der Arbeitszeit auf verschiedene Perioden* berührt! Die Reduktion des Gegenwartslohnsatzes durch die Steuer hat für sich betrachtet zur Folge, dass es vorteilhaft ist, die gegenwärtige Freizeit auszudehnen, also jetzt weniger zu arbeiten, und zugleich die Zukunftsfreizeit einzuschränken, also dann mehr zu arbeiten. Die Reduktion des Zukunftslohnsatzes macht es allein betrachtet vorteilhaft, in der Zukunft weniger zu arbeiten und den Konsum in der Gegenwart durch Mehrarbeit zu erhöhen. Beide Effekte wirken gegeneinander, sodass bei dauerhafter Lohnsatzreduktion durch Besteuerung davon ausgegangen werden kann, dass davon, sofern die Besteuerung sich nicht ändert, keine intertemporalen Substitutionseffekte zwischen Freizeit und Konsum ausgehen.

Intertemporale Substitutionseffekte sind jedoch *Folgen der dauerhaften Senkung des realen Zinssatzes nach Steuern.* Diese bewirkt im Vergleich zur Situation vor der Senkung, d. h. bei gegebenem Realzinssatz,

– eine Reduktion der Ersparnis, weil eine Einschränkung des Zukunftskonsums zugunsten des Gegenwartskonsums erfolgt,

– weniger Zukunftsfreizeit, d. h. mehr Zukunftsarbeit, und mehr Gegenwartsfreizeit, d. h. weniger Gegenwartsarbeit, was die Produktion in der Gegenwart und zugleich die Ersparnis in der Gegenwart reduziert,

Insgesamt verschieben sich die Nachfragekurve und die Angebotskurve nach links.

Im Schaubild:

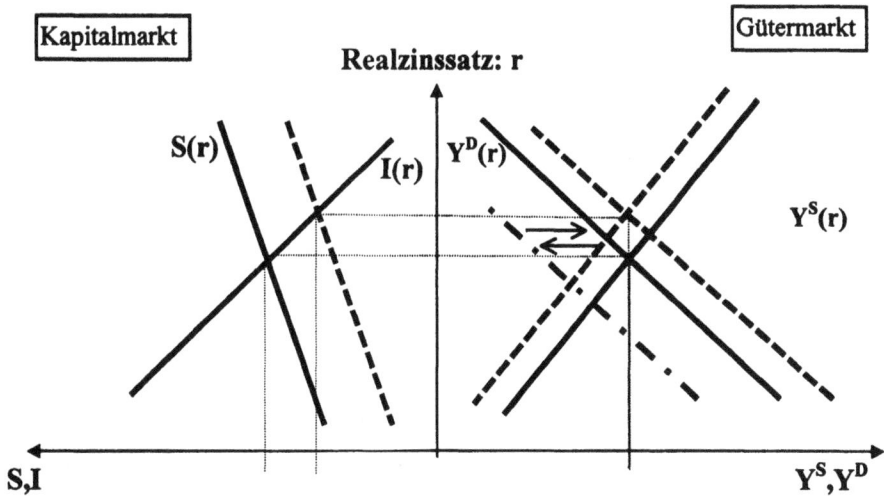

Im Ergebnis hat die Staatsaktivität alle Wirtschaftsaktivitäten gedämpft (Vgl. BARRO/GRILLI (1996), S. 554/556). Der Realzinssatz ist gestiegen, weil Kapital knapper geworden ist. Der Anstieg des Realzinssatzes hebt jedoch nicht die Reduktion des realen Zinssatzes nach Steuern auf, weil sich sonst die Substitutionseffekte nicht einstellen würden.

7.3 Kreditfinanzierte Staatsausgaben

Als dritte Möglichkeit, Staatsausgaben zu finanzieren, wird die Aufnahme von Kredit betrachtet. „Die Kreditfinanzierung unterscheidet sich von der Steuerfinanzierung dadurch, dass sie Zinsverpflichtungen und Tilgungs- bzw. Refinanzierungsaufgaben nach sich zieht und insofern künftige Budgets berührt. Finanzierung durch Kredit statt durch Steuern läuft somit auf einen Austausch gegenwärtiger Steuerverpflichtungen gegen zusätzliche

Ausgaben- und damit auch Finanzierungsverpflichtungen in der Zukunft hinaus." (GANDENBERGER (1980), S. 482.)

Diese Belastung der Zukunft durch die Entscheidung, heutige Ausgaben durch Kreditaufnahme zu finanzieren, bedarf einer Begründung. (Vgl zu den folgenden Rechtfertigungen EHRLICHER (1975), S. 348 - 351.)

So kann beispielsweise eine Investition in einem öffentlichen Betrieb (Vgl. zu den Arten von öffentlichen Wirtschaftseinheiten z. B. BEHRENS/KIRSPEL (2003), S. 124 ff., DREYHAUPT/FRECHEN (1995), S. 23 - 28.) ebenso wie die in einem privaten Betrieb damit begründet werden, dass der durch die Investition erwirtschaftete Überschuss zur Abdeckung des Kapitaldienstes (Zins und Tilgung) ausreicht (*Rentabilitätsorientierter Grundsatz*). Dieses Argument kann auch gesamtwirtschaftlich angebracht werden, indem man sagt, die Kreditfinanzierung sei gerechtfertigt, wenn die damit finanzierte öffentliche Ausgabe die Wirtschaftskraft des entsprechenden Gebietes so stark erhöht, dass über die höheren Steuereinnahmen dann Zins und Tilgung zurückgezahlt werden können (*Wachstumspolitischer Grundsatz*). Sodann wird noch argumentiert, eine kreditfinanzierte Staatsausgabe sei zur Beeinflussung der gesamtwirtschaftlichen Nachfrage zum Zwecke des Ausgleichs von Konjunkturschwankungen gerechtfertigt (*Konjunkturpolitischer Grundsatz*). Schließlich werden noch die so genannten *Belastungspolitischen Grundsätze* angeführt. So wird argumentiert, dass es nicht gerecht sei, die Finanzierung längerfristig nützlicher öffentlicher Anlagen durch Steuern sogleich zu finanzieren. Vielmehr sollte die Steuerfinanzierung auf die Nutzungsdauer gestreckt werden, was eine Vorfinanzierung durch Kredit rechtfertigt (*Pay-as-you-use-Prinzip*). In die gleiche Richtung geht die Forderung, durch Kreditfinanzierung besondere Belastungen, wie Katastrophen oder Kriege, auf mehrere Generationen zu verteilen (*Inter-generation-equity-Prinzip*). Diese Belastungspolitischen Grundsätze sind nicht unproblematisch, weil sie unterstellen, es sei durch die Wahl des Finanzierungsmittels möglich, Lasten unterschiedlich in der Zeit zu verteilen.

Die Möglichkeit, Lasten aus öffentlichen Ausgaben durch die Wahl der Finanzierungsform in die Zukunft verlagern zu können ist fraglich und hat die so genannte *Lastverschiebungskontroverse* ausgelöst, die hier in der gebotenen Kürze rekapituliert sei. (Vgl. zur folgenden Darstellung der Lastverschiebungskontroverse GANDENBERGER (1980), S. 488 ff. und BLANKART (1994), 17. Kap., insbes. S. 332 ff.)

Zunächst ist die Frage zu klären, ob es überhaupt möglich ist, die mit der Erledigung einer Staatsaufgabe in einer Periode verbundene Inanspruchnahme knapper Ressourcen in die Zukunft zu verlagern. *Last* wird bei dieser Fragestellung *als Ressourcenentzug* verstanden. Hier ist zu unterscheiden, woher die Finanzierungsmittel kommen. Verschuldet sich der Staat bei seinen eigenen Bürgern, also im Inland, man spricht von *interner Staatsverschuldung*, so nimmt er inländische Ressourcen in Anspruch, wofür er seinen Bürgern Forderungstitel gegen den Staat aushändigt. In einer späteren Periode muss er den Kredit einschließlich Zinsen an seine Bürger zurückzahlen, also in entsprechender Höhe Steuern erheben oder eine Umschuldung vornehmen. In beiden Fällen werden aber nur Mittel zwischen den eigenen Bürgern umverteilt. Nicht der Ressourcenentzug ist demnach zeitlich zu strecken, sondern die Verschuldung führt zu einer späteren Umverteilung von Steuerzahlern oder Sparern zu den Forderungstiteleigentümern.

Anders sieht es aus, wenn die Kreditaufnahme im Ausland erfolgt, man spricht von *externer Staatsverschuldung*. In diesem Fall haben wir in der Periode 1 einen Kapitalimport, der von einem gleich großen Waren- und Dienstleistungsimport begleitet wird. In Höhe der Staatsverschuldung fließen Ressourcen aus dem Ausland zu. Im Jahr der Tilgung, Periode 2, fließen allerdings Ressourcen in Höhe der Kreditsumme plus Verzinsung ins Ausland ab. Im Jahr der Kreditaufnahme sind die für die öffentliche Ausgabe benötigten Ressourcen importiert worden. Im Jahr der Rückzahlung müssen inländische Ressourcen ans Ausland abgegeben werden. Es scheint so, als sei die Verlagerung des Ressourcenentzugs in die Zukunft gelungen, was jedoch nicht bedeutet, dass die Wirtschaftssubjekte notwendig im Jahr der Rückzahlung über weniger Ressourcen verfügen können. Das ist eine Frage der Produktivität der Mittelverwendung. Im Vergleich zur internen Staatsverschuldung ist jedoch in Periode 2 ein Ressourcenabfluss zu verzeichnen, wofür in Periode 1 jedoch nicht inländische Ressourcen in Anspruch genommen werden mussten.

Gegen die Vorstellung, der Entzug von Ressourcen sei als Last aufzufassen, hat sich *JAMES MCGILL BUCHANAN*, Nobelpreisträger für Wirtschaft 1986, gewandt. Er begründet dies damit, dass von einer *Last* nur gesprochen werden könne, wenn die Wirtschaftssubjekte eine *Nutzeneinbuße* empfinden. Bei einer Kreditfinanzierung handelt es sich bei der Entscheidung der Wirtschaftssubjekte, Staatsschuldtitel in ihren Vermögensbestand aufzunehmen, um eine Anlageentscheidung. Die Staatsschuldtitel werden aufgenommen, weil die Wirtschaftssubjekte dies vorteilhaft finden. Die Nichtausgabe der Mittel für Konsumzwecke war bereits beschlossen. Die Steuerfinanzierung besteht im Gegensatz dazu darin, den Menschen vom rechtmäßig erworbenen Einkommen zwangsweise etwas fortzunehmen. Dies wird von den Menschen als Last empfunden. Somit ist wie bei der externen Staatsverschuldung, bei der in der Rückzahlungsperiode ebenfalls Steuern erhoben werden müssen, auch bei interner Staatsverschuldung eine Lastverschiebung im Sinne eines Nutzenentzugs möglich, weil zum Zeitpunkt der Rückzahlung Steuern erhoben werden müssen. Ob sich die Menschen allerdings im Jahr der Rückzahlung tatsächlich ärmer fühlen, hängt wiederum von den Wirkungen der Mittelverwendung durch den Staat ab.

Wird nun aber mit Nutzenentzug argumentiert, dann ist zu fragen, wie ein künftiger Entzug von Mitteln heute von den Wirtschaftssubjekten empfunden wird. Diese Frage wurde bereits im Abschnitt über die Staatsnachfrage angesprochen. Wenn der Staat sich heute verschuldet, dann wissen die Wirtschaftssubjekte, dass er später Zins und Tilgung zahlen, also Steuern erheben muss. Sie sehen die Last auf sich zukommen, zinsen sie in die Gegenwart ab und erhalten im Mittel exakt den Wert der Staatsverschuldung als Gegenwartswert der künftigen Steuerzahlung. Dies ist das *Ricar-*

do-Barro-Äquivalenztheorem (nach einem Gedanken von *DAVID RICARDO* (1772 - 1823), den *ROBERT J. BARRO* (1974) wieder ans Licht gebracht hat). Sowohl bei der externen Staatsverschuldung als auch bei der internen Staatsverschuldung müssen die künftigen Nutzenentgänge durch Steuern in Höhe von Zins- und Tilgungszahlungen auf die Gegenwart abgezinst werden. Der Gegenwartswert entspricht dann der Last jetzt. Insofern ist keine Lastverschiebung möglich.

Ein weiteres Argument bezeichnet eine durch die Finanzierung der Staatstätigkeit hervorgerufene *Beeinträchtigung des Wirtschaftswachstums als Last*. Diese Ansicht wird von *FRANCO MODIGLIANI*, Wirtschaftsnobelpreisträger 1985, und *WILLIAM VICKREY* (1914 - 1996), Wirtschaftsnobelpreisträger 1996, vertreten. Danach würde eine Steuerfinanzierung, die ja das verfügbare Einkommen schmälert, vorwiegend privaten Konsum schmälern, während eine Kreditfinanzierung, die die der Wirtschaft zur Verfügung stehenden Ersparnisse, also das Kreditangebot, schmälert, vornehmlich private Investitionen verdrängt. Als Folge dieses Zusammenhangs wäre dann bei der Kreditfinanzierung der volkswirtschaftliche Kapitalstock kleiner, was bei von der Finanzierung unabhängiger Verwendung der Mittel zu einer Wachstumseinbuße führt. Dies stellt eine Lastverschiebung dar, weil künftige Konsummöglichkeiten eingeschränkt werden. Bezüglich dieses Arguments wird einerseits noch zu prüfen sein, inwieweit die Verdrängung davon abhängt, ob es sich bei der zu finanzierenden Staatsausgabe um eine einmalige oder um eine dauerhafte Staatsausgabe handelt. Zum Zweiten kann auch auf dieses Argument die ricardianische Äquivalenzüberlegung angewendet werden. Wenn bekannt ist, dass eine staatliche Kreditaufnahme künftige Konsummöglichkeiten mindert, wieso wird dann diese Minderung (abgezinst) nicht schon heute als Last empfunden? Und wieso wird dann zur nutzenmaximierenden Verteilung der künftigen Konsumeinbuße über die Zeit nicht schon heute die Ersparnis ausgeweitet, sodass eine Schmälerung des Kapitalangebots nur in geringem Maße auftritt?

Endlich gibt es noch das Argument, eine Lastverschiebung sei durch Generationenwechsel möglich. Künftige Steuerzahlungen können danach von einem Wirtschaftssubjekt nur insofern als Last empfunden werden, als es sich daran beteiligen muss. Zum einen zahlen aber, jedenfalls im deutschen System, Rentner fast keine Steuern, zum anderen ist die Wahrscheinlichkeit zu berücksichtigen, dass das Ende der Laufzeit des Staatskredits nicht mehr erlebt wird. Beides führt dazu, dass das Wirtschaftssubjekt umso eher für eine Finanzierung über Kredite eintreten wird, je älter es ist, weil die Möglichkeit, die Rückzahlungsverpflichtung auf künftige Generationen zu übertragen zunimmt, also der Gegenwartswert der künftigen Steuerlast für das Wirtschaftssubjekt sinkt. Da der gesamte Gegenwartswert der Steuerzahlungen der heutigen Kreditaufnahme entspricht, ist bei älteren Bürgern der Gegenwartswert der Steuerzahlungen in der Tendenz kleiner, bei jüngern Bürgern hingegen größer als der gegenwärtige Mittelentzug.

Dieses Argument bezieht sich auf die Entscheidung einer Generation, Vermögen auf eine künftige Generation zu übertragen. (Vgl. BARRO/GRILLI (1996), S. 596 f.) Will sie nämlich eine bestimmte Vermögensübertragung an die künftige Generation erreichen, dann muss sie den Gegenwartswert der Vermögenseinbuße durch die künftige Steuerzahlung berücksichtigen. Vererben die Erblasser Staatsschuldtitel, so ist deren Gegenwartswert der künftigen Steuerzahlung gleich, also für die Erben ohne Wert. Die ricardianische Äquivalenz wäre hergestellt. Veräußern die Erblasser zuvor die Staatschuldtitel an die jüngere Generation, um die Mittel zu verbrauchen, so kann es sich nicht um einen reinen Austausch von Vermögensbeständen handeln. Das Entsparen der älteren Generation setzt voraus, dass die jüngere Generation ihre Ersparnisse in schon existierenden Forderungstiteln binden will, d. h., die gesamtwirtschaftliche Sparquote würde sinken. Da für die Käufer der Staatsschuldtitel der Gegenwartswert der künftigen Steuerzahlungen wieder dem Wert der Wertpapiere entspricht, ist erneut der Vermögenszuwachs Null, aber die Erbmasse gesunken. Es tritt aber eine Einbuße durch den Vermögensverzehr - aus laufendem Einkommen der Volkswirtschaft zu Lasten den Wachstums -

durch die Erblassergeneration ein. Durch die Entscheidung für kreditfinanzierte Staatsausgaben kann demnach die Versorgung der Folgegeneration mit Vermögen in höherem Maße von der Vererbungsentscheidung abhängig gemacht werden. Wie bereits zum Ende des Abschnitts zur Konsumnachfrage oben dargelegt wurde, wird aber die Höhe der Erbmasse von den Erblassern nutzenmaximierend festgelegt, um entweder das Verhalten der potentiellen Erben besser steuern zu können (Vgl. BARRO/ GRILLI (1996), S. 597, Fn. 17 und MANKIW (1998), S. 490 f., (2000), S. 423) oder um einer Präferenz, seinen Nachkommen das Leben zu erleichtern, zu entsprechen. Um eine in diesem Sinne nutzenmaximierende Entscheidung über die Erbmasse zu treffen, werden die Erblasser die Wirkungen einer Staatsverschuldung auf sich und die Erben berücksichtigen.

Schließlich ist zu beachten, dass die Kreditfinanzierung eine *Einschränkung künftiger staatlicher Handlungsspielräume* zur Erfüllung der Staatsaufgaben durch die Zinslasten der Staatsverschuldung zur Folge haben kann, sodass Lasten durch verminderte Wahrnehmung von Staatsaufgaben eintreten können. Ist das der Fall, würde in Zukunft eine höhere Last als allein Tilgung der Staatsschuld und Zins auf die Staatsschuld anfallen. Während Zins und Tilgung der gegenwärtig vermiedenen Steuererhebung äquivalent sind, käme noch ein künftiger Nutzenentgang durch verminderte Wahrnehmung anderer Staatsaufgaben hinzu, sodass, abgezinst, die Verschuldung eine höhere Last als die Besteuerung mit sich brächte. Dies kann jedoch nur geschehen, wenn nicht jede Zunahme des Schuldenbestandes des Staates und/oder jede Zunahme der Staatsquote (Anteil des Bruttoinlandsproduktes, der durch die Kassen des Staates fließt) möglich ist, wenn es also *Restriktionen hinsichtlich des Schuldenbestandes des Staates oder der Staatsquote* gäbe. Solche Restriktionen, insbesondere Bestandsrestriktionen, wie beispielsweise die in der Europäischen Union geltende Regel, dass der Schuldenbestand des Staates 60 % des Bruttoinlandsproduktes nicht überschreiten soll, können dann eine zusätzliche Belastung mit sich bringen, die bei reiner Betrachtung der Finanzierungs-*ströme* nicht auftritt. Der Zusammenhang ist im folgenden Exkurs skizziert.

Exkurs: *Zur Einengung staatlicher Handlungsspielräume durch Zinslasten*

(Vgl. hierzu GANDENBERGER (1980), S. 398 f., BLANKART (1994), S. 332 f., SACHVERSTÄNDIGENRAT ... (1994/95), Ziff. 183, S. 154 f., WISSENSCHAFTLICHER BEIRAT ... (1994), S. 15 f.)

Folgende Größen gehen in die Analyse ein:

Stromgrößen: Nettokreditaufnahme des Staates in Periode t K_t

Bruttoinlandsprodukt in Periode t BIP_t

Bestandsgrößen: Schuldenstand zu Beginn der Periode t D_t

Quoten: Kredit- bzw. Defizitquote $k_t = \dfrac{K_t}{BIP_t}$

Schuldenstandsquote $d_t = \dfrac{D_t}{BIP_t}$

Es sei eine Nettokreditaufnahme des Staates als konstanter Anteil am Bruttoinlandsprodukt angenommen:

$$k = \frac{K_t}{BIP_t} = \text{const.}$$

Des Weiteren sei angenommen, dass das BIP mit der konstanten Rate g pro Periode (diskret [bei stetiger Betrachtung ist $(1+g)^t$ durch e^{gt} zu ersetzen. Es ergibt sich das gleiche Ergebnis]) wächst:

$$BIP_t = BIP_0 \cdot (1+g)^t.$$

Daraus folgt: $K_t = K_0 \cdot (1+g)^t$ mit $K_0 = k \cdot BIP_0$.

Nun ist: $D_t = D_0 + \displaystyle\sum_{n=0}^{t-1} K_n = D_0 + K_0 \cdot \frac{(1+g)^t - 1}{g}$.

Also ist:
$$\frac{D_t}{BIP_t} = \frac{D_0}{BIP_0 \cdot (1+g)^t} + \frac{K_0}{BIP_0} \cdot \frac{(1+g)^t - 1}{(1+g)^t \cdot g}$$

$$= \frac{D_0}{BIP_0 \cdot (1+g)^t} + \frac{k}{g} \cdot \left(1 - \frac{1}{(1+g)^t}\right).$$

Woraus folgt:
$$\lim_{t \to \infty} \frac{D_t}{BIP_t} = \frac{k}{g}.$$

Die Zinslast Z_t des Staates ergibt sich nun aus dem Zinssatz auf Staatsschulden r multipliziert mit dem Schuldenstand D_t, sodass wir als Zinslastquote z_t erhalten:

$$z_t = \frac{r \cdot D_t}{BIP_t}.$$

Langfristig ($t \to \infty$) ergibt sich: $z_t = k \cdot \dfrac{r}{g}$.

Die Zinslast des Staates hängt demnach vom Verhältnis des Zinssatzes auf Staatsschuldtitel r zur Wachstumsrate g ab.

Ist r = g, so reicht langfristig die Neuverschuldung gerade zur Deckung der Zinslast, wobei noch nicht getilgt ist.

Ist r > g, so übertrifft die Zinslast die Nettoneuverschuldung, d. h., die Zinslasten belasten das staatliche Budget über die Nettoneuverschuldung hinaus. In diesem Fall müsste der Staat bei konstantem Defizitanteil am Bruttoinlandsprodukt die Erfüllung seiner Aufgaben schon allein auf Grund seiner Zinszahlungsverpflichtungen einschränken.

Nach diesen Erläuterungen wenden wir uns der Frage zu, wie kreditfinanzierte Staatsausgaben wirken.

7.3.1 Einmalige kreditfinanzierte Staatsausgabe

Welche Kreislaufwirkungen können erwartet werden, wenn der Staat in Periode t eine einmalige Staatsausgabe, etwa um eine besondere Situation zu bewältigen, kreditfinanziert? Es ist:

$$G_t = BD_t \, .$$

Diesen Kredit muss der Staat in der nächsten Periode einschließlich Zinsen tilgen. In einer Tabelle dargestellt:

Periode	t	t+1	t+2	...
Staatsausgabe G	G	0	0	...
Kreditsumme BD	BD	0	0	...
Steuererhebung T	0	$(1+r)\cdot BD$	0	...
Schuldenstand D	0	BD	0	...
Zinslast Z	0	$r\cdot BD$	0	...
Tilgung	0	BD	0	...

Offenkundig nimmt dann der Staat in der Periode t Ressourcen in Höhe von G_t in Anspruch. Die Last als Ressourcenentzug tritt demnach in Periode t in Höhe der Staatsausgabe ein. Diese Last wird von den Wirtschaftssubjekten auch in der Periode t als Last empfunden, wenn sie voraussehen, dass der Kapitaldienst in Periode t+1 durch Steuern finanziert werden muss. Das wäre Folge einer rationalen Erwartungsbildung, denn die Last entsteht tatsächlich. Für die folgenden Vorgänge ist jedoch eine rationale Erwartungsbildung nicht notwendig (aber hinreichend), denn die Vorgänge werden in der jeweiligen Periode über Märkte vermittelt. Notwendig ist lediglich, dass die Wirtschaftssubjekte erkennen, dass es sich um eine einmalige Maßnahme handelt und dass sie Vermögenseffekte auf ihr Leben verteilen wollen.

Die durch die kreditfinanzierte Staatsausgabe in Periode t in der Folgeperiode t+1 verursachte Steuerlast beträgt:

$$T_{t+1} = (1 + r) \cdot BD_t = (1 + r) \cdot G_t.$$

Der Gegenwartswert dieser Steuerlast in Periode t entspricht demnach dem Budgetdefizit in Periode t, also auch der Staatsausgabe in Periode t. In der Periode t würde die Nachfrage durch die Staatsnachfrage um das Budgetdefizit BD_t steigen. Im gleichen Maße würde vom Staat auf dem Kapitalmarkt eine zusätzliche Kapitalnachfrage entfaltet.

Da die Wirtschaftssubjekte wissen, dass die Maßnahme einmalig ist, können sie als einmalige Vermögenseinbuße den Wert G ansetzen, der über alle Perioden gerechnet vernachlässigbar ist. Den Annahmen zum Konsumverhalten entsprechend werden die Wirtschaftssubjekte ihre Konsumnachfrage in der Periode t bei gegebenem Zinssatz unverändert lassen. Bei gegebenem Zinssatz haben sie in der Periode t auch keinen Anlass, ihre Ersparnis zu verändern. Die Steuerbelastung kommt erst in der Folgeperiode auf sie zu, erst die dann notwendige Steuerzahlung erfordert eine Reduktion der Sparquote, um die Einbuße auf alle Perioden zu verteilen. In der Periode t als einer von vielen Perioden, auf die die Vermögenseinbuße verteilt wird, wird die Ersparnis nur um einen vernachlässigbar kleinen Teil erhöht, den wir zur Vereinfachung als Null ansetzen.

Zusammen mit dem Staatsverhalten ergäbe sich in der Periode t beim Ausgangszinssatz eine Überschussnachfrage nach Kredit über die Ersparnis. Infolge dessen stiege der Zinssatz, bis Gleichgewicht auf dem Kapitalmarkt (wegen Walras-Gesetz demnach auch Gleichgewicht auf dem Gütermarkt) eingestellt ist.

Es ergäbe sich im Schaubild:

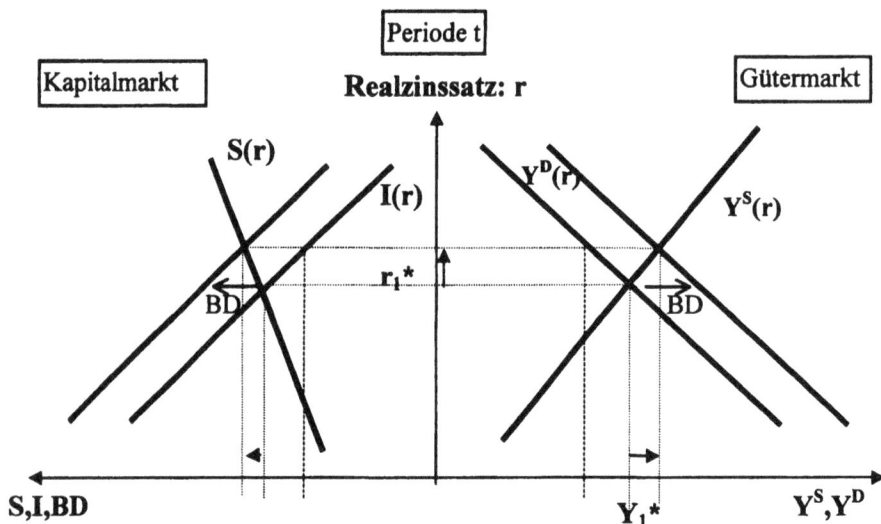

Der gestiegene Zinssatz hat zur Folge, dass (entlang der Kurven) das gesamtwirtschaftliche Angebot steigt und die private Ersparnis zunimmt, weil es sich mehr lohnt, jetziges Einkommen in die Zukunft zu übertragen. Auch die privaten Investitionen sinken. Die Differenz zwischen privater Ersparnis und privater Investition entspräche dann exakt dem Defizit des Staates: $S_t(r) - I_t(r) = BD_t$.

Demnach wurde in der Periode t private Nachfrage in Höhe der Staatsausgaben $G_t = BD_t$ verdrängt (crowding-out). Netto ist das crowding out geringer, weil die Produktion zinsbedingt ausgedehnt wird. Der von den Privaten nicht verausgabte Teil der Produktion entspricht einerseits den Staatsausgaben der Periode t und reicht andererseits exakt aus, in der Periode t+1 die Steuern T_{t+1} zu zahlen:

$$Y_t^S - Y_t^D = Y_t^S - C_t - I_t = S_t - I_t = BD_t = \frac{T_{t+1}}{(1+r)},$$

also: $(S - I)_t \cdot (1+r) = T_{t+1}$.

Im Ergebnis ist (bei einer Pauschalsteuer) die Produktion in der Verschuldungsperiode leicht gestiegen, die Staatsnachfrage verdrängt privaten Konsum und private Investitionen. Der negative Schock durch die einmalige Staatsaktivität wird gedämpft.

Die Analyse bezüglich der Vorgänge in Periode t unterscheidet sich im Ergebnis nicht von der bei der einmaligen *Pauschalsteuer*-finanzierten Staatsausgabe. Wurde dort durch einen Rückgang der Ersparnis die Zinssatzsteigerung herbeigeführt, so ist es nun die zusätzliche Kapitalnachfrage des Staates.

In der Periode t+1 würde hingegen eine Steuer erhoben, die an die Inhaber der Staatsschuldtitel ausgezahlt würde. Der Vermögenseffekt dieser Aktion ist im privaten Sektor in Periode t+1 gleich Null. Die einmalige Steuerbelastung ginge zu Lasten der Ersparnis, der einmalige Zufluss zu Gunsten der Ersparnis (marginale Sparquote $\cong$ Eins). In Periode t+1 wäre demnach eine gleich große Links- und Rechtsverschiebung der Sparfunktion zu beobachten. Am Gleichgewicht änderte sich nichts.

Im Schaubild:

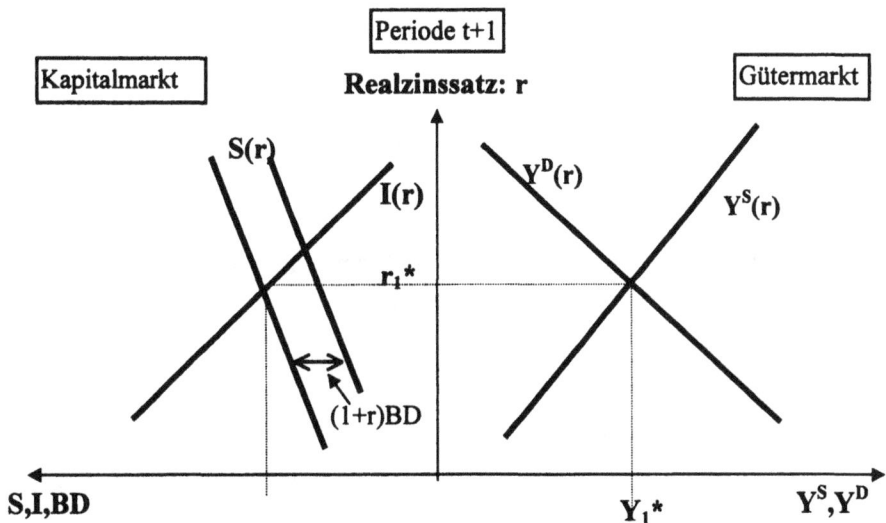

Somit wäre auch unter Einbeziehung der Periode t+1 kein Unterschied zur Pauschalsteuer-finanzierten einmaligen Staatsausgabe festzustellen.

Nach dieser Analyse hätte demnach auch der *Ersatz einer Pauschalsteuer* in der Periode t T_{Pt} zur Finanzierung von G_t durch eine Staatsverschuldung in Periode t BD_t keinerlei Auswirkungen. „Die grundlegende Schlussfolgerung lautet, dass Umschichtungen zwischen Steuern und Budgetdefiziten keine aggregierten Vermögenseffekte auslösen. ... Wir stellen fest, dass eine Defizit-finanzierte Steuersenkung weder die Volkswirtschaft stimuliert noch die Zinssätze berührt." (BARRO/GRILLI (1996), S. 583, 586).

Etwas anders sieht es aus, wenn die Finanzierung des Kapitaldienstes in der Periode t+1 nicht durch eine Pauschalsteuer, sondern durch eine *Einkommensteuer* erfolgt. Dann werden nämlich die Zinserträge der Periode t+1 und der Lohnsatz der Periode t+1 berührt. Dies löst *Substitutionseffekte* aus, die berücksichtigt werden müssen.

Die Einkommensteuer in Periode t+1 bewirkt folgende *Substitutionseffekte*:

– Der niedrigere Realzinssatz nach Steuern in Periode t+1 macht eine Übertragung von Einkommen der Periode t in die Periode t+1 weniger ertragreich, während der Ertrag einer Übertragung in spätere Perioden unverändert bleibt. Die Entscheidungen in Periode t+1 bleiben unberührt, da der Realzinssatz für eine Übertragung in spätere Perioden als t+1 von der einmaligen Steuererhebung nicht berührt wird. Somit wird

  • in Periode t die Arbeitszeit abnehmen und der Konsum zunehmen, während

  • in Periode t+1 die Arbeitszeit zunimmt, der Konsum aber abnimmt, sodass

weniger Ersparnis von Periode t in die Periode t+1 übertragen wird.

– Der niedrigere Reallohnsatz nach Steuern in Periode t+1 lässt es sinnvoll werden, in der Periode t+1 weniger zu arbeiten und mehr Freizeit zu genießen und in allen anderen Perioden mehr zu arbeiten, was bei vielen Perioden je Periode vernachlässigbar ist. Somit wird

- in Periode t+1 die Freizeit ausgedehnt und die Arbeitszeit eingeschränkt.

In der Summe nimmt die Nachfrage in Periode t zu, das Angebot aber ab, während die Nachfrage in Periode t+1 abnimmt und die Angebotswirkung unbestimmt ist.

Da der Vermögenseffekt wegen der Einmaligkeit des Ereignisses zu vernachlässigen ist, ist im Vergleich zur Pauschalsteuer-finanzierten Rückzahlung der Staatsschuld bei einer Einkommensteuer-finanzierten Rückzahlung eine Zunahme der Nachfrage und eine Abnahme des Angebots in Periode t und eine Abnahme der Nachfrage in Periode t+1 zu erwarten. Es wird in der Periode t weniger Kapital gebildet, in der Periode t+1 zu Lasten der Nachfrage mehr. Der Auslöser ist die dämpfende Wirkung der Einkommensteuer in Periode t+1. Insofern ist der Gesamteffekt einer Einkommensteuerfinanzierung der Rückzahlung im Vergleich zur Pauschalsteuerfinanzierung negativ. Das oben gewonnene Ergebnis, dass eine Einkommensteuer im Vergleich zur Pauschalsteuer die Wirtschaftsaktivitäten insgesamt dämpft, bleibt also auch bei einer einmaligen Kreditfinanzierung gültig. Gleichwohl können jetzt intertemporale Verlagerungswirkungen der Wirtschaftsaktivitäten ausgelöst werden.

Betrachten wir nun noch die *Frage, was der Ersatz einer Einkommensteuer-finanzierten Staatsausgabe in der Periode t durch eine Kreditfinanzierung zur Folge hat.*

In diesem Falle ist der Vermögenseffekt Null. Aber das Gegenwartszinseinkommen und das Gegenwartslohneinkommen werden weniger stark besteuert. Das Gegenwartszinseinkommen wird auf Vermögensanlagen, die vor dem Zeitpunkt t gebildet wurden, erzielt. Es ist somit nicht entscheidungsrelevant. Jedoch wird die Kapitalbildung der Periode t beeinträchtigt, weil bekannt ist, dass die Staatsschuld in der Periode t+1 durch höhere Einkommensteuersätze getilgt werden muss. Zugleich steigt der Gegenwartslohnsatz nach Steuern, während der Zukunftslohnsatz nach Steuern sinkt. Es ergeben sich folgende Substitutionseffekte:

- Die Absenkung des Zinssatzes ruft eine Verminderung der Arbeitszeit in Periode t und eine Erhöhung in Periode t+1 hervor, während der Konsum der Periode t ausgeweitet wird, der der Periode t+1 aber sinkt, die Ersparnis wird eingeschränkt. Die Relation von Gegenwarts- zu Zukunftskonsum ist allein zinsabhängig.

- Der Anstieg des Gegenwartslohnsatzes nach Steuern bewirkt eine Ausdehnung der Arbeitszeit in Periode t.

- Die Absenkung des Zukunftslohnsatzes nach Steuern hat zur Folge, dass die Arbeitszeit in Periode t+1 sinkt.

In der *Gesamtwirkung* ist festzustellen, dass der Konsum der Periode t zu Lasten des Konsums der Periode t+1 ausgeweitet wird, da diese Relation vom Zinssatz dominiert wird. Die Arbeitszeit und damit das Güterangebot in Periode t sind gestiegen, die Arbeitszeit und das Güterangebot in Periode t+1 sind gesunken, denn die Lohnsatzwirkungen dominieren diese Relation, da ausschließlich Substitutionseffekte relevant sind.

Insgesamt hätte dann die durch die Kreditaufnahme des Staates ermöglichte Verminderung der Einkommensteuerzahlungen in Periode t zur Folge, dass die Wirtschaftsaktivitäten der Periode t angeregt, die der Periode t+1 aber gedrosselt werden. Insofern „ ... stellt die Fiskalpolitik ein Instrument dar, mit dem die zeitliche Verteilung der realen Wirtschaftsaktivität beeinflusst werden kann. Wendet der Staat diese Politik zur Stimulierung der heutigen Produktion an, so ergibt sich als Nebeneffekt eine Verringerung des Outputs in der Zukunft." (BARRO/GRILLI (1996), S. 591.)

7.3.2 Dauernde kreditfinanzierte Staatsausgaben

In diesem Abschnitt sei der Fall dauerhaft kreditfinanzierter Staatsausgaben behandelt. Der Staat legt Staatsaufgaben fest, erledigt sie und beschafft sich die nötigen Mittel einerseits durch Steuern, die in der Realität die Hauptfinanzierungsquelle darstellen, andererseits auf dem Kapitalmarkt. Die Analyse dieses Abschnitts bezieht sich auf den kreditfinanzierten Teil der Staatsausgaben. Die *Annahme* lautet, dass der Staat auf eine Finanzierung dieses Teils seiner Ausgaben durch Steuern dauerhaft verzichtet. Die kreditfinanzierten Staatsausgaben werden in diesem Abschnitt mit G bezeichnet, d. h., man kann vorläufig annehmen, alle Staatsausgaben seien durch Kredite finanziert, ohne dass die Analyse fehlerhaft wird.

$$G_t = BD_t.$$

Der Staat muss allerdings in der nächsten Periode zunächst den Altkredit zurückzahlen. Dies kann er entweder tun, indem er für diesen Altkredit plus Zins Steuern erhebt, oder indem er umschuldet, d. h., in Höhe von Zins und Tilgung einen weiteren Kredit aufnimmt. Zusätzlich muss er jedoch Neukredit aufnehmen in Höhe der kreditfinanzierten Staatsausgaben.

* **Steuerfinanzierte Rückzahlung von Altkrediten**

In diesem Fall ergibt sich folgendes Bild:

Periode	t	t+1	t+2	...
Staatsausgabe G	G	G	G	...
Kreditsumme BD	BD	BD	BD	...
Steuererhebung T	0	$(1+r)\cdot BD$	$(1+r)\cdot BD$	...
Schuldenstand D	0	BD	BD	...
Zinslast Z	0	$r\cdot BD$	$r\cdot BD$	...
Tilgung	0	BD	BD	...

Wie man der Tabelle entnimmt, ist schon von Periode t+1 an der Schuldenstand konstant BD, *die Steuerzahlung in einer Periode entspricht der Ausschüttung des Staates an die Privaten in Höhe der von diesen aus der Vorperiode gehaltenen Staatsanleihen nebst Zins.* Ob Substitutionseffekte eintreten, hängt ausschließlich davon ab, ob eine Pauschalsteuer oder eine Einkommensteuer erhoben wird. Ist letzteres der Fall, treten die bereits analysierten negativen Anreizwirkungen mit dämpfender Wirkung auf. Wir analysieren die Vorgänge anhand einer Pauschalsteuer.

Betrachten wir die *Wirkungen auf die gesamtwirtschaftliche Nachfrage*: Zunächst zur *Nachfrage der Privaten.* Aus der Sicht der Wirtschaftssubjekte ist der Gegenwartswert (Periode t) der Kreditrückzahlung der Periode t+1 gleich dem in der Periode t zur Verfügung gestellten Kreditbetrag BD_t und damit gleich der in Periode t damit getätigten Staatsausgabe G_t, also ist $G_t = (\text{Zins} + \text{Tilgung})_{t+1}/(1+r)$. Und da der Kapitaldienst (Zins und Tilgung) der Periode t+1 gleich ist der Steuerzahlung in Periode t+1, gilt:

$$G_t = \frac{T_{t+1}}{(1+r)} = \frac{(1+r) \cdot BD_t}{(1+r)} = BD_t.$$

Daraus folgt, dass der Vermögenseffekt in der Periode t exakt der Staatsausgabe in der Periode t entspricht. Und da die Wirtschaftssubjekte wissen, dass es sich um eine dauerhaft kreditfinanzierte Staatsausgabe handelt, nimmt den Annahmen gemäß die private Konsumnachfrage pro Periode exakt um den Betrag der Staatsnachfrage pro Periode ab (marginale Konsumquote $\cong$ Eins), während die private Ersparnis konstant bleibt (marginale Sparquote $\cong$ Null).

Beim Ausgangszinssatz bleibt das gesamtwirtschaftliche Angebot gleich, die private Konsumnachfrage sinkt aber um das Budgetdefizit des Staates. Entsprechend steigt das Kapitalangebot um diesen Betrag, d. h. die Ersparnis steigt um den Betrag der Staatsausgabe. Die Steuerzahlung ist unerheblich, da den Privaten in gleicher Höhe Mittel zufließen. Anders gewendet verwenden die Privaten die Ersparnisse zur Finanzierung der Steuern der nächsten Periode. Beim Ausgangsrealzinssatz bleiben die privaten Investitionen gleich, die private Ersparnis übersteigt die privaten Investitionen. Daraus allein würde eine Tendenz zur Realzinssenkung resultieren.

Beziehen wir aber die *Budgetgleichung des Staates in die Betrachtung* ein. In jeder Periode entfaltet der Staat Nachfrage in Höhe der kreditfinanzierten Staatsausgabe, er gleicht damit exakt den Ausfall an privater Konsumnachfrage aus. In gleicher Höhe fragt er Kredit auf dem Kapitalmarkt nach, was die gestiegene private Ersparnis genau kompensiert. Der Zinssatz kann demnach unverändert bleiben, somit (bei einer Pauschalsteuer) die Produktion und Beschäftigung ebenfalls. Private Konsumnachfrage ist exakt in Höhe der kreditfinanzierten Staatsausgabe verdrängt (crowding out). Der von den Privaten nicht verausgabte Teil der Produktion entspricht abermals den Staatsausgaben:

$$S_t - I_t = BD_t.$$

Im Ergebnis gilt in jeder Periode grafisch:

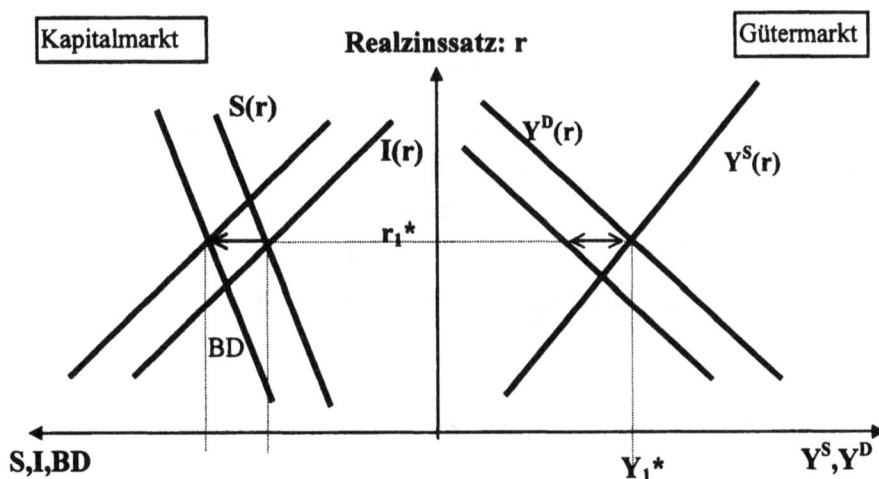

Im Gegensatz zur einmaligen kreditfinanzierten Staatsausgabe geht nun das Staatsdefizit voll zu Lasten des Konsums, während die Investitionen unverändert bleiben. Die dauernde kreditfinanzierte Staatsausgabe bewirkt keinerlei Multiplikatoreffekt! Die Verwendung der Mittel für die Bereitstellung von Konsumgütern und von produktiven Vorleistungen für die Wirtschaft erhöht zwar das Output- und Versorgungsniveau. Aus den bereits früher erörterten Gründen ist aber zu erwarten, dass dieser Effekt kleiner ist als die kreditfinanzierte Staatsnachfrage, sodass die Ausdehnung der Produktion in Relation zur zusätzlichen Staatsnachfrage noch immer kleiner als Eins wäre. Ebenso entsteht ein leicht positiver Effekt aus der Ausweitung der Beschäftigung auf Grund des Vermögenseffektes. Diesen positiven Effekten steht aber entgegen, dass in der Realität meist eine Einkommensteuer gewählt wird, nicht eine Pauschalsteuer. Von der permanenten Einkommensteuer gehen aber dämpfende Wirkungen aus.

Alles in allem ist eine dauerhaft kreditfinanzierte Staatsausgabe, die jeweils durch Steuern getilgt wird, nicht geeignet, das Outputniveau deutlich positiv zu beeinflussen.

- **Kreditfinanzierte Rückzahlung von Altkrediten**

Was geschieht angesichts der geschilderten Ergebnisse, wenn der Staat nun die Rückzahlung der Altkredite nicht durch Steuern finanziert, sondern einfach eine Umschuldung versucht. In diesem Fall nimmt er nicht allein Kredit für die zu erfüllende Aufgabe auf, sondern zudem, um die steuerfinanzierte Abtragung der Altkreditlasten durch Aufnahme von Neukrediten zu vermeiden.

* *Kredite zur Tilgung; Zinsen aus allgemeinen Budgetmitteln*

Dabei kann der Staat zunächst einmal beschließen, *nur für die Tilgung Kredite* aufzunehmen, die *Zinslast* aber *aus dem Budget* zu finanzieren. In der Tabelle:

Periode	t	t+1	t+2	...	t+n
Staatsausgabe G	G	G	G	...	G
Tilgung	0	BD	2·BD	...	n·BD
Kreditsumme BD^{br}	BD	2·BD	3·BD	...	(n+1)·BD
Schuldenstand D	0	BD	2·BD	...	n·BD
Zinslast Z	0	r·BD	2·r·BD	...	n·r·BD

Der Tabelle ist zu entnehmen, dass die periodische Staatsausgabe in Höhe von G konstant bleibt, während die Tilgungssumme, die Kreditsumme, der Schuldenstand und die Zinslast linear von Periode zu Periode ansteigen. Zwar wird jeweils der Kredit der Vorperiode getilgt, aber da auch die Staatsausgabe in Höhe von G aufrecht erhalten werden soll, werden Kreditsumme und Schuldenstand immer größer. Mit dem Schuldenstand steigt auch die Zinslast, sodass irgendwann der Staat den gesamten Betrag G benötigt, um die Zinsen auf die aufgehäufte Staatsschuld zu bezahlen. Unter den vereinfachenden Annahmen, die der Tabelle zugrunde liegen, wäre das nach $n = 1/r$ Perioden der Fall.

Die ursprünglich beabsichtigte Aufgabenerfüllung bleibt auf der Strecke. Setzt der Staat seine Verschuldungspolitik fort, so wird schließlich auch das sonstige Budget betroffen, für das wir zu Beginn des Kapitels eine Steuerfinanzierung angenommen haben. Die Zinslast geht zu Lasten der steuerfinanzierten Staatsaufgaben. Die Handlungsfähigkeit des Staates wird immer kleiner, was bereits zu Beginn dieses Kapitels in einem Exkurs dargelegt wurde.

Dazu sei ein Zahlenbeispiel betrachtet, in dem G = 100, BD = G und r = 0,05 betrachen soll:

Periode	t	t+1	t+2	...	t+n
Staatsausgabe G	100	100	100	...	100
Tilgung	0	100	200	...	$n \cdot 100$
Kreditsumme BD^{br}	100	200	300	...	$(n+1) \cdot 100$
Schuldenstand D	0	100	200	...	$n \cdot 100$
Zinslast Z	0	5	10	...	$n \cdot 5$

In diesem Zahlenbeispiel würde schon nach 20 Perioden der gesamte Staatsausgabenbetrag von G benötigt, um die Zinslast zu tragen. Ab der einundzwanzigsten Periode müsste der sonstige, steuerfinanzierte Staatshaushalt angegriffen werden, um Zinszahlungen zu leisten.

Aus diesen Vorgängen erwächst früher oder später die Notwendigkeit, Einschränkungen bei der Erfüllung von Staatsaufgaben vorzunehmen, die Steuern zu erhöhen oder weitere Staatsschulden auf sich zu nehmen.

Die Nichterfüllung wichtiger allokativer und distributiver Staatsaufgaben hat ebenso negative Wirkungen wie eine dauernde Steuererhöhung.

Exkurs: *Kreditfinanzierte Tilgung bei konstantem Ausgabeanteil am BIP*

Als Verfeinerung kann noch angenommen werden, dass der Staat keine konstante Ausgabe pro Periode festsetzt, sondern einen konstanten Anteil am BIP der jeweiligen Periode ausgeben möchte. In diesem Fall ist demnach, mit g als Wachstumsrate des BIP:

$$G_n = (1 + g)^n G_0 \quad \text{und} \quad BIP_n = (1 + g)^n BIP_0 .$$

Daraus ergibt sich für den Schuldenstand zu Beginn der n-ten Periode:

$$D_n = G_0 \frac{1 - (1 + g)^n}{g} .$$

Die Zinslast in der n-ten Periode wäre:

$$Z_n = rD_n = G_0 \frac{r}{g}\left[(1+g)^n - 1\right].$$

Es kann auch hier die Frage gestellt werden, wann denn diese Zinslast gerade der zusätzlichen Staatsausgabe in der Periode n $(1+g)^n G_0$ entspricht. Man ermittelt:

$$\frac{r}{g}(1+g)^n - (1+g)^n = \frac{r}{g}, \text{ sodass}$$

$$(1+g)^n = \frac{r}{r-g}, \text{ mithin}$$

$$n = \frac{\log\left(\dfrac{r}{r-g}\right)}{\log(1+g)}.$$

Betrüge also beispielsweise der Zinssatz r=5 % und die Wachstumsrate g=2,5 %, so würde nach gut 28 Perioden die Zinslast dem kreditfinanzierten Budget entsprechen.

* *Kredite für Tilgung und Zinslast*

Aber was geschieht, wenn der *Staat auch die Zinslasten durch Kreditaufnahme finanziert*? Es ist klar, dass in diesem Falle die Neuverschuldung und die Zinslast noch rascher wachsen würden, weil ja nun auch noch der Schuldenbestand auf die Zinslast und die Zinsen auf die Zinslast anstiegen. Irgendwann erreicht der Schuldenstand des Staates dann eine Höhe, die die Wirtschaftssubjekte erwarten lässt, dass der Staat nicht mehr in der Lage ist, eine Rückzahlung ohne exorbitante Steuerbelastung zu leisten. Die Bereitschaft zur freiwilligen Finanzierung des Staates durch Erwerb von Staatsanleihen sinkt, sobald der Staat nicht mehr als guter Schuldner angesehen wird, weil man den Schuldenstand für zu groß hält. Die gleichen Wirkungen treten ein, wenn es eine Obergrenze (eine Bestandsrestriktion) für den Schuldenstand gäbe. Diese könnte beispielsweise, wie in der EU mit der Obergrenze von 60 % des BIP, politisch gesetzt sein. Wenn und soweit ein höherer Schuldenstand von den Wählern als „Überschuldung des Staates" eingeschätzt werden könnte, sind wiederwahlorientierte Politiker an der Einhaltung solcher Bestandsrestriktionen interessiert. Die Umschuldung gelingt dann nicht mehr, und der Staat muss tatsächlich auf Steuererhebung oder Einschränkung sonstiger Aufgaben zurückgreifen. Dann sind wir in dem Fall, in dem irgendwann eine Steuer zur Finanzierung erhoben wird, in der Regel mit den negativen Folgen einer Einkommensteuer.

Exkurs: *Bruttokreditaufnahme des Staates bei dauernder Umschuldung*

Würden wir beispielsweise wieder annehmen, dass der Staat einen konstanten *Anteil k am BIP*, das wieder mit der Rate g wachsen möge, der jeweiligen Periode für die Erfüllung von Sachaufgaben ausgeben und stets diese Sachausgaben und Zins und Tilgung kreditfinanzieren möchte, so ergäbe sich für die Relation von Bruttokreditaufnahme zum BIP der Periode n: [2]

$$\frac{BD_n^{br}}{BIP_n} = k \cdot \left[\left(\frac{1+r}{1+g} \right)^n \cdot (1+r) - (1+g) \right] \cdot \frac{1}{(r-g)} \quad \text{für} \quad r \neq g.$$

Dabei ist $k = \dfrac{G_0}{BIP_0} = \dfrac{BD_0}{BIP_0} = \dfrac{BD_t}{BIP_t} = \text{const.}$

Angesichts dieser Relation stellt sich die Frage, wann die Kreditaufnahme des Staates dem Bruttoinlandsprodukt entspricht. Dazu ist die Bestim-

---

[2] Die Relation ergibt sich daraus, daß unter den getroffenen Annahmen die Bruttokreditaufnahme der Periode n beträgt:

$BD^{br}_n = (1+g)^n G_0 + (1+r)(1+g)^{n-1} G_0 + (1+r)^2 (1+g)^{n-2} G_0 + \dots + (1+r)^i (1+g)^{n-i} G_0 +$

$\dots + (1+r)^n G_0 = \displaystyle\sum_{i=0}^{n} (1+r)^i (1+g)^{n-i} G_0 .$

mungsformel für die Bruttokreditaufnahme im Verhältnis zum Bruttoinlandsprodukt gleich Eins zu setzen.

Man erhält für die kritische Periodenzahl, ab der die Bruttokreditaufnahme das Bruttoinlandsprodukt zu übersteigen beginnt:

$$n_{(BD_n^{br} = BIP_n)} = \frac{\log\left(\frac{(r-g)}{k(1+r)} + \left(\frac{1+g}{1+r}\right)\right)}{\log\left(\frac{1+r}{1+g}\right)}.$$

Aus dieser Formel ergibt sich, dass bei einer Relation von Staatsausgabe G zu BIP von $G_t/BIP_t = 0,1$, einer Wachstumsrate von $g = 2,5\ \%$ und einem Zinssatz von $r = 5\ \%$ nach etwa 8 Perioden (8,057) die Bruttobeanspruchung des Kapitalmarktes durch den Staat dem Wert dem Bruttoinlandsproduktes entspräche.

Der Fall der dauernden Finanzierung durch Umschuldung, auch der Zinslast, ist äußerst unrealistisch.

Insgesamt zeigen die Erörterungen, dass auf Dauer die Staatstätigkeit durch Steuern finanziert werden muss, weil eine dauerhafte Umschuldung nicht durchzuhalten ist, selbst wenn sie sich nur auf den Tilgungsbetrag bezieht. Weitere Anpassungsmöglichkeiten bestehen nur entweder in einem allmählichen Abbau der Wahrnehmung der originären Staatsaufgaben oder in einer Finanzierung der Staatsausgaben durch die Notenpresse. Darauf soll in dem Kapitel, in dem das Ziel der Preisniveaustabilität erörtert wird, noch eingegangen werden. Beide Möglichkeiten, auf Steuererhöhungen zu verzichten, sind wenig attraktiv. In der folgenden Zusammenfassung wird deshalb auch nur der Fall der steuerfinanzierten Rückzahlung des Defizits erfasst.

7.4   Tabellarische Zusammenfassung der Wirkungen

Einige vereinfachte wichtige Ergebnisse seien tabellarisch zusammengefasst (Vgl. zu tabellarischen Zusammenstellungen von Wirkungen auch BARRO/RUSH (1992), S. 137). In der Tabelle stehen die Fälle mit der Nr. 7.1 für pauschalsteuerfinanzierte Staatsausgaben, die Fälle mit der Nr. 7.2 für einkommensteuerfinanzierte Staatsausgaben und die Fälle mit der Nr. 7.3 für kreditfinanzierte Staatsausgaben mit pauschalsteuerfinanzierter Rückzahlung. Der Unterfall 1 steht jeweils für einmalige, der Unterfall 2 für dauerhafte Finanzierungen.

Ergebnisse ausgewählter Staatsaktivitäten im Vergleich					
Wirkung auf: Auslöserfall:	*Zins-satzr*	*Produktion Y*	*Beschäfti-gung L*	*Konsum C*	*Investi-tion I*
7.1.1 ↑(↓)	↑(↓)	↑(↓)	↑(↓)	↓(↑)	↓(↑)
7.1.2 ↑(↓)	const.	↑(↓)	↑(↓)	↓(↑)	const.
7.2.1 ↑(↓)	↑(↓)	?	↓(↑)	↓(↑)	↓(↑)
7.2.2 ↑(↓)	↑(↓)	?	?	↓(↑)	↓(↑)
7.3.1 ↑(↓) T_P	↑(↓)	↑(↓)	↑(↓)	↓(↑)	↓(↑)
7.3.2 ↑(↓) T_P	const.	↑(↓)	↑(↓)	↓(↑)	const.

Der Tabelle ist zu entnehmen, dass der Staat durch seine Ausgaben durchaus Einfluss auf Output und Beschäftigung nehmen kann. Allerdings ist eine Verdrängung privater Nachfrage regelmäßige Begleiterscheinung der Staatsaktivität. Während bei langfristigen Staatsausgaben vornehmlich der private Konsum von der Verdrängung betroffen ist, sind es bei kurzfristigen Staatsausgaben auch die Investitionen und damit die künftigen Wachstumsmöglichkeiten. Diese sind aber auch bei der langfristigen Finanzierung durch eine Einkommensteuer negativ betroffen. Die Fälle 7.3 (Staatsverschuldung) sind in der Tabelle nur für eine Pauschalsteuerfinanzierung der Altschulden bei produktivem Staat dargestellt. Würden diese durch eine Einkommensteuer finanziert, so wären die unter 7.2 gekennzeichneten Effekte zusätzlich zu berücksichtigen, sodass auch im Falle 7.3 b) mit rückläufigen Invesitionen zu rechnen wäre und unter Umständen das Einkommen und die Beschäftigung sogar sinken würden.

IV. WIRTSCHAFTSPOLITIK

> „Daß es den Ökonomen nicht gelungen ist, die
> Politik mit mehr Erfolg anzuleiten, scheint mir
> eng mit ihrer Neigung zusammenzuhängen, die
> Verfahren der exakten Naturwissenschaften, die
> so überaus erfolgreich waren, möglichst genau
> nachzuahmen - ein Versuch, der in unserem Ge-
> biet zu schweren Fehlern führen kann."
>
> *Friedrich A. von Hayek (1899 - 1992),*
> Nobelpreisträger für Wirtschaftswissenschaft
> 1974, (1996), S. 3.

1. Gesamtwirtschaftliche Ziele

In diesem Teil soll auf wichtige gesamtwirtschaftliche Ziele eingegangen
werden, auf die Frage, warum es Zielabweichungen gibt, und schließlich
sollen die wirtschaftspolitischen Möglichkeiten erörtert werden, Zielabweichungen zu beseitigen.

Dabei wird vor allem auf *drei Ziele* eingegangen, bezüglich derer davon
ausgegangen wird, dass es unstrittig ist, dass sie erstrebenswerte Ziele
sind. Bei diesen Zielen handelt es sich um

- die *Stabilität des Preisniveaus,*

- einen *hohen Beschäftigungsstand bzw. möglichst geringe Arbeitslosigkeit* und

- ein *stetiges und angemessenes Wirtschaftswachstum.*

Zwischen diesen Zielen gibt es gewisse Beziehungen. *Zielbeziehungen*
werden danach unterschieden, ob sich die Ziele *harmonisch* zueinander
verhalten, wenn die Förderung des einen Ziels zugleich das andere Ziel
fördert, oder ob sie miteinander *konfligieren*, wenn die Förderung des
einen Ziels gleichzeitig die Erreichung des anderen Ziels behindert.
Schließlich ist es noch möglich, dass sich die Ziele *neutral* zueinander
verhalten, wenn die Förderung eines Ziels für die Erreichung des anderen
völlig unerheblich ist.

Als besonders bedeutsam wird die Beziehung zwischen den Zielen Preisniveaustabilität und hoher Beschäftigungsstand empfunden. Während es nicht strittig ist, dass die Ziele Stabilität des Preisniveaus und hoher Beschäftigungsstand als erstrebenswert gelten sollten, bestehen doch teilweise noch unterschiedliche Auffassungen, ob die Ziele sich zueinander neutral verhalten, einander entgegenstehen oder einander fördern. Früher hat man einmal für lange Zeit geglaubt, diese Ziele stünden in einem dauernden Konflikt miteinander, sodass mehr Beschäftigung erreichbar sei, wenn man höhere Inflation zulasse. Die Beziehung zwischen Inflation und Beschäftigung wird dabei als *modifizierte Phillips-Kurve* bezeichnet, während der ursprüngliche Phillips-Zusammenhang die Beziehung zwischen Lohnerhöhungen und Arbeitslosigkeit abbildete (vgl. zur Phillips-Kurve z. B. HANUSCH/KUHN (1994), S. 298 ff., HAVRILESKY (1988), S. 65 ff. und 80 ff., BARRO/GRILLI (1996), S. 635 ff.). Nach der früher verbreiteten Auffassung besaß die modifizierte Phillips-Kurve demnach einen fallenden Verlauf: höhere Inflation bedeutete also eine niedrige Arbeitslosenquote, niedrige Inflation eine hohe Arbeitslosenquote. Im Verlauf der Diskussion des Zusammenhangs und des Sammelns empirischer Erfahrungen wurde immer mehr zugestanden, dass der Zusammenhang zwar möglicherweise sehr kurzfristig gelte, langfristig aber nicht (These von der längerfristigen Verschiebung der Phillips-Kurve nach oben (Vgl. HANUSCH/KUHN (1994), S. 305 ff.)). Schließlich wurde die Erwartungsbildung mit in die Analyse einbezogen (Vgl. HANUSCH/KUHN (1994), S. 310 ff.). Im Wesentlichen führte dies zu der Erkenntnis, dass ein Zielkonflikt nicht bestehen kann, wenn die Wirtschaftspolitik und ihre Folgen von den Wirtschaftssubjekten erwartet werden, also insbesondere die Wirkungen der Geldpolitik auf die Änderungen des Preisniveaus vorausgeschätzt werden. Dann sind reale Produktion und Arbeitslosigkeit unabhängig von der Änderung des Preisniveaus, also herrscht dann eine Zielbeziehung der Neutralität. Und weil *unerwartete* positive oder negative Schocks eine Rolle spielen, kann von einem systematischen Zusammenhang zwischen den beiden Zielen nicht gesprochen werden. Da vornehmlich die Geldpolitik für die Preisentwicklung zuständig ist, spricht man auch von *Irrelevanz einer systematischen Geldpolitik* (Vgl. BARRO (1992), S. 582 und die dort in Fn. 5 angegebenen Quellen, BARRO/GRILLI (1996), S. 672 ff. Vgl. auch HAVRILESKY (1988), S. 280 f.).

Man kann also bezüglich der Zielbeziehung zwischen Arbeitslosigkeit und Inflation sagen, dass es erstens langfristig entweder keinen solchen Zusammenhang gibt oder aber dieser Zusammenhang auf Grund der noch zu erörternden negativen Wirkungen von Inflation positiv ist und zweitens kurzfristig nur vom nichtsystematischen Teil der Wirtschaftspolitik Wirkungen im Sinne einer negative Zielbeziehung ausgehen können, die aber nicht systematisch in Richtung auf weniger Arbeitslosigkeit und mehr Inflation wirken, sondern ebenso häufig in die andere Richtung (sonst wäre die Politik systematisch und würde irgendwann durchschaut und erwartet!). Wir werden deshalb im Verlauf des Kapitels die beiden Ziele als unabhängig voneinander bzw. sehr langfristig als positiv miteinander zusammenhängend ansehen.

Da sowohl geringe Inflation als auch ein hoher Beschäftigungsstand für das Wirtschaftswachstum förderlich sind, und umgekehrt eine Politik, die das Wachstum fördert, inflationäre Tendenzen dämpft und der Arbeitslosigkeit entgegenwirkt, werden wir das Wachstumsziel als im Allgemeinen harmonisch mit den beiden anderen Zielen ansehen.

Als *viertes Ziel* wird in knapperer Form auf das Ziel

* **Außenwirtschaftliches Gleichgewicht**

eingegangen. Dieses Ziel stellt eine Besonderheit insofern dar, als es keine einheitliche Auffassung darüber, was dieses Ziel eigentlich beinhaltet, gibt. Es sollen deshalb hier einige Konzepte des außenwirtschaftlichen Gleichgewichts dargestellt und verglichen werden. Für die weitere und eingehendere Diskussion dieses Ziels sei darüber hinaus auf die Spezialliteratur zur Außenwirtschaftslehre verwiesen.

In der Bundesrepublik Deutschland sind diese vier Ziele institutionell festgeschrieben worden. Zuerst im *Gesetz über die Bildung eines Sachverständigenrates zur Begutachtung der gesamtwirtschaftlichen Entwicklung* vom 14. Februar 1963, etwas später im *Gesetz zur wicklung* vom 14. Februar 1963, etwas später im *Gesetz zur Förderung der Stabilität und des Wachstums der Wirtschaft* vom 8. Juni 1967. (Vgl. dazu auch THIEME (1994), S. 38 ff.) „In beiden Fällen wird ausdrücklich auf den *Bezugsrahmen marktwirtschaftliche Ordnung* verwiesen, in dem diese gesamtwirtschaftlichen Ziele möglichst gleichzeitig zu verwirklichen sind." (THIEME (1994), S. 38 [Hervorhebung nicht im Original].)

Auf Grund dieser Forderung der gleichzeitigen Verwirklichung und des früher verbreiteten Glaubens, das Anstreben von Preisniveaustabilität behindere die Erreichung des Beschäftigungs- und des Wachstumsziels, sprach man auch von einem „*magischen Dreieck*", unter Einbeziehung des außenwirtschaftlichen Ziels von einem „*magischen Viereck*" (Vgl. HANUSCH/KUHN (1994), S. 108). Inzwischen ist man allerdings zu der Auffassung gelangt, die auch hier vertreten werden soll, dass es zwischen dem Preisniveauziel und den Zielen Wachstum und Beschäftigung keinen Zielkonflikt, sondern vielmehr auf längere Sicht eine **Zielharmonie** gibt. So äußert sich beispielsweise *OTMAR ISSING*, bekannter Nationalökonom und als deren Chefvolkswirt Mitglied des Direktoriums der Europäischen Zentralbank: „Both theoretical considerations and the empirical evidence accumulated over the years suggest that high rates of inflation are, on average, detrimental to growth and employment in the longer run. At the very least, nobody seems to be arguing that inflation is good for growth at any level. An environment of stable prices is a principal precondition for the efficent functioning of a free market economy and sustainable increases in both the standard of living and productive employment." (ISSING (1999), S. 9). Auch die *Europäische Zentralbank* führt in ihrer Begründung für eine auf Geldwertstabilität gerichtete Politik diese Harmonie mit den Zielen Wachstum und Beschäftigung an. (Vgl. EUROPÄISCHE ZENTRALBANK (1/1999), S. 44.) Insofern müsste es langfristig nicht nur eine Unabhängigkeit zwischen den Zielen geben (senkrechte Phillips-Kurve), sondern eine positiv geneigte Beziehung zwischen Inflation und Arbeitslosigkeit („Phillips-Kurve mit »falschem« Vorzeichen" (BARRO/ GRILLI (1996), S. 643)). (Vgl. Ebenda und vgl. schon FRIEDMAN (1977), S. 459 ff.) „Vollbeschäftigung und Preisniveaustabili-

tät sind entgegen verbreiteter Behauptung konsistente Ziele." (WOLL
(1992), S. 159.) Deshalb gibt es, wie im Verlauf dieses Kapitels noch ausführlich zu erörtern ist, kein magisches Drei- oder Viereck in dem Sinne,
wie sie verbreitet bekannt sind und häufig berufen werden. Vielmehr wird
sich ergeben, dass es, wenn man nicht nur die ganz kurze Frist betrachtet,
eine gute, d. h. eine problemadäquate Wirtschaftspolitik gibt, die zu geringen Zielabweichungen und eine schlechte Wirtschaftspolitik, d. h. eine,
die Mittel ergreift, die den Problemen nicht angemessen sind, die zu hohen
Zielabweichungen bei allen Zielen führt.

Wenden wir uns diesen vier Zielen jetzt im Einzelnen zu.

2. Das Ziel „Preisniveaustabilität"

2.1   Zur Definition und Messung des Ziels „Preisniveaustabi-
lität"

2.1.1 Definition von „Preisniveaustabilität"

Zunächst einmal ist zu klären, was unter Preisniveaustabilität verstanden
werden soll. Mit *WOLL* kann man dieses Ziel als verwirklicht ansehen,
„wenn sämtliche Preise im Durchschnitt weder steigen (Inflation) noch
fallen (Deflation) - mit Ausnahme einer Marge, die Ausdruck von Qualitätsänderungen ist ..." (WOLL (1992), S. 98, vgl. zu einer leicht abwei-
chenden Definition auch WOLL (1993), S. 493.)

Wird das Problem der Qualitätsänderungen und ihrer Berücksichtigung
zunächst nicht beachtet, dann folgt aus dieser Definition, dass der Geldwert eines Güterbündels, das, wenn sämtliche Preise einbezogen werden
sollen, wohl auch sämtliche Güter umfasst, sich nicht ändern soll. Praktisch wird man nicht alle Güter erfassen können, sodass regelmäßig auf ein
repräsentatives Güterbündel, das man auch *Warenkorb* nennt, zurückgegriffen wird. Der in Geld gerechnete Wert dieses Güterbündels, also der
Preis dieses Warenkorbes, wird als Indikator für das *Preisniveau* genommen. Wenn dieses Preisniveau steigt, kann man sich pro Geldeinheit, also

beispielsweise pro Euro, weniger kaufen, d. h., der Geldwert sinkt. *Preis-niveaustabilität* oder kurz *Preisstabilität* bedeutet demnach, dass der Wert des Geldes sich nicht verändert.

Nun können auch einmalige Steigerungen von Preisen einzelner Güter, sofern sie von beachtlichem Gewicht sind, Auswirkungen auf das Preisni-veau haben. Solche einmaligen oder vorübergehenden Entwicklungen werden normalerweise nicht als Inflation (bei Preisschüben nach oben) oder Deflation (bei Preisschüben nach unten) bezeichnet. Damit Inflation oder Deflation vorliegt, muss die Veränderung des Preisniveaus von einer gewissen Dauerhaftigkeit sein. (Vgl. WOLL (1993), S. 493.) Gleichwohl ist das Preisniveau auch von einmaligen oder vorübergehenden Schüben betroffen, sodass das *Ziel der Preisniveaustabilität* als *verletzt* angesehen werden kann. Eine andere Frage ist, ob Zielverfehlungen aus derartigen Ursachen bekämpft werden sollen oder ob lediglich darüber Aufklärung stattfinden sollte.

Unter Berücksichtigung von Problemen der Inflationsmessung, die auch die Probleme der Qualitätsverbesserungen bei Produkten einschließen, sieht die *Deutsche „Bundesbank* das Ziel der Preisstabilität dann als annä-hernd erreicht an, wenn die gemessene Preissteigerungsrate zwischen 0 % und 2 % liegt." (DEUTSCHE BUNDESBANK (5/1998), S. 60.) In ähnlicher Weise hat die *Europäische Zentralbank* beschlossen: „Preisstabilität wird definiert als Anstieg des Harmonisierten Verbraucherpreisindex (HVPI) für das Euro-Währungsgebiet von unter 2 % gegenüber dem Vorjahr". (EUROPÄISCHE ZENTRALBANK (1/1999), S. 51.) (Der HVPI wird noch genauer erläutert.) An gleicher Stelle wird betont: „In Einklang mit dieser Definition muss Preisstabilität mittelfristig beibehalten werden." (Ebenda und S. 52.)[1]

---

[1] Im Monatsbericht 1/1999 der Europäischen Zentralbank sind Teile des angeführ-ten Textes als Zitate aus einem Beschluß des EZB-Rates gekennzeichnet. Der EZB-Rat ist das oberste Entscheidungsorgan des Eurosystems und „umfaßt alle Mitglieder des Direktoriums der Europäischen Zentralbank und die Zentralbank-präsidenten der Mitgliedstaaten, die den Euro eingeführt haben." (EUROPÄISCHE

„Die Formulierung „unter 2 %" gibt unzweideutig die Obergrenze für die am HVPI gemessene Inflationsrate an, die mit Preisstabilität vereinbar ist. Gleichzeitig macht die Verwendung des Wortes „Anstieg" in der Definition klar, dass Deflation, d. h. anhaltende Rückgänge des HVPI-Index, nicht als mit Preisstabilität vereinbar angesehen würden." (EUROPÄISCHE ZENTRALBANK (1/1999), S. 51.) Seit 2003 wird angestrebt, die Preisniveausteigerungsrate nahe bei 2 % zu halten. (Vgl. zur Bewertung dieser Zielanpassung auch SVR (2003), S. 86 f.)

Schon in den Definitionen zum Ziel Preisniveaustabilität sind Fragen der Messung angedeutet. So spricht die Deutsche Bundesbank in ihrer Definition nicht von der Preissteigerungsrate, sondern von der *gemessenen Preissteigerungsrate*. Und die Europäische Zentralbank nennt, schon konkreter, einen Index (den HVPI), an dessen Veränderung Preisniveauänderungen festgestellt werden. Wir müssen uns demnach dem Problem der Messung des Preisniveaus und seiner Veränderung stellen.

2.1.2 Messung von „Preisniveaustabilität"

Im weiteren Verlauf wollen wir uns lediglich mit der Inflation befassen. Für die Deflation würde entsprechendes mit umgekehrtem Vorzeichen gelten. Preisstabilität als Abwesenheit von Inflation (und Deflation) kann nur festgestellt werden, wenn eine Inflationsrate gemessen wird. Zunächst einmal wird als zu messende *Inflationsrate* definiert:

$$\text{Inflationsrate}_t \text{ in \%} = \frac{\text{Preisniveau}_t - \text{Preisniveau}_{t-1}}{\text{Preisniveau}_{t-1}} \cdot 100$$

Diese Definition hat den Nachteil, dass sie das Preisniveau enthält, das nicht direkt, jedenfalls nicht mit akzeptablem Aufwand, gemessen werden kann, weil sämtliche Preise einbezogen werden müssten. Statt das Preisniveau zu verwenden, wird deshalb tatsächlich ein Preisindex P berechnet, dessen Veränderungen der Inflationsmessung dienen:

ZENTRALBANK (1/1999), S. 7; Zum Aufbau des Euro-Systems insgesamt vgl. EUROPÄISCHE ZENTRALBANK (7/1999).)

$$\text{Inflationsrate}_t \text{ in } \% = \frac{\text{Preisindex}_t - \text{Preisindex}_{t-1}}{\text{Preisindex}_{t-1}} \cdot 100$$

Zur Berechnung des deutschen Preisindex für die Lebenshaltung aller privaten Haushalte wird ein *Preisindex nach LASPEYRES* (1834 - 1913) berechnet. (Vgl. zum Folgenden und für Einzelheiten: DEUTSCHE BUNDESBANK (5/1998), S. 64, WOLL (1993), S. 494 ff., MANKIW (1999), S. 540 ff., zu diesem Index und anderen Indizes allgemein vgl. BLEYMÜLLER/GEHLERT/GÜLICHER (1996), Kap. 25). „Dabei wird eine fiktive Ausgabensumme der Gegenwart (Verbrauchsmengen x_i^b des Gutes i in der Basisperiode b bewertet mit den Preisen der Gegenwart p_i^t) einer Ausgabensumme für den Warenkorb der Basisperiode (Verbrauchsmengen der Basisperiode x_i^b bewertet mit den Preisen der Basisperiode p_i^b) gegenübergestellt:

$$.. P_L^{t,b} = \frac{\sum_i p_i^t x_i^b}{\sum_i p_i^b x_i^b} .."$$ (DEUTSCHE BUNDESBANK (5/1998), S. 64.)

Dieser Index vergleicht das Preisniveau des Jahres t mit dem des Basisjahres b, was an den hochgestellten Buchstaben zu erkennen ist (das tiefgestellte L steht für *LASPEYRES*). Dieser Vergleich interessiert allerdings weniger, denn es soll ja ein Vergleich mit dem Preisniveau des Vorjahres gefunden werden. Entsprechend kann als *Inflationsrate des Jahres t gegenüber dem Vorjahr t-1 - $I^{t,t-1}$ - gemessen* werden:

$$I^{t,t-1} \text{ in } \% = \frac{P_L^{t,b} - P_L^{t-1,b}}{P_L^{t-1,b}} \cdot 100.$$

An dieser Grundformel können noch Verfeinerungen vorgenommen werden. In jedem Fall wird „[d]ie aktuelle Teuerung .. somit anhand eines Warenkorbes aus der Vergangenheit gemessen, der wegen eines inzwischen veränderten Verbrauchsverhaltens veraltet sein kann." (DEUTSCHE BUNDESBANK (5/1998), S. 64.)

Daraus ergeben sich die wesentlichen *vier Fehlerquellen der Inflationsmessung* (nach: DEUTSCHE BUNDESBANK (5/1998), S. 55 f., vgl. auch MANKIW (1999), S. 544 f.):

- *Änderungen relativer Preise* lösen Substitutionseffekte aus, sodass die Haushalte vermehrt zu Gütern übergehen, die geringere Preissteigerungen verzeichnen. Ein Preisindex mit festgehaltenen Gütermengen eines Basisjahres überschätzt dann die Inflationsrate. (Vgl. z. B. anschaulich FRIEDMAN (1999), S. 48 - 54.) Zudem ändert sich die Zusammensetzung des Konsums mit der Veränderung des Realeinkommens.

- Wenn *neue Vertriebsformen* genutzt werden, dann kann die Erhebung bei gleich bleibenden Berichtsstellen zu einer Überschätzung der Preisentwicklung führen, weil Haushalte zu günstigeren Anbietern abwandern.

- *Qualitätsveränderungen* der Produkte schlagen sich in Preisveränderungen nieder. Ein teureres Produkt kann dann lediglich eine Qualitätsverbesserung (die eine entsprechend höhere Zahlungsbereitschaft hervorruft) widerspiegeln.

- *Neue Güter* werden erst mit Verzögerung in die Inflationsmessung einbezogen,[2] weisen aber gerade in der Anfangszeit oft Preissenkungstendenzen auf, weil die Produktionsverfahren ausreifen und durch die Markterschließung Größenvorteile zur Geltung gebracht werden können. Dies führt ebenfalls zu einer Überschätzung der Inflationsrate.

---

[2] „Das durchschnittliche Alter eines Wägungsschemas bei der laufenden Inflationsmessung beträgt .. 6 ½ Jahre." (DEUTSCHE BUNDESBANK (5/1998), S. 56.)

Diese Fehlerquellen, die aus prinzipiellen Gründen nicht völlig vermieden werden können, führen dazu, dass die ausgewiesene Inflationsrate in der Tendenz zu groß ist. Die *Deutsche Bundesbank* schätzt, dass die Teuerung um etwa ¾ %-Punkte pro Jahr überschätzt wird (vgl. DEUTSCHE BUNDES-BANK (5/1998), S. 60).

Schließlich sei noch auf das Phänomen des so genannten *Preisüberhangs* hingewiesen (vgl. PÄTZOLD (1993), S. 46 f.), das bewirken kann, dass im Vorjahresvergleich eine Inflation ausgewiesen wird, obwohl im Berichts-jahr gar keine Veränderung des Preisniveaus stattgefunden hat. Nehmen wir beispielsweise an, zu Beginn eines Jahres t-1 betrüge der Preisindex 1 und er würde zum Ende des Jahres t-1 den Wert 1,1 aufweisen, sodass das Preisniveau zum Ende des Jahres t-1 um 10 % über dem zu Beginn dieses Jahres läge. Im Jahr t gäbe es hingegen keinerlei Preisniveauveränderung, sodass zu Beginn des Jahres t ebenso wie zu seinem Ende der Wert des Preisindex 1,1 betrüge. In diesem Fall würde es zwar im Jahr t-1 eine Preisniveauerhöhung geben, nicht aber im Jahr t. Wenn jetzt die Inflati-onsrate nach der oben angegebenen Formel unter *Zugrundelegung des durchschnittlichen Wertes des Preisindex in einem jeden Jahr* berechnet würde, erhielte man als Inflationsrate vom Jahr t-1 zum Jahr t:

$$I^{t,t-1} \text{ in } \% = \frac{1,1 - 1,05}{1,05} \cdot 100 = 4,762 \% \,.$$

Die zum Ende des Jahres t in den Medien verbreitete Nachricht, dass Preisniveau für die Lebenshaltung sei im Durchschnitt des Jahres t um 4,762 % höher als im Durchschnitt des Jahres t-1 ist zwar *keine falsche Nachricht*, sie wird aber unter Berücksichtigung der Vorstellungswelten der Hörer vermutlich zur *falschen Information*. Entsprechend werden er-gänzend auch Teuerungsraten veröffentlicht, die den Index eines Monats mit dem des gleichen Monats im Vorjahr vergleichen. In diesem Fall wür-de im Beispiel, gleichmäßige Teuerung im Jahr t-1 unterstellt, die ausge-wiesene Inflationsrate im Jahr t von rd. 10 % im Januar auf etwas über 0 % im Dezember sinken, aber gleichwohl nicht die Preisentwicklung im Jahr t angeben. Schließlich gibt es noch die Methode, den Indexwert eines

Monats mit dem des Vormonats zu vergleichen und dann den Wert auf ein Jahr hochzurechnen. In diesem Falle würde im Beispiel nur im Januar die Entwicklung im Jahre t nicht korrekt wieder gegeben.

Die Definition der Europäischen Zentralbank bezog sich allerdings nicht auf den Preisindex für die Lebenshaltung der deutschen privaten Haushalte, sondern auf den *Harmonisierten Verbraucherpreisindex (HVPI) für das Euro-Währungsgebiet*, kurz *HVPI-Index*.

Im Gegensatz zum Preisindex für die Lebenshaltung der deutschen privaten Haushalte gehen in die Harmonisierten Verbraucherpreisindizes der Mitgliedstaaten der Europäischen Union vereinfacht nur solche Positionen ein, die über die Länder hinweg einigermaßen vergleichbar sind. Beispielsweise „ .. werden [nunmehr] im deutschen HVPI - bezogen auf das Jahr 1996 - 87 % der dem Preisindex für die Lebenshaltung zu Grunde liegenden Ausgaben erfasst." (DEUTSCHE BUNDESBANK (5/1998), S. 61 f.) Aus den nationalen HVPI wird dann als gewichtetes arithmetisches Mittel der HVPI für das Euro-Währungsgebiet errechnet (Vgl. DEUTSCHE BUNDESBANK (5/1998), S. 65 f.), auf den sich das Stabilitätsziel der Europäischen Zentralbank bezieht. (Vgl. zum HVPI-Index auch EUROPÄISCHE ZENTRALBANK (1/1999), S. 51 f. Über die Entwicklung des HVPI-Index für Europa wird regelmäßig in den Statistischen Teilen der Monatsberichte der *Deutschen Bundesbank* und denen der *Europäischen Zentralbank* berichtet.)

2.2   Zum Problem der Verfehlung des Ziels „Preisniveaustabilität"

2.2.1   Warum die Verfehlung des Preisniveaustabilitätsziels volkswirtschaftlich unerwünscht ist

Vorrangig ist die Frage zu klären, warum Preisniveaustabilität überhaupt ein sinnvolles wirtschaftspolitisches Ziel ist. Damit dies der Fall ist, muss gezeigt werden können, dass Inflation (und natürlich Deflation) nachteilige volkswirtschaftliche Wirkungen zeitigt.

Die nachteiligen volkswirtschaftlichen Wirkungen dauernder Preisniveau-änderungen können (Vgl. z. B. HELMSTÄDTER (1986), S. 207 ff.)

* zum Ersten darin liegen, dass die optimale Zuweisung von Ressourcen zu verschiedenen Verwendungszwecken gestört wird, also die optimale Allokation von Ressourcen. In diesem Falle spricht man von *allokativen Wirkungen der Inflation*.

* Zum Zweiten können die unerwünschten Wirkungen in einer ungewünschten Umverteilung von Einkommen und Vermögen durch die Preisniveauänderungen liegen. Man spricht dann von *distributiven Wirkungen der Inflation*.

Des Weiteren kann man danach unterscheiden, ob die *Inflation unerwartet* auftritt oder ob sie von den Wirtschaftssubjekten *erwartet* worden ist. (Vgl. z. B. BURDA/WYPLOSZ (1994), S. 523 ff., BARRO/GRILLI (1996), S. 278 f., MANKIW (1998), S. 186 ff., MANKIW (1999), S. 677 ff., MANKIW (2000), S. 175 ff.)

1) **Wirkungen erwarteter Inflation** (Vgl. MANKIW(1998), S. 187 f., MANKIW (1999), S. 678 ff., MANKIW (2000), S. 176 ff.):

* *„Schuhsohlen-Kosten" (shoeleather costs) der Inflation:* Entsprechend der Fisher-Relation liegt der Nominalzinssatz in Höhe der Inflationsrate über dem Realzinssatz. Mit steigendem Nominalzinssatz nimmt die reale Geldnachfrage ab, nicht zuletzt, weil Geld seine Eignung als Wertaufbewahrungsmittel einbüßt. Es werden mehr Konvertibilitätsvorgänge von anderen Formen der Aktiva in Geld erforderlich. Da man öfter zur Bank muss, wird von „Schuhsohlen-Kosten" gesprochen, die natürlich einen Fall von Transaktionskosten darstellen.

* *„Speisekarten-Kosten" (menu costs) der Inflation*: Kosten der (öfteren) Neufakturierung der Waren, einschließlich des Drucks von Katalogen, Prospekten und Preislisten.

- *Veränderungen der relativen Preise* durch verzögerte Preisanpassungen auf Grund der menu costs: Da die menu costs bei verschiedenen Gütern und Händlern unterschiedlich sind, bestehen unterschiedliche Möglichkeiten, sich rasch der allgemeinen Preisentwicklung anzuschließen. Daraus entstehen Verzerrungen der relativen Preise und entsprechende Fehldispositionen, mithin auch Fehlallokationen.

- *Veränderungen der Steuerbelastung zu Gunsten des Staates*: Häufig sind inflationäre Einkommensentwicklungen in den Steuergesetzen nicht oder unzureichend berücksichtigt. Selbst wenn der Staat die Inflation richtig voraussieht, passt er nur von Zeit zu Zeit die Steuertarife an, sodass es zwischenzeitlich zu einer Umverteilung aus dem Privatsektor in den Staatssektor kommt. Dies ist einerseits eine distributive Wirkung, andererseits aber auch eine allokative Wirkung, denn dadurch wird die optimale Allokation von Ressourcen auf die Privatwirtschaft und den Staat beeinträchtigt.

- *Geld verliert an Eignung in seiner Funktion als Recheneinheit und Wertmaßstab*, sodass die Planungen und Dispositionen der Wirtschaftssubjekte schwieriger werden. Auch dies hat allokative Folgen.

2) **Wirkungen nicht erwarteter Inflation** (Vgl. MANKIW (1998), S. 188 f., (1999), S. 683 f., (2000), S. 178 ff., EUROPÄISCHE ZENTRALBANK (1/1999), S. 44):

- Unerwartete Inflation bewirkt eine *willkürliche Umverteilung von Vermögen*, weil sich die Wirtschaftssubjekte nicht darauf einstellen können. Schuldner sind Inflationsgewinner, Gläubiger Inflationsverlierer. Fixeinkommensbezieher, z. B. Rentner, verlieren.

- Unsichere Inflationserwartungen erschweren Dispositionen über die Zeit. Die *Inflationsrisikoprämien in den langfristigen Zinssätzen* steigen, sodass die Investitionsdynamik beeinträchtigt wird. Zudem werden *Ressourcen für die Absicherung gegen Inflationsrisiken ge-*

bunden, die sonst produktiv eingesetzt werden könnten. Diese Absicherungskosten steigen dabei mit der Höhe der Inflationsrate an, denn: „Hohe Inflation bedeutet variable Inflation." (MANKIW (1998), S. 189.)

Auch wenn die aufgeführten Kosten auf den ersten Blick als eher gering eingeschätzt werden könnten, können sie doch ganz erheblich werden und maßgeblich zum wirtschaftlichen Niedergang einer Volkswirtschaft beitragen, wie beispielsweise *Hyperinflationen*, etwa die deutsche Hyperinflation 1922/23, zeigen. (Vgl. dazu z. B. BARRO/GRILLI (1996), S. 273 ff., MANKIW (1998), S. 191 - 195, MANKIW (2000), S. 180 - 186, HARDACH (1979), S. 25 ff.)

Aber auch in „normalen" Zeiten mit niedrigeren Inflationsraten sind die volkswirtschaftlichen Kosten der Inflation erheblich. Wie *ROBERT J. BARRO* gezeigt hat, beeinträchtigen höhere Inflationsraten das Wirtschaftswachstum und damit den langfristigen Wohlstand einer Gesellschaft. Und die Beeinträchtigung des Wachstums durch einen weiteren Prozentpunkt Inflation tritt unabhängig vom Ausgangsniveau der Inflation ein. (Vgl. BARRO (1996), S. 65 ff.). *BARRO* stellt unter anderem fest: „Although the effects on growth rates seemed small, the implied costs of inflation in the long run were large. Moreover, there was nothing to gain in the short run from a following a policy that tolerated higher inflation." (Ebenda, S. 65). Die Befürworter einer weniger restriktiven Geldpolitik, so führt *BARRO* weiter aus, irren sich insbesondere bei der Abschätzung der Verluste „that result in the long run from small but sustained reductions of the rate of economic growth." (Ebenda, S. 66.)

Nimmt man alle Wirkungen zusammen, so muss man der Feststellung der *Europäischen Zentralbank* wohl zustimmen: „In ihrer Gesamtheit lassen diese Argumente darauf schließen, dass die Gewährleistung der Preisstabilität an sich zur Verwirklichung der Produktions- beziehungsweise Beschäftigungsziele beiträgt." (EUROPÄISCHE ZENTRALBANK (1/1999), S. 44.)

2.2.2 Wie es zur Zielverfehlung kommt

Wie die Makroökonomie zeigt, ist die Höhe des Preisniveaus auf mittlere Frist ein rein monetäres Phänomen, sie wird also auf dem Geldmarkt bestimmt. Werden zudem Inflationserwartungen einbezogen, so wird bei einer Zunahme des Geldmengenwachstums eine erwartete Inflation bereits heute zu einem höheren Nominalzinssatz führen, sodass die Geldnachfrage abnimmt und das Preisniveau durch die Versuche der Wirtschaftssubjekte, ihre Kassenbestände abzubauen, steigt, bis durch das steigende Preisniveau die reale Geldhaltung auf die verminderte gewünschte Geldhaltung abgesunken ist.

Zur Frage der Inflationserklärung ist demnach zu klären, welche Einflussfaktoren dauerhaft zu Veränderungen auf dem Geldmarkt führen. Und da die Geldnachfrage auch von realen Größen abhängt, können monetäre oder reale Größenänderungen zu Inflation führen.

Die Bildung des Preisniveaus durch Geldnachfrage und Geldangebot sei zur Wiederholung noch einmal im folgenden Schaubild dargestellt:

Der Geldmarkt

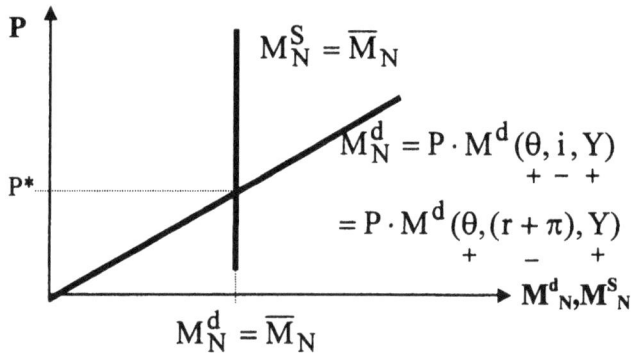

Wie dem Schaubild zu entnehmen ist, können Impulse für Veränderungen des Preisniveaus von der Geldangebotsseite durch eine dauernde Zunahme, also ein Wachstum, der nominalen Geldmenge M^S_N ausgehen. Auf der Geldnachfrageseite können Impulse ausgehen vom Konvertibilitätskostensatz θ, vom Nominalzinssatz i, also vom Realzinssatz r und der (erwarteten) Inflationsrate π, sowie vom Realeinkommen Y.

2.2.2.1 Geldangebotsseitige Inflationsursachen

Gehen wir zunächst auf Impulse ein, die auf die *Geldangebotsseite* einwirken. Sofern auf der Geldnachfrageseite die Argumente θ, i und Y unverändert bleiben, ist die reale Geldnachfrage M^d unabhängig vom zur Verfügung stehenden nominalen Geldangebot M^S_N.

Wächst nun das nominale Geldangebot mit der Rate μ, sodass $M^S_{N1} = (1+\mu)M^S_{N0}$ ist, so ergibt sich aus der Forderung der Gleichheit von nominalem Geldangebot und nominaler Geldnachfrage unmittelbar, dass das Preisniveau mit der gleichen Rate wie das Geldangebot wachsen muss: $P_1 = (1+\pi)P_0 = (1+\mu)P_0$.

Nun sind allerdings das reale Einkommen Y und der Realzinssatz r bereits auf dem Güter- bzw. Kapitalmarkt festgelegt. Auf Grund der Fisher-Gleichung gilt für den Nominalzinssatz: i = r + π. Dabei ist π die Inflationsrate $(P_1-P_0)/P_0$, d. h. die Inflationsrate ist im Nominalzinssatz i enthalten. Bleibt das Geldmengenwachstum konstant, so bleiben auch die Inflationsrate und der Nominalzinssatz konstant.

Was geschieht bei einer Erhöhung der Wachstumsrate der Geldmenge M^S_N? Steigt die Rate, mit der die Geldmenge wächst, so muss bei konstanter realer Geldnachfrage das Preisniveau mit der gleichen Rate wachsen. Allerdings wird sich auf Grund der höheren Inflationsrate, die sich in einer Nominalzinssatzerhöhung niederschlägt, die reale Geldnachfrage vermindern. Das beschleunigt die Inflation.

Die *Beschleunigung der Inflation hat Auswirkungen.* In einer *optimistischen Variante* ist die Beschleunigung so moderat, dass sie nur vorübergehend stattfindet. In diesem Fall muss, vereinfacht, das überproportionale Wachstum des Preisniveaus bewirken, dass das reale Geldangebot schneller zu schrumpfen beginnt als die reale Geldnachfrage. Wenn das der Fall ist, ist irgendwann das reale Geldangebot wieder der realen Geldnachfrage gleich, wobei das Niveau beider realer Größen entsprechend der Geldnachfragereaktion auf die dauerhaft höhere Inflationsrate zurückgegangen ist. Wenn die Geldnachfrage sofort reagiert, wird ein Preissprung die Anpassung bewirken, bei verzögerter Reaktion wird es zu einer vorübergehenden Inflationsbeschleunigung kommen. (Vgl. BARRO (1992), S. 209 ff. und BARRO (1997), S. 280 ff.).

In einer *pessimistischen Variante* ist es aber auch möglich, dass die Geldhalter auf Grund der Beschleunigung der Inflation eine zunehmende **Flucht in die Sachwerte** antreten. Dann ist es denkbar, dass durch die Preisniveauzunahme das reale Geldangebot zwar sinkt, die Geldnachfrage aber noch rascher sinkt, sodass die Inflationsbeschleunigung zunimmt und schließlich die Inflation in eine Hyperinflation übergeht, die katastrophale Folgen für die Volkswirtschaft hat. (Vgl. dazu z. B. BARRO (1997), S. 290 ff., MANKIW (1998), S. 191 -195, HARDACH (1979), S. 25 ff.)

Ob die optimistische Variante oder die pessimistische Variante eintritt, hängt insbesondere von den Inflationserwartungen ab. Sofern die Geldhalter davon überzeugt sind, dass es sich nur um ein kurzfristiges Überschießen der Inflation handelt, beispielsweise weil die Zentralbank glaubhaft bei ihrer konstanten Geldmengenwachstumsrate bleibt, besteht eine gute Chance, dass die Reaktion der Geldnachfrage auf diese zeitweise höheren Inflationsraten verhalten bleibt, sodass es relativ rasch zur neuen gleichgewichtigen Inflationsrate kommt. Wird aber der Zentralbank nicht geglaubt, dass sie den Geldmarkt zu stabilisieren vermag, ist das Risiko hoch, dass es zur *Hyperinflation* kommt. Dies ist nicht zuletzt deshalb der Fall, weil die Zentralbank sich früher oder später veranlasst sehen könnte, das Wachstum der nominalen Geldmenge zu beschleunigen, um den zusätzlichen Bedarfen an *nominaler* Transaktionskasse nachzukommen. So hat sich in der deutschen Hyperinflation 1922/23 die Reichsbank schließlich nicht mehr in der Lage gesehen, die Wirtschaft zureichend mit Geldscheinen zu versorgen und der Präsident der Reichsbank hoffte auf den Einsatz von Schnellpressen, um die selbstgesetzte Aufgabe erfüllen zu können. (Vgl. HARDACH (1979), S. 30.) Erwartungsänderungen, etwa die Erwartung einer in Kürze anstehenden gelingenden Währungsreform, können dann wieder stabilisierend wirken. (Vgl. BARRO (1992), S. 217, BARRO/GRILLI (1996), S. 273.)

Hier können natürlich die Risiken der *Geldmengensteuerung* nur angedeutet werden (für nähere Informationen sei auf die Spezialliteratur verwiesen), aber es ist klar, dass eine Änderung der Geldmenge zu einer überschießenden Reaktion führt und diese nicht notwendig vorübergehend ist, sondern auch in eine Hyperinflation münden kann. Deshalb ist es einerseits nützlich, vorübergehende Änderungen des Geldmengenwachstums, etwa um die Konjunktur zu beeinflussen, möglichst zu vermeiden, d. h. eine *möglichst regelgebundene und keine diskretionäre Geldpolitik* zu betreiben, um einen Initialimpuls für Inflation zu vermeiden. Andererseits ist es wichtig, einen möglichen inflationären Impuls, der auch zufällig geschehen kann, weil auch hohe Zentralbankkunst nicht jede Schwankung im Geldmengenwachstum zu vermeiden vermag, durch eine hohe *Reputation* der Zentralbank zu entschärfen. Wenn die Geldhalter vernünftig annehmen können, dass die Zentralbank willens und in der Lage ist, auch gegen politische Widerstände die Preisstabilität sicherzustellen, werden sie auf kurzfristige Schwankungen nicht mit bedeutsamen Änderungen in der Geldnachfrage reagieren, sodass eine Verschärfung der inflationären Tendenz vermieden wird. Der Aufbau einer Reputation verlangt eine konsequente stabilitätsorientierte Geldpolitik, die mittel- und längerfristige Verlässlichkeit zeigt. Und eine solche Reputation, deren Beitrag zur Verhinderung der Entstehung von Inflation als sehr erheblich einzuschätzen ist, kann am besten von einer von der sonstigen Wirtschaftspolitik unabhängigen Zentralbank erworben und in der Geldpolitik genutzt werden. (Vgl. zu den Zusammenhängen BARRO/GRILLI (1996), Kap. 22, S. 729 ff., BARRO (1996), S. 55 ff.) Der Chefvolkswirt im Direktorium der Europäischen Zentralbank stellt dazu fest: „It is now widely accepted - in this country and around the world - that price stability is a common good that is best safeguarded by independent central banks, which are not subject to the usual short-term pressures that characterise the political process. ... A substantial body of research also confirms that independent central banks tend to be more successful in the pursuit of price stability than dependent central banks, without any identifiable costs in terms of output growth or volatility." (ISSING (1999), S. 9.)

2.2.2.2 Geldnachfrageseitige Inflationsursachen

Natürlich können die inflationären Impulse auch von der Geldnachfrageseite ausgehen. Hier ist zu untersuchen, welche Ereignisse oder Entwicklungen auf die erklärenden Variablen Konvertibilitätskostensatz θ, Nominalzinssatz $i = r + \pi$ und Realeinkommen Y einwirken und so die Geldnachfrage verändern.

Betrachtet man zunächst den *Konvertibilitätskostensatz* θ, so ist wohl die Feststellung nicht von der Hand zu weisen, dass die modernen Techniken des Zahlungsverkehrs die Geldverwendung immer effektiver machen, sodass der Konvertibilitätskostensatz, also die Kosten, die entstehen, wenn andere Aktiva in Geld umgewandelt werden, tendenziell sinkt Damit sinkt natürlich auch der Bedarf an Kassenhaltung, d. h. die Geldnachfrage nimmt ab. Ceteris paribus, also insbesondere unter der Bedingung, dass die Zentralbank dem nicht in ihrer Geldmengenpolitik entgegenwirkt, würde dadurch das Preisniveau steigen. Gibt es eine dauerhafte Entwicklung zur Absenkung der Konvertibilitätskosten, was der Fall ist, wenn der technische Fortschritt in diesem Bereich nicht einschläft, dann folgt hieraus c. p. eine dauerhafte Steigung des Preisniveaus, also eine Inflation. Die durch die Entstehung dieser Inflation oder durch ihre Beschleunigung resultierenden weiteren Wirkungen auf die Geldnachfrage und die Inflation diskutieren wir hier nicht erneut, weil dies bereits weiter oben geschehen ist. Jede Inflation birgt den Keim der Beschleunigung über ihre Wirkungen auf die Geldnachfrage in sich. Es sei auf die obigen Ausführungen und Quellen verwiesen.

Als weitere Einflussgrößen der Geldnachfrage verbleiben noch der *Nominalzinssatz $i = r + \pi$* und das *Realeinkommen Y*. Wie gerade schon erwähnt, wollen wir bezüglich der Auswirkungen einer Änderung von π auf die entsprechenden Betrachtungen oben verweisen. Der Realzinssatz r und das Realeinkommen Y werden aber gemäß der im Abschnitt III. entwickelten Makroökonomik simultan auf Güter- und Kapitalmarkt bestimmt.

Um die von r und Y ausgehenden Inflationswirkungen beurteilen zu können, müssen wir also auf die Analyse von Auswirkungen von Datenänderungen allgemein und von staatlichen Aktivitäten auf das Kreislaufniveau Y und den Realzinssatz r zurückgreifen, die in den Kapiteln III.6. und III. 7 entwickelt wurden. Um daran unmittelbar anzuknüpfen, nehmen wir die gleichen Einflüsse zur Hand, die auch dort diskutiert wurden, wobei zur Abschätzung der Preisniveauwirkung auf die Tabellen an den Enden der Kapitel zurückgegriffen werden kann.

(Zu den im Folgenden dargestellten Inflationswirkungen vgl. die einschlägigen Ausführungen insbesondere in BARRO (1992 oder 1997), BARRO/GRILLI (1996), BARRO/RUSH (1992), HAVRILESKY (1988).)

- **Datenänderungen als Inflationsursachen**

Betrachten wir *zunächst Änderungen im Produktionsniveau,* die zwar die Ausbringung betreffen, *nicht* aber *die Grenzprodukte von Arbeit und Kapital.* Beispielsweise würde eine Überschwemmung den Einsatz eines Teils des Sozialproduktes für die Katastrophenbeseitigung erfordern, der nicht mehr konsumtiv oder investiv verwendet werden könnte (temporäre Verschiebung der Produktionsfunktion). Oder eine Volkswirtschaft führt einen Teil ihres Sozialproduktes dauerhaft an Entwicklungsländer ab (dauerhafte Verschiebung der Produktionsfunktion). Beide Beispiele führen zu einer Verschiebung der Produktionsfunktion nach unten, sie stellen negative Angebotsschocks dar. Ein positiver Schock wäre beispielsweise die Entdeckung einer neuen Rohstoffquelle.

Sofern es sich um einen *einmaligen (temporären) Schock* handelt, werden als Folgen zu erwarten sein:

- *Bei einem negativen Schock* steigt der Realzinssatz r in der Betrachtungsperiode, während das Realeinkommen Y sinkt. In späteren Perioden ist dieser Einfluss dann wieder zurückgenommen. Der steigende Realzinssatz r führt bei jeder gegebenen Ausgangsinflation zu einem steigenden Nominalzinssatz i und damit zu einer Abnahme der Geldnachfrage. Ebenso wirkt das rückläufige Realeinkommen negativ auf die Geldnachfrage. Die Wirtschaftssubjekte versuchen, Kasse zu Gunsten anderer Aktiva abzubauen, was zu steigenden Preisen führt. Von negativen temporären Schocks gehen demnach Inflationsimpulse aus. Was daraus wird, ist dann eine Frage des Anpassungsprozesses. Da in der hier gefolgten Makroökonomik durchweg von vernünftigen Wirtschaftssubjekten ausgegangen wird, ist die Annahme nicht unbegründet, dass der temporäre Schock als solcher erkannt wird, was beim Ölpreisschock, bei Überschwemmungen, Bergrutschen etc. regelmäßig auch der Fall ist. Die Wirtschaftssubjekte sind deshalb nicht verwundert, dass vorübergehend der 'Geldmantel' etwas weit ist. Sie erwarten künftigen Abbau des Inflationsschubs, sodass nicht mit einer dauerhaften Geldnachfragereaktion zu rechnen ist. Es sei denn, eine expansive Geldpolitik wollte dem Produktions- und Beschäftigungseinbruch entgegenwirken, was dann ein Fall für den obigen Punkt 2.2.2.1 wird.

— *Bei einem positiven Schock*, wie beispielsweise der Empfang einer einmaligen Güterschenkung als Entwicklungshilfeleistung, würde der Realzinssatz r vorübergehend sinken und das Realeinkommen Y steigen. Beides führt zu einer höheren Geldnachfrage, sodass von diesem Ereignis ein temporärer deflationärer Impuls ausginge. Interessant wird dieser Fall erst dadurch, dass mit der Einkommenserhöhung eine temporäre Beschäftigungsverminderung einhergeht, weil der sinkende Zinssatz es weniger attraktiv macht, Geldkapital zu bilden und in die Zukunft zu verlagern. Sollte die Zentralbank die deflationäre Tendenz in Verbindung mit der Beobachtung, dass die Beschäftigung abnimmt zum Anlass nehmen, um erhoffter positver Beschäftigungseffekte willen das Geldmengenwachstum im Glauben zu beschleunigen, das sei wegen der vorhandenen Deflationstendenz für das Preisniveaustabilitätsziel problemlos möglich, so würde beim Verschwinden des Impulses in der nächsten Periode ein inflationärer Impuls durch das erhöhte Geldmengenwachstum entstehen. Und wir wären wieder im Fall 2.2.2.1 dieses Abschnitts.

Sofern es sich um eine *dauerhafte Verschiebung der Produktionsfunktion* handelt, beispielsweise die erwähnte neue Rohstoffquelle oder eine Verbesserung der Infrastruktur der Volkswirtschaft, gilt Folgendes:

– *Bei einer dauerhaften negativen Verschiebung der Produktionsfunktion* bleibt der Realzinssatz r konstant, während das Realeinkommen Y ebenso sinkt wie die gesamtwirtschaftliche Nachfrage. Die Folge ist ein dauerhafter Rückgang der Geldnachfrage, woraus bei gegebener Wachstumsrate des Geldangebots ein Übergang zu einer höheren Inflationsrate folgt. Der 'Geldmantel' wird im Vergleich zum Realeinkommensniveau zu reichlich. Die Zentralbank sollte durch Geldverknappung gegensteuern. Gefährlich ist die Vorstellung, der dauerhaften Realeinkommensabsenkung monetär entgegenwirken zu wollen. Das würde die Inflation beschleunigen und wir wären wieder unter Punkt 2.2.2.1. Allerdings sind dauerhafte negative Verlagerungen der Produktionsfunktion im Frieden nur schwer vorstellbar, weil dies technischen Rückschritt implizierte. Anders ist es, wenn der dauerhafte Produktionsrückgang beispielsweise durch einen stetig aufrechterhaltenen militärischen Konflikt bewirkt wird. In diesem Falle dürfte nach der hier vertretenen Auffassung auf gar keinen Fall eine monetäre Alimentierung der gesamtwirtschaftlichen Verluste versucht werden. In der Geschichte wurden schon häufig Inflationen durch monetäre Kriegsfinanzierung hervorgerufen.

– *Im Falle einer dauerhaften positiven Veränderung der Produktionsbedingungen*, wie sie beispielsweise durch technischen Fortschritt oder die Verbesserung der Rahmenbedingungen privaten Wirtschaftens durch den Staat hervorgerufen würde, bliebe ebenfalls der Realzinssatz konstant, Produktion und Konsum würden aber steigen. Die Folge wäre ein höherer Geldbedarf, der zur Verhinderung deflationärer Tendenzen auch monetär gedeckt werden sollte. D. h. die Geldversorgung sollte dem Anstieg des Produktionspotentials angepasst werden, wie dies Teil der bisherigen Strategie der Deutschen Bundesbank und auch der geld-politischen Strategie der Europäischen Zentralbank seit Januar 1999 ist. (Vgl. EUROPÄISCHE ZENTRALBANK (1/1999), S. 52 ff.) Allerdings besteht auch ein Risiko der Übertreibung der monetären Expansion, wenn im Glauben, die Beschäftigung könnte durch Inflation erhöht werden, der mit dem Vermögenszugewinn einhergehende Rückgang der Beschäftigung ausgeglichen werden soll.

Welche weiteren Folgen sind zu erwarten, wenn *zusätzlich zur Verlage-rung der Produktionsfunktion die Grenzprodukte von Arbeit und Kapital betroffen* sind? Beispielsweise können bestimmte Verbesserungen der Infrastruktur, etwa verbesserte Bildungseinrichtungen, zur dauerhaften Erhöhung der Grenzproduktivität der Arbeit führen. Bestimmte technische Fortschritte können die Grenzproduktivität von Kapital erhöhen, andere die von Arbeit.

Betrachten wir zunächst die zusätzlichen Wirkungen, die von einer *mit der Verlagerung der Produktionsfunktion verbundenen Veränderung der Grenzproduktivität des Faktors Arbeit* ausgehen. Grundsätzlich ändert sich an den diskutierten Effekten nichts. Lediglich würde bei einem tem-porären negativen Schock der Arbeitsanreiz sinken und bei einem tempo-rären positiven der Arbeitsanreiz steigen. Im negativen Fall würde die inflatorische Tendenz steigen, im positiven Fall die deflatorische Tendenz zunehmen. Unter Berücksichtigung dieser Verschärfung der Wirkungen gelten ansonsten die obigen Ausführungen weiter. Ist der Schock dauer-haft, so ist die von den Veränderungen des Reallohnsatzes ausgehende Arbeitsanreizwirkung gegen die Wirkung des Vermögenseffektes aufzu-wiegen, die in der Tendenz einen Anreiz gibt, einen Vermögenszuwachs sowohl für eine bessere Güterversorgung als auch für mehr Freizeit zu verwenden et vice versa. Welche Wirkung überwiegt, hängt insbesondere vom Entwicklungsstand der Volkswirtschaft ab. Gegenüber der obigen Diskussion ergibt sich bei einer positiven Veränderung also kein sicherer negativer Einfluss auf die Beschäftigung, sodass in diesem Fall das Risiko geringer ist, dass eine aktivistische Geldpolitik die Inflationsgefahr erhöht.

Welche Wirkungen sind aus einer *mit der Verlagerung der Produktionsfunktion verbundenen Veränderung der Grenzproduktivität des Kapitals* zu erwarten? Bei einer *temporären Veränderung* ist eine gleichgerichtete Reaktion von Sparen und Investieren zu erwarten, sodass der Zinseffekt unbestimmt ist. Allerdings ist die vorübergehende Realeinkommensänderung eindeutig, bei einem positiven Schock positiv, bei einem negativen Schock negativ. Von ersterem geht demnach ein deflationärer, von letzterem ein inflationärer Impuls aus. Ist die *Veränderung dauerhaft*, so nehmen im positiven Fall sowohl Zinssatz als auch Einkommen zu, im negativen Fall nehmen beide ab. Die Folge ist, dass eine solche Entwicklung in ihrer Wirkung auf die Geldnachfrage und damit auf die Inflation ungewiss ist.

Die Analyse macht von der häufig anzutreffenden Unterscheidung von **Nachfragesog-Inflation** und **Kostendruck-Inflation** keinen Gebrauch. Diese Unterscheidung ist ungenau, weil beispielsweise nicht zwischen vorübergehenden und dauerhaften Einflüssen unterschieden wird. Zudem lassen sich Nachfrageimpulse und Kostenerhöhungen im Modell ohne weiteres darstellen, erstere wie eine Geldmengenerhöhung, letztere wie negative Schocks auf die Produktionsfunktion. (Vgl. BARRO/RUSH (1992), S. 81 ff.)

Insgesamt lässt sich wohl die Einschätzung wagen, dass von der Geldnachfrageseite keine beachtenswerten Gefahren für die Preisniveaustabilität ausgehen müssen. Entweder sind die Wirkungen nur vorübergehend, was die Wirtschaftssubjekte im Allgemeinen merken und in ihrem Verhalten berücksichtigen oder sie sind längerfristig und dann geldpolitisch relativ gut zu begleiten. Wovon eine Gefahr ausgehen kann, ist, dass unter Umständen geldnachfrageseitig hervorgerufene Impulse im Irrglauben, die realen Variablen zielgerichtet durch Geldpolitik beeinflussen zu können, zu einer Geldangebotsinflation führen, die die Gefahr heraufbeschwört, aus dem inflationären Impuls ein dauerhaftes Problem werden zu lassen.

• Staatsausgaben als Inflationsursachen

Wie bisher sind temporäre Staatsausgaben von dauerhaften Staatsausgaben zu unterscheiden. Sodann ist die Frage der Finanzierung dieser Staatsausgaben von Belang.

Gehen wir zunächst von der *Betrachtung dauerhafter Staatsausgaben* aus.

- Sofern diese *pauschalsteuerfinanziert* sind, werden Substitutionseffekte nicht auftreten. Der Realzinssatz bleibt dann zunächst unverändert, während das Realeinkommen steigt. Die Geldnachfrage nimmt zu, sodass von der Staatsaktivität ein deflatorischer Impuls ausgeht.

- Wird *durch Einkommensteuer finanziert*, so sind die Anreizwirkungen mitzubeachten, die zu Substitutionseffekten führen. Während die Gesamtreaktion auf die Produktion und damit das Einkommen ungewiss ist, wird der Zinssatz steigen, sodass die Geldnachfrage reduziert wird. In der Tendenz geht deshalb von einkommensteuerfinanzierten dauerhaften Staatsausgaben ein inflatorischer Effekt aus.

- Bei der *Finanzierung durch Kredite* ist zu beachten, dass diese dauerhaft nicht möglich ist, sodass Zins und Tilgung irgendwann durch Steuern finanziert werden müssen. Je nachdem, ob Pauschalsteuern oder Einkommensteuern verwendet werden, ergeben sich dann die bereits geschilderten Wirkungen. Allerdings scheint die Einkommensteuer als Mittel der Finanzierung plausibler als die Pauschalsteuer, sodass von einer inflatorischen Tendenz anhaltend kreditfinanzierter Staatsausgaben ausgegangen werden kann.

Welche Inflationswirkungen gehen von *temporären Staatsausgaben* aus?

- Im Falle der Finanzierung durch *Erhebung einer Pauschalsteuer* würden in der Betrachtungsperiode der Realzinssatz und das Realeinkommen steigen. Folglich wäre der Gesamteffekt auf die Geldnachfrage unbestimmt. Die Folge ist weder eine eindeutige inflatorische noch eine eindeutige deflatorische Tendenz.

– Wird statt auf eine Pauschalsteuer auf eine *Einkommensteuer als Finanzierungsmittel* für Staatsausgaben zurückgegriffen, was plausibler
ist, ergibt sich ein steigender Realzinssatz, während der Gesamteinfluss
auf die Produktion wegen der negativen Anreizwirkungen unbestimmt
ist. Demnach wäre eine tendenziell abnehmende Geldnachfrage mit der
Folge eines inflatorischen Impulses zu erwarten.

– Auch bei einer temporären Staatsausgabe hängt die Reaktion im Falle
der *Finanzierung durch Kredit* vom letztendlichen Rückzahlungsmittel
ab. Demnach sind die gleichen Reaktionen wie bei der Steuerfinanzierung zu erwarten.

Eine bedeutsame Wirkung der Staatsausgaben auf die Inflation ist noch zu
beachten. Sie entsteht, wenn der Staat, etwa durch Häufung temporärer
kreditfinanzierter Staatsausgaben oder durch dauerhaft kreditfinanzierte
Staatsausgaben einen erheblichen *Schuldenbestand* aufbaut. Irgendwann
kann dieser Schuldenbestand, etwa aus politischen Gründen, nicht mehr
umgeschuldet werden, sodass er spätestens dann abgebaut werden muss.
Dazu gibt es prinzipiell drei Wege: Steuererhebung, Abbau anderer
Staatsausgaben und Finanzierung durch die Notenpresse, also Schuldentil-
gung mit neu gedrucktem Geld. Die Folgen dieser Aktivitäten sind:

– Wird der *Abbau eines beachtenswerten Schuldenbestandes und die
Finanzierung der entsprechenden Zinslasten durch eine Besteuerung
der Einkommen* vorgenommen, können davon ganz erhebliche negative
Anreizwirkungen ausgehen, sodass das Einkommen sinkt und der Realzins steigt. Beides senkt dann die Geldnachfrage erheblich und bewirkt
einen inflationären Impuls. Der Abbau durch eine Pauschalsteuer ist
nicht realistisch, weil diese sehr degressiv wirkt, d. h. die Bezieher
kleinerer Einkommen überproportional belastet. Dies ist politisch in einer Demokratie kaum durchzusetzen.

– Der Abbau des *beachtenswerten Schuldenbestandes und die Finanzierung der entsprechenden Zinslasten* kann auch *durch* eine *Umwidmung
der laufenden Steuereinnahmen* erfolgen, indem die Mittel von anderen

Verwendungen abgezogen werden. Das ist in der Realität immer in einem bestimmten Maße möglich, weil der Staat vieles tut, was er eigentlich aus Gründen effizienter Knappheitsbewältigung gar nicht tun sollte. Von einem Abbau solcher Ausgaben, etwa für Subventionen, die den Strukturwandel nachhaltig behindern, können sogar positive Wirkungen im Sinne eines positiven Angebotsschocks ausgehen. Davon sind inflatorische Wirkungen nicht zu erwarten, sondern ein größeres Wachstum und ein entsprechend größerer Geldbedarf. Anders ist es, wenn die durch Einschränkung unsinniger Ausgaben gegebenen Möglichkeiten ausgeschöpft sind und/oder auf eine Einschränkung richtiger und wichtiger Staatsaufgaben, den allokativen Aufgaben, wie beispielsweise Erhalt der Infrastruktur, des Bildungswesens, der Bereitstellung öffentlicher Güter allgemein, zurückgegriffen werden muss. Hiervon geht eine dämpfende Wirkung auf die allgemeine Wirtschaftsaktivität aus. Wir haben dann den Fall eines negativen Produktivitätsschocks, der zu einer inflatorischen Tendenz und wegen steigender Zinssätze und sinkender Beschäftigung auch noch - wegen der verbreiteten Vorstellung, auf diese Weise könnten die Probleme gelöst werden - zu einem Druck auf die Zentralbank, ihre Geldpolitik zu lockern, führen kann. Hiervon können beachtliche Inflationswirkungen ausgehen. *Wenn also der von Staatsverschuldung ausgehende Druck zu einem Ausgabenabbau führt, dann dürfte die Wirkung auf die Preise davon abhängen, welche Art von Staatsausgaben abgebaut wird.* Würden zunächst die weniger wichtigen Ausgaben abgebaut und erst später die wichtigen, so könnte man erwarten, dass zunächst ein positiver Produktionsimpuls mit inflationsdämpfender Wirkung und später ein negativer Produktionsimpuls mit inflationserhöhender Wirkung eintreten würde. Leider richtet sich in der Demokratie aber die Politik im Allgemeinen weniger nach der Wichtigkeit der Aufgabe als vielmehr nach den zu erwartenden Widerständen gegen den Abbau von Ausgaben. Und die zu erwartenden Widerstände hängen davon ab, wie gut sich Interessen politisch organisieren und in Wählerstimmen ummünzen lassen. Während viele gesamtwirtschaftlich weniger wichtige oder sogar schädliche

Ausgaben des Staates zu Wohltaten bei einigen wenigen führen, bei denen sie dann auf die Wahlentscheidung einwirken, sind die Vorteile der Bereitstellung vieler wichtiger öffentlicher Güter durch den Staat breit in der Bevölkerung gestreut und haben nur wenig Einfluss auf das Wahlverhalten der Bürger. Ebenso haben die breit gestreuten Belastungen vieler durch die Verteilung von Wohltaten an wenige nur, falls überhaupt, geringen Einfluss auf das Wahlverhalten. In der Folge werden die gesamtwirtschaftlich nachteiligen selektiven Wohltaten hart verteidigt, während die gesamtwirtschaftlich vorteilhaften öffentlichen Güter oft ohne besondere politische Widerstände abgebaut werden können. So werden beispielsweise für die gesamtwirtschaftliche Produktion schädliche Subventionen langfristig aufrechterhalten und gleichzeitig für das Produktionspotential nützliche Ausgaben, etwa im Bildungsbereich, gekürzt. (Mit den hier angesprochenen Zusammenhängen befasst sich unter anderem die Neue politische Ökonomie als Teil der modernen Finanzwissenschaft. (Vgl. z. B. BLANKART (1998) oder ERLEI/LESCHKE/SAUERLAND (1999), Kapitel 6, insbes. S. 352 f.)

Würde schließlich zum *Abbau des Schuldenstandes* oder zur Finanzierung der Staatstätigkeit allgemein auf die *Notenpresse* zurückgegriffen, wäre die inflatorische Wirkung offensichtlich, weil das Geldangebot stiege. Diese Inflationsursache ist historisch ungeheuer bedeutsam. Sie war unter anderen maßgeblicher Auslöser der großen deutschen Inflation 1922/23 (Vgl. z. B. HARDACH (1979), S. 25 ff.) und der Inflationen in osteuropäischen Ländern nach den großen Wirtschaftsreformen (Vgl. BEHRENS (1993)). Von der mit dem Problemdruck zunehmenden Neigung des Staates, sich zur Lösung seiner Probleme der Geldpresse zu bedienen, um auf diese Weise durch Entwertung des Geldvermögens der Privaten Ressourcen auf sich umzuverteilen, was auch als *Inflationssteuer* bezeichnet wird (Vgl. MANKIW (1998), S. 179, MANKIW (1999), S. 674 f.), geht eine große Gefahr für das Geldwesen einer Gesellschaft aus. Deshalb ist eine allein auf Geldwertstabilität verpflichtete unabhängige Zentralbank so wichtig! Im Europäischen Währungssystem ist die Finanzierung des Staates durch die Notenpresse nicht erlaubt.

Bei der Beurteilung inflatorischer Effekte der Staatsnachfrage ist wiederum zu berücksichtigen, dass immer dann, wenn Preisniveauänderungsimpulse ausgelöst werden, auch eine Selbstverstärkung dieses Impulses durch die Reaktionen auf dem Geldmarkt möglich ist. Die Effekte wurden bereits erörtert. Zudem sind die Beschäftigungswirkungen zu beachten, wenn die Zentralbank bei ihrer Politik das Beschäftigungsziel mitverfolgt, weil sie glaubt, dazu positiv beitragen zu können. In diesem Fall wäre immer dann, wenn staatliches Handeln die Beschäftigung beeinträchtigt, also beispielsweise bei temporären einkommensteuerfinanzierten Staatsausgaben, ein monetärer Impuls, der die Inflation anregt, zu erwarten. Zu betonen ist, dass eine solche Politik weder von der *Deutschen Bundesbank* verfolgt wurde noch von der *Europäischen Zentralbank* verfolgt wird.

2.2.3 Wie Verfehlungen des Ziels vermieden oder bekämpft werden können

Wie wir gesehen haben, ist Inflation in erster Linie zwar ein monetäres Phänomen, gleichwohl können die Impulse über die Geldnachfragefunktion von realwirtschaftlichen Vorgängen ausgehen. Temporär wirkende realwirtschaftliche Vorgänge haben dabei regelmäßig nur eine geringe Bedeutung, während dauerhaft wirkende Vorgänge den Vorteil haben, relativ gut wirtschaftspolitisch berücksichtigt werden zu können, sodass der jeweiligen Preisniveauänderungstendenz durch Variation des Geldangebotes entgegengewirkt werden kann.

Grundsätzlich kann der Staat inflatorischen Tendenzen durch *Fiskalpolitik* - über die Geldnachfrageseite - entgegenwirken, indem er bei aufkommenden inflationären Entwicklungen seine kredit- oder einkommensteuerfinanzierten Ausgaben zurücknimmt und insbesondere gesamtwirtschaftlich nachteilige Aktivitäten einstellt. Allerdings scheint die Inanspruchnahme der Fiskalpolitik für das Ziel der Geldwertstabilität nur insofern gerechtfertigt, als die Fiskalpolitik grundsätzlich auf Handlungen verzichten sollte, die inflatorische Tendenzen begründen, wie beispielsweise eine hohe Staatsverschuldung. Ansonsten sollten Größe und Struktur des staatlichen Haushalts an Sachaufgaben des Staates, die sich aus realen gesellschaftlichen Knappheitsproblemen ergeben, orientiert sein und nicht als Instrument der Preisniveaustabilität ausgestaltet werden. Deshalb *wird hier der Finanzpolitik lediglich die Aufgabe zugewiesen, die Erreichung des Ziels der Preisniveaustabilität nicht unnötig zu belasten.* Das bedeutet, dass mit der einkommensteuer- oder kreditfinanzierten Expansion der Staatsausgaben vorsichtig verfahren werden sollte.

Die Aufgabe der Preisniveaustabilität kommt demnach in allererster Linie der *Geldpolitik* zu. Bezüglich der Gestaltung der Geldpolitik legt die Analyse des letzten Abschnittes Folgendes nahe:

• Bei dauerhaften Datenänderungen ist es zweckmäßig, das Wachstum der Geldmenge auf die durch die Datenänderung bewirkte Veränderung der langfristigen Entwicklung des Produktionsniveaus einzustellen.

• Bezüglich der temporären Datenänderungen mit Folgen für das Preisniveau ist es zweckmäßig, eine Selbstverstärkung vorübergehender Inflations- oder Deflationsimpulse zu verhindern. Dies kann am besten geschehen, indem dem Publikum glaubhaft die Geldpolitik als in der Bewahrung der Preisniveaustabilität verlässlich und die Störung als temporäres Ereignis vermittelt wird, vor allem, weil auf diese Weise starke Geldnachfragereaktionen der Privaten vermieden werden können. Der Aufbau einer Reputation und gute Information verhindern Panikreaktionen der Geldhalter. Die Geldpolitik sollte hingegen nicht der Versuchung unterliegen, von temporären Impulsen ausgehenden Zinserhöhungen und Beschäftigungsrückgängen durch expansive Maßnahmen entgegenzuwirken, weil dies eine verstärkte Inflationstendenz mit allen daraus für die Gesamtwirtschaft resultierenden Gefahren zur Folge hätte.

Diesen allgemeinen Schlussfolgerungen zur Geldpolitik entspricht die „stabilitätsorientierte geldpolitische Strategie des Eurosystems" (Vgl. EUROPÄISCHE ZENTRALBANK (1/1999), S. 43 - 56.) (und auch die vorherige Strategie der Deutschen Bundesbank), die im Wesentlichen darauf abzielt,

- durch eine verlässliche und allein der Geldwertstabilität verpflichtete Politik eine hohe Reputation aufzubauen,

- die Bürger rasch, umfassend und gut sowohl über monetär relevante Ereignisse als auch über Entscheidungen der Geldpolitik aufzuklären und

- das Geldmengenwachstum an langfristigen Entwicklungen auszurichten, insbesondere

  * am Wachstum des gesamtwirtschaftlichen Produktionspotentials, sodass dauerhafte Änderungen der Produktionsbedingungen im Geldmengenwachstum erfasst sind, sowie

  * an der trendmäßigen Veränderung der Umlaufgeschwindigkeit des Geldes.

Schon die deutsche Geldpolitik vor dem Beginn der gemeinsamen Geldpolitik im Euro-System musste die trendmäßige Verminderung der Umlaufgeschwindigkeit des Geldes seit Beginn der 70er Jahre berücksichtigen. Der Grund für diesen trendmäßigen Rückgang, der ja eigentlich auf Grund der trendmäßigen Verminderung des Konvertibiliätskostensatzes nicht zu erwarten wäre, lag vor allem in der Zunahme der Bargeldbestände wegen einer „zunehmenden Verwendung der D-Mark als Transaktions- und Wertaufbewahrungsmedium im Ausland, vor allem in einigen Ländern Mittel- und Osteuropas. ... Die im Ausland befindlichen Bargeldbestände werden überwiegend nicht zu Transaktionen an heimischen Gütermärkten verwendet." (SACHVERSTÄNDIGENRAT ... (1995), Ziff. 159.) Insofern wird hier der zusätzliche Bedarf fremder Länder an Bargeld aus dem Inland zur Verwendung im Ausland (weil eigenes gutes Geld nicht zur Verfügung steht) erfasst.

Kurzfristige Schwankungen und Impulse werden dabei von der Geldpolitik weitgehend zugelassen, und zugleich wird eine Verantwortung der Geldpolitik für die konjunkturelle Entwicklung sehr weitgehend abgelehnt.

Schließlich ist jedoch noch darauf hinzuweisen, dass auch *andere Gruppen der Gesellschaft Verantwortung für die Geldwertstabilität* tragen. Beispielsweise kann ein Lohnkostendruck, der durch im Vergleich zum Produktivitätswachstum überhöhte Lohnabschlüsse von Seiten der **Tarifvertragsparteien** zu Stande kommt, als negativer Schock auf die Produktionsfunktion angesehen werden, sodass daraus ein inflatorischer Impuls bei gleichzeitigem Beschäftigungsrückgang entsteht. Muss die Zentralbank diesem Impuls entgegenwirken, um eine Inflationsbeschleunigung zu vermeiden, kann davon vorübergehend ein weiterer dämpfender Effekt auf Einkommen und Beschäftigung folgen, eine so genannte *Stabilisierungskrise*. Gegen die Hervorrufung solcher Stabilisierungskrisen durch die Geldpolitik gibt es starke gesellschaftliche Kräfte, die versuchen, die aus der Tarifpolitik resultierenden Beschäftigungsprobleme der Geldpolitik anzulasten, weil diese ihrer Aufgabe nachkommt, den durch die Tarifpolitik ebenfalls hervorgerufenen inflatorischen Impuls zu dämpfen. Insofern können Gefährdungen des Ziels der Preisniveaustabilität auch von den Tarifvertragsparteien ausgehen.

Schon zu Beginn des Kapitels wurde darauf hingewiesen, dass eine solche Kritik an der Geldpolitik, durch Verfolgung ihres Ziels der Geldwertstabilität das Beschäftigungsziel zu gefährden, nicht stichhaltig ist. Vielmehr würde die Geldpolitik, ließe sie den inflatorischen Impuls durch Lohnkostendruck zu, auf längere Sicht weitere negative Beschäftigungseffekte durch die Allokationseffekte von Inflation hervorrufen.

In diesem kritischen Verhältnis zwischen Geldpolitik und Tariflohnpolitik gibt es schon eine Berührung mit dem nächsten zu behandelnden gesamtwirtschaftlichen Ziel, dem Ziel eines hohen Beschäftigungsstandes. Wenden wir uns diesem Problembereich zu.

3. Das Ziel „Hoher Beschäftigungsstand"

3.1 Zur Definition und Messung des Beschäftigungsstandes

3.1.1 Abgrenzung des Ziels „Hoher Beschäftigungsstand"

Das Ziel Hoher Beschäftigungsstand kann nicht bedeuten, dass möglichst viel gearbeitet wird. Das wäre angesichts der Tatsache, dass ein großer Teil der geistigen Anstrengungen des Menschen darauf zielt, sich zu Gunsten der Freizeit von Arbeit zu entlasten, absurd. Worum es im Allgemeinen geht ist, dass niemand vom Arbeitsprozess ausgeschlossen sein soll. Insofern kann das Ziel Hoher Beschäftigungsstand als möglichst hohe Auslastung des Produktionsfaktors Arbeit im Sinne der Vermeidung von Arbeitslosigkeit interpretiert werden. *Das Ziel lautet deshalb, Arbeitslosigkeit so weit es eben geht zu vermeiden.* (Vgl. hierzu und zum folgenden auch PÄTZOLD (1993), S. 31 - 41.)

An diese Abgrenzung des Ziels schließt sich sogleich die Frage an, wann denn jemand, der vom Arbeitsprozess ausgeschlossen ist, als arbeitslos zu gelten hat. Unstrittig ist allgemein, dass der Betroffene sowohl arbeitsfähig als auch arbeitswillig sein sollte. Auch sollte er zeitlich in der Lage sein, eine berufliche Tätigkeit auszuüben. Hat eine solche Person keine Anstellung, kann man sie als *arbeitslos* ansehen. Diese Arbeitslosigkeit kann unfreiwillig sein, sie kann jedoch auch freiwillig beispielsweise in dem Sinne sein, dass der Betroffene die für ihn richtige Stelle noch sucht und deshalb eine andere Stelle nicht annimmt.

Zu unterscheiden ist von der *Zahl der Arbeitslosen* die *Zahl der registrierten Arbeitslosen*. Letztere suchen Arbeit unter Einschaltung der Arbeitsämter. In dieser Zahl sind deshalb einerseits Arbeitslose nicht enthalten, die es aufgegeben haben, unter Einschaltung der Arbeitsämter Arbeit zu suchen, etwa weil die Erfolgschancen als im Vergleich zum damit verbundenen Aufwand zu gering eingeschätzt werden oder weil der potentielle Arbeitnehmer eine Beschäftigung außerhalb des offiziellen Sektors, also in der Schattenwirtschaft sucht, weil nur dort eine Nettoentlohnung zu erreichen ist, die ihn zum Angebot seiner Arbeitskraft veranlasst. Andererseits sind in dieser Zahl Personen enthalten, die gar keine Arbeit suchen, sondern lediglich ihre Ansprüche auf Lohnersatzzahlungen geltend machen wollen.

Personen, die sich beim Arbeitsamt nicht als Arbeitssuchende registrieren lassen, weil sie keinen Anspruch auf Lohnersatzzahlungen haben, die in einer besseren Lage aber arbeiten wollten, werden einer so genannten *Stillen Reserve* zugerechnet. Zudem gibt es Personen, die zwar nicht registrierte Arbeitslose sind, jedoch nur deshalb nicht, weil sie durch besondere *arbeitsmarktpolitische Maßnahmen* zeitweise oder auf Dauer dem Arbeitsmarkt entzogen werden. Dies betrifft die Kurzarbeit, so genannte Arbeitsbeschaffungsmaßnahmen (ABM), Fortbildungs- und Umschulungsmaßnahmen und Übergangsregelungen bis zum Ruhestand. Diese so genannte *verdeckte Arbeitslosigkeit* ist keineswegs unerheblich. Beispielsweise hat der *Sachverständigenrat zur Begutachtung der gesamtwirtschaftlichen Entwicklung* die Zahl der verdeckten Arbeitslosen ohne stille Reserve im Jahr 2003/1997/1993 in Deutschland auf eine Größenordnung von etwa 36,8 % / 44,6 % / 67 % der Zahl der registrierten Arbeitslosen geschätzt (West: 37,7 % / 34 % / 32 %, Ost: 35 % / 68 % / 135 %). (Vgl. SACHVERSTÄNDIGENRAT ... (2003), S. 481, Tab. B 1, (1998), S. 89, Tab. 35 und (1994), S. 100, Tab. 20, und S. 339, Tab. 21*).

Ebenso ist eine verlässliche Abschätzung des tatsächlichen Beschäftigungsstandes mit Hilfe der Daten zur (registrierten) Arbeitslosigkeit nicht möglich. Der wahre Beschäftigungsstand müsste nämlich die Beschäftigten in der *Schattenwirtschaft* mit erfassen, also in der *Untergrundwirtschaft*, in der sonst legale Güter und Dienste durch Schwarzarbeit hergestellt und gehandelt werden, in der *illegalen Wirtschaft*, in der verbotene Güter und Dienste hergestellt und vertrieben werden, und in der *Selbstversorgungswirtschaft*, in der eine Eigenproduktion von Gütern und Diensten erfolgt. (Vgl. BRÜMMERHOFF (1991), S. 58 und BEHRENS/KIRSPEL (1999), S. 265 f.)

Unter Berücksichtigung dieser Schwierigkeiten der Erfassung „wahrer"
Zahlen zur Arbeitslosigkeit und zum Beschäftigungsstand, sind die äußer-
lich recht klaren Zahlen der Arbeitsmarktstatistik sehr wohl mit Vorsicht
zu genießen. Auch in Zeiten zunehmender registrierter Arbeitslosigkeit
kann der tatsächliche Beschäftigungsstand sogar zunehmen oder aber weniger abnehmen als die registrierte Arbeitslosigkeit zunimmt. Etwa, wie
jüngste Beispiele zeigen, wenn vom Staat die Konditionen für offizielle
geringfügige Beschäftigung drastisch verschlechtert werden und entsprechende Anpassungsreaktionen von Beschäftigten hervorrufen.

3.1.2 Messung von Arbeitslosigkeit und Beschäftigungsstand

Sollen Arbeitslosigkeit und Beschäftigungsstand bewertet werden, ist zunächst auf ihre Ermittlung einzugehen. Die folgende Tabelle zeigt, wie
man von der Bevölkerungszahl zur Zahl der abhängigen Erwerbstätigen in
der offiziellen Statistik rechnet:

Bevölkerung, Erwerbstätigkeit und Arbeitslosigkeit in Deutschland im Jahr 1997 in Tsd.			
	Deutschland	Alte Bun-desländer	Neue Bun-desländer
(1) Einwohner (Wohn- be-völkerung)	82.053	66.648	15.405
- Nichterwerbspersonen	43.760	36.143	7.617
(2) Erwerbspersonen	38.293	30.505	7.788
- reg. Arbeitslose	4.385	3.021	1.364
(3) Erwerbstätige	33.908	27.484	6.424
- Selbständige und mit-helfende Familienangeh.	3.647	3.114	.533
(4) Abhängige Erwerbstätige	30.261	24.370	5.891

[Quelle der Daten: SACHVERSTÄNDIGENRAT ... (1998), S. 339, Tab. 16*.
Leichte Rundungsunterschiede.]

Bei der Betrachtung der Tabelle fällt auf, dass die Zahl der Erwerbspersonen, also des Teils der Bevölkerung, der nach offiziellen Angaben einer Berufstätigkeit nachgehen möchte (Erwerbstätige plus registrierte Arbeitslose) in Deutschland insgesamt weniger als die Hälfte der Bevölkerung ausmacht. Setzt man die Erwerbspersonen ins Verhältnis zur Bevölkerungszahl, spricht man von der *Erwerbsquote*. Die Erwerbsquote betrug im Jahr 1997 in Deutschland demnach rund 46,7 % (West: 45,8 %; Ost: 50,6 %). Werden von den Erwerbspersonen gar die registrierten Arbeitslosen abgezogen, so stellt man fest, dass nurmehr 41,2 % der Bevölkerung (West) bzw. 41,7 % der Bevölkerung (Ost) erwerbstätig sind, also das Bruttosozialprodukt für alle erarbeiten.

Üblicherweise werden jedoch nicht ganze Zahlen betrachtet, sondern Quoten. Und die bekannteste Kennzahl für den Arbeitsmarkt ist die so genannte Arbeitslosenquote.

*   *Die Arbeitslosenquote*

Zunächst ist festzuhalten, dass in die offiziell ausgewiesene Arbeitslosenquote nur registrierte Arbeitslose eingehen, sodass die Höhe der ausgewiesenen Quote vom Grad der Einschaltung des Arbeitsamtes durch die Arbeitssuchenden abhängt. Dieses Problem wird hier vernachlässigt, obwohl es, wie weiter oben schon angedeutet, durchaus bedeutend sein kann.

Eine *Quote* ist eine Verhältniszahl, die eine Teilmasse in eine Beziehung zu einer Gesamtmasse setzt. Eine solche Quote liegt stets zwischen den Werten Null und Eins. Häufig werden Quoten als Prozentanteile angegeben. Dann liegt sie zwischen Null Prozent und Hundert Prozent. Der verbreiteten Übung, diese Prozentanteile ebenfalls als Quoten zu bezeichnen, wird hier gefolgt.

Bei der Berechnung der Arbeitslosenquote wird die Zahl der registrierten Arbeitslosen ins Verhältnis gesetzt zu einer Zahl, die die Zahl der registrierten Arbeitslosen einschließt. Somit handelt es sich um eine echte Quote.

Zwei Definitionen sind gebräuchlich. Die **erste** dieser **Definitionen**, die früher der ausgewiesenen Arbeitslosenquote in der Bundesrepublik Deutschland ausschließlich zu Grunde lag, setzt die *Zahl der registrierten Arbeitslosen in Beziehung zu den abhängigen Erwerbspersonen (= abhängige Erwerbstätige + registrierte Arbeitslose).* Wir bezeichnen sie als ALQ_I. Verwenden wir die Zahlen aus der obigen Tabelle für 1997 so ergibt sich:

$$\mathbf{ALQ_I} = \frac{\text{registrierte Arbeitslose}}{\text{abhängige Erwerbspersonen}} = \frac{4385}{34646} = 12,65\,\% \;(1997)$$

Für die alten Bundesländer erhält man dabei eine Arbeitslosenquote I in Höhe von 11,03 %, für die neuen Bundesländer eine von 18,8 %.

Diese Art der Berechnung der Arbeitslosenquote weist ein *schwer wiegendes Problem* auf. Die Arbeitslosenquote I ändert sich bei gleicher registrierter Arbeitslosigkeit, wenn sich der Anteil der Selbständigen unter den Erwerbstätigen ändert.

Dies sei an einem extrem einfachen *Beispiel* erhellt: Es betrage die Zahl der Erwerbspersonen einer Modellvolkswirtschaft 20. (Es könnten auch 20 Tsd. oder 20 Mio. sein, was nichts ändern würde.) Die Zahl der abhängigen Erwerbspersonen betrage zunächst 10 und die Zahl der registrierten Arbeitslosen 2.

In diesem Beispiel errechnete sich die Arbeitslosenquote I in der Ausgangslage (mit der Indizierung 0) zu:
$ALQ_{I0} = 2/10 = 20\,\%$.

Diese Arbeitslosenquote der Ausgangslage sei nun mit den sich in zwei verschiedenen Fällen ergebenden Arbeitslosenquoten verglichen. Im ersten Fall (der mit 1 indiziert wird) findet folgende Veränderung gegenüber der Ausgangslage statt: 5 Selbständige verlieren ihre Existenz und werden unselbständig, aber nicht arbeitslos. Dann errechnet sich die Arbeitslosenquote zu: $ALQ_{I1} = 2/15 = 13\,1/3\,\%$. D. h., die Arbeitslosenquote ist gegenüber der Ausgangslage drastisch gesunken.

Im zweiten Fall (der mit 2 indiziert wird) machen sich im Vergleich zur Ausgangslage 5 Unselbständige selbständig. Es ergibt sich als Arbeitslosenquote: $ALQ_{I2} = 2/5 = 40$ %. Gegenüber der Ausgangslage hat sich demnach die Lage auf dem Arbeitsmarkt, gemessen an der ALQ_I, dramatisch verschlechtert.

Wird dieser Vorgang bewertet, so muss man zu der Feststellung gelangen, dass die Veränderung der Arbeitslosenquote I eine gegenteilige Bewertung des zu Grunde liegenden Vorgangs nahe legt wie der Vorgang selbst. Im ersten Fall haben Menschen ihre selbständige Existenz verloren und mussten sich in das Heer der abhängig Beschäftigten einreihen. Dieser Vorgang des Verlustes an wirtschaftlicher Selbständigkeit wird wohl eher negativ zu bewerten sein. Er führt jedoch zu einer Verringerung der Arbeitslosenquote I, was allgemein eher positiv gewertet wird. An der Zahl der von Arbeitslosigkeit Betroffenen selbst hat sich gar nichts geändert. Im zweiten Fall ist es gerade umgekehrt. Eine eher positiv bewertete Zunahme an wirtschaftlicher Selbständigkeit führt zu einer höheren Arbeitslosenquote, was negativ bewertet wird. Wieder hat sich die Zahl der von Arbeitslosigkeit Betroffenen selbst gar nicht geändert. Die Arbeitslosenquote I misst das Problem falsch.

Aber ist denn ein solcher Wandel des Anteils der Selbständigen an den Erwerbspersonen überhaupt empirisch von nennenswerter Bedeutung? Diese Frage ist eindeutig zu bejahen. In den alten Ländern der Bundesrepublik Deutschland entwickelte sich der Anteil der abhängig Beschäftigten an den Erwerbstätigen von 68,4 % (1950) auf 76,6 % (1960) bzw. 77,2 % (1960 mit Saarland und West Berlin [die bei den folgenden Zahlen ebenfalls berücksichtigt sind.]. Sodann im Abstand von je fünf Jahren: 80,9 % (1965), 83,4 % (1970), 86 % (1975), 88,3 % (1980), 88,6 % (1985), 89,4 % (1990), 89,0 % (1995). (Vgl. zu den Daten SACHVERSTÄNDIGENRAT ... (1998), S. 339, Tab. 16*). Auf Grund unseres Beispiels wissen wir, dass die Arbeitslosenquote I mit steigendem Anteil der Unselbständigen an allen Erwerbstätigen in der Tendenz zu gering ausgewiesen wird, weil bei c. p. unveränderter Arbeitslosigkeit die so berechnete Arbeitslosenquote sinkt. Das bedeutet, dass bei der Verwendung der ALQ_I, die üblich war, die Entwicklung der Arbeitslosigkeit günstiger abgebildet ist, als es der tatsächlichen Entwicklung entspricht. Bei gleich bleibender Selbständigenquote wären die Arbeitslosenquoten höher ausgewiesen worden.

Mit diesem Problem *nicht* behaftet ist die *zweite Definition*, die **so genannte Europäische Standardmethode**. Bei dieser Definition *setzt man die Zahl der registrierten Arbeitslosen in Beziehung zu den gesamten Erwerbspersonen (= abhängige Erwerbstätige + Selbständige und mithelfende Familienangehörige + registrierte Arbeitslose)*. Da diese Definition im Nenner sowohl die selbständig Tätigen als auch die unselbständig Tätigen enthält, ist die so gemessene Arbeitslosenquote robust gegen Veränderungen der Selbständigenquote. Wir bezeichnen sie als ALQ_{II}. Verwenden wir die gleichen Zahlen wie eben, so ergibt sich:

$$\mathbf{ALQ_{II}} = \frac{\text{registrierte Arbeitslose}}{\text{gesamte Erwerbspersonen}} = \frac{4385}{38294} = 11,45\,\% \quad (1997).$$

Für die alten Bundesländer erhält man eine ALQ_{II} von 9,9 %, für die neuen Bundesländer eine von 17,5 %.

Die so berechnete Arbeitslosenquote bleibt in den beiden betrachteten Beispielsfällen gleich. Sie ist zwar in Deutschland im Jahr 1997 um 1,2 %-Punkte niedriger als die ALQ_I, sie ändert sich jedoch nicht bei Änderungen der Selbständigenquote. Deshalb ist sie besser geeignet, die Entwicklung der Arbeitslosigkeit darzustellen.

Sehen wir uns die Entwicklung von Arbeitslosigkeit, gemessen mit der Arbeitslosenquote ALQ_{II}, und abhängiger Beschäftigung in Westdeutschland einmal, um eines besseren Verständnisses der Qualität der Probleme willen, genauer an. Dazu betrachten wir die folgende Tabelle, die Zehnjahresabstände enthält:

Arbeitslosigkeit und abhängige Beschäftigung in Westdeutschland 1977 - 1996		
Zeitraum	Veränderung der Arbeitslosenquote II in Prozentpunkten	Veränderung der Zahl der abhängig Beschäftigten in Tsd.
1977 - 1987	+ 3,8	+ 1.455
1978 - 1988	+ 4,0	+ 1.404
1979 - 1989	+ 3,6	+ 1.278
1980 - 1990	+ 3,0	+ 1.563
1981 - 1991	+ 1,0	+ 2.013
1982 - 1992	- 0,6	+ 2.429
1983 - 1993	- 0,6	+ 2.313
1984 - 1994	+ 0,4	+ 1.879
1985 - 1995	+ 0,4	+ 1.423
1986 - 1996	+ 1,5	+ 755
1987 - 1997	+ 2,3	+ 229

[Quelle der Daten: SACHVERSTÄNDIGENRAT ... (1998), S. 339, Tab. 16*]

Insgesamt hat sich im Zeitraum vom 1977 bis 1997 die Arbeitslosenquote II von 3,8 % auf rund 9,9 % weit mehr als verdoppelt, während im gleichen Zeitraum die Zahl der beschäftigten Arbeitnehmer um rund 1,7 Millionen Personen angestiegen ist. [1] Somit ist ein zunehmender Beschäftigungsstand mit einer zunehmenden (registrierten) Arbeitslosenquote ver-

---

[1] Die relativ geringen Zunahmen der Beschäftigung in den letzten beiden Zeilen der Tabelle beruhen nicht nur auf einem überdurchschnittlichen Arbeitsplatzabbau in den letzten beiden Jahren (1995 auf 1996: -317 Tsd.; 1996 auf 1997: -295 Tsd.), sondern auch auf Zunahmen der Beschäftigung im Jahr vor der Betrachtungsperiode (1985 auf 1986: +351 Tsd.; 1986 auf 1987: +231 Tsd.). Gleichwohl wurden von 1992 bis 1997 insgesamt 1698 Tsd. Arbeitsplätze abgebaut. Dies wird allerdings nicht nur als konjunkturell eingestuft, sondern zu einem nicht unbeträchtlichen Teil auch als Rücknahme eines durch die deutsche Vereinigung in Westdeutschland hervorgerufenen Booms (1989 auf 1992: +1318 Tsd. Arbeitsplätze). 1995 lag die Zahl der abhängig Beschäftigten nur leicht über der von 1989.

bunden. Allerdings ist die Zahl der Einwohner im gleichen Zeitraum um circa 5,2 Millionen Personen gestiegen.

Vergleicht man die Entwicklung der Einwohnerzahl mit der der abhängig Erwerbstätigen über eine längere Zeit, so erhält man für die alten Bundesländer folgendes Bild:

Einwohner und Arbeitslose in den alten Bundesländern von 1955 - 1995						
Jahr	Einwohner in Tsd.	Veränderung in Tsd.	Erwerbsquote	abhängig Erwerbstätige in Tsd.	Veränderung in Tsd.	Arbeitslosenquote II
1955	49.203		48.3 %	16.840		3,9 %
		+ 9.416			+ 4.918	
1965	58.619		46,1 %	21.758		0,5 %
		+ 3.210			+ 709	
1975	61.829		44,0 %	22.467		4,0 %
		- 805			+ 1.092	
1985	61.024		47,4 %	23.559		8,0 %
		+ 5.132			+ 1.423	
1995	66.156		46,3 %	24.982		8,4 %
	Σ	+ 16.953			Σ + 8.144	

[Quelle der Daten: SACHVERSTÄNDIGENRAT ... ‚Jahresgutachten, verschiedene Jahrgänge]

Diese Tabelle zeigt uns für die längere Frist in Westdeutschland, dass die in der Erwerbsquote abzulesende Erwerbsbeteiligung der Bevölkerung nur relativ geringen Schwankungen unterlag. Sowohl die Bevölkerung als auch die Zahl der abhängig Erwerbstätigen hat langfristig zugenommen. Im Jahr 1965 war praktisch Vollbeschäftigung erreicht. Betrachten wir die Entwicklung seit 1965, so ergibt sich das Bild, dass die Zahl der *besetzten* Arbeitsplätze um insgesamt etwa 3,224 Mio. Arbeitsplätze zugenommen hat. In der gleichen Zeit ist aber die Arbeitslosenquote im Sinne von ALQ_{II} um 8 Prozentpunkte gestiegen. Dies kann daraus erklärt werden, dass die Bevölkerung gewachsen ist, nämlich im fraglichen Zeitraum von

1965 bis 1995 um insgesamt rund 7,537 Mio. Personen. Unter Berücksichtigung der Erwerbsquoten erhält man als Veränderung der Erwerbspersonen: + 3612 Tsd. Die Veränderung der Erwerbspersonen ergibt sich als Addition der Veränderung der abhängigen Erwerbstätigen, der Selbständigen und der registrierten Arbeitslosen. Der Zuwachs an Erwerbspersonen konnte im fraglichen Zeitraum im Umfang von rund 388 Tsd. nicht durch zusätzliche Beschäftigung in abhängigen Beschäftigungsverhältnissen aufgefangen werden. In Höhe des Restes der zusätzlichen Arbeitslosigkeit (+ 2418 Tsd.), also in Höhe von etwa 2030 Tsd. kann es demnach nicht gelungen sein, den Verlust selbständiger Existenzen durch Schaffung von Arbeitsplätzen auszugleichen. In dieser - allerdings noch recht groben - Betrachtung ist die Zunahme der Arbeitslosigkeit in Westdeutschland auf längere Sicht (hier: 1965 - 1995) nicht, wie in der Bevölkerung weit verbreitet angenommen wird, auf eine Vernichtung von Arbeitsplätzen für abhängig Beschäftigte zurückzuführen, sondern vornehmlich darauf, dass es nicht gelungen ist, genug zusätzliche Arbeitsplätze für abhängig Beschäftigte zu schaffen, um

a) bei relativ gleicher Erwerbsbeteiligung den Zuwachs der Bevölkerung unterzubringen und

b) den zusätzlich durch den Verlust an selbständigen Existenzen entstandenen Bedarf an abhängigen Arbeitsplätzen zu decken.

Der zweite Grund hat dabei für die Bundesrepublik Deutschland im Betrachtungszeitraum von 1965 bis 1995 insgesamt die überragend höhere Bedeutung. Wären im gleichen Maße selbständige Existenzen entstanden, wie untergegangen sind, so wäre, so wird hier vermutet, das Arbeitslosigkeitsproblem in der Bundesrepublik wesentlich geringer. *Diese Aussage ist insofern Spekulation*, als man nicht wissen kann, welcher Teil der entstandenen Arbeitsplätze nicht entstanden wäre, wenn nicht denkbarerweise relativ leistungsfähige ehemals Selbständige auf dem Arbeitsmarkt zu finden gewesen wären. Gleichwohl könnte hier bereits aus der reinen Betrachtung der Zahlenverhältnisse auf eine wichtige Gruppe von Maßnahmen zur Bekämpfung von Arbeitslosigkeit, nämlich solche Maßnahmen, die Selbständigkeit entstehen und erhalten helfen, geschlossen werden. Darauf wird später noch zurückzukommen sein.

Folgt man der weit verbreiteten Ansicht, die Arbeitsmarktprobleme in Westdeutschland seien erst nach den Ölpreisschocks, deren erster auf das Jahr 1973 datiert, entstanden, so ergibt sich bei Betrachtung des Zeitraums von 1973 bis 1995, dass der unter a) genannte Grund gegenüber dem unter b) genannten an Bedeutung gewonnen hat. Eine Vernichtung von unselbständigen Arbeitsplätzen fand indes nicht statt.

In einer Tabelle ergibt sich in den beiden Betrachtungszeiträumen:

Zur langfristigen Entwicklung von Erwerbstätigkeit und Arbeitslosigkeit in der Bundesrepublik Deutschland (alte Bundesländer)				
	Veränderung von ... in Tsd. Personen			
Zeitraum	Erwerbs-personen	abhängige Beschäftigte	Selbständige	Arbeitslose
1965-95	+ 3.612	+ 3.224	- 2.030	+ 2.418
1973-95	+ 3.213	+ 1.760	- 839	+ 2.292

[Quelle der Daten: SACHVERSTÄNDIGENRAT ... (1998), S. 339, Tab. 16*]

Wichtig für die Beurteilung der Entwicklung der Arbeitslosigkeit ist auch ein Vergleich der Zeit vor dem Jahr der Wende, 1989, die zur Deutschen Vereinigung geführt hat, mit der Zeit danach. Nehmen wir als Schnittpunkt das Jahr 1988, das das letzte Jahr war, das von den dramatischen Ereignissen nicht berührt wurde. Für die Zeit bis zu diesem Jahr nehmen wir wieder die Teilung der Betrachtung ab dem Jahr 1965 einerseits und ab dem Jahr des ersten Ölpreisschocks 1973 vor. Dann erfolgt ein Vergleich mit der Zeit von 1988 bis 1997. Es ergibt sich in der Tabelle:

Zur langfristigen Entwicklung von Erwerbstätigkeit und Arbeitslosigkeit in der Bundesrepublik Deutschland (alte Bundesländer)				
	Veränderung von ... in Tsd. Personen			
Zeitraum	Erwerbs-personen	abhängige Beschäftigte	Selbständige	Arbeitslose
1965-88	+ 2.574	+ 2.607	- 2.128	+ 2.095
1973-88	+ 2.175	+ 1.143	- 937	+ 1.969
1988-97	+ 897	+ 5	+ 113	+ 779

[Quelle der Daten: SACHVERSTÄNDIGENRAT ... (1998), S. 339, Tab. 16*]

Auch aus dieser Tabelle wird ersichtlich, dass das Hauptproblem ist, genug Arbeitsplätze für die zuwachsenden Erwerbspersonen zu schaffen. Ebenso ist deutlich, dass dem Untergang von Selbständigkeit eine gewichtige Bedeutung zukommt. Lediglich in der Zeit nach der ostdeutschen Wende wurden Arbeitsplätze für abhängig Beschäftigte in Westdeutschland nicht in nennenswertem Umfang geschaffen und der Zuwachs an Erwerbspersonen konnte zum Teil durch die *Entstehung* selbständiger Existenzen aufgefangen werden. Eine nähere Betrachtung der Reihen nach 1988 zeigt jedoch deutlich die Auswirkungen des so genannten vereinigungsbedingten Booms, der zu einem deutlichen Rückgang der Arbeitslosigkeit (Tiefstpunkt 1991 mit ALQ_{II} 5,5 %) und einer Zunahme der Beschäftigung (Höchststand 1992 mit + 1.703 Tsd. gegenüber 1988!) geführt hat. Nach dem Abklingen des Booms hat sich das Beschäftigungsniveau wieder etwa auf die Höhe vor der Wende eingestellt, während die Arbeitslosigkeit, vor allem zuwanderungsbedingt gestiegen ist.

Es bleibt wichtig festzuhalten, dass abgesehen von kurzfristigen Schwankungen über eine längere Frist die Messungen zu Beschäftigung und Arbeitslosigkeit zeigen, dass in den alten Bundesländern

- über eine lange Frist die Zahl der Arbeitsplätze für abhängig Beschäftigte nicht verrringert sondern erhöht wurde, wobei die Zunahme über die letzten drei Jahrzehnte von Jahrzehnt zu Jahrzehnt deutlich abnahm,

- der Untergang selbständiger Existenzen für die Arbeitsmarktprobleme eine bedeutende Rolle spielte und

- die Bevölkerungsentwicklung von nicht zu vernachlässigender Bedeutung für die Beschäftigungsprobleme war, insofern die Dynamik der Wirtschaft nicht ausreichte, genügend Arbeitsplätze entstehen zu lassen.

Ungeachtet dieser Auffälligkeiten, die mancher in der Bevölkerung verbreiteten Ansicht entgegenstehen, ist es jedoch in höchstem Maße erklärungsbedürftig, wie es kommt, dass es nicht gelungen ist, allen Arbeitsuchenden eine Beschäftigung zu vermitteln. Das Problem der Arbeitslosigkeit wird nicht dadurch kleiner, dass gezeigt wird, dass auf längere Sicht keine Arbeitsplätze vernichtet wurden, wenn gleichzeitig nicht genug Arbeitsplätze geschaffen wurden, um die Arbeitslosen in Beschäftigung zu bringen. Dies wird insbesondere deutlich, wenn danach gefragt wird, welcher Anteil der registrierten Arbeitslosigkeit als *Langzeitarbeitslosigkeit* (ein Jahr oder länger als arbeitslos registriert) deklariert werden muss. Betrug der Anteil im Jahr 1973 noch 7 %, so waren es 1988 bereits 30,6 % und im Jahr 1997 schon 35 %. (Vgl. SACHVERSTÄNDIGENRAT ... (1998), S. 340, Tab. 16*.) Mehr als ein Drittel der Zahl der Arbeitslosen muss demnach als langzeitarbeitslos bezeichnet werden. (Vgl. zur Langzeitarbeitslosigkeit WISSENSCHAFTLICHER BEIRAT ... (1996).) Dies zeigt die hohe Bedeutung des Problems der Arbeitslosigkeit. Wenden wir uns aber zunächst noch der Frage zu, was Arbeitslosigkeit eigentlich genau zu einem volkswirtschaftlichen Problem macht, sodann der Frage, was zur Abweichung vom Ziel Hoher Beschäftigungsstand führt.

3.2 Zum Problem der Verfehlung des Ziels „Hoher Beschäftigungsstand"

3.2.1 Warum die Verfehlung des Beschäftigungsziels volkswirtschaftlich unerwünscht ist

Wenn die Frage zum Thema erhoben wird, was Arbeitslosigkeit volkswirtschaftlich so unerwünscht macht, wird häufig zurecht vornehmlich auf die sozialen Folgen für die Betroffenen verwiesen. Der reine Verweis auf so genannte Kosten der Arbeitslosigkeit durch Ökonomen wird dagegen regelmäßig angesichts des Leids, das Arbeitslosigkeit hervorruft, als zynisch empfunden.

Dabei darf allerdings einerseits nicht vergessen werden, dass der volkswirtschaftliche Kostenbegriff nicht Geldflüsse meint, sondern letztlich alle Arten von Nutzenentgang erfasst, folglich auch das Leid der Betroffenen. Andererseits wird auch von Ökonomen häufig der Begriff der Kosten im Zusammenhang mit der Arbeitslosigkeit falsch, nämlich im Sinne von Mindereinnahmen und Mehrausgaben verwendet, sodass außerhalb der Zunft der Ökonomen der Eindruck entstehen muss, dies sei es, was Ökonomen mit Kosten der Arbeitslosigkeit meinen, was, träfe es zu, in der Tat als zynisch bezeichnet werden könnte.

So wird beispielsweise in größeren Abständen vom zur Bundesanstalt für Arbeit gehörenden Institut für Arbeitsmarkt- und Berufsforschung der Öffentlichkeit eine Tabelle vorgestellt, die mit „Die Kosten der Arbeitslosigkeit" überschrieben ist und in Milliarden DM angibt, welche Mehrausgaben und Mindereinnahmen den öffentlichen Händen an Arbeitslosengeld und Arbeitslosenhilfe, Rentenversicherungsbeiträgen, Krankenversicherungsbeiträgen, Sozialhilfe, Wohngeld, Einkommensteuern, Indirekten Steuern und Beiträgen zur Arbeitslosenversicherung erwachsen. (Vgl. z. B. in: Frankfurter Allgemeine Zeitung vom Mittwoch, 20.11.1996, S. 19.)

Diese Darstellung ist allerdings völlig irreführend und zudem geeignet, gegen die ökonomische Argumentation Voreingenommenheiten bei Laien, die letztlich auch Wähler sind, zu erzeugen, die die sachliche Problembe- handlung in der Öffentlichkeit behindert. Einer angemessenen Erörterung der Lösungsmöglichkeiten für das Problem ist das nicht dienlich. Der ent- scheidende Punkt dabei ist, dass in einer solchen Darstellung der Staat als eine Art sorgender Vater dargestellt wird, dem aus dem Problem seiner Sorgenkinder zusätzliche Ausgaben bei verminderten Einnahmen erwach- sen. Arbeitslosigkeit ist demnach für den Staat „teuer", das seien die „Ko- sten" der Arbeitslosigkeit. Diese Darstellung und ihre Implikationen sind schlicht falsch und unangemessen, denn es handelt sich hierbei lediglich um - allerdings nicht kostenlose - *Umverteilungen* über den Staat. Die Arbeitslosen zahlen weniger an den Staat als zuvor und sie erhalten Mittel vom Staat. Der Staat muss dies finanzieren. Er verteilt von den sonstigen Finanziers zu den Empfängern um. Der einzige Vorteil dieser Zahlen ist, dass sie relativ leicht zu erfassen sind.

Will man die *Kosten der Arbeitslosigkeit* - die teilweise nur der Art, nicht aber der Höhe nach feststellbar sind - erfassen, muss man nach den entste- henden Nutzeneinbußen im weitesten Sinne fragen.

Zunächst einmal verursachen die durch die Arbeitslosigkeit hervorgerufe- nen Umverteilungen natürlich auch Kosten (die aber auf keinen Fall mit dem umzuverteilenden Betrag verwechselt werden dürfen). Diese *Umver- teilungskosten* betreffen zum einen die

- *Kosten der Umverteilungsmaßnahmen.* Diese bestehen vor allem in den Kosten der Unterhaltung der Arbeitslosenverwaltung und den lau- fenden Kosten der Abwicklung der Einkommensumverteilungsmaß- nahmen zu Gunsten der Arbeitslosen. Hierdurch werden der Gesell- schaft Ressourcen für andere potentielle Verwendungen entzogen. Das beginnt bei den von der Arbeitsverwaltung in Anspruch genommenen Stadtgrundstücken nebst Verwaltungsgebäuden, geht über die qualifi- zierten Arbeitskräfte, die in anderen Verwendungen produktive Arbeit leisten könnten und endet bei den Abwicklungs-, Kontroll- und Überweisungskosten. Hinzu kommen die Kosten, die die Arbeitslosen tragen, um die Abwicklung der Umverteilungen zu ermöglichen, von der Straßenbahnfahrt über die Nutzeneinbußen der Wartezeiten, des Ausfüllens von Formularen, der Anfertigung von Bewerbungsunterlagen usw.

• Die **Kosten der Umverteilungswirkungen** sind die andere Kostenkategorie, die aus den Umverteilungen erwächst. Diese Kosten entstehen, weil die Finanzierungslücke, bedingt durch die Mindereinnahmen und die Mehrausgaben des Staates, geschlossen werden muss. Dies geht nur durch Erhebung höherer Steuern bzw. Sozialversicherungsbeiträge, höhere Staatsverschuldung, Verringerung der Wahrnehmung anderer Staatsaufgaben oder das Drucken und die Ausgabe von Bargeld. Aus der Erhebung weiterer Abgaben resultiert eine Verminderung der Leistungsanreize, deren negative Wirkungen bereits im makroökonomischen Teil dargestellt wurden. Ebenso führt eine Verminderung der Wahrnehmung anderer Staatsaufgaben, so sie sinnvoll waren, zu einer Nutzeneinbuße, entweder direkt, wenn weniger konsumierbare Staatsdienste hergestellt werden oder indirekt, wenn über geringere Vorleistungen die Produktivität der Volkswirtschaft allgemein sinkt. Dies gilt schließlich ebenfalls für die Ausgabe von Bargeld, das inflationäre Tendenzen hervorruft und insofern, wie bereits dargelegt wurde, wie eine Steuer (Inflationssteuer) wirkt. (Zum Zusammenhang zwischen Produktion/Wohlstand und (Um-)Verteilung vgl. allgemein z. B. ZIMMERMANN (1996), HOMANN/BLOME-DREES (1992), S. 61 ff.)

Diese aus der Tatsache der Umverteilung resultierenden Kosten können bereits sehr erheblich sein, wenn, wie in Deutschland, die durch Arbeitslosigkeit bedingte Umverteilung erhebliche Ausmaße annimmt. Sie sind aber zum einen nicht mit dem umverteilten Betrag zu verwechseln und stellen zum anderen keineswegs alle Kosten der Arbeitslosigkeit dar. Beachtlich sind vielmehr die **Kosten des Nichteinsatzes der unbeschäftigten Arbeitskräfte**. Diese betreffen vor allem folgende Punkte:

- Zunächst einmal bedeuten Arbeitslose den Bestand eines *ungenutzten Produktionspotentials*. Die Entscheidung, eine Arbeitskraft nicht in der Produktion von Gütern und Dienstleistungen einzusetzen, ist - auf Grund des Zeitablaufs und der begrenzten Dauer der Arbeitsfähigkeit eines Menschen - unumkehrbar und bedeutet einen Verlust für immer. Hier wird Arbeitszeit - in der Regel ungewünscht - gegen Freizeit substituiert. Der nicht ausgeschöpfte Teil des Produktionspotentials stellt insofern *Opportunitätskosten der Arbeitslosigkeit* dar, weil auf das entsprechende Sozialprodukt für den Freizeitgewinn verzichtet wird. Solche Opportunitätskosten treten auch bei so genannter freiwilliger Arbeitslosigkeit auf, etwa wenn jemand freiwillig noch nach einer besseren Möglichkeit zur Verwertung seiner Arbeitskraft sucht. Es wäre vorteilhaft, die Suche möglichst effektiv zu gestalten, um die in diesem Falle freiwillige Ausfallzeit möglichst klein werden zu lassen. Liegt der Suche eine einzelwirtschaftlich vernünftige Abwägung zu Grunde, können die Opportunitätskosten des Nichteinsatzes der Arbeitskraft demnach geringer sein, als der Wert der Freizeit, die ja in diesem Falle Suchzeit ist. Dann ist die (vorübergehende) Arbeitslosigkeit eine sinnvolle Wahl des Zeiteinsatzes. Nur ein unfreiwilliger Freizeitgewinn oder ein freiwilliger Freizeitgewinn, der auf einem Irrtum bezüglich der Verwertbarkeit der eigenen Arbeitskraft beruht, implizieren deshalb falsche Verwendungen der Zeit.

- Ein weiterer wichtiger Gesichtspunkt betrifft die *Abschreibungsbedarfe bezüglich der Humankapitalbestände*, also des Wissens und der Fertigkeiten der Arbeitslosen. Das Humankapital wurde in aller Regel durch frühere Bildungs- und Ausbildungsanstrengungen gebildet. Dafür wurden Einkommensausfälle hingenommen, es wurde in Humankapital investiert, um späterer zusätzlicher Erträge willen. Die Kosten des Aufbaus des Humankapitals sind bereits untergegangen (*sunk costs*) und deshalb ökonomisch nicht mehr von Bedeutung. Jedoch stellt der aufgebaute Humankapitalstock einen aktuellen Vermögensbestand dar, der ökonomisch durchaus von Bedeutung ist. Wird das Humankapital durch Arbeitslosigkeit nicht eingesetzt, so wird es eine Entwertung erfahren. Einerseits wird es weniger wert, weil es sich durch Vergessen und Entwöhnung von Verrichtungen vermindert. Andererseits vermindert sich sein Wert durch Veralterung des Wissens und der Fertigkeiten der Betroffenen. Beide Aspekte senken die Produktivität eines Arbeitslosen mit der Dauer der Arbeitslosigkeit. Dies könnte zum Teil durch neue Bildungs- und Ausbildungsanstrengungen aufgehalten werden, was weitere Kosten verursacht, zum Teil ist das aber nur durch „richtige" Berufstätigkeit möglich. Verluste an Humankapital bei den Betroffenen stellen echte volkswirtschaftliche Vermögenseinbußen dar.

- Nicht vergessen werden dürfen in dieser Aufzählung natürlich die unmittelbaren *Nutzeneinbußen bei den von unfreiwilliger Arbeitslosigkeit Betroffenen und ihren Angehörigen.* Hierunter fallen zunächst die Einbußen durch die Absenkung des Lebenshaltungsniveaus. Die Einkommensausfälle haben in der Regel die Notwendigkeit der Einschränkung des Lebenshaltungsniveaus zur Folge. Die Urlaubsreise wird gestrichen, die Kinder können nicht mehr bei ihrer Ausbildung wie erhofft finanziell unterstützt werden, möglicherweise ist die Wohnung nicht zu halten, die Freundes- und Bekanntenkreise fallen auseinander, die soziale Umgebung bricht weg. Die Anpassungsbedarfe aus den finanziellen Einbußen werden von unmittelbaren *negativen sozialen Folgen* der Arbeitslosigkeit begleitet. Nicht allein leiden die Arbeitslosen und ihre Familien unter dem Verlust an sozialem Ansehen. Häufig sinkt mit dem Erlebnis des Ausgestoßenwerdens und des nicht mehr von der Arbeitswelt An- und Aufgenommenseins das Selbstwertgefühl der von Arbeitslosigkeit betroffenen Menschen. Das sind erhebliche Kosten von Arbeitslosigkeit; und es sind ökonomisch gesehen wirkliche Kosten, auch wenn kein Geld fließt!

- Ein weiterer wesentlicher Kostenfaktor der Arbeitslosigkeit resultiert daraus, dass durch die Arbeitslosigkeit ein Ungleichgewicht zwischen Arbeitgebern und Arbeitnehmern entsteht. Damit letztere ihre Interessen im Wettbewerb geltend machen können, müssen sie über realistische Möglichkeiten von Abwanderung und Widerspruch verfügen (Vgl. hierzu allgemein HIRSCHMAN (1974)). Dies ist in Zeiten großer Arbeitslosigkeit jedoch nicht der Fall, woraus ein erhebliches, auch e- thisch relevantes Problem der Arbeitslosigkeit entsteht. Es entstehen Kosten im Sinne von *Freiheitsverlusten*. (Vgl. VON HAYEK (1983), S. 146 ff.) und den daraus resultierenden Einschränkungen wirtschaftli- cher Dynamik: Die Arbeitnehmer werden risikoscheuer, kleben an ih- ren Arbeitsplätzen, um nicht Gefahr zu laufen, ins Heer der Arbeitslo- sen hinabzufallen. Die mangelnden Möglichkeiten zu Widerspruch und zur Abwanderung führen zur „freiwilligen" Hinnahme verschlechterter Arbeitsbedingungen, die Arbeitnehmer beginnen einen Wettlauf um Gunst, etwa durch unbezahlte Mehrarbeit, um Arbeitsfreude und über- durchschnittliches Engagement zu bekunden, unter Inkaufnahme der damit verbundenen sozialen Unannehmlichkeiten etc. Aus der Sicht einzelner Unternehmen mag dies als wünschenswerter Produktivitäts- zuwachs gewertet werden. Aus der Sicht der betroffenen Menschen, für die letztlich gewirtschaftet wird, ist hingegen die Arbeit weniger er- tragreich geworden, der effektive Stundenlohn gesunken. Zugleich geht wertvolle Freizeit verloren, die Familien werden vernachlässigt. Nut- zeneinbußen, die durch hohe Arbeitslosigkeit verursacht sind. *Insofern leiden auch Beschäftigte unter der Arbeitslosigkeit*, weil die Existenz letzterer ihre Lebensrisiken erhöht. *Arbeitslosigkeit verursacht negati- ve externe Effekte auf die Beschäftigten.* Es ist zu fragen, welche Kos- ten einer Gesellschaft daraus erwachsen, wenn in vielen Familien auch der Partner des Hauptverdieners dazu übergeht, nicht aus dem anerken- nenswerten Wunsch nach einem eigenen Berufsleben, sondern *aus Gründen der Absicherung gegen das Risiko des Arbeitsplatzverlustes des Partners* ebenfalls eine Beschäftigung aufzunehmen und darunter der Aufbau und die Sozialisation der künftigen Generation leidet, mit langfristigen Folgen, etwa für die Sozialversicherungssysteme. Dabei erlebt die betroffene künftige Generation zugleich, dass das Verhältnis ihrer Eltern zur Arbeit von Angst bestimmt ist und sie selbst, die Nach- kommenden, zu einem nicht unbeachtlichen Teil kaum Hoffnung auf

Eingliederung ins Arbeitsleben haben dürfen. Dieses Problem leitet zu einem letzten Punkt über.

* Schließlich ist nämlich noch auf die **Kosten der Störung und die Kosten der Aufrechterhaltung des sozialen Friedens** durch Arbeitslosigkeit zu verweisen. Arbeitslosigkeit beeinträchtigt den sozialen Frieden einer Gesellschaft. Sie spaltet die Gesellschaft in Karrieristen und Habenichtse, in Arbeitsplatzbesitzer und Arbeitslose. Und schließlich werden Schuldige ausgemacht: die Ausländer, die Zugewanderten, die Da-oder-dort-hergekommenen, Die-da-oben usw. Überaus ungewünschte gesellschaftliche Folgen von Arbeitslosigkeit treten auf: Erst Langeweile, dann Hoffnungslosigkeit und Wut, schließlich Gewalt, Alkohol- und Drogenmissbrauch sind nicht immer, aber eben auch nicht selten die üblen Gesellen zumindest hoher Arbeitslosigkeit. Zusätzliche Ressourcen müssen dann in die innere Sicherheit gelenkt werden, Polizei und schließlich sogar Gefängnisse bedürfen des Ausbaus. Am Ende ändert sich noch das Wahlverhalten der von der Demokratie Enttäuschten, Gleichgültigkeit, trotzige Verweigerung und Radikalisierungen machen sich breit. Gerade Deutschland hat diesbezüglich in seiner Geschichte die grausamsten Erfahrungen aufzuweisen. Die **Stabilität der Wirtschafts- und Gesellschaftsordnung** kann durch Massenarbeitslosigkeit **gefährdet**, die Zerrüttung wichtiger gesellschaftlicher Institutionen und Werte die Folge sein. Institutionen und Werte sind jedoch ebenfalls wichtige volkswirtschaftliche Kapitalbestände, sodass auch hier von einem beträchtlichen Vermögensverlust gesprochen werden kann.

Zunächst erlebt die Masse der Menschen die Freiheitsverluste, die aus der Arbeitslosigkeit resultieren. Alsbald wird von einer Vielzahl von Wählern die Marktwirtschaft nicht mehr mit Freiheit, sondern mit täglicher Existenzangst in Verbindung gebracht. Dann kündigen sie ihre innere Zustimmung zur Gesellschaft, schließlich drängen sie, meist unbewusst durch die Häufung kleinster Einstellungs- und Verhaltensänderungen, in unfreie gesellschaftliche Zustände. Hier kann auf Dauer der größte Kostenblock, den beachtliche Arbeitslosigkeit verursacht, liegen. Niemand sollte deshalb in der Arbeitslosigkeit Vorteile sehen, etwa, weil sie Droh- oder schon Machtpotential zur Interessendurchsetzung gegenüber anderen gesellschaftlichen Gruppen eröffnet.

Nicht jede Arbeitslosigkeit ist vermeidbar, doch *anhaltende und beachtenswerte Arbeitslosigkeit ist ein gesellschaftliches und wirtschaftliches Übel allererstens Ranges.* Deshalb sollte der Frage, wie es zu diesem Problem kommt, was dazu führt, dass es nicht wieder verschwindet und was getan werden kann, um es möglichst weitgehend zurückzudrängen, besondere Aufmerksamkeit geschenkt werden. (Vgl. zur Arbeitsmarktökonomik ausführlich z. B. FRANZ (1996) oder, kurz und sehr instruktiv, FRANZ (1993), BERTHOLD/FEHN (1994).)

3.2.2   Wie es zur Zielverfehlung kommt

Zur Analyse der Zielverfehlung bezüglich des Ziels Hoher Beschäftigungsstand kann nur sehr bedingt auf die makroökonomische Theorie zurückgegriffen werden. Insbesondere enthält der Markträumungsansatz zwar einen Arbeitsmarkt, der jedoch im Gleichgewicht ist, sodass Änderungen der Beschäftigung sich aus Änderungen des Wunsches zu arbeiten im Optimierungskalkül ergeben. So kommen zwar Schwankungen der Beschäftigung zu Stande, es fällt aber schwer, diese Schwankungen mit dem Phänomen der Arbeitslosigkeit zu identifizieren. Bei der „Gleichgewichts"-Makroökonomie handelt es sich eben *nicht* um eine Theorie der Arbeitslosigkeit, obgleich die entsprechenden Makroökonomen das Arbeitslosenproblem als Phänomen für wichtig und erklärungsbedürftig ansehen, wofür man eigene Erklärungsansätze brauche. (Vgl. LUCAS JR. (1989), S. 52 f.).

Allgemein ist es üblich, die Arbeitslosigkeit in so genannte Arten der Arbeitslosigkeit nach ihren Ursachen zu differenzieren. Dieser Vorgehensweise soll hier gefolgt werden. Zwei Gliederungen der Arbeitslosigkeit nach Arten sind gebräuchlich, die folgender Übersicht zu entnehmen sind:

```
                    ┌─────────────────────────┐
                    │  Einteilung der Arbeitslosigkeit │
                    │      nach ihren Ursachen       │
                    └─────────────────────────┘
```

Einteilung A	Einteilung B

Einteilung A
- Saisonale Arbeitslosigkeit
- Friktionelle Arbeitslosigkeit
- Konjunkturelle Arbeitslosigkeit
- Strukturelle Arbeitslosigkeit
  - Mindestlohnarbeitslosigkeit
  - Strukturelle Arbeitslosigkeit i.e.S.

Einteilung B
- Gesamtwirtschaftliche Arbeitslosigkeit
  - Klassische Arbeitslosigkeit
  - Keynesianische Arbeitslosigkeit
- Mismatch-Arbeitslosigkeit
  - friktionelle Ursachen
  - strukturelle Ursachen

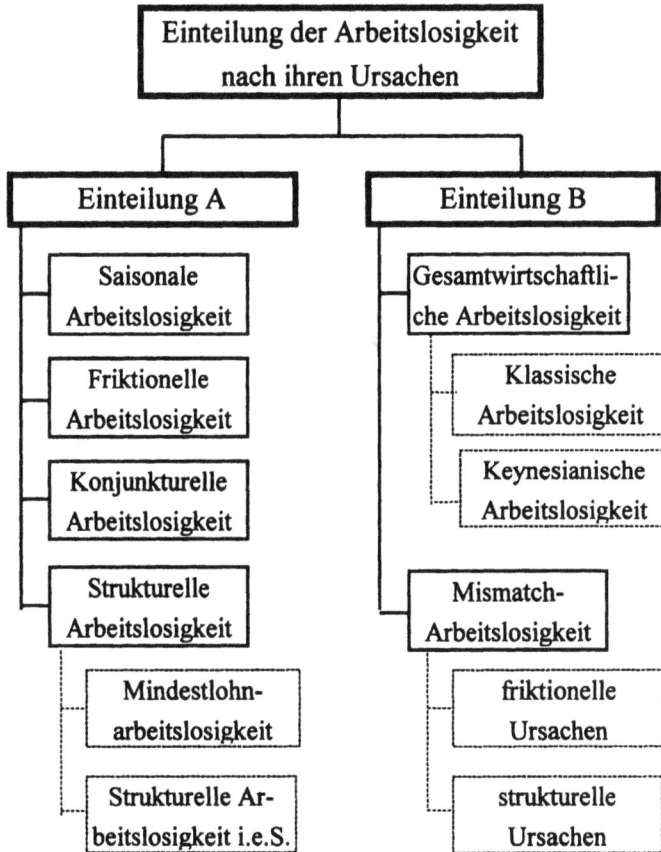

Die Einteilung A war lange Zeit üblich (Vgl. zu dieser Einteilung die Übersicht von BARTH (1976).) und sie beherrscht auch heute noch einen großen Teil der Literatur. Die neueren Entwicklungen in der Arbeitsmarkttheorie (Vgl. BERTHOLD/FEHN (1995a).) legen allerdings eher die Einteilung B zu Grunde, die in einigen Aspekten die Zusammenhänge besser erhellt. Da die erklärungsbedürftigen Phänomene jedoch gleich sind, lassen sich die Begriffe aus beiden Einteilungen den einzelnen Phänomenen zuordnen. Eine Ausnahme bildet die Saisonale Arbeitslosigkeit, die in der neueren Einteilung B fehlt. Im Folgenden soll im Wesentlichen der neueren Einteilung B gefolgt werden, die unter anderem bereits Eingang in Jahresgutachten des Sachverständigenrates zur Begutachtung der gesamtwirtschaftlichen Entwicklung und damit in die wirtschaftspolitische Beratung gefunden hat (erstmals sehr deutlich in SACHVERSTÄNDIGENRAT ... (1994)). Nach der älteren Einteilung soll die Saisonale Arbeitslosigkeit vorangestellt werden. Bei den übrigen Punkten wird zur Erleichterung der Orientierung von Lesern, die bereits mit der älteren Einteilung vertraut sind, jeweils auf die Begriffe der älteren Einteilung verwiesen. (Vgl. zum Folgenden vor allem BERTHOLD/FEHN (1994) und (1995a) und SACHVERSTÄNDIGENRAT ... (1994), Ziff. 415 - 477).

3.2.2.1 Saisonale Arbeitslosigkeit

Zu dieser Art von Arbeitslosigkeit kommt es auf Grund jahreszeitlich schwankender Einflüsse, die entweder die Produktionsseite direkt betreffen oder zu Nachfrageschwankungen führen, an die sich dann die Produktion anpasst. Sie sind sehr häufig witterungsbedingt, teilweise aber auch durch traditionelle Einteilungen des Jahres hervorgerufen.

So gibt es im Jahresverlauf beispielsweise durch die Jahreszeit bedingte Produktionsschwankungen in der Land- und Forstwirtschaft und in der Bauwirtschaft. Festgelegte Jahresfeste, wie Weihnachten oder Ostern führen zu Nachfrageschwankungen, beispielsweise nach Puten oder Schokoladenhasen. Sofern die Produkte schwer lagerbar sind und zu einem bestimmten Zeitpunkt zur Verfügung stehen müssen, kommt es zu Produktionsschwankungen, die sich den Nachfrageschwankungen anpassen. Bei lagerfähigen Produkten, wie etwa bei Feuerwerkskörpern, muss das nicht der Fall sein, da die Produktion auf das ganze Jahr verteilt werden kann.

Aus der entscheidenden Bedeutung der Lagerfähigkeit der schwankend nachgefragten Produkte kann man schließen, dass von saisonalen Schwankungen vor allem die Dienstleistungsbranche betroffen ist, weil Dienstleistungen bekanntlich nicht lagerfähig sind, sondern erst auf Anforderung eines Nachfragers im Zeitpunkt der Nachfrage produziert werden. So sind entsprechend von Saisonschwankungen im Allgemeinen sehr stark die Betriebe der Tourismusbranche betroffen, wenn es einer Urlaubsregion nicht gelingt, ein übers Jahr etwa gleich bleibend interessantes touristisches Angebot zu unterbreiten.

Als bedeutsames gesamtwirtschaftliches Problem stellt sich die Saisonale Arbeitslosigkeit nicht dar, denn die betroffenen Branchen und Arbeitnehmer sind im Allgemeinen mit der Saisonabhängigkeit ihres Gewerbes vertraut und passen sich entsprechend an das Phänomen an beziehungsweise haben diese Besonderheit ihres beruflichen Tätigkeitsfeldes bereits vor Aufnahme der Tätigkeit akzeptiert. Zusätzlich können gewisse Härten durch Transferzahlungen, wie z. B. Schlechtwettergeld, häufig zureichend gemildert werden. Der saisonalen Arbeitslosigkeit soll sich deshalb im Folgenden nicht mehr eingehend gewidmet werden.

3.2.2.2 Gesamtwirtschaftliche Arbeitslosigkeit

Obgleich Arbeitslosigkeit sich stets in mehr oder weniger globalen Zahlen als gesamtwirtschaftliches Phänomen darstellt, werden bestimmte Arten von Arbeitslosigkeit, die eher makroökonomisch zu erklären sind, als gesamtwirtschaftliche Arbeitslosigkeit bezeichnet, in Abgrenzung zur eher mikroökonomisch begründeten Mismatch-Arbeitslosigkeit.

Dazu sei folgende Definition verwendet: „Gesamtwirtschaftliche Arbeitslosigkeit liegt vor, wenn die Arbeitslosenrate die Rate der offenen Stellen übersteigt." (BERTHOLD/FEHN (1994), S. 306, (1995a), S. 110.)

Diese Definition stellt auf die Relation von Arbeitslosenrate/-quote zur Rate/Quote der offenen Stellen ab. Sie berücksichtigt, dass es immer gleichzeitig Arbeitslose und offene Stellen gibt und betont, dass gesamtwirtschaftliche Arbeitslosigkeit nur existiere, wenn auch dann noch Arbeitslose übrig blieben, wenn alle offenen Stellen besetzt würden. Wäre also die Arbeitslosenquote gleich der Quote der offenen Stellen, läge gesamtwirtschaftliche Arbeitslosigkeit nicht vor, sondern Mismatch-Arbeitslosigkeit. Empirisch gibt es dabei zwischen der Arbeitslosenquote und der Quote der offenen Stellen eine inverse Beziehung, d. h., nimmt erstere zu, so verringert sich letztere und umgekehrt. Bildet man diesen Zusammenhang grafisch ab, so erhält man die nach *WILLIAM H. LORD BEVERIDGE* (1879 - 1963) benannte ***Beveridge-Kurve*** (Vgl. FRANZ (1987),

S. 511 sowie BERTHOLD/FEHN (1994), S. 306, 316 f. und 333,
BARRO/GRILLI (1996), S. 424 ff. und zur empirischen Beveridge-Kurve
der Bundesrepublik Deutschland vgl. SACHVERSTÄNDIGENRAT ... (2000),
S. 82, Schaubild 24.) :

Beveridge-Kurve

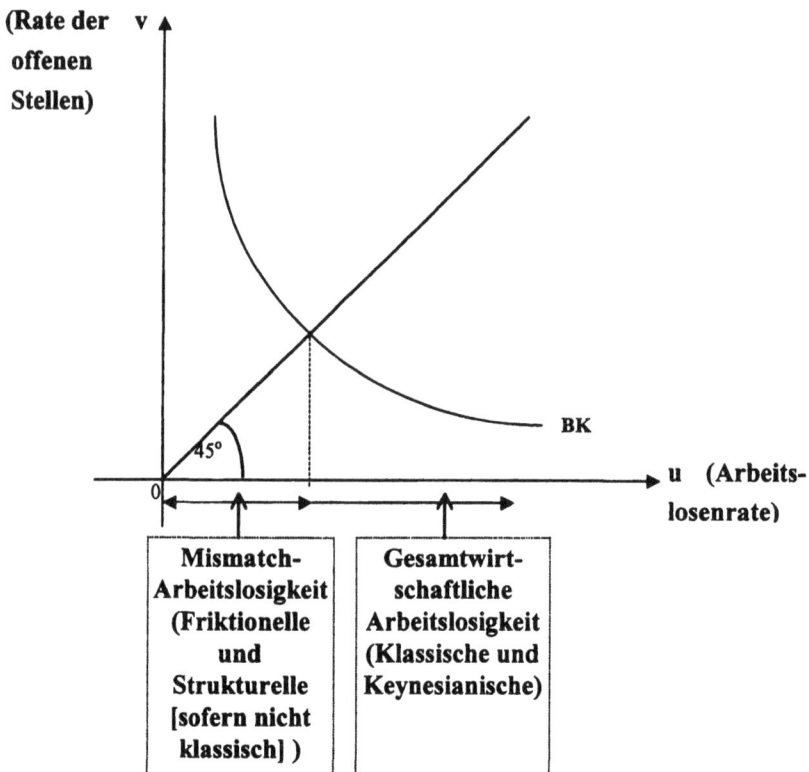

(Rate der v
offenen
Stellen)

45°

0   u   **(Arbeits-**
losenrate)

BK

| Mismatch-Arbeitslosigkeit (Friktionelle und Strukturelle [sofern nicht klassisch]) | Gesamtwirtschaftliche Arbeitslosigkeit (Klassische und Keynesianische) |

In der Grafik bildet der Teil der Beveridge-Kurve BK, der rechts von der
45°-Linie verläuft, gesamtwirtschaftliche Arbeitslosigkeit ab. Entsprechend würde der Teil, der links von der 45°-Linie verläuft, gesamtwirtschaftliche Überbeschäftigung anzeigen.

Bezüglich der gesamtwirtschaftlichen Arbeitslosigkeit können nun zwei Erklärungen herangezogen werden, die jeweils andere Ursachenkomplexe betonen.

3.2.2.2.1 Klassische Arbeitslosigkeit

Betrachten wir zunächst die klassische Erklärung für gesamtwirtschaftliche Arbeitslosigkeit. Trifft diese Erklärung zu, spricht man entsprechend von *klassischer Arbeitslosigkeit*. In der alten Einteilung würde es sich um Mindestlohnarbeitslosigkeit als Spezialfall der strukturellen Arbeitslosigkeit handeln. Die Bezeichnung nach der älteren Einteilung ist insofern besser, als die Kennzeichnung als Mindestlohnarbeitslosigkeit ein höheres Maß an Selbsterklärungskraft aufweist, wobei allerdings ihre Zuordnung zur Strukturellen Arbeitslosigkeit, wie noch gesehen wird, fragwürdig ist.

Der Grund für diese Art von Arbeitslosigkeit liegt darin, dass der Lohnsatz als nicht zu unterschreitender (Mindest-)lohn zu hoch in dem Sinne ist, dass er keine Markträumung bewirkt, sondern die Arbeitsnachfrage L^D zu diesem Lohnsatz niedriger ist als das Arbeitsangebot L^S. Die Arbeitslosen warten zu diesem Lohnsatz darauf, eine Stelle zu bekommen, weshalb diese Art der Arbeitslosigkeit manchmal auch als **Wartearbeitslosigkeit** bezeichnet wird (vgl. MANKIW (1998), S. 146, MANKIW (2000), S. 139).

Da die Arbeitsnachfrage als Funktion des Reallohnsatzes w von den Unternehmen so gewählt wird, dass der Reallohnsatz dem Grenzprodukt des Faktors Arbeit gleich ist, bedeutet dies, dass in diesem Fall der Reallohnsatz w höher ist als das Grenzprodukt der Arbeit, bei dem der Arbeitseinsatz dem Arbeitsangebot entspräche. Der höhere Preis für den Produktionsfaktor Arbeit führt zu einem geringeren Einsatz dieses Faktors, wie es die Markttheorie klassisch voraussagt. Bei gleich bleibendem Kapitalbestand wird somit kapitalintensiver produziert, d. h. entsprechend dem höheren relativen Preis für Arbeit würde bei gleicher Produktion Arbeit durch Kapital substituiert. Um zum alten Beschäftigungsniveau zu gelangen, wäre beim neuen Faktoreinsatzverhältnis zusätzlicher Kapitaleinsatz erforderlich. (Vgl. GIERSCH (1983) und, ausführlich, BEHRENS/PEREN (1998), S. 109 - 127.)

In der *Arbeitsmarktgrafik* zeigt sich (Vgl. BERTHOLD/FEHN (1994), S. 307, (1995a), S. 111, MANKIW (1998), S. 146 ff., (2000), S. 139 ff.):

Arbeitsmarkt

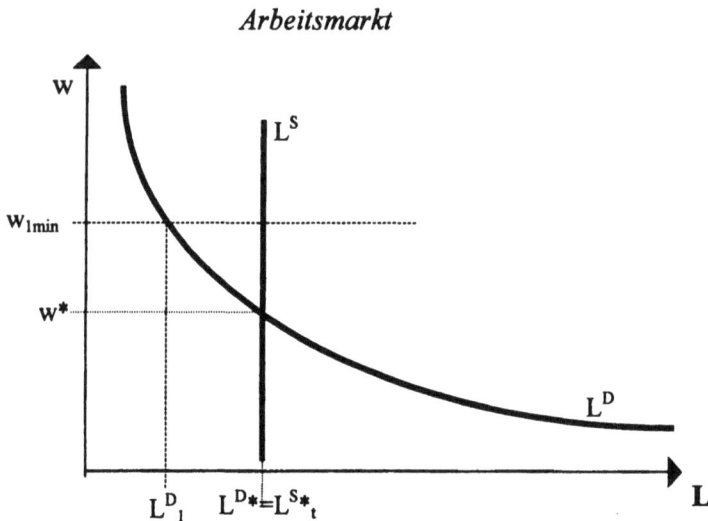

Da die kürzere Marktseite, also hier die Arbeitsnachfrageseite L^D, den Arbeitseinsatz bestimmt, gibt es beim (Mindest-)lohnsatz w_{1min} Arbeitslosigkeit in Höhe von $AL_1 = L^{D*} - L^D_1$.

Hier wird die Auffassung vertreten, dass diese Arbeitslosigkeit als reales Problem auch dann nicht größer würde, wenn das Arbeitsangebot elastisch auf Reallohnsatzänderungen reagierte. Beispielsweise würde *im folgenden Schaubild* die klassische Arbeitslosigkeit ebenfalls eine Höhe von $AL_1 = L^{D*} - L^D_1$ aufweisen und nicht etwa in Höhe von $AL_1 + (L^{unmögl.} - L^{D*})$ auftreten. Zwar würde sich beim Reallohnsatz w_{1min} zusätzlich zu $L^D_1 + AL_1$ ein Arbeitsangebot von $(L^{unmögl.} - L^{D*})$ ergeben. Dies läge aber nur am unrealistisch hohen Reallohnsatz, denn dieses zusätzliche Arbeitsangebot kann *unter keinen Umständen* zum Arbeitseinsatz kommen, weil der maximal mögliche Arbeitseinsatz bei $LD* = LS*$ liegt, da stets die kürzere Marktseite den Arbeitseinsatz bestimmt. Bestenfalls kann deshalb durch Senkung des Mindestreallohns eine zusätzliche Beschäftigung in Höhe von AL_1

entstehen. Beim Reallohnsatz w_{1min} hätten wir zwar eine registrierte Arbeitslosigkeit in Höhe von $AL_1 + (L^{unmögl.} - L^{D*})$ zu verzeichnen. Mit der Beseitigung des Problems des zu hohen (Mindest-)lohnsatzes würde von dieser Arbeitslosigkeit jedoch höchstens AL_1 in Arbeitsverhältnisse wechseln, während $(L^{unmögl.} - L^{D*})$ durch die Senkung des Reallohnsatzes als Arbeitsangebot verschwinden würde. Die *registrierte Arbeitslosigkeit* ist in diesem Fall größer als die tatsächlich zu beseitigende *reale Arbeitslosigkeit*.

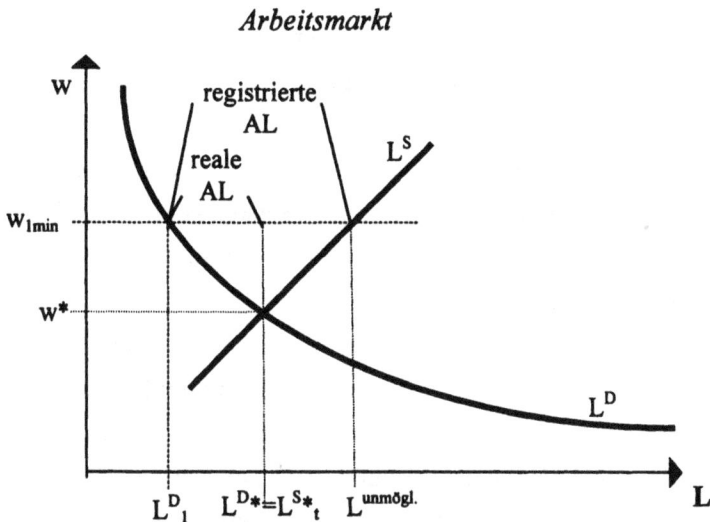

Arbeitsmarkt

Hier wird demnach *nur der Teil der registrierten Arbeitslosigkeit, der tatsächlich durch Besetzung von Arbeitsplätzen verschwinden kann, als das wirtschaftspolitische Problem angesehen. Registrierte Arbeitslosigkeit, die nur dadurch verschwindet, dass man den zu akzeptierenden Reallohnsatz so lange senkt, bis die entsprechenden Personen nicht mehr für den Arbeitsmarkt zur Verfügung stehen, betrachten wir nicht als das gesellschaftliche Arbeitsmarktproblem.*

Auf einem funktionierenden Arbeitsmarkt, auf dem die Löhne nicht durch die Politik künstlich hoch gehalten werden, könnte eine solche Situation eines überhöhten Reallohnsatzes allerdings kaum von Dauer sein, denn es würde sich für Arbeitslose lohnen, den Reallohnsatz w_1 zu unterbieten, um

eine Stelle zu bekommen. Auf diese Weise würde normalerweise der Reallohnsatz auf den Gleichgewichtsreallohnsatz w* abgesenkt, sodass Vollbeschäftigung entstünde. Tiefer würde der Lohnsatz ebenfalls nicht fallen,
da der dann eintretende Wettbewerb um Arbeitskräfte den Lohnsatz wieder zum Steigen bringen würde.

Um die Existenz der klassischen Arbeitslosigkeit zu begründen, muss ge-
zeigt werden, warum den Marktkräften entgegen der Reallohnsatz über
dem markträumenden Reallohnsatz bleibt.

Eine häufig von Anhängern so genannter *keynesianischer Modellansätze*
vorgebrachte Theorie begründet die mangelnde Anpassungsfähigkeit des
Reallohnsatzes nach unten mit der **Langfristigkeit der Lohnkontrakte.**
Dem kurzfristigen Erfordernis der Lohnsenkung kann nicht gefolgt werden, weil Löhne nur sehr langfristig zu senken sind. Diese Theorie vermag
allerdings langfristig überhöhte Löhne nicht zu erklären, denn sie unterstellt, dass sich die Wirtschaftssubjekte stets und immer in ihren Erwartungen bezüglich der angemessenen Lohnhöhe in der gleichen Richtung
irren. Plausibler ist die Annahme, dass die Lohnhöhe unter realistischen
Erwartungen bezüglich der anderen Einflussgrößen im Mittel etwa der
markträumenden Höhe entsprechen wird. Die starren Löhne weichen dann
mal nach oben, mal nach unten ab, ohne dass es jeweils zu neuen Lohnverhandlungen kommt. Vielmehr besteht die implizite Übereinkunft, stattdessen bei gleich bleibenden Löhnen den Arbeitseinsatz an den jeweiligen
betrieblichen Erfordernissen zu orientieren. Sinkt die Grenzproduktivität
des Faktors Arbeit auf Grund kurzfristiger negativer Schocks auf die Produktionsfunktion, so wird vorübergehend weniger gearbeitet, steigt sie,
wird vorübergehend mehr gearbeitet. Jeweils bei gleichem Reallohnsatz,
der mal zu hoch, mal zu niedrig, im Mittel über die Vertragsperiode aber
korrekt ist. (Vgl. BARRO (1979), BARRO/GRILLI (1996), S. 721, BARRO
(1997), S. 794 f.). Der Reallohnsatz kann auch nicht durch Erhöhung des
Preisniveaus nachhaltig gesenkt werden, weil die erwartete Inflation in
den Lohnkontrakten berücksichtigt wird. Nur eine unsystematische Infla-
tionspolitik, die unberechenbar ist, die dann aber einmal nach oben, ein

andermal nach unten Überraschungen hervorruft, kann, allerdings ebenfalls unsystematische, Effekte bewirken. „Wir sollten bedenken, dass ein überhöhter Preis ... genauso wahrscheinlich ist wie ein zu niedriger Preis." (BARRO/GRILLI (1996), S. 720.)

Eine wesentlich wichtigere Erklärung liefert die so genannte *Insider-Outsider-Theorie*. (Vgl. BERTHOLD/FEHN (1994), S. 307 ff.) Wichtig ist zunächst die Begriffsklärung. Was ist unter „Insider" und „Outsider" zu verstehen? Hier wird als *Insider* jemand bezeichnet, der eine Stelle hat, also ein Beschäftigter, während ein *Outsider* jemand ist, der keine Stelle hat, aber gerne eine Stelle haben möchte, also ein Arbeitsloser.

Eine andere Unterscheidung, die man manchmal antrifft, aber *der hier nicht gefolgt werden soll*, unterscheidet nach der Gewerkschaftszugehörigkeit. Danach wäre ein Insider jemand, der der Gewerkschaft angehört und ein Outsider jemand, bei dem das nicht der Fall ist. Diese Unterscheidung führt häufig zu völlig anderen Ergebnissen hinsichtlich der empirischen Relevanz der Insider-Outsider-Theorie. Der Unterschied in der Bezahlung dürfte zwischen Beschäftigten, die der Gewerkschaft angehören und solchen, bei denen das nicht der Fall ist, eher gering sein, jedenfalls im Vergleich zur Bezahlung der Beschäftigten mit den Transferleistungen, die die Arbeitslosen vom Staat erhalten. Demnach kann erwartet werden, dass die von unserer Unterscheidung abweichende Definition nicht zu deutlichen empirischen Belegen bezüglich des Unterschieds zwischen so definierten In- und Outsidern führen wird, sodass diese Definition unseres Erachtens unzweckmäßig ist, wenn das Phänomen der klassischen Arbeitslosigkeit erklärt werden soll.

Ein ganz wichtiger Aspekt in diesem Zusammenhang hat gleichwohl mit den Gewerkschaften als Interessenvertreter der gewerkschaftlich organisierten Beschäftigten zu tun. Outsider in unserem Sinne können sich nämlich als Arbeitslose gewerkschaftlich bei Lohnverhandlungen kaum vertreten lassen, wenn sie nicht Mitglieder in diesen Organisationen sind, was mit zunehmender Dauer der Arbeitslosigkeit wahrscheinlich ist. (Vgl. KOCH, CZOGALLA (1999), S. 384.) Folglich vertreten Gewerkschaften bei

Lohnverhandlungen nur Insider (Beschäftigte), wenn auch nicht alle Insider. Zugleich ist regelmäßig der Mitgliedsbeitrag eines Gewerkschafts-
mitglieds an sein Einkommen geknüpft, sodass die Gewerkschaften in der
Tendenz ein Interesse daran haben, Lohnerhöhungen durchzusetzen, auch
wenn das Risiko der Entlassung von Mitarbeitern dadurch steigt. Während
einerseits nämlich die Bezahlung aller Mitarbeiter, seien sie nun Gewerkschaftsmitglieder oder nicht, sich in der Regel nach den tariflichen Ver-
einbarungen richtet (besonders, wenn ein Tarifvertrag für die Branche
durch den Bundesarbeitsminister für allgemeinverbindlich erklärt wird,
wodurch der Geltungsbereich der Tarifvertragsvereinbarungen auch auf
nicht tarifgebundene Arbeitgeber und Arbeitnehmer ausgeweitet wird),
genießen andererseits die Gewerkschaftsmitglieder die Unterstützung ihrer
Gewerkschaft, wenn es um Kündigungen geht; das ist eine selektive Zu-
satzleistung nur für Mitglieder, die die Mitgliedschaft für die Arbeitnehmer interessant macht. Wir wollen deshalb, ohne das dies in diesem allgemeinen Lehrbuch näher begründet und belegt werden könnte, von der
Annahme ausgehen, dass vernünftige Gewerkschaften versuchen werden,
unter Minimierung des Arbeitsplatzrisikos *für ihre Mitglieder* Lohnerhöhungen (unter dem Bewusstsein, dass diese *für alle* gelten) durchzusetzen.
Auch eine an der Wiederwahl orientierte Politik der Gewerkschaftsfüh-
rung würde zu dieser Verhaltensweise führen (Vgl. BERTHOLD/FEHN
(1994), S. 308).

Insofern ist die Arbeitnehmervertretung als Vertragspartner in den Tarifverhandlungen an beschäftigungssteigernden Lohnsatzsenkungen wenig
interessiert, denn bei sinkenden Löhnen plus sinkendem Beschäftigungsri-
siko erscheint eine Gewerkschaftsmitgliedschaft für manche Arbeitnehmer
vielleicht nicht mehr für die langfristige Einkommensmaximierung sinnvoll. Die Insider, die Beschäftigten, haben insofern, unterstützt durch Gewerkschaften, eine Verhandlungsmacht, die sich letztlich gegen die Outsider, die Arbeitslosen, richtet. Gebremst kann der Wille zur Ausnutzung
dieser Verhandlungsmacht lediglich etwas durch die Freiheitsverluste
werden, die für die Beschäftigten mit hoher Arbeitslosigkeit verbunden
sind, weil ihre Möglichkeiten zur Abwanderung und zum Widerspruch

(HIRSCHMAN (1974)) eingeschränkt werden. Diese Bremse kann jedoch nur wirksam werden, wenn der Zusammenhang zwischen Mindestlohnhöhe und Beschäftigung auch von den Beschäftigten erkannt und als persönliche Bedrohung empfunden wird.

Wie weit die Lohnforderungen durch die Gewerkschaften getrieben werden, hängt unter anderem entscheidend vom Zentralisierungsgrad der Gewerkschaften in einem Land ab. Bei sehr stark dezentralisierten Gewerkschaften, die etwa nur auf Betriebsebene existieren, ist die Schwächung der Wettbewerbsfähigkeit des eigenen Betriebs durch einen zu hohen Lohnkostendruck ein entscheidendes Argument auch im Hinblick auf die Existenzfähigkeit der Gewerkschaft, sodass die Lohnforderungen gedämpft werden. Ebenso ist es bei sehr hohem Zentralisierungsgrad, etwa einer einzigen volkswirtschaftlichen Gesamtgewerkschaft. Diese müsste die gesamtwirtschaftlichen Auswirkungen, die auf die Gewerkschaft zurückwirken, berücksichtigen, sodass mit eher moderaten Lohnforderungen zu rechnen ist. Andererseits ist zu erwarten, dass bei mittlerem Zentralisationsgrad der Gewerkschaften, etwa auf Branchenebene wie in Deutschland, die Lohnforderungen hoch ausfallen, denn sie gelten für alle Mitglieder der Branche, sodass deren Wettbewerb untereinander nicht verfälscht wird, und beeinträchtigen die Gesamtwirtschaft doch nicht so erheblich, dass es für die Gewerkschaft spürbar wäre.

Entsprechend beobachtet man in Ländern mit mittlerem Zentralisationsgrad der Gewerkschaften relativ hohe Lohnabschlüsse, vergleichsweise hohe Arbeitslosenquoten und relativ höhere Anteile an Langzeitarbeitslosen. (Vgl. zu den Zusammenhängen und empirischen Daten BARRO/GRILLI (1996), S. 447 ff. und BURDA/WYPLOSZ (1994), S. 169 ff.). Es ergibt sich das folgende Bild des Zusammenhangs.

Zentralisierungsgrad der Lohnverhandlung und Reallohnsatz

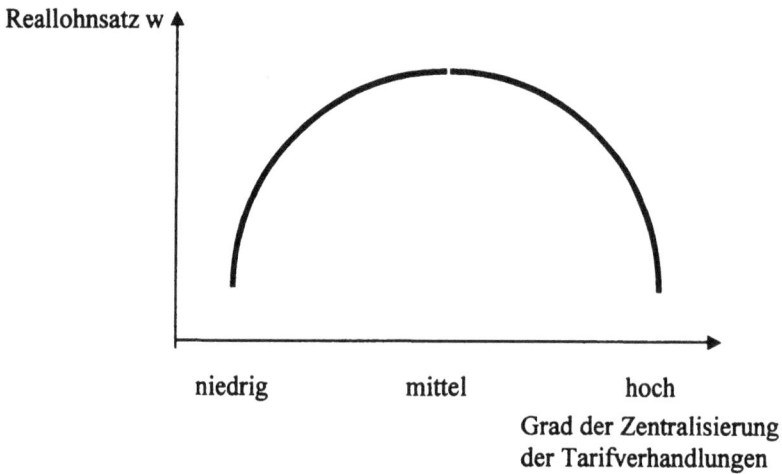

[Aus: BURDA/WYPLOSZ (1994), S. 171]

Darüber hinaus verfügen die Insider über weitere Marktmacht, die daraus resultiert, dass es nicht kostenlos ist, einen (teuren) Insider gegen einen (billigeren) Outsider zu ersetzen. Es entstehen bei Austausch von Mitarbeitern so genannte *Fluktuationskosten*. „Die originären Fluktuationskosten bestehen vor allem aus Such-, Anwerbungs-, Verhandlungs- und Verwaltungskosten bei Neueinstellung von Outsidern. Die politisch verursachten Kosten der Fluktuation setzen sich primär aus Abfindungszahlungen, Sozialplänen und Prozesskosten bei Kündigungen zusammen." (BERTHOLD/FEHN (1994), S. 307.) Auf Grund ihrer gesellschaftlichen Stellung haben die Gewerkschaften und damit ihre (unter den Beschäftigten zu findenden) Mitglieder Einfluss auf die Höhe dieser politischen Fluktuationskosten, beispielsweise, indem die Vorschriften zum Kündigungsschutz durch ihren Einfluss verschärft werden. Kündigungsschutz schützt insofern Arbeitsplatzbesitzer zu Lasten der Arbeitslosen, was Lohnerhöhungsspielräume eröffnet.

Allerdings gibt es auch eine beachtenswerte Kraft, die die Macht der Insider begrenzt. Je höher nämlich die Arbeitslosigkeit insgesamt ist, desto geringer wird die Wahrscheinlichkeit, bei einer kostenbedingten Entlassung einen neuen Arbeitsplatz zu finden. Wird dies von den Insidern berücksichtigt, werden sie auch die langfristige Beschäftigungssicherung mit in ihre Überlegungen einbeziehen. Sofern diese Überlegungen nicht zu niedrigeren Lohnabschlüssen führen, etwa aus institutionellen Gründen, versuchen Arbeitnehmern, durch mehr Fleiß und geringere Ausfallzeiten das Entlassungsrisiko zu senken, was ebenfalls wie eine Senkung des Reallohnes wirkt.

Eine weitere Erklärung für die im Sinne der Markträumung zu hohen Reallöhne liefern die *Effizienzlohntheorien* (Vgl. MANKIW (1998), S. 151 ff., (1999), S. 627 ff., (2000), S. 143 ff., BERTHOLD/FEHN (1995b), S. 195 ff.) Nach den Effizienzlohntheorien „arbeitet eine Unternehmung effizienter, wenn sie höhere Löhne als die Gleichgewichtslöhne bezahlt." (MANKIW (1999), S. 627.) Als Begründung wird etwa angeführt, dass die Arbeitgeber hohe Überwachungs- und Kontrollkosten sparen, indem sie mit guter Bezahlung einen Anreiz geben, gute Arbeit zu leisten. Die Arbeitnehmer verzichten auf Drückebergerei, weil mit der Bezahlung das Risiko steigt, einen guten Arbeitsplatz zu verlieren, um möglicherweise nur einen schlechteren zu bekommen. Des Weiteren wird angeführt, dass höhere Löhne die Qualität der Belegschaft eines Unternehmens im Mittel erhöht, weil gute Mitarbeiter gebunden werden. Schließlich wird, so ein weiteres Argument, durch hohe Löhne die Fluktuation gesenkt, da der Arbeitsplatzwechsel aus Gründen eventuell woanders zu erzielender höherer Löhne sich vermindert. Für unterentwickelte Länder wird zudem der Einfluss der Bezahlung auf die Güte der Ernährung betont, was zu höherer Produktivität führte. (Vgl. zu diesen Gründen MANKIW (1998), S. 151 f., (2000), S. 143 f.) Als Beispiel für das Effizienzlohnargument wird etwa die Einführung des 5-Dollar-Arbeitstages durch die Ford Motor Company im Jahr 1914, als der normale Arbeitstag zwei bis drei Dollar einbrachte, angeführt, mit überaus vorteilhaften Folgen für die Firma Ford (Vgl. MANKIW (1998), S. 152 f. und (1999), S. 631 f.).

Betrachtet man diese Argumente der Effizienzlohntheorien genauer, so fällt auf, dass es sich eher um Effekte handelt, die die Produktivität erhöhen, sodass die Aussage nicht gänzlich unbegründet erscheint, dass es unter bestimmten Umständen gelingt, durch Zahlung höherer Löhne Kosten (Verhandlungs-, Kontroll- und Fluktuationskosten) zu senken bzw. die Arbeitsproduktivität zu erhöhen. Insofern wird hier kein Lohn oberhalb des Gleichgewichtslohns gezahlt, sondern es wird der Gleichgewichtslohnsatz erhöht, indem die Entlohnungsform und -höhe als Mittel zur Arbeitsmotivation eingesetzt werden. Der scheinbar höhere Lohnsatz ist Ausdruck der Heterogenität des Produktionsfaktors Arbeit, wobei sein Zweck ist, die in der Tendenz leistungsfähigeren Segmente des Arbeitsangebots zu isolieren und mit guten Arbeitsanreizen zu versorgen. Zum Zweiten scheinen, wie das Beispiel Ford zeigt, die Anreizwirkungen teilweise nur von der Tatsache auszugehen, dass eine Firma mehr als die anderen Firmen bezahlt. Zahlen alle pro Tag 5 Dollar, besteht der Anreiz, sich bei Ford besonders anzustrengen und besondere Firmentreue an den Tag zu legen nicht mehr. Insofern ist das Effizienzlohnargument zwar eines für eine einzelne Firma, aber keines, das ein überhöhtes Lohnniveau für die Volkswirtschaft, also gesamtwirtschaftliche Arbeitslosigkeit, erklären kann, es sei denn im Sinne einer *Rationalitätenfalle*, die darin besteht, dass zunächst ein Unternehmen bei Einführung des 5 Dollar-Tages einen Vorsprung erzielt, für die anderen Unternehmen sodann ein Anreiz besteht, sich dem 5 Dollar-Tag anzuschließen und schließlich kein einzelnes Unternehmen mehr von dem einmal eingeführten 5 Dollar-Tag nach unten abweichen kann, ohne Abwanderungen befürchten zu müssen. Ford hat allerdings, wie MANKIW ((1998), S. 152) zitiert, seine Maßnahme mit den Kosten senkenden Wirkungen begründet, sodass fraglich ist, ob die Maßnahme zu einem überhöhten Lohnniveau führte. Die Erklärungskraft der Effizienzlohntheorien, die zudem keine Alternative, sondern ein Komplement zu der Insider-Outsider-Theorie darstellen, darf daher nicht überschätzt werden. Die anhaltende Hochlohnarbeitslosigkeit dürfte vornehmlich auf dem Interessenkonflikt zwischen In- und Outsidern resultieren. (Vgl. BERTHOLD/FEHN (1995b), S. 197, 199.)

Gerade im niedrig entlohnten Segment des Arbeitsmarktes ist dieser Konflikt aber nicht der einzige Grund. Hier kann die Bildung eines markträumenden Lohnsatzes vor allem auch durch **staatliche Mindestlöhne** verhindert werden. Ein Mindestlohn ist ja ein Lohnsatz, „unter den der Marktlohn nicht fallen kann." (ARNOLD (2003), S. 58.) Ein solcher Mindestlohn kann natürlich nur wirksam die Bildung des markträumenden Lohnsatzes, des Gleichgewichtslohnsatzes w* verhindern, wenn er über diesem liegt. (Allgemein zu Mindestpreisen vgl. BEHRENS/KIRSPEL (2003), S. 336 ff.) *Wirksame staatliche Mindestlöhne* kann es aus zwei Gründen geben (vgl. ARNOLD (2003), S. 59): Entweder hat der Gesetzgeber einen solchen Mindestlohn rechtlich verbindlich gemacht, oder die Höhe der *Lohnersatzleistungen* entzieht dem Arbeitsmarkt das Arbeitsangebot, wenn der Marktlohnsatz sich dieser Höhe nähert oder darunter sinkt (Vgl. z. B. SINN u. a. (2002), S. 8 ff., SINN (2002), S. 26 ff.).

Die Arbeitsangebotskurve beruht ja auf der Entscheidung der Haushalte, zu Gunsten des Einkommenserwerbs auf Freizeit zu verzichten. Erreicht nun der Marktlohn die Höhe der Lohnersatzleistungen, würde das gleiche Einkommen auf dem Arbeitsmarkt unter Verzicht von Freizeit erzielt, das als Lohnersatzleistung auch ohne Verzicht auf Freizeit erzielbar wäre. Viele potenzielle Arbeitsanbieter würden in einer solchen Situation das arbeitslose Ersatzeinkommen vorziehen, „denn kaum jemand dürfte bereit sein, einen Job anzutreten, der nicht ein spürbar höheres Einkommen bietet als die Sozialleistungen, die er ohne zu arbeiten erhält." (SINN u. a. (2002), S. 8.)

Nehmen wir *vereinfachend* an, die Arbeitsanbieter würden bei jedem Reallohnsatz w oberhalb des entsprechenden realen Satzes der Lohnersatzleistungen w^{Ersatz} Arbeit anbieten und bei jedem Reallohnsatz w, der w^{Ersatz} entspricht oder darunter liegt, nicht, so hätte die Arbeitsangebotsfunktion $L^S(w)$ beim Reallohnsatz $w = w^{Ersatz}$ einen Knick, da dort das Arbeitsangebot auf Null sinken würde. Es ergäbe sich folgendes Bild (Vgl. auch ARNOLD (2003), S. 59):

Arbeitsmarkt

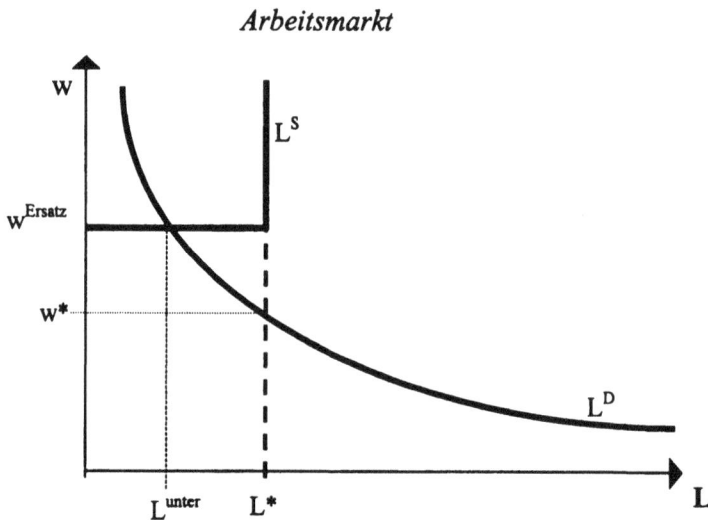

Die Lohnersatzleistungen, die einem Reallohnsatz in Höhe von w^{Ersatz} entsprechen, bewirken klassische Arbeitslosigkeit in Höhe von L* - L^{unter}.

Diesen Zusammenhängen entsprechend bildet die Sozialhilfe eine wirksame Lohnuntergrenze. Sie wirkt also wie ein wirksamer staatlich festge-
legter Mindestlohn. „Hierdurch werden insbesondere Geringqualifizierte
vom Arbeitsmarkt ausgeschlossen, da das Sozialhilfeniveau in Form lau-
fender Hilfe zum Lebensunterhalt in diesem Segment den Charakter eines
effektiven Mindestlohns hat, welcher in vielen Fällen über dem durch die
individuelle   Produktivität   gerechtfertigten   Marktlohn   liegt."
(SACHVERSTÄNDIGENRAT ... (2002), Ziff. 624, S. 342.)

Insofern eine aus dem Insider-Outsider-Problem oder dem Problem für
Vollbeschäftigung zu hoher Lohnersatzleistungen resultierende Hochlohnarbeitslosigkeit existiert, *ist es* demnach *gerade die Ausschaltung der
Marktkräfte, die das Arbeitslosenproblem verursacht*. Insbesondere auf
den deutschen Arbeitsmärkten wurde der Koordinationsmechanismus
Markt durch den der Gruppeneinigung durch Verhandlung und den der
staatlichen Regulierungen ersetzt. (Vgl. BERTHOLD (1997), S. 15.) „Die

europäischen Arbeitsmärkte sind, von einigen wenigen Ausnahmen abgesehen, ein Lehrstück, wie man den Arbeitsmarkt gründlich destabilisieren und Massenarbeitslosigkeit auslösen kann, wenn der Preismechanismus weitgehend ausgeschaltet wird, man den Wettbewerb zur Restgröße degradiert und Macht an die Stelle von ökonomischem Gesetz tritt." (BERTHOLD (1997), S. 12.) Insofern ist auch klar, dass der makroökonomische Markträumungsansatz Arbeitslosigkeit nicht erklären *kann*, die hauptsächlich daraus resultiert, dass die Marktkräfte daran gehindert werden, ihre Wirksamkeit zu entfalten und eine Markträumung herbeizuführen. **Hier liegt kein Marktversagen vor, sondern das „Versagen" beruht auf Verhinderung der Marktkräfte.** Und diese Verhinderung der Marktkräfte beruht letztlich im Wesentlichen auf im Sinne des Ziels, Vollbeschäftigung zu erreichen, fehlerhafter ordnungspolitischer Gestaltung der Rahmenbedingungen des Lohnbildungsprozesses. Die Vermutung liegt zudem nicht fern, dass hier zum Schaden der Arbeitslosen häufig eine ungeeignete Verknüpfung von Effizienz- und Gerechtigkeitsfragen erfolgt (vgl. dazu BEHRENS/KIRSPEL (2003), S. 209 f.), die wirksame ordnungspolitische Reformen nicht selten zu behindern geeignet ist. Den entstehenden Schaden kann man an den Ergebnissen des Markträumungsmodells als eines Referenzmaßstabes ermessen.

Wenden wir uns nun der keynesianischen Arbeitslosigkeit als andere gesamtwirtschaftliche Erklärung für Arbeitslosigkeit zu.

3.2.2.2.2 Keynesianische Arbeitslosigkeit

Diese Form der Arbeitslosigkeit wurde in der älteren Einteilung (im obigen Schaubild als Einteilung A bezeichnet) als konjunkturelle Arbeitslosigkeit bezeichnet, weil man früher glaubte, Nachfrageschwankungen seien der Hauptauslöser für Konjunkturschwankungen und deshalb für die Arbeitslosigkeit, die auf Nachfrageausfällen im Konjunkturverlauf beruht, verantwortlich. Diese Ansicht stammt aus einer Schule der Volkswirtschaftslehre, die mit dem Namen *JOHN MAYNARD KEYNES* (1883 - 1946) verbunden ist, dem *Keynesianismus,* deshalb wird diese Arbeitslosigkeit als keynesianische bezeichnet.

Zur näheren Erläuterung sei darauf hingewiesen, dass die weiter oben erfolgte Ermittlung des markträumenden Vollbeschäftigungsreallohnsatzes w* auf Seiten der Arbeitsanbieter auf nutzenmaximierende Arbeitsangebotsentscheidungen und auf Seiten der Arbeitsnachfrager auf der Ermittlung des beim jeweiligen (Produzenten-)Reallohnsatzes gewinnmaximierenden Arbeitseinsatz beruht. Dieser Arbeitseinsatz ist jedoch nur dann gewinnmaximierend, wenn die mit diesem Arbeitseinsatz produzierten Güter und Dienstleistungen, gemessen mit Y, auch abgesetzt werden können. Wenn dies auf Grund von Nachfrageausfällen nicht der Fall ist, muss ein Teil der Produktion auf Lager genommen werden und verursacht statt Erlösen Lagerkosten, kann möglicherweise sogar nie wieder abgesetzt werden. In einer solchen Situation führt die Rationierung auf dem Gütermarkt dazu, dass auch auf dem Arbeitsmarkt eine Rationierung durch die Arbeitsnachfrager erfolgt, die nur so viel Arbeit einsetzen wollen, wie nötig sind, um die *absetzbaren* Güter zu erzeugen. Es ergibt sich folgendes Bild (Vgl. zu den Zusammenhängen z. B. BARRO/GROSSMAN (1971), S. 85 ff., SIEBERT (2000a), S. 354 ff., 362 und BAßELER/HEINRICH/UTECHT (2002), S. 355 ff.). Dabei repräsentiert Y^S_{Gmax} die Gütermenge, die die Unternehmen als Arbeitsnachfrager eigentlich beim Reallohnsatz w* gern als gewinnmaximierende Ausbringungsmenge anbieten würden, wenn diese Menge absetzbar wäre. Tatsächlich absetzbar ist hingegen nur die Menge Y^D_{eff} (effektive Güternachfrage). Um diese Menge produzieren zu können, benötigen die Unternehmen nur Arbeitseinheiten in der Menge L^D_{eff} (effektiv nachgefragte Arbeitseinheiten bei Y^D_{eff}). Bei dieser Arbeitseinsatzmenge hat die Arbeitsnachfragefunktion nun einen Knick in Höhe des Reallohnsatzes w_{eff}. Bei jedem Reallohnsatz unterhalb von w_{eff}, einschließlich dem eigentlich, wenn es nicht Absatzprobleme gäbe, Vollbeschäftigung garantierenden Reallohnsatz w*, ist die Arbeitslosigkeit eine keynesianische Arbeitslosigkeit in Höhe von $L* - L^D_{eff}$. Bildete sich ein Lohnsatz, der über w_{eff} läge, würde hingegen klassische Arbeitslosigkeit resultieren, denn in diesem Bereich gilt die alte Arbeitsnachfragefunktion L^D weiter, so dass die gewinnmaximierende Arbeitsnachfrage zur kürzeren Marktseite würde.

Produktionsfunktion als Ertragsfunktion des Faktors Arbeit

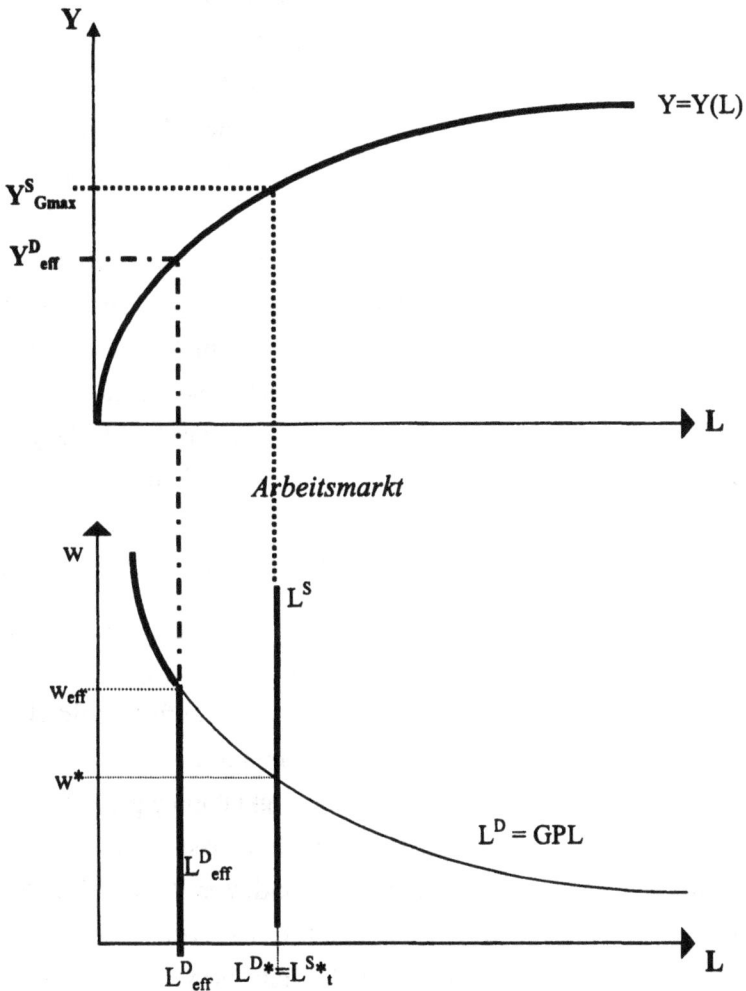

Da Nachfrageausfälle nur dann geschehen können, wenn ein Abfall des privaten Verbrauchs, also eine Zunahme der Ersparnis, nicht zu einer entsprechenden Zunahme der Investitionen führt, und zugleich Löhne und

Preise nicht vollkommen flexibel sein dürfen, weil sie sonst sogleich ein Gleichgewicht herbeiführten, „[ist m]it keynesianischer Arbeitslosigkeit .. somit nur bei unvollkommenen Kapitalmärkten und relativ starren Löhnen und Preisen zu rechnen." (BERTHOLD/FEHN (1994), S. 312.) Somit handelt es sich bei der keynesianischen Arbeitslosigkeit um ein sehr kurzfristiges Phänomen, das auftritt, solange die Wirkungen der normalen Marktkräfte, nämlich des Preismechanismus, noch nicht dominieren. Insofern handelt es sich nicht um ein fundamentales Problem der Marktwirtschaft, sondern um eine kurzfristige Anpassungsreaktion, deren Grund reale Anpassungsprobleme sind, die dazu führen, dass vorübergehend die für die Wirtschaftssubjekte günstigeren markträumenden Preise nicht zu Stande kommen. „Die entscheidende Herausforderung an die keynesianische Analyse besteht .. in der Beantwortung der Frage, warum diese Probleme einfacher werden, sobald der Staat gelegentlich viel Geld in die Volkswirtschaft pumpt oder seine Güterkäufe aufstockt. ... Es wurde .. bislang noch nicht nachgewiesen, dass eine aktive Wirtschaftspolitik auch dann hilfreich ist, wenn die Volkswirtschaft mit unvollständiger Information oder anderen ersthaften Problemen zu kämpfen hat." (BARRO/GRILLI (1996), S. 718 f.)

Allerdings besteht die *Gefahr, dass die keynesianische Arbeitslosigkeit sich alsbald zur klassischen Arbeitslosigkeit verfestigt,* wenn es nicht gelingt, des vorübergehenden Problems, wenn es auftritt, bald Herr zu werden. Mit der Dauer der Arbeitslosigkeit nimmt nämlich, worauf bereits im Abschnitt über die Kosten der Arbeitslosigkeit eingegangen wurde, einerseits die Produktivität der Betroffenen ab, sodass bald der Lohn für ihre Arbeit oberhalb des (durch Vergessen und Veralterung des Wissens des Betroffenen sinkenden) Grenzproduktes der Arbeit liegt. Andererseits werden die Interessen der länger Arbreitslosen immer weniger in den Lohnverhandlungen berücksichtigt, sodass das Lohnniveau zu hoch bleibt. (Vgl. BERTHOLD/FEHN (1994), S. 313, (1995b), S. 191 f.) Es entsteht eine zunehmende Langzeitarbeitslosigkeit, wobei die davon Betroffenen nicht nur unter dem Qualifikationsverlust und seinen Folgen zu leiden haben, sondern zudem Diskriminierung durch die Arbeitsnachfrager erleiden, weil diese die Dauer der Arbeitslosigkeit eines Bewerbers auch als Indikator für die Leistungsfähigkeit des Betroffenen heranziehen. (Vgl. SACHVERSTÄNDIGENRAT ... (1994), Ziff. 429.)

„Die keynesianische Variante der Arbeitslosigkeit ist somit nur ein vorübergehendes Phänomen, das nach kontraktiven Nachfrageschocks bei unvollkommenen Kapitalmärkten und Lohn- und Preisstarrheiten auftritt. Demgegenüber muss man die klassische Form der Arbeitslosigkeit wegen des lohnpolitischen Gebarens der Insider wohl als das vorherrschende und hartnäckigere Problem ansehen." (BERTHOLD/FEHN (1994), S. 313.)

Hierin liegt der konzeptionelle Vorteil der neueren Einteilung der Arbeitslosigkeitsarten, dass sie die Zusammenhänge zwischen keynesianischer Arbeitslosigkeit (früher konjunkturelle Arbeitslosigkeit) und klassischer Arbeitslosigkeit (früher Mindestlohnarbeitslosigkeit als Spezialfall der Struktuellen Arbeitslosigkeit) erhellt, sodass deutlich wird, dass es sich nicht um klar und rein voneinander trennbare Arbeitslosigkeitsarten handelt. Vielmehr ist die keynesianische Arbeitslosigkeit eine Art Einspeisung für den Bestand an klassischer Arbeitslosigkeit. (Vgl. auch SACHVERSTÄNDIGENRAT ... (1994), Ziff. 418.) Mit jedem konjunkturellen Einbruch nimmt dadurch, wie auch an der Entwicklung der Arbeitslosigkeit in Deutschland erkennbar ist, der Bestand an Arbeitslosigkeit zu, ohne sich in der konjunkturellen Erholung wieder zu vemindern.

3.2.2.3 Mismatch-Arbeitslosigkeit

Stimmt die Zahl der offenen Stellen mit der Zahl der Arbeitslosen überein, so liegt Mismatch-Arbeitslosigkeit vor. Man befindet sich auf dem Punkt der Beveridge-Kurve, an dem die Beveridge-Kurve einen Schnittpunkt mit der 45°-Linie aus dem Ursprung bildet. Der Grund für solche Arbeitslosigkeit liegt allgemein in „Diskrepanzen in den Profilen von Arbeitskräfteangebot und Arbeitskräftenachfrage ...," (SACHVERSTÄNDIGENRAT ... (1994), Ziff. 430.) Solche Diskrepanzen können aus verschiedenen Gründen auftreten, die allgemein in friktionelle Gründe und strukturelle Gründe unterschieden werden.

3.2.2.3.1 Mismatch-Arbeitslosigkeit aus friktionellen Ursachen

Bei der *Mismatch-Arbeitslosigkeit aus friktionellen Gründen*, die in der älteren Einteilung als *Friktionelle Arbeitslosigkeit* bezeichnet wurde, gibt es für die Betroffenen Arbeitsstellen, die zu ihnen passen. Sie müssen nur gefunden werden, was Ressourcen und Zeit braucht, also Kosten verursacht. Diese Art der Arbeitslosigkeit wird entsprechend auch als **Sucharbeitslosigkeit** bezeichnet.

Zum Verständnis dieser Sucharbeitslosigkeit (Vgl. zum folgenden BARRO (1992), S. 296 ff., BARRO/GRILLI (1996), S. 420 ff., BARRO (1997), S. 353 ff.) sei die Entscheidungssituation einer Erwerbsperson herangezogen, die eine Anstellung sucht. Dabei gäbe es eine zureichende Zahl von Stellen, wobei die betrachtete Erwerbsperson für die einzelnen Stellen unterschiedlich gut geeignet ist, also jeweils eine andere Produktivität aufweist. Der Grund für die Stellensuche kann demnach kein allgemeiner Stellenmangel sein, also keine gesamtwirtschaftliche Arbeitslosigkeit. Als sonstige Gründe könnten beispielsweise folgende gelten: Es handelt sich um einen Schul- oder Hochschulabgänger, der seine erste Stelle sucht. Eine Person möchte, nachdem sie Kinder aufgezogen hat, wieder in ihren Beruf eintreten. Jemand ist arbeitslos geworden, weil der Betrieb, in dem er beschäftigt war, Konkurs gegangen ist. Jemand ist arbeitslos geworden, weil seine Produktivität auf dem alten Arbeitsplatz geringer geworden ist. Und so weiter und so fort. Zur Verdeutlichung kann auch an ein Beispiel von *ROBERT E. LUCAS JR.* (Vgl. LUCAS JR. (1989), S. 63 f., 68 f.) angelehnt werden: Danach mag es (mit Bezug auf die Suchenden) unbegrenzt viele Apfelbäume der unterschiedlichsten Höhe geben, deren Äpfel zu pflücken sind. Die höchste Produktivität weist ein Mensch auf, wenn er einen Baum wählt, der in der Höhe zu seiner Körpergröße passt. Einen solchen Baum, der zugleich frei ist, gibt es auch stets. Man muss ihn jedoch suchen. Unseren Personen, die neu zum Arbeitsmarkt hinzustoßen, entsprechen neu hinzukommende Apfelpflücker. Es kann aber auch sein, dass der Baum eines Pflückers gewachsen ist, sodass die Produktivität des nunmehr zu kleinen Pflückers sinkt. In diesem Fall kann es für den Pflücker sinnvoll sein, sich nach einem Baum umzusehen, der besser zu seinen Fähigkeiten passt. Und selbst wenn er versucht, dies von seiner alten Stelle aus zu tun, kann es passieren, dass der Besitzer seines Baumes einen besser passenden Pflücker gefunden hat und den alten Pflücker durch diesen ersetzt. Der alte Pflücker wird dann sucharbeitslos, wobei er eine - ja vorhandene - Stelle finden kann, auf der er seine alte Produktivität erlangt.

Bei der Suche wird nun der Arbeitslose abwägen, ob er einen angebotenen Lohnsatz akzeptiert oder nicht. Akzeptiert er, erhält er in der nächsten Zeitperiode den Lohnsatz w. Tut er es nicht, entgeht ihm dieser Lohn. Diesen Entgang wird er nur akzeptieren, wenn er niedriger ist als der Zugewinn, den er durch einen mit weiterer Suche erwarteten höheren Lohn erhält, zuzüglich des Werts der gewonnenen Freizeit und der staatlichen Lohnersatzleistungen w^u. Sehen wir vom Wert der gewonnenen Freizeit ab, hängt demnach die Akzeptanz für eine Stelle von der Differenz zwischen dem angebotenen Lohnsatz und der Lohnersatzleistung ab. Je höher diese Differenz ist, desto eher ist der Arbeitssuchende bereit, die Stelle anzunehmen. Bei jedweder Verteilung der Lohnangebote gilt, dass mit zunehmendem Abstand auch die Wahrscheinlichkeit kleiner wird, ein noch besseres Angebot zu finden.[2] Je nach individuellen Präferenzen und Einschätzungen der Situation gibt es irgendeinen Lohnsatz, bei dem der Arbeitssuchende die Stelle akzeptiert. Diesen Lohnsatz bezeichnet man als *Reservationslohn* (Vgl. hierzu LUCAS JR. (1989), S. 59 ff., BARRO (1992), S. 297 f., (1997), S. 354 f.) oder auch *Anspruchslohn* (Vgl. BERTHOLD/ FEHN (1994), S. 314.) Alle Angebote, die diesen Reservationslohn unterschreiten, werden abgelehnt. Deshalb dauert es im Allgemeinen eine gewisse Zeit, eine angemessene Arbeitsstelle zu finden, sodass ein positiver

---

[2] Dass dies für jedwede Verteilung der Lohnangebote gilt, kann mit Hilfe der *Ungleichung von Tschebyscheff* gezeigt werden, wonach für jedwede Verteilung mit dem Mittelwert μ und der Varianz σ^2 gilt, daß die Wahrscheinlichkeit P, dass der Abstand der Realisation einer Zufallsvariablen X von ihrem Mittelwert μ größer als das λ-fache der Standardabweichung σ ist, kleiner gleich $1/\lambda^2$ ist: $P(|X - \mu| > \lambda\sigma) \leq 1/\lambda^2$. (Vgl. HÄRTTER (1974), S. 157 - 160.)

Bestand an Arbeitslosigkeit die Folge ist. Ein Apfelpflücker wird entsprechend jeden Baum ablehnen, an dem er weniger Äpfel zu pflücken vermag, als er vom Staat als Proviant während der Suche erhält. Aber auch von den Bäumen, an denen er ertragreicher arbeiten kann, wird er viele ablehnen, in der berechtigten Hoffnung, einen noch besseren Baum zu finden. Je besser aber ein Baum passt, desto geringer wird die Wahrscheinlichkeit, einen noch besseren zu finden. Sodass irgendwann eine weitere Suche unterbleibt und die Arbeitslosigkeit beendet wird.

Da die Interessen der Arbeit Suchenden, eine möglichst passende Stelle zu finden, mit denen der Arbeitsplatzanbieter, also der Arbeitgeber, einen Mitarbeiter zu finden, der auf die Stelle möglichst gut passt, übereinstimmen, kommt man zu folgenden „Schlussfolgerungen ...

- Es vergeht Zeit, bis Arbeitnehmer eine passende Beschäftigung gefunden haben, sodass die erwartete Dauer der Arbeitslosigkeit und die Zahl der offenen Stellen positiv sind.

- Eine Anhebung des bei Arbeitslosigkeit bezogenen Lohns w^u verringert die Rate der aufgenommenen Arbeitsverhältnisse und verlängert die Dauer der Arbeitslosigkeit.

- Eine günstige Entwicklung der Produktivität erhöht die Rate der aufgenommenen Arbeitsverhältnisse und verkürzt die Dauer der Arbeitslosigkeit." (BARRO (1992), S. 300.)

Die Mismatch-Arbeitslosigkeit aus friktionellen Gründen, die Sucharbeitslosigkeit, findet ständig Nahrung, etwa aus dem Ausscheiden älterer Arbeitnehmer in den Ruhestand und den Zuwachs jüngerer Arbeitnehmer, die ihre Schul- oder Hochschulausbildung beendet haben, oder aus dem Ausstieg und Wiedereinstieg von Menschen aus den bzw. in den Arbeitsprozess. Hinzu kommt die ständig vorkommende Beendigung von Arbeitsverhältnissen, sodass auch Erwerbstätige arbeitslos werden und eine neue Erwerbstätigkeit suchen.

Die natürliche Rate der Arbeitslosigkeit

Lassen wir einmal Austritte aus dem Erwerbsleben und Eintritte ins Erwerbsleben, also Abgänge aus dem Pool der Erwerbspersonen und Zugänge in diesen Pool, außer acht, weil diese Erwägungen zwar die Betrachtung schwieriger werden ließen, aber am Wesentlichen nichts änderten (Vgl. hierzu BARRO (1992), S. 305 ff., (1997), 362 ff.). Dann kann durch das folgende einfache Modell erhellt werden, wie es zu einer beständigen positiven Arbeitslosenquote auf Grund von Sucharbeitslosigkeit, die auch als *natürliche Rate der Arbeitslosigkeit* bezeichnet wird, kommt (Vgl. dazu BARRO (1992), S. 302 ff., (1997), S. 358 ff., BURDA/WYPLOSZ (1994), S. 177 ff., MANKIW (1998), S. 140 ff., MANKIW (2000), S. 133 ff.).

Bezeichnen wir den Bestand an Arbeitslosigkeit in der Ausgangslage als AL_t und die Zahl der Beschäftigten mit L_t. In jeder Periode werde nun ein bestimmter Anteil λ der Beschäftigten arbeitslos und ein Anteil α der Arbeitslosen findet eine angemessene Anstellung. Somit beträgt die Anzahl der Arbeitslosen in Periode (t+1): $AL_{(t+1)} = (1-\alpha) \cdot AL_t + \lambda \cdot L_t$.

Damit die Arbeitslosigkeit konstant bleibt, muss der Zuwachs an Arbeitslosen dem Abgang an Arbeitslosen entsprechen, sodass auch der Zuwachs an Beschäftigten dem Abgang an Beschäftigten entspricht:

$$\lambda \cdot L_t - \alpha \cdot AL_t = 0$$

Da bei Erfüllung dieser Bedingung sowohl der Bestand an Arbeitslosen, als auch der Bestand an Beschäftigten gleich bleibt, muss auch jede Verhältniszahl aus diesen beiden Beständen konstant bleiben. Definieren wir die Arbeitslosenquote u im Sinne der Arbeitslosenquote II als

$$u = \frac{AL}{(AL + L)} \quad \text{und berücksichtigen, dass} \quad \frac{L}{(AL + L)} = 1 - \frac{AL}{(AL + L)} \quad \text{ist,}$$

erhalten wir demnach eine *konstante Arbeitslosenquote*, wenn

$$\lambda - \lambda \cdot \frac{AL}{(AL + L)} = \alpha \cdot \frac{AL}{(AL + L)}.$$

Daraus folgt eine *konstante natürliche Arbeitslosenquote* u^{nat}, wenn

$$u = \frac{AL}{AL + L} = u^{nat} = \frac{\lambda}{\lambda + \alpha} \text{ ist.}$$

Eine konstante Arbeitslosenquote von $u = 10\,\%$ ist demnach damit vereinbar, dass in jeder Periode $\lambda = 5\,\%$ der Beschäftigten ihre Stelle verlieren, wenn gleichzeitig je Periode $\alpha = 45\,\%$ der Arbeitslosen eine Stelle finden. Sie ist aber auch vereinbar damit, dass in jeder Periode nur $\lambda = 1\,\%$ der Beschäftigten ihre Stelle verlieren, wenn pro Periode $\alpha = 9\,\%$ der Arbeitslosen eine Stelle finden.

Damit nämlich die Arbeitslosenquote in diesem Modell unverändert bleibt, kommt es darauf an, dass die Bestände von Arbeitslosen und Beschäftigten in einem festen Verhältnis stehen. Und bei beiden Zahlenbeispielen finden wir ein Zahlenverhältnis von 9 Beschäftigten pro Arbeitslosem, sodass die Arbeitslosenquote $10\,\%$ beträgt.

Sinkt in diesem Modell ceteris paribus die **Effizienz der Stellenvermittlung**, sodass der Anteil der Arbeitslosen, die je Periode eine Stelle finden, sinkt, so muss die natürliche Arbeitslosigkeit steigen. Würde beispielsweise ausgehend von dem Zahlenbeispiel $\lambda = 5\,\%$ und $\alpha = 45\,\%$ die Vermittlungseffizienz sinken, sodass α auf $35\,\%$ zurückginge, so stiege die natürliche Arbeitslosenquote auf $u = 12,5\,\%$.

Und da es sich hier ausschließlich um Sucharbeitslosigkeit handelte, würden wir feststellen, dass mit steigender Ineffizienz der Stellenvermittlung, etwa weil die Anforderungsprofile insgesamt komplexer werden, die natürliche Arbeitslosigkeit stiege, also die Beveridge-Kurve sich nach rechts oben verschöbe. (Vgl. auch BERTHOLD/FEHN (1994), S. 316 f.) Für diese Verschiebung gibt es auch empirische Belege. (Vgl. FRANZ (1987), S. 512 ff.)

Verschiebung der Beverdige-Kurve

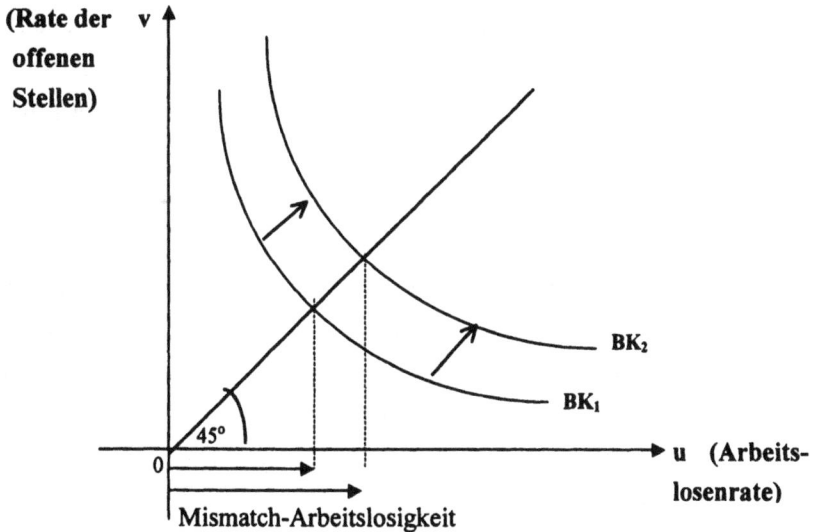

Aber nicht allein die Stellenvermittlungseffizienz kann für die Verschiebung der Beveridge-Kurve verantwortlich sein. Auch die Höhe der Lohnersatzzzahlungen spielt, wie die obigen Erörterungen nahe legen, eine Rolle. Je großzügiger die Regelungen hinsichtlich der Bezugsberechtigung von Arbeitslosenunterstützung (Höhe der Unterstützung und Zumutbarkeitsregelungen hinsichtlich einer „anzunehmenden" Stelle) sind, desto geringer wird der Abgang aus der Arbeitslosigkeit je Periode mit entsprechend höherer natürlicher Arbeitslosenquote sein. (Vgl. BERTHOLD/FEHN (1994), S. 316.) Schließlich könnten aber auch *nachlassende Produktivitätsfortschritte*, also ein gedämpfter technischer Fortschritt, für höhere Suchzeiten verantwortlich sein, weil dann im Vergleich zur Situation mit höheren Produktivitätsfortschritten weniger Stellen zu finden sind, auf denen die Entlohnung über dem Reservationslohn liegt.

An den Variablen, die die Höhe der Sucharbeitslosigkeit wesentlich bestimmen, ist erkennbar, dass hier ein wirtschaftspolitisches Problem vorliegt, obgleich in einer etwas unglücklichen Sprache aus früheren, vornehmlich auf die konjunkturelle Arbeitslosigkeit fokussierenden Theorien, „freiwillige" Arbeitslosigkeit vorliegt. „Die Entscheidung, die Arbeitslosigkeit als »freiwillig« zu modellieren (wobei die Situation, in der sich der Arbeiter befindet, gegeben ist) war und ist nach wie vor einer ignoranten politischen Kritik ausgesetzt, als ob diese Entscheidung zwangsläufig eine Gleichgültigkeit der Öffentlichkeit gegenüber der Arbeitslosigkeit implizierte." (LUCAS JR. (1989), S. 72.) Auch hier bestimmen die Rahmenbedingungen, auf die der Staat Einfluss nehmen kann, über die Lösung der privaten Optimierungsversuche entscheidend mit. Die Analyse lenkt die Aufmerksamkeit auf wichtige Ansatzpunkte zur Milderung des Arbeitslosigkeitsproblems, indem sie etwa auf die Frage führt: „Welche Arrangements stehen in Marktwirtschaften zur Verfügung, um die einzelnen Arbeiter und die spezifischen Anforderungsprofile zu koordinieren?" (LUCAS JR. (1989), S. 71.) Insofern ist diese mikroökonomisch begründete Theorie der Arbeitslosigkeit als Sucharbeitslosigkeit ein Ansatzpunkt, der, ebenso wie die weiter oben dargestellte klassische Arbeitslosigkeit, auf die *wirtschaftsordnungspolitischen* Möglichkeiten des Staates, das Problem der Arbeitslosigkeit zu mildern, lenkt. (Vgl. zur Einordnung der Wirtschaftsordnungspolitik in die Wirtschaftswissenschaft z. B. BEHRENS/KIRSPEL (1999), S. 8 ff.)

Während bei der gesamtwirtschaftlichen Arbeitslosigkeit (bzw. Überbeschäftigung) die Liste der Arbeitssuchenden mehr (bzw. weniger) Posten aufweist als die Liste der Stellen, die besetzt werden können, ist dies bei der Mismatch-Arbeitslosigkeit nicht der Fall. Hier sind beide Listen gleich lang. Liegen für die Mismatch-Arbeitslosigkeit friktionelle Ursachen vor, sind nicht allein beide Listen gleich lang, sondern zu jeder zu besetzenden Stelle ist genau ein Stellensuchender vorhanden, der zu dieser Stelle passt. Beide müssen nur zusammenfinden.

Es ist jedoch auch möglich, dass zwar die Liste der zu besetzenden Stellen nach der Zahl der Posten der Liste der Arbeitssuchenden entspricht, beide Listen also gleich lang sind, aber die Anforderungsprofile nicht übereinstimmen, sodass die Suche nicht erfolgreich sein kann. Dann liegt Mismatch-Arbeitslosigkeit aus strukturellen Ursachen vor.

3.2.2.3.2 Mismatch-Arbeitslosigkeit aus strukturellen Ursachen

Mit der Mismatch-Arbeitslosigkeit aus strukturellen Ursachen wird der Teil der Arbeitslosigkeit erfasst, der in der älteren Einteilung als Strukturelle Arbeitslosigkeit im engeren Sinne bezeichnet wurde. Hier spielen nicht, wie bei der Mismatch-Arbeitslosigkeit aus friktionellen Ursachen, allein Suchzeit und andere Suchkosten eine entscheidende Rolle, sondern sachliche Strukturdiskrepanzen zwischen Arbeitsangebot und -nachfrage. Dabei kann es sich um berufliche, sektorale und regionale Strukturdiskrepanzen handeln. (Vgl. BERTHOLD/FEHN (1994), S. 314 ff.)

Die durch die Begriffe berufliche, sektorale und regionale Strukturdiskrepanzen beschriebenen drei Ebenen des Problems sind dabei in der Realität im Allgemeinen nicht sauber voneinander zu trennen. Wenn beispielsweise in der früheren Bundesrepublik nach dem durch die beiden Ölpreisschocks 1973/74 und 1979 hervorgerufenen Wandel der Produktionsstruktur die Stahlindustrie zu den Verlierern gehörte, während die Softwareproduktion durch die gleichzeitig aufgekommene Mikroelektronik einen Aufschwung erfuhr, dann stellte sich das Problem auf allen drei Ebenen. Der eine Sektor schrumpfte, der andere wuchs. Arbeitsplätze gingen im Ruhrgebiet und im Saarland verloren, im Großraum München wurden Arbeitsplätze geschaffen. Und die von der Arbeitslosigkeit durch den Niedergang des Stahls Betroffenen hatten in der Regel Berufe, die in der Softwareindustrie nicht gefragt waren.

Gleichwohl soll hier, dem *Sachverständigenrat zur Begutachtung der gesamtwirtschaftlichen Entwicklung* folgend (Vgl. SACHVERSTÄNDIGENRAT ... (1994), Ziff. 430.), danach unterschieden werden, ob eine höhere Mobilität der Arbeitnehmer die Arbeitslosigkeit zum Verschwinden bringen könnte oder nicht.

1. Fall: Die Profile des gesamten Arbeitskräfteangebots und der gesamten Arbeitskräftenachfrage stimmen überein, aber die Beschäftigungsmobilität ist zu gering. (Vgl. hierzu SACHVERSTÄNDIGENRAT ... (1994), Ziff. 430, 431.)

Dieser Fall ähnelt sehr stark der Mismatch-Arbeitslosigkeit aus friktionellen Ursachen. Die Listen sind gleich lang und zu jedem Posten auf der Nachfrageseite lässt sich ein Posten auf der Angebotsseite finden. Der Unterschied ist aber, dass nicht allein Suchkosten (einschließlich Zeitaufwand) auftreten, sondern zudem eine räumliche Diskrepanz besteht, sodass die Stelle nur durch Wanderung des Stellensuchenden besetzt werden kann. Dieser Fall ist gegeben, wenn beispielsweise die in der Stahlindustrie im Ruhrgebiet freigesetzte Bürokraft eine Stelle in München bekommen kann, zu ihrem Antritt aber umziehen muss.

Eine solche Art von Arbeitslosigkeit kann Bestand haben, auch wenn der Stellenanbieter weiß, dass es eine arbeitslose Kraft gibt, die genau zur Stelle passt und die arbeitslose Person weiß, dass es sich um die ideale Stelle für sie handelt. Demnach liegt nicht Sucharbeitslosigkeit vor. Vielmehr hindert mangelnde Mobilität an der Übernahme der beruflichen Aufgabe.

Diese mangelnde Mobilität kann durchaus ökonomisch sinnvoll sein. Wichtige Gründe für mangelnde Mobilität können beispielsweise in sozialen Bindungen zu finden sein. Ob sich diese Bindungen auf die Verwandtschaft, auf ein Vereinsleben oder die Eingebundenheit in noch aus der Jugend gewachsenen Freundschaftsbünden bezieht, oder gar einfach ein starkes Heimatgefühl vorliegt: Die Einbindung kann für ein Individuum von ganz erheblicher Bedeutung sein, sodass es rational ist, auf die neue Stelle zu verzichten, weil ihr Antritt insgesamt zu einer Nutzeneinbuße führte. Auch können Fragen des Schulsystems eine Rolle spielen, wenn beispielsweise die Ausbildung der Kinder von einem Umzug negativ beeinflusst wird und jemand diesen Nachteil für die Kinder nicht hinnehmen möchte. Schließlich mögen drastische Vermögensverluste mit dem Ortswechsel verbunden sein, wenn beispielsweise für das Eigenheim im Ruhrgebiet nur ein Betrag erzielt werden kann, der in München nicht für den Erwerb von Wohneigentum ausreicht. Auch kann das Antreten der Stelle einfach daran scheitern, dass keine Wohnung gefunden wird. Oder es wird keine Stelle für ein ebenfalls am Erwerb des Lebensunterhalts beteiligtes anderes Familienmitglied gefunden. Oder die Familie ist nicht bereit, eine Realeinkommenseinbuße durch örtlich stark verschiedene Preisniveaus für die Lebenshaltung hinzunehmen.

Die Liste der Gründe für mangelnde Mobilität ließe sich fortsetzen, wobei allerdings stets zu beachten ist, dass einerseits Arbeitslosigkeit fortbesteht, andererseits dieser Fortbestand aber auf einer ökonomischen Wahlhandlung der Betroffenen beruht. *Trotz dieser „Freiwilligkeit" liegt hier ein Problem vor*, das durch Minderung der Mobilitätshemmnisse zumindest teilweise verringert werden könnte. Die Maßnahmen können von Hilfen bei der Wohnungssuche oder der Jobsuche für den Ehepartner des Arbeitslosen bis zur Einschränkung der Arbeitslosenunterstützung bei Ablehnung des Arbeitsangebots reichen. Die erste Art von Maßnahmen senkt die Kosten der Mobilität, die zweite Art erhöht die Kosten der Immobilität.

2. Fall: Die Charakteristika der Arbeitslosen stimmen mit den Anforderungen der zu besetzenden Stellen nicht überein. (Vgl. hierzu SACHVERSTÄNDIGENRAT ... (1994), Ziff. 430, 432)

In diesem Fall helfen weder Suche noch Mobilität. Es passt einfach nicht zusammen. Die Arbeitslosigkeit entsteht in einem Sektor, in einem anderen herrscht Arbeitskräftemangel. Die Berufe der im ersten Sektor arbeitslos gewordenen Personen werden in der Wachstumsbranche nicht gebraucht.

Bei dieser Art von Arbeitslosigkeit handelt es sich letztlich um ein *Problem der Humankapitalbestände*. Die in der schrumpfenden Branche, im obigen Beispiel war es die Stahlindustrie, Beschäftigten verfügen über Kenntnisse und Fertigkeiten, die außerhalb dieser Branche, z. B. außerhalb der Stahlindustrie, nur einen relativ geringen Wert haben.

Wissen und berufliche Erfahrungen verschwinden zwar nicht sofort mit Eintritt in die Arbeitslosigkeit, aber der Humankapitalbestand ist *wirtschaftlich* abzuschreiben, weil sein für den Endnachfrager nützlicher Einsatzbereich schwindet.

Wenn sich zugleich die Lohnersatzleistungen des Staates, wie es beispielsweise in Deutschland üblich ist, an der Höhe des zuvor erzielten Einkommens orientieren, fehlt der Anreiz, eine deutlich niedriger qualifizierte und bezahlte Stelle in einer anderen Branche aufzunehmen. Die Arbeitslosenunterstützung in Form eines relativ hohen Prozentsatzes des zuletzt verdienten Einkommens ist sozusagen an der Idee einer vornehmlich konjunkturellen und eventuell noch friktionellen Arbeitslosigkeit ausgerichtet: Wenn man davon ausgeht, dass die Arbeitslosigkeit nur vorübergehend ist, bis es zum Aufschwung kommt oder eine vorhandene neue Stelle gleicher Art und Bezahlung wie die alte Stelle gefunden wird, dann macht es Sinn, zur Überbrückung der Durststrecke eine Transferzahlung zu leisten, die einigermaßen die Aufrechterhaltung eines (am vorher Erreichten gemessen) angemessenen Lebensstandards ermöglicht. Wenn aber ein grundlegender Strukturwandel dazu führt, dass, bezogen auf die vorhandenen Kenntnisse und Fertigkeiten, aus hoch qualifizierten Fachleuten einer Branche geringqualifizierte Hilfskräfte anderer Branchen werden, wirkt diese Art der Arbeitslosenunterstützung auf die Beseitigung der strukturellen Arbeitslosigkeit überaus hemmend. (Vgl. BERTHOLD/FEHN (1994), S. 314 f.)

Schließlich ist aber die *Einordnung dieser Art von Arbeitslosigkeit als Mismatch-Arbeitslosigkeit aus strukturellen Gründen problematisch*, da es sich auch um einen *Fall der klassischen Arbeitslosigkeit* handeln kann. (Vgl. hierzu BERTHOLD/FEHN (1994), S. 315 f.)

Die Frage stellt sich nämlich, welcher Teil der Arbeitslosigkeit in der schrumpfenden Branche verschwinden würde, wenn die Löhne in dieser Branche nach unten angepasst würden.

Betrachten wir ein *Beispiel*:

Nehmen wir unter *Zuhilfenahme des folgenden Schaubildes* an, dass infolge höherer Öl- und damit Bezinpreise weniger Stahl für Autos nachgefragt werde, weil die Automobilindustrie bestrebt sei, Autos herzustellen, die wenig Benzin verbrauchen, was eher gelingt, wenn die Autos leichter werden, also beispielsweise mehr Kunststoff statt Stahl eingesetzt wird.

Die sinkende Stahlnachfrage (von X^D_0 nach X^D_1) würde bei, so sei hier ebenfalls einmal angenommen, normal verlaufenden Angebots- und Nachfragefunktionen auf dem Stahlmarkt zu einer Preissenkung auf dem Gütermarkt für Stahl führen, die Produktionsmenge würde sinken, Arbeitskräfte würden freigesetzt. Auf dem Arbeitsmarkt für Stahlwerker würde also die Arbeitsnachfrage bei (angenommen) konstantem Arbeitsangebot sinken, da bei gegebenem Nominallohnsatz der Reallohnsatz durch die Preissenkung für die Produzenten, also der Produzentenreallohnsatz w, gestiegen ist. Der Reallohnsatz ist höher als der Gleichgewichtsreallohnsatz. Ließe man Wettbewerb auf dem Arbeitsmarkt für Stahlwerker zu, würde der Nominallohnsatz sinken. Dadurch sänke der Reallohnsatz, sodass das Angebot bei gleichem Preis ausgeweitet würde, sich also die Angebotskurve auf dem Gütermarkt nach rechts verschöbe. Sinkt der Nominallohnsatz zureichend, um die weiteren durch die Verschiebung des Angebots ausgelösten Preissenkungen wettzumachen, so würde der Reallohnsatz aus Sicht der Produzenten auf sein ursprüngliches Niveau sinken, sodass bei X^S_{nonAL} das alte Beschäftigungsniveau und die alte Produktion wieder erreicht wären.[3]

---

[3] Anders wäre es, wenn ein negativer Schock die Produktionsfunktion so nach unten verschöbe, dass die Grenzproduktivität des Faktors Arbeit sänke. In diesem Fall müsste auch der Produzentenreallohnsatz sinken, um wieder zum alten Beschäftigungsniveau zu gelangen.

Im Schaubild:

Strukturelle als klassische Arbeitslosigkeit
bei Änderung der Lohnstruktur

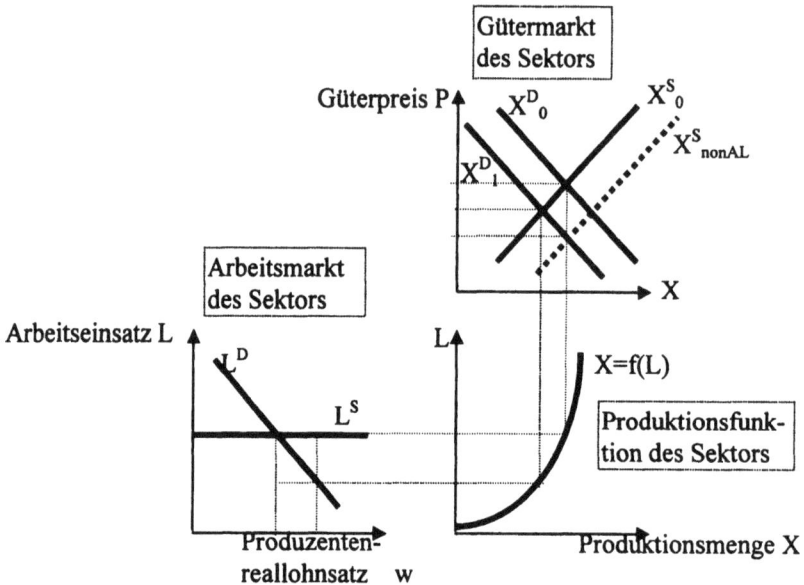

In diesem Fall hätten dann flexible Löhne die Arbeitslosigkeit in der Krisenbranche verhindert, wobei allerdings von den Beschäftigten eine Realeinkommenseinbuße hinzunehmen wäre, denn der Reallohn aus der Sicht der Beschäftigten ergibt sich aus dem Nominallohn dividiert durch das allgemeine Preisniveau, das natürlich nicht wie das Preisniveau in der Krisenbranche sinkt. Die Realeinkommenseinbuße wäre volkswirtschaftlich - auch aus Leistungsgerechtigkeitsgründen - begründet, weil die Beschäftigten jetzt etwas herstellen, was aus der Sicht der Nachfrager weniger wertvoll geworden ist. Bezogen auf unser Stahlbeispiel würde durch die sinkenden Stahlpreise, ermöglicht durch sinkende Löhne für Stahlwerker, Stahl für die Automobilhersteller wieder attraktiver, weil seine Verwendung Kosten senkt, sodass dem Autonachfrager als Entschädigung für höheren Benzinverbrauch ein preisgünstigeres Auto angeboten werden höheren Benzinverbrauch ein preisgünstigeres Auto angeboten werden kann.

Ob es tatsächlich in einer Branche gelingen kann, Nachfragerückgänge und damit Beschäftigungsrückgänge durch Lohn- und damit Kostensenkungen zu beheben, ist eine empirische Frage, die nur zu beantworten wäre, wenn solche Lohnsenkungen ermöglicht würden. Dort wo der Niedergang nicht aufzuhalten ist - beispielsweise wäre es kaum denkbar, dass der Markt für Rechenschieber auf diese Weise gegen die Konkurrenz der Taschenrechner hätte bestehen können - würden zumindest die Anspruchsniveaus bezüglich neu anzunehmender Stellen gesenkt, weil schon durch den Lohnsenkungsprozess die Abschreibungsbedarfe hinsichtlich der Humankapitalbestände aufgedeckt würden.

Dort wo der Niedergang aufzuhalten wäre, läge allerdings nicht strukturelle Arbeitslosigkeit, sondern klassische Arbeitslosigkeit vor. Sie wäre nur „in dem Sinne strukturell, dass nur in einem Teil der Volkswirtschaft die realen Lohnstückkosten gesenkt werden müssen, um sie zu beseitigen." (BERTHOLD/FEHN (1994), S. 315.) Würde es gelingen, in den Branchen, in denen Nachfrage nachhaltig abwandert (Verschiebung der Nachfragefunktion), durch Senkung der Lohnstückkosten und somit der Preise die Nachfrage wieder hinzuzugewinnen (Bewegung auf der neuen Nachfragefunktion) und dadurch zu verhindern, dass dort Arbeitslosigkeit entsteht, so würde die Mismatch-Arbeitslosigkeit aus strukturellen Gründen nicht zu Stande kommen. Andererseits würde dort, wo Branchen entstehen und Branchen wachsen, ein Zuwachs an offenen Stellen zu beobachten sein. *Ein dynamischer Strukturwandel würde dann insgesamt zu einem Arbeitskräftemangel führen* und die Aufgabe der Wirtschaftspolitik bestünde im Wesentlichen in einer Bildungsaufgabe, um die Humankapitalbestände der demnächst den Erwerbspersonen zuwachsenden Schüler und Studenten an die neuen Erfordernisse anzupassen.

Hieran schließt sich natürlich sogleich die *Frage* an, was diese wirtschaftlich vernünftige Lösung verhindert, *was dafür sorgt, dass die Lohnstruktur* zwischen Branchen und Berufen sich in der Realität kaum ändert, warum sie *relativ starr ist.*

Als Antwort auf diese Frage können als Gründe aufgeführt werden, dass die Arbeitnehmer nicht nur Nutzen aus dem verdienten Einkommen erzielen, sondern auch aus ihrer Stellung im Lohngefüge, das deshalb verteidigt wird. Dabei helfen sektoral organisierte Gewerkschaften, die für den Erhalt der relativen Stellung ihrer Mitglieder im Lohngefüge eines Landes kämpfen. Zudem sind durch Tarifverträge gesicherte Mindestlöhne nur schwer veränderbar. Und die Gewerkschaften treten für den Grundsatz „gleichen Lohn für gleiche Arbeit" an, weil diese Regel von den Mitgliedern als fair bewertet wird. Ein in der Stahlindustrie Beschäftigter wird schwer verstehen, wenn sein Lohn sinkt, der eines formal - aber eben nicht sachlich - gleich qualifizierten Beschäftigten andernorts aber unverändert bleibt. Und auch wenn er es versteht, wird er versuchen, dagegen anzukämpfen, wenn er nicht unmittelbar von Entlassung bedroht ist. Schließlich senken staatliche Subventionen ebenso wie hohe Lohnersatzleistungen den Anpassungsdruck ungemein. (Vgl. zu den Gründen z. B. BERTHOLD/FEHN (1994), S. 315 ff.)

Nimmt man an, dass ein beachtenswerter Teil der strukturellen Komponente der Mismatch-Arbeitslosigkeit durch Anpassungen der Lohnstruktur weitgehend beseitigt werden könnte, dann ist keine exakte Trennung zwischen klassischer Arbeitslosigkeit und Mismatch-Arbeitslosigkeit aus strukturellen Ursachen mehr möglich. Eine empirische Unterscheidung setzte eine Beweglichkeit der Lohnstrukturen voraus, die dadurch nicht gegeben ist, dass die Marktkräfte systematisch an ihrer Entfaltung gehindert werden. Insofern handelt es sich lediglich um eine mehr oder weniger stillschweigende Übereinkunft, um einen Konsens, wenn die Arbeitslosigkeit, die dem Punkt der Beveridge-Kurve entspricht, in dem diese Kurve eine 45°-Linie aus dem Koordinatenursprung schneidet, zur Gänze als Mismatch-Arbeitslosigkeit bezeichnet wird. Würde der Teil der Mismatch-Arbeitslosigkeit, der in Wahrheit klassische Gründe hat, durch flexible Löhne beseitigt, läge die Bereridge-Kurve dem Koordinatenursprung näher.

3.2.3 Wie Verfehlungen des Ziels vermieden oder bekämpft werden können

Bezüglich der wesentlichen Ansatzpunkte für eine Bekämpfung des Arbeitslosigkeitsproblems wurde bereits bei der Darstellung der Gründe für Arbeitslosigkeit die ein oder andere Erörterung notwendig. So interessant und für eine Gesellschaft wichtig nun die Einzelheiten einer guten Beschäftigungspolitik sind, muss hier doch aus Gründen des dem Phänomen in einem allgemeinen Lehrbuch zur Makroökonomik und Wirtschaftspolitik angemessenen Raumes auf detailliertere Erörterungen verzichtet werden. Deshalb soll hier auch nur ein sehr grober zusammenfassender Überblick über einige Ansatzpunkte gegeben werden. Die Leser und Leserinnen seien für die eingehendere Befassung mit dem Problemkreis auf die Spezialliteratur verwiesen. Besonders instruktiv und aktuell berichtet nach Einschätzung des Verfassers der *Sachverständigenrat zur Begutachtung der gesamtwirtschaftlichen Entwicklung* in seinen Jahresgutachten über das Beschäftigungsproblem. Er unterbreitet auch ständig dem Problem angemessene Vorschläge zur Bekämpfung von Arbeitslosigkeit. Diese Vorschläge sind, ungeachtet teilweise leicht abweichender Terminologien, etwa wenn auf das oben angegebene ältere Einteilungsschema zurückgegriffen wird, leicht in den in diesem Kapitel gegebenen Erklärungsrahmen einzuordnen. Deshalb sei das Nachschlagen der einschlägigen Ausführungen in den verschiedenen Jahresgutachten des *Sachverständigenrat zur Begutachtung der gesamtwirtschaftlichen Entwicklung*, die nach § 1 Abs. (1) des Gesetzes über die Bildung eines Sachverständigenrates zur Begutachtung der gesamtwirtschaftlichen Entwicklung vom 14. August 1963 der „Erleichterung der Urteilsbildung bei allen wirtschaftspolitisch verantwortlichen Instanzen sowie in der Öffentlichkeit" dienen, empfohlen. Als Überblickslektüre zum gesamten Problemkreis ist besonders das fünfte Kapitel im Jahresgutachten 1994/95 mit dem Titel „Arbeitslosigkeit - Ursachen und Lösungsansätze" (S. 247 - 270) empfehlenswert.

Zusammenfassend sollen hier folgende Punkte besondere Erwähnung finden (Vgl. zum folgenden BERTHOLD/FEHN (1994), S. 318 - 331 und SACHVERSTÄNDIGENRAT ... (1994), Ziff. 452 - 477, S. 264 - 270. Instruktiv zum Thema auch: SIEBERT (1994a)):

- Sowohl hinsichtlich der **klassischen Arbeitslosigkeit** als auch hinsichtlich der **Mismatch-Arbeitslosigkeit aus strukturellen Gründen** ist es erforderlich, die starren Lohnstrukturen aufzubrechen und das Mindestlohnniveau zu senken bzw. flexibler zu handhaben. Da nach verbreiteter Einschätzung sachverständiger Beobachter diese beiden Arten der Arbeitslosigkeit den überwiegenden Hauptteil des Problems ausmachen, ist hier der wesentliche Schlüssel zur Problemlösung zu finden. Angesichts der Tatsache, dass in Deutschland, verfassungsmäßig abgesichert, nicht der Markt, sondern die Tarifvertragsparteien die wesentlichen (Mindest)Inhalte der Arbeitsverträge festlegen, kommt es darauf an, Regelungen zu finden, die die Macht der Insider schwächt und dafür die der Outsider stärkt. Dazu gehören Vorschläge wie „Einschränkung des Streikrechts ... Abbau der gesetzlichen Entlassungskosten ... Tarifvertragliche Öffnungsklauseln ... Gewerkschaftliche Zuschusspflicht zur staatlichen Arbeitslosenversicherung" (BERTHOLD /FEHN (1994), S. 324 ff.), um die Macht der Insider stärker zu beschränken. Ebenso ist die Zahl der Forderungen, die dem Zweck dienen, Outsidern den Einstieg zu erleichtern, groß. Sie reichen von einer zweckmäßigeren Ausgestaltung der Arbeitslosenversicherung über staatliche Beschäftigungsprogramme und Lohnsubventionen bis zu Umgestaltungen des gesamten Steuer-Transfer-Systems des Staates. (Vgl. die zusammenfassende Würdigung von BERTHOLD/FEHN (1994), S. 327 - 331.) Zudem sind Maßnahmen zur allgemeinen Förderung der beruflichen und räumlichen Mobilität sinnvoll, die von Eingliederungshilfen über Streichungen von Transferleistungsansprüchen bis zu Maßnahmen der Bildung, der Aus- und der Weiterbildung reichen können.

- Bezüglich der **Mismatch-Arbeitslosigkeit aus friktionellen Gründen**
sind alle Maßnahmen geeignet, die bewirken, dass die Rate der Entlas-
sungen sinkt und/oder die der Neueinstellungen steigt (Vgl. MANKIW
(1998), S. 142.), weil dann einfach die Zahl der Suchenden reduziert
wird. Zudem helfen Maßnahmen, die die Suche effektiver machen, beispielsweise eine leistungsfähige Arbeitsvermittlung. Schließlich wirken
aber auch alle wirtschaftspolitischen Maßnahmen positiv, die es den
Suchenden erleichtern, eine Stelle zu finden, deren Entlohnung über
dem Reservationslohn liegt, also alle Maßnahmen, die die Produktion
und insbesondere auch den technischen Fortschritt insgesamt fördern,
wozu Wettbewerbsförderung ebenso gehört, wie Entlastung der Unternehmen von Steuern und Lohnnebenkosten und die Förderung von Forschung und Wissenschaft durch den Staat. (Vgl. zu solchen Maßnahmen wieder zusammenfassend BERTHOLD/FEHN (1994), S. 321 ff.,
SACHVERSTÄNDIGENRAT ... (1994), Ziff. 455 ff.)

Da bei raschem strukturellen Wandel zudem unklar ist, auf welche spezifische Art von Arbeitsnachfrage die jetzigen Schüler und Studenten
später stoßen werden und zugleich klar ist, dass im raschen Wandel eine gewisse berufliche Mobilität vorteilhaft sein wird, gilt: „Den besten
Schutz für Arbeitnehmer vor den nachteiligen Folgen eines Strukturwandels bietet eine Berufsausbildung, die breit genug angelegt ist, um
die Anpassung an sich verändernde wirtschaftliche Bedingungen zu erleichtern. Für das Bildungssystem bedeutet dieses Erfordernis, eine
möglichst breite schulische und berufliche Ausbildung zu gewährleisten und eine zu enge Spezialisierung zu vermeiden."
(SACHVERSTÄNDIGENRAT ... (1994), Ziff. 439.)

. Im Hinblick auf die **keynesianische Arbeitslosigkeit** ist eine Politik
angebracht, die auf Vermeidung starker konjunktureller Ausschläge aus
ist. Darauf ist in einem späteren Kapitel noch einzugehen. Hier sei nur
schon angemerkt, dass eine Bekämpfung durch diskretionäre antizyklische Maßnahmen der Fiskal- oder der Geldpolitik wegen der damit
verbunden Diagnose-, Wirkungsverzögerungs- und Dosierungsprob-

leme kaum realistisch möglich ist und in der Vergangenheit häufig zu mehr (langfristigem) Schaden als (kurzfristigem) Nutzen geführt hat. Gleichwohl kann der Staat etwas tun, um die Planungsverlässlichkeit zu erhöhen und unnötige Ausschläge der wirtschaftlichen Aktivitäten nach oben und unten zu vermeiden. Allerdings ist die keynesianische Arbeitslosigkeit kaum als *das* Problem zu bezeichnen, da vor allem strukturelle Gründe für die reale Arbeitslosigkeit verantwortlich sind. „Wenn man die Arbeitslosenrate von 10 Prozent diskutiert, als ob es sich um ein vorübergehendes Problem handelt, das mit Hilfe von fiskalpolitischen Defiziten oder der Erweiterung des Geldangebots behoben werden könnte, dann ist dies eine echte und gefährliche Heuchelei." (LUCAS JR. (1989), S. 114.)

Im Wesentlichen beruht das Arbeitslosigkeitsproblem, zumindest in Deutschland, auf einer Ausschaltung oder Behinderung der Marktkräfte und nicht auf Nachfrageschwankungen. Deshalb liegt der wesentliche Ansatzpunkt zur Lösung des Problems nicht in der Nachfragesteuerung, sondern darin, den Marktkräften zur Geltung zu verhelfen sowie die Fähigkeiten der Marktteilnehmer zu verbessern, ihre Anpassungsaufgaben zu bewältigen. Löhne sollten dazu nicht daran gehindert werden, sich auf markträumende Höhe einzustellen und damit - wie andere Preise auch - ihre Signal- und Informationsfunktion bezüglich der Werte der verschiedenen Humankapitalbestände (für die Endnachfrager) wahrzunehmen sowie den (vor allem auch künftigen) Arbeitsanbietern zu zeigen, welche Art von Humankapital sie sich aneignen sollten und wo es sich für sie am meisten lohnt, ihr Wissen und ihre Fähigkeiten einzusetzen. Strukturwandel, die Hauptursache für Arbeitslosigkeit in starren Lohnbildungssystemen bei geringer Anpassungsbereitschaft, löst unter flexiblen Löhnen und Preisen dynamische Anpassungsprozesse aus, die in der Tendenz eher zu Über- als zu Unterbeschäftigung führen. Allerdings werden die Anpassungsprozesse begleitet von Wohlstandseinbußen durch Lohnsenkungen bei den in schrumpfenden Bereichen tätigen Arbeitnehmern mit geringer beruflicher und räumlicher Anpassungsfähigkeit und/oder Anpassungsbereitschaft. Gerade diese Umverteilungswirkungen sind es, die es politisch so ungeheuer schwierig machen, dem Beschäftigungsproblem angemessen zu begegnen. Da am Strukturwandel jedoch weder etwas zu ändern ist, noch etwas geändert werden sollte, wenn einem am Wohlstand der Menschen liegt, kostet die Verhinderung knappheitsbedingter Lohneinbußen notwendig Arbeitsplätze. So wird die Wohlstandseinbuße nicht verhindert, sondern vornehmlich auf die Arbeitslosen abgeladen und teilweise, über höheres Arbeitsplatzrisiko und höhere Beiträge zur Arbeitslosenversicherung, auch auf die Weiterbeschäftigten. Nur unter flexibleren Arbeitsmarktbedingungen können genügend Arbeitsplätze entstehen, um die Zuwächse an Erwerbspersonen aufzunehmen.

4. Das Ziel „Stetiges und angemessenes Wirtschaftswachstum"

4.1 Zur Definition und Messung des Wirtschaftswachstums

4.1.1 Abgrenzung des Ziels „Stetiges und angemessenes Wirtschaftswachstum"

Das *Wachstumsziel* besitzt, so wie es formuliert ist, zwei Dimensionen. Zum Ersten wird gefordert, dass es angemessen sein soll, was einen Maßstab voraussetzt, an dem zu erkennen ist, ob ein angemessenes oder ein nicht angemessenes Wirtschaftswachstums gegeben ist. Zum Zweiten beinhaltet das Ziel die Forderung, das Wachstum sei zu verstetigen, es soll sich also möglichst nicht in unberechenbaren Schwankungen vollziehen.

Deshalb definieren wir

- das Teilziel *„stetiges" Wirtschaftswachstum* als: *Vermeidung von Konjunkturschwankungen* und

- das Teilziel *„angemessenes" Wirtschaftswachstum* als *an wünschenswerten Ergebnissen orientiertes Wachstum*.

Bezüglich der Messung des Zielerreichungsgrades gibt es Schwierigkeiten, weil sich in der Realität die Wirtschaftskraft niemals gleichmäßig entwickelt. Wachstum und Konjunktur sind miteinander verwoben. (Vgl. hierzu und zum Folgenden auch PÄTZOLD (1993), S. 48 - 55.)

Die *reine Wachstumskomponente* wird zweckmäßigerweise an der *Entwicklung des Produktionspotentials*, unter Berücksichtigung eines als normal geltenden Auslastungsgrades der Produktionskapazitäten, festgestellt. Das *Produktionspotential* gibt dabei die mit den vorhandenen Produktionsfaktoren maximal mögliche Produktion an.

Die *konjunkturelle Komponente* des Wachstums, die *Konjunktur*, wäre demnach an den *Schwankungen des Auslastungsgrades der Produktionskapazitäten* festzumachen. Diese Definition wird auch vom *Sachverständigenrat zur Begutachtung der gesamtwirtschaftlichen Entwicklung* seit 1968 verwendet, seit 1987 als Vergleich der seit 1968 verwendet, seit 1987 als Vergleich der Wachstumsraten von Bruttoinlandsprodukt und Produktionspotential.

Dabei ist allerdings unbedingt zu beachten, dass sich Trend und Zyklus nicht voneinander vollständig trennen lassen. Das Produktionspotential entwickelt sich selbst in Abhängigkeit von den Konjunkturschwankungen, da im Konjunkturverlauf unterschiedlich investiert wird, also der Sachkapitalbestand von den Schwankungen beeinflusst wird. Entsprechend ist in der Entwicklung des Produktionspotentials die konjunkturelle Entwicklung erkennbar. (Vgl. für das frühere Bundesgebiet z. B. die Darstellung in SACHVERSTÄNDIGENRAT ... (1998), S. 66, Schaubild 12 [Dieses Schaubild wird regelmäßig in den Jahresgutachten veröffentlicht].) Insofern gibt es eine Abhängigkeit von Trend und Zyklus.

4.1.2 Messung von Wachstum und Konjunktur

Ausgangspunkt der Messung von Wachstum und Konjunktur muss die Messung des Produktionspotentials sein, dessen Entwicklung als Maßstab dient. Allgemein ergibt sich das *Produktionspotential* einer Volkswirtschaft in einer bestimmten Betrachtungsperiode t aus der vorhandenen Sachkapitalausstattung K_t, dem vorhandenen Arbeitsvolumen L_t, der Ausstattung mit natürlichen Ressourcen R_t und dem Bestand an technischem und organisatorischem Wissen TO_t. Daraus ergibt sich für die mögliche Produktion, also für das Produktionspotential Y^{pot}_t (OPPENLÄNDER (1988), S. 5, PÄTZOLD (1993), S. 49):

$$Y^{pot}_t = f\left(K_t, L_t, R_t, TO_t\right).$$

Zwei Methoden zur Messung des Produktionspotentials und seiner Entwicklung seien hier vorgestellt:

- „Nach dem von der *Deutschen Bundesbank* verwendeten Konzept setzt sich das reale Produktionspotential additiv aus den Produktionsmöglichkeiten des Sektors Unternehmen (in der Abgrenzung ohne Wohnungswirtschaft) und den tatsächlichen Wertschöpfungsbeiträgen der beiden Bereiche Staat und Wohnungsvermietung zusammen, für die durchgehend eine »Normalauslastung« unterstellt wird." (DEUTSCHE BUNDESBANK (8/1995), S. 55.) Die Deutsche Bundesbank verwendet zur Ermittlung des Produktionspotentials des Unternehmenssektors für die Bundesrepublik Deutschland eine makroökonomische Produktionsfunktion. Während dazu die Bundesbank früher eine Produktionsfunktion vom Cobb-Douglas-Typ benutzte, verwendet sie jetzt die etwas allgemeinere CES-Produktionsfunktion, die eine Klasse von Produktiosfunktionen mit konstanter Substitutionselastizität umfasst, zu der auch die Cobb-Douglas-Produktionsfunktion gehört. (Vgl. DEUTSCHE BUNDESBANK (10/1973) und (10/1981), OPPENLÄNDER (1988), S. 7 f. und DEUTSCHE BUNDESBANK (8/1995), wo sich die Deutsche Bundesbank auch mit anderen Methoden der Produktionspotentialmessung auseinander setzt (Ebenda, S. 42 - 44. Vgl. zu diesen Typen gesamtwirtschaftlicher Produktionsfunktionen z. B. BEHRENS/PEREN (1998)). Als Produktionsfaktoren gehen das Arbeitsvolumen (Mrd. Stunden) und der genutzte Sachkapitalbestand (Mrd. DM in Preisen von 1991) sowie eine Fortschrittsrate zur Erfassung des technischen Fortschritts ein. Früher wurde von der Deutschen Bundesbank noch der Primärenergieverbrauch einbezogen.[1]

- Anders als die Deutsche Bundesbank wählt der *Sachverständigenrat zur Begutachtung der gesamtwirtschaftlichen Entwicklung* einen so genannten Ein-Faktoren-Ansatz der Produktionspotentialbestimmung, indem er lediglich vom nutzbaren Kapitalstock und der potentiellen Kapitalproduktivität ausgeht. (Vgl. SACHVERSTÄNDIGENRAT .. (1998), Anhang IV. A., S. 284 f., DEUTSCHE BUNDESBANK (8/1995), S. 44,

---

[1] Die von der *Deutschen Bundesbank* geschätzte CES-Produktionsfunktion lautet:

$$Y = 1392,4 \cdot e^{0,47 \cdot t} \cdot [0,36 \cdot L^{-0,24} + 0,64 \cdot K^{-0,24}]^{-\frac{1,11}{0,24}}$$

(DEUTSCHE BUNDESBANK (8/1995), S. 56.) Die von der *Deutschen Bundesbank* ermittelte „Skalenelastizität liegt etwas über dem Wert eins; dies bedeutet, dass ein verstärkter Einsatz der Produktionsfaktoren bei unverändertem Einsatzverhältnis die Bruttowertschöpfung in etwa gleichem Umfang erhöht." (Ebenda.)

OPPENLÄNDER (1988), S. 9, PÄTZOLD (1993), S. 54). Ebenso wie die Deutsche Bundesbank ermittelt auch der Sachverständigenrat lediglich die potentielle Bruttowertschöpfung des Sektors Unternehmen (ohne Land- und Forstwirtschaft, Fischerei und Wohnungsvermietung) auf diese Weise und verwendet für die übrigen Wirtschaftsbereiche die reale Bruttowertschöpfung. Für drei verschiedene Stützzeiträume (1963-1975, 1975-1983,1983-1993) wird die trendmäßige Entwicklung der Kapitalproduktivität (Produktion/Kapitaleinsatz) ermittelt. Sodann wird die Trendgerade durch den im Stützzeitraum höchsten Wert der Kapitalproduktivität verschoben und mithilfe der so verschobenen Trendgeraden die potentielle Kapitalproduktivität k^*_t für das Jahr t ermittelt. Für den Zeitraum ab 1994 wird der Trendwert ermittelt, „indem der Wert für das Jahr 1993 mit der trendmäßigen Zunahmerate der Kapitalproduktivität für den Stützzeitraum 1983 bis 1993 fortgeschrieben wird." (SACHVERSTÄNDIGENRAT ... (1998), S. 284.) Das Produktionspotential des Jahres t Y^{pot}_t ergibt sich dann als Produkt aus der potentiellen Kapitalproduktivität des Jahres t k^*_t und dem Kapitalstock des Jahres t K_t: $Y^{pot}_t = k^*_t \cdot K_t$.

Steht ein auf die eine oder andere Art ermitteltes Produktionspotential zur Verfügung, könnte die Entwicklung dieses Potentials als Maß für das Wachstum herangezogen werden. Man erhielte dann als *Wachstumsrate des Produktionspotentials*:

$$g_t^{Y^{pot}} = \frac{Y_t^{pot} - Y_{t-1}^{pot}}{Y_{t-1}^{pot}}.$$

Die Konjunkturschwankungen ergäben sich dabei als Schwankungen des Auslastungsgrades des Produktionspotentials. Das Verhältnis von Bruttoinlandsprodukt zum Produktionspotential sei dabei als der *Auslastungsgrad des Produktionspotentials* definiert (Vgl., auch zur empirischen Entwicklung dieser Relation im früheren Bundesgebiet, SACHVERSTÄNDIGENRAT ... (1998), S. 285. Vgl. auch die neueren Ansätze und Ergebnisse in SACHVERSTÄNDIGENRAT (2003), S. 653 – 674.).

Wir definieren als *Auslastungsgrad des Produktionspotentials* A:

$$A_t = \frac{Y_t}{Y_t^{pot}}.$$

Als *Veränderungsrate des Auslastungsgrades des Produktionspotentials* erhält man:

$$g_t^A = \frac{\dfrac{Y_t}{Y_t^{pot}} - \dfrac{Y_{t-1}}{Y_{t-1}^{pot}}}{\dfrac{Y_{t-1}}{Y_{t-1}^{pot}}}.$$

Nach Umstellungen ergibt sich daraus als Veränderungsrate des Auslastungsgrades des Produktionspotentials eine Bestimmungsformel, die sich aus der Wachstumsrate des Bruttoinlandsproduktes und der Wachstumsrate des Produktionspotentials zusammensetzt:

$$g_t^A = \left[\frac{Y_t}{Y_t^{pot}} - \frac{Y_{t-1}}{Y_{t-1}^{pot}} \right] \cdot \frac{Y_{t-1}^{pot}}{Y_{t-1}} = \frac{Y_t}{Y_{t-1}} \cdot \frac{Y_{t-1}^{pot}}{Y_t^{pot}} - 1.$$

Also ist die Bestimmungsformel für die Veränderungsrate des Auslastungsgrades des Produktionspotentials:

$$g_t^A = \frac{1 + g_t^Y}{1 + g_t^{Y^{pot}}} - 1 = \frac{g_t^Y - g_t^{Y^{pot}}}{1 + g_t^{Y^{pot}}}.$$

Vernachlässigt man den nur geringfügig von Eins verschiedenen Nenner, ergibt sich die auch aus stetiger Betrachtung[2] folgende Formel:

$$g_t^A = g_t^Y - g_t^{Y^{pot}},$$

d. h. die *Veränderungsrate des Auslastungsgrads des Produktionspotentials ist gleich der Differenz zwischen der Wachstumsrate des Bruttoinlandsprodukts Y und der Wachstumsrate des Produktionspotentials Y^{pot}*.

Ist $g_t^A > 0$, so wächst das Bruttoinlandsprodukt schneller als das Produktionspotential, so dass man sich im konjunkturellen Aufschwung befindet. Ist hingegen $g_t^A < 0$, wächst das Bruttoinlandsprodukt langsamer als das Produktionspotential. Die Wirtschaft befände sich im Abschwung. Eine Wachstumsrate des Auslastungsgrades von $g_t^A = 0$ bedeutet, dass Bruttoinlandsprodukt und Produktionspotential gleich schnell wachsen. Dies kann nur am unteren und am oberen Wendepunkt (Krise) der Konjunktur der Fall sein.

Nach den bisherigen Darstellungen dürfte klar sein, dass *man die Stetigkeit des Wachstums anders zu messen hat, als das Wachstum selbst. Misst man letzteres zweckmäßigerweise am Produktionspotential, so ersteres besser am Auslastungsgrad des Produktionspotentials.* Gleichwohl wird der *Öffentlichkeit* in der Regel nur eine Zahl angeboten, nämlich die Wachstumsrate des Bruttoinlandsproduktes[3]. Der Leser sei sich darüber im Klaren, dass diese Zahl das Wachstumsphänomen mit dem Konjunk-

---

[2] Man erhält sie, indem man in der Bestimmungsformel $A = \dfrac{Y}{Y^{pot}}$ nach der Zeit differenziert und durch A dividiert:

$$g^A = \frac{dA}{dt} \Big/ A = \frac{\dfrac{dY}{dt} \cdot Y^{pot} - \dfrac{dY^{pot}}{dt} \cdot Y}{Y^{pot^2}} \cdot \frac{Y^{pot}}{Y} = g^Y - g^{Y^{pot}}.$$

[3] Bis September 1992 wurde vom Statistischen Bundesamt die Wachstumsrate des Bruttosozialproduktes verwendet, seitdem die Wachstumsrate des Bruttoinlandsproduktes. Erstere Zahl bezieht sich auf die Entwicklung der Leistung der Inländer, letztere auf die Entwicklung der Leistung im Inland.

turphänomen vermischt, denn *die beobachtete Wachstumsrate des Brutto-inlandsproduktes ist natürlich gleich der Wachstumsrate des Produktions-potentials (als Maß fürs Wachstum) plus der Veränderungsrate des Aus-lastungsgrades des Produktionspotentials (als Maß für die konjunkturelle Entwicklung).* In stetiger und vereinfachter diskreter Betrachtung[4] gilt:

$$g_t^Y = g_t^{Y^{pot}} + g_t^A .$$

Somit ist es möglich, dass eine kräftige Zunahme des Produktionspotenti-als mit einem unter Umständen sogar sinkenden Bruttoinlandsprodukt einhergeht, wenn gleichzeitig der Auslastungsgrad sehr stark gesunken ist. Beispiele waren im früheren Bundesgebiet die Jahre 1967, 1975, 1982 und 1992. Im Jahr 1975 war beispielsweise das Produktionspotential um 2,3 % gewachsen, während gleichzeitig das Bruttoinlandsprodukt um 1,3 % ge-sunken ist. Am größten war der Unterschied im Jahr 1992, als das Produk-tionspotential um 2,2 % wuchs und das Bruttoinlandsprodukt um 2 % schrumpfte. (Vgl. SACHVERSTÄNDIGENRAT ... (1998), S. 285, Tab. A 1.)

Bei der Interpretation der Wachstumszahlen ist allerdings insofern Vor-sicht angezeigt, als sie nicht unmittelbar mit Veränderungen des in einem Land entstandenen Wohlstandes gleichgesetzt werden dürfen. Vielmehr ist zu beachten, auf wie viele Köpfe das Bruttoinlandsprodukt zu verteilen ist. Somit sind bessere Maße für die Veränderung des in einem Land entstan-denen Wohlstands in den Wachstumsraten der Pro-Kopf-Größen des Pro-duktionspotentials und des Bruttoinlandsprodukts zu finden. Und es ist auch weitgehend üblich, *Wirtschaftswachstum als Wachstum der Pro-Kopf-Größen zu verstehen.* (Vgl. z. B. WOLL (1993) S. 405.)

Schließlich ist noch zu beachten, dass das Konjunkturphänomen kein ein-fach anhand der Wachstumsraten zu beobachtendes Phänomen darstellt. Vielmehr gilt es, nach ihrer Länge verschiedene Konjunkturzyklen zu unterscheiden. Die Einteilung dieser Konjunkturzyklen geht auf *JOSEPH*

---

[4] Bei diskreter Betrachtung gilt genau: $g_t^Y = g_t^{Y^{pot}} + g_t^A + g_t^A \cdot g_t^{Y^{pot}}$.

ALOIS SCHUMPETER (1883 - 1950) zurück, der die jeweiligen Zyklentypen nach ihren „Entdeckern" benannte. Ergänzt wurde die Übersicht später um den von *SIMON KUZNETS*, Nobelpreisträger für Wirtschaftswissenschaft 1971, entdeckten Zyklus. Die heute übliche Einteilung ist der folgenden Übersicht zu entnehmen (Vgl. zu Einzelheiten die Spezialliteratur zum Konjunkturphänomen, etwa TICHY (1999).):

Einteilung der Konjunkturzyklen nach ihrer Dauer		
Zyklen	**Dauer**	**Grobe Kennzeichnung**
Kitchin-Zyklen	2-4 Jahre	Lagerzyklen
Juglar⁵-Zyklen	6-11 Jahre	Maschineninvestitions-zyklus
Kuznets-Zyklen	15-25 Jahre	Schwankungen der Bau-tätigkeit
Kondratieff⁶-Zyklen oder -Wellen	50-60 Jahre	Basisinnovationen

Die Überlappung all dieser verschieden langen Zyklen verursacht ein insgesamt verwirrendes Muster, sodass - auch von Fachleuten und von Konjunkturforschungsinstituten - nicht immer leicht zu ermitteln ist, in welcher Phase man sich gerade befindet.

---

[5] Der französische Forscher *CLEMENT JUGLAR* (1819 - 1905) gilt als Schöpfer des Zyklus-Konzepts für das Konjunkturphänomen. Der von ihm entdeckte Zyklus ist den meisten Menschen Inbegriff des Konjunkturzyklus.

[6] Die Zyklen wurden von dem russischen Forscher *NIKOLAJ DIMITRIJEWITSCH KONDRATIEFF* (1892 - 1938) vor allem als Preisbewegungen beobachtet (Vgl. WAGNER (1976), S. 67). *KONDRATIEFF* wurde 1930 aus politischen Gründen verhaftet und 1938 zum Tode verurteilt und erschossen. Das Todesurteil wurde 1962 aufgehoben und die Verhaftung Kondratieffs 1987 für ungesetzlich erklärt. (Vgl. MAIER (1993).)

Hinzu kommen noch Saisonschwankungen und strukturelle Anpassungen, bei denen Niedergang der Verlierer des Strukturwandels und Wachstum der Gewinner dieses Wandels sich ebenfalls nicht immer die Waage halten. Das erschwert ungemein die richtige Diagnose der gesamtwirtschaftlichen Lage, woraus ein schwieriges Problem für die politische Beeinflussung der Konjunktur erwächst.

Interessant sind daher insbesondere so genannte Konjunkturindikatoren, die den Konjunkturverlauf - womit in der Regel der Juglar-Zyklus gemeint ist - anzeigen. Hier unterscheidet man *Frühindikatoren*, die den in absehbarer Zeit zu erwartenden Konjunkturverlauf anzeigen (z. B. Auftragseingänge der Industrie, Baugenehmigungen, Rohstoffpreise u.s.w.) von *mitlaufenden Indikatoren oder Präsenzindikatoren*, die die momentane konjunkturelle Lage anzeigen (z. B. Industrielle Produktion, Einzelhandelsumsätze, Investitionsvolumen, Verhältnis der offenen Stellen zur Zahl der Arbeitslosen etc.) und von *nachlaufenden Indikatoren oder Spätindikatoren*, die dem Konjunkturverlauf nachhinken und die nachträgliche Analyse erleichtern (z. B. Lohnkosten, Preise (vor allem für Güter der Lebenshaltung), Beschäftigtenzahlen u.s.w.). (Vgl. z. B. WOLL (1993), S. 528 ff.).

4.2   Zum Problem der Verfehlung des Ziels „Stetiges und angemessenes Wirtschaftswachstum"

4.2.1   Warum die Verfehlung des Wachstumsziels volkswirtschaftlich unerwünscht ist

Die Begründung des Ziels ist in diesem Falle schon deshalb fundamental, weil ohne die Angabe der wünschenswerten Ergebnisse des Wachstums nicht klar sein kann, was unter einem angemessenem Wachstum zu verstehen ist. Gleichwohl soll hier nur kurz auf die Zielbegründungen eingegangen werden (Vgl. zu diesen Gründen beispielsweise OPPENLÄNDER (1988), S. 171 ff.):

- Wachstum bedeutet zunächst einmal eine **bessere Güterversorgung** für die Menschen. Solange die Lebensverhältnisse unter dem Problem der Knappheit der Mittel zur Bedürfnisbefriedigung stehen, kann hierin nur ein Vorteil für die Menschen gesehen werden. Insbesondere ist in großen Teilen der Welt noch ärgste Armut zu bekämpfen. Aber auch in den entwickelten Ländern wird Minderung des Knappheitsproblems häufig von Menschen als Vorteil empfunden. Und Wirtschaftswachstum ist der bedeutendste Grund für das Wohlergehen der Menschen: „Long-run economic growth is the single most important determinant of the economic well-being of a nation's citizens. Everything else that macroeconomists study - unemployment, inflation, trade deficits, and so on - pales in comparison." (MANKIW (2000), S. 122. Vgl. ebenso SAMUELSON/NORDHAUS (1998), S. 614.)

- Durch Wirtschaftswachstum werden die **Verteilungskonflikte entschärft**. Dies ist unmittelbar einzusehen, weil es einfacher ist, einen Zuwachs zu verteilen, als einen bestehenden Kuchen neu zu verteilen. Unter den Bedingungen des Wachstums muss niemand schlechter gestellt werden, es können aber alle besser gestellt werden. Und es können in gewissem Umfang Umverteilungsziele, etwa Umverteilungen an Arme oder an vorübergehend von Arbeitslosigkeit betroffene Menschen, relativ konfliktfrei verfolgt werden. Wirtschaftswachstum trägt damit positiv zum gesellschaftlichen Ziel des **sozialen Friedens** bei.

- Eine wachsende Wirtschaft hat es zudem **leichter, des Problems der Arbeitslosigkeit Herr zu werden**. Wirtschaftswachstum resultiert häufig aus Produktivitätszuwächsen, die bewirken, dass sowohl Mindestlohnarbeitslosigkeit als auch Sucharbeitslosigkeit sinken. Zudem geht in einer wachsenden Wirtschaft im Allgemeinen der Strukturwandel reibungsloser vor sich, sodass auch die Mismatch-Arbeitslosigkeit aus strukturellen Gründen gemildert wird. Auch unter diesem Aspekt wirkt Wachstum positiv auf das Ziel des Erhalts des **sozialen Friedens**.

- Wachstum **entschärft inflationäre Potentiale**, weil mit dem Wachstum eine zunehmende Geldnachfrage für Transaktionszwecke einhergeht. Somit wirkt Wachstum einer überhöhten Zunahme des Geldangebotes ebenso entgegen wie allen im Kapitel zum Preisniveaustabilitätsziel aufgeführten Gründen, die zu einer Abnahme der Geldnachfrage führen. Mit der gemilderten Inflationsgefahr sinken aber auch die Kosten einer Inflation, insbesondere die Wahrscheinlichkeit, in eine Hyperinflation abzugleiten.

- Ein rascheres Wirtschaftswachstum **erleichtert** zudem **den technischen Fortschritt**, der in aller Regel an die Installation neuer Maschinen und Anlagen gebunden ist. Seine Realisierung bedarf deshalb der Investitionen, die in einer wachsenden Wirtschaft höher ausfallen als in einer stagnierenden oder gar schrumpfenden Wirtschaft.

- Zudem **erleichtert** Wachstum entgegen verbreiteten Anschauungen **Fortschritte im Umweltschutz**. Einerseits ist im Allgemeinen in schneller wachsenden Wirtschaften die Produktionstechnologie moderner. Neue Maschinen sind aber, aus Gründen der Kostenersparnis, in der Regel mit geringerem Ressourcenverzehr verbunden als alte Maschinen. Dazu gehören auch der Energieverbrauch und der Verbrauch von Rohstoffen. Somit kann bei höherem Output gleichwohl eine geringere Umweltverschmutzung erreicht werden, wie auch ein Vergleich zwischen Ländern unterschiedlich hohen Wachstums zeigt (Vgl. beispielsweise die unterschiedliche Umweltbelastung in West- und Ostdeutschland). Zudem, vielleicht noch wichtiger, sind schneller wachsende Volkswirtschaften im Allgemeinen wohlhabender und deshalb sind die Bürger und die ihnen folgenden Politiker eher bereit, auf materielle Wohlstandszunahmen zu Gunsten des Umweltschutzes zu verzichten. *Damit die Dynamik des Wirtschaftswachstums sich allerdings nicht gegen die, sondern zu Gunsten der Umwelt auswirkt, muss die Umwelt als knappes Gut begriffen und durch geeignete* *institutionelle Regeln unter den Schutz der knappheitsbewältigenden Kraft des Marktes gestellt werden.* (Zum Thema „Wachstum und Umwelt" vgl. beispielsweise SACHVERSTÄNDIGENRAT ... (1989), Ziff. 57* - 59*, S. 14 f. und Ziff. 278 - 291, S. 144 - 148.)

- Wachstum **erleichtert staatliche Wirtschaftspolitik**, insbesondere die Bereitstellung öffentlicher Güter und die Finanzierung von Maßnahmen der Sozialpolitik.

- Schließlich ist die **Stetigkeit des Wachstums** wichtig, weil sie die **Unsicherheiten** über die künftige Entwicklung **und** zugleich **die mit zyklischen Schwankungen verbundenen Probleme mindert**. Insbesondere erleichtert Stetigkeit die Planungen der privaten Wirtschaftssubjekte und wirkt damit förderlich auf den Abschluss beidseitig vorteilhafter Verträge und die Durchführung von Investitionen. Die Stetigkeit des Wachstums wirkt somit **wachstumsfördernd** und erleichtert die Realisierung der oben aufgeführten Vorteile des Wirtschaftswachstums. Aber nicht jede Beseitigung von Unstetigkeit ist wünschenswert. Wenn beispielsweise ein äußeres Datum sich verändert hat, kann eine Anpassungsreaktion als Ergebnis optimierenden Verhaltens sinnvollerweise zu Schwankungen führen. So kann man laut *LUCAS JR.* mit den verfügbaren Daten nicht die Vermutung verwerfen, es ließen „.... sich Wirtschaftsschwankungen von der Größenordnung der Nachkriegszeit in den USA als effiziente Ressourcenallokation interpretieren bzw. als beste Reaktion auf »natur«bedingte Schocks." (LUCAS JR. (1989), S. 115 f.) Eine konsumglättende Politik würde dann zwar vielleicht möglich sein, die damit verursachten Ineffizienzen würden aber die Vorteile der Glättung mehr als aufheben. (Vgl. Ebenda.)

4.2.2 Wie es zur Zielverfehlung kommt

Wegen der zwei unterschiedlichen - wenn auch nicht voneinander unabhängigen - Dimensionen des Ziels ist eine getrennte Darstellung dieser Frage hinsichtlich des Konjunkturphänomens und der Wachstumsproblematik sinnvoll.

4.2.2.1 Erklärungen zum Konjunkturphänomen

Zur Erklärung von Konjunkturzyklen ist im Laufe der Zeit eine ungeheure Literaturfülle entstanden. Und: „Ein Ende der Suche nach möglichen Erklärungen ist auch heute noch nicht abzusehen ..." (SAMUELSON/NORDHAUS (1998), S. 643.) Für die Vielzahl von Erklärungsmustern gibt es mannigfaltige Einteilungsschemata. Sie alle sollen unser Interesse in diesem Lehrbuch ebenso wenig finden wie die vielfältigen Erklärungsansätze selbst. (Zu Überblicken vgl. z. B. SAMUELSON/NORDHAUS (1998), S. 643, SAMUELSON (1981), S. 323 f., der die bekanntesten Konjunkturtheorien in einer Fußnote (!) aufzählt und den interessierten Leser an HABERLER (1948)(!) verweist, WOLL (1993), S. 532 - 538, VOSGERAU (1978), S. 486 ff., TICHY (1999), sowie, etwas ungewöhnlich, STÜTZEL (1967/68)).

Wichtig ist allerdings die Erkenntnis, dass die *Fortschritte in der Konjunkturerklärung vor allem auf Fortschritte in den theoretischen Methoden zurückzuführen* sind (Vgl. LUCAS JR. (1980)) und deshalb die Frage, warum sich frühere Forscher nicht moderner Sichtweisen bedient haben, so unsinnig ist wie die, warum Hannibal in seinem Kampf gegen Rom nicht Panzer statt Elefanten eingesetzt hat. (Vgl. LUCAS JR. (1980), S. 708.) Heutige Vorstellungen darüber, was Wettbewerbsgleichgewicht bedeutet, erlauben durchaus eine große Vielzahl möglicher Entwicklungspfade, sodass Konjunkturschwankungen keineswegs mehr nur als Ungleichgewichtsphänomene zu betrachten sind. (Vgl. Ebenda.) So haben wir bereits gesehen, dass reale Schocks auf die gesamtwirtschaftliche Produktionsfunktion zu Schwankungen der Wirtschaftsaktivitäten führen, die durchaus als rationale Anpassungen an die Datenänderungen aufzufassen sind.

In jedem Falle sollte das Konjunkturphänomen im Vergleich zu anderen wirtschaftlichen Problemen nicht überbewertet werden. So hat LUCAS JR. eine Bewertung vorgenommen, die eine Vorstellung davon vermittelt, wie groß die Zunahme des Durchschnittskonsums gewesen wäre, wenn die konjunkturellen Konsumschwankungen in den USA nach dem 2. Weltkrieg beseitigt worden wären. Er kommt für das Jahr 1983 auf eine Summe von 8,50 Dollar pro Kopf und hält schließlich als Ergebnis fest, „dass die wirtschaftliche Instabilität in dem Ausmaß, in dem wir sie seit dem Zweiten Weltkrieg erlebt haben, nur ein geringfügiges Problem ist." (Vgl. LUCAS JR. (1989), S. 28 - 33, 114, Zitat auf S. 33.)[7] Ungeachtet dieses Ergebnisses soll hier allerdings an der Einschätzung festgehalten werden, dass es sich beim Konjunkturproblem im Falle der Bundesrepublik Deutschland um ein aus folgendem Grund nicht zu vernachlässigendes Problem handelt. Unstrittig und empirisch belegt ist, dass jeder konjunkturelle Einbruch mit zunehmender Arbeitslosigkeit verbunden ist (Vgl. z. B. BARRO/GRILLI (1996), S. 12 ff., MANKIW (1999), S. 745), es entsteht keynesianische, d. h. konjunkturelle Arbeitslosigkeit. Wenn nun, wie weiter ober dargelegt, sich diese konjunkturelle Arbeitslosigkeit zur klassischen Arbeitslosigkeit verfestigt, weil das Humankapital der Arbeitslosen entwertet wird, wandelt sich das scheinbar vorübergehende Problem in ein dauerndes, weil in der Bundesrepublik Deutschland die Marktkräfte auf den Arbeits"märkten" nicht zur Entfaltung gebracht werden können. Damit würde, zumindest unter deutschen Verhältnissen, mit jedem konjunkturellen Niedergang ein Teil des Arbeitskräftevorrats und des damit verbundenen volkswirtschaftlichen Humankapitalbestandes nicht mehr einsetzbar, also zu einer dauerhaften Wachstumseinbuße werden. Die Kosten

---

[7] *LUCAS JR.* erwähnt in diesem Zusammenhang: „Vielleicht sollten wir uns mit dem Gedanken vertraut machen, dass die wahre Bedeutung substantieller ökonomischer Fragen sich keineswegs zwangsläufig an der Anzahl der ihnen gewidmeten Artikel und beschriebenen Seiten in einschlägigen Zeitschriften ablesen läßt." (LUCAS JR. (1989), S. 30, Fn. 3.)

eines reduzierten Konsumwachstums werden aber auch von LUCAS JR. als erheblich eingestuft. (Vgl. LUCAS JR. (1989), S. 27.) Die auf diese Weise in Deutschland entstehenden hohen Kosten eines konjunkturellen Niedergangs in Form von Wachstumseinbußen können, unter Verwendung der Wettbewerbslösung als Referenzmaßstab, als Kosten der Ausschaltung der Marktkräfte auf den deutschen Arbeits"märkten" gewertet werden. Zudem ist in diesem Zusammenhang noch zu beachten, dass von der von LUCAS JR. berechneten Wohlstandseinbuße natürlich nicht alle Köpfe der Volkswirtschaft gleich betroffen sind, sondern diejenigen, die ihren Arbeitsplatz verlieren und ihre Angehörigen den Großteil der Kosten tragen müssen. Gerade aus dieser Ungleichheit der Betroffenheit resultieren ja einige der Probleme, etwa für den inneren Frieden einer Gesellschaft, die durch die Erreichung eines stetigen und angemessenen Wachstums gemildert werden sollen.

Gleichwohl soll hier eine Einschränkung der Betrachtung vorgenommen werden, indem lediglich drei Unterscheidungen nach Ursachen ausgewählt werden, die sich bei den weiteren Erörterungen als zweckmäßig erweisen können:

- Zum einen können *exogene Konjunkturtheorien* von *endogenen Konjunkturtheorien* unterschieden werden (Vgl. SAMUELSON/NORDHAUS (1998), S. 643, SAMUELSON (1981), S. 323 f.). ***Exogene Konjunkturtheorien*** sehen die Ursachen für Schwankungen in der Wirtschaftsaktivität als von außerhalb der wirtschaftlichen Sphäre kommend. Es handelt sich demnach um das, was früher in diesem Buch als negative oder positive Schocks betrachtet wurde. Diese können auf die Angebotsseite wirken, wenn sie die Produktionsbedingungen beeinflussen, wie beispielsweise Naturereignisse, Ölpreisschocks, Zuwanderungen etc., sie können aber auch auf die Nachfrageseite wirken, wie beispielsweise plötzliche Ausfälle der Auslandsnachfrage. ***Endogene Konjunkturtheorien*** sehen als Ursachen für Schwankungen Kräfte an, die innerhalb der Wirtschaft wirken, wie Lagerhaltungszyklen, psychologische Stimmungsschwankungen, usw.

- Die Unterscheidung in *nachfrage- oder angebotsseitige Ursachen* ist einer besonderen Betrachtung wegen ihrer politischen Implikationen wert.

Nachfrageschwankungen als Ursache für kurzfristige Wirtschaftsschwankungen werden von keynesianischen Ansätzen betont. Tritt der - heute auch unter Vertretern des Keynesianismus nicht mehr sehr verbreitete - Glaube hinzu, der Staat sei prinzipiell und praktisch-politisch in der Lage, die gesamtwirtschaftliche Nachfrage gezielt zu steuern, führt diese Ansicht häufig zur **Forderung des Gegensteuerns durch Staatsnachfrage oder staatliche Nachfragesteuerung**. Diese Ansichten und die daraus resultierenden Forderungen waren jahrelang herrschende Meinung in Wissenschaft und Politik und sind auch heute, vor allem in Politik und Journalismus, sehr verbreitet, und sie haben nicht unerheblichen volkswirtschaftlichen Schaden angerichtet: „Über Jahrzehnte hinweg hielt man das keynesianische Modell für das Alpha und Omega der Makroökonomik. Viele Wirtschaftspolitiker übernahmen diese Denkweise in den sechziger Jahren; sie vergaßen, dass die Preise nicht konstant sind, richteten ihre gesamte Aufmerksamkeit auf die Nachfrageseite der Wirtschaft und ließen die Angebotsseite außer Acht. Das Ergebnis war in den siebziger Jahren Inflation und in den achtziger Jahren Arbeitslosigkeit." (BURDA/WYPLOSZ (1994), S. 358.)

Als *angebotsseitige Ursachen* können alle Ereignisse angesehen werden, die auf die Produktionsbedingungen der Volkswirtschaft einwirken und Anpassungserfordernisse auslösen, wie beispielsweise die beiden Ölpreisschocks 1973/74 und 1979/80. Mit den Misserfolgen der Nachfragesteuerung (und der damit verbundenen Abkehr von keynesianischen Ansichten und Rezepturen) traten diese angebotsseitigen Probleme und die Suche nach Lösungen mehr ins Zentrum der Aufmerksamkeit. Aus diesen Erwägungen resultiert vor allem die als **angebotsorientierte Wirtschaftspolitik**[8] bekannt gewordene Forderung

---

[8] Angemerkt sei, dass nach Ansicht des Verfassers die häufig anzutreffende Zu-

der Erhöhung der Anpassungsfähigkeit der privaten Wirtschaft mit den dazu vorgeschlagenen Mitteln, auf die später in diesem Lehrbuch noch eingegangen wird.

- Schließlich sind *politisch* - willentlich oder unbeabsichtigt - *verursachte Schwankungen der Wirtschaftsaktivität* möglich. (Vgl. ausführlich zum Thema: BELKE (1996).) Zwei Gründe seien hier angeführt:

  - Zum einen ist es möglich, dass konjunkturpolitische Maßnahmen in bester Absicht, die konjunkturellen Ausschläge zu mildern, ergriffen wurden, wegen der Diagnose-, Entscheidungs- und Wirkungsverzögerungen oder aber auf Grund falscher Dosierungen jedoch unbeabsichtigt schwankungsverstärkend statt schwankungsschwächend wirken. (Vgl. schon GÄFGEN (1975), S. 51, STREIT (1979), S. 174 und vgl. die Ausführungen im Abschnitt 6.1.1.2.2.).

  - Zum anderen können Eigenschaften des Wahlsystems die Politiker veranlassen, in der Absicht der Maximierung ihrer Wiederwahlwahrscheinlichkeit zu versuchen, die Konjunktur zu beeinflussen, um im Wahljahr möglichst günstige wirtschaftliche Verhältnisse zu schaffen. (Vgl. BLANKART (1998), S. 119 ff., ACOCELLA (1998), S. 206 ff. und die Ausführungen im Abschitt 6.1.1.2.3.) Beispielsweise ist allgemein bekannt, dass unliebsame politische Maßnahmen von Politikern gern unmittelbar nach der Wahl, aber ungern vor einer Wahl durchgeführt werden. Genau umgekehrt verhält es sich mit Maßnahmen, die von Wählern als unmittelbare Wohltaten seitens der Politiker empfunden werden.

---

ordnung falsch ist, die nachfrageorientierte Wirtschaftspolitik dem Keynesianismus und angebotsorientierte Wirtschaftspolitik der Neoklassik zurechnet. Vielmehr hat die Neoklassik durchaus Vorschläge zur nachfrageorientierten Politik, die allerdings ganz anders aussehen als die keynesianischen Vorschläge. Darauf ist noch zurückzukommen.

4.2.2.2 Bestimmungsgründe des Wirtschaftswachstums

Wenden wir uns nun dem *Wachstumsphänomen im Sinne der zeitlichen Entwicklung des Trends* des wirtschaftlichen Aktivitäts- bzw. Wohlstandsniveaus zu. Es geht demnach um die Bestimmungsgründe der Veränderung des Produktionspotentials.

4.2.2.2.1 Übersicht über die Ursachen des Wachstums

Die letzten Ursachen des wirtschaftlichen Wachstums sind sehr vielschichtig. Sie umfassen auch religiöse, wirtschaftsethische, geographische und ordnungspolitisch-institutionelle Phänomene, von denen einige angedeutet seien:

- *MAX WEBER* (1864 - 1920) hat beispielsweise einen Zusammenhang zwischen protestantischer Ethik und der dynamischen Entwicklung des Kapitalismus konstruiert und damit auf die **Bedeutung der Religion und des Wirtschaftsethos** auf das wirtschaftliche Wachstum aufmerksam gemacht. (Vgl. WEBER (1995). Aus katholischer Sicht neuerdings NOVAK (1998).) Hierzu gehören beispielsweise Ansichten, nach denen das Erwerbs- und Gewinnstreben durchaus ethisch positiv zu werten ist, wenn, wie etwa bei manchen Vertretern der Prädestinationslehre, unterschiedlicher Reichtum und das Streben danach als gottgewollt akzeptiert oder gar als göttlicher Auftrag, die eigenen Anlagen und Fähigkeiten zur Entfaltung zu bringen, angesehen und dann mit der Forderung verbunden wird, den erworbenen Reichtum für gute Taten zu verwenden. (Vgl. auch BEHRENS (1997), S. 364 f.) Ebenso hat *FRIEDRICH AUGUST VON HAYEK* (1899 - 1992), der sich selbst als Agnostiker bezeichnet (Vgl. v. HAYEK (1983b), S. 187, (1996), S. 97), die Bedeutung der Religion für die traditionelle Festigung wirtschaftlich vorteilhafter sozialer Institutionen hervorgehoben. (Vgl. v. HAYEK (1983b), (1996), S. 97 f., (1996b), S. 148 ff.) Insbesondere Religionen, die für den Schutz der Familie und des Eigentums eintreten wirken positiv auf die Bevölkerungen, die von diesen Religionen geprägt werden.

- Eng damit zusammenhängend hat MCCLELLAND die Hypothese aufgestellt, „daß es zur Initiierung von Wachstum und Entwicklung einer hinreichenden Anzahl von Menschen bedarf, die ein starkes Erfolgs- und Leistungsstreben ... aufweisen müssen." (WALTER (1983), S. 180.) Er suchte die Quelle für solche Motivation in der familiären Umgebung und der Erziehung der Kinder und fand, dass ein positiver Zusammenhang zwischen der in Kindergeschichten aus Lesebüchern ausgedrückten **Leistungsmotivation und der wirtschaftlichen Entwicklung** eines Landes bestand. (Vgl. WALTER (1983), S. 180, der MCCLELLAND (1966) anführt.)

- Die **Bedeutung ordnungspolitisch-institutioneller Regeln einer Gesellschaft für ihre wirtschaftliche Entwicklung** hat vor allem *DOUGLAS C. NORTH*, Nobelpreisträger für Wirtschaft 1993, deutlich gemacht. (Vgl. NORTH (1988, 1992)). Von den institutionellen Regeln einer Gesellschaft gehen die maßgeblichen Anreize für wirtschaftliche Aktivitäten aus, die zum Wirtschaftswachstum führen. Maßgeblich für die so genannte Industrielle Revolution waren danach weniger die technischen Erfindungen als solche, sondern vielmehr die Anreize zu verwertbaren technischen Erfindungen, die erst entstehen können, wenn die Erfindungen zum Vorteil der Erfinder genutzt werden können: „Der technische Wandel, den wir mit der Industriellen Revolution verbinden, erforderte die vorherige Entwicklung eines Systems von Eigentumsrechten, die die private Ertragsrate von Erfindungen und Innovationen erhöhten." (NORTH (1988), S. 152.)

Auch das Werk des Wirtschaftsnobelpreisträgers von 1974, *FRIEDRICH AUGUST VON HAYEK* (1899 - 1992), ist zu einem erheblichen Teil der Frage nach der Entwicklung und Bedeutung ordnungspolitisch-institutioneller Arrangements einer Gesellschaft gewidmet (Vgl. nur V. HAYEK (1983), (2003)), ebenso das Werk des Wirtschaftsnobelpreisträgers von 1986, *JAMES MCGILL BUCHANAN*. (Vgl. z. B. BUCHANAN (1984) oder BRENNAN/BUCHANAN (1993)). (Zur Bedeutung der Institutionen für die wirtschaftliche Entwicklung vgl. auch das Kap. 9 in ERLEI/ LESCHKE/SAUERLAND (1999), S. 517 ff.)

In diesem Zusammenhang ist auch die Frage von Bedeutung, ob durch zusätzliche politische Freiheiten im Sinne von Demokratisierung einer Gesellschaft zusätzliches Wachstum zu gewinnen ist. Für einen solchen positiven Zusammenhang hat sich schon früh MILTON FRIEDMAN, Nobelpreisträger für Wirtschaftswissenschaft 1976, ausgesprochen, weil nach seiner Auffassung politische und wirtschaftliche Freiheiten einander bedingen, so dass nur in einem freien System auf Dauer mit Wachstum zu rechnen ist. (FRIEDMAN (1962, 1984.)

Dagegen sprechen Erwägungen, die von den in Demokratien organisierten Mehrheiten, die Umverteilungskämpfe hervorrufen und Umverteilungen bewirken, kontraproduktive und damit wachstumshemmende Einflüsse erwarten. (Vgl. z. B. OLSON (1991a), S. 229 f., OLSON (1991b), S. 69, WEEDE (1992), S. 218 ff., ZIMMERMANN (1996), S. 11 ff.). Weil „... die Durchsetzungschancen in der Politik ... *noch* ungleicher als die auf dem Markt verteilt sind .. (folgt [Ch.-U.B.]), dass die Politisierung des Einkommenszuweisungsprozesses nicht zur Egalisierung der Einkommen beiträgt, sondern nur Energien von produktiver Tätigkeit in gesamtgesellschaftlich gesehen notwendigerweise unfruchtbare Konflikte umleitet und die wirtschaftliche Entwicklung behindert." (WEEDE (1992), S. 225.)

Nach *BARRO* (1997) hingegen ist der Zusammenhang unbestimmt, da rationale Diktatoren wegen der damit verbundenen maximalen Ausbeutungsmöglichkeiten an wirtschaftlicher Expansion interessiert sind, so dass sie wirtschaftliche Freiheiten, die Wachstum hervorrufen, gewähren *können*, dies aber *keineswegs müssen*. Die Folge ist *Unsicherheit*: „... the choice of a dictatorship can be viewed as a risky investment: economic outcomes may be very good or very bad but are surely uncertain." (BARRO (1997), S. 3). Durch demokratische Institutionen kann diese Unsicherheit beseitigt werden, weil die schlimmsten Möglichkeiten durch Kontrolle der Regierungsmacht vermieden werden können.

Empirisch gibt es folglich Hinweise dafür, dass Demokratie der Wirtschaft förderlich ist, wenn von einem Zustand mit geringer politischer Freiheit, somit also mit großer Unsicherheit bzw. großem Willkürrisiko, ausgegangen wird. Ist hingegen bereits ein höherer Grad an politischer Freiheit erreicht, wird das Wachstum eher etwas behindert: „... an increase in political freedom has an overall negative (but small) impact on growth. The effect is positive at low levels of democracy but negative at higher levels." (BARRO (1997), S. 11).

Andererseits gibt es die Ansicht, dass Wohlstand der Demokratie förderlich ist (Vgl. LIPSET (1959, 1962)) Empirisch zeigt sich, dass Länder mit höherem (und mit wachsendem) Lebensstandard zu mehr Demokratie tendieren, während ein niedriger (und ein fallender) Lebensstandard eher zu weniger Demokratie führt. (Vgl. BARRO (1997), S. 7, 11 und WEEDE (1992), S. 203.). "Hence, political freedom emerges as a sort of luxury good." (BARRO (1997), S. 11.). Wohlhabendere Länder leisten sich Demokratie als ein Gut mit eigenem hohen Wert, obwohl die damit verbundenen politischen Freiheiten einen geringfügig negativen Effekt auf das Wirtschaftswachstum haben. Freiheit ist selbst ein von den Menschen begehrtes Gut, das sie im allgemeinen nicht missen mögen, weshalb die Menschen auch bereit sind, für die Erlangung dieses Gutes etwas Wohlstand hinzugeben, insbesondere, wenn schon ein gewisser Lebensstandard erreicht ist. Insofern schließt *BARRO*: „... the propagation of Western-style economic systems would also be the effective way to expand democracy in the world." (BARRO (1997), S. 11 f.)

- Die **Bedeutung geographischer Besonderheiten für die langfristige wirtschaftliche Entwicklung** stellt eindrucksvoll *ERIC LIONEL JONES* im Vergleich der Wirtschaftsgeschichte Europas mit der Asiens heraus. Insbesondere die geographische Kleinräumigkeit Europas begünstigte schon von alters her kleinräumige (man würde aus heutiger Sicht fast sagen föderale) Herrschaftsstrukturen, sodass für verhältnismäßig unabhängige Denker Abwanderungsmöglichkeiten bestanden bzw. aus

Sicht der Herrscher eine Konkurrenz um solche Denker bestand. Dies förderte unabhängiges und kreatives Denken. Zugleich ließen die auch räumlich vielgliedrigen Herrschaftsgebiete eine Vielfalt der Problemlösungen entstehen, sodass bei Fehlversuchen, ein Problem zu lösen, nicht von vorn begonnen werden musste, sondern andernorts gelungene Problemlösungen mit den nötigen Anpassungen kopiert werden konnten. (Vgl. zu den Zusammenhängen im Einzelnen JONES (1991)). Vielleicht sollte das moderne Europa auch deshalb auf zu viel Vereinheitlichung in der Politik und den dem Leben vorgegebenen Regelwerken verzichten, um nicht diesen historischen Vorteil gegenüber anderen Regionen der Welt zu verspielen. HESSE weist darauf hin, dass die Entstehung eines „maschinenproduzierenden" Sektors dadurch begünstigt bzw. angereizt wurde, dass in Europa durch die Jahreszeiten in einem Teil des Jahres nicht im Agrarsektor gearbeitet werden konnte. Entsprechend intensiver musste der Boden bearbeitet werden. Um der Wirkung des Gesetzes vom abnehmenden Grenzertrag des Bodens zu entgehen, wurde die Zeit, in der nicht im Agrarsektor gearbeitet werden konnte, dazu genutzt, effizienzsteigernde Werkzeuge zu schaffen. Auf diese Weise könnte die Wurzel der späteren Industrialisierung entstanden sein. (Vgl. z. B. HESSE (1996), S. 20 ff., (1998), S. 112 ff.)

Bei der Betrachtung von Wachstumsprozessen ist es durchaus häufig so, dass von diesen eher sehr langfristig wirksamen und grundlegenden Einflüssen, die die wirtschaftliche Entwicklung von Volkswirtschaften bestimmen, abstrahiert wird. Dann beschränken sich die entsprechenden Erwägungen auf die Gründe für das Wachstums des jeweiligen Produktionspotentials für eine Periode. Unter dieser Beschränkung gelangt man zu einem etwas engeren relevanten Set von Bestimmungsgründen des Wirtschaftswachstums.

In der etwas weniger grundlegenden Betrachtung können als ***Determinanten des Wirtschaftswachstums im Sinne des Wachstums des Produktionspotentials*** die bereits weiter oben genannten Ressourcen Arbeitsvolumen L_t, Sachkapitalbestand K_t, verfügbare natürliche Ressourcen R_t wie Boden, Bodenschätze und Umwelt, sowie das verfügbare technisch-organisatorische Wissen TO_t genannt und in einer Produktionsfunktion zur Bestimmung des Produktionspotentials Y^{pot}_t zusammengefasst werden. (OPPENLÄNDER (1988), S. 5, PÄTZOLD (1993), S. 49, MANKIW (1999), S. 565 f.)

$$Y^{pot}_t = f\left(K_t, L_t, R_t, TO_t\right).$$

Aus dieser Funktion erschließt sich sodann, wodurch das Wachstum der Produktionsmöglichkeiten bestimmt wird, nämlich durch:

* Vergrößerungen der Ressourceneinsätze,

* Verbesserungen der Qualität der eingesetzten Ressourcen,

* Verbesserungen des Einsatzes und des Zusammenwirkens der Ressourcen und

* Verbesserungen des Ergebnisses des Produktionsprozesses (Produktneuerungen).

Eine genauere Unterscheidung würde noch zwischen einer Produktionsfunktion, die die maximal mögliche Produktion auf Grund des vorhandenen technisch-organisatorischen Wissens abbildet (TW-Produktionsfunktion) und einer anderen Produktionsfunktion, die die tatsächlich realisierbaren Produktionsmöglichkeiten auf Grund der angewandten Technologien abbildet (TA-Produktionsfunktion) differenzieren. (Vgl. HERDZINA (1981), S. 89 ff., von dem auch die Bezeichnungen für die Produktionsfunktionen stammen, sowie SALTER (1960), S. 14 f.) Die Marktkräfte stellen zum einen sicher, dass Neuerungen entstehen und andererseits, dass die TA-Produktionsfunktion sich in Richtung der TW-Produktionsfunktion entwickelt. (Vgl. dazu BEHRENS/PEREN (1998), S. 137 ff., 171 ff., BEHRENS (1988)).

Die Determinanten des Wachstums sind im folgenden Schaubild, das anschließend erläutert wird, zusammengestellt.

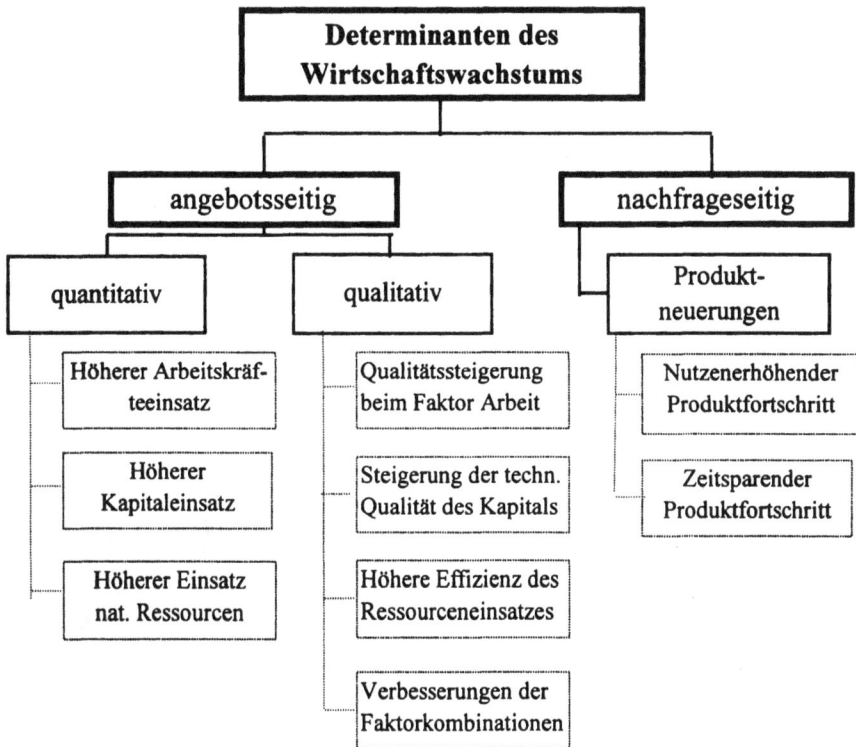

```
                    ┌─────────────────────────┐
                    │    Determinanten des    │
                    │   Wirtschaftswachstums  │
                    └─────────────────────────┘
              ┌───────────────┴──────────────┐
        ┌──────────────┐              ┌──────────────┐
        │ angebotsseitig│              │ nachfrageseitig│
        └──────────────┘              └──────────────┘
       ┌──────┴──────┐                       │
  ┌──────────┐  ┌──────────┐           ┌────────────┐
  │quantitativ│  │ qualitativ│          │  Produkt-  │
  └──────────┘  └──────────┘           │ neuerungen │
                                        └────────────┘
  ┌──────────────┐ ┌──────────────┐  ┌──────────────┐
  │Höherer Arbeits-│ │Qualitätssteigerung│ │Nutzenerhöhender│
  │kräfteeinsatz │ │beim Faktor Arbeit│ │Produktfortschritt│
  └──────────────┘ └──────────────┘  └──────────────┘
  ┌──────────────┐ ┌──────────────┐  ┌──────────────┐
  │Höherer       │ │Steigerung der techn.│ │Zeitsparender │
  │Kapitaleinsatz│ │Qualität des Kapitals│ │Produktfortschritt│
  └──────────────┘ └──────────────┘  └──────────────┘
  ┌──────────────┐ ┌──────────────┐
  │Höherer Einsatz│ │Höhere Effizienz des│
  │nat. Ressourcen│ │Ressourceneinsatzes│
  └──────────────┘ └──────────────┘
                   ┌──────────────┐
                   │Verbesserungen der│
                   │Faktorkombinationen│
                   └──────────────┘
```

[Vgl. zum Schaubild und zu den folgenden Erläuterungen: Zur Angebotsseite PÄTZOLD (1993), S. 49, WOLL (1993), S. 407 und zur Nachfrageseite WALTER (1983), S. 154 ff., FREY (1969), NEUMANN (1976) und (1982), S. 60 ff., BEHRENS (1988), S. 178 ff., PÄTZOLD (1993), S. 280 ff.]

Die knappen Kennzeichnungen in den Kästchen des Schaubildes bedürfen noch einiger ergänzender Erläuterungen. Zunächst zu den **quantitativen Änderungen auf der Angebotsseite**: Während sich die rein quantitative Erweiterung des Arbeits- oder Ressourceneinsatzes von selbst erklärt, ist bei der Angabe „Höherer Kapitaleinsatz" zu bedenken, dass im Allgemeinen in der Praxis bei einer Ausweitung des Kapitalstocks bereits modernere Anlagen als die vorhandenen installiert werden. Dieser Effekt ist hier *nicht erfasst*. Mit der Angabe „Höherer Kapitaleinsatz" werden lediglich *Erweiterungsinvestitionen ohne jeglichen technischen Fortschritt* erfasst.

Sodann fällt dem aufmerksamen Leser auf, dass die Erhöhung des Wissens unter den Angaben fehlt. Dies ist damit zu begründen, dass Wissen an Menschen als Träger des Wissens gebunden ist, wenn es in der Produktion wirksam werden soll. Menschen als Wissensträger bewirken sodann andere qualitative Verbesserungen, die anschließend auch noch fortbestehen können, wenn die ursprünglichen Wissensträger längst nicht mehr am Wirtschaftsleben mitwirken. Wissen ist dann in Anlagen, gewachsenen Organisationsstrukturen und Abläufen gebunden. (Vgl. NELSON/WINTER (1982) und BEHRENS (1988), S. 102 ff.) *Höheres Wissen* stellt damit zuförderst *eine qualitative Verbesserung des Produktionsfaktors Arbeit* dar und wird entsprechend unter den **qualitativen Verbesserungen der Angebotsseite** berücksichtigt. Die Steigerung der technischen Qualität des Kapitals erfordert den Eingang von kapitalgebundenem technischen Fortschritt in die Produktion. Insofern geht es hier um *Rationalisierungsinvestitionen*, worunter hier alle Investitionen in den Produktionsfaktor Kapital verstanden werden, die dazu beitragen, dass die Verwirklichung ökonomischer Rationalität im Sinne des ökonomischen Prinzips verbessert wird. Insofern ist der Begriff der Rationalisierungsinvestition hier nicht mit einem negativen sondern einem positiven Wert belegt. Ähnlich ist hinsichtlich der Steigerung der Effizienz des Ressourceneinsatzes zu argumentieren, etwa, wenn es gelingt, das Verhältnis von Nutzenergieverbrauch zu Primärenergieverbrauch zu verbessern. Die Verbesserungen der Faktorkombinationen schließlich sind eine originäre Aufgabe von Betriebswirten, zur Verbesserung der Produktion beizutragen. Dies gelingt durch den Einsatz ökonomischer Optimierungskalküle zur Herstellung optimaler Faktoreinsatzverhältnisse (Vgl. hierzu z. B. BEHRENS/ PEREN (1998)) aber auch durch bessere Organisation des Betriebsaufbaus und der Betriebsabläufe, durch besseres Kommunikationsmanagement und bessere

Methoden der Mitarbeitermotivation und vieles andere mehr (Vgl. die betriebswirtschaftliche Literatur, z. B. WÖHE (1996)).

Die auf der Angebotsseite angesiedelten Einflüsse sind alle geeignet, die Möglichkeiten, Güter herzustellen, zu vergrößern, d. h., sie wirken als Erhöhung der gesamtwirtschaftlichen Produktionsfunktion, sie erhöhen das gesamtwirtschaftliche Angebot.

Zur Begründung der **nachfrageseitigen Einflüsse als Determinanten des Wirtschaftswachstums** sei darauf verwiesen, dass langfristig die Ausschöpfung der Produktionsmöglichkeiten nur gewährleistet ist, wenn es nicht zu einer Stagnation der Nachfrage auf Grund von Stättigungserscheinungen kommt. *Märkte* durchlaufen im Allgemeinen einen *Zyklus*, der von der Kreation des Produktes in der *Experimentierungsphase* über eine rasche Erweiterung des Marktes in der *Expansionsphase* in eine von geringerem Wachstum gekennzeichnete *Ausreifungsphase* übergeht und schließlich entweder in der *Stagnationsphase* oder sogar einer *Rückbildungsphase* endet. (Vgl. HEUSS (1965) und die kurze Darstellung dazu in SCHUMANN (1992), S. 361 - 363, BEHRENS (1988), S. 77 - 88 oder BEHRENS/KIRSPEL (1999), S. 314 - 317. Vgl. auch ERLEI (1998), der die Theorie der Entwicklungsphasen von Märkten nach *HEUSS* mit der Transaktionskostentheorie verbindet.). Die Entwicklung eines solchen Marktes trägt zum Wirtschaftswachstum bei, bis er in die Stagnations- oder Rückbildungsphase einmündet. Nur wenn dann die Kreation neuer Produkte und Märkte gelingt, können jüngere Märkte die Rolle des Wachstumsmotors übernehmen. Gelingt dies nicht, wird das Wachstum sich verlangsamen. (Vgl. HEUSS (1965), S. 87 ff., 252, BEHRENS (1988), S. 88.) Zur Sicherung der langfristigen Ausschöpfung des Produktionspotentials sind deshalb Produktneuerungen erforderlich. Diese können entweder darin bestehen, dass durch Verbesserungen der alten Güter oder die Kreation völlig neuer Güter der Nutzen aus dem Güterkonsum gesteigert werden kann oder darin, dass die Produktivität der Konsumzeit erhöht wird, sodass mehr Güter pro Zeiteinheit konsumiert werden können, was den in einer gegebenen Konsumzeit erreichbaren Nutzen und damit die Nachfrage auf bestehenden Märkten erhöht.

4.2.2.2.2 Wachstum durch Veränderung des Sachkapitalstocks

Betrachten wir zunächst den Wachstumsprozess durch Veränderung des Sachkapitalstocks K.

Als ein Wachstumsmodell, das geeignet ist, die Vorgänge abzubilden, verwenden wir den von *ROBERT M. SOLOW*, Nobelpreisträger für Wirtschaftswissenschaft 1987, und *TREVOR W. SWAN* entwickelten Ansatz, das *Solow-Swan-Modell*. (Vgl. BARRO (1997), S. 390 ff., BARRO/SALA-I-MARTIN (1998), S. 17 ff., BRANSON (1997), S. 565 ff., MANKIW (1998), S. 93 ff., MANKIW (2000), S. 78 ff., AGHION/HOWITT (1998), S. 11 ff., WALTER (1983), S. 32 ff.)

Grundlage ist eine gesamtwirtschaftliche Produktionsfunktion, wie sie bereits weiter oben verwendet wurde:

$$Y_t = Y_t(K_t; L_t) \quad \text{mit} \quad \frac{\partial Y}{\partial K} > 0, \frac{\partial^2 Y}{\partial K^2} < 0, \quad \frac{\partial Y}{\partial L} > 0, \frac{\partial^2 Y}{\partial L^2} < 0 \, .$$

$$Y(\lambda) = \lambda \widetilde{Y} = Y(\lambda \widetilde{K}; \lambda \widetilde{L})$$

Das Produktionsergebnis ist demnach vom Einsatz der Produktionsfaktoren Kapital K und Arbeit L abhängig, wobei die Grenzproduktivitäten der Einsatzfaktoren positiv sind, aber mit dem Einsatzniveau abnehmen, und die Produktionsfunktion linearhomogen ist. Der Verlauf dieser Produktionsfunktion ist aus früheren Kapiteln bereits vertraut (Vgl. auch eingehend beispielsweise BEHRENS/PEREN (1998)).

Weiter sei angenommen, die Wirtschaftssubjekte sparten vom Einkommen Y einen konstanten Teil s, mit $0 < s < 1$. Diese Annahme ist insofern gerechtfertigt, als es sich bei Produktionssteigerungen auf Grund zusätzlichen Kapitaleinsatzes um dauerhafte Änderungen handelt. In einem solchen Fall liegt die Sparquote zwar niedrig, ist aber relativ konstant. (Vgl. HALL (1989).) Da wir Gleichgewicht auf dem Kapitalmarkt annehmen, entspricht das Kapitalangebot (Ersparnis) der Kapitalnachfrage (Bruttoinvestition), wobei hier zu beachten ist, dass von der Bruttoproduktion (einschließlich Abschreibungen) ausgegangen wird. (Die Ersparnis vom Nettoinlandsprodukt entspricht den Nettoinvestitionen). Der Kapitalstock erhöht sich demnach brutto in der Periode t um den Betrag $s \cdot Y_t$. Zugleich vermindert sich pro Periode der Kapitalstock um die Abschreibungen $D_t = \delta \cdot K_t$. Da alle Variablen sich auf die gleiche Periode beziehen, lassen wir den Zeitindex t fort und erhalten als **Zunahme des Kapitalstocks** in einer bestimmten Periode den Wert:

$\Delta K = s \cdot Y - \delta \cdot K$.

Die Zunahme des Kapitalstocks entspricht demnach der Differenz aus insgesamt vorgenommenen Investitionen abzüglich der Abschreibungen. Grafisch lässt sich das wie folgt darstellen (Vgl. BARRO (1997), S. 392, BARRO/SALA-I-MARTIN (1998), S. 22, MANKIW (1998), S. 98, MANKIW (2000), S. 83.):

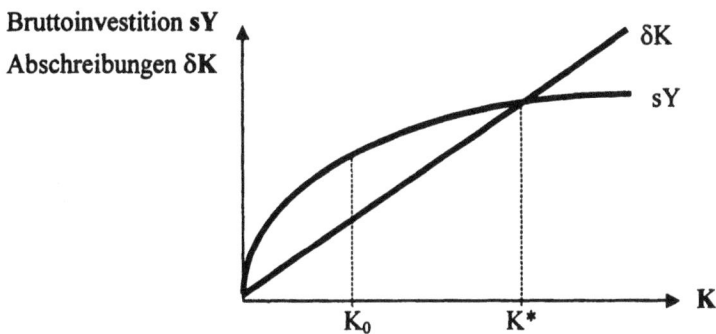

In diesem Schaubild findet man einen Ausgangskapitalstock K_0 (Periode 0) und den gleichgewichtigen Kapitalstock K^*. In der Ausgangsperiode 0

ist offenkundig die Bruttoinvestition sY höher als die Abschreibungen δK, d. h. die Nettoinvestitionen sind positiv, der Kapitalstock wächst. In der nächsten Periode liegt demnach der Kapitalstock um den Differenzbetrag zwischen sY und δK höher als in der Ausgangsperiode. Liegt der neue Kapitalstock noch immer links vom gleichgewichtigen Kapitalstock K*, so wächst der Kapitalstock weiter. Läge der neue Kapitalstock über K*, so würde brutto weniger investiert als es Abschreibungen gäbe, sodass der Kapitalstock schrumpfte. Der Kapitalstock nähert sich demnach dem Wert K* an, gleichgültig, welchen Ausgangswert für den Kapitalstock man wählt. Und da beim gleichgewichtigen Kapitalstock K* auch die Produktion gegeben ist, nähert sich durch diese Vorgänge die Volkswirtschaft einem so genannten *stationären Gleichgewicht*, bei dem es weiteres Wachstum nicht gibt.

Betrachtet man diese Vorgänge, würde dies bedeuten, dass bei einer gegebenen Technologie die in einer Volkswirtschaft beobachtete Wachstumsrate allein von der Kapitalausstattung des Landes abhängt. Und da zugleich das Bruttoinlandsprodukt positiv von der Kapitalausstattung abhängt, müsste zu beobachten sein, dass wohlhabendere Volkswirtschaften geringere Wachstumsraten aufweisen als weniger wohlhabende. Deshalb müsste es zu einem Aufholprozess der weniger entwickelten Länder und Regionen kommen, was als *Hypothese der absoluten Konvergenz* bezeichnet wird. (Vgl. BARRO/SALA-I-MARTIN (1998), S. 31, BARRO (1997), S. 397).

Eine Überprüfung dieser Hypothese anhand sehr vieler Länder führte allerdings nicht zu den erwarteten Ergebnissen. Erst wenn die Hypothese anhand untereinander ähnlicherer Volkswirtschaften geprüft wird, werden die aus der Theorie gebildeten Erwartungen nicht enttäuscht. Auch für die Länder der Europäischen Währungsunion ist Konvergenz festzustellen (Vgl. SACHVERSTÄNDIGENRAT ... (1998), Ziff. 273 und Schaubild 31, S. 174 f., zur Konvergenz der europäischen Regionen vgl. auch BARRO/SALA-I-MARTIN (1998), S. 461 ff.) Bei weniger ähnlichen Volkswirtschaften muss zusätzlich die technologische Verschiedenartigkeit der

Volkswirtschaften berücksichtigt werden, sodass die Gleichgewichte jeweils bei einem anderen optimalen Kaptialstock und einem anderen Pro-Kopf-Einkommen liegen. Man gelangt dann zur *Hypothese der bedingten Konvergenz*, die von den Daten des Ländervergleichs auch gestützt wird. (Vgl. BARRO/SALA-I-MARTIN (1998), S. 33 - 36, 532, BARRO (1997), S. 406 - 417, MANKIW (1998), S. 120 f., MANKIW (2000), S. 109 f.).

Besonders bemerkenswert ist das Ergebnis, dass bei einem Vergleich relativ homogener Regionen der Abstand zwischen entwickelten Regionen und weniger entwickelten Regionen mit großer Ähnlichkeit über verschiedene Datensätze hinweg sich jährlich zwischen 2 - 3 % verringert. Das bedeutet, dass es selbst unter sehr ähnlichen Bedingungen, etwa bei gleichen Produktionsbedingungen, „[d]iese langsame Geschwindigkeit der Konvergenz impliziert, dass es 25-35 Jahre dauert, bis eine anfängliche Differenz in den Pro-Kopf-Einkommen halbiert wird." (BARRO/SALA-I-MARTIN ((1998), S. 480.) Diese konstante Konvergenzrate von gut 2 % wurde von *SUMMERS* als „**iron law of convergence**" bezeichnet. (Vgl. BARRO (1996), S. 14.)

Betrachten wir nun noch, was die Konsequenz einer **Veränderung der Sparquote** wäre. Würde sich die Sparquote beispielsweise erhöhen, so würde, ausgehend vom Gleichgewichtskapitalstock K* im obigen Schaubild die Kurve sY nach oben verschoben, sodass nun mehr Kapital aufgebaut als abgeschrieben würde. In der Folge verschöbe sich das stationäre Gleichgewicht, dem nunmehr zugestrebt würde, zu einem höheren gleichgewichtigen Kapitalstock bei höherem Einkommen. Das Wachstum würde vorübergehend beschleunigt, bis es beim neuen gleichgewichtigen Kapitalstock wieder zum Erliegen käme. Insofern kann durch die Veränderung der Sparquote nur vorübergehend eine Wachstumsbeschleunigung erreicht werden. Allerdings ist mit einer höheren Sparquote ein dauerhaft höheres Einkommen verbunden. (Vgl. MANKIW (1998), S. 102 f., MANKIW (2000), S. 86 f., BARRO/SALA-I-MARTIN (1998), S. 29.) Die gleichen Wirkungen gingen von einer Verringerung der Abschreibungsrate δ aus. (Vgl. BARRO/GRILLI (1996), S. 469.)

Damit auf Dauer der Konsum maximal wird, muss jedoch nicht das Einkommen maximiert werden, sondern der Unterschied zwischen Einkommen und Ersparnis (= Investition). Da wir wissen, dass im stationären Gleichgewicht die Investition exakt der Abschreibung entspricht, und dass bei gegebener Abschreibungsrate der sich ergebene gleichgewichtige Kapitalstock nur von der Sparquote abhängt, ergibt sich die Maximierungsaufgabe:

$$C = Y - I = Y(K^*, \overline{L}) - \delta K^* \rightarrow Max!$$

Als Bedingung erster Ordnung ergibt sich:

$$\frac{dC}{dK^*} = \frac{dY}{dK^*} - \delta \overset{!}{=} 0.$$

Woraus folgt, dass der Konsum da maximal ist, wo die Grenzproduktivität des Faktors Kapital der Abschreibungsquote gleich ist. Das ist die so genannte *Goldene Regel* (Vgl. MANKIW (1998), S. 104 ff., MANKIW (2000), S. 89 ff., BARRO/SALA-I-MARTIN (1998), S. 23 ff.)[9]:

Grenzproduktivität des Kapitals = Abschreibungsquote.

Könnte die Sparquote bei gegebener Abschreibungsquote entsprechend gewählt werden, würde der dauerhafte Konsumstrom maximiert. Es kommt demnach letztlich nicht auf höchstmögliches Einkommen pro Kopf, sondern auf höchstmöglichen Konsum pro Kopf an.

---

[9] Unter Berücksichtigung von Bevölkerungswachstum wird die Goldene Regel zu: Grenzproduktivität des Kapitals = Abschreibungsrate + Rate des Bevölkerungswachstums. (Vgl. BARRO/SALA-I-MARTIN (1998), S. 23 ff., MANKIW (2000), S. 99 f.)

4.2.2.2.3. Wachstum durch Veränderung der Bevölkerungsgröße

Veränderungen der Bevölkerung spielen auf zweierlei Weise eine Rolle für das Wachstum. Zum einen erhöht sich bei gleicher Erwerbsbeteiligung, was hier durchweg angenommen sei, das volkswirtschaftliche Arbeitsvolumen, sodass die Produktionsmöglichkeiten c. p. zunehmen. Zum anderen nimmt die Zahl der Personen zu, auf die die Produktion verteilt wird, sodass das Pro-Kopf-Einkommen c. p. abnimmt. Halten sich beide Effekte die Waage, wozu es wegen der Eigenschaften der Produktionsfunktion des Aufbaus weiteren Kapitals bedarf, um die zugewachsenen Arbeitskräfte mit Kapital auszustatten, bleibt das Pro-Kopf-Einkommen konstant.

Was geschieht im Solow-Swan-Modell?

Zur Erläuterung greifen wir wieder auf das Schaubild zurück.

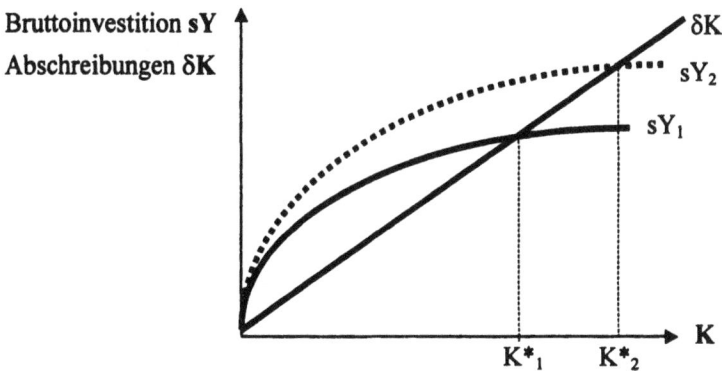

Wir betrachten eine einmalige Erhöhung des Arbeitskräftevolumens L von L_1 auf L_2 ($>L_1$), sodass die Produktionsfunktion als Ertragsfunktion des Faktors Sachkapital sich nach oben verschiebt. Im alten Gleichgewicht K^*_1 wird nun mehr investiert als abgeschrieben, die Nettoinvestition ist positiv, der Kapitalstock wächst. Das Wachstum endet im neuen Gleichgewicht K^*_2.

Um wie viel haben nun der Sachkapitalstock K und der Output Y im Vergleich zum Arbeitseinsatz zugenommen? Zur Beantwortung der Frage bedenken wir, dass im neuen Gleichgewicht bei gegebener Sparquote s gelten muss:

$$s \cdot Y(K^*_2, L_2) = \delta \cdot K^*_2.$$

Wenn sich nun K um den gleichen Faktor erhöht hat wie L, dann hat sich auch Y um diesen Faktor erhöht, da die Produktionsfunktion linearhomogen ist. Folglich ist dann auch die rechte Seite der Gleichung gleich der linken geblieben.

Das Ergebnis ist, dass auf Grund des Bevölkerungszuwachses der Kapitalstock und der Output um den gleichen Faktor gewachsen sind wie der Arbeitseinsatz L. Das Pro-Kopf-Einkommen ist dann bei gleicher Erwerbsbeteiligung gleich geblieben. Das Ergebnis ändert sich auch nicht, wenn die Bevölkerung permanent wächst. Dann wachsen langfristig der Sachkapitalstock und der Output ebenfalls mit der Rate des Wachstums der Bevölkerung. (Vgl. zu den Zusammenhängen BARRO/GRILLI (1996), S. 470 ff., BARRO (1997), S. 398 f., BARRO/SALA-I-MARTIN (1998), S. 21 ff., MEYER/MÜLLER-SIEBERS/STRÖBELE (1998), S. 59 f., MANKIW (1998), S. 112 ff., MANKIW (2000), S. 99.)

Allerdings ist eine *höhere Wachstumsrate der Bevölkerung* mit einem geringeren Niveau des Pro-Kopf-Einkommens verbunden als eine geringere Wachstumsrate der Bevölkerung, weil sich bei gegebener Sparquote, also gegebenem Aufbau neuen Kapitals pro Beschäftigtem, der Abbau des Kapitals pro Beschäftigtem einmal aus der Abschreibungsrate δ und zum Zweiten aus der Wachstumsrate der Bevölkerung $\dfrac{dL/dt}{L} = n$ ergibt. Wachstumsgleichgewicht erfordert nun:

$$sY(K^*, L) = (\delta + n)K^*.$$

Zwar wird schließlich im gleichgewichtigen Wachstum jeder neue Beschäftigte mit Kapital ausgestattet, sodass Kapitalstock, Einkommen und

Beschäftigtenzahl mit gleicher Rate wachsen. Bei gegebener Sparquote ist aber ein höheres Bevölkerungswachstum mit einer geringeren optimalen Kapitalausstattung je Beschäftigtem verbunden, also auch mit einem geringeren Einkommen pro Beschäftigtem, weil der Abbau des Kapitals pro Beschäftigtem weiter über der Abschreibungsrate liegt. Bevölkerungswachstum bewirkt demnach einerseits dauerhaftes Wachstum des totalen Outputniveaus mit der Rate des Bevölkerungswachstums. Andererseits ist eine höhere Rate des Bevölkerungswachstums mit einem geringeren Outputniveau je Beschäftigtem verbunden. (Vgl. BARRO/SALA-I-MARTIN (1998), S. 23, MANKIW (1998), S. 114, MANKIW (2000), S. 99.) Für den negativen Zusammenhang zwischen Bevölkerungswachstum und Pro-Kopf-Einkommen gibt es auch empirische Belege. (Vgl. MANKIW (1998), S. 115 f., MANKIW (2000), S. 100 f.)

4.2.2.2.4. Wachstum durch Veränderung des Einsatzes natürlicher Ressourcen

Obzwar wir in der obigen Produktionsfunktion den Einsatz natürlicher Ressourcen vernachlässigt haben, lässt er sich in diesem Zusammenhang diskutieren, nämlich als Schock auf die Produktionsfunktion. So würde beispielsweise die Entdeckung eines neuen Rohstoffs oder eines neuen Aufkommens eines bereits eingesetzten Rohstoffs oder die Schaffung zusätzlichen produktiv einsetzbaren Landes (wie es die Niederlande durch Landgewinnung an der Nordsee tun) die Produktionsfunktion nach oben verschieben. Wie wir eben gesehen haben, würde dies zu einer Erhöhung des Kapitalstocks und einer Zunahme des Outputs führen. Da in diesem Fall jedoch die Bevölkerung konstant geblieben wäre, würde sich das Pro-Kopf-Einkommen erhöhen. Leider besteht in der Realität ein nicht unerheblicher Teil der natürlichen Ressourcen aus erschöpfbaren natürlichen Ressourcen, sodass der einsetzbare Bestand eher sinkt als steigt. Dann würde c. p. mit einer Abnahme des Pro-Kopf-Einkommens zu rechnen sein. Allerdings können rein rechnerisch auch erschöpfbare Ressourcen unendlich lange genutzt werden, wenn etwa in jeder Periode nur ein fester Prozentsatz der Restvorräte genutzt wird. (Vgl. dazu etwa KRELLE (1988), S. 237 ff.) Damit dies gelingt, bedarf es allerdings einerseits eines funktionierenden Marktes, der die notwendigen Substitutionseffekte hervorruft und andererseits im Allgemeinen des technischen Fortschritts, einer Wachstumsquelle, der wir uns nun zuwenden wollen.

4.2.2.2.5. Wachstum durch exogenen technischen Fortschritt

Im *Solow-Swan-Modell* lässt sich der technische Fortschritt als Verschiebung der Produktionsfunktion nach oben modellieren. Dabei liegt die Ursache außerhalb des Modellrahmens, sie ist exogen. Man kann dann verschiedene Klassifizierungen vornehmen, die beschreiben, ob der technische Fortschritt eher arbeitssparend wirkt oder eher kapitalsparend oder ob er in jeweils spezifischem Sinne neutral ist. Auf diese Klassifizierungen, die auf *JOHN R. HICKS*, Nobelpreisträger für Wirtschaft 1972, *ROBERT M. SOLOW*, Wirtschaftsnobelpreis 1987, und *ROY F. HARROD* zurückgehen, soll hier nur ansatzweise eingegangen und auf die Speziallliteratur verwiesen werden. (Vgl. z. B. BEHRENS/PEREN (1998), S. 157 - 168, BARRO/ SALA-I-MARTIN (1998), S. 39, WALTER (1983), S. 103 ff., ROSE (1977), S. 147 ff.)

Wie in dem obigen Schaubild erkennbar, würde der technische Fortschritt ebenso wie ein Bevölkerungswachstum eine Verschiebung der Produktionsfunktion und bei gleicher Sparquote demnach auch der Funktion der Bruttoinvestition nach oben bewirken. In der Folge würde der gleichgewichtige Kapitalbestand zunehmen. Bei stetigem technischem Fortschritt wüchsen der Kapitalbestand und der Output mit der Rate des technischen Fortschritts. Allerdings würde ja der Arbeitseinsatz c. p. konstant bleiben. Die Folge wäre, dass Output und Kapitaleinsatz pro Kopf wüchsen, und zwar mit der Rate des technischen Fortschritts. Der technische Fortschritt *wirkt* demnach *wie* eine Vermehrung der Arbeit (aber er bewirkt keine

Vermehrung der Arbeit!), sodass er auch als ***arbeitsvermehrender techni-scher Fortschritt*** (oder auch *Harrod-neutraler technischer Fortschritt*) bezeichnet wird. Natürlich könnte der technische Fortschritt auch aus ei-ner Verbesserung des Produktionsfaktors Kapital resultieren, sodass bei wachsender Bevölkerung die gleiche Pro-Kopf-Produktion mit gleich ge-bliebenem Kapitalstock realisiert werden könnte. In diesem Falle hätte der technische Fortschritt dann gewirkt, als wäre der Kapitalstock ebenfalls erhöht worden. Man spricht dann von ***kapitalvermehrendem technischem Fortschritt*** (oder auch *Solow-neutralem technischer Fortschritt*). Wird bei gleichem Arbeits- und gleichem Kapitaleinsatz ein höherer Output be-wirkt, so wirkt der technische Fortschritt so, als vermehre er beide Fakto-ren, er wirkt ***gleichmäßig faktorvermehrend*** (oder auch *Hicks-neutral*).[10] (Vgl. BARRO/SALA-I-MARTIN (1998), S. 39, WALTER (1983), S. 104 f., 115.) *Unter diesen Fortschrittsarten nimmt allerdings der arbeitsvermeh-rende technische Fortschritt eine Sonderrolle ein*: „Falls der technische Fortschritt mit konstanter Rate stattfindet, dann ist im neoklassischen Wachstumsmodell lediglich arbeitsvermehrender technischer Fortschritt mit der Existenz eines langfristigen Gleichgewichts, das heißt mit langfris-tig konstanten Wachstumsraten der verschiedenen Größen, vereinbar." (BARRO/SALA-I-MARTIN (1998), S. 39, vgl. zum Beweis BARRO/SALA-I-MARTIN (1998), S. 63 f.)

Zu betonen ist, dass unter technischem Fortschritt etwas anderes zu ver-stehen ist als Fortschritt der Technik! (Vgl. BEHRENS/PEREN (1998), S. 130 ff.) Unter den Begriff des technischen Fortschritts wird hier jede Ver-änderung gefasst, die bei gleichen Ressourceneinsatzmengen zu einer hö-heren Produktion führt. Diese Veränderung muss sich bereits im Wettbe-werb durchgesetzt haben, es handelt sich um eine Innovation (im Gegen-satz zur Erfindung, zur ***Invention***). Die durchgesetzte Neuerung, die ***In-novation***, kann sich auf die Produktionsverfahren beziehen. Dann wird mit

---

[10] Im Falle der Cobb-Douglas-Produktionsfunktion unterscheiden sich die drei Fortschrittsarten nicht voneinander. (Vgl. WALTER (1983), S. 107, BEHRENS/PE-REN (1998), S. 160, 163 f., 167.)

gleichem Ressourceneinsatz mehr von dem produziert, was auch bisher produziert wurde. Es handelt sich um eine **Prozessinnovation**. Sie kann sich allerdings auch auf die Herstellung eines neuen oder zumindest eines verbesserten Produktes beziehen. Dann werden mit den gleichen Ressourceneinsätzen aus der Sicht der Nachfrager wertvollere Inlandsprodukteinheiten hergestellt. Es handelt sich dann um eine **Produktinnovation**. Ein solches wertvolleres Produkt kann man als mehrere Produkte der alten Art auffassen. Deshalb unterscheidet sich aus der Sicht des Produzenten im Grundsatz die Produktinnovation nicht von der Prozessinnovation. (Vgl. LUCAS JR. (1989), S. 105, BEHRENS/PEREN (1998), S. 153 f.) Aus volkswirtschaftlicher Sicht besteht aber insofern ein fundamentaler Unterschied, als Produktinnovationen verhindern, dass es zu Stagnationstendenzen aus Gründen der Sättigung kommt. Es ist allerdings nicht unplausibel, anzunehmen, dass sich im Wettbewerbsprozess Prozessinnovationen und Produktinnovationen insofern ausgleichen, dass der Prozessfortschritt von einem zureichenden Produktfortschritt begleitet wird, um zu bewirken, dass Stagnation vermieden wird und die Wirtschaft harrodneutral wächst. Der Grund liegt vor allem darin, dass es sich bei aufkommenden Stagnationstendenzen eher lohnt, nach Produktneuerungen zu suchen als Güter, bezüglich derer schon weitgehend Sättigung der Konsumenten eingetreten ist, immer billiger herzustellen. Gibt es allerdings viele neue Güter, kann es sinnvoll sein, wieder mehr auf Verbesserung der Produktionsverfahren zu achten. (Vgl. dazu BEHRENS (1988), S. 179 - 186)

4.2.2.2.6 Endogenisierung des technischen Fortschritts

4.2.2.2.6.1 Modelle endogenen Wachstums und evolutorische Ansätze zur Erklärung von Wirtschaftswachstum

Obgleich das Solow-Swan-Modell die realen Wachstumsverhältnisse von Volkswirtschaften gut abbildet und wesentliche Größen angemessen erfasst, wurde als bedeutendster Mangel empfunden, dass es keine nähere Erklärung für den technischen Fortschritt beinhaltet. Der technische Fortschritt wird nur als Restgröße gemessen, die das Wachstum nach Einbeziehung der anderen, besser erfassbaren Größen abbildet, aber nicht erklärt. Dabei wird der bedeutendste Teil des Wachstums durch technischen Fortschritt getragen, wie schon *SOLOW* feststellte.[11]

Seit Ende der 1980er Jahre wurden deshalb einerseits **Modelle endogenen Wachstums,** die auch **neue Wachstumstheorie** genannt werden, entwickelt, „in denen die zentralen Determinanten des Wachstums modellendogen sind. Die Bestimmung des langfristigen Wachstums innerhalb des Modells anstatt durch exogen wachsende Variablen wie dem unerklärten technischen Fortschritt ist der Grund für die Bezeichnung *endogenes Wachstum*." (BARRO/SALA-I-MARTIN (1998), S. 45.) Ihren Ausgang nahmen diese Modelle mit Arbeiten von ROMER (1986, 1990) und LUCAS JR. (1988). Die Darstellung solcher - im Allgemeinen sehr formaler - Modelle, in denen vor allem die Einflüsse des Wissens als Produktionsfaktor für neues Wissen, der Bildung von Humankapital, unter Einschluss positiver externer Effekte, und zunehmender Skalenerträge Berücksichtigung finden, würde den Rahmen dieses Lehrbuches sprengen, weshalb der interessierte Leser auf die Spezialliteratur verwiesen sei (Zu einer knappen Dar-

---

[11] „*Solows* Schätzungen ergeben, daß 87,5% des Wachstums des Pro-Kopf-Einkommens in den Vereinigten Staaten von 1909 bis 1950 auf den technischen Fortschritt zurückzuführen ist. Er verweist auch auf die Schätzungen *Solomon Fabricants* aus dem Jahr 1954, nach denen etwa 90% des Wachstums des Outputs pro Kopf in der Periode von 1871 bis 1951 aus dem technischen Fortschritt resultierte." (BEHRENS (1988), S. 1 Fn. 2, vgl. auch ARNOLD (1997), S. 25.)

stellung vgl. z. B. MANKIW (2000), S. 118 ff., ansonsten beispielsweise
BARRO/SALA-I-MARTIN (1998), AGHION/HOWITT (1998), GROSSMAN/
HELPMAN (1991), RAMSER (1995), ARNOLD (1997), FARMER/WENDNER
(1997), 6. und 7. Kap. Zu den industriepolitischen Implikationen vgl.
KÖSTERS (1994)). Der wesentliche Unterschied zum Solow-Swan-Modell
ist „... die Annahme, dass die *Rate exponentiellen Wachstums* vom Faktoreinsatz in innovativen Aktivitäten abhängt ..." (ARNOLD (1997), S. 260.)
Es gibt sozusagen Produktionstechnologien, in denen Wissen oder Humankapital zur Hervorbringung von technischem Fortschritt eingesetzt
wird. Ähnlich wie Unternehmen unter betriebswirtschaftlichen Zielset-
zungen optimierte Forschungs- und Entwicklungsabteilungen besitzen,
soll dann die Volkswirtschaft einen unter gesamtwirtschaftlichen Ge-
sichtspunkten optimalen Humankapitalproduktions- und Forschungs- und
Entwicklungssektor besitzen, um technischen Fortschritt hervorzubringen.
Ist ein bestimmter, fester Anteil des Arbeitsvolumens im Forschungs- und
Entwicklungssektor beschäftigt, wächst dann im grundlegenden Modell
endogenen Wachstums die Effizienz des Faktors Arbeit *wie im Solow-
Swan-Modell mit technischem Fortschritt* mit konstanter Rate, sodass das
Wachstum dem im Solow-Swan-Modell abgebildeten entspricht. (Vgl.
MANKIW (2000), S. 120.)

Zum anderen wurde an ältere evolutorische Ansätze angeknüpft, um
Wachstumsprozesse durch dynamischen Wettbewerb, der den technischen
Fortschritt vorantreibt, zu erklären. (Vgl. NELSON/WINTER (1982), auch
BEHRENS (1988); sowie die grundlegenden Ansätze und Arbeiten von
SCHUMPETER (1911^e), ARNDT (1952), KIRZNER (1978, 1985), DOWNIE
(1958), KLEIN (1977), HEUSS (1965). Eine Einführung in die evolutori-
schen Theorien in der Ökonomie geben DOSI/NELSON (1994).)

Diese **evolutorischen Ansätze zur Erklärung von Wirtschaftswachstum** sind weniger an formale Darstellungen gebunden. Dies hat mit den
Eigenschaften evolutorischer Theorien zu tun. Damit eine Theorie als
evolutorische Theorie bezeichnet werden kann, muss sie nach *WITT* drei
Merkmale aufweisen:

„1. Die Theorie ist dynamisch, d. h. sie hat eine in der Zeit ablaufende Entwicklung zum Gegenstand.

2. Der Theorie liegt das Konzept der irreversiblen, historischen Zeit zu Grunde, d. h. sie bezieht sich auf Entwicklungen, die eine zeitlich nicht umkehrbare Richtung aufweisen.

3. Die Theorie erklärt, wie es zu Neuerungen in den untersuchten Entwicklungen kommt und welche Folgen sie haben, d. h. sie formuliert Hypothesen über das zeitliche Verhalten von Systemen, in denen Neuerungen auftreten und sich ausbreiten." (WITT (1987), S. 9, vgl. auch DOSI/NELSON (1994).)

Während Teilprozesse einer solcherart evolutorischen Theorie durchaus formal behandelt werden können, etwa der Diffusionsprozess nach Auftreten einer Innovation, scheint dies für den Prozess insgesamt kaum möglich, nicht zuletzt, weil evolutorische Ansätze im Allgemeinen auf dem Konzept der begrenzten Rationalität der Marktteilnehmer beruhen und die Aktivitäten auch qualitativ ergebnisoffen sind. Deshalb entziehen sich die Theorien weitgehend einer umfassenden Formalisierung und man greift oft auf Simulationsstudien zurück. (Vgl. TIETZEL (1985), S. 91, BEHRENS (1988), S. 245, und zum Anwendungsbereich von Simulationsmodellen und einigen Simulationsstudien: Ebenda, S. 278 - 337.)

Die evolutorischen Ansätze zur Erklärung von Wirtschaftswachstum erhellen allerdings grundlegende Funktionsmuster marktwirtschaftlich geordneter Systeme, welche *Muster-Voraussagen*, etwa *zum Wirtschaftswachstum*, im Sinne *VON HAYEK*s erlauben (Vgl. V. HAYEK (1972), GRAF (1978), im Wachstumszusammenhang vgl. BEHRENS (1988), S. 136 ff.), aus denen folgt, dass *marktwirtschaftliche Systeme notwendigerweise Wachstum durch technischen Fortschritt antreiben.* (Vgl. auch BEHRENS/PEREN (1998), S. 140 - 153.)

In diesen Ansätzen wird **im Vergleich zu den Modellen endogenen Wachstums** nicht allein auf Humankapitalinvestitionen und spezifische Gutseigenschaften von Humankapital oder auf Marktunvollkommenheiten oder zunehmende Skalenerträge abgestellt, sondern es wird endogen erhellt, woher die Anreize kommen, Humankapital nicht beispielsweise für schöngeistige Beschäftigungen, sondern für Innovationen und ihre Verbreitung aufzubauen und einzusetzen. Zudem wird berücksichtigt, dass der Markt erst bestimmen kann, was von den vielen im Forschungs- und Entwicklungssektor hervorgebrachten Ideen, die Produktion zu verbessern, als Innovation und nach Verbreitung als technischer Fortschritt gelten kann. Das ist wichtig, denn die Humankapitalbildung allein, so die dahinter steckende Einsicht, bewirkt nichts, wenn sie nicht in geeignete Strukturen der Wirtschaftsordnung eingebettet ist. (Vgl. auch NORTH (1988).) Zentralverwaltungswirtschaften können auch dann nicht wachsen, wenn sie die größtmöglichen Anstrengungen in die Humankapitalbildung lenken, weil sie ungeeignet sind, die Ressourcen, also auch die Humankapitalressourcen, in sinnvolle Verwendungen zu lenken und vernünftige Leistungsanreize (von der Nutzenstiftung und nicht von „Oben" her) zu geben. (Vgl. zur Bedeutung der Wirtschaftsordnung allgemein z. B. BEHRENS/KIRSPEL (1999), insbes. III. Teil. und die dort angegebene Literatur.) Aus dem gleichen Grund dürfte eine zentrale Wachstumspolitik in dem Sinne, wie die so genannte neue Wachstumstheorie sie nahe legt, also die *Modelle endogenen Wachstums*, in denen oft zentrale Planungsinstanzen Steuergrößen wohlfahrtsmaximierend einstellen, auf Grund von Wissens- und Informationsproblemen der zentralen Planung zum Scheitern verurteilt sein, soweit die Vorschläge nicht über allgemeine, auch im *Solow-Swan-Modell* nützliche wirtschaftspolitische Empfehlungen (Vgl. RAMSER (1995), S. 248.) hinausgehen. So weist die industriepolitische Würdigung der neuen Wachstumstheorie von KÖSTERS (1994) auf die Probleme hin, durch zentrale Politik im Sinne der neuen Wachstumstheorie positiv auf das Wachstum einzuwirken, weil „die staatlichen Träger einen sehr hohen, in der Realität nicht zu erreichenden Informationsstand besitzen müssen, um Industriepolitik effizient, d. h. wohlfahrtssteigernd betreiben zu können." (KÖSTERS (1994), S. 120. Eine kritische Äußerung, die in die gleiche Richtung geht, findet sich auch bei BARRO/SALA-I-MARTIN (1998), S. 276.)

Zur Erhellung des evolutorischen Fortschrittsantriebs in Marktwirtschaften sei in der gebotenen Kürze die Entwicklungstheorie von *JOSEPH ALOIS SCHUMPETER* (1883 - 1950) dargelegt.

4.2.2.2.6.2. Die Entwicklungstheorie von *JOSEPH ALOIS SCHUMPETER*

Mit seiner „Theorie der wirtschaftlichen Entwicklung" legte *JOSEPH ALOIS SCHUMPETER* (1883 - 1950) im Jahre 1911 eine erste Erklärung für den Zusammenhang zwischen grundlegenden Neuerungen, so genannten Basisinnovationen, und dem gesamtwirtschaftlichen Wachstum vor. (Vgl. SCHUMPETER (1911^e) und z. B. WOLL (1993), S. 540, PÄTZOLD (1993), S. 342, KRELLE (1984), BEHRENS (1988), S. 25 - 35).)

Im Falle der von *SCHUMPETER* vorgelegten Entwicklungstheorie handelt es sich um eine *evolutorische Theorie des wirtschaftlichen Wachstums*, denn sie erfüllt die oben genannten Anforderungen an eine solche Theorie und ist durch folgende „drei wesentliche Merkmale gekennzeichnet:

1. Die Entwicklung resultiert aus im System selbst entstehenden Störungen und stellt nicht lediglich eine Anpassung an Änderungen exogen vorgegebener Daten dar.

2. Die Entwicklung ist diskontinuierlich.

3. Die endogenen Störungen stellen qualitative Änderungen dar, durch die neue Bedingungen gesetzt und damit alte Gleichgewichtszentren aufgehoben werden." (BEHRENS (1988), S. 27, nach ELLIOTT (1983), S. 282 und SCHUMPETER (1952), S. 95 ff.)

Nach *SCHUMPETER* ist *nicht* das Auftreten von Erfindungen die Ursache für die wirtschaftliche Fortentwicklung. Die Erfindung, *Invention*, ist für sich genommen, wie *SCHUMPETER* betonte, ohne jede ökonomische Bedeutung, und *SCHUMPETER* nimmt an, dass Erfindungen stets in zureichendem Maße vorliegen und auch weitgehend bekannt sind: „... [D]ie neuen Möglichkeiten ... sind immer vorhanden, reichlich angehäuft von Leuten im Lauf ihrer gewöhnlichen Berufsarbeit, oft auch weithin gekannt und, wo es Literaten gibt, auch propagiert." (SCHUMPETER (1952), S. 128.) Zur ökonomischen Bedeutung gelangen die Erfindungen erst durch **dynamische Unternehmer**, die die Inventionen in *wirtschaftliche Neuerungen*, in **Innovationen** verwandeln. Nicht jede Neuerung, jedes „Andersmachen im Gesamtbereich des Wirtschaftslebens" (SCHUMPETER (1952), S. 100.), ist als Innovation anzusehen, sondern nur das erfolgreiche, das sich im Wettbewerb durchsetzende Andersmachen, das Bessermachen. Insofern kann durch die (politische) Entscheidung mehr Humankapital zu bilden, wahrscheinlich eine höhere Inventionsrate erzeugt werden, was aber nicht, wie die neue Wachstumstheorie es darstellt, mehr oder minder automatisch zu höherem Wachstum führen muss. Dazu bedarf es zusätzlich, als conditio sine qua non, der unternehmerischen Leistung, Inventionen in Innovationen zu wandeln. Und solche unternehmerischen Leistungen sind nicht allein Folgen menschlichen Einfallsreichtums, menschlichen Wagemuts und menschlicher Leistungsfähigkeit, sondern sie können nur durch geeignete Regeln der Wirtschaftsordnung, die die richtigen Anreize setzen und die richtigen Preissignale ermöglichen, nicht aber durch bloße Anhäufung von Humankapital, und sei es noch so praxisorientiert und neuerungsgerichtet, ausgelöst werden.

Die Umwandlung von (bekannten) Inventionen in Innovationen erfolgt nun nach *SCHUMPETER* nicht stetig, auch nicht im zeitlichen Zusammenhang mit Erfindungen, sondern schubweise. Der Grund liegt darin, dass die Unternehmer, so sagt *SCHUMPETER*, „scharenweise" auftreten (Vgl. SCHUMPETER (1952), S. 339 ff.). Das hat vor allem zwei Gründe:

- Auf Grund der Schwierigkeiten, die mit der Durchsetzung einer Neuerung verbunden sind, bedarf es dazu eines besonderen Menschentyps mit Eigenschaften, die nur sehr wenige Menschen besitzen. *SCHUMPETER* nimmt an, dass die Unternehmereignung in der Bevölkerung normalverteilt ist. Laut *HEUSS* macht der Pioniertypus ca. 5 % der Menschen aus. (Vgl. HEUSS (1965), S. 12.)

- Zum Zweiten muss die konjunkturelle Lage eine gewisse Kalkulierbarkeit der Auswirkungen einer Neuerung erlauben. Diese ist lt. SCHUMPETER nur als gegeben anzunehmen, wenn die Volkswirtschaft einer Gleichgewichtslage nahe ist.

Wegen der großen Wagnisse, die mit Neuerungen verbunden sind, können deshalb in einer konjunkturellen Lage, die von großen Turbulenzen frei ist, die Unternehmer mit der größten Befähigung die erheblichen Probleme lösen, die mit den Neuerungen, insbesondere mit grundlegenden Neuerungen, verbunden sind. Sind aber erst einige mit Erfolg vorausgegangen, so „können diesen Ersten dann Andre folgen, was sie unter dem stimulus nunmehr erreichbar scheinenden Erfolgs normalerweise offenbar tun werden. Ihr Erfolg wiederum erleichtert, durch immer vollständigeres Hinwegräumen der ... Hindernisse, das Nachrücken weiterer Leute ...“ (SCHUMPETER (1952), S. 339 f.)

Infolge dieser Zusammenhänge zwischen konjunktureller Lage, Schwierigkeitsgrad der Aufgaben und Befähigung der Unternehmer ist der Wachstums- und Entwicklungsprozess von Volkswirtschaften lt. SCHUMPETER untrennbar mit zyklischen Schwankungen verbunden. Dabei handelt es sich um lange Wachstumswellen, die durch Basisinnovationen (nicht Basiserfindungen!) hervorgerufen werden, um *Kondratieff-Wellen*. Die Zusammenhänge bilden den so genannten **Schumpeter-Prozess**: Die lange Konjunktur- oder bessere Wachstumswelle beginnt, wenn sich die Wirtschaft nahezu im Gleichgewicht befindet und sie setzt sich dann aus zwei Phasen zusammen (Vgl. WOLL (1993), S. 540, URSPRUNG (1984), S. 54 ff.).

Schumpeter-Prozess

1. Phase: *Bewegung vom alten Gleichgewicht fort.*

Die ersten Pioniere führen eine Neuerung ein und setzen damit für den Rest des Wirtschaftslebens neue Daten. Sie heben somit das alte Gleichgewicht auf. Spontan imitierende Unternehmer beschleunigen den Prozess weg vom Gleichgewicht[12]. Deshalb spricht SCHUMPETER später auch vom „Prozeß der schöpferischen Zerstörung." (SCHUMPETER (1993, 1950^e), Zweiter Teil, 7. Kap.). Es handelt sich um „... die Konkurrenz der neuen Ware, der neuen Technik, der neuen Versorgungsquelle, des neuen Organisationstyps, die ... die bestehenden Firmen nicht an den Profit- und Produktionsgrenzen, sondern in ihren Grundlagen, ihrem eigentlichen Lebensmark trifft. Diese Art der Konkurrenz ist so viel wirkungsvoller als die andere [Preis- und Qualitätskonkurrenz bei sonst unveränderten Bedingungen (SCHUMPETER (1993), S. 139)], wie es ein Bombardement ist im Vergleich zum Aufbrechen einer Tür ..." (SCHUMPETER (1993), S. 140)

2. Phase: *Die Bewegung zum neuen Gleichgewicht hin.*

Das Wachstum der Neuerer bedroht einerseits die weniger effizienten Firmen mit dem Untergang. Andererseits verheißt es Gewinne für diejenigen, die es ihnen rasch genug nachtun. Die Folge ist, dass die anderen Unternehmen einem Druck ausgesetzt sind, sich den neuen Daten anpassen. Dieser Druck ergibt sich notwendig sowohl aus dem negativen Anreiz der Bedrohung mit dem Untergang, als auch aus dem positiven Anreiz, zur Gruppe der Gewinne aufzuschließen. Die Neuerung wird auf diese Weise zum Allgemeingut und die Volkswirtschaft nähert sich einer neuen Gleichgewichtslage auf höherem Niveau.

---

[12] Die hier verwendete Unterscheidung der Unternehmertypen stammt von ERNST HEUSS (1965).

In der grafischen Darstellung ergibt sich (WOLL (1993), S. 540, vgl. auch KRELLE (1984), S. 77):

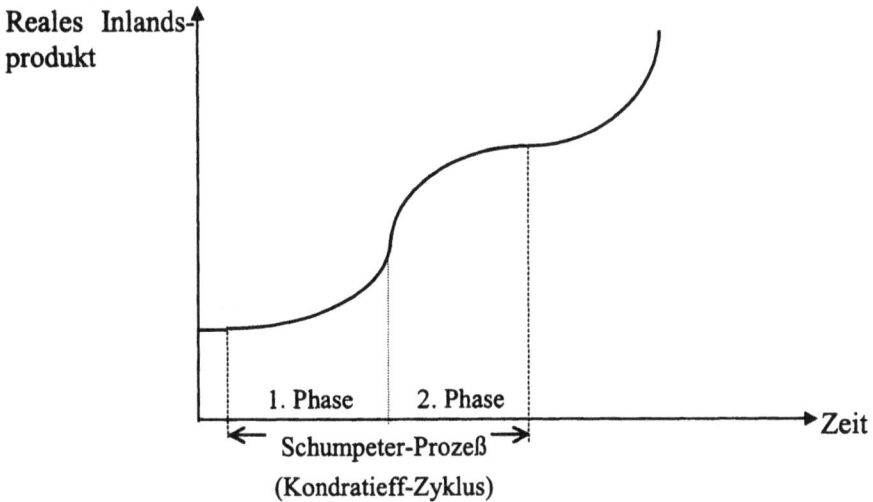

Der Schumpeter-Prozess beginnt stets, wenn ein Kondratieff-Zykus sich dem Ende zuneigt, der völligen Ausbreitung einer Basistechnologie und ihrer Möglichkeiten. Somit beginnt auch nach der 2. Phase eines Schumpeter-Prozesses erneut die 1. Phase des folgenden Schumpeter-Prozesses.

Exkurs: Die bisherigen langen Wellen

Die langen Wellen der Konjunktur, die Kondratieff-Wellen oder -Zyklen, sind empirisch nur sehr schwer zu belegen, weil die langen Datenreihen durch eine Vielzahl auch schwergewichtiger Sondereinflüsse beeinträchtigt sind. Lt. *ALFRED E. OTT* erscheint deshalb die „Erklärung von Kondratieff-Zyklen sicherer als ihre Existenz." (Zitiert nach WAGNER (1976), S. 66.)

Nach SCHUMPETER gab es bis zum II. Weltkrieg drei lange Wellen. Für die Zeit danach werden noch zwei lange Wellen vermutet: (Vgl. dazu z. B.

VOSGERAU (1978), S. 485 f., ASHAUER (1989), S. 162 f., NEFIODOW (1991).)

1. Welle: 1787 - 1842, der Kondratieff-Zyklus der industriellen Revolution. Basisinnovationen waren die Dampfkraft, die Eisen- und die Textilindustrie.

2. Welle: 1842 - 1897, der so genannte Bourgeois-Kondratieff. Basisinnovationen: Verkehr, besonders Eisenbahn und Dampfschifffahrt.

3. Welle: 1897 - II. Weltkrieg, der Neomerkantilistische Kondratieff. Basisinnovationen: Chemie, Elektrizität, Automobil.

4. Welle: Ende II. Weltkrieg - 80er Jahre. Basisinnovationen: Kunststoffe, Fernsehen, Raumfahrt und Kernkraft.

5. Welle: Seit den 80er Jahren. Basisinnovationen: Mikroelektronik und Telekommunikation, Laser, Bio- und Gentechnologien.

Da die grundlegenden Basisneuerungen als dauerhafte Verschiebungen der Produktionsfunktion nach oben zu betrachten sind, werden hier lange Anpassungswellen an reale Veränderungen als Ausbreitungswellen dieser Neuerungen beschrieben. Es dürfte klar sein, dass diese Entwicklungen wegen des Neuigkeitsgehalts der Innovationen mit erheblichen strukturellen Wandlungen verbunden sind. Flexiblere Volkswirtschaften werden die damit gestellten Herausforderungen eher zu bewältigen in der Lage sein, als weniger flexible Volkswirtschaften. Sie werden deshalb im Vergleich zu jenen zu den Gewinnern des Prozesses gehören. Die weniger flexiblen Volkswirtschaften werden zwar langfristig auch gewinnen, aber zunächst die Anpassungslasten in höherem Maße spüren. Insbesondere ist bei ihnen, wie bereits weiter oben im Abschnitt über das Beschäftigungsziel dargelegt, mit strukturell bedingter Mismatch-Arbeitslosigkeit bzw. mit klassischer Arbeitslosigkeit zu rechnen. Insofern sollte es nicht überraschend sein, dass in Volkswirtschaften eines gewissen Wohlfahrtsniveaus, in denen die Strukturen bereits relativ verkrustet sind und die eher geringere Flexibilität aufweisen (Vgl. zu diesem Zusammenhang auch OLSON (1991)), anhaltende Wachstumsphasen mit hoher und sogar zunehmender Arbeitslosigkeit einhergehen können, wie es etwa in der Bundesrepublik Deutschland (früheres Bundesgebiet) in den achtziger Jahren der Fall war. Ebenso dürfte es nicht als Wunder empfunden werden, wenn Volkswirtschaften, denen es gelingt, sich, vor allem durch flexible Lohnpolitik, rasch an Wandlungen anzupassen, ein Wachstum mit erheblichem Zuwachs an Beschäftigung zu verzeichnen haben, wie beispielsweise die Vereinigten Staaten von Amerika und die Niederlande in den neunziger Jahren.

4.2.2.2.6.3. Eine evolutorische Sicht des Wirtschaftswachstums

Eine neue evolutorische Sicht des Wirtschaftswachstums berücksichtigt stärker, als SCHUMPETER das tat, dynamische Wettbewerbsprozesse und ihre Verbindung zu Verhaltensänderungen beim Wandel von Wettbewerbslagen durch Überschreitungen oder Unterschreitungen von Anspruchsniveaus, etwa bezüglich der Gewinnhöhe. Dadurch wird theoretisch besser begründet, wieso es in Marktwirtschaften notwendig zu Neuerungen und ihrer Verbreitung und dadurch ausgelöst zu Schwankungen der Wirtschaftsaktivität kommt. Insbesondere ist ein Rückgriff auf besonders außergewöhnlich befähigte Unternehmer im Schumpeterschen Sinne, obschon es solche geben mag, nicht notwendig, um eine schwankende Wachstumsentwicklung zu erklären. Zugleich wird dabei deutlich, dass die Schwankungen keineswegs so regelmäßig sein müssen, wie SCHUMPETER es mit den 50 - 60jährigen Kondratieff-Zyklen nahe legt, obgleich dennoch Schwankungen auftreten.

Für eine eingehendere Darstellung einer solchen modernen evolutorischen Sicht des Wirtschaftswachstums, die auf den *Schumpeter*schen Gedanken aufbaut und wesentlich auf Arbeiten und Gedanken von *RICHARD R. NELSON* und *SIDNEY G. WINTER* sowie *JOCHEN RÖPKE* beruht, sei auf die Literatur verwiesen (Vgl. SCHUMPETER (1911[c]), NELSON/ WINTER (1982),

RÖPKE (1977) sowie BEHRENS (1988), S. 25 - 36, 93 - 135, 189 f., 232 - 245 und den Überblick in BEHRENS/PEREN (1998), S. 129 - 155, insbes. den Abschn. „Marktwirtschaftlicher Wettbewerb als Fortschrittsantrieb", ebenda, S. 140 - 155.) Hier sei lediglich ein sehr knapper Überblick gegeben, der einen ersten Eindruck verschafft und vielleicht zur weiteren Beschäftigung mit diesen Fragen anregt.

Ausgangspunkt der Überlegung kann die Tatsache sein, dass die Unternehmen in einer beliebigen Betrachtungsperiode unterschiedlich „gut" sind, wenn man dies an ihren unterschiedlich hohen (Leistungs-)Gewinnen oder Renditekennzahlen misst. Empirisch lassen sich solche Unterschiede feststellen (vgl. z. B. RECKFORT (1996)).

Sind die Unterschiede zureichend bedeutend, lohnt es sich für die weniger erfolgreichen Unternehmen, die erfolgreichen Unternehmen ihrer Branche zu imitieren, um eine ähnlich erfolgreiche Position zu erreichen. Für die bereits erfolgreichen Unternehmen gibt es einen solchen Anreiz nicht. Diese Imitationsaktivitäten sorgen allerdings dafür, dass die Leistungsunterschiede zwischen den Unternehmen immer geringer werden und die Gewinne, die auf Unterschieden in den Leistungen beruhen und deshalb oft auch Diffentialgewinne genannte werden, nach und nach wegkonkurriert werden.

Mit den schwindenden Gewinnhöhen werden die diesbezüglichen Anspruchsniveaus, deren Überschreitung Zufriedenheit auslöst, unterschritten. Dies löst Suchanstrengungen aus, wie man der Gewinnerosion entgehen kann. Diese Suchanstrengungen können sich beispielsweise auf Fragen richten, wie die, was andere Firmen machen, welche technischen oder organisatorischen Neuerungen es gibt, was die eigene Firma an Neuerungen hervorzubringen vermag etc. Da allerdings Imitationen der erfolgreicheren Unternehmen und Konkurrenz dazu geführt haben, dass nicht nur die Gewinne gesunken sind, sondern auch die Gewinnunterschiede abgenommen haben (zunehmende Gleichgewichtsnähe), lohnt sich die gegenseitige Imitation immer weniger und schließlich gar nicht mehr, da sie Kosten verursacht aber immer weniger ertragreich wird. Die Unternehmen werden zur breiten Suche nach Neuerungsmöglichkeiten veranlasst, sie treten in den von *RÖPKE* so genannten „Bereich optimaler Herausforderungen" ein. (Vgl. RÖPKE (1977), S. 367 ff.), in dem die Unternehmen auf breiter Basis sich veranlasst sehen, nach Neuerungen in ihrem Bereich zu suchen.

Die weite Suche nach Neuerungen führt im Allgemeinen zu einer breiten Palette von Entdeckungen, Erfindungen und Innovationen, die meist aber nur geringe Vorsprungsgewinne ermöglichen, die von den Mitwettbewerbern leicht und relativ schnell wieder wegkonkurriert werden können, was normalerweise auch geschieht. So lange dies anhält, erlischt die breite Suche nie, die Unternehmen bleiben im „Bereich optimaler Herausforderungen". Das Ergebnis dieses Prozesses ist der in Marktwirtschaften allseits und stetig zu beobachtende Vervollkommungsprozess auf gegebenem Entwicklungspfad der Volkswirtschaft mit ausreifenden Produktionsprozessen und hochentwickelten Produktdifferenzierungen, um verschiedene Nachfragerpräferenzen möglichst gut bedienen zu können.

Wenn jedoch breit von allen Unternehmen gesucht wird, dann wird auch ab und zu eine große, bedeutende Innovation, eine Basisinnovation im Sinne Schumpeters, dabei sein. Diese verspricht den Pionieren und ihren schnellen Imitatoren ganz erhebliche Vorsprungsgewinne, die nicht schnell wegkonkurriert werden können. Sobald aber der Erfolg dieser ersten Anwender der Basisinnovation in der Wirtschaft offenkundig wird, erlischt der allgemeine und breite Suchprozess, der „Bereich optimaler Herausforderungen" wird verlassen, weil offenbar wird, dass es sich mehr lohnt, die durch die große Neuerung eröffneten Möglichkeiten zu erkunden und auszunutzen als selbst im Ungewissen zu stöbern und nach eigenen bedeutenden Neuerungen, die ja selten auftreten, zu suchen.

In der Folge richtet sich die Aufmerksamkeit der Akteure im Markt auf die Ausschöpfung der großen neuen Möglichkeit. Es entstehen Folgeinnovationen und Übertragungsleistungen in viele Bereiche der Wirtschaft, wie man derzeit etwa an der Durchdringung von Wirtschaft und Gesellschaft mit der modernen Mikroelektronik und Telekommunikationstechnologie beobachten kann. Durch eine solche bedeutsame Neuerung, eine Basisinnovation, hat sich die Volkswirtschaft, wie schon von Schumpeter in seiner Theorie der wirtschaftlichen Entwicklung beschrieben, auf einen qualitativ neuen Entwicklungspfad begeben. Dieser löst ein mit der Durchdringung der Volkswirtschaft länger anhaltenden Wachstumsprozess aus, der nicht einfach durch mehr Güter und Dienstleistungen, sondern durch einen Wandel der gesamten Produktionsstruktur und eines großen Teils des Güterangebots gekennzeichnet ist, ein qualitatives Wachstum. Erst wenn die bedeutenden neuen Möglichkeiten weitgehend ausgeschöpft sind, kommt die Volkswirtschaft in den „Bereich optimaler Herausforderungen" zurück, so dass erneut die breite Suche einsetzt, die den Ausgangspunkt des Prozesses bildete.

Auf der Grundlage dieser Erklärung für innovationsinduzierte langfristige Wachstums- und Entwicklungsprozesse ist es allerdings lediglich möglich, eine so genannte „Mustervoraussage", auch „Erklärung des Prinzips" genannt, (v. HAYEK (1972)) zu wagen, denn voraussagbar ist, dass unter geeigneten marktwirtschaftlichen Rahmenbedingungen der Wirtschaftsprozess Neuerungen hervorbringt und eine endliche Wahrscheinlichkeit dafür gegeben ist, dass im steten Strom von Neuerungen ab und zu eine bedeutende Innovation realisiert wird. Das heißt, es ist ein wellenförmiges volkswirtschaftliches Entwicklungsmuster voraussagbar.

Konkrete Wachstumspfade, also genaue Verläufe der Prozesse, sind allerdings nicht prognostizierbar, denn die Suche nach Neuerungen ist eine Aufgabe mit ungewissem Ausgang, da weder Zeitpunkt des Auftritts noch wirtschaftliche Bedeutsamkeit einer Neuerung voraussagbar sind, denn sonst wäre es keine Neuerung. Und ebenso ist im Allgemeinen auch die Ausbreitungsgeschwindigkeit von Neuerungen kaum zu prognostizieren.

Im Folgenden soll noch **ein einfaches Modell** vorgestellt werden, das auf diesen evolutorischen Betrachtungen beruht und einige für eine makroökonomische Politik wichtige Zusammenhänge beleuchtet. (Vgl. zum folgenden BEHRENS (1988), S. 249 - 273

* Ein einfaches Innovations-Diffusions-Modell des Wirtschaftswachstums

Wieder ist der Ausgangspunkt der Überlegungen die Übertragung der schon von ENRICO BARONE festgestellten „ ... Beobachtung ..., daß auf einem Markt zu gleicher Zeit Unternehmer existieren, die das gleiche Produkt zu verschiedenen Kosten herstellen" (BARONE (1935), S. 19), auf die gesamte Volkswirtschaft. (Vgl. dazu HELMSTÄDTER (1986b), S. 71, RÜSTOW (1969), S. 171 ff., RÜSTOW (1970), S. 17 ff. und BEHRENS (1988), S. 143 ff.)

In realwirtschaftlicher Betrachtung können zu einem beliebigen *Ausgangszeitpunkt* alle Einrichtungen der laufenden Produktion der Volkswirtschaft in Produktionsstätten aufgespalten gedacht werden, von denen angenommen sei, dass jede nur eine irgendwie normierte Inlandsprodukteinheit zum einheitlichen und gegebenen Preis P herstelle. (Vgl. zu einer solchen Normierung z. B. SCHUMANN (1968), S. 20, RÜSTOW (1969), S. 171.) Weiter sei angenommen, dass die Produktionsstätten sämtlich den gleichen Kapitalkoeffizienten K/Y aufweisen, sodass sich die Produktionskosten der Produktionsstätten nur auf Grund verschiedener Arbeitseinsätze pro Outputeinheit, also der Arbeitskoeffizienten, unterscheiden. Der technische Fortschritt bewirkt demnach, dass bei konstantem Kapitalkoeffizient die Arbeit effizienter wird, er ist demnach Harrod-neutral. Deshalb wird zur Vereinfachung der Betrachtung *im Folgenden* von Kapitalkosten insgesamt abgesehen und der *Preis pro Inlandsprodukteinheit als um die, annahmegemäß überall gleichen, Kapitalkosten pro Outputeinheit bereinigt angesehen.*

Unter diesen Annahmen kann die Tatsache unterschiedlicher Kosten pro Inlandsprodukteinheit auf die unterschiedlichen Arbeitskoeffizienten pro Inlandsprodukteinheit zurückgeführt werden, wobei eine fortschrittlichere Technologie einen kleineren Arbeitskoeffizienten aufweist. Wie bereits weiter oben ausgeführt, kann dies seinen Grund in einem besseren Produktionsverfahren haben, sodass ein gleiches Produkt mit geringeren Kosten hergestellt wird, oder in einem aus der Sicht der zahlungskräftigen Nachfrager wertvolleren Produkt, sodass mit gleichen Kosten mehr Standard-Inlandsprodukteinheiten hergestellt werden können.

Reiht man nun - gedanklich - alle Produktionsstätten der Volkswirtschaft nach zunehmender Höhe der Arbeitskoeffizienten auf, so erhält man ein Arbeitskoeffizientengefälle, das bei annahmegemäß einheitlichem und gegebenem Lohnsatz auch die Unterschiede in den Stückkosten widerspiegelt.

Zur Vereinfachung sei nun von einem linearen Arbeitskoeffizientengefälle und von konstanter Beschäftigung ausgegangen. D. h., dass zunächst die Nachfrage immer den Absatz aller mit dem eingesetzten Arbeitskräftevorrat L_0 herstellbaren Inlandsprodukteinheiten Y erlaubt. Das Inlandsprodukt bei konstanter Beschäftigung bezeichnen wir mit Y_{kB}. Ebenso werden auch andere Variablen, die unter der Bedingung konstanter Beschäftigung gelten, gekennzeichnet.

In Formeln ergibt sich als Arbeitskoeffizientengefälle (BEHRENS (1988), S. 249 f.):

(1) $a'_t = \alpha_t + \beta_t \cdot Y$

mit α_t = Arbeitskoeffizient der produktivsten Produktionsstätte,

β_t = Änderung des (gesamtwirtschaftlich) marginalen Arbeitskoeffizienten bei Inbetriebnahme der zunehmend weniger produktiven Produktionsstätten,

Y = reales Inlandsprodukt,

a'_t = Arbeitsmenge, die erforderlich ist, um die letzte Gütereinheit zu produzieren (= marginaler Arbeitskoeffizient der Volkswirtschaft) und

t = Zeitindex.

Grafisch ist dieses Arbeitskoeffizientengefälle im folgenden Schaubild dargestellt.

Arbeitskoeffizientengefälle

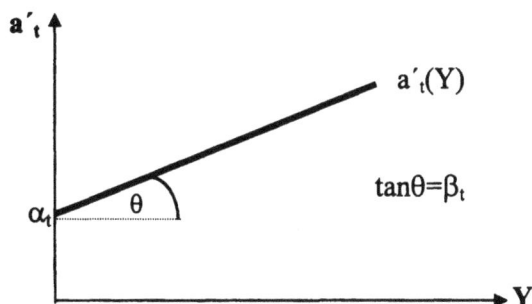

Somit beträgt der für die Produktion eines bestimmten Y erforderliche Arbeitseinsatz zum Zeitpunkt t L_t:

$$(2) \quad L_t = L_t(Y) = \int_0^Y a_t' dY = \alpha_t \cdot Y + \frac{1}{2} \cdot \beta_t \cdot Y^2 .$$

Daraus erhält man als Produktionsfunktion (Vgl. auch HEUSS (1981), S. 212):

$$(3) Y_t = Y_t(L_t) = \frac{\left(\sqrt{2 \cdot L_t \cdot \beta_t + \alpha_t^2} - \alpha_t \right)}{\beta_t} .$$

Wird nun $L = L_0$ gesetzt, sodass konstante Beschäftigung besteht, so ergibt sich, dass die reale Produktion nurmehr von den Parametern α_t und β_t abhängt, also von der effizienten Technologie, die die Lage des Arbeitsko-effizientengefälles bestimmt und von der Steigung des Gefälles, also dem Parameter, der die Unterschiede zwischen den Technologien misst.

Bleiben die Unterschiede zwischen den Technologien gleich, so verschiebt sich das Arbeitskoeffizientengefälle mit der Geschwindigkeit der Verringerung des Arbeitskoeffizienten der effizienten Technik parallel nach unten. Diese Geschwindigkeit sei mit ξ abgekürzt und als **Innovationswirkung** bezeichnet. Es ergibt sich bei stetiger Betrachtung:

$$(4) \quad a'_t = \left(\alpha_0 + \beta_0 \cdot Y\right) \cdot e^{-\xi \cdot t}.$$

Bleibt hingegen der Arbeitskoeffizient der effizienten Technologie unverändert, so wird der Diffusionsprozess, also der Prozess der Ausbreitung besserer Technologien zu Lasten der schlechteren Technologien, zu einer Angleichung der Arbeitskoeffizienten in Richtung auf den der effizienten Technologie bewirken. Diese Diffusionskraft bewirkt demnach bei gleichem Ordinatenabschnitt eine Abnahme der die Unterschiede zwischen den Technologien widerspiegelnden Steigung des Arbeitskoeffizientengefälles. Die Geschwindigkeit der Abnahme dieser Steigung sei mit φ abgekürzt und als **Diffusionswirkung** bezeichnet. In stetiger Betrachtung:

$$(5) \quad a'_t = \alpha_0 + \left(\beta_0 \cdot e^{-\varphi \cdot t}\right) \cdot Y$$

In der Realität wirken natürlich beide Kräfte gleichzeitig. Wird dies im hier vorgelegten einfachen Modell berücksichtigt, ergibt sich:

$$(6) \quad a'_t = \alpha_0 \cdot e^{\xi t} + \beta_0 \cdot e^{-(\xi + \varphi)t}.$$

Unter Verwendung der obigen Produktionsfunktion (3) und der Annahme kosntanter Beschäftigung $L = L_0$ kann man mit Hilfe von (4) - (6) das Inlandsprodukt bei konstanter Beschäftigung Y_{kB} bestimmen. Indem man dieses dann nach der Zeit ableitet und durch den Wert Y_{kB} dividiert, erhält man die Wachstumsrate des Inlandsprodukts bei konstanter Beschäftigung[13]:

$$(7) \quad g_{Y_{kB}} = \frac{dY_{kBt}\big/ dt}{Y_{kBt}} = \xi + \left(\varphi - \xi\right) \cdot GQ_{kBt}$$

Dabei stellt GQ_{kBt} die reale Gewinnquote bei konstanter Beschäftigung als Anteil des Gewinns (ohne Kapitaleinkommen), interpretiert als Differentialgewinn auf Grund unterschiedlich effektiver Technologien zur Produkti-

---

[13] Auf diese rein technische Herleitung soll hier verzichtet werden. Der interessierte Leser sei verwiesen auf BEHRENS (1988), S. 252 ff.

on von Inlandsprodukteinheiten, am Inlandsprodukt (ohne Kapitaleinkommen) dar:

$$GQ_{kBt} = \frac{G_{kBt}}{Y_{kBt}} \, [14]$$

Bemerkenswert an diesem Ergebnis ist, dass auch dann, wenn volkswirtschaftlich mit unterschiedlich effektiven Technologien Inlandsprodukteinheiten hergestellt werden, es also *Differentialgewinne* gibt, d. h. man sich nicht im Sinne der neoklassichen Theorie im Gleichgewicht befindet, eine Wachstumsrate herauskommen kann, die der im Solow-Swan-Modell auf Grund technischen Fortschritts entspricht. Dies ist dann der Fall, wenn sich die Innovationswirkung und die Diffusionswirkung gerade aufheben, $(\varphi - \xi) = 0$. Dann ist nämlich die Wachstumsrate des Inlandsprodukts bei konstanter Beschäftigung gleich der Rate des technischen Fortschritts im Sinne des Fortschritts der besten Technologie ξ. Dann ändert sich auch das relative Arbeitskoeffizientengefälle, d. h. der relative Abstand zwischen dem marginalen Arbeitskoeffizienten bei Vollbeschäftigung und einem beliebigen Arbeitskoeffizienten bei anderem Beschäftigungsniveau, nicht (Vgl. BEHRENS (1988), S. 256.)

Wenn nun in der Volkswirtschaft eine bedeutende Innovation auftritt, wird die Innovationswirkung ξ ansteigen. Allerdings wird die Wirtschaft dann nicht mit dieser Rate wachsen, sondern mit einer geringeren, weil $(\varphi - \xi) < 0$ wird. Dieser Zustand kann jedoch nicht von Dauer sein, weil durch die Innovation und die Folgeinnovationen Gewinnpotentiale entstehen, die die anderen Wettbewerber veranlassen, an der neuen Technologie ebenfalls teilhaben zu wollen.

Deshalb wird bald nachdem der Erfolg der Innovatoren und der spontanen Imitatoren offenkundig wird, die Diffusionsgeschwindigkeit φ wieder

---

[14] Im hier vorgelegten einfachen Modell gilt: $GQ_{kBt} = \dfrac{\dfrac{a'_{kBt} - \alpha_t}{2} \cdot Y_{kBt}}{a'_{kBt} \cdot Y_{kBt}}$.

zunehmen, während die Innovationsgeschwindigkeit ξ gleichzeitig abnimmt. Der Grund liegt darin, dass es ökonomischer wird, die durch die bereits stattgefundene Innovation erschlossenen Gewinnpotentiale auszuschöpfen, als durch eigene Neuerungsanstrengungen neue Gewinnpotentiale zu erschließen.

In der Terminologie des Schumpeter-Modells hat die Innovation das alte Gleichgewicht aufgehoben und neue Daten gesetzt, an die anzupassen es sich nunmehr lohnt. Die allgemeine Suche wird deshalb durch eine allgemeine Anwendung der Neuerung abgelöst. Die Wachstumsrate wird dann über ξ liegen, weil (φ-ξ) > 0 wird. Es werden Differentialgewinne abgebaut, was gleich bedeutend mit der Aussage ist, dass bereits aufgebaute Wachstumspotentiale in aktuelles Wachstum umgesetzt werden. Das Ganze gleicht einem Stausee, der gefüllt wird, um dann durch Wasserkraft Energie zu erzeugen. Die bedeutsame Innovation füllt den Stausee, der Pegelstand des Differentialgewinns, als Indikator für durch die Innovation entstandene lohnende Wachstumspotentiale, nimmt zu, während die anschließende Diffusion den Stausee wieder leert, der Differentialgewinn nimmt ab, die Wachstumspotentiale werden nicht aufgebaut, sondern abgeschöpft.

Auch diese Tendenz wird allerdings nicht dauernd anhalten, denn mit dem Schwinden der Differentialgewinne wird auch die Rentabilität imitativer Anstrengungen immer kleiner. Irgendwann wird es für die Marktteilnehmer wieder lohnend, selbst auf die Suche nach Neuerungen zu gehen. Es beginnt eine breite Suche nach Neuerungen. Diesen Bereich kann man mit JOCHEN RÖPKE deshalb als „Bereich optimaler Herausforderungen" bezeichnen. (Vgl. RÖPKE (1976), S. 45 f., (1977), S. 367 ff.) Es stellt sich wieder ein Gleichgewicht der Kräfte in dem Sinne ein, dass die Innovationswirkung der Diffusionswirkung entspricht: (φ-ξ) = 0.

Somit ist im Mittel zu erwarten, dass das Solow-Swan-Modell den makroökonomischen Wachstumsprozess gut abbildet, obwohl im Sinne dieses neoklassischen Wachstumsmodells ein stetes Ungleichgewicht existiert. (Vgl. BEHRENS (1988), S. 265.) Dies verwundert insofern nicht, als die neoklassische Wachstumstheorie lediglich auf Verhaltens-, nicht aber auf Strukturähnlichkeit mit dem realen System abzielt und so konzipiert ist, dass sie das makroökonomische Wachstumsverhalten realer Volkswirtschaften abbildet. (Vgl. KRELLE (1985), S. 788.)

Allerdings gibt es unterschiedliche Wachstumsphasen, die davon bestimmt werden, in welchem Teil eines Kondratieff-Zyklus man sich jeweils befindet. Dabei ist allerdings keine vollständige Regelmäßigkeit etwa einer Zykluslänge vorauszusagen, weil es in diesem Prozess offen ist wann eine Neuerung auftritt, welche Bedeutung ihr im Sinne des Aufbaus von Differentialgewinnen zukommt und wie groß die Diffusionsgeschwindigkeit bezüglich dieser spezifischen Neuerung sein wird.

Vorauszusagen ist auf Grund der „ .. von der Evolutionstheorie des wirtschaftlichen Wandels angenommenen Verhaltensweisen in Verbindung mit geeigneten Selektionsmechanismen .. lediglich die Existenz eines qualitativ bestimmten Entwicklungsmusters .., mit dem wirtschaftliches Wachstum verbunden ist." (BEHRENS (1988), S. 242.)

Somit kann als **wirtschaftspolitische Schlussfolgerung** gezogen werden, dass es darauf ankommt, den Selektionsmechanismus Markt, von dem die nötigen Verlockungen durch Gewinne und Bedrohungen durch Verluste ausgehen, funktionstüchtig zu halten und dabei institutionelle Vorkehrungen zu treffen, die es Innovatoren erlauben, faktisch Mitwettbewerber eine zeitlang von der Nutzung des neuen Wissens bzw. der neuen Technologie auszuschließen. Dies ist notwendig, weil eine kostenlose und sofortige Übernahme der Neuerung durch die Imitatoren die Rentabilität innovativer Anstrengungen negativ werden ließe. Deshalb braucht man ein Patentwesen. (Vgl. die Beiträge in OPPENLÄNDER (1984) und KAUFER (1980), S. 322 ff.) Zudem dürfte sich volkswirtschaftlich, wie auch von der so genannten neuen Wachstumstheorie nahe gelegt wird, die Produktion von Wissensbeständen lohnen, auf die suchende Unternehmen aufbauen können. Dabei wäre es ökonomisch durchaus sinnvoll, wenn der Staat die Produktion von Grundlagenwissen übernimmt oder zumindest fördert, weil dieses wegen der fehlenden Ausschließbarkeit anderer Nutzer die

Eigenschaften eines Öffentlichen Gutes aufweist (Vgl. dazu z. B. BEH-RENS/KIRSPEL (1999), S. 165 ff.) und somit wegen mangelhafter Möglichkeiten, die Erträge privat anzueignen, in viel zu geringem Maße stattfinden würde, wenn man die Produktion dieses Wissens allein privater Initiative und den Regeln des Marktes überließe. Die Fortentwicklung des direkt privat nutzbaren, anwendungsbezogenen Wissens sollte hingegen soweit möglich den Privaten überlassen werden, die von den Möglichkeiten des Aufbaus und der Nutzung solchen Wissens unter funktionierenden Wettbewerbsbedingungen den besten Gebrauch machen werden. (Vgl. zu dieser „Arbeitsteilung" bei der Wissensproduktion z. B. SACHVERSTÄNDIGENRAT ... (1985), Ziff. 311 f.)

Weitere Schlussfolgerungen ergeben sich aus einer **nominalen Erweiterung des Modells**. (Vgl. zum Folgenden BEHRENS (1988), S. 265 ff.)

Dazu sei die Geltung der (modifizierten) *Fisherschen Verkehrsgleichung* mit einer konstanten Einkommenskreislaufgeschwindigkeit des Geldes (Vgl. BORCHERT (1997), S. 95.) angenommen:

$$(8) \quad P_t \cdot Y_t = \overline{U} \cdot M_t$$

mit P_t = Preis einer Inlandsprodukteinheit (= Preisniveau),

   Y_t = reales Inlandsprodukt,

   $\overline{U}$ = (konstante) Einkommenskreislaufgeschwindigkeit des Geldes

   M_t = Geldmenge und

   t = Zeitindex.

Bezeichnen wir das Produkt aus Preisniveau P und realem Inlandsprodukt Y als nominales Inlandsprodukt Y^n und nehmen an, die Geldmenge sei konstant $M = \overline{M}$, so folgt eine konstante monetäre Nachfrage = nominales Inlandsprodukt:

$$(9) \quad P_t \cdot Y_t = \overline{Y}^n.$$

Da sich die marginalen nominalen Lohnstückkosten der Volkswirtschaft l'_t aus dem Nominallohnsatz w^n_t multipliziert mit dem marginalen Arbeitskoeffizienten a'_t ergeben, und - wegen der Definition des Preises je Inlands-produkteinheit ohne Kapitalkosten pro Stück - als Gleichgewichtsbedin-gung auf dem Markt für Inlandsprodukteinheiten die marginalen nomina-len Lohnstückkosten gleich dem Preis für die Inlandsprodukteinheit sein müssen, erhalten wir:

$$(10) \quad l'_t = w_t^n \cdot a'_t = P_t = \frac{\overline{Y}^n}{Y_t}.$$

Daraus folgt für den mit konstanter Beschäftigung L_0 vereinbaren Nomi-nallohnsatz

$$(11) \quad w_t^n = \frac{\overline{Y}^n}{Y_t \cdot a'_t} = \frac{w_t \cdot \overline{Y}^n}{Y_t}$$

Die Wachstumsrate des Nominallohnsatzes muss demnach der Differenz zwischen der Wachstumsrate des Reallohnsatzes (= 1/marginaler Arbeits-koeffizient bei Vollbeschäftigung) und der Wachstumsrate des Inlands-produkts bei konstanter Beschäftigung entsprechen:

$$(12) \quad g_{w^n_{kBt}} = g_{w_{kBt}} - g_{Y_{kBt}}.$$

Daraus kann man ableiten (Vgl. BEHRENS (1988), S. 254 f., 267.):

$$(13) \quad g_{w^n_{kBt}} = (\varphi - \xi) \cdot \left(GQ_{kBt} - 2 \cdot GQ_{kBt}^2 \right)$$

Das bedeutet, dass die mit konstanter Beschäftigung L_0 vereinbare Wachs-tumsrate des Nominallohnsatzes von der Differenz von Diffusionsge-schwindigkeit und Innovationsgeschwindigkeit und damit auch von der Wachstumsphase, in der sich die Volkswirtschaft befindet, abhängt.

Bleibt das (relative) Arbeitskoeffizientengefälle konstant, $(\varphi-\xi) = 0$, so ist mit der Aufrechterhaltung der gegebenen Beschäftigung nur ein Nominal-lohnzuwachs von 0 vereinbar, obgleich sowohl φ als auch ξ positiv sind, sich mithin die volkswirtschaftliche Durchschnittsproduktivität des Fak-tors Arbeit erhöht.

Nehmen wir einmal an, die konstante Beschäftigung L_0 entspräche der Vollbeschäftigung L_V[15]. Ist der Nominallohnsatz, wie weiter oben im Kapitel über das Beschäftigungsziel dargelegt, kein Wettbewerbspreis, sondern durch Tarifverhandlungen und staatliche Reglementierungen festgelegt, so würde bei einer konstanten nominalen Nachfrage (konstante Einkommenskreislaufgeschwindigkeit des Geldes und konstante Geldmenge) eine **produktivitätsorientierte Lohnpolitik**, die bedeutet, dass der Nominallohnsatz wie die Durchschnittsproduktivität des Faktors Arbeit steigt, nur dann mit einem Erhalt der Vollbeschäftigung (Erhalt einer konstanten Beschäftigung) vereinbar sein, wenn entweder bezüglich der Innovationen oder bezüglich der Diffusion (aber nicht bei beiden gleichzeitig) technischer Rückschritt statt technischer Fortschritt stattfände, was äußerst unplausibel ist.

Damit bei produktivitätsorientierter Lohnpolitik konstante Beschäftigung, etwa Vollbeschäftigung $L_V = L_0$, erhalten bleiben kann, muss die monetäre Nachfrage, also bei konstanter Einkommenskreislaufgeschwindigkeit des Geldes die Geldmenge, wachsen. Und zwar ebenso schnell wie das reale Inlandsprodukt, wenn $\varphi = \xi$ ist, weniger schnell als das reale Inlandsprodukt, wenn $\varphi > \xi$ ist und schneller, wenn $\varphi < \xi$ ist. Ist die Wachstumsrate der Geldmenge geringer, ist produktivitätsorientierte Lohnpolitik mit Arbeitslosigkeit verbunden. Produktivitätsorientierte Lohnpolitik muss demnach in einem von der Wachstumsphase abhängigen Maße monetär alimentiert werden, wenn Produktivitätsunterschiede Bestand haben, die auf realen Vorgängen der Schöpfung und Verbreitung von Neuerungen beruhen. Dabei ist lediglich *im Mittel* eine Orientierung der Wachstumsrate der Geldmenge am Wachstum des realen Inlandsproduktes angezeigt, weil in einem solchen Fall in einem vornehmlich diffusionsgetragenen Wachstum die Beschäftigung stiege, und in einer vornehmlich durch Inno-

---

[15] Für andere Beschäftigungsstände lassen sich analoge Aussagen gewinnen. So würde beispielsweise bei Unterbeschäftigung aus der Aussage, „es entsteht Arbeitslosigkeit" die Aussage „die Arbeitslosigkeit verschärft sich".

vationen bestimmten Phase die Beschäftigung sänke. (Vgl. dazu BEHRENS (1988), S. 269 ff.)

Als Folgerung für das Preisniveau ergibt sich bei wachstumsphasenabhängiger monetär alimentierter poduktivitätsorientierter Lohnpolitik, dass bei gleichmäßigem Wachstum ($\varphi = \xi$) das Preisniveau konstant bleibt, es bei einem Wachstum, das vornehmlich durch Diffusion früherer Neuerungen getragen wird, ($\varphi > \xi$), sinkt, während es bei einem Wachstum, das vornehmlich durch Innovationen getragen ist, ($\varphi < \xi$), steigt. *Der Grund ist, dass in den so gekennzeichneten Wachstumsphasen das Wachstum des realen Inlandsprodukts jeweils unterschiedliche Folgen für das Wachstum der Durchschnittsproduktivität des Faktors Arbeit hat, für die Frage der realen Geldnachfrage aber lediglich das Inlandsprodukt, als Argument in der Geldnachfragefunktion, entscheidend ist.* „Die Preisniveauentwicklung ist somit unmittelbar mit dem dynamischen Wettbewerbsprozess verbunden." (BEHRENS (1988), S. 272.) Wäre demnach die Geldpolitik strikt auf Konstanz des Preisniveaus verpflichtet und in ihrer auf dieses Ziel gerichteten Politik erfolgreich, so würde es mit einem Erhalt der konstanten Beschäftigung vereinbar sein, wenn bei gleichmäßigem Wachstum, ($\varphi = \xi$), der Nominallohn produktivitätsorientiert wüchse, bei einem Wachstum, das vornehmlich durch Diffusion früherer Neuerungen getragen wird, ($\varphi > \xi$), wäre der Spielraum für Lohnerhöhungen größer, bei einem Wachstum, das vornehmlich durch Innovationen getragen ist, ($\varphi < \xi$), kleiner. Eine erfolgreiche, auf strikte Konstanz des Preisniveaus gerichtete Geldpolitik in Verbindung mit einer produktivitätsorientierten Lohnpolitik würde bewirken, dass bei gleichmäßigem Wachstum, ($\varphi = \xi$), die Beschäftigung konstant bliebe, bei einem vornehmlich durch Diffusion früherer Neuerungen getragenen Wachstum, ($\varphi > \xi$), die Beschäftigung stiege und bei einem vornehmlich durch Innovationen getragenen Wachstum, ($\varphi < \xi$), die Beschäftigung sinken würde. Soll bei konstantem Preisniveau die Beschäftigung konstant bleiben oder gar steigen, dann dürfen demnach Leistungsgewinne, die durch Innovationen zustande gekommen sind, nicht gleich durch Lohnerhöhungen aufgezehrt werden.

5. Das Ziel „Außenwirtschaftliches Gleichgewicht"

5.1 Zahlungsbilanz, Wechselkurssysteme, Konzepte außenwirtschaftlichen Gleichgewichts

Das Ziel „Außenwirtschaftliches Gleichgewicht" ist nicht leicht zu bestimmen. Wie bereits im Teil III. 2.5 dargelegt, besteht die *Zahlungsbilanz eines Landes* vereinfacht aus drei Teilbilanzen, deren Salden sich insgesamt zu Null ergänzen. Dabei werden Mittel*zuflüsse* aus Exporten Ex, aus Kapitalimporten Kim, aus Nettofaktoreinkommenszuflüssen aus dem Ausland (+)F und aus Abnahmen der Devisenreserven der Zentralbank mit einem positiven Vorzeichen verbucht, während die Mittelabflüsse aus Importen Im, aus Kapitalexporten Kex, aus Nettofaktoreinkommensabflüssen an das Ausland (-)F und aus Zunahmen der Devisenreserven der Zentralbank ein negatives Vorzeichen erhalten.[1] (Zur detaillierten Gliederung der Zahlungsbilanz vgl. DEUTSCHE BUNDESBANK (3/1995).)

Im Sinne eines Saldos von Null ist demnach die Zahlungsbilanz, die die grenzüberschreitenden Ströme einer Periode erfasst, stets ausgeglichen. Bezeichnen wir die Veränderung der Nettodevisenreserven der Zentralbank mit ΔDev (bei einem Nettodevisenabfluss mit positivem, bei einem Nettodevisenzufluss mit negativem Vorzeichen), den Leistungsbilanzsaldo mit SLB und den Kapital(verkehrs)bilanzsaldo mit SKB, so ergibt sich als Gleichung:

$$SLB + SKB + \Delta Dev = Ex - Im \pm F + Kim - Kex + \Delta Dev = 0$$

Daraus ist zu schließen, dass sich das Ziel des Außenwirtschaftlichen Gleichgewichts auf Teilbilanzen der Zahlungsbilanz beziehen muss.

---

[1] Die Deutsche Bundesbank verbucht allerdings Devisenzuflüsse mit einem (+), obgleich dies die Systematik durchbricht. (Vgl. DEUTSCHE BUNDESBANK (3/1995).) Es scheint aus der Sicht der Deutschen Bundesbank schwer vermittelbar zu sein, Zuflüsse mit einem Minuszeichen zu versehen?!

In einer Tabelle:

(Teil-)Bilanz	Erfasste Ströme	Salden
Leistungsbilanz:	Waren- und Dienstleistungsverkehr, grenzüberschreitende Faktoreinkommen **Ex - Im $\pm$ F**	Saldo der Leistungsbilanz **SLB**
Kapital(verkehrs)bilanz	Grenzüberschreitender Kapitalverkehr **Kim - Kex**	Saldo der Kapitalverkehrsbilanz **SKB**
Devisenbilanz	Änderung der Devisenreserven der Zentralbank **ΔDev** Zunahme (-), Abnahme (+)	Saldo der Devisenbilanz **ΔDev**
Zahlungsbilanz	Summe aller Ströme	**SLB+SKB+ΔDev = 0**

Um die weitere Betrachtung zu vereinfachen, sei wiederum der Saldo **F** dem Export zugeschlagen, wenn F positiv ist und dem Import, wenn F negativ ist. Damit können wir auf eine Berücksichtigung von F, die die Betrachtungen nur schwieriger, in unserem Zusammenhang aber nicht reicher machte, hier verzichten, ohne sachliche Fehler zu begehen. Es ergibt sich für den *Zahlungsbilanzsaldo*:

$$SLB + LKB + \Delta Dev = (Ex - Im) + (Kim - Kex) + \Delta Dev = 0$$

bzw.

(Ex + Kim) - (Im + Kex) + ΔDev = 0.

In Worten:

Devisenangebot aus Leistungs- und Kapitalverkehr - Devisennachfrage aus Leistungs- und Kapitalverkehr + (Abnahmen der Devisenreserven der Zentralbank - Zunahmen der Devisenreserven der Zentralbank) = 0.

Zur näheren Analyse dessen müssen hier zwei *Wechselkurssysteme* unterschieden werden. Wir wollen den **Fall völlig flexibler Wechselkurse (Floating)**, in dem die Zentralbank überhaupt nicht mit Devisenankäufen und Devisenverkäufen ins Marktgeschehen eingreift (ΔDev = 0) von dem **Fall völlig fester Wechselkurse**, die jederzeit von der Zentralbank durch Devisenmarktinterventionen verteidigt werden müssen (SLB + SKB + ΔDev = 0, sodass SLB + SKB = -ΔDev) unterscheiden.

Diese beiden Systeme stellen Eckpunkte der Betrachtung dar, zwischen denen sich die Realität bewegt. So waren Wechselkurse zwischen den Währungen der Industrieländer in der Nachkriegswirtschaftsgeschichte meistens *fest, jedoch nicht völlig fest,* sondern mit einer Schwankungsbreite versehen. Andererseits gab es zwar flexible Wechselkurse, die Zentralbanken haben jedoch auf die Kurse durch (freiwillige) Interventionen Einfluss genommen (*Schmutziges Floaten*). Im Eurosystem sind zwischen den Teilnehmerländern bis zur Einführung des Euro als alleinigem gesetzlichem Zahlungsmittel, die Wechselkurse völlig fixiert worden.

Drei Konzepte eines Außenwirtschaftlichen Gleichgewichts sollen hier unterschieden werden:

- Außenwirtschaftliches Gleichgewicht I: Ausgleich von Devisenangebot und Devisennachfrage durch die Marktkräfte bei flexiblem Wechselkurs.

- Außenwirtschaftliches Gleichgewicht II: Ausgleich der Leistungsbilanz.

- Außenwirtschaftliches Gleichgewicht III: Saldo der Devisenbilanz bei festgesetztem Wechselkurs gleich Null.

Zudem ist es wichtig, sich zunächst in knapper Form etwas tiefere Klarheit über die **Bestimmungsgründe für den Außenhandel** zu verschaffen als wir dies im Abschitt III 2.5 getan haben. (Vgl. zum Folgenden vor allem SIEBERT (1994), aber auch ROSE/SAUERNHEIMER (1995)):

5.2 Bestimmungsgründe für den Außenhandel

5.2.1 Die Bedeutung von Verfügbarkeiten

Ein erster Grund für Außenhandel ist in Unterschieden der Ausstattung der Volkswirtschaften mit natürlichen Ressourcen und in monopolistischen Verfügbarkeiten zu finden:

— Eine *verschiedene Ausstattung mit Rohstoffen* etwa oder *klimabedingte Unterschiede* in der Produktion von Früchten wären Gründe der ersten Art.

— Monopolistische Verfügbarkeiten als Gründe für Außenhandel sind etwa gegeben, wenn die *Produktion handelbarer Güter an ein bestimmtes Gebiet gebunden* ist, wie beispielsweise Cognac, Beaujolais, Goudakäse, Irish Whiskey und ähnliche Produkte. Auch *landschaftliche Besonderheiten und touristische Attraktionen*, wie die Niagara Fälle, bedingen, dass der Tourist anreisen muss, um sie zu erleben. Daraus resultiert Dienstleistungsexport des Landes mit der Attraktion.

— Ein weiterer Grund kann in einer *unterschiedlichen Ausstattung mit Humankapital* im Sinne qualifizierter Arbeitskräfte als Voraussetzung für die Produktion intelligenter Produkte und Dienstleistungen liegen.

— Schließlich gibt es *zeitlich begrenzte Monopole über Produkttechnologien* im *SCHUMPETER*schen Entwicklungsprozess, wenn nach einer Innovation ein Vorsprung gegenüber den anderen Ländern entstanden ist, der aus verschiedenen Gründen nur langsam schwindet. Häufig beobachtet man einen Produktzyklus im Außenhandel, an dessen Anfang die Entwicklung des neuen Produktes und heimische Produktion und Absatz stehen (1. Phase). Daran schließt sich eine Exportphase an, weil im Ausland die Produktion noch nicht möglich ist (2. Phase). Dem schließt sich eine Imitationsphase an, in der andere Länder bezüglich des fraglichen Produktes wettbewerbsfähig werden (3. Phase). Schließlich kann es passieren, dass das ehemals innovative Land zum Importeur des Produktes wird (4. Phase). (Vgl. dazu SIEBERT (1994), S. 90 f.)

– Zudem führen kleinere Produktinnovationen, so genannte *Produktdifferenzierungen*, zu unterschiedlichen Produktvarianten auf Grund objektiver Gegebenheiten, etwa tatsächlicher technischer Unterschiede oder Unterschiede im Service etc. Aber auch unterschiedliche Nutzeneinschätzungen der Konsumenten machen Produkte, bei sonst gleicher Technik, Ausstattung und gleichem Service, zu unterschiedlichen Produkten. (Vgl. KIRZNER (1978), S. 19.) Durch solche Produktdifferenzierungen entstehen monopolistische Bereiche für die einzelnen Anbieter, deren Folge so genannter *intrasektoraler Handel*, d. h. gegenseitiger Handel mit Gütern des gleichen Sektors, ist. (Vgl. SIEBERT (1994), S. 104 ff., ROSE/SAUERNHEIMER (1995), S. 352.)

Daraus folgt ein für Länder wie die Bundesrepublik Deutschland wichtiger Zusammenhang: Ist die Verbreitung technischen Wissens gehemmt, dann besitzt ein Land mit viel Humankapital einen Produktionsvorteil bei so genannten High-Tech-Produkten. Dann wird sich ein Land, das über viel Humankapital verfügt aber auch auf solche Produkte spezialisieren, weil es sie verhältnismäßig gut hervorbringen kann. (Vgl. SIEBERT (1994), S. 116 - 118.)

5.2.2 Kostenvorteile, die sich in Preisvorteilen niederschlagen

5.2.2.1 Absolute und komparative Kostenvorteile

Die Bedeutung von Preisen wurde bereits im Abschnitt III. 2.5 erörtert, sodass wir uns weitgehend auf die dortige Analyse stützen können. Dort wurden insgesamt vier Arten von Preisen unterschieden und ihre Bedeutung für den Außenhandel analysiert: Der Preis für inländische Inlandsprodukteinheiten im Inland, der Preis für ausländische Inlandsprodukteinheiten im Ausland, der Wechselkurs und die Zinssätze. (Es sei auf III. 2.5 verwiesen.) Wichtig ist in diesem Zusammenhang allerdings, den Zusammenhang zwischen absoluten und komparativen Kosten- bzw. Preisvorteilen und ihre Bedeutung für vorteilhaften Handel zu kennen und zu beachten. (Vgl. dazu z. B. SAMUELSON/NORDHAUS (1998), S. 779 ff. oder BEHRENS/KIRSPEL (2003), S. 34 - 51.)

– Ein Land verfügt bezüglich der Produktion eines Gutes über einen *absoluten Kostenvorteil*, wenn es dieses Gut mit geringeren realen Produktionskosten herstellen kann als ein anderes Land. Finden sich zwei Länder, von denen jedes jeweils eines von zwei Gütern, die in beiden Ländern gewünscht werden, mit absoluten Kostenvorteilen gegenüber dem anderen Land herstellen kann, lohnt es sich, sich zu spezialisieren und dann zu tauschen. Der Grund für die absoluten Kostenvorteile kann dabei entweder in unterschiedlichen Produktionstechnologien liegen oder aber, bei gleichen Technologien daran, dass es wegen Größenvorteilen bei der Produktion zu steigenden Skalenerträgen kommt. Die Arbeitsteilung führt dann die absoluten Kostenvorteile herbei. Führen die absoluten Kostenvorteile zu entsprechenden Preisvorteilen, kommt es zum Handel. (Vgl. SIEBERT (1994), S. 17 ff.)

– Es lässt sich allerdings zeigen, dass sich das Kriterium absoluter Kostenvorteile in das *Kriterium komparativer Kostenvorteile* überführen lässt, weil sich ein Handel bei absoluten Kostenvorteilen genau dann lohnt, wenn es sich zugleich um komparative Kostenvorteile handelt (Vgl. unten den Exkurs). Schauen wir uns das Prinzip der komparativen Kostenvorteile im Folgenden zunächst etwas genauer an. (Vgl. HABERLER (1970), S. 96 ff., 1 ff., SAMUELSON/ NORDHAUS (1998), S. 779 ff., KRUGMAN/OBSTFELD (2004) S. 38 ff., SAMUELSON (1981), S. 367 ff., MANKIW (1999), S. 57 ff., FRIEDMAN (1999), S. 95 ff., BEHRENS (1989), S. 201, BEHRENS/KIRSPEL (2003), S. 48 - 52.)

5.2.2.2   Ricardos Theorem der komparativen Kostenvorteile

Der bedeutende klassische Nationalökonom *DAVID RICARDO* (1772 - 1823) war der Sohn eines holländischen Börsenmaklers, erlernte von seinem Vater das Börsengeschäft und vervielfachte sein Vermögen durch Börsengeschäfte bis zu seinem 25. Lebensjahr auf die (damals) ungeheure Summe von 700000 Pfund. Als nunmehr reicher Mann widmete er sich den Wissenschaften und erlangte auf seinem Lieblingsgebiet, den Wirtschaftswissenschaften dauernden Weltruhm. (Vgl. RECKTENWALD (1989), S. 1022.) Eine der fundamentalen Leistungen *RICARDO*s war der Beweis, dass sich internationaler Handel nicht nur dann lohnt, wenn zwei Länder jeweils absolute Kostenvorteile bezüglich zweier zu tauschender Güter besitzen. Er wies im Jahre 1817 nach, dass zwei Länder auch dann beide vom Handel profitieren, wenn eines der beiden Länder alle Güter billiger, also zu absolut niedrigeren Kosten (niedrigeren Faktoreinsätzen) produzieren kann, sofern nur die Kosten- oder Austauschverhältnisse innerhalb der beiden Länder, also die Opportunitätskosten der Produktion der Güter in den Ländern, voneinander abweichen (***komparative Kostenvorteile***).

Schauen wir uns *ein Beispiel* an (Vgl. SAMUELSON/NORDHAUS (1998), S. 780 f. Vgl. auch KRUGMAN/OBSTFELD (2004), S. 38 ff.):

Annahmen: 1. Sowohl im Inland I als auch im Ausland A steht als Ressourcenvorrat ein Arbeitsvolumen von 12 Std. zur Verfügung. Das Arbeitsvolumen sei die einzige produktive Ressource, mit deren Einsatz sowohl das Gut 1, als auch das Gut 2 produziert werden kann. 2. Die in den beiden Ländern *bei Autarkie*, also ohne jeden Handel mit dem anderen Land, jeweils unter Einsatz des Arbeitsvolumens maximal produzierbaren Stückzahlen bezüglich des Gutes 1 bzw. des Gutes 2 ist der folgenden Tabelle zu entnehmen. Die *Produktionsmöglichkeitengrenze* hinsichtlich der Produktion beider Güter bei Autarkie wird als ***Transformationskurve*** bezeichnet. Die Gleichungen zu den Transformationskurven sind in der letzten Spalte der Tabelle zu finden.

Produktionsmöglichkeiten bei Autarkie			
	Stück Gut 1 in 12 Std.: X_{1max}	Stück Gut 2 in 12 Std.: X_{2max}	In 12 Std. herstellbare Mengen X_1 oder X_2: Transformationskurven
Inland I	4	3	$T^I : X_1^I = 4 - \dfrac{4}{3} \cdot X_2^I$
Ausland A	12	6	$T^A : X_1^A = 12 - 2 \cdot X_2^A$

Die Tabelle zeigt offenkundig, dass die Produktion beider Güter im Ausland A real billiger ist als im Inland I, denn mit dem gleichen Ressourcenvorrat kann im Ausland A von beiden Gütern mehr produziert werden. Das Land A besitzt demnach bezüglich beider Güter absolute Kostenvorteile gegenüber dem Land 1, sodass wechselseitige absolute Kostenvorteile als Grund für beidseitig vorteilhaften Tausch nicht in Frage kommen. In einer $[X_1, X_2]$-Ebene würde die Transformationskurve des Auslandes A vollständig weiter vom Ursprung entfernt liegen als die des Inlandes I, sodass im Ausland A bei gleichem Ressourcenvorrat auch ein höherer Wohlstand herrschte. Dennoch ist beidseitig vorteilhafter Handel möglich.

Es liegen in diesem Beispiel lineare Transformationskurven vor, deren Steigung die Opportunitätskosten der Produktion des Gutes 2, gemessen in Einheiten des Gutes 1, in dem jeweiligen Land angibt. Im Inland I erfordert die Produktion einer Einheit des Gutes 2 den Verzicht auf die Produktion von 4/3 Einheiten des Gutes 1. Im Ausland A erfordert die Produktion einer Einheit des Gutes 2 einen Verzicht von 2 Einheiten des Gutes 1. Da 2 > 4/3 ist, ist bei Autarkie die Produktion des Gutes 2 in Opportunitätskosten gemessen im Land I billiger als im Land A, während damit natürlich die Produktion des Gutes 1 im Land A günstiger ist als im Land I: ½ < ¾. Die komparativen Kostenvorteile sind demnach wechselseitig, obwohl die absoluten Kostenvorteile einseitig sind. Es kann vorteilhaft getauscht werden.

Nehmen wir beispielsweise an, bei Autarkie würde wie folgt produziert, sodass sich als Versorgung ohne Handel ergäbe:

Versorgung ohne Handel, also bei Autarkie:		
Land	Produktion = Versorgung mit Gut 1	Produktion = Versorgung mit Gut 2
Inland I	2 Einheiten	1,5 Einheiten
Ausland A	6 Einheiten	3 Einheiten

Das Land mit den absoluten Kostenvorteilen ist damit das wohlhabendere Land. Beide Mengenkombinationen liegen auf der Transformationskurve des jeweiligen Landes, sodass es nicht in der Lage ist, bei Autarkie die Menge nur eines Gutes zu erhöhen ohne die des anderen senken zu müssen.

Das Weltmarktpreisverhältnis zwischen den beiden Gütern lasse es nun zu, so sei hier angenommen, genau 1,5 Einheiten des Gutes 1 gegen 1 Einheit des Gutes 2 zu tauschen:

$$\text{Tauschverhältnis:} \quad 1,5 \left[\frac{\text{Mengeneinheiten Gut 1}}{\text{Mengeneinheit Gut 2}} \right]$$

Da im Inland I die Opportunitätskosten für eine Einheit des Gutes 2 lediglich 4/3 Einheiten des Gutes 1 betragen, verzichtete das Inland I bei Autarkie je Einheit des Gutes 2 auf weniger Einheiten des Gutes 1, als es im internationalen Handel erwerben kann. Es ist vorteilhaft für das Inland I, sich auf die Produktion des Gutes 2 zu konzentrieren und es dann gegen Einheiten des Gutes 1 einzutauschen. Für das Ausland gilt entsprechendes für die Spezialisierung in Richtung des Gutes 1, das dann vorteilhaft gegen Gut 2 getauscht wird.

Nehmen wir folgende Produktionen und Tauschvorgänge beispielhaft an, wobei zu bedenken ist, dass stets des einen Export gleich des anderen Import ist et vice versa.

Inland I:	Produktion:	3 Einheiten X_2
	Export:	1,5 Einheiten X_2
	Import	2,25 Einheiten X_1
Ausland A:	Produktion:	8,25 Einheiten X_1 + 1,875 Einheiten X_2
	Export	2,25 Einheiten X_1
	Import	1,5 Einheiten X_2

Daraus ergibt sich folgende Versorgung nach Handel:

Versorgung nach Handel		
Land	Versorgung mit Gut 1	Versorgung mit Gut 2
Inland I	2,25 Einheiten	1,5 Einheiten
Ausland A	6 Einheiten	3,375 Einheiten

Beide Versorgungsniveaus liegen außerhalb der Produktionsmöglichkeiten bei Autarkie, also außerhalb der Transformationskurve des jeweiligen Landes. Beide Länder haben gewonnen. Die Handelsgewinne betragen:

Handelsgewinne		
Land	Handelsgewinn in Gütern	Arbeitszeitäquivalent des Handesgewinns
Inland I	0,25 Einheiten Gut 1	45 Minuten Arbeitszeit
Ausland A	0,375 Einheiten Gut 2	45 Minuten Arbeitszeit

Gemessen in Arbeitszeit, also der in unserem Beispiel einzigen verfügbaren Ressource, entspricht der Zuwachs in beiden Ländern dem Zuwachs, der bei Autarkie mit 45 Minuten zusätzlicher Arbeitszeit verbunden wäre. Bei der angenommenen Ressourcenausstattung beträgt demnach das Wachstum durch Aufnahme des Handels 6,25 %. Dass beide Länder in Arbeitszeit gemessen den gleichen Handelsgewinn haben, liegt natürlich an der Wahl des Austauschverhältnisses (also des relativen Weltmarkt-preises der beiden Güter). Würde das Austauschverhältnis näher an den Opportunitätskosten des Landes I (A) liegen, so wäre der Handelsgewinn bei I (A) niedriger, bei A (I) höher.

Eine *Rechnung in Geldpreisen statt in realen Opportunitätskosten* führt zu keinem anderen Ergebnis, wenn der Wechselkurs einen Ausgleich der Kostenniveaus derart herbeiführt, dass es sich für jedes Land lohnt, genau das Gut zu produzieren, für das es dann einen absoluten Kosten- bzw. Preisvorteil besitzt. Die absoluten Kosten- bzw. Preisvorteile der beiden Länder liegen dann jeweils genau bei dem Gut, bei dem das entsprechende Land einen komparativen Kosten- bzw. Preisvorteil besitzt. (Vgl. z. B. FRIEDMAN (1999), S. 98 f.)

In unserem Beispiel besitzt das Ausland A einen komparativen Kostenvor-teil (= Preisvorteil) bezüglich des Gutes 1, das Inland demnach einen be-züglich des Gutes 2. Nehmen wir nun vereinfachend an, die *Autarkieprei-se entsprächen den Lohnstückkosten*, die zu ermitteln wären als Lohnsatz w multipliziert mit dem Arbeitskoeffizienten (Arbeitsvolumen pro Gut-seinheit). Als Arbeitskoeffizienten- und Opportunitätskostentabelle erhal-ten wir aus den obigen Daten die folgende Tabelle (Vgl. BEHRENS (1989), S. 201), deren rechtem Teil (Opportunitätskosten bei Autarkie) die bereits ermittelten komparativen Kostenvorteile zu entnehmen sind.

Für die *Ausgangslage der folgenden Betrachtung* sei angenommen, das Inland rechne in Euro und das Ausland in \$, der inländische Lohnsatz w_I betrage 1 Euro, der ausländische Lohnsatz w_A 1 \$ und der Ausgangswech-selkurs betrage e = 1 [Euro/\$].

Arbeitskoeffizienten und Opportunitätskosten bei Autarkie				
Land	*Arbeitskoeffizienten*		*Opportunitätskosten*	
	Arbeits-volumen pro Einheit Gut 1 in Std.	Arbeits-volumen pro Einheit Gut 2 in Std.	Kosten einer Einheit des Guts 1 in Einheiten des Gutes 2	Kosten einer Einheit des Guts 2 in Einheiten des Gutes 1
Inland I	3	4	3/4	4/3
Ausland A	1	2	1/2	2

In der Ausgangslage geben die Arbeitskoeffizienten der beiden Länder die Lohnstückkosten zur Produktion der beiden Güter an und damit annahmegemäß auch die Autarkiepreise für die Güter. Und da der Wechselkurs gleich 1 ist, sind die Preise unmittelbar vergleichbar.

Es zeigt sich, dass alle Produkte im Ausland günstiger einzukaufen sind als im Inland. Deshalb würden die Wirtschaftssubjekte beider Länder versuchen, im Ausland A einzukaufen. Die Nachfrage nach $ stiege und damit auch der Preis für $ in Euro, also der *Wechselkurs* e. Die Inlandspreise in Inlandswährung gemessen bleiben von der Wechselkursänderung unberührt, aber die Auslandspreise in Inlandswährung gemessen verändern sich in Abhängigkeit vom Wechselkurs. Steigt der Wechselkurs etwa auf e = 2,5 [Euro/$], so sind, in Inlandswährung gerechnet, die ausländischen Preise für Gut 1 auf 2,5 Euro und für Gut 2 auf 5 Euro gestiegen. Somit wäre das Gut 1 im Ausland A billiger und das Gut 2 im Inland I billiger. Die Nachfrage würde deshalb Gut 1 aus dem Ausland A erwerben wollen und das Gut 2 aus dem Inland I. Es findet eine Spezialisierung und ein Handel entsprechend der komparativen Kostenvorteile statt. Betrachten wir nun die Auswirkungen einiger Datenänderungen.

- **Betrachtung einiger Datenänderungen:**

Was geschieht nun, wenn das Inland seinen Lohnsatz von $w_I = 1$ Euro auf $w_I = 10$ Euro erhöht?

Alle Produkte des Inlandes würden auf Grund dieses enormen Kostendrucks teurer. Niemand will mehr im Inland einkaufen. Alle fragen \$ nach, aber keiner bietet \$ an. Der Wechselkurs steigt. Wenn er sich beispielsweise verzehnfacht auf e = 25 [Euro/\$], sind die alten Verhältnisse wieder hergestellt: Gut 1 kostet dann aus dem Inland 30 Euro und aus dem Ausland e·1 \$ = 25 Euro. Das Gut 1 wird also aus dem Ausland gekauft. Das Gut 2 kostet aus dem Inland 40 Euro und aus dem Ausland e·2 \$ = 50 Euro. Das Gut 2 würde also im Inland gekauft. Wieder hat sich ein Handel gemäß Ricardos Theorem der komparativen Kostenvorteile eingestellt.

Was geschieht, wenn nur die „benachteiligte" Branche in einem Land den Lohnsatz senkt?

Nun möge die inländische Branche, die das Gut 1 herstellt, verkünden, der Grund dafür, dass es ihr an „internationaler Wettbewerbsfähigkeit" mangele, seien zu hohe Lohnkosten. Ein Vergleich der Kosten ergibt ja, dass eine Einheit, die im Inland produziert wird, 30 Euro kostet, während im Ausland nur Kosten in Höhe von 25 Euro entstehen. Die Branche sieht nur zwei Möglichkeiten: Entweder sie verlagert die Produktion ins Ausland A und führt dann Gut 1 ins Inland ein. Handelt im Ausland die Gut 2-Branche ebenso, beschleunigt dieses Verhalten beidseitig die Anpassung der Produktionsstruktur entsprechend der nach Ricardos Theorem vorteilhaften Arbeitsteilung. Die zweite Möglichkeit besteht für die Inlands-Gut 1-Branche darin, die Lohnstückkosten drastisch zu senken. Das möge ihr gelingen, indem sie ihren Arbeitern klar macht: „Die Kosten sind zu hoch. Wir sind international nicht wettbewerbsfähig. Wenn das so bleibt, müssen wir die Produktion ins Ausland verlagern. Wenn ihr jedoch zu Lohnsenkungen bereit seid, können wir die heimische Produktion retten." (Dem Leser und der Leserin kommen diese Argumente aus den Krisenbranchen der deutschen Wirtschaft und der Presse sicher bekannt vor.)

Nehmen wir an, im Vergleich zum letzten Abschnitt bliebe der inländische Lohnsatz in der Gut 2-Branche auf w_{I2} = 10 Euro. Ebenso blieben die Lohnsätze im Ausland unverändert. In der inländischen Gut 1-Branche würden Lohnsenkungen von W_{I1} = 10 Euro auf W_{I1} = 5 Euro durchgesetzt. Beim gegebenen Wechselkurs von e = 25 [Euro/$] bedeutet dies: Gut 2 kostet in inländischer Währung gerechnet aus dem Inland 40 Euro und aus dem Ausland 50 Euro. Gut 1 kostet aus dem Ausland 25 Euro und aus dem Inland 15 Euro. Beide Güter sind folglich nach der Lohnsenkung im Gut 1-Sektor des Inlandes aus dem Inland billiger zu beziehen als aus dem Ausland. Die Folge ist ein Angebot an $ (gleich Nachfrage nach Euro), der Wechselkurs sinkt. Nehmen wir einmal an, er sinke auf e = 18 [Euro/$], dann würde gelten: Gut 1 kostet aus dem Inland 15 Euro, aus dem Ausland 18 Euro. Gut 2 kostet aus dem Inland 40 Euro, aus dem Ausland 36 $. D. h., dass nun das Inland I beim Gut 1 und das Ausland A beim Gut 2 komparative und absolute Kosten- und Preisvorteile hat. Die komparativen Vorteile, die sinnvolle Spezialisierungsrichtung und die Handelsströme haben sich durch die isolierte Lohnsenkung in der Gut 1-Branche des Inlandes im Vergleich zur Ausgangslage umgekehrt.

Als Ergebnis der Lohnsenkung in der inländischen Gut 1-Branche stellt sich ein: Die Gut 1-Branche konnte ihr Versprechen gegenüber ihren Mitarbeitern wahr machen. Die Wettbewerbsfähigkeit der inländischen Gut 1-Branche wurde verbessert, die Arbeitsplätze erhalten. Dafür ist allerdings die Gut 2-Branche zur Krisenbranche geworden, weil sie jetzt die komparativen Nachteile hat. Ist also durch die Kostensenkung in der Gut 1-Branche die „internationale Wettbewerbsfähigkeit" der inländischen Wirtschaft gestiegen? Was würde denn geschehen, wenn die Gut 2-Branche dem Beispiel der Gut 1-Branche folgte und ebenfalls die Lohnsätze halbierte? Dann würden offenkundig die alten Opportunitätskostenverhältnisse, die alten Spezialisierungsvorteile und die alten Handelsströme wieder herbeigeführt. Die Volkswirtschaft des Inlandes I hätte im Hinblick auf die Vorteilhaftigkeit des Handels nichts gewonnen (aber wahrscheinlich für den inländischen Arbeitsmarkt, den inländischen technischen Fortschritt und den inländischen Wohlstand!).

- *Fazit*:

Senkt die gesamte Volkswirtschaft des Inlandes I die Lohnsätze, ändert sich an der vorteilhaften Spezialisierung und am vorteilhaften Handel nichts, wenn der Wechselkurs nicht durch andere Einflüsse daran gehindert wird, die Kostenniveauwirkung der Lohnsatzänderung zu neutralisieren. Wäre das der Fall, so würde der Grund für die Probleme in den anderen Einflüssen auf den Wechselkurs zu suchen sein. Passt der Wechselkurs sich den Kostenniveaus an, kann (in unserem Beispiel) die Krise in der Gut 1-Branche nicht behoben werden. Lediglich eine Änderung der Opportunitätskostenverhältnisse kann die Gut 1-Branche retten, dies jedoch nur zu Lasten der Gut 2-Branche.

Nicht allein hat die so genannte „internationale Wettbewerbsfähigkeit" einer Volkswirtschaft mit dem in heimischer Währung gerechneten Kostenniveau wenig zu tun, sondern der Begriff der „internationalen Wettbewerbsfähigkeit" einer Volkswirtschaft als Analogon zur Wettbewerbsfähigkeit von Unternehmen auf einem Markt ist Unsinn im Sinne von „ohne Sinn":[2] „So let's start telling the truth: competitiveness is a meaningless word when applied to national economies. And the obsession with competitiveness is both wrong and dangerous." (KRUGMAN (1996), S. 22.) Die Gefahren, die von der falschen Vorstellung „internationaler Wettbewerbsfähigkeit von Volkswirtschaften" ausgehen, liegen vor allem in wirtschaftspolitischen Fehleinschätzungen und Fehlhandlungen, die in Protektionismus, Handelsbeschränkungen und Handelskriegen, industriepolitischen Steuerungen der Wirtschaftsstruktur, weniger strengen Wettbewerbsregeln etwa bei Fusionen und anderm ihren Ausdruck finden. Das

---

[2] Die entsprechenden „... öffentlichen Diskussion von Außenhandelsfragen basieren auf einem System von Ideen, die ungefähr ein Jahrhundert, nachdem die kopernikanische Revolution [(durch [C.-U.B.])] (d)ie Arbeiten von Kopernikus und Newton im sechzehnten und siebzehnten Jahrhundert] das System des Ptolemäus aus der Astronomie verdrängt hatte, aus den Wirtschaftswissenschaften verschwanden. Es ist ganz so, als hätte die *New York Times* in Leitartikeln ihrer Sorge Ausdruck verliehen, wie die *Apollo*-Mission es vermeiden könne, mit der ersten der Kristallsphären zusammenzustoßen - derjenigen mit der Umlaufbahn des Mondes." (FRIEDMAN (1999), S. 91.)

bedingt Wohlfahrtsverluste durch Behinderung oder gar Verhinderung allseitig vorteilhafter Arbeitsteilung und vorteilhaften Handels. Was natürlich nicht bedeutet, dass es nicht sinnvoll sein kann, im Inland die Löhne und andere Produktionskosten zu senken, wenn etwa zu hohe Löhne für Arbeitslosigkeit im Inland bedeutsam sind und die Möglichkeiten, bei gleichem Ressourceneinsatz mehr und bessere Produkte herstellen zu können, als vorteilhaft empfunden werden.

Vom freien internationalen Handel geht ein steter Druck in Richtung Kostensenkung (in der - möglicherweise wechselnden - Krisenbranche) aus, also letztlich auch in Richtung technischer Fortschritt, sodass die Güter mit immer geringerem Ressourceneinsatz produziert werden können, was den Wohlstand des Landes erhöht. Die Peitsche eines *freien internationalen Handels ist demnach in höchstem Maße wohlstandsfördernd.* Und zwar nicht allein durch die Handelsvorteile, sondern auch durch die davon ausgehenden Anreize, technischen Fortschritt zu realisieren. Die *wirtschaftspolitischen Schlussfolgerungen* sollten deshalb ganz andere als die sein, die häufig aus der unsinnigen Betrachtung von der „internationalen Wettbewerbsfähigkeit" gezogen werden. *Alles spricht für freien internationalen Handel ohne staatliche Verfälschung des Wettbewerbs durch Industriepolitik jedweder Art.*

Führt der Wechselkurs den für das Zustandekommen allseitig vorteilhaften Handels notwendigen Ausgleich der Kostenniveaus nicht herbei, etwa weil er unverbrüchlich festgesetzt wurde oder man zu einer Einheitswährung übergegangen ist, dann kann es dazu kommen, dass auf Dauer Handel gänzlich unterbleibt, weil alle Güter eines Landes günstiger sind als die gleichen Güter aus dem anderen Land. (Vgl. SIEBERT (1994), S. 21 ff.) Wohlstandstransfers sind dann schließlich nur noch durch Transferzahlungen aus dem reichen ins arme Land möglich, die letzterem die Möglichkeiten geben, in ersterem einzukaufen, oder durch Wanderung der Faktoren, insbesondere der Arbeitskräfte, vom armen Land ins reiche Land.

D. h., solange komparative Kostenvorteile existieren, *kann* es vorteilhaften Außenhandel geben. Wird jedoch der Wechselkurs daran gehindert, Kostenniveauunterschiede auszugleichen, kann es zum Erliegen eines eigentlich vorteilhaften Außenhandels kommen. Deshalb kommt dem gewählten Wechselkurssystem eine ganz besondere Bedeutung für den internationalen Handel zu. Diese Bedeutung des Wechselkurssystems sehen wir uns deshalb noch genauer an.

Exkurs: Der Zusammenhang zwischen absoluten und komparativen Kosten- bzw. Preisvorteilen als Bestimmungsgründe vorteilhaften Handels

Damit ein absoluter Kosten- bzw. Preisvergleich zwischen zwei Ländern stattfinden kann, müssen die Kosten bzw. Preise in gleicher Währung ausgedrückt werden. Zur Umrechnung in eine Währung dient der Wechselkurs e, der die Anzahl der inländischen Währungseinheiten angibt, die pro Einheit ausländischer Währungseinheiten zu bezahlen ist. (Wir bezeichnen die Inlandswährung als Euro und die Auslandswährung als $, sodass der Wechselkurs e die Dimension hat: $\left[\text{Euro}/\$\right]$.)

Die Vorteilhaftigkeit für Handel sei aus der Sicht des Inlands betrachtet, sodass eine Umrechnung aller Wertgrößen in Euro erfolgt. Damit es zu gegenseitig vorteilhaftem Handel kommen kann, muss der Preis für das Importgut P_{Im} bei Autarkie (also wenn es keinerlei Handel gibt) im Inland I höher sein als im Ausland A. Zugleich muss der Preis für das Exportgut P_{Ex} bei Autarkie im Ausland A höher sein als im Inland I:

$$(1) \quad \underset{\left[\frac{\text{Euro}}{\text{ME}}\right]}{P_{Im}^{I}} > \underset{\left[\frac{\text{Euro}}{\$}\right]}{e} \cdot \underset{\left[\frac{\$}{\text{ME}}\right]}{P_{Im}^{A}} \quad \text{und} \quad \underset{\left[\frac{\text{Euro}}{\text{ME}}\right]}{P_{Ex}^{I}} < \underset{\left[\frac{\text{Euro}}{\$}\right]}{e} \cdot \underset{\left[\frac{\$}{\text{ME}}\right]}{P_{Ex}^{A}} .$$

(ME steht für Mengeneinheit.)

Aus (1) folgt:

$$(2) \quad \frac{P_{Ex}^{I}}{P_{Ex}^{A}} < e < \frac{P_{Im}^{I}}{P_{Im}^{A}} .$$

Wenn der Wechselkurs aus irgendwelchen Gründen - beispielsweise durch politische Festsetzung - diese Bandbreite verlässt, kommt gegenseitig vorteilhafter Handel mit den betreffenden Gütern nicht zustande.

Aus (2) ergibt sich als Kriterium für vorteilhaften Handel mit den betrachteten Gütern:

$$(3) \quad \frac{P_{Ex}^{I}}{P_{Ex}^{A}} < \frac{P_{Im}^{I}}{P_{Im}^{A}}, \quad \text{also} \quad \underbrace{\frac{P_{Ex}^{I}}{P_{Im}^{I}}}_{\left[\frac{ME_{Im}^{I}}{ME_{Ex}^{I}}\right]} < \underbrace{\frac{P_{Ex}^{A}}{P_{Im}^{A}}}_{\left[\frac{ME_{Im}^{A}}{ME_{Ex}^{A}}\right]} .$$

Demnach lohnt sich gegenseitiger internationaler Handel mit zwei Gütern genau dann, wenn die realen Opportunitätskosten in den beiden Ländern auseinander fallen, sodass die Preisverhältnisse bei Autarkie auseinander fallen. Das ist aber genau das Kriterium für vorteilhaften Tausch auf Grund komparativer Kosten- bzw. Preisvorteile. (Vgl. z. B. BEHRENS/ KIRSPEL (1999), S. 51.)

Vorteilhafter Handel auf Grund von absoluten Kostenvorteilen kommt nur zustande, wenn die absoluten Kostenvorteile zugleich komparative Kostenvorteile sind und gleichzeitig der Wechselkurs die Preisniveaus ausgleichen kann, oder er kommt gar nicht zustande (wenn der Wechselkurs falsch gesetzt ist).

5.2.3   Handelsvorteile und Strukturwandel

Aus welchem der betrachteten Gründe für zwischenstaatlichen Handel auch immer der Warenaustausch vorgenommen wird, er führt stets zu Handelsgewinnen der Beteiligten. Der Wohlstand nimmt in den beteiligten

Volkswirtschaften zu, ohne dass dafür mehr Ressourcen eingesetzt werden müssen. Die Bedürfnisse der Menschen werden vielfältiger und der Bedürfnisstruktur angemessener sowie reicher befriedigt. Zudem ist seit alters her bekannt, dass freier Handel friedensstiftend ist, denn wer auf Dauer zu beiderseitigem Vorteil miteinander Handel treiben will, bekriegt sich vernünftigerweise nicht. Leider wird dies Argument allerdings durch mancherlei andere Einflüsse auf die Fragen von Krieg und Frieden geschwächt.

Ungeachtet dieses positiven Gesamturteils über freien internationalen Handel gibt es fast überall politische Probleme, ihn einzuführen und durchzusetzen. Realistischerweise ist nämlich davon auszugehen, dass die Herbeiführung eines in höherem Maße freien Handels der Verminderung oder Beseitigung bestehender Handelshemmnisse und Handelsbeschränkungen bedarf. Dieser Abbau von Hemmnissen würde zwar für alle zunehmenden Handel und Wohlstand bringen, aber er würde auch zu sektoralem Strukturwandel führen und damit zu Strukturanpassungsproblemen, insbesondere bei den Menschen in den dann schrumpfenden Branchen. (Zur strukturellen Anpassung in Deutschland vgl. SIEBERT (1994), S. 74.)

Je nachdem, wie rasch der Strukturwandel vor sich geht, also welche Anpassungsfähigkeit seine Bewältigung verlangt, und wie anpassungsfähig die Volkswirtschaft ist, sind die Lasten, die der Strukturwandel hervorruft, weniger stark oder stärker zu spüren. Und da die Flexibilitätserfordernisse vor allem die Arbeitsmärkte betreffen, kann es leicht geschehen, dass die Politik die (Anpassungs-)Lasten, die bestimmte Teilgruppen der Gesellschaft treffen, höher bewertet als die Wohlstandsgewinne, die alle treffen, und den Abbau von Handelshemmnissen unterlässt, etwa weil die von der Teilgruppe empfundene Last wahlwirksam ist, während die ausgebliebene (und den Menschen in der Höhe und im zeitlichen Anfall unbekannte) Wohlstandszunahme durch Handel keine Bedeutung für die Wahlentscheidung der Betroffenen hat, zumal mehr oder minder alle betroffen sind.

Allerdings werden manche Handelshemmnisse auch ohne den Staat abgebaut. Beispielsweise senken bessere Transporttechnologien und auch Kommunikationstechnologien (als besondere Form der Transporttechnologien, die Informationen transportieren) für niedrigere Transaktionskosten im internationalen Handel. Hier dürfte ein gewichtiger Grund für die so genannte *Globalisierung der Märkte* liegen. Auch dieser marktwirtschaftliche Abbau von Handelshemmnissen führt zu Handelsgewinnen und strukturellen Anpassungserfordernissen. Manche Politiker fühlen sich hier berufen, zu Gunsten ihrer Wählerschaft, die negativ vom Strukturwandel betroffen wäre, dem marktlichen Abbau von Handelshemmnissen einen politischen Aufbau solcher Hemmnisse entgegenzusetzen.

Exkurs: Wo liegen die komparativen Kostenvorteile Deutschlands?

Zur Bestimmung der komparativen Vorteile oder Nachteile einzelner Sektoren greift der *Sachverständigenrat zur Begutachtung der gesamtwirtschaftlichen Entwicklung* auf die so genannte **RCA-Analyse** (Revealed *Comparative Advantages*) zurück. (Vgl. SACHVERSTÄNDIGENRAT ... (1993), Ziff. 196 ff., S. 171 ff., SIEBERT (1994), S. 76.) Dabei ermittelt der *Sachverständigenrat* für Sektoren/Waren einen so genannten RCA-Index:

Der RCA-Wert einer Warengruppe i wird ermittelt, indem der natürliche Logarithmus der Relation Ausfuhr Ex_{it} durch Einfuhr Im_{it} der jeweiligen Waren zu Ausfuhr Ex_t durch Einfuhr Im_t insgesamt gebildet und mit 100 multipliziert wird:

$$RCA_{it} = \ln\left(\frac{Ex_{it}/Im_{it}}{Ex_t/Im_t}\right) \cdot 100$$

„Ein RCA-Wert größer als Null deutet auf komparative Vorteile bei einer bestimmten Warengruppe hin, ein RCA-Wert kleiner als Null entspräche dementsprechend komparativen Nachteilen." (SACHVERSTÄNDIGENRAT ... (1993), S. 280.)

Es ergibt sich für 1992 (Vgl. SACHVERSTÄNDIGENRAT ... (1993), Tabelle 50 auf S. 173.), dass die deutsche Wirtschaft erhebliche komparative Vorteile im Maschinenbau hat (RCA-Werte über 100 sind hier keine Seltenheit. Sie reichen bis +173,0 bei Maschinen für die Textil- und Lederindustrie). Erhebliche Nachteile sind beispielsweise bei Rundfunk- und Fernsehempfangsgeräten (-122,1 bzw. -68,0), bei Ton- und Fernsehaufzeichnungs- und -wiedergabegeräten (-46,2) oder bei ADV-Maschinen (-84,8) zu verzeichnen. Nach der Feststellung des *Sachverständigenrates* ist der„ ... RCA-Wert für die Gruppe der ...technologie-intensiven Güter im ganzen positiv.“ (SACHVERSTÄNDIGENRAT ... (1993), Ziff. 198, S. 172.) Neben den Maschinenbauerzeugnissen und dem Fahrzeugbau liegen noch gut: Biochemie, pharmazeutische Industrie, Mess- und Regeltechnik und Medizintechnik.

Es ergibt sich, dass die komparativen Vorteile der deutschen Wirtschaft vor allem bei Produkten liegen, die den Einsatz hoch qualifizierter Arbeit (also von Humankapital) erfordern und deren Produktion kapitalintensiv und auf hohem technischen Niveau ist, also bei innovativen Produkten und Produktionsverfahren. Kein komparativer Vorteil ist hingegen bei arbeitsintensiver Massenproduktion sowie bei rohstoff- und schadstoffintensiven Produkten gegeben. (Vgl. SIEBERT (1994), S. 73.)

Aus diesem Befund wäre zu schließen, dass von breit angelegten Lohnerhöhungen, die ja besonders bei arbeitsintensiver Produktion auf die Produktionskosten wirken, vor allem Branchen betroffen werden, bei denen die deutsche Wirtschaft ohnedies komparative Nachteile hat. Der Leser stelle Überlegungen zu folgenden Fragen an: Welche Bedeutung hätten angesichts der theoretischen Überlegungen und der empirischen Befunde Zunahmen der Lohnkosten für die komparativen Vorteile und Handelsströme Deutschlands? Und: Warum könnte es ungeachtet der außenwirtschaftlichen Wirkungen für Deutschland vorteilhaft sein (d. h. der Erreichung welchen Ziels käme man damit näher?), wenn die Löhne nicht über Gebühr stiegen?

5.3   Außenwirtschaftliches Gleichgewicht bei flexiblen und bei festen Wechselkursen

5.3.1   System völlig flexibler Wechselkurse

Im Fall völlig flexibler Wechselkurse ist nicht nur die Zahlungsbilanz ausgeglichen, sondern auch die Devisenbilanz der Zentralbank. Diesen Zustand kann man in dem Sinne als außenwirtschaftliches Gleichgewicht bezeichnen, als nun ein Ausgleich der Ströme, die zu Devisenangeboten und Devisennachfragen führen, durch die Marktkräfte, also durch freiwillige Verträge der Beteiligten, herbeigeführt wird. Dafür definieren wir:

Außenwirtschaftliches Gleichgewicht I = *Ausgleich von Devisennachfrage und Devisenangebot durch die Marktkräfte.*

Dieses außenwirtschaftliche Gleichgewicht I ist durchaus mit Salden in der Leistungs- und der Kapitalbilanz vereinbar. Sie müssen sich nur gegenseitig kompensieren.

Einen solchen Fall haben wir bereits unter III. 2.5 kennen gelernt. Dort war eine Zinsdifferenz dafür ursächlich, dass es zu einem Kapitalverkehr kam, der dann eine Wechselkursreaktion hervorrief und einen entsprechenden Warenverkehr zum Ausgleich des Kapitalverkehrsstroms. Fließt etwa Kapital ins Inland, weil dessen Zinsen steigen, so wird das Inland unter diesem Wechselkurssystem einen Kapitalimport und ein gleich großes Leistungsbilanzdefizit erleben. Fließt Kapital ab, so wäre ein Leistungsbilanzüberschuss die Folge.

Daraus folgt unmittelbar, dass ein Leistungsbilanzdefizit ein Zeichen für eine Stärke einer Volkswirtschaft und ein Leistungsbilanzüberschuss ein Zeichen für eine Schwäche einer Volkswirtschaft sein kann, wenn die entsprechende Stärke oder Schwäche an der Attraktivität für Kapitalzuflüsse gemessen wird.

Wenn dem so ist, dann wäre die Definition des Ziels „Außenwirtschaftli-
ches Gleichgewicht" als Ausgleich lediglich der Leistungsbilanz, wir nen-
*nen das **Außenwirtschaftliches Gleichgewicht II**, unzweckmäßig.* Stellen
wir dazu einige Betrachtungen an:

Eröffnen sich etwa im Inland hervorragende Entwicklungschancen durch
eine standortgebundene Neuerung (etwa die Entdeckung einer heimischen
Rohstoffquelle oder die Einführung eines unter wirtschaftlicher Sicht besonders leistungsfähigen Steuersystems oder besondere Infrastrukturange-
bote etc.), so werden Investoren es attraktiv finden, ihr Kapital dort zu
investieren. Die Folge ist ein Kapitalimport, der Wechselkurs sinkt und es
entsteht ein Leistungsbilanzdefizit. Das ist ein gutes Zeichen für die heimische Wirtschaft, die inländische Währung gewinnt international an
Wert, weil die Kapitalanleger gerne Forderungstitel des Inlandes halten.
Die freiwillig im Inland getätigten Investitionen sind größer als die heimische Ersparnis.

Glauben umgekehrt in- und ausländische Kapitalanleger, dass die Wirtschaft des Inlandes im Vergleich zu der anderer Länder darniederliegt und
kaum günstige Investitionschancen bietet, so wird Kapital abfließen, die
heimische Währung abgewertet und es entsteht ein Exportüberschuss, der
anzeigt, dass wir mit heimischen Waren die Forderungstitel gegen das
Ausland, die die Inländer gerne hätten, bezahlen müssen. Der Exportüberschuss zeigt mangelndes Vertrauen in die inländischen Forderungstitel
bzw. mangelnde Ertragskraft von inländischen Forderungstiteln im Vergleich zu ausländischen Forderungstiteln an. Die heimische Ersparnis ist
größer als die im Inland freiwillig getätigten Investitionen.

Selbstverständlich kann der Ausgangspunkt ebenso gut ein anderer sein:
Gehen wir von einer Situation aus, in der beide Teilbilanzen ausgeglichen
sind, so kann die Initialzündung auch von der Leistungsbilanz ausgehen.

Wenn beispielsweise im Inland eine bedeutende Produktinnovation stattgefunden hat, die nicht ohne weiteres imitiert werden kann und im Inland
produziert werden muss, so wollen Menschen in anderen Teilen der Welt

diese Produkte, die sie daheim nicht bekommen können, vielleicht unbedingt importieren. Es entsteht ein Exportüberschuss, der bei flexiblen Wechselkursen von einem Kapitalexport begleitet wird. Ein gutes Zeichen in Bezug auf die inländische Wirtschaft. Ebenso wäre es, wenn es zur Erschließung eines Exports heimischer Waren zweckmäßig wäre, im Ausland ein Vertriebs- und Servicenetz aufzubauen. In diesem Fall exportieren die Unternehmen Kapital in das jeweilige Zielland (Direktinvestitionen zum Aufbau eines Vertriebs- und Servicenetzes) und der Kapitalexport führt zu einem entsprechenden Exportüberschuss. Die Direktinvestitionen sind dann kein schlechtes Zeichen für die inländische Wirtschaft, sondern erhalten Arbeitsplätze in der heimischen Exportindustrie. Auch nach der Auffassung der *Deutschen Bundesbank* „... deutet die parallele Entwicklung der deutschen Direktinvestitionen im Ausland und der deutschen Exporte darauf hin, dass die inländischen Unternehmen ihr Engagement im Ausland vor allem aus absatzstrategischen Motiven heraus ausweiten." (DEUTSCHE BUNDESBANK (8/1997), S. 66.)

Eine ähnlich positive Wertung scheint angebracht, wenn plötzlich Investitionschancen in zuvor abgeschotteten Volkswirtschaften ergriffen werden können, die die Rentabilität inländischer Unternehmen insgesamt steigern und zugleich die Auslandsmärkte für den inländischen Export erschließen. Ein fehlender Ausgleich für diese inländischen Direktinvestitionen im Ausland durch ausländische Direktinvestitionen im Inland kann allerdings auf mangelnde lohnende Investitionsmöglichkeiten im Inland hindeuten, sodass in dieser Hinsicht der (nicht abgebaute) Exportüberschuss auf eine Standortschwäche im Inland hindeuten könnte. (Vgl. zu all diesen Aspekten der Direktinvestitionsströme zwischen In- und Ausland: DEUTSCHE BUNDESBANK (8/1997), S. 65 ff., (3/1996), S. 28 ff., vgl. auch den kurzen aber sehr instruktiven Artikel von OHR (1999).) Dabei ist jedoch auch zu bedenken, dass es angesichts des überaus niedrigen Entwicklungsstands an anderen Orten der Welt vielleicht nicht verwunderlich ist, wenn mit der Öffnung ferner Volkswirtschaften und Märkte überaus lohnende (Erschließungs-)Investitionen möglich werden. Diese überdurchschnittlichen Chancen nicht wahrzunehmen, könnte als Zeichen einer Standortschwäche besonderer Art genommen werden: Die inländischen Manager würden dann nämlich besondere Gelegenheiten, ihren wirtschaftlichen Erfolg zu mehren, nicht wahrnehmen.

Allerdings ist es auch kein schlechtes Zeichen, wenn Inländer die Möglichkeit nutzen, ausländische Produktinnovationen zu genießen. Das entstehende Leistungsbilanzdefizit bewirkt, dass Kapital importiert wird, sodass die im Inland getätigten Investitionen steigen und durch den zunächst steigenden Wechselkurs Arbeitsplätze in der Exportindustrie entstehen. Die Inländer geben für das aus dem Ausland begehrte Gut inländische Güter, die sie entweder bei gleicher Produktion als weniger wertvoll empfinden oder die sie eigens durch höheren Arbeitseinsatz produzieren, oder inländische Forderungstitel, d. h. Ansprüche auf spätere Inlandsprodukteinheiten, her. An diesem Tausch ist aus ökonomischer Sicht überhaupt nichts zu beanstanden, denn er erhöht im Inland und im Ausland den Wohlstand.

- *Fazit:*

Als Ergebnis dieser ersten und noch nicht sehr tief gehenden Betrachtungen ist festzuhalten, dass die Definition des Ziels „Außenwirtschaftliches Gleichgewicht" im Sinne unseres außenwirtschaftlichen Gleichgewichts I durchaus in dem Sinne sinnvoll ist, dass es bewirkt, dass nur aus Sicht der Vertragspartner gegenseitig vorteilhafte Verträge die Außenwirtschaft, also den Handel mit Gütern, Dienstleistungen, Faktoreinsätzen und Forderungstiteln, bestimmen.

Die wirtschaftspolitische Forderung wäre dann, für gute Markttransparenz, auch auf dem Devisenmarkt, zu sorgen und Devisenmarktinterventionen so weit es eben geht, zu vermeiden.

Außenwirtschaftliches Gleichgewicht im Sinne der Definition von außenwirtschaftlichem Gleichgewicht II, also von Ausgleich der Leistungsbilanz, ist hingegen schlicht unzweckmäßig. Die durch die Marktkräfte entstehenden Salden sind niemals selbst schlecht oder gut! Sie entstehen allenfalls aus als wirtschaftlich „schlecht" oder „gut" zu bewertenden Ereignissen im Inland. Beispielsweise kann die Vernachlässigung der Infrastruktur eines Landes, etwa des humankapitalproduzierenden Gewerbes, das der Herstellung und Verbreitung von Grundlagenwissen dient, auf das die Unternehmen dann aufbauen können, ebenso wie eine unzuverlässige Steuerpolitik eine Kapitalflucht hervorrufen, die von einem Exportüberschuss begleitet wird. Beide Salden sind Ausdruck vernünftiger Anpassung der Wirtschaftssubjekte an das Staatsversagen. Schlecht ist das Staatsversagen, nicht der Saldo, der von vielen wegen des Exportüberschusses auch noch als gutes Zeichen gewertet würde. Im Außenhandel auftretende Salden sind deshalb genau zu beobachten und sorgfältig zu analysieren, bevor daraus Schlüsse gezogen werden können.

Betrachten wir nun die dargelegten Fälle unter völlig festen Wechselkursen.

5.3.2 System völlig fester Wechselkurse

Im Falle völlig fester Wechselkurse ist nur die Zahlungsbilanz insgesamt ausgeglichen, nicht aber die Devisenbilanz der Zentralbank. Dieser kommt vielmehr die Aufgabe zu, stets für ein Gegengewicht zum Saldo der übrigen Teilbilanzen zu sorgen.

Nehmen wir an, unter diesem Wechselkurssystem werde als „Außenwirtschaftliches Gleichgewicht" ergänzend zu den obigen Definitionen ein Zustand bezeichnet, in dem *beim festgesetzten Wechselkurs der Saldo der Devisenbilanz gleich Null* sein soll. Wir nennen dies *Außenwirtschaftliches Gleichgewicht III*.

In der Ausgangslage seien die Enflussgrößen und der Wechselkurs so gesetzt, dass sowohl Ex = Im als auch Kim = Kex gelte, sodass auch ΔDev = 0 gilt. Im Sinne des Ziels außenwirtschaftliches Gleichgewicht III wäre ein Gleichgewicht erreicht, allerdings auch im Sinne der beiden anderen Definitionen.

- *Was geschieht nun aber bei Datenänderungen?*

Eröffnen sich etwa im Inland hervorragende Entwicklungschancen durch eine standortgebundene Neuerung, so werden auch unter festen Wechselkursen Investoren es attraktiv finden, ihr Kapital im Inland zu investieren. Die Folge ist ein Kapitalimport, d. h. ein zusätzliches Devisenangebot. Der Wechselkurs würde sinken, aber die Zentralbank nimmt, um dies zu verhindern, das zusätzliche Devisenangebot auf. Sie kauft fremde Währung, um den Wechselkurs zu stabilisieren. Die Folge ist, dass inländische Forderungstitel, also letztlich Ansprüche auf inländisches Inlandsprodukt, ins Ausland fließen, während zugleich, sozusagen als Gegenwert, ausländische Forderungstitel, Devisen, in die inländische Zentralbank fließen, die damit gar nichts macht.

Dafür gibt es eine inflationäre Tendenz, denn die Zentralbank hat für den Gegenwert der Devisen inländische Währung ausgegeben.[3] Die inländischen handelbaren Güter werden im Vergleich zu den ausländischen teurer, der Export geht zurück, der Import steigt. Schließlich ist beim alten Wechselkurs ein Importüberschuss entstanden. Weitere Devisenmarktinterventionen können am Ende unterbleiben, wenn der Importüberschuss den Wert der Kapitalimporte erreicht. Bis die Reaktion der realen Außenhandelsströme über steigende Inlandspreise bei konstantem Wechselkurs eingesetzt hat, wurde inländisches Inlandsprodukt gegen Forderungen „in den Kellern" der Zentralbank getauscht. Dann werden inländische Forderungstitel gegen ausländische Güter getauscht, solange der Kapitalzustrom anhält. Ebbt er ab, geht das Devisenangebot zurück, die Zentralbank verkauft Devisen und nimmt inländische Währung aus dem Markt usw. Schließlich ist alles beim Alten mit einem ganz gewichtigen Unterschied: Während bei flexiblen Wechselkursen der Schock/das Ereignis durch

---

[3] Diese inflationäre Tendenz würde verstärkt, wenn die Zentralbank die erworbenen Devisen verzinslich anlegt. Zinserträge verursachen Bilanzgewinn, der an die Bundesregierung ausgeschüttet wird, sodass c. p. die Geldmenge steigt. Unabhängig davon wird bei gegebenem Geldmengenziel die Zentralbank den inflationären Tendenzen allerdings mit anderen Instrumenten entgegenwirken wollen.

Wechselkursbewegungen aufgefangen wurde, wird er/es unter dem System fester Wechselkurse durch Schwankungen der Geldmenge oder gar nicht aufgefangen mit allen damit verbunden nachteiligen Wirkungen.

Entweder es sind die negativen Wirkungen der Preisniveauschwankungen zu tragen (vgl. dazu den Abschnitt zum Ziel „Preisniveaustabilität"). Oder die Zentralbank muss, sofern sie dazu in der Lage ist, die Geldmengenschwankungen durch andere geldpolitische Maßnahmen kompensieren. Dann entstehen Kosten, weil dauernd die Wege der Geldversorgung geändert werden, also den damit verbundenen Institutionen, insbesondere den Banken und deren Kreditnehmern, Anpassungen abverlangt werden. Zudem zementierte die Zentralbank damit den Interventionsbedarf, weil ein Saldo der Leistungsbilanz über Preisreaktionen nicht entstehen kann. Die Folge wäre, dass dauernd Forderungstitel gegen Lagergut bei der Zentralbank (die angekauften Devisen) getauscht würden. Die anderen unter dem Fall flexibler Wechselkurse diskutierten Fälle können ähnlich analysiert werden.

Wichtig ist noch zu betrachten, was geschieht, wenn der feste Wechselkurs dauerhaft zu einseitigen Interventionsverpflichtungen führt. Beispielsweise war lange Zeit nach Ansicht vieler Experten der Wechselkurs der DM zum Dollar und damit zu den anderen Währungen des Nachkriegswährungssystems [nach dem Ort in den White Mountains in New Hampshire, an dem es im Mount Washington Hotel im Juli 1944 ausgehandelt wurde, auch als *Bretton Woods-System* (Vgl. dazu z. B. ISSING (1980), S. 524 ff.) bezeichnet], zu hoch angesetzt. In Wirklichkeit wurde von den Marktteilnehmern der Wert der DM höher, also der realistische Wechselkurs niedriger eingeschätzt.

Lassen wir einmal das seinerzeit zulässige Schwankungsintervall, also auch die Interventionsgrenzen, unbeachtet, so ergibt sich über längere Zeit folgendes Bild mit festem Wechselkurs $\bar{e}$ (vgl. dazu Abschnitt III. 2.5):

Devisenmarkt mit festem Wechselkurs

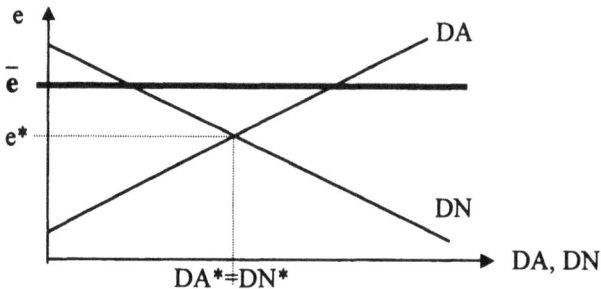

In diesem Falle wäre dauernd das Devisenangebot DA größer als die Devisennachfrage DN, sodass die Zentralbank anhaltend Devisen erwerben muss. Zugleich wäre dieser Import von ausländischen Forderungstiteln durch die Zentralbank von einem Exportüberschuss begleitet, der lange Jahre in der Bundesrepublik als Zeichen der Stärke, statt als Zeichen eines falschen Wechselkurses begriffen wurde.

Nehmen wir nun an, es entstehe die Erwartung der Marktteilnehmer, dass der „falsche" Wechselkurs nicht ewig aufrecht erhalten wird, sondern der Wechselkurs irgendwann in Richtung des „richtigen" Wechselkurses e* angepasst wird. Dann lohnt es sich, Dollar an die Deutsche Bundesbank zu verkaufen, um nach der Aufwertung der DM wieder Dollar zu erwerben. Hat jemand beispielsweise $ 1000,--, so kann er bei einem Wechselkurs von $e_0 = 4,-- $ DM/$ dafür DM 4000,-- bekommen. Erfolgt nun eine Aufwertung der DM auf $e_1 = 2,-- $ DM/$, so kann dieses Wirtschaftssubjekt die erworbenen DM in $ 2000,-- umtauschen. In einem Festkurssystem erfolgt die Aufwertung an einem Stichtag: An diesem Tag steigt der Wert der DM im Beispiel um 100%, was eine 100%ige Verzinsung des eingesetzten Dollar-Betrages bedeutet, aber nicht pro anno, sondern bezogen auf die Wartezeit bis zur Abwertung des Dollar. Bei einem Marktzinssatz von beispielsweise 5% pro Jahr würde unter Berücksichtigung von Zins und Zinseszins erst nach rund 14,2 Jahren aus $ 1000,-- ein Betrag von $ 2000,--. Es lohnt sich also im Beispiel sehr lange, auf eine Aufwertung der DM zu spekulieren, zumal das angelegte Kapital ja auch im Inland verzinst wird. Als Folge der spekulativen Zuströme von Dollar kann die Aufwertung der DM (im Beispiel) schließlich nicht mehr verhindert werden. Und im Falle der alten Bundesrepublik wurden die vielen teuer erworbenen Dollars inzwischen nach dem Niederstwertprinzip auf einen viel niedrigeren Wert abgeschrieben, d. h. in Höhe dieser Abschreibungen bedeuteten die früheren Exportüberschüsse Geschenke ans Ausland, denn die als Gegengabe erworbenen Ansprüche ans ausländische Inlandsprodukt sind entsprechend gesunken (in DM gerechnet).

In der Realität ist sowohl das Bretton Woods-System an solchen Spekulationswellen gegen die Zentralbanken zerbrochen als auch sind einige andere Versuche von Zentralbanken gescheitert, gegen die Marktkräfte einen von den Marktteilnehmern als falsch angesehenen Wechselkurs zu verteidigen. Dies hat auch seine guten Seiten. Beispielsweise kann ein ehemals richtiger Wechselkurs falsch werden, wenn ein Land sein Preisniveaustabilitätsziel verletzt. Die Währung dieses Landes müsste dann abgewertet werden. Und die Kapitalströme erzwingen über kurz oder lang diese Abwertung. So stellt der Ökonom *HELMUT HESSE*, damals Präsident der Landeszentralbank in der Freien Hansestadt Bremen, in Niedersachsen und in Sachsen-Anhalt, fest: „Der Geldpolitik ist es nicht gegeben, die Wechselkurse nach ihrem Belieben einzustellen und etwa einen bestimmten Dollarkurs zu erreichen. Gegen die gewaltigen Kapitalströme kommt sie nicht an. .. Internationales Kapital verlangt Stabilität und Sicherheit." (HESSE (1995), S. 10). „Die internationalen Finanzmärkte haben sich zum Gewerbeaufsichtsamt der Weltwirtschaft hin entwickelt; sie sind Polizisten vergleichbar geworden, die jeden Verstoß gegen die Stabilitätsvorschriften der Kapitalanleger ahnden. Wo die Politik versagt, sprechen die Finanzmärkte ihr Urteil." (Ebenda, S. 7.) (Vgl. auch VON WEIZSÄCKER (1999), S. 107 ff.)

Als Ergebnis können wir festhalten, dass unter einem System fester Wechselkurse das Ziel eines außenwirtschaftlichen Gleichgewichts III nicht zu erreichen ist, wenn der Wechselkurs nach Ansicht der Marktteilnehmer „falsch" ist. Ist das der Fall, führt die Intervention entweder, wenn Preisanpassungen zugelassen werden, zu den gleichen Ergebnissen wie flexible Wechselkurse oder zu einem Dauerproblem. Beides wird von höheren Kosten begleitet als eine Anpassung bei flexiblen Wechselkursen.

Was ist dann aber von dem Argument der Unternehmen zu halten, dass Wechselkursrisiken ausgeschaltet werden sollten, weil die mit solchen Risiken verbundene Unsicherheit den Außenhandel erschwerte und statt Exporten Investitionen in den Kundenländern nötig machte, um Wechselkursschwankungen nicht ausgeliefert zu sein? So richtig diese Argumente aus einzelwirtschaftlicher Sicht auch sein mögen, sei doch folgendes Beispiel zur Diskussion gestellt.

- *Ein Beispiel:*

Nehmen wir an, jemand produziert in Deutschland ein Produkt, das er in Amerika verkaufen will. Er habe Kosten von 1000,-- € und erzielt in Amerika mit dem Produkt 1100,-- $, dann ist sein Gewinn in €:

$$\frac{e€}{\$} \cdot 1100,\text{-- } \$ - 1000,\text{-- } € = (e \cdot 1100 - 1000)€.$$

Produziert er nun mit der gleichen Technologie bei gleichen Löhnen und gleichem Erlös in Amerika (Alles soll gleich sein, damit nur das Wechselkursrisiko verbleibt!), so ergäbe sich, wenn der Wechselkurs Kostenniveauunterschiede, also auch Lohnkostenniveauunterschiede im Mittel ausgleicht: Kosten in $ gleich Kosten in € dividiert durch den Wechselkurs: $\frac{\$}{e€} \cdot 1000,\text{-- } €$. Erlös gleich 1100,-- $. Gewinn: 1100,-- $ - 1000,-- $/e

$= (1100 - 1000/e)\$$. Umgerechnet in €: $(e1100 - 1000)€$.

Es gibt keinen Unterschied, wenn der Gewinn in €-Land verwendet werden soll: Zeitpunkt 0: Einsatz von 1000,-- € (im Inland oder im Ausland). Zeitpunkt 1: Erlös von 1100,-- $ = e·1100,-- €. Aber es gibt einen Unterschied, wenn der Gewinn im Ausland investiert werden soll. Damit die inländischen Kosten gedeckt werden können, muss vom Erlös in Amerika ein Teil, der 1000,-- € entspricht nach €-Land transferiert werden. Ist der Wechselkurs e gesunken, muss ein größerer Teil des Erlöses, möglicherweise mehr als der Erlös, überwiesen werden, d. h. die aus Gewinn finanzierbaren Investitionsmöglichkeiten im $-Land sinken mit sinkendem Wechselkurs und steigen mit steigendem Wechselkurs.

Besteht demnach ein Wechselkursrisiko?

– Einerseits ist in Frage zu stellen, ob tatsächlich die gleichen Kosten unterstellt werden können, was einen entsprechenden Wechselkurs voraussetzt. Das ist kein Wechselkursrisiko, sondern eine Frage, ob die Einflussgrößen auf den Devisenmarkt es erlauben, dass der Wechselkurs Kostenniveauunterschiede ausgleicht. Es könnte beispielsweise sein, dass dies nicht der Fall ist, weil dem $-Land Kapital zufließt, sodass der Wechselkurs höher ist als es dem Kostenausgleich entspräche. Dann wären die Produktionskosten in dem $-Land niedriger als im €-Land. Der Grund ist aber nicht das Wechselkursrisiko, sondern die besseren Investitionsbedingungen im $-Land, die sich über die Kapitalströme im Dollarkurs niederschlagen.

– Zum Zweiten ist es möglich, dass zwischen dem Kosten-Wechselkurs und dem Erlös-Wechselkurs Zeit vergeht. Heute gleicht der Wechselkurs die Kostenniveauunterschiede aus, aber wenn der Erlös kommt, ist er höher/niedriger, also der Erlös pro Produkteinheit in € höher/ niedriger. Dieses Wechselkursrisiko kann sehr erheblich sein, es besteht jedoch nur, wenn es kein Kurssicherungsgeschäft gab. Wenn in unserem Beispiel das Unternehmen ein Produkt in Amerika für 1100,-- $ verkauft und von diesem Erlös die Auslagen in € abgelten muss, warum verkauft es dann nicht um Zeitpunkt der Produktion bereits $ gegen € zum schon bekannten Terminkurs? Auch wenn dieser vom Kassakurs abweicht besteht kein Risiko, sondern nur ein Kostenvergleich. Das Unternehmen könnte auch in $-Land einen Kredit aufnehmen, mit dem es die €-Kosten begleicht. Der Kredit müsste dann im Zeitpunkt 1 in $ getilgt werden. Es besteht kein Währungsrisiko.

Ohne auszuschließen, dass Restrisiken verbleiben, insbesondere wenn vorproduziert wird, scheinen diese Restrisiken doch sehr weitgehend durch so genannte **Hedging-Geschäfte**, also *Geschäfte, die das Wechselkursrisiko ausschalten*, gemildert werden zu können.

Nehmen wir zur Erläuterung *ein zweites Beispiel*:

Angenommen sei: In Deutschland werde unter einem System völlig flexibler Wechselkurse ein Gut produziert, das unter anderem Rohstoffe aus Schweden benötige. Die Produktion nimmt einige Zeit in Anspruch, sodass die Rohstoffe zum Zeitpunkt 0 eingekauft werden und das Produkt zum Zeitpunkt 1 verkauft wird. Der Wechselkurs zum Zeitpunkt 0 ist bekannt, der zum Zeitpunkt 1 nicht. Nehmen wir an, die inländischen Produktionskosten betrügen 1000,-- € + $e_0 \cdot$ 500,-- SKr. Der Wechselkurs sei e_0 = 1, sodass die Produktionskosten 1500,-- € betragen. Damit kein Verlust entsteht, muss das Unternehmen zum Zeitpunkt 1 den Betrag von 1500,-- € · (1+r) erzielen, denn es hätte den Betrag ja auch zum Zinssatz r anlegen können. Die Frage ist nun, wo das Produkt verkauft werden soll. Soll es in Deutschland verkauft werden, gibt es offenkundig kein Wechselkursrisiko, den die Kosten in € sind im Zeitpunkt 1 unveränderlich gegeben und der Erlös wird ebenfalls in € gerechnet. Soll das Produkt in Schweden verkauft werden, gibt es ein Wechselkursänderungsrisiko, denn wir wissen den Wechselkurs zum Zeitpunkt 1 nicht. Bleibt der Wechselkurs konstant und sei der Zinssatz r = 0,05, so würde sich, Transportkosten vernachlässigt, der Verkauf in Schweden ab einem Verkaufspreis von 1575,-- SKr lohnen. Würde der Wechselkurs auf e_1 = 2 gestiegen sein, so würde sich ein Verkauf schon ab 787,50 SKr lohnen. Wäre der Wechselkurs auf e_1 = 0,5 gefallen, müsste man allerdings wenigstens 3150,-- SKr erzielen. Die Frage ist, ob sich unser Unternehmer gegen dieses Wechselkursrisiko absichern kann. Ein Vorschlag wäre dieser: Da er ohnedies für die Zeit zwi-

schen Herstellung und Verkauf vorfinanzieren muss, nimmt er zum Zeitpunkt 0 in Schweden einen Kredit in Höhe von 1500,-- SKr auf. Den Betrag tauscht er in € um und legt ihn in Deutschland verzinslich an. Er hat
dann in Deutschland zum Zeitpunkt 1 1575,-- €. Und er muss in Schweden, unabhängig davon, wie hoch der Wechselkurs ist, 1575,-- SKr erzielen, um dort den Kredit zurückzuzahlen. Es gibt zwar ein unternehmeri-
sches Risiko, aber kein Währungsrisiko, das Hedging verursacht allerdings
Kosten.

Eine Variante wäre, wenn der Unternehmer zwar zum Zeitpunkt 0 die
Entscheidungen fällen muss, aber erst zum Zeitpunkt 1 alle Zahlungsströ-
me anfallen. Wenn er dann das Produkt in Deutschland verkaufte, würden
die Produktionskosten vom Wechselkurs zum Zeitpunkt 1 abhängen. Auch
hier kann sich das Unternehmen helfen, indem es in Deutschland einen
Kredit zum Zeitpunkt 0 aufnimmt, das Geld zum Wechselkurs e_0 um-
tauscht, in Schweden anlegt und dann zum Zeitpunkt 1 den Betrag in
Schweden zur Bezahlung der Rohstoffe verwendet. Das Wechselkursrisiko ist eliminiert. Ähnlich verliefe die Betrachtung, wenn das Gut in einem
dritten Land verkauft werden soll. Dann müsste nur der Wechselkurs zwischen der heimischen Währung und der dieses dritten Landes genommen
werden.

Auch die Entwicklung des Außenhandels in den Zeiten flexibler Wechselkurse deutet nicht darauf hin, dass er stark unter den Wechselkursschwankungen gelitten hätte, was allerdings für einzelne Unternehmen gelten
mag. Zudem ist nicht zu bestreiten, dass Hedging Kosten verursacht, die
manche Unternehmen gern einsparen würden. Dem stehen dann allerdings
volkswirtschaftliche Anpassungskosten bei festen Wechselkursen gegenüber.

5.3.3   Feste oder flexible Wechselkurse?

Damit stellt sich die Frage, was gewonnen werden kann, wenn diese Kosten der Absicherung gegen Wechselkursrisiken verschwinden? Der Preis für eine solche Beseitigung von Kurssicherungskosten besteht darin, dass ein System fester Wechselkurse eingesetzt werden muss, das nicht in der Lage ist, Schocks über Wechselkursveränderungen abzufedern. Die Abfederung muss über etwas anderes geschehen, beispielsweise muss eine Region, die ungünstiger liegt, aber in der gleiche Löhne gezahlt werden sollen, mit höherer Arbeitslosigkeit rechnen. Wenn Kostenniveauunterschiede nicht mehr über den Wechselkurs ausgeglichen werden können, dann werden komparative Kostenvorteile weitgehend nicht mehr geltend gemacht werden können. (Siehe dazu den obigen Exkurs.) Wenn in Land A die Kosten gleich bleiben und in Land B die Kosten so stark sinken, dass alle Produkte dort billiger sind, dann wollen alle Menschen dort einkaufen, die Produktion in Land A geht zurück. Schließlich werden soziale Ausgleichszahlungen nötig, d. h. Land B zahlt den (verbliebenen) Einwohnern der Krisenregion A Transfers, die die Einwohner von A wieder hauptsächlich in B ausgeben.

Lohnt sich demnach ein **Übergang von einem System flexibler Wechselkurse in eine** *Währungsunion wie das Euro-System* nicht? Die richtige Antwort lautet, dass es darauf ankommt, wie flexibel die eigene Volkswirtschaft ist. Während Länder mit relativ starren Löhnen und Lohnstrukturen beispielsweise bei flexiblen Wechselkursen damit rechnen können, dass Kostenniveauunterschiede über kurz oder lang durch Wechselkursanpassungen ausgeglichen werden, können sie diesen Ausgleich bei unverbrüchlich festen Wechselkursen oder einer Einheitswährung nur durch Anstrengungen zu Kostensenkungen bewerkstelligen.

Demnach *hat von einer Umstellung auf unverbrüchlich feste Wechselkurse oder eine Einheitswährung die flexiblere Volkswirtschaft Vorteile: Die Kurssicherungskosten entfallen und es gibt Wettbewerbsvorsprünge. Die weniger flexiblere Volkswirtschaft hat Nachteile: Die Kurssicherungskos-*

ten entfallen auch hier, aber es gibt auch Konkurse und Arbeitslosigkeit.
Insofern kann von einer Umstellung auf feste Wechselkurse bzw. eine
Einheitswährung ein heilsamer Druck auf eine Volkswirtschaft ausgehen,
ihre Institutionen in Richtung auf mehr marktwirtschaftliche Flexibilität
zu verändern. Bereits nach Einigung auf den Weg ins Euro-System waren
entsprechende Anstrengungen in Europa und auch beachtliche Erfolge zu
beobachten. (Vgl. z. B. SACHVERSTÄNDIGENRAT ... (1997), Ziff. 399 ff.,
S. 225 ff., auch VON WEIZSÄCKER (1999), S. 110 ff.)

In einem solchen Einheitswährungssystem wird allerdings die Frage nach
dem außenwirtschaftlichen Gleichgewicht innerhalb des Systems fragwürdig. Wer fragt schon in Deutschland nach dem Ausgleich des Handels
zwischen Niedersachsen und Hessen? Die Fragen richten sich wieder, wie
es ökonomisch auch angezeigt ist, auf die Qualitäten der Binnenpolitik,
schon deshalb, weil wegen der geringeren kulturellen Verbundenheit als
innerhalb eines Landes im Europa der verschiedenen Kulturen die Neigung, dauerhaft Transferzahlungen an ein anderes Land zu leisten, weil
dies nicht bereit ist, notwendige Strukturreformen durchzuführen, geringer
sein dürfte.

6. Wirtschaftspolitische Konzeptionen: Nachfrage- und angebotsorientierte Wirtschaftspolitik

> „Die Schulenbildung ist nicht mehr so bedeutend.
> Es gab früher einmal Keynesianer, die sind ausgestorben, und ansonsten sind jetzt praktisch alle
> Ökonomen Neoklassiker."
>
> *Hans-Werner Sinn*, (1998).

Die gesamtwirtschaftlichen Ergebnisse des Wirtschaftens werden stets
gleichzeitig von der Nachfrage und dem Angebot auf den verschiedenen
Märkten bestimmt. Aus diesem Grund ist es regelmäßig falsch, sowohl in
theoretischen als auch in politischen Betrachtungen, nur auf eine der beiden Seiten der gleichen Medaille zu fokussieren. Der Tausch von Gütern
und Leistungen erfordert in marktwirtschaftlichen Systemen Verträge
zwischen Anbietern und Nachfragern. Und makroökonomisch spürbare
Änderungen der Vertragsinhalte können von beiden Vertragsparteien ausgehen. Deshalb muss jede vernünftige Abwägung beide Seiten berücksichtigen. Beginnen wir zunächst mit der Nachfrageseite.

6.1 Die Nachfrageseite: Antizyklische versus potentialorientierte Geld- und Fiskalpolitik

Wie bereits im Abschnitt über stetiges und angemessenes Wirtschaftswachstum dargelegt, gibt es Ansichten, die die wesentlichen Ursachen für
Schwankungen in der Wirtschaftsaktivität in Veränderungen der Nachfrage finden. So könnte beispielsweise ein konjktureller Abschwung in
einem anderen Land (dem Ausland) dazu führen, dass dort die Zinssätze
sinken und zugleich die Nachfrage nach heimischen Gütern aus diesem
Land abnimmt, sodass es aus der Sicht des Inlandes zu einem (höheren)
Importüberschuss von Waren und Dienstleistungen bei gleichzeitig (höherem) Kapitalimport kommt. Die außenwirtschaftliche Nachfragekomponente ist gesunken. Auch könnten die inländischen Nachfragekomponen-

ten sich verändern. Beispielsweise könnte ein Ausbruch pessismistischer Grundstimmung in den Unternehmen zu weniger Investitionen führen. Oder die Haushalte schränken ihren Konsum ein, weil sie für eine erwartete Durststrecke mehr Geldkapital ansammeln wollen.

In all diesen Fällen würden der Realzinssatz und die inländische Produktion, sofern sie zinsabhängig ist, sinken.

6.1.1 Antizyklische Geld- und Fiskalpolitik

6.1.1.1 Der Grundgedanke

Der Gedanke liegt nun nicht fern, den unerwünschten konjunkturellen Einbrüchen durch eine staatliche Nachfragepolitik entgegenzuwirken. Das ist der Grundgedanke der *antizyklischen Nachfragepolitik*. (Vgl. z. B. FELDERER/HOMBURG (1994), S. 178 ff., PÄTZOLD (1993), S. 105 - 205, CLEMENT/TERLAU (1998), S. 268 - 282, (2002), S. 308 - 343.)

Einerseits kann der Staat durch geschickte Ausgestaltung seines Einnahme-Ausgabe-Systems bewirken, dass seine Nachfrage stets ohne besondere Eingriffe der Entwicklung der privaten Nachfrage entgegengesetzt sich verändert. Man nennt dies dann *automatische Stabilisatoren*. (Vgl. HANUSCH/KUHN (1994), S. 206 f.) Als *ein Beispiel* sei eine einkommensabhängige Arbeitslosenunterstützung genannt, bei der sich sowohl die Einnahmen (positiv) als auch die Ausgaben (negativ) mit dem Beschäftigungsvolumen verändern. Kommt es dann auf Grund eines konjunkturellen Einbruchs zu keynesianischer Arbeitslosigkeit, fällt zwar, so der Gedanke, private Nachfrage aus, aber es entsteht zusätzliche staatliche Nachfrage, weil die Einnahmen der Arbeitslosenversicherung sinken und zugleich die Ausgaben steigen. Ebenso funktioniert, *ein anderes Beispiel*, eine progressive Einkommensteuer: Im Aufschwung steigen die Steuerzahlungen überproportional, im Abschwung sinken sie überproportional.

Bei gleich bleibenden Staatsausgaben werden den Privaten im ersten Fall überproportional mehr Mittel entzogen, im zweiten Fall überproportional weniger.

Desweiteren gibt es die Idee, durch fallweise staatliche Handlung, so genannte **diskretionäre Geld- und Fiskalpolitik**, auf Nachfrageschwankungen Einfluss zu nehmen. Die Grundidee ist wiederum einfach. Wenn der Staat erkennt, dass sich ein konjunktureller Abschwung anbahnt, dann soll er seine Ausgaben ausweiten oder die Einnahmen von stark nachfragebelastenden Steuern auf schwach nachfragebelastende Kredite umstellen oder die Geldmenge erhöhen. Bahnt sich eine konjunkturelle Überhitzung an, soll er dann das Gegenteil tun. Auf diese Weise könnte er die konjunkturellen Schwankungen neutralisieren, sodass konjunkturelle Arbeitslosigkeit nicht entstünde.

Diese Grundgedanken der staatlichen Nachfragesteuerung im Konjunkturverlauf entstammen der so genannten keynesianischen Theorie, weshalb die Arbeitslosigkeit, die dadurch vermieden werden soll, auch als keynesianische Arbeitslosigkeit bezeichnet wird, wie bereits im Abschnitt zum Ziel eines hohen Beschäftigungsstandes dargelegt wurde.

Obgleich es (in den sechziger und siebziger Jahren des zwanzigsten Jahrhunderts) eine Zeit gab, in der Ökonomen fast alle Keynesianer waren, haben sich diese Vorstellungen weder empirisch bewährt noch politisch in der Realität in die gewünschten Wirkungen umsetzen lassen. Nicht allein ist keynesianisch begründete Politik gescheitert, was auf politische Umsetzungsprobleme aufmerksam machte, sondern es gab wirtschaftliche Erscheinungen, die nicht mit der Theorie übereinstimmten (Vgl. BARRO/GRILLI (1996), S. 716.), insbesondere die so genannte Stagflation, also Preissteigerungen bei Zunahme von Arbeitslosigkeit, und schließlich deckten auch theoretische Analysen seit den siebziger Jahren zunehmend die Unzulänglichkeiten der zu Grunde liegenden Modelle auf. (Vgl. LUCAS JR. (1980).)

Insbesondere die zeitlich stark verzögerte Anpassung der wirtschaftspolitischen Vorstellungen von Privaten, Unternehmen, Journalisten und Politikern an Erkenntnisgewinne der Wirtschaftswissenschaft - ein Phänomen,
auf das mit eindringlichen und viel zitierten Worten schon *JOHN MAYNARD*
KEYNES (1883 - 1946) hingewiesen hat (Vgl. KEYNES (1983), S. 323 f.
und z. B. SAMUELSON/NORDHAUS (1998), S. 38, MANKIW (1999), S. 33,
BEHRENS (1994), S. 287. Vgl. zum Thema auch BEHRENS (1992).) - macht
es erforderlich, auf die Kritik an dieser Idee der Nachfragesteuerung kurz
einzugehen. Denn diese verzögerte Anpassung an Erkenntnisfortschritte
hat unter anderem zur Konsequenz, dass unzureichende Ansichten über
Nachfragesteuerung in der Praxis noch lange nachwirken und auch durchaus noch politischen Einfluss erlangen können. Das ist, wie zu Beginn der
14. Wahlperiode des Deutschen Bundestages 1998 wieder überdeutlich
wurde, unabhängig von der Einschätzung durch namhafte Wissenschaftler:
Es steht nicht fest, dass die Aussage „Kaum jemand würde heute noch mit
wirtschaftspolitischem Aktivismus Experimente machen wollen."
(BURDA/ WYPLOSZ (1994), S. 515.) zutrifft.

6.1.1.2   Kritik

Damit der den *automatischen Stabilisatoren* zu Grunde liegende Gedanke
mit der Realität in Übereinstimmung sein kann, müssen zunächst einmal
bestimmte Verhaltensannahmen richtig sein. So hat sich z. B. die Annahme, dass sich die privaten Konsumausgaben proportional zum verfügbaren
Einkommen verändern, zwar als geeignet gezeigt, zeitlich im Durchschnitt
das Konsumverhalten richtig abzubilden, aber sie hat sich als nicht geeignet herausgestellt, Nachfragereaktionen auf Einkommensveränderungen
richtig abzubilden. Wie im Abschnitt zur Konsumnachfrage bereits erörtert wurde, ist diese Annahme nämlich unvollständig, weil sie nicht berücksichtigt, dass die Wirtschaftssubjekte eine Abschätzung vornehmen,
ob eine Änderung der Daten, also auch des Einkommens, dauerhaft oder

nur vorübergehend, also permanent oder transitorisch, ist. Handelt es sich um eine transitorische Einkommensvariation, reagiert der privaten Konsum (fast) überhaupt nicht darauf. Schließlich ist es ein rationaler Zweck der Ersparnisbildung, Schwankungen im Einkommensanfall so auszugleichen, dass diese den nutzenmaximalen intertemporalen Konsumstrom nicht beeinträchtigen.

Erwarten die Wirtschaftssubjekte demnach, dass es sich um eine rein konjunkturelle Schwankung handelt, sodass das Einkommen zeitweise unter dem Durchschnitt liegt, um später wieder über dem Durchschnitt zu liegen, werden sie sich nutzenoptimierend den Schwankungen anpassen. Im Falle unserer Arbeitslosenversicherung werden sie einen Konsumstrom realisieren, der einem (zeitlich gewogenen) Durchschnitt aus Einkommen der Hochkonjunktur und Einkommen im Konjunkturtief entspricht. Dabei werden natürlich auch der Beitrag zur Arbeitslosenunterstützung einerseits und die staatlichen Lohnersatzleistungen andererseits berücksichtigt. Eine ähnliche Anpassung wird an die Entwicklung der Einkommensteuer vorgenommen.

Die so genannten automatischen Stabilisatoren werden demnach von vernünftigen Wirtschaftssubjekten - einer Annahme, die normalerweise aller ökonomischen Theorie zu Grunde liegt und der wir ja durchweg folgen wollen - bei ihrer Konsum- und Sparentscheidung berücksichtigt, wenn die Stabilisatoren, was durchaus nicht sicher ist, tatsächlich gesamtwirtschaftliche Nachfragewirkungen haben. Sie werden demnach als systematischer und vorausschaubarer Teil des staatlichen Handelns neutralisiert, weil sie im intertemporalen Nutzenmaximierungskalkül gut berücksichtigt werden können und von vernünftigen Wirtschaftssubjekten, die sich nicht unnötig Schaden zufügen möchten, auch berücksichtigt werden müssen.

Wie steht es aber mit der Idee einer *diskretionäre Nachfragesteuerung*? Zur Kritik dieser Idee sei auf verschiedene Kritikebenen eingegangen, wobei zu beachten ist, dass es im Allgemeinen genügt, wenn nur eine von diesen Kritikebenen zutreffend ist, um eine diskretionäre Nachfragesteuerung als vernünftige Politik ausscheiden zu lassen, sodass die nicht selten anzutreffende Vorgehensweise, eine Kritikebene nicht gelten zu lassen und zu behaupten, damit sei die gesamte Kritik gefallen, regelmäßig auf einem logischen Fehler beruht, denn dazu müssten im Allgemeinen alle Kritikebenen ausgehebelt werden. Wir werden die Ebene der Kritik an der Theorie von der Ebene praktischer Durchführungsprobleme und der Ebene politisch-ökonomischer Durchführungshemmnisse unterscheiden. (Vgl. zu diesen und weiteren Kritikpunkten auch PÄTZOLD (1993), S. 195 - 205.)

6.1.1.2.1 Die theoretische Kritikebene

Die Idee der Nachfragesteuerung beruht auf einem Theoriegebäude, das im Zuge der Interpretation der Theorie von *KEYNES* durch *HICKS* und andere entstanden ist. Dieses Theoriegebäude ist als Keynesianismus bekannt. „Alle Lehrbücher der Ökonomik nach dem 2. Weltkrieg präsentierten ihren Studenten, - unter ihnen diejenigen, die dann in den 60er und 70er Jahren politische Führungsrollen übernahmen und die die Meinungsbildung beeinflussten - dieses über Gebühr simplifizierende Modell. Erstaunlicherweise ist es auch noch in vielen Lehrbüchern der 80er Jahre zu finden. Allerdings gab es schon in den 50er Jahren Hinweise darauf, daß das Keynes'sche Modell fehlerhaft ist." (BRENNAN/BUCHANAN (1993), S. 120 f.) Die keynesianischen Grundmodelle finden sich in sehr vielen einführenden Lehrbüchern zur Volkswirtschaftslehre und zur Makroökonomik auch heute noch. (Der an diesen Modellen interessierte Leser sei auf die Literatur verwiesen. Vgl. z. B. FELDERER/HOMBURG (1994), Kap. V. und VI., WOLL (1993), 14. und 15. Kapitel.)

Es handelte sich bis in die siebziger Jahre des zwanzigsten Jahrhunderts um die herrschende Lehre der Makroökonomik. Allerdings blieb der auf dieser Theorie aufbauenden Politik weitgehend der Erfolg versagt und die Voraussagen der Theorie waren seit den siebziger Jahren nicht mit der Realität in Übereinstimmung zu bringen. Insbesondere letzteres veranlasste Ökonomen, neu über Makroökonomik nachzudenken. Während früher von einer „keynesianischen Revolution" gesprochen wurde, wird heute festgestellt, dass „... dieser Ausdruck sinnvoll kaum auf die theoretische

Entwicklung zu beziehen [ist]. Manches spricht vielmehr dafür, in der KEYNESschen Theorie eine Verengung des Blickwinkels zu sehen." (WOLL (1993), S. 393) Die Theorie hatte insbesondere in ihrer einfachsten, besonders unzureichenden Variante, dem so genannten Einkommen-Ausgaben-Modell (Vgl. FELDERER/HOMBURG (1994), S. 112 ff.), politische Wirkung. „So hat wohl kein Modell dieses Jahrhunderts die Wirtschaftspolitik stärker geformt als das Einkommen-Ausgaben-Modell ..." (FELDERER/ HOMBURG (1994), S. 158.)

Nähere Überprüfungen der keynesianischen Theorie ergaben, dass „[i]hre Struktur .. zu naiv [ist], sie .. wesentliche Gesichtspunkte außer acht [läßt] und .. des weiteren von Annahmen aus[geht], die in der Realität auch nicht näherungsweise erfüllt sind." (FELDERER/HOMBURG (1994), S. 181.)

Beispielsweise verwenden keynesianische Ökonomen die Annahme, die Preise seien nach unten starr. Daraus werden Aussagen abgeleitet wie die, dass die Nachfrage, nicht aber das Angebot wesentlich die Produktion bestimmt, dass es einen Multiplikator in dem Sinne gibt, dass eine autonome Veränderung der Gesamtnachfrage zu einer (überproportionalen) Reaktion der Produktion führt, dass dann, wenn die Wirtschaftssubjekte ihre Konsumnachfrage erhöhen, sie tatsächlich hinsichtlich Güterversorgung und Arbeitsplätzen besser gestellt werden, dass die Geldpolitik reale Effekte auslöst und dass es möglich und sinnvoll ist, eine aktive Geld- und Fiskalpolitik zu betreiben. (Vgl. BARRO/GRILLI (1996), S. 717 f.) „Viele Ökonomen verwenden diese Annahme als Annäherung für die Koordinationsprobleme des privaten Sektors bei der Verarbeitung irgendwelcher Änderungen der Angebots- oder Nachfrageaggregate bzw. der Präferenzen und der Technologie. Sobald Ökonomen diese Probleme jedoch mit dem Rückgriff auf unvollständige Informationen, Mobilitätskosten usw. modellieren, sind die obigen keynesianischen Aussagen zumeist nicht haltbar." (BARRO/GRILLI (1996), S. 725.)

Besonders eindrucksvoll ist die so genannte *Lucas-Kritik*. (Vgl. ACOCELLA (1998), S. 194 ff., auch BURDA/WYPLOSZ (1994), S. 527 f.):

Elementarer Bestandteil der keynesianischen Theorie sind konstante Verhaltensgleichungen, etwa die im Abschnitt zur Konsumnachfrage wieder gegebene keynesianische Nachfragefunktion gemäß der absoluten Einkommenshypothese. Sich darauf verlassend, kann der wirtschaftspolitische Entscheidungsträger die Größen, auf die er Einfluss hat, insbesondere also die Staatsausgaben und die Form der Staatseinnahmen (Steuern oder Kredit), so festlegen, dass bezüglich anderer Größen Ziele erreicht werden können. Die Aufgabe bestand dann nurmehr darin, die Verhaltensgleichungen des (makro-)ökonomischen Systems mit Hilfe geeigneter statistisch-ökonometrischer Verfahren zu bestimmen (zu schätzen), und dann die Höhe der politisch setzbaren Variablen so zu wählen, dass die angestrebten gesamtwirtschaftlichen Ziele erreicht werden.

Dieser Ansatz vernachlässigt völlig die Rückwirkungen von politischen Entscheidungen auf die Verhaltensfunktionen der Privaten, so die Kritik von ROBERT E. LUCAS JR. (1976). Aus Sicht der Privaten ist der Staat ein Mitakteur, dessen Handlungen bei der Aufstellung und Durchführung von Wirtschaftsplänen zu berücksichtigen sind, wenn man nutzenmaximierende Entscheidungen über Arbeit, Freizeit, Konsum, Sparen, Investitionen und so weiter fällen und wirksam werden lassen will. Ändert der Staat sein Verhalten, dann kann auch ein geändertes Verhalten der übrigen Wirtschaftssubjekte optimal werden, d. h., die anderen Wirtschaftssubjekte ändern ihre Pläne und ihr Verhalten, wenn ihnen der Staat andere Daten setzt. Es gibt folglich eine Art Spielbeziehung (im Sinne der Spieltheorie (Vgl. dazu z. B. MEHLMANN (1997)) zwischen den privaten Wirtschaftssubjekten einerseits und dem Staat andererseits: „From a theoretical point of view, the Lucas critique underscores the presence of reciprocal interactions between the behavior of private agents and government. In particular, the private sector plays an active rather than passive role, changing its behaviour as expectations about government behaviour change." (ACOCELLA (1998), S. 195 f.) Diese Kritik ist fundamental und hat „das makroökonomische Denken über die Wirtschaftspolitik und ihre Auswirkungen radikal verändert." (BURDA/WYPLOSZ (1994), S. 527, Fn. 8.) Vor allem auch für diese Leistung wurde ROBERT E. LUCAS JR. 1995 mit dem Wirtschaftsnobelpreis ausgezeichnet.

Ungeachtet anderer Ungereimtheiten der keynesianischen Theorie, auf die hier nicht besonders eingegangen werden soll,[1] stellt die Lucas-Kritik den keynesianischen Ansatz der Nachfragesteuerung durch Variation staatlicher Handlungsparameter grundlegend in Frage. Wenn die staatlichen Handlungen durchschaut und erwartet werden können, werden sie in Bezug auf die wirtschaftspolitisch gesetzten Ziele weitestgehend unwirksam, weil sich die Wirtschaftssubjekte nutzenmaximierend anpassen. Am offenkundigsten ist dies für eine Geldpolitik, die, wenn sie erwartet wird, zu neutralisierenden Reaktionen führt, woraus die *Irrelevanz einer systematischen Geldpolitik* folgt. (Vgl. BARRO/GRILLI (1996), S. 647 ff., 672 - 674.) Unter anderem zeigt sich dabei, dass bei einer größeren Instabilität der Geldmenge die *realen Effekte unerwarteter monetärer Schocks kleiner* werden, weil die *Wahrscheinlichkeit geringer* wird, dass Irrtümer darüber auftreten, dass es sich bei beobachteten Preisänderungen tatsächlich um Preis*niveau*änderungen und nicht um Änderungen der relativen Preise handelt. (Vgl. BARRO/GRILLI (1996), S. 676.) Da gilt: „Hohe Inflation bedeutet variable Inflation" (MANKIW (1998), S. 189), kann damit ein schon sehr viel früher von MILTON FRIEDMAN [(1977), S. 456 ff., 465 ff.] betonter wirtschaftspolitischer Zusammenhang erwartet werden: Der Versuch einer Bekämpfung von Arbeitslosigkeit durch Geldpolitik muss über ein beschleunigtes Geldmengenwachstum zu immer höheren und stärker schwankenden Preisniveauänderungen führen, weil die Erwartungen sich anpassen. Damit wachsen auch die sozialen Kosten des Versuchs einer beschäftigungswirksamen Geldpolitik durch die Inflation, u. a. nehmen die Arbeitslosigkeit und die Gefahr der Entstehung von Hyperinflation zu. Entsprechend raten auch führende Geldpolitiker davon ab, Geldpolitik als

---

[1] Vgl. dazu die vielfältige Kritik, die beispielsweise *BARRO* in seinen Schriften liefert und zu Kernstücken der keynesschen Analyse, einerseits dem so genannten IS-LM-Modell KING (1993), andererseits dem so genannten Gesamtangebots-Gesamtnachfrage-Modell BARRO (1994) oder BARRO/GRILLI (1996), S. 714 f.

konjunkturpolitisches Instrument einzusetzen. (Vgl. z. B. EUROPÄISCHE ZENTRALBANK (1/1999), ISSING (1999), JOCHIMSEN (1999).)

Ebenso ist es für die Privaten vernünftig, auf einen vorübergehenden Austausch von Steuern durch staatliche Kreditaufnahme nicht mit einer Änderung der zeitlich optimalen Konsumwahl zu reagieren, also mehr auszugeben, sondern mit einer Zunahme der Ersparnis, um später, wenn die Steuern erhoben werden müssen, um den Kredit zu tilgen, das Konsumniveau ebenfalls aufrecht erhalten zu können. Solche Reaktionen sind möglich und können bislang durch empirische Untersuchungen nicht von der Hand gewiesen werden. Auch wenn einige empirische Untersuchungen die Interpretation zulassen, der Konsum reagiere positiv auf staatliche Defizite (Vgl. z. B. BERNHEIM (1986)), können doch auch andere Interpretationen des Datenmaterials, die die Sicht des Ricardo-Barro-Äquivalenztheorems stützen, nicht als unzulässig abgewiesen werden. (Vgl. MANKIW (1998); S. 491 f., MANKIW (2000); S. 424 f.)

Schon Anfang der achtziger Jahre des zwanzigsten Jahrhunderts wurde zur Wirklichkeit in der damaligen Bundesrepublik Deutschland festgestellt: „Staatliches Verhalten wird heute vom privaten Sektor nicht mehr in dem Maße wie früher als exogen betrachtet. Vielmehr hat sich eine „Endogenisierung" des Staats ergeben. Man hat erkannt, dass der Staat so sehr in die wirtschaftlichen Abläufe eingespannt ist und sich derart für sie verantwortlich fühlen muss, dass sein Verhalten voraussehbar geworden ist. Man weiß, wie er reagiert, weil er in bestimmter Weise reagieren muss. So werden heute mehr als früher Steuererhöhungen oder Ausgabenkürzungen, die später zum Ausgleich von sich heute ergebenden Budgetdefiziten unvermeidbar erscheinen, von den Bürgern vorausgesehen und in die Entscheidungen über wirtschaftliches Verhalten einbezogen. Das muss sich besonders in Zeiten auswirken, in denen bereits eine hohe Staatsschuld besteht: Der Staat hat dann sein konjunkturpolitisches Handlungsvermögen weit gehend verloren, zumal ein steigender Anteil staatlicher Zinszahlungen an den Staatsausgaben spätere Steuererhöhungen oder Ausgabekürzungen sicher erwarten lässt. Zusätzliche Staatsausgaben oder Steuer-

erleichterungen können in dieser Situation die ihnen zugedachte Ankurbe-
lungsfunktion nicht mehr entscheidend erfüllen; die Wirkungen konjunkturpolitischer Einmal-Aktionen verpuffen schnell." (WISSENSCHAFT-
LICHER BEIRAT ... (1983), S. 51.)

Das Verhältnis zwischen Privaten und Staat ist das eines dynamischen (in
der Zeit ablaufenden) Spiels. Und *LUCAS JR.* schließt: „Wenn die dynamischen Spiele in irgendeiner Form eine sinnvolle Betrachtung der Politik
bieten, dann muss die Orientierung der Politik an den laufenden Daten auf
der Grundlage der Keynesianischen Modelle unsinnig sein." (LUCAS JR.
(1989), S. 21, vgl. auch S. 112 f.)

*Zusammenfassend bestehen die theoretischen Mängel im Wesentlichen in
ad hoc eingeführten makroökonomischen Hypothesen ohne mikroökonomische Fundierung, fehlende oder unzureichende Berücksichtigung von
Erwartungen, die Annahme inflexibler Preise und Löhne sowie die ungenügende Berücksichtigung der Wechselwirkungen zwischen staatlichem
und privatem Verhalten.*

Lässt man rationales Verhalten der Wirtschaftssubjekte einschließlich
rationaler Erwartungen ebenso zu wie die Flexibilität von Preisen, dann
lassen sich durch vorhersehbare wirtschaftspolitische Maßnahmen, also
jedwede systematische Wirtschaftspolitik zum Zwecke der Nachfragesteuerung, keinerlei Wirkungen erzielen. Das ist das *Theorem von der Irrelevanz jeder systematischen Wirtschaftspolitik*, die so genannte *policy inef-
fectiveness proposition* der Neuklassischen Ökonomik. (Vgl. HAVRILESKY
(1988), S. 353, SAMUELSON/NORDHAUS (1998), S. 707.) Somit gilt, dass
„[i]n both Keynesian and Neoclassical models, changes in monetary or
fiscal policy may affect output because of unanticipated shocks to the
economy, including unanticipated changes in macroeconomic policy."
(HAVRILESKY (1988), S. 353, vgl. auch WESTPHAL (1994), S. 413). Demnach verbleibt als einflussreich nur noch eine zufällige, stochastische
Komponente der Nachfragesteuerung, was aber wohl kaum als vernünftige
Wirtschaftspolitik bezeichnet werden kann. Schließlich sei in diesem Zusammenhang darauf hingewiesen, dass selbst dann, wenn eine Konjunk-

turglättung durch Stabilisierung der Nachfrage möglich wäre, diese nicht unbedingt wünschenswert wäre, etwa wenn die konjunkturellen Schwankungen Ausdruck bester Reaktionen der Privaten auf reale Schocks sind. Dann würde eine konjunkturglättende Politik nämlich Ineffizienzen bewirken, die die Vorteile überwiegen könnten. (Vgl. LUCAS JR. (1989), S. 116. Zur Theorie realer Konjunkturzyklen vgl. bspw. PLOSSER (1989), WESTPHAL (1994), S. 413 ff., MANKIW (1998), S. 428 ff., MANKIW (2000), S. 507 ff.)

Anzumerken ist jedoch, dass sich das *Theorem von der Irrelevanz jeder systematischen Wirtschaftspolitik lediglich auf die Wirtschaftspolitik zum Zwecke der Beeinflussung der gesamtwirtschaftlichen Nachfrage zur Konjunkturstabilisierung,* also auf die **Stabilisierungspolitik,** bezieht. Ungeachtet dessen können natürlich staatliche Bereitstellungen von Gütern oder die staatliche Beeinflussung der privaten Bereitstellung von Gütern da, wo der Markt als Koordinationsverfahren zu keiner Bereitstellung oder zu einer verzerrten Bereitstellung von Gütern führt, sinnvoll sein. Dies bezeichnet man als die **allokativen Aufgaben des Staates.** Ebenso kann es zudem sinnvoll sein, gewisse Umverteilungen zum Schutz vor übergroßen Lebensrisiken vorzunehmen, wenn dadurch der soziale Friede gestärkt und die Übernahme von Risiken, etwa die Bildung von Humankapital, gefördert wird. Hier liegen die **distributiven Aufgaben des Staates.** (Vgl. zu diesen Aufgabenbereichen, deren Bezeichnung auf *RICHARD A. MUSGRAVE* zurückgeht, etwa MUSGRAVE/MUSGRAVE/KULLMER (1994), BLANKART (1998), ACOCELLA (1998), S. 89 ff., 223 ff. u. 247 ff., BEHRENS/KIRSPEL (1999), S. 163 - 206.).

Neuere Forschungen zeigen allerdings, dass es Fälle geben kann, in denen das *Theorem von der Irrelevanz jeder systematischen Wirtschaftspolitik* im Sinne von Konjunkturpolitik die wahren Wirkungen sogar in dem Sinne zu schwach voraussagt, als es statt zu expansiven zu kontraktiven Effekten einer im Sinne der keynesianischen Theorie expansiven Finanzpolitik bzw. statt zu kontraktiven zu expansiven Effekten einer im Sinne dieser Theorie kontraktiven Finanzpolitik kommen kann. Man spricht in solchen Fällen von **nicht-keynesianischen Effekten der Finanzpolitik**: *„Nicht-keynesianische Effekte sind den ricardianischen Effekten ähnlich, gehen aber noch einen Schritt weiter. Sie implizieren im Gegensatz zur Hypothese der Ricardianischen Äquivalenz keine Wirkungslosigkeit der Eingriffe, sondern sogar einen Vorzeichenwechsel gegenüber der keynesianischen Wirkungsrichtung. Eine kreditfinanzierte Steuersenkung würde in einer keynesianischen Modellwelt einen positiven Konjunktureffekt haben, in ricardianischen Modellen wirkungslos bleiben, während die gesamtwirtschaftliche Entwicklung in einer nicht-keynesianischen Welt negativ beeinflusst würde. Im Falle einer Steuererhöhung bei gleichzeitiger Rückführung der Nettokreditaufnahme kommt es zu entgegengesetzten Wirkungen.“* (SACHVERSTÄNDIGENRAT (2003), Ziff. 805, S. 446 f., im Original kursiv.) Da diese Effekte auftreten, wenn die Wirtschaftssubjekte den Zustand der Staatsfinanzen wegen hoher Schuldenstände und Staatsausgaben als schlecht oder sogar desolat ansehen, kann eine Konsolidierung der Staatsfinanzen sogar expansive konjunkturelle Effekte haben. (Vgl. SACHVERSTÄNDIGENRAT (2003), Ziff. 459, S. 286.)

Der Sachverständigenrat zur Begutachtung der gesamtwirtschaftlichen Entwicklung weist zudem darauf hin, dass die Finanzpolitik wachstumshemmend sein kann, also sogar die langfristige Entwicklung negativ beeinträchtigen kann: „Nicht-produktive Staatsausgaben beeinträchtigen die langfristigen Wachstumsaussichten, produktive Ausgaben in Form von Investitionen unterstützen das Wachstum. Der Effekt der staatlichen Einnahmeseite ist ebenfalls negativ, allerdings weniger ausgeprägt als derjenige der Ausgaben. Staatliche Defizite führen zu einem niedrigeren gleichgewichtigen Niveau des Bruttoinlandsprodukts." (SACHVERSTÄNDIGENRAT (2003), Ziff. 820, S. 454.)

Allerdings gibt es noch immer Ökonomen, die den keynesianischen Modellrahmen bevorzugen oder zu verbessern suchen (Vgl. beispielsweise BLANCHARD (1997, 1997a) oder mancherlei Arbeiten von MANKIW). Den Verästelungen der keynesianischen Theorien kann hier unmöglich nachgegangen werden. Es gibt Keynesianer, Postkeynesianer, Neokeynesianer und Neukeynesianer, wobei der Ehrgeiz einiger darin liegt, zu zeigen, dass andere die „Original-Theorie" von Keynes falsch interpretiert haben (Vgl. HAVRILESKY (1988), S. 5, Fn. 2.) Und längst nicht alle „Keynesianer" sind von der Möglichkeit der Nachfragesteuerung überzeugt. (Vgl. zu den „Schulen" z. B. WESTPHAL (1994), S. 404 ff., FELDERER/HOMBURG (1994), S. 28 f.) Die Versuche einiger Neukeynesianischer Autoren, den alten Keynesianismus neu zu begründen, indem versucht wird, mikroökonomische Fundierungen zu finden, empfinden einige neoklassische Ökonomen allerdings als Rettungsversuch durch Verfeinerung. So stellt *SIEGEL* bei der Besprechung des Kapitels aus *BARRO*s Makroökonomik, das der Darstellung der Keynesianischen Theory gewidmet ist, das Siegel für eines der besten Kapitel im Text hält, fest: „However, it is clear that Barro regards this theorizing as an attempt to save the Keynesian model in a manner similar to the way medieval astronomers added epicycles in an attempt to save the outmoded earth-centered Ptolomeic system." (SIEGEL (1984), S. 396.)

Viele Lehrbuchautoren mögen sich zwischen den Lehrgebäuden nicht entscheiden und sind zu der Kompromissformel gelangt, die Neoklassischen Denkrichtungen stünden für die mehr lange Frist, „welche durch die Vollendung der Anpassungsprozesse definiert ist" (FELDERER/HOMBURG (1994), S. 188.), während die keynesianischen Denkansätze an den kurzen Fristen interessiert sind, in denen die Preise und Löhne sich beispielsweise noch nicht den Datenänderungen angepasst haben. Somit würden sich beide Theoriegebäude komplementär verhalten. (Vgl. FELDERER/HOMBURG (1994), S. 188, die allerdings später (S. 345) als unbefriedigend kritisieren, dass die Neokeynesianische Theorie die Neoklassischen Anpassungsgeschwindigkeiten einfach radikal umkehrte. Als Lehrbücher in diesem Sinne vgl. beispielsweise BURDA/WYPLOSZ (1994), MANKIW (1998), MANKIW (2000), (zumindest teilweise) HAVRILESKY (1988).)

Obgleich hier nicht der Ort sein kann, abschließende Entscheidungen über die „richtige" Theorie zu fällen, seien einige Einschätzungen des Verfassers angegeben: Möglicherweise bilden die keynesianischen Modelle sehr kurzfristige Anomalien im makroökonomischen Verhalten von Marktwirtschaften beziehungsweise Anomalien im Verhalten von Marktwirtschaften, die durch politische Behinderung von Preisanpassungen entstehen, richtig ab. Es ist aber wahrscheinlich nicht realistisch zu glauben, der Zeithorizont der Planungen des Staates sei weiter als der der Privaten, sodass die Möglichkeiten des Staates, die Privaten kurzfristig zu täuschen sehr eingeschränkt sein dürften. Und hinsichtlich wirtschaftspolitischer Möglichkeiten dürfte damit die Lucas-Kritik wahrscheinlich relevant sein. Wie dem auch sei, die keynesianischen Ansätze bleiben nach Ansicht des Verfassers fragwürdig, insbesondere in ihrer theoretischen Grundstruktur und in ihrer Wirkung auf die grundlegende Einstellung der Menschen zu kurzfristigen staatlichen Interventionen in die Marktwirtschaft (Vgl. KING (1993), S. 78 f.). Und da es so scheint, als sei im Regelfall die lange Frist nicht viel länger als ein Jahr oder einige wenige Jahre, sollte der neoklassische Modellrahmen[2], dessen Angemessenheit für längere Fristen in der Literatur kaum mehr angezweifelt wird, als Grundlage für wirtschaftspolitische Betrachtungen bevorzugt werden. (Vgl. zur Fristenunterscheidung und zur Zuordnung angemessener Theorien z. B. MANKIW (1998), S. 261, MANKIW (2000), S. 424.) Somit sehen wir die theoretische Kritik hier als zureichend an, die keynesianische Theorie als angemessene Grundlage für wirtschaftspolitische Überlegungen, und damit auch die Politik der kurzfristigen Nachfragesteuerung durch den Staat, zu verwerfen. Auch die Weiterentwicklung zur so genannten Neokeynesianischen Theorie (Vgl. z. B. FELDERER/HOMBURG (1994), S. 287 - 346) hilft kaum weiter, obgleich diese, ebenso wie die keynesianische Theorie auf kurzfristigen Modellen beruhende, Theorie auf der neoklassischen Entscheidungslogik basiert und das „Gesetz des Marktes" im Prinzip akzeptiert. (Vgl. FELDERER/HOMBURG, S. 344.) Jedoch: „Der große Nachteil Neokeynesianischer Modelle ist .., dass sie - um verständlich zu sein - extrem einfach strukturiert sein müssen. Insofern muss die Neokeynesianische Theorie vorerst als Beitrag

---

[2] Hier wird die so genannte Neuklassik als moderne Richtung der Neoklassischen

zur »reinen Logik des Marktes« angesehen werden; ablösen kann sie die anderen Theorien schwerlich." (FELDERER/HOMBURG (1994), S. 346.)

Diejenigen, die dieser Einschätzung aus theoretischer Sicht nicht folgen mögen, brauchen sich nicht dazu angehalten fühlen, um die Politik der Nachfragesteuerung gleichwohl zu verwerfen, denn es gibt ja noch die, auch von vielen modernen „Keynesianern" anerkannte Kritikebene der praktischen Durchführungsprobleme und die Kritikebene der politisch-ökonomischen Durchführungshemmnisse. Schlagen nur einige der in diesen Kritikebenen angesprochenen Probleme durch, ist die Politik der Nachfragesteuerung, zumindest als unpraktikabel, abzulehnen, selbst wenn man davon ausgeht, dass nicht-keynesianische Effekte nicht auftreten. Nehmen wir deshalb bei der Betrachtung der beiden anderen Kritikebenen hilfsweise an, die Theorie der Nachfragesteuerung sei in Ordnung, woran hier aber begründete Zweifel bestehen.

6.1.1.2.2   Die Kritikebene der praktischen Durchführungsprobleme

Selbst wenn angenommen würde, dass die keynesianische Theorie die wirtschaftspolitischen Wirkungen einer Maßnahme korrekt wiedergäbe, würde, so die zweite hier betrachtete Kritikebene, die Politik der Nachfragesteuerung an praktischen Durchführungsproblemen scheitern.

Neben den *Problemen der Diagnose der gesamtwirtschaftlichen Lage* führten vor allem *Probleme des richtigen Zeitpunktes des Einsatzes von Mitteln* und *Probleme der richtigen Dosierung der Mittel*, selbst unter der Annahme, der keynesianische Wirkungszusammenhang wäre gültig, zu einem praktischen Versagen der keynesianischen Politik der Nachfragesteuerung. Wiederum schlägt im Allgemeinen einer dieser Gründe durch, um ein Versagen systematischer Politik in dem Sinne zu konstatieren, dass ein Gelingen der Steuerungsabsicht mehr oder weniger vom Zufall abhinge.

Theorie angesehen. (Vgl. z. B. HAVRILESKY (1988), S. 5.)

Als Ausgangspunkt der Betrachtung mag die von der Konjunkturbeobachtung bekannte Tatsache genommen werden, dass der Konjunkturablauf keine völlig gleichmäßige, voraussehbare Schwankung der Wirtschaftstätigkeit darstellt. Demnach ist jeder Konjunkturverlauf vom anderen nach zeitlichem Verlauf und Stärke des Ausschlags verschieden. Das ergibt sich auch schon aus dem Nebeneinanderwirken der Kitchin-, der Juglar-, der Kuznets- und der Kondratieff-Zyklen.

Die *Probleme der richtigen Diagnose der gesamtwirtschaftlichen Lage* sollen hier nicht betrachtet werden, da wir annehmen, dass eine einigermaßen verlässliche sachliche Bestimmung der Lage, wenn auch vielleicht zu langsam, möglich ist, obgleich auch hier noch nicht alle Aufgaben erledigt zu sein scheinen. (Vgl. GROSSEKETTLER (1997), S. 123, der auf entsprechende Forderungen von ERLEI (1991) und LESCHKE (1993), S. 228 ff., verweist, „Diagnosemöglichkeiten zur Unterscheidung verschiedener Arten von Ungleichgewichtssituationen zu schaffen".)

Betrachten wir zunächst die *Probleme der Wahl des richtigen Zeitpunktes des Einsatzes von Mitteln.* Hier sind vor allem Verzögerungen bei wirtschaftspolitischen Maßnahmen von Bedeutung. (Vgl. zum Folgenden STREIT (1991), S. 276 f.)

Die *Verzögerungen (lags) bei wirtschaftspolitischen Maßnahmen* lassen sich in drei Gruppen einteilen. Die erste umfasst die so genannten *Erkennungsverzögerungen.* Sie kennzeichnen den Zeitablauf, der eintritt, bis das Problem von wirtschaftspolitischen Instanzen erkannt wird. Dieser Zeitbedarf setzt sich zusammen aus der Zeit, die von dem Eintritt des Ereignisses, das den Wirtschaftsablauf stört, bis zu seiner Erfassung vergeht, der *Erfassungsverzögerung*, und der Zeit, die von der Erfassung bis zur statistischen Aufbereitung der Daten vergeht, die erst eine konkrete Diagnose erlaubt, der *Kommunikationsverzögerung.*

Die zweite Gruppe von Verzögerungen betrifft die so genannten *Instanzverzögerungen.* Diese Gruppe umfasst vier Teilprozesse. Es vergeht Zeit für die Analyse des Problems, *Diagnoseverzögerung*, dann für die Erstellung eines wirtschaftspolitischen Entwurfs, *Planungsverzögerung*, des Weiteren für das Zustandekommen einer Entscheidung bezüglich wirtschaftspolitischer Entscheidungen, *Entscheidungsverzögerung*, und schließlich für die Durchführung der beschlossenen Maßnahmen, *Durchführungsverzögerung*.

Nach der Durchführung von wirtschaftspolitischen Maßnahmen kommt es dann noch als dritte Gruppe von Verzögerungen zu so genannten *Wirkungsverzögerungen*. Diese umfassen die zeitliche Verzögerung bis zum Eintritt erster Wirkungen, die *Anlaufverzögerung*, und den Zeitablauf bis zum Eintritt der Gesamtwirkungen, die *Verlaufsverzögerung*.

Diese Verzögerungen führen dazu, dass im Allgemeinen eine kurzfristige Nachfragesteuerung zur Konjunkturbeeinflussung gar nicht möglich ist. Wenn sie etwa, wie manche Angaben nahe legen, auf einen Zeitbedarf von 2 bis 4 Jahren (Vgl. WOLL (1992), S. 162.) hinauslaufen, umfassen sie einen Zeitraum, für den die keynesianische Annahme relativ starrer Preise, die unabdingbar für die These der nachfragebedingten Konjunktureinbrüche ist (vgl. WOLL (1992), S. 155 f.), wohl kaum zu halten ist, es sei denn, der Staat hindert die Preise durch ungeeignete institutionelle Regelungen, sich anzupassen. Letzteres legt aber eine andere Politik als die der Nachfragesteuerung nahe. Schließlich bezieht sich insbesondere die Wirkungsverzögerung „... nicht zuletzt auf Elemente von Verzögerungen im privatwirtschaftlichen Bereich, die denen der Erkennungs- und der Instanzenverzögerung analog sind. Es geht bei den Privaten um Reaktionen auf wirtschaftspolitisch veränderte ökonomische Bedingungen (z. B. eine Steuersatzänderung), die nur mit Verzögerung möglich sind." (STREIT (1991), S. 276 f., vgl. auch WOLL (1992), S. 162.) Die Frage stellt sich, wie die Behauptung gestützt werden soll, dass die Privaten sich in diesem Zeitraum zwar den wirtschaftspolitisch veränderten Bedingungen anpassen, aber die Preise nicht verändern können. „Falsche Preise existieren nur solange, bis die privaten Wirtschaftssubjekte die Situation analysiert haben und Abhilfe schaffen." (BURDA/WYPLOSZ (1994), S. 522.)

Mit anderen Worten: Wieso sollen die Privaten in der Verarbeitung nicht-staatlicher Schocks, die konjunkturelle Folgen haben, langsamer sein, als in der Verarbeitung staatlich verursachter Schocks? Diese Frage stellt sich vor allem auch, weil sich die Aktionen des Staates, zumindest in Demokratien, durch vorangehende öffentliche Debatten frühzeitig abzeichnen. Und die Frage geht noch viel weniger weit als die ebenfalls berechtigte Frage, wieso Private überhaupt bei der Verarbeitung gesamtwirtschaftlicher Schocks langsamer sein sollen als der Staat?

Tabelle: Verzögerungen bei wirtschaftspolitischen Maßnahmen:

Ablauf der Ereignisse	*Verzögerung*	
1. Störung im Wirtschaftsablauf	Erfassungs-verzögerung	1. und 2.: Erkennungsver-zögerungen
2. Auswirkung auf statistisch er-fassbare Größen, die - aufbereitet - zur Diagnose herangezogen werden können	Kommunikations-verzögerung	
3. Analyse der erkannten Störung (Diagnose)	Diagnose-verzögerung	3. bis 6.: Instanzverzöge-rungen
4. Entwurf wirtschaftspolitischer Pro-gramme	Planungs-verzögerung	
5. Entscheidung über wirtschaftspoliti-sches Handeln	Entscheidungs-verzögerung	
6. Durchführung des beschlossenen Programms	Durchführungs-verzögerung	
7. Einsetzen der ersten Wirkungen des Programms	Anlauf-verzögerung	7. und 8.: Wirkungsverzö-gerungen
8. Gesamtwirkung hinsichtlich der angestrebten Ziele ist erreicht	Verlaufs-verzögerung	

[Quelle: STREIT (1991), S. 277, STREIT (2000), S. 325]

Zudem kann nicht von einem berechenbaren zeitlichen Verlauf der Verzö-gerungen ausgegangen werden, sodass es möglich ist, dass die Stabilitäts-politik prozyklisch wirkt (Vgl. WOLL (1992), S. 158). Diese Schwierigkeit ist seit langem bekannt. „Als Folge aller vorkommenden Verzögerungen treffen Wirkungen bereits auf eine inzwischen veränderte Situation, was vor allem eine kurzfristig orientierte Zielansteuerung, wie wir sie in der konjunkturellen Stabilisierungspolitik anstreben, außerordentlich erschwert." (GÄFGEN (1975), S. 51.)

Eine Fehleinschätzung darüber, wie sich das wirtschaftspolitische Problem zu dem Zeitpunkt darstellt, zu dem mit der Wirkung der Maßnahmen gerechnet wird, kann „z. B. im Bereich der Konjunkturpolitik bedeuten, dass eine in stabilisierender Absicht vorgenommene Maßnahme sich in ihr Gegenteil verkehrt." (STREIT (1991), S. 277. Vgl. auch JOCHIMSEN (1999).) Schließlich nützt nicht, sondern schadet der Staat der Anpassungsfähigkeit an konjunkturelle Schwankungen: „Fällt dem Staat die Aufgabe zu, zu jeder Zeit an die Stelle angeblich unterlassener privater Ausgaben seine eigenen zu setzen, werden kurzfristige und diskretionäre Interventionen notwendig, die jeweils auf einzelne Situationen abgestellt sind. Damit ist dem wirtschaftspolitischen Aktionismus staatlicher Akteure Tür und Tor geöffnet. Eine Stop-and-Go-Politik bewirkt nachweislich genau, was theoretisch vorausgesetzt wird: der private Sektor verliert wegen der unvorhersehbaren staatlichen Eingriffe und ihrer nicht abzusehenden Folgen an Fähigkeit, für einen Ausgleich von Angebot und Nachfrage über die Märkte zu sorgen." (WOLL (1992), S. 156.)

Wenden wir uns nun den **Problemen der richtigen Dosierung des Einsatzes von Mitteln** zu. (Vgl. zum Folgenden STREIT (1991), S. 273 ff.)

Damit die gewünschten Wirkungen von Maßnahmen eintreten, muss nicht allein das Problem der Wirkungsverzögerungen gelöst werden. Es müssen die Maßnahmen auch richtig dosiert sein. Eine Unterdosierung kann beispielsweise bewirken, dass eine Maßnahme weitgehend oder gänzlich verpufft, eine Überdosierung, dass zwar das eine Problem verschwindet, es aber von einem anderen abgelöst wird. Manche Maßnahmen sind auch gar nicht fein zu dosieren. Da zur Beurteilung der richtigen Dosierung von Mitteln alle Wirkungen, also die Nah- und Fernwirkungen auf die angestrebten Ziele und alle Nebenwirkungen zu berücksichtigen wären, lässt sich das Problem wohl kaum lösen, da ein Wissen des Staates vorauszusetzen wäre, über das er nicht verfügen kann: „Den Dosierungsgrad konkreter wirtschaftspolitischer Mittel zu bestimmen dürfte unmöglich sein." (STREIT (1991), S. 274.) Im Dosierungsproblem liegt entsprechend eine weitere Quelle für das prinzipielle Versagen von Nachfragesteuerung zum Zwecke der Konjunkturpolitik. Dabei ist zudem zu beachten, dass der Erfolg einer Nachfragepolitik stark eingeschränkt ist, wenn es internationalen Handel gibt, weil dann ein mehr oder minder großer Teil der angeregten Nachfrage ins Ausland verpufft. (Vgl. SACHVERSTÄNDIGENRAT ... (1997), Ziff. 298.)

Nehmen wir nun zwecks Hinwendung zur letzten hier betrachteten Kritikebene, der Ebene der politisch-ökonomischen Durchführungshemmnisse, einmal an, es sei jemandem gelungen, nachzuweisen, dass sowohl die theoretische Kritik, als auch die Kritik an der praktischen Durchführbarkeit von Nachfragesteuerungspolitik tatsächlich nicht haltbar seien. Obzwar wir uns kaum vorstellen können, dass dies jemals jemandem gelingen wird, ändert es nichts daran, dass die Vorstellung gelingender Nachfragesteuerung unterstellt, dass der Staat willens und in der Lage ist, so zu handeln. Das ist aber keineswegs selbstverständlich.

6.1.1.2.3 Die Kritikebene der politisch-ökonomischen Durchführungshemmnisse

Die Vorstellung von der „Machbarkeit" und Wünschbarkeit einer antizyklischen Nachfragesteuerung beruht maßgeblich auf der *Idee nur am Wohlergehen der Bevölkerung interessierter Politiker, auf dem „Mythos des wohlwollenden Diktators."* (BRENNAN/BUCHANAN (1993), S. XXIII.) Danach müssten Politiker zum Zwecke der Wohlstandsmehrung der Bevölkerung auch dann kurzfristig wenig populäre Maßnahmen ergreifen, wenn diese zwar zur Zielerreichung beitrügen, die Wiederwahlchancen des Politikers aber spürbar beeinträchtigten. Es handelt sich um eine sehr heroische Annahme, denn: „Weder der Staat noch der Wilde ist edel, dieser Tatsache müssen wir uns voll bewusst sein." (BUCHANAN (1984), S. XII.)

Dass die Gültigkeit dieser Annahme eher unwahrscheinlich ist, zeigt eingehend die **ökonomische Theorie der Politik,** auch **Neue Politische Ökonomik** genannt. (Vgl. zum Überblick beispielsweise ERLEI/LESCHKE/SAUERLAND (1999), S. 307 ff.) Die ökonomische Theorie der Politik legt zur Analyse des Verhaltens von Politikern die These zu Grunde, dass Politiker Menschen wie alle anderen sind, denen ein nutzenmaximierendes Verhalten zuzurechnen ist. Demnach sind auch Politiker vornehmlich am Erhalt ihrer Ämter, also an der Wiederwahl, und an politischem Aufstieg interessiert. Dazu müssen Politiker abwägen, wie die Wähler auf verschiedene Maßnahmen mit ihrer Stimmabgabe reagieren. Nicht die optimale Problemlösung (aus wessen Sicht auch immer?) interessiert den Politiker, sondern die Maximierung der Wahrscheinlichkeit, gewählt zu werden und politisch aufzusteigen. Diese Sicht des Politikers als politischem Unternehmer, der den Wählern Angebote in Form von Programmpaketen macht, um deren Stimmen zu erhalten, ist erstmals von *JOSEPH ALOIS SCHUMPETER* ((1993, 1950^e), S. 427 ff.) eingeführt worden. In diesem Rahmen, der durch die Wahlchancen gesetzt wird, nutzen Politiker und Bürokraten dabei durchaus auch ihre Spielräume, ihren eigenen Gestaltungspräferenzen zu folgen. (Vgl. BUCHANAN (1984), S. 222 ff.) Da die Spielräume sich dabei hauptsächlich aus den Unterschieden in der Information zwischen Wählern, Politikern und Bürokraten ergeben, die in einem so genannten **zweistöckigen Principal-Agent-Verhältnis** (Vgl. z. B. BLANKART (1998), S. 467 ff., (2003), S. 503 ff.) zueinander stehen, werden sie mit verbesserter Informationsgrundlage der jeweiligen Prinzipale geringer. D. h., wenn der Wähler, als Prinzipal der Politiker (Agenten der Wähler) besser informiert ist, ist der Spielraum der Politiker kleiner und wenn der Politiker, als Prinzipal der staatlichen Bürokratie (Agenten der Politiker) besser informiert ist, ist der Spielraum der Bürokraten geringer, weil bessere Information die Voraussetzung für wirksame Einschränkung von Handlungsmöglichkeiten durch geeignete Regelbindungen ist.

Aus diesem Ansatz ergeben sich weit reichende Konsequenzen und einschlägige Antworten auf die Frage, warum sich der Staat zum Schaden der Bürger um so viele Dinge kümmert, die er nicht optimal gestalten kann,

sondern dem Markt überlassen sollte, und warum er sich, ebenfalls zum
Schaden der Bürger, um viele Dinge nicht kümmert, obwohl nur er die
entsprechenden Problemlösungen bewirken könnte. (Vgl. zu diesem The-
menkreis z. B. BLANKART (1998), S 65 ff.) Aus diesem Grund für *Politik-
oder Staatsversagen* kann gefolgert werden, dass der Erfolg von Wirtschaftspolitik ganz maßgeblich vom volkswirtschaftlichen Sachverstand
der Bürger - theoretisch vom Medianwähler (Vgl. z. B. HERDER-DORN-
EICH/GROSER (1977).) - abhängt. In aus der Sicht von Fachökonomen
unsinnigen oder falschen wirtschaftspolitischen Maßnahmen spiegelt sich
im Allgemeinen nicht mangelnder Sachverstand der Politiker wider, die
normalerweise über die Ministerien ebenso wie über andere Institutionen,
die der wissenschaftlichen Beratung von Politikern dienen, auf Sachverstand Zugriff nehmen können, sondern politisch-ökonomische Zusammenhänge, wie Systemeigenschaften des Wahlsystems und die Möglichkeiten
der beteiligten Gruppen, darin eigene Präferenzen geltend machen zu können. (Vgl. BUCHANAN (1984), S. 209 ff., BRENNAN/BUCHANAN (1993), S.
43 ff.)[3] Insofern ist es in weiten Bereichen der mangelnde und/oder inte-
ressenverzerrte ökonomische Sachverstand der Wahlbürger, der zu wünschen übrig lässt und über den Wahlmechanismus zahlreiche „Defizite
real existierender Marktwirtschaften" zur Folge hat, weshalb auch - schon
aus wirtschaftsethischen Gründen - das Erfordernis höherer „Einsicht der
Bürger in grundlegende Funktionszusammenhänge moderner Gesellschaften" ausgemacht wird. (Zitate aus HOMANN/BLOME-DREES (1992), S. 90.)

Aus der Anwendung dieses relativ bewährten Ansatzes ergeben sich auch
Kritikpunkte hinsichtlich einer Stabilisierungspolitik. Denn diese wird von
Politikern weniger eingesetzt, um längerfristige Erfolge zu erzielen, als
vielmehr, um kurzfristig Wählermeinungen zu den eigenen Gunsten zu
beeinflussen. „Wegen ihrer kurzfristigen oder scheinbaren Erfolge wird

---

[3] GROSSEKETTLER [Zitate: (1997), S. 90.] bezeichnet Vertreter der Ansicht, „man
brauche die Politiker nur darüber aufzuklären, welche Formen von Koordinati-
onsmängeln es gebe und wie man sie bekämpfen könne, und dürfe es sich ansonsten leisten, die im Felde der politischen Willensbildung wirkenden Kräfte zu
ignorieren" als „Anhänger .. [eines (C.-U.B)] Kinderglaubens".

die Stabilitätspolitik zum Paradefeld für Politiker, die eine Möglichkeit zur Selbstdarstellung und - gerade vor Wahlen - einen Betätigungsnachweis zur Minderung ihres Berufsrisikos suchen." (WOLL (1992), S. 156.)

Solange Wähler regierende Politiker mit Wählerstimmen belohnen, die den Eindruck erwecken, entschlossen zuzupacken, um gegen die Übel der Zeit mit Macht vorzugehen, die dazu etwa Beschäftigungsprogramme auflegen, Industrien vor Konkurrenz aus dem Ausland schützen und so weiter und so fort, solange werden Politiker solche Maßnahmen bevorzugen. Sie werden dies insbesondere dann tun, wenn die kurzfristigen (Schein-)Erfolge den Wählern sichtbar sind, aber der langfristige Schaden nicht, wie beispielsweise bei Erhaltungssubventionen oder auch bei Arbeitsbeschaffungsmaßnahmen, wenn diese kurzfristig Arbeitslose aus dem Markt nehmen, aber durch den Einsatz dieser Kräfte für praktische Arbeiten Unternehmen, die die Arbeiten sonst erledigen, in den Marktaustritt treiben, wodurch reguläre Arbeitsplätze verloren gehen können.

Die Folgen für die Politik der Nachfragesteuerung sind (Vgl. auch PÄTZOLD (1993), S. 194 f.):

- In Konjunkturtiefs haben Politiker ein Interesse, Maßnahmen zu ergreifen, von denen Wähler glauben oder glauben gemacht werden können, sie würden die Konjunktur beleben. Glaubt die Mehrheit der Wähler - und die Mehrheit der Meinungsmacher in den Medien - an die Wirksamkeit keynesianischer Politik der Nachfragesteuerung (was nicht im Widerspruch zu der Annahme stehen muss, dass diese Wähler sich optimierend an das Staatsverhalten anpassen und damit selbst zur Wirkungslosigkeit der Politik beitragen), so werden in konjunkturell unterdurchschnittlicher Lage Beschäftigungsprogramme und Staatsverschuldung zu beobachten sein.

- In der Hochkonjunktur müsste nun, dem Konzept der Nachfragesteuerung zufolge, eigentlich ebenfalls eine antizyklische Budget- und Geldpolitik folgen. Das ist jedoch eher nicht zu erwarten, wenn der Abbau staatlicher Ausgaben oder der Staatsverschuldung von den

Wählern oder bedeutsamen Wählergruppen nicht honoriert oder gar als unnötige Belastung empfunden wird. So sind die zusätzlichen Ausgaben meist gebunden, etwa in Personalausgaben oder an bestimmte Staatsaufträge an die Wirtschaft. Ein Abbau ist oft nur schwer möglich oder zumindest schmerzhaft. Zudem wird er in Zeiten der Hochkonjunktur nicht als besondere politische Leistung, die anstrebenswert wäre, betrachtet. Schließlich fehlt bei Politikern die Neigung, Manövriermasse aufzugeben, die man später vielleicht noch braucht, zumal diese Aufgabe von Mitteln für spätere Maßnahmen ohnedies keine Wählerstimmen bringen dürfte.

- Drittens schließlich haben Politiker Anreize, bei der Politik der Nachfragesteuerung Wahltermine zu beachten. Einerseits bringen populäre Maßnahmen der Krisenbewältigung Stimmen, ohne dass der (vielleicht ausbleibende) Erfolg abgewartet werden müsste. Manchmal kann auch der sowieso eintretende Aufschwung als Erfolg der eigenen Politik an den Wähler gebracht werden. Andererseits können möglicherweise - wenn die Wirtschaftssubjekte von Maßnahmen überrascht werden - tatsächlich kurzfristig positive Wirkungen eintreten, sodass die Wiederwahlwahrscheinlichkeit auch dadurch stiege. Sollten hingegen schon kurzfristig negative Wirkungen der Politik eintreten, vermögen die Politiker den mehr oder minder volkswirtschaftlich unkundigen Wählern und Journalisten nicht selten darzulegen, was für ein Glück es ist, dass angesichts dieser nochmaligen Verschlechterung der Situation bereits die richtigen Maßnahmen zur Linderung ergriffen wurden, denn wie schlecht stünde man sonst erst da. Durch dieses Verhalten der Politiker kann dann eventuell ein so genannter politischer Konjunkturzyklus erzeugt werden. Die Wahrscheinlichkeit, dass er allerdings als klarer Zyklus erkennbar ist, dürfte höher sein, wenn es sich um einen stark zentralisierten Staat handelt, und niedriger, wenn es sich um ein ausgeprägt föderatives Gemeinwesen handelt, denn im ersten Fall sollte erwartet werden, dass auf die Maßnahmen der wichtigere Wahltermin für das zentrale Parlament in höherem Maße durchschlägt als im zweiten Fall, in dem es möglicherweise ständig mehr oder weniger wichtige Wahltermine gibt. (Vgl. zum politischen Konjunkturzyklus BELKE (1996).)

Diese Punkte zusammenfassend kann erwartet werden, dass Eigenschaften des politischen Systems in Demokratien dazu führen, dass selbst dann, wenn Politiker an die Eignung keynesianischer Nachfragepolitik glauben, und selbst dann, wenn sie auch funktionieren würde, es eher unwahrscheinlich ist, dass sie auch in geeigneter Weise betrieben wird. Vielmehr wäre zu erwarten, dass im konjunkturellen Tief der Theorie entsprechende Maßnahmen ergriffen werden, im konjunkturellen Hoch aber nicht. (Vgl. SACHVERSTÄNDIGENRAT ... (1997), Ziff. 299, 302.) Zudem sollten Versuche von Politikern erwartet werden, in Abhängigkeit vom Wahlzyklus die gesamtwirtschaftliche Nachfrage zu beeinflussen.

Als Ergebnis solcher Politik haben wir in der (alten) Bundesrepublik Deutschland beobachten können, wie seit den siebziger Jahren mit jedem Nachlassen der Konjunktur der staatliche Schuldenbestand wuchs, der entstehende Schuldenberg aber nicht wieder abgetragen wurde. Als Ergebnis war zunächst Inflation, dann zusätzlich zunehmende Arbeitslosigkeit zu beobachten und ein Staat, der immer weniger Handlungsspielraum besitzt und zunehmend gezwungen wird, die Erfüllung von Staatsaufgaben einzuschränken, um ohne Steuererhöhung und zusätzliche Neuverschuldung den Schuldendienst erbringen zu können.

Dabei scheitern Steuererhöhungen an der Gefahr, dadurch Wählerstimmen zu verlieren, während weitere Neuverschuldung wegen der im Rahmen der Europäischen Union eingegangenen Verpflichtung zur Verschuldungsbegrenzung (maximal 3 % vom Bruttoinlandsprodukt Neuverschuldung und maximal 60 % des Bruttoinlandsproduktes Schuldenstand des Staates), deren Einhaltung, wie bereits im Abschnitt zum außenwirtschaftlichen Gleichgewicht dargelegt, weitgehend durch die Kapitalmärkte erzwungen wird, kaum möglich ist. Somit bleibt zur Nachfragesteuerung lediglich die Geldpolitik übrig. Wie für eine solche Situation vorauszusagen ist, ist entsprechender Druck durch einige einflussreiche Politiker zu Beginn des Jahres 1999 auf die Europäische Zentralbank ausgeübt worden. Wie be-

reits mehrfach in diesem Buche dargelegt, dürfte die Geldpolitik zur Nachfragesteuerung aber gänzlich ungeeignet sein.

Somit *hat die Politik der keynesianischen Nachfragesteuerung zur Aufhe-
bung der Möglichkeiten des Staates, sie weiter zu betreiben, geführt.* (Vgl.
auch SAMUELSON/NORDHAUS (1998), S. 741, die neben anderen Gründen
nicht zuletzt aus diesem Grunde das Instrumentarium der Fiskalpolitik zur
Stabilisierungspolitik für inzwischen ungeeignet halten.) Und zur Wieder-
gewinnung von Handlungsspielräumen müssen nun Ausgabenkürzungen
vorgenommen werden. Leider ist die Erwartung nicht ganz unbegründet,
dass die erläuterten politisch-ökonomischen Wirkungszusammenhänge
dazu führen, dass nicht die volkswirtschaftlich schädlichen Ausgaben
zuerst eingeschränkt werden. Während beispielsweise häufig erheblicher
Gegendruck von Seiten der betroffenen Wählerschichten entsteht, wenn
Subventionen abgebaut werden sollen, entsteht kaum Widerstand, wenn
Streichungen im Bildungssektor vorgenommen werden, also die Bedingungen für die Produktion von Humankapital verschlechtert werden. Der
Wähler trägt so maßgeblich dazu bei, dass Maßnahmen, die die wirtschaftliche Anpassungsdynamik hemmen, beibehalten werden, was mittelfristig
die volkswirtschaftlichen Probleme verschärft, während Maßnahmen, die
der wirtschaftlichen Dynamik förderlich sind, worauf auch die neue
Wachstumstheorie mit ihrer Betonung der Bedeutung des Humankapitals
hinweist, zurückgenommen werden.

6.1.1.2.4 Zusammenfassung

Die keynesianische Politik der Nachfragesteuerung war demnach zusammenfassend in der Erreichung ihrer Ziele überaus erfolglos (Vgl. auch
TIETZEL (1988), S. 85 ff.). Die Gründe sind:

- Politiker verhalten sich nicht so, wie die Idee der Nachfragesteuerung
  voraussetzt.

- Wird dennoch der Versuch unternommen, scheitert die Politik zudem an praktischen Durchführungsproblemen insbesondere am Timing und der Dosierung von Mitteln.

- Die zu Grunde liegende Theorie ist als Grundlage für wirtschaftspolitisches Handeln ungeeignet, insbesondere, weil sie die Reaktionen der wirtschaftlichen Akteure nicht korrekt abbildet.

Die keynesianische Politik der Nachfragesteuerung hat zudem Schäden erzeugt. Nach dreißig Jahren keynesianischer Experimente[4] lassen sowohl der Zielerreichungsgrad bezüglich des Wirtschaftswachstums als auch und erst recht der Zielerreichungsgrad hinsichtlich des Ziels einer geringen Arbeitslosigkeit mehr als je zu wünschen übrig. Lediglich die Stabilität des Preisniveaus ist als Ziel erreicht worden, nicht zuletzt, weil sich die Deutsche Bundesbank wegen ihres Status als (weitgehend) von der Regierung und dem Parlament unabhängige Zentralbank in ihrer Geldpolitik auf dieses Ziel konzentrieren konnte und die Geldpolitik nicht zur Nachfragesteuerung missbraucht wurde. Auf Grund dieser Erfahrungen ergibt sich, wie bereits erwähnt, als Konsequenz, dass „[k]aum jemand .. heute noch mit wirtschaftspolitischem Aktivismus Experimente [würde] machen wollen. Gleichzeitig hat auch die makroökonomische Theorie Zweifel geweckt an der Wirksamkeit der Nachfragesteuerung, also daran, ob es der Regierung gelingen kann, mit Hilfe von Fiskal- und Geldpolitik die Schwankungen der gesamtwirtschaftlichen Nachfrage zu glätten." (BURDA/WYPLOSZ (1994), S. 515.) Und: „Dass die Märkte nicht ideal funktionieren, bedeutet noch nicht, dass staatliche Interventionen die Situation verbessern können. ... Die gleiche Unsicherheit oder unvollständige Information, die verhindert, dass die Preise eine Vollbeschäftigung der verfügbaren Ressourcen herbeiführen können, kann auch im wirtschaftspoliti-

---

[4] Als Beginn einer institutionalisierten systematischen keynesianischen Wirtschaftspolitik in der Bundesrepublik Deutschland nehmen wir das Inkrafttreten des *Gesetzes zur Förderung der Stabilität und des Wachstums der Wirtschaft* vom 8.6.1967 an.

schen Handeln des Staates zum Ausdruck kommen." (BURDA/WYPLOSZ (1994), S. 520.)

Die keynesianische Idee einer Politik der Nachfragesteuerung lässt nach Auffassung des Verfassers zudem die Entstehung weiterer Schäden erwarten: Sie hat a) nachhaltig zu einer Fehleinschätzung der Funktionsweise unseres Wirtschaftssystems in der Bevölkerung und vor allem auch in deren Meinungseliten geführt, sodass über den Wahlmechanismus weitere politische Fehlhandlungen zumindest begünstigt werden. Sie hat b) die gesamtwirtschaftlichen Probleme verschärft und zugleich über den Staatshaushalt die Handlungsfähigkeit des Staates einerseits eingeschränkt und lenkt die Handlungen des Staates andererseits in volkswirtschaftlich eher ungünstige Einsparungsstrategien. Die keynesianische Politik führt zudem, worauf schon sehr lange hingewiesen wird c) zu einem fortgesetzten Interventionismus, der das Wirtschaftssystem der Sozialen Marktwirtschaft untergräbt und gefährdet. (Vgl. PÄTZOLD (1993), S. 203 ff.)

Die Idee einer antizyklischen Geld- und Fiskalpolitik zur Steuerung der Nachfrage scheint demnach insgesamt untauglich, die gesamtwirtschaftlichen Probleme zu lösen. Dies gilt selbst dann, wenn man an die Richtigkeit keynesianischer Annahmen und Theorien für die kurze Frist glaubt, wie etwa die neueren Schulen des Keynesianismus es tun, die allerdings auch keine so einfachen Rezepte für die Wrtschaftspolitik mehr anbieten.

Keineswegs ist es jedoch richtig, aus dieser Diagnose den Schluss zu ziehen, die Nachfrageseite sei gesamtwirtschaftlich unwichtig! Dies wäre eine Fehleinschätzung, die aus der häufigen aber *unrichtigen* Zuordnung von Keynesianismus und nachfrageorientierter Wirtschaftspolitik einerseits und Neoklassik und angebotsorientierter Wirtschaftspolitik andererseits resuliert. Schließlich ist der Nachfrager in der Marktwirtschaft, auch und vor allem aus der Sicht der Neoklassik, der Souverän der Wirtschaft. Und der Souverän ist niemals unwichtig. Der Staat ist ein Nachfrager unter vielen - wenn auch ein besonders bedeutender und deshalb besonders gut beobachteter - und damit Teil des Souveräns der Wirtschaft. Betrachten wir die *Alternative zur Idee der antizyklischen Nachfragesteuerung, die potentialorientierte Nachfragepolitik.*

6.1.2 Potentialorientierte Geld- und Fiskalpolitik

Grundsätzlich wirkt der Staat durch seine Nachfrage nach Gütern und Diensten in bedeutendem Maße auf die gesamtwirtschaftliche Nachfrage ein. Ändert er sein Verhalten, so müssen die Privaten sich an die dadurch geänderten Daten anpassen. Insofern bewirkt jede Verhaltensänderung eine Störung der Pläne der Privaten, die nun revidiert werden müssen. Durch solche Aktivitäten des Staates wird demnach die private Wirtschaft eher in dem Sinne destabilisiert, dass Planrevisionen und Verhaltensänderungen bei den privaten Wirtschaftssubjekten notwendig werden, die ihrerseits wieder Änderungen gesamtwirtschaftlicher Daten zur Folge haben. Die Verhaltensänderungen des Staates lösen, wie andere Schocks auf die Wirtschaft auch, Anpassungserfordernisse und gesamtwirtschaftliche Veränderungen aus.

Aus dieser Analyse der Wirkungen des staatlichen Handelns, die aus der Kritik an dem Versuch einer antizyklischen Nachfragesteuerung hervorgeht, ergibt sich die *Forderung, der Staat möge zur Stabilisierung des Wirtschaftsablaufs möglichst Verhaltensänderungen seinerseits unterlassen*, um nicht zusätzliche Anpassungserfordernisse zu begründen. Der Staat soll natürlich nachfragen, jedoch nicht, um die Privaten nach seinem Willen zu beeinflussen, sondern um dem Willen der Privaten, ihrem Wunsch nach Bereitstellung öffentlicher Güter, wozu auch gute Rechtsregeln gehören, Genüge zu tun. Die Lösung dieses Problems für den Staat ist schwierig genug, denn auch auf diesem Gebiet müsste er einerseits überdenken bzw. zu ermitteln suchen, die Bereitstellung welcher und wie vieler Güter und Dienste durch ihn für den Wähler am besten ist, und andererseits dies dem Wähler zur Maximierung seiner Wahlchancen darlegen. Dass diese Aufgabe normalerweise nicht frei von Verzerrungen durch den Wahlmechanismus, durch Wähler(gruppen-)präferenzen und Politikerpräferenzen wahrgenommen wird, wurde schon erwähnt. (Vgl. dazu die fi-

nanzwissenschaftliche Literatur, etwa BLANKART (1998).) Diese Aufgaben des Staates sind bereits als Allokationsaufgaben bekannt. Die *Alloka-*
tionsaufgaben beeinflussen die gesamtwirtschaftliche Nachfrage des Staates. Sie ändert sich in ihrer Dimension im Allgemeinen aber nicht schnell.

Im Hinblick auf die *Stabilisierungsaufgabe* fällt dem Staat in der Sicht
der regelgebundenen Nachfragesteuerung bezüglich seiner *Fiskalpolitik*
die Rolle zu, den Privaten die Stabilisierung zu erleichtern, indem er festlegt, welche wirtschaftlichen Aufgaben er übernehmen will und wie er sie
längerfristig zu finanzieren gedenkt. Sodann soll er abrupte Verhaltensänderungen unterlassen, was natürlich eine regelmäßige Überprüfung des
staatlichen Aufgabenspektrums nicht ausschließt. Bei allfälligen Revisio-
nen seines Handelns ist es jedoch der Stabilisierung dienlich, wenn der
Staat in seinem Verhalten für die Privaten berechenbar bleibt. Dazu gehört, dass die *Planungsprozesse öffentlich und nachvollziehbar* sind und
dass den Privaten genügend Zeit für die Anpassung an die Datenänderungen gelassen wird. Hierher gehört das auf *WALTER EUCKEN* (1891 - 1950)
zurückgehende *"Prinzip einer Konstanz der Wirtschaftspolitik".* (EU-
CKEN (1959), S. 174 ff., vgl. auch GROSSEKETTLER (1997), S. 50 f., 100
f.) Daraus resultiert die Forderung nach einer für die privaten Planungen
verlässlichen Finanzpolitik des Staates. (Vgl. WOLL (1992), S. 158 ff.,
STREIT (1991), S. 282 f.) Da sich in diesem Falle die staatliche Nachfrage
nicht fallweise an den konjunkturellen Schwankungen orientiert, kann
auch von einer *potentialorientierten Fiskal- bzw. Nachfragepolitik* gesprochen werden. (Vgl. zur verstetigten Geld- und Fiskalpolitik auch
PÄTZOLD (1993), S. 206 ff.) Allerdings ergibt sich insofern einer Einschränkung, als bestimmte Einnahmen und bestimmte Ausgaben des Staates konjunkturabhängig sind. Die entsprechenden Einnahme- und Ausga-
beschwankungen, ebenso wie daraus folgende Defizit- und Überschuss-
schwankungen beim Staatshaushalt, können hingenommen werden, da sie
einerseits, sobald die Regelmäßigkeit den Privaten klar (gemacht) ist, in
die Planungen der Privaten einbezogen werden können und so kein bedeu-
tendes Anpassungsproblem darstellen und sie sich andererseits über den

Konjunkturverlauf neutralisieren, sodass sie kein dauerhaftes Problem für den Staatshaushalt begründen.

Ebenso wie die Fiskalpolitik sollte sich auch die *Geldpolitik*, wie bereits weiter oben ausführlich erläutert, des Versuchs der Konjunktursteuerung enthalten, weil solche Versuche in eine immer höhere Inflation münden würden, die kaum kurzfristige Erfolge wohl aber langfristige Schäden erwarten ließe. Insofern ist auch hier eine *potentialorientierte Geldpolitik* gefordert, die durch eine an der Entwicklung des Produktionspotentials ausgerichtete Geldmengensteuerung Inflation ebenso wie Deflation vermeidet und den Preismechanismus, insbesondere die Anpassungen der relativen Preise, funktionstüchtig hält. Die Preisstabilität fördert den Wettbewerb und erhöht auf diese Weise die Anpassungsfähigkeit der Wirtschaft, weil durch äußere und innere Einflüsse bedingte Änderungen der Knappheitsverhältnisse sogleich über Preissignale in angemessene Verhaltensänderungen gewandelt werden können. Die Stabilität des Preisniveaus trägt somit ganz erheblich positiv zur Stabilisierungsfähigkeit der Wirtschaft bei. (Vgl. WOLL (1992), S. 166 ff.) Nicht zuletzt aus diesem Grund war Preisniveaustabilität bereits im ursprünglichen Konzept der Sozialen Marktwirtschaft ein wesentlicher Teil der konjunkturpolitischen Prinzipien (Vgl. HARDES/KROL/RAHMEYER/SCHMID (1995), S. 23 ff.) Auch das *"Prinzip des Primats der Preisstabilität"* gehört zu den für eine funktionstüchtige Soziale Marktwirtschaft konstituierenden Prinzipen nach WALTER EUCKEN (1891 - 1950). (Vgl. EUCKEN (1959), S. 161 ff., GROSSEKETTLER (1997), S. 47, 50.) Dabei ist es „optimal, die Geldpolitik an einen Notenbankvertreter zu delegieren, der keine Output- oder Beschäftigungsziele verfolgt, sondern nur für eine Inflationsrate von Null Sorge trägt." (BARRO/GRILLI (1996), S. 737.) Es erweist sich eine von der (Tages-) Politik unabhängige Zentralbank, wie viele Studien gezeigt haben, als sehr wichtig für das Ziel der Preisniveaustabilität: „Die Ergebnisse dieser Studien sind beeindruckend: Eine größere Unabhängigkeit der Zentralbank steht in deutlicher Beziehung zu niedrigerer und stabilerer Inflation. ... Es sieht so aus als ob die Zentralbankunabhängigkeit den Ländern ein Geschenk ohne Gegenleistung macht: Sie hat den Vorteil der niedrigen Inflationsrate, ohne dass irgendwo Kosten dafür zu entdecken wären." (MANKIW (1998), S. 416 f., vgl. auch MANKIW (2000), S. 399, BARRO/GRILLI (1996), S. 737 ff.)

Zusammenfassend kann festgehalten werden, dass als Gegenposition zur Idee der Nachfragesteuerung nicht die Bedeutungslosigkeit der Nachfrage festzustellen ist, sondern im Gegenteil der Gestaltung der Nachfrage des Staates ganz erhebliche Bedeutung zukommt. Der Staat soll nach dieser Auffassung, sich destabilisierender Aktivitäten enthaltend, seine Nachfrage stetig und berechenbar an allokativen Aufgaben ausgerichtet festlegen und geltend machen. Dabei soll die Geldpolitik auf Preisniveaustabilität ausgerichtet werden. Durch eine solche Nachfragepolitik erleichtert der Staat es der privaten Wirtschaft, auf Schocks mit höherer Angemessenheit und Anpassungsfähigkeit zu reagieren. *Somit führt eine potentialorientier-te Geld- und Fiskalpolitik zu einer höheren Stabilität der Wirtschaftsab-läufe, nicht eine antizyklische Politik.*

Auch diese Vorschläge, auf antizyklische Nachfragesteuerung zu Gunsten potentialorientierten Handelns zu verzichten, kann nicht frei von Kritik bleiben. Wird nämlich auch diese Ansicht im Lichte der Gebundenheit der Politik an Wähler über den Wahlmechanismus analysiert, stellt sich her-aus, dass „[d]ie Schwierigkeiten .. nicht in der Konzeption an sich [lie-gen], sondern in dem Verzicht, den sie fordert: das Abgehen von einer diskretionären, aktionistischen Stabilitätspolitik, sowohl in der Finanz- als auch in der Geldpolitik. Dazu sind die Politiker und Notenbankleitungen offensichtlich nicht bereit, trotz der ständigen Misserfolge und ordnungs-politischen Gefahren der bisherigen Stabilitätspolitik." (WOLL (1992), S. 158.) Auf dieses Problem wird noch in der zusammenfassenden Würdi-gung zu diesem Kapitel einzugehen sein.

6.2 Die angebotsorientiere Wirtschaftspolitik

Wir haben gesehen, dass eine nachfrageorientierte Wirtschaftspolitik nicht einfach eine Politik der Nachfragesteuerung zum Zwecke der Konjunktur-beeinflussung bedeuten muss, sondern ebenso gut auf die Verlässlichkeit staatlicher Nachfrage und Nachfragebeeinflussung setzen kann, wofür einiges spricht. Ebenso kann eine angebotsorientierte Wirtschaftspolitik einerseits bedeuten, dass der Staat direkten Einfluss auf das gesamtwirtschaftliche Angebot nehmen will, andererseits aber auch, dass er lediglich günstige Angebotsbedingungen setzt, sie auszuschöpfen aber privater Unternehmerinitiative überlässt.

Für die zuerst genannte Art der Angebotsbeeinflussung, die sich in gezielter Subventionierung von Unternehmen, staatlichen Lenkungen oder staatlichem Schutz gegen ausländische Konkurrenz sowie in Marktzugangsbeschränkungen und Reglementierungen unterschiedlichster Art zeigen kann, hat sich weitgehend der Begriff der *interventionistischen Industriepolitik* eingebürgert. Da der Staat aus vielfältigen Gründen im Allgemeinen Marktchancen und Marktrisiken ebenso wie Innovationspotentiale weit weniger gut abzuschätzen vermag als private Unternehmer, führt eine interventionistische Industriepolitik höchstens zufällig einmal zu einem Erfolg, in der Regel aber zu einer volkswirtschaftlichen Vergeudung von Ressourcen und der Notwendigkeit schmerzlicher Korrekturen staatlich verursachter Fehlentwicklungen. Diese Art der Angebotsbeeinflussung soll hier demnach nicht als eigentliche angebotsorientierte Wirtschaftspolitik betrachtet werden. (Vgl. dazu beispielsweise OBERENDER/ DAUMANN (1995).)

Lediglich die oben als zweite genannte Art der Beeinflussung der Angebotsseite der Wirtschaft durch *Setzung günstiger Angebotsbedingungen* bezeichnen wir als *angebotsorientierte Wirtschaftspolitik*, weil „... unerlässliche Erfolgsvoraussetzungen einer angebotsorientierten Wirtschaftspolitik .. Selbstverantwortung der Unternehmen und Wettbewerb [sind]." (SACHVERSTÄNDIGENRAT ... (1997), Ziff. 293, S. 172.)

Wir definieren mit dem *Wissenschaftlichen Beirat beim Bundesministerium für Wirtschaft* und dem *Sachverständigenrat zur Begutachtung der gesamtwirtschaftlichen Entwicklung*: „Allgemein hat die angebotsorientierte Politik die Aufgabe, Hemmnisse für die wirtschaftlichen Aktivitäten und insbesondere für die Investitionen abzubauen, Optionen für Prozess-

und Produktinnovationen zu eröffnen bzw. offen zu halten sowie zu erreichen, dass die Risikobereitschaft wieder am Markt belohnt wird und auch die Leistungsmotivation, die bei den deutschen Arbeitnehmern vorausgesetzt werden kann, wieder voll am Markt zur Geltung kommen kann." (WISSENSCHAFTLICHER BEIRAT ... (1981), S. 19 f.) Der Grundgedanke der angebotsorientierten Wirtschaftspolitik liegt demnach darin, „dass die effiziente Nutzung der Ressourcen einer Volkswirtschaft am besten dadurch erreicht werden kann, dass private Anbieter die Felder erschließen, auf denen sie jetzt und vor allem in Zukunft mit Nachfrage rechnen können ... Hierzu bedarf es einer langfristig orientierten Wirtschaftspolitik, die verlässliche Rahmenbedingungen schafft. Der Blick richtet sich damit vor allem auf die Verbesserung der mikroökonomischen Investitionsbedingungen ..." (SACHVERSTÄNDIGENRAT ... (1997), Ziff. 293, S. 172).

Indem eine angebotsorientierte Wirtschaftspolitik es Unternehmen erleichtert, notwendigen Strukturwandel zu bewältigen, Wettbewerbskraft durch Prozessinnovationen zu gewinnen und neue Geschäftsfelder durch Produktinnovationen zu erschließen, werden Einkommensmöglichkeiten geschaffen, die zu einer entsprechenden Nachfrage führen. Eine dauerhafte Nachfragestimulierung ist kaum durch kurzfristige Nachfragebeeinflussung durch den Staat möglich, sondern im Allgemeinen Folge unternehmerischer Neuerungsaktivität. Werden durch reine Prozessinnovationen die Konsumchancen auch lediglich erweitert, wo werden durch Produktinnovationen doch neue Konsumchancen geschaffen, aus denen die Konsumenten dann auswählen können. Langfristig hängt demnach die Nachfrage von den Angebotsbedingungen ab. (Vgl. BEHRENS (1988), S. 34 f., 151 ff., 183 ff. und die dort angegebene Literatur, vgl. SACHVERSTÄNDIGENRAT ... (1997), Ziff. 297, 301.)

Einige Bereiche, in denen angebotsorientierte Politik ansetzen kann, seien durch folgende Maßnahmenbündel gekennzeichnet (Vgl. WISSENSCHAFTLICHER BEIRAT ... (1981), S. 21 ff.):

- *Entzerrung von Preis- und Einkommensrelationen* dort, wo durch Eingriffe des Staates oder der Tarifparteien Abweichungen von knappheitsgerechten Preisrelationen und daraus resultierenden Einkommen entstanden sind. Solche Eingriffe stellen beispielsweise in Tarifverträgen festgelegte starre Lohnstrukturen dar, staatliche Erhaltungssubventionen, ordnungsrechtliche Auflagen statt Marktinstrumente im Umweltbereich etc.

- *Beseitigung unnötiger Investitionshemmnisse*, die beispielsweise vielleicht früher einmal aus Gründen, die heute nicht mehr akzeptabel sind, eine Berechtigung hatten, aber auf Grund von Widerständen bislang nicht abgeschafft werden konnten. Ein Beispiel sind Genehmigungsverfahren, die aus heutiger Sicht unnötig kompliziert und zeitaufwendig sind, etwa im Baubereich.

- *Zweckmäßig ausgestaltete Forschungs- und Entwicklungspolitik.* Hierbei geht es einerseits um eine angemessene Aufgabenteilung zwischen Staat und privater Wirtschaft in diesem Bereich und andererseits um eine den Aufgaben angemessene Ausgestaltung der Leistungsanreize. Beispielsweise haben, worauf auch die Vertreter der neuen Wachstumstheorie besonders deutlich hinweisen, viele neue Erkenntnisse und Wissensbestände grundlegender Art häufig den Charakter eines öffentlichen Gutes oder sind mit starken positiven externen Effekten verbunden, weil von der Nutzung niemand ausgeschlossen werden kann, oder es gibt zumindest sehr erhebliche positive externe Effekte, weil auch andere, die über diese Erkenntisse und Wissensbestände selbst nicht unmittelbar verfügen, Vorteile davon haben, sodass der soziale Nutzen über den Nutzen, den sich die Träger des Humankapitals anzueignen vermögen, hinausgeht. In diesen Fällen führt die marktliche Bereitstellung zu einer Unterversorgung mit Humankapital. Der Staat muss deshalb Grundlagenwissen in öffentlichen Schulen und Hochschulen bereitstellen und die Produktion von Wissen mit öffentlichem Gutscharakter oder mit positiven externen Effekten, etwa durch Zuschüsse bei der Produktion oder durch eigene Produktion, fördern. Unmittelbar praktisches Anwendungswissen, dessen Erträge rein privat angeeignet werden können, sollten hingegen eine Angelegenheit der dezentralen

Bereitstellung durch die Wirtschaft sein, wobei es erforderlich sein kann, durch staatlichen Eingriff die private Verwertbarkeit (vorüberge-hend) abzusichern, etwa durch staatliche Garantie von Schutzfristen für die Nutzung neuen Wissens, z. B. durch Patentschutz. (Vgl. beispiels-weise SACHVERSTÄNDIGENRAT ... (1985), Ziff. 311 f.; verwiesen sei auch auf BEHRENS (1994).)

Hinsichtlich der Anreizmechanismen ist darauf zu achten, dass es gera-de bei der Produktion und Verbreitung mehr grundlegenden Wissens auf intrinsische Motivation, d. h., die Motivation liegt in der Bewälti-gung der Aufgabe selbst, ankommt, sodass materielle Belohnungen und Strafen oft nicht die richtigen Anreizmechanismen darstellen, sondern sogar zu einer Vernichtung von Motivation führen können. Bei der Produktion rein privat verwertbaren Wissens genügt allerdings in der Regel die Aussicht auf den Gewinn. (Vgl. FREY (1990), S. 157 ff., FREY (1997), BEHRENS/KIRSPEL (1999), S. 156 - 159.)

• *Beseitigung von Leistungshemmnissen.* Das Steuer-, Abgaben- und Transfersystem ist daraufhin zu überprüfen, welche leistungshemmen-den Elemente es enthält und wie sie zu beseitigen sind. Staatliche Zwangsabgaben wirken einerseits mit zunehmender absoluter Höhe und andererseits mit zunehmender Höhe der Grenzsteuersätze leis-tungshemmend. Auf der anderen Seite kann ein zu großzügiges System von Transferleistungen des Staates leistungshemmend wirken, so „ ... dass ein überdimensioniertes und dabei in vieler Hinsicht ineffizientes Umverteilungssystem die Basis des Wohlstands untergräbt, der Vor-aussetzung eines funktionsfähigen und effizienten Sozialsystems ist." (SACHVERSTÄNDIGENRAT ... (1997), Ziff. 304.) Insbesondere die Lohnersatzleistungen sind in Höhe und Struktur zu überprüfen, weil ein Arbeitslosenversicherungssystem, das im Wesentlichen auf der Vor-stellung von friktioneller und keynesianischer Arbeitslosigkeit beruht, nicht problemadäquat ist, wenn vornehmlich strukturelle und klassische Arbeitslosigkeit vorliegen. Auch fehlende Anreize, wieder offiziell tä-tig zu werden, etwa wegen einer (vollen) Anrechnung von Hinzuverdiensten auf die Sozialhilfe, sollten fallen. Reformvorschläge diensten auf die Sozialhilfe, sollten fallen. Reformvorschläge zielen etwa auf eine Integration des Steuer- und des Transfersystems, etwa in Form einer negativen Einkommensteuer, die bei kleinen oder fehlenden Verdiensten ausgeschüttet wird. (Vgl. dazu z. B. FRIEDMAN (1984), S. 245 ff., METZE (1982), FUEST (1995).)

- *Schaffung und Aufrechterhaltung funktionstüchtiger Märkte durch* staatliche und supranationale *Wettbewerbspolitik*. Durch angebotsorientierte Wirtschaftspolitik werden Gewinnpotentiale erschlossen, die dazu führen sollen, dass die erfolgreichen Unternehmen wachsen und andere Unternehmen, die noch weniger erfolgreich sind, von den Gewinnen angelockt werden, es den erfolgreichen Unternehmen nachzutun oder noch besser zu werden. Damit dies gelingen kann, müssen Vorsprungsgewinne durch Wettbewerb wieder eingeebnet werden können. Falsch ist es, auf unternehmerischen Leistungen beruhende Gewinne aus einer Umverteilungsidee zum Anlass zu nehmen, sie durch übermäßige Lohnforderungen oder progressive Besteuerung wieder zu schmälern. (Vgl. SACHVERSTÄNDIGENRAT ... (1997), Ziff. 303.) Die Schmälerung von Leistungsgewinnen würde bedeuten, die Vorsprungsgewinne ihrer marktwirtschaftlichen Funktion zu berauben. Die Vorsprungsgewinne dienen einerseits als Anreiz, innovativ tätig zu werden und/oder den erfolgreichen Unternehmen zu folgen und andererseits zugleich als Bedrohung für die Unternehmen, die nicht innovieren und den Neuerern nicht folgen, weil sie im Wettbewerb zurückfallen und früher oder später untergehen. Ausgeprägte und deutlich sichtbare Gewinnunterschiede, die auf Leistungsunterschieden beruhen, sind deshalb überaus wichtig für die wirtschaftliche Entwicklung. (Vgl. z. B. FEHL (1983), HELMSTÄDTER (1986b), BEHRENS (1988) und die dort angegebene Literatur, BEHRENS/PEREN (1998), S. 140 - 153.) Leistungsgewinne müssen deshalb durch den Wettbewerbsprozess bestritten und wieder abgebaut werden können, damit sie ihre dynamischen Funktionen behalten. Hier ist deshalb die Wettbewerbspolitik aufgerufen, den Wettbewerbsprozess dynamisch funktionstüchtig zu halten. (Vgl. zur wettbewerbspolitischen Aufgabe des Staates

BEHRENS/KIRSPEL (1999), S. 183 ff., zur Wettbewerbspolitik HERD-
ZINA (1999).)

Wie an den angesprochenen Maßnahmenbereichen zu erkennen ist, handelt es sich bei der *angebotsorientierten Wirtschaftspolitik* im Wesentlichen um eine **Politik der Pflege des Umfeldes erfolgreichen Wirtschaftens**. Um einen von *FRIEDRICH AUGUST VON HAYEK* (1899 - 1992) heran-
gezogenen Vergleich zu benutzen, kommt es für die Verbesserung der
wirtschaftlichen Entwicklung darauf an, durch geeignete Hege und Pflege
das wirtschaftliche Umfeld fürs Wachstum günstig zu gestalten. Insofern
gleicht der erfolgreiche Wirtschaftspolitiker eher einem Gärtner als einem
Handwerker, der konkrete Ergebnisse formen will. (Vgl. VON HAYEK
(1975), S. 21) Der Versuch, Wachstum durch Nachfragestimulierung her-
vorzurufen, „auf eine extrem vereinfachte Formel gebracht: Mehr Nachfrage, mehr Produktion, mehr Beschäftigung" (SACHVERSTÄNDIGENRAT ...
(1997), Ziff. 296), gleicht eher einem Gärtner, der das Wachstum seiner
Pflanze hervorrufen will, indem er täglich daran zieht. Obgleich dieser
Vergleich, wie alle Beispiele, etwas hinkt, trifft er doch einen Kern: Nur
im Vertrauen auf *längerfristig verlässliche Rahmenbedingungen* und *längerfristig verlässliche Nachfragezuwäche* werden Unternehmen bereit
sein, *längerfristige Bindungen durch Investitionen* einzugehen, nicht aber,
wenn sie nur ein kurzfristiges Anziehen der Nachfrage auf Grund staatlicher Intervention vermuten. Der Schaffung verlässlicher Rahmenbedingungen und günstiger Voraussetzungen für Innovationen und ihre Nutzung
ist Zweck der angebotsorientierten Wirtschaftspolitik. Und *verlässliche*
Nachfragezuwächse entstehen aus unternehmerischen Leistungen in Form
kostengünstiger Produktion und einer vielfältigen und im Hinblick auf die
Bedürfnisse der Menschen hochwertigen Produktpalette.

Die *Wirksamkeit von angebotsorientierter Wirtschaftspolitik braucht* deshalb *Zeit*, denn sie ist von unternehmerischen Entscheidungen abhängig,
die weit in die Zukunft reichende Bindungen beinhalten. Damit die entsprechenden Entscheidungen fallen, bedarf es des *Aufbaus eines Vertrauens in die Wirtschaftspolitik*, einschließlich der Politik der Tarifvertrags-

parteien, *dass die Rahmenbedingungen verlässlich eine genügende Konstanz aufweisen*, um die Planungen nicht später zunichte zu machen. „Erst wenn das Vertrauen auf dauerhaft günstige Angebotsbedingungen genügend gefestigt ist, wird mit zunehmender Wachstumsdynamik auch wieder die Beschäftigungslage sich deutlich verbessern." (SACHVERSTÄNDIGEN-RAT ... (1997), Ziff. 303.) Aus dem erheblichen *Zeitbedarf für den Aufbau des erforderlichen Vertrauens* in verlässliche und zugleich günstige Bedingungen unternehmerischen Wirtschaftens in Verbindung mit der *mangelnden Geduld der Menschen*, etwa wenn nach zwei Jahren Lohnzurückhaltung noch keine Beschäftigungsfolgen sichtbar sind, und *aus Unverständnis resultierenden vordergründigen Gerechtigkeitserwägungen*, wenn die Gewinne steigen und gleichzeitig Lohnersatzleistungen gekürzt werden sollen, resultieren erhebliche Schwierigkeiten der politischen Umsetzung einer angebotsorientierten Wirtschaftspolitik. (Vgl. zu den Schwierigkeiten auch SACHVERSTÄNDIGENRAT ... (1997), Ziff. 302 - 304.)

Wie bei der Idee der Nachfragesteuerung gibt es demnach auch bei der angebotsorientierten Wirtschaftspolitik *erhebliche politisch-ökonomische Umsetzungsprobleme*. Solange die Verfolgung einer angebotsorientierten Wirtschaftspolitik nicht verspricht, durch Wählerstimmen honoriert zu werden, können Politiker, die dem Wahlmechanismus unterliegen, eine solche Politik kaum durchführen, es sei denn, ihnen gelingt die Vermittlung der Vorteile an den Wähler. Dieses Risiko ist aber, wie die Realität in westlichen Demokratien zeigt, kaum einmal ein Politiker bereit einzugehen; zumindest ist das sehr selten. Somit gibt es erhebliche *Widerstände, einer interventionistischen Politik zu entweichen* (Vgl. WISSENSCHAFTLICHER BEIRAT ... (1985), S. 75 ff.) und unter dem begrifflichen Deckmantel der angebotsorientierten Wirtschaftspolitik wurde und wird dann häufig doch nur eine interventionistische Industriepolitik betrieben.

Dem Konzept der angebotsorientierten Wirtschaftspolitik ist mit der Idee der zielgerichteten Nachfragesteuerung also gemeinsam, dass ungeachtet der theoretischen Grundlagen politisch-ökonomische Durchsetzungsprobleme bestehen, die eine der Theorie entsprechende praktische Durchsetzung der Konzepte erschweren. Dieses Problem wiegt sehr schwer, denn weiter oben wurde ja ausgeführt, dass ein wirtschaftspolitisches Konzept auch dann hinfällig ist, wenn es an irgendeinem Punkt der praktischen Umsetzung scheitern muss. Insofern ist die wesentlich bessere theoretische Fundierung der angebotsorientierten Wirtschaftspolitik im Vergleich zur keynesianischen Nachfragesteuerung von geringer Bedeutung, wenn es an der Möglichkeit der Umsetzung mangelt. Einigen dieser Probleme soll deshalb im folgenden Abschnitt noch einmal nachgegangen werden.

6.3 Politisch-ökonomische Aspekte wirtschaftspolitischer Konzeptionen

Ebenso wie die Idee der zielgerichteten Nachfragesteuerung elitär in dem Sinne ist, dass irgendwelche Kundigen die weniger kundigen Politiker darüber aufklären, was zu tun sei, um den Wirtschaftsablauf zu beeinflussen, so ist die Idee der Potentialorientierung elitär in dem Sinne, dass irgendwelche Kundigen den weniger kundigen Politikern sagen, dass der erste Rat falsch sei und die Politiker sich lieber der Nachfragesteuerung enthalten sollten. In gleicher Weise sind in diesem Sinne auch die Empfehlungen, nach der Konzeption der angebotsorientierten Wirtschaftspolitik zu handeln, elitär. Das gilt ebenso für Empfehlungen, Spielregeln des Wirtschaftens zu ändern, also für so genannte ordnungspolitische Empfehlungen, etwa um die Wirtschaftspolitik als regelgebundene Politik vorausschaubarer und verlässlicher zu machen.[5] (Vgl. zu dieser Kritik KIRCH-

---

[5] Von solchen Empfehlungen ist es nur noch ein kleiner Schritt zum politisch überaus gefährlichen Vorschlag *Platons*, doch gleich die Wissenden, die Philosophen, zu Herrschern, zu Königen zu machen. (Vgl. dazu ausführlich POPPER (1992), insbes. Kap. 7. und 8.) Außer vielleicht im Falle des deutschen Ordoliberalismus (Vgl. ausführlich GROSSEKETTLER (1997), S. 72 - 89) gibt es anscheinend „[i]n der Geschichte der ökonomischen Theorie ... keine wirtschaftspolitische Konzeption, zu deren Durchsetzung eine politikökonomische Implementationsstrategie ... existiert.'"(GROSSEKETTLER (1997), S. 72.)

GÄSSNER (1988), S. 65 f.) Insofern liegt all diesen Konzeptionen das Modell des wohlwollenden Diktators zu Grunde, der, weiß er erst um die „beste" Politik, diese verwirklichen wird. (Vgl. BRENNAN/BUCHANAN (1993), S. 55 f.)

In all diesen Fällen kommt es aber nicht darauf an, was eine Elite den Politikern an Maßnahmen empfiehlt, sondern was Politiker für ihre Nutzenmaximierung, die maßgeblich die Wiederwahl einschließt, als zweckdienlich erachten. Die Meinungen volkswirtschaftlich gebildeter Eliten sind demnach nur politisch relevant, wenn es diesen Eliten zugleich gelingt, deutlich zu machen, wie mit der vorgeschlagenen Politik Wählerstimmen zu gewinnen sind. Politiker brauchen ökonomische Theorien, um ihre Politik vor Wählern zu legitimieren: „Ökonomische Theorien haben sehr häufig eine politische Legitimationsfunktion ... Politiker, so sagt man, benutzen die Ökonomen wie Betrunkene Laternen: Sie suchen nicht Licht, sondern Halt." (TIETZEL (1983), S. 24.) Gelingt es nicht, den Politikern den Nutzen einer ökonomischen Theorie für ihren politischen (Wieder-wahl-) Erfolg deutlich zu machen, ist auch die wohlmeinende Stimme eines Wissenschaftlers lediglich eine Wählerstimme.

Es kommt letztlich auf die Meinung der Wähler, nicht auf die einer Elite an. Wenn überhaupt, dann sollte in der Demokratie deshalb die sich durch ihren Glauben an ihr Wissen als geeignet, den Herrschern zur Handlungsempfehlung zu dienen, definierende Elite darauf verlegen, durch die Überzeugung der Wähler zu wirken. Das setzt nicht nur die Wahl geeigneter Übertragungswege voraus, um die Wähler, im Zweifel den mittleren Wähler im Sinne des Medianwählers, zu erreichen, sondern auch die Wahl einer diese Wähler überzeugenden Argumentationsweise und Sprache. Dabei sollte es aber nicht um Überredungs-, sondern um Überzeugungsarbeit gehen.[6]

---

[6] Dies wäre ebenfalls ein elitärer Vorschlag, der sich an die Elite richtet, wenn nicht nachgewiesen werden könnte, dass eine unehrliche Elite sich auf Dauer selbst schadete, sodass die Wahl von ehrlicher, akademischer Überzeugungsarbeit aus Eigeninteresse der Wahl von sophistischer Überredungsarbeit vorzuzie-

Die Erfolgsgeschichte der Übernahme keynesianischer Vorstellungen in der Politik beruhte nicht zuletzt auf den Verheißungen dieser wirtschaftspolitischen Konzeption für die Wähler:

Es wurde von den Vertretern der keynesianischen Politik über viele Jahre erfolgreich der Eindruck erweckt, als könnten alle wesentlichen gesamtwirtschaftlichen Probleme durch eine Art von „Geschenken" - im Sinne „kostenloser" Gaben, die nur Vorteile für den Beschenkten, aber nicht Nachteile für ihn mit sich bringen - gelöst werden. Es bedürfe nur der Nachfragesteuerung, um der gesamtwirtschaftlichen Probleme, insbesondere dem Problem der Unterbeschäftigung, Herr zu werden.

Mehr und billiges Geld senke die Zinsen und rege die Investitionen an, wobei allerdings übersehen wurde, dass zwar die kurzfristigen Zinsen möglicherweise sinken, zugleich aber Inflationserwartungen entstehen können, die die für Investitionen wesentlich relevanteren langfristigen Zinsen erhöhen. Wollen die Investoren wegen zu geringer erwarteter Nachfrage nach ihren Produkten nicht investieren? Kein Problem: Der Staat entfaltet zusätzliche Nachfrage für irgendetwas. (Es geht ja um Stabilisierung, nicht um Allokation!) Oder er braucht auch nur einfach von der Steuerfinanzierung zur Kreditfinanzierung seiner Ausgaben überzugehen.

Kaum ist die Nachfrage angeregt, steigen auch schon Produktion, Investitionen und Beschäftigung.[7] Warum also sollte jemand arbeitslos bleiben

---

hen wäre. (Vgl. zum Thema z. B. PIEPER (1974^e).) Auch BRENNAN und BUCHANAN erklären ausdrücklich, sie wollten Überzeugungsarbeit leisten (BRENNAN/ BUCHANAN (1993), S. 177.) und betonen: „Die Menschen müssen sich über die *Gründe* (,*reasons*') für das Vorhandensein von Regeln im klaren sein, ehe sie die Frage diskutieren können, welche Regel gewählt werden sollte." (Ebenda, S. XXII f.)

[7] Zur Kritik an diesem „... eindimensionale[n] Modell einer mit unterschiedlicher Stärke an der Mündung eines Rohres saugenden Endnachfrage, die am anderen Ende entsprechende Einsatzmengen hochzieht ..." vgl. auch VON HAYEK (1984), Zitat auf S. 20. (Vgl. ebenso auch BRENNAN/BUCHANAN (1993), S. 120.) VON HAYEK ist der Meinung, für die wirklichen Zusammenhänge sei „eine ausdehn-

müssen, wenn nur durch großzügige Geldpolitik die Zinsen gesenkt oder vom Staat mehr ausgegeben werden muss, wobei nicht einmal die Steuern erhöht werden müssen (aber auch ruhig erhöht werden können, wenn nur der zusätzliche Betrag der Steuereinnahme gleich ausgegeben wird (*Haavelmo-Theorem*) (Vgl. z. B. FELDERER/HOMBURG (1994), S. 175 oder HELMSTÄDTER (1986), S. 99 ff.) oder, eine besonders zauberhafte Variante, wenn nur die Massenkaufkraft durch Lohnerhöhungen gesteigert werden muss. Wer vermag sich solchen Empfehlungen zu entziehen, bei denen das Arbeitslosigkeitsrisiko beispielsweise dadurch vermindert werden kann, dass man eine Lohnerhöhung durchsetzt, weil damit Nachfrage geschaffen würde? Diese Theorie macht angenehme Versprechungen und „[d]er große Erfolg dieser Theorie ist offensichtlich darauf zurückzuführen, dass sie sich unmittelbar auf die täglichen Erfahrungen des Kaufmanns an der Ecke beruft, der zutreffenderweise glaubt, dass sein Wohlstand vor allem vom Nachfragevolumen abhängt." (VON HAYEK (1984), S. 20, (1996), S. 141.)

So wurde (und wird von manchen Politikern noch immer) dem Wähler eine Theorie angeboten, die von Wissenschaftlern (damals) gutgeheißen wurde. Diese Theorie leuchtet dem Wähler auf Grund seiner Erfahrungen ein und sie verspricht zugleich, ihm seine größte Angst, die Angst vor Arbeitslosigkeit, zu nehmen. Ein Politiker, der sich diesem Konzept nicht anschließen wollte, würde aus der Sicht der Wähler als Bösewicht dastehen müssen, als jemand, der etwas Gutes nicht tun will, obwohl er es ohne Kosten tun könnte. Erst die eindrucksvollen Fehlentwicklungen in der Realität haben Zweifel an der Richtigkeit und Begründetheit dieser wirtschaftspolitischen Konzeption entstehen lassen. „[S]chlechte Erfahrungen begründen die heute weltweit verbreitete Skepsis gegenüber nachfrageorientierter Wirtschaftspolitik." (SACHVERSTÄNDIGENRAT ... (1997), Ziff. 299.)

---

bare Blase oder ein ausdehnbarer Sack" (Ebenda, S. 21) ein besserer Vergleich als ein (keynesianisches) Rohr.

Die schlechten Erfahrungen mit der Nachfragesteuerung haben jedoch nicht automatisch zur Folge, dass auf eine potentialorientierte Nachfragepolitik in Verbindung mit einer angebotsorientierten Wirtschaftspolitik übergegangen wird:

Während nämlich die potentialorientierte Nachfragepolitik dem Wähler den Eindruck der Untätigkeit der Politik und der Politiker vermittelt, was dem Gewinn von Wählerstimmen im Allgemeinen nicht zuträglich ist, weil Fleiß in der Bevölkerung ein verbreitetes und als wichtig empfundenes Kriterium (eine anerkannte Sekundärtugend) ist, ist die angebotsorientiere Wirtschaftspolitik, im Vergleich zu den Versprechungen der keynesianischen Verheißung, aus der Sicht des Wählers mit unangemessenen Beeinträchtigungen verbunden. Die Reduzierung der Staatstätigkeit auf ein allokativ sinnvolles Maß bedeutet für viele Wähler Einschnitte in ihren persönlichen Wohlstand. Anpassungen der Lohnstruktur an geänderte Bedingungen werden von denen, die dabei Einbußen erleben, ebenso als Zumutung empfunden, wie die Notwendigkeit, den Abbau des eigenen Arbeitsplatzes in einer Krisenbranche hinnehmen zu sollen, um nach Umschulung und Umzug einen vielleicht schlechter bezahlten Job in einer Zukunftsbranche zu erlangen. Zugleich mit dem so genannten „Sozialabbau" soll der Wähler steigende Unternehmensgewinne akzeptieren und Wählergruppen sollen als Besitzstand gewähnte Ansprüche an das System einseitig reduzieren, wie etwa im Falle der Reform des Systems der Alterssicherung Einschnitte bei den Renten notwendig werden, um künftig leistungshemmende Abgabenquoten zu vermeiden. Die meisten der notwendigen Reformen zu Gunsten der Angebotsbedingungen sind zunächst schmerzhaft, nicht zuletzt, weil durch jahrzehntelange Interventionspolitik aufgebaute, die Dynamik hemmende Besitzstände abgebaut werden müssen, und führen erst längerfristig zu den erwünschten positiven Folgen. *Angebotspolitik ist* deshalb *unpopulär*. (Vgl. zu diesen Umsetzungsproblemen z. B. SACHVERSTÄNDIGENRAT ... (1997), Ziff. 302 ff.)

Nicht zuletzt wegen der Vielfalt der notwendigen Einzelschritte, von denen nahezu jeder für irgendwen schmerzhaft ist, einerseits und der erst

längerfristig zu erwartenden positiven Folgen andererseits, ist eine angebotsorientierte Wirtschaftspolitik dem Wähler nur schwer plausibel zu
machen. „Angebotspolitik findet ihren Ausdruck in einer Fülle von Einzelmaßnahmen, die erst in ihrer Gesamtheit und über einen nicht leicht zu
durchschauenden Wirkungsmechanismus auf Überwindung von Wachs-
tumsschwächen abzielen; jede dieser Einzelmaßnahmen kann mit der rhe-
torischen Frage, wie viele Arbeitsplätze sie denn bringen würde, in Zweifel gezogen werden." (SACHVERSTÄNDIGENRAT ... (1997), Ziff. 302.) Es
ist deshalb keineswegs eine einfache Aufgabe für Politiker im Sinne von
politischen Unternehmern, unter den Bedingungen demokratischer Wahl-
mechanismen eine potentialorientierte Nachfragepolitik und eine komple-
mentäre angebotsorientierte Wirtschaftspolitik durchzusetzen. Die meisten
Politiker scheuen entsprechend diese Aufgabe.

*Ob die vielfältigen Versuche von Staaten, die gesamtwirtschaftliche Nach-
frage nach politischen Bedarfen zu beeinflussen, wirklich von einer gesamtwirtschaftlich sinnvolleren potentialorientierten Nachfragepolitik der
Stetigkeit und Verlässlichkeit in Verbindung mit einer sinnvollen angebotsorientierten Wirtschaftspolitik abgelöst werden können, hängt vor
allem davon ab, was der Wähler als seinem Wohl zuträglicher empfindet.*

Dieser Zusammenhang hat zwei Dimensionen. Einerseits muss der Wähler
über eine Einsicht verfügen, wie verschiedene Regel- und Maßnahmesys-
teme gesamtwirtschaftlich wirken, er braucht Verständnis für die volkswirtschaftlichen Wirkungszusammenhänge. Andererseits muss er im Rahmen der Wirkungszusammenhänge bezüglich einer konkreten Regel oder
Maßnahme ihre Bedeutung für ihn persönlich einschätzen, um über
Zustimmung oder Ablehnung entscheiden zu können. Besonders aus der
zuletzt genannten Dimension resultiert, dass im Allgemeinen die Einigung
über Regeländerungen leichter ist als die über Maßnahmen innerhalb bestehender Regeln, nicht zuletzt, weil letztere mit unmittelbareren Vertei-
lungswirkungen verbunden sind. (Vgl. BRENNAN/BUCHANAN (1993), Kap.
9.)

Zunächst ist es vonnöten, dass der Wähler über ein **Verständnis der gesamtwirtschaftlichen Wirkungszusammenhänge einer Marktwirtschaft** verfügt. Als ein grundsätzliches Problem dabei „... ist die Arbeits-
und Wirkungsweise ganzer Volkswirtschaften nicht unmittelbar erfahrbar,
sondern muss erst im Denken erfunden werden, um dem Menschen in der
ihn umgebenden Wirklichkeit erkennbar zu sein." (BEHRENS (1992), S. 90
f., nach V. HAYEK (1963e),(1972).) Deshalb kommt es zur Durchsetzung
einer, letztlich im Sinne wohlinformierter Wähler sinnvollen, wirtschaftspolitischen Konzeption, für die mit Zustimmung gerechnet werden kann,
zum einen darauf an, wie gut der Wähler über volkswirtschaftliche Zusammenhänge informiert ist, insbesondere, wie gut er die Funktionsprinzipien des Wirtschaftssystems, also auch des Regelsystems, versteht, in dem
er lebt. Dabei *hilft* allerdings - eine besondere Schwierigkeit - die *Lebenserfahrung nicht weiter*, sondern es ist *theoretische Einsicht vonnöten*,
damit die Wähler, über ihre spezialisierten Eingebundenheiten in die Wirtschaft hinausblickend, die Koordinationsmechanismen durchschauen können, die ihr Leben bestimmen. Besonders hinderlich dürfte dabei der Um-
stand sein, dass heute die demokratische Mehrheit die Probleme aus der
Position und Lebenserfahrung der Inhaber abhängiger Stellungen beurteilt.
(Vgl. V. HAYEK (1983), S. 145 ff.)

Diesbezüglich ist zu berücksichtigen, dass im Allgemeinen eine einfache
Schulung nicht zureicht, wenn die Menschen in ihrer Sozialisierungsphase
ein anderes Weltbild als Humankapitalbestand mitbekommen. Der Aufbau
eines Weltbildes ist nämlich wie der Wechsel eines Weltbildes mit erheblichen Kosten verbunden. Während für den erwachsenen Wähler die in der
Sozialisierungsphase entstandenen Kosten versunken, also entscheidungs-
irrelevant, sind (**sunk costs**), müssen Kosten der Änderung des Weltbildes
bewusst akzeptiert und auf sich genommen werden. Und da zugleich der
Mensch als Kleingruppenwesen mit dem eben solchen Kleingruppen angemessenen Weltbildern aus der Sozialisierungsphase im täglichen Umgang mit Menschen und Institutionen gut zurechtkommt, gibt es hier eine
erhebliche Beharrungstendenz gegen Ersatz, sodass mit einer im ökonomischen Sinne fehlerhaften Übertragung dieser unangemessenen (weil nur

der Kleingruppe angemessenen) Weltbilder auf die Wirtschaftspolitik (die die anonyme Großgesellschaft betrifft) gerechnet werden muss. (Vgl. BEHRENS (1992), S. 91 ff. und grundlegend: RADNITZKY (1984). Zu vier bedeutsamen, häufig anzutreffenden Fehlern bei der Beurteilung des Marktsystems, die sich über den Wahlmechanismus negativ auf die Wirtschaftspolitik auswirken, vgl. BEHRENS/KIRSPEL (1999), S. 200 - 205.)

Zum Zweiten kommt es darauf an, **ob es einzelwirtschaftlich rational ist, gesamtwirtschaftlich rationale Forderungen zu unterstützen.** Auch dies ist nicht ohne weiteres gewährleistet. Die Politik der staatlichen Nachfragesteuerung erlaubt es Politikern, durch zusätzliche Ausgaben oder die Art der Steuerkürzungen selektive Vorteile an Wählergruppen zu verteilen. Wenn staatliche Interventionspolitik es erlaubt, nach Sondervorteilen zu jagen, wobei die dabei entstehenden Kosten auf die ganze Gesellschaft abgewälzt werden können, ist es für Wählergruppen oft vorteilhaft, einen Nachteil für die Gesamtwirtschaft hinzunehmen, wenn ein spürbarer Vorteil für die entsprechende Wählergruppe entsteht. Da dies, sobald der Staat fallweise tätig wird, immer möglich ist, gibt es einen dauernden Anreiz, für einen Interventionsstaat einzutreten.[8] Dazu passend ist festzustellen, dass die ökonomischen Laien eine Abneigung gegen das Preissystem haben und Verteilungsaspekte des politischen Handelns bevorzugen. (Vgl. FREY (1990), S. 141 ff.) Es bilden sich Interessengruppen, die einen ständigen Druck in Richtung auf staatliche Interventionen zu Gunsten ihrer Klientel ausüben, dem Politiker in der Aussicht auf Wählerstimmen dann häufig folgen. (Vgl. beispielsweise OLSON (1991).) Und da die politische Konzeption der Nachfragesteuerung in voraussehbarer Regelmäßigkeit erlaubt, so genannte Wohltaten zu verteilen, wird von Politi-

---

[8] Dieser Zusammenhang hängt auch vom Wahlsystem ab. In einem Mehrheitswahlsystem müssen beispielsweise Wahlkreise gewonnen werden, sodass (in jedem Wahlkreis) Stimmen gewonnen werden können, wenn Vorteile von Maßnahmen dort anfallen, die Nachteile aber (für diese kaum spürbar) auf alle verteilt werden. Insgesamt können dann für alle die Vorteile kleiner sein als die kumulierten Nachteile. Dieser Zusammenhang ist in einem reinen Verhältniswahlsystem *weniger* spürbar. (Für Näheres sei auf die finanzwissenschaftliche Literatur verwiesen. Vgl. auch OLSON (1991).)

kern dieser Konzeption Vorrang eingeräumt, solange Wähler Interventionspolitik präferieren und demnach mit Wählerstimmen belohnen. Zu den Zusammenhängen sei wiederum auf die Neue Politische Ökonomik verwiesen. (Vgl. z. B. FREY/KIRCHGÄSSNER (1994), ERLEI/LESCHKE/SAUERLAND (1999), Kap. 6., vgl. auch BEHRENS (1992), S. 93 ff.))

Die Wähler befinden sich somit in einer so genannten *Rationalitätenfalle.* (Vgl. SCHUMANN (1992), S. 462. Solche Rationalitätenfallen werden auch Dilemmastrukturen genannt. Vgl. z. B. HOMANN/SUCHANEK (2000), passim.) Es ist für jeden Wähler rational zu versuchen, Interventionen zu seinen Gunsten zu erreichen, selbst wenn er weiß, dass er dadurch schlechter dasteht, als wenn alle Wähler solche Versuche unterließen. Denn wenn er allein die Versuche unterlässt, trägt er dennoch die Kosten der Versuche anderer, hat aber keinen Vorteil, während die anderen einen Vorteil verbuchen können.

Unter der Annahme, es gäbe nur zwei Wähler, lässt sich die Rationalitätenfalle in der folgenden so genannten Auszahlungsmatrix darstellen. Der Wähler A hat ebenso wie der Wähler B die Möglichkeit, staatliche Interventionen zu seinen Gunsten zu verlangen oder nicht. Die Kosten der Interventionen gehen immer zu Lasten der Gesamtwirtschaft. In der Matrix ist eine Kennziffer für den Wohlstand eingetragen, die der jeweilige Wähler in den vier möglichen Fällen erreicht. Der Wohlstand wird dabei durch die Zahlen von 1 bis 5, mit 1 = minimaler Wohlstand und 5 = maximaler Wohlstand angegeben, wobei die linke Zahl in jedem Kästchen den Wohlstand des Wählers A und die rechte Zahl den Wohlstand des Wählers B anzeigt.

Auszahlungsmatrix

		Wähler B	
Handlungs- → *möglichkeiten ↓*		Intervention zugunsten von B	keine Intervention zugunsten von B
Wähler A	Intervention zugunsten von A	2 / 2	5 / 1
	keine Intervention zugunsten von A	1 / 5	3 / 3

Die in der Auszahlungsmatrix dargestellte Situation wird in der Spieltheorie (Zur Spieltheorie vgl. z. B. RIECK (1993) oder MEHLMANN (1997).) auch als *Gefangenendilemma* (vgl. z. B. HOMANN/SUCHANEK (2000), S. 36 ff.) bezeichnet. Gleichgültig, welche Strategie B (oder A) wählt, die jeweils beste Antwort für A (oder B) ist, eine Intervention zu seinen Gunsten einzufordern. Da demnach beide so handeln, gelangen sie in den linken oberen Quadranten, d. h. sie realisieren beide einen geringeren Wohlstand, als wenn sie im rechten unteren Quadranten landeten, der voraussetzt, dass beide auf die Intervention verzichten.

Gibt es einen Ausweg aus diesem Dilemma? Ja, doch dazu muss unterschieden werden zwischen der Ebene der grundlegenden **Spielregeln** und der der **Spielzüge**. (Vgl. grundlegend zu den dargestellten Zusammenhängen BRENNAN/BUCHANAN (1993).) Das Dilemma bildet die Ebene der Spielzüge bei gegebenen Regeln ab, die es erlauben, solche Interventionsforderungen mit Erfolgsaussicht zu stellen. Auf der Ebene der grundlegenden Spielregeln wäre es von den beiden Wählern durchaus rational, sich darauf zu einigen, Interventionen zugunsten partieller Wählergruppen zu verbieten. Dann gäbe es die Handlungsalternative „Intervention zu meinen Gunsten" nicht mehr, der höhere Wohlstand würde realisiert.

Insofern haben Politiker durchaus die Möglichkeit, den Wählern gesellschaftliche Dilemmasituationen zu verdeutlichen und sodann auch Mehrheiten für eine vernünftige Einschränkung der politischen Möglichkeiten, für Selbstbindungen, zu erhalten, sofern die Wähler den Gewinn für alle höher schätzen, als möglicherweise da und dort vielleicht auftretende Verluste für einige. *Es gehört zur politischen Kunst, Arrangements zu finden, die die Vorteile für alle mit dem Gewinn von Wählerstimmen verbinden. Allerdings werden Politiker diesen Weg nur wählen, wenn sie ihn für ihren Wahlerfolg und für ihr Vorankommen als vorteilhafter als den Weg der Interventionspolitik erachten.* Denn durch die Regelbindung berauben sich die Politiker zugleich einiger Möglichkeiten der späteren Profilierung durch fallweise Eingriffe, die ja nicht mehr möglich wären. Nur wenn der Gesamtnutzen der Einschränkung von Möglichkeiten für den Politiker positiv ist, ist eine solche Einschränkung zu erwarten. Mit diesem Problemkreis und Lösungsansätzen, zu *Regeländerungen, d. h. zu konstitutionellem Wandel,* zu kommen, befasst sich die so genannte **Konstitutionelle Politischen Ökonomie.** (Vgl. BUCHANAN (1984), BRENNAN/BUCHANAN (1993).) Erfolgsvoraussetzung ist wiederum das Verständnis der Wähler für grundlegende Funktionsvoraussetzungen der Wirtschaft. So beantworten *BRENNAN* und *BUCHANAN* die grundlegende Frage „Ist konstitutioneller Wandel in einer Demokratie überhaupt möglich?" so: „Wenn eine weit verbreitete Unkenntnis über die Bedeutung und die Funktion von Regeln besteht, dann ist die Antwort eindeutig *nein.*" (BRENNAN/BUCHANAN (1993), S. XXV; Hervorhebung im Original.)

6.4 Was ist von der Wirtschaftspolitik zu erwarten? Eine ausblickende Würdigung

Der Vergleich der wirtschaftspolitischen Konzeptionen verdeutlicht vor allem zweierlei:

- Einerseits ist unter marktwirtschaftlichen Bedingungen eine auf Stetigkeit und Verlässlichkeit ausgerichtete Nachfragepolitik des Staates, der seine Fiskalpolitik und seine Geldpolitik im Wesentlichen am Produktionspotential ausrichtet, in Verbindung mit einer angebotsorientierten Wirtschaftspolitik sinnvoll in dem Sinne, dass sie mit Wohlstandsgewinnen für alle verbunden sein könnte. Dies hat seinen Grund darin, dass eine antizyklische Nachfragesteuerung nicht allein scheitern muss, sondern zusätzlich Probleme erzeugt, sodass es auf Verlässlichkeit des Staates als Teilnehmer am Wirtschaftsleben ankommt, damit die Privaten ihre Anpassungen an Datenänderungen störungsfrei und effektiv vollziehen können. Komplementär zur Verlässlichkeit der Nachfragepolitik ist eine angebotsorientierte Wirtschaftspolitik ökonomisch vernünftig, die viele Bedingungen für erfolgreiches Wirtschaften auf der Angebotsseite des Wirtschaftens verbessert, um die Dynamik und Anpassungsfähigkeit der Wirtschaftssubjekte und der Wirtschaftsstrukturen wieder zu erhöhen.

• Andererseits ist unter demokratischen Bedingungen nicht ohne weiteres zu erwarten, dass eine interventionistische und antizyklische Nachfragepolitik durch eine sinnvollere potentialorientierte Nachfragepolitik in Verbindung mit einer angebotsorientierten Wirtschaftspolitik ersetzt wird. Das hat seinen Grund in politisch-ökonomischen Zusammenhängen, in denen die Aufklärung der Wähler über volkswirtschaftliche Zusammenhänge und die Probleme selektiver Vorteilssuche auf Kosten aller eine maßgebliche Rolle spielen. Zwar können auch diese Probleme grundsätzlich gelöst werden, wozu in einer Demokratie unter anderem etwa eine Ausgestaltung des Bildungssystems, das Wähler entlässt, die über zureichende Kenntnisse über die „Funktionszusammenhänge moderner Gesellschaften" (HOMANN/BLOME-DREES (1992), S. 90.) verfügen, zweckdienlich wäre. Besitzt der Wähler solche Kenntnisse, wird der Politiker sich bei seinen Vorschlägen danach richten müssen, wenn er (wieder)gewählt werden und im Rahmen der Möglichkeiten seine Vorstellungen realisieren will. Eine solche ökonomische Bildung der Wählerschaft vorausgesetzt können dann Politiker im Sinne von politischen Unternehmern Arrangements knüpfen, die das zweite Problem der selektiven Vorteilssuche aushebeln können. Dem Bildungswesen einer demokratisch verfassten Volkswirtschaft kommt demnach eine Schlüsselrolle zu, insofern es gewährleisten muss, dass diejenigen, die es verlassen, grundlegende Funktionsbedingungen von Wirtschaftssystemen kennen und zureichend verstehen, um Argumentationsketten über die Folgen wirtschaftspolitischer Maßnahmen sachgerecht folgen und sich ein Urteil bilden zu können.

Wie sollte demnach der verantwortliche Mitarbeiter in und Manager von Unternehmen seine Erwartungen bezüglich der Wirtschaftspolitik bilden?

Verantwortliche Mitarbeiter und Manager in Unternehmen sind auf die Verlässlichkeit ihrer Einschätzungen gesamtwirtschaftlichen und wirtschaftspolitischen Geschehens relativ stark angewiesen, weil ungeachtet sonstiger betriebswirtschaftlicher Fähigkeiten davon der Betriebserfolg oder -misserfolg maßgeblich abhängen kann.

Im Lichte dieses Lehrbuchs wäre die Empfehlung an Unternehmer oder verantwortliche Mitarbeiter in Unternehmen - sofern es ihnen nicht um die Abgabe wirtschaftspolitischer Empfehlungen an Politiker geht oder um Beeinflussung des öffentlichen Meinungsbildes in Zeitschriften oder anderen Medien - auf die wirtschaftspolitische Meinung des Durchschnittswählers (genauer des Medianwählers) zu schauen, wenn er **Erwartungen über das politische Verhalten** bilden will. Dabei sollte er die Politiker nicht aus dem Auge verlieren, weil von deren Fähigkeit es abhängt, ob der Durchschnittswähler in seiner wirtschaftspolitischen Meinung beeinflusst werden kann. So mag es (seltene) charismatische Politiker geben, die auch unpopuläre aber gesamtwirtschaftlich sinnvolle Maßnahmen durchzusetzen in der Lage sind. Das eindrucksvollste Beispiel für einen solchen Politiker war wohl in Deutschland LUDWIG ERHARD (1897 - 1977), der gegen die Meinung fast aller das Konzept der Sozialen Marktwirtschaft als ordnungspolitische Grundentscheidung in der Bundesrepublik Deutschland politisch durchgesetzt und damit den Grundstein für den späteren Wohlstand gelegt hat und der später in der laufenden Wirtschaftspolitik häufig erfolgreich die Wählermeinungen zu Gunsten seiner wirtschaftspolitischen Konzeption zu beeinflussen vermochte. (Vgl. z. B. GROSSEKETTLER (1997), S. 84 ff., BEHRENS/KIRSPEL (1999), 211 ff.)

Solange die mittleren Wählerschichten noch interventionistische Nachfragepolitik bevorzugen, sollten die verantwortlichen Mitarbeiter und Manager von Unternehmen auch solche Politik erwarten. Allerdings sollten sie auf keinen Fall die von den Befürwortern einer solchen Politik (aus Wissenschaft und Praxis) angekündigten gesamtwirtschaftlichen Wirkungen erwarten. Unseres Erachtens ist zur Bildung von **Erwartungen über die Folgen von Politik** die Makroökonomik der Neoklassik in ihrer modernen Ausprägung geeigneter. Es ist also häufig sicher nicht falsch, auf gesamtwirtschaftliche Problemlagen eine öffentliche Diskussion auf mehr oder minder keynesianischer Grundlage und eine entsprechende Politik zu erwarten. Es wäre aber falsch, zumindest in Zeiträumen einiger weniger Jahre, die für die meisten bedeutsamen betrieblichen Entscheidungen relevant sind, keynesianische Folgen zu erwarten. Vielmehr sollten die von der neoklassischen Makroökonomik prognostizierten Wirkungen keynesianisch begründeter Maßnahmen erwartet werden. Deshalb wäre es unseres Erachtens Verschwendung von Mühe und Zeit, wollten Unternehmen sich an der keynesianischen Diskussion beteiligen, weil die von keynesianischen Modellen abgeleiteten Folgen mehr oder weniger irrelevant sind.

Geht es hingegen den Unternehmen um Beeinflussung des öffentlichen Meinungsbildes in Zeitungen oder anderen Medien oder um die Abgabe wirtschaftspolitischer Empfehlungen an Politiker, so sollte im ersten Falle Aufklärung über grundlegende Funktionsprinzipien unserer Wirtschaft den Vorzug haben und im Interesse von Unternehmen liegen, weil auf Dauer in der Demokratie nur so wirtschaftlich vernünftige Politik mit Wählerstimmen unterlegt werden kann. Und im zweiten Fall sollten Politikern von Unternehmen nicht nur elitäre Empfehlungen gegeben werden, die nichts bewirken, als dass Politiker schließlich nicht mehr zuhören, sondern es sollten Empfehlungen gegeben werden, die, die politisch-ökonomischen Zusammenhänge berücksichtigend, Programme beinhalten, die auch beim Wähler auf Zustimmung stoßen können, sodass Politiker sie für ihr eigenes Fortkommen, das der Wählerstimmen bedarf, nutzbar machen können.

Rational ist es auf längere Sicht für Unternehmen und ihre Manager zudem, die Vermittlung von Bildungsinhalten zu unterstützen, die auf ein grundlegendes Verständnis für gesamtwirtschaftliche Systemzusammenhänge zielen. Dies gilt auch und vor allem dann, wenn dieses Wissen den Charakter eines öffentlichen Gutes hat, sodass es nicht unmittelbar, etwa durch Einstellung der entsprechenden Wissensträger nach ihrem Studium, unternehmerisch verwertbares Wissen ist.

Aber die Verbreitung solchen grundlegenden volkswirtschaftlichen Wissens in der Bevölkerung stellt eine wichtige Infrastrukturinvestition dar, die für das langfristige Gedeihen und sogar Überleben privater Unternehmen von elementarer Bedeutung ist, denn die Qualität makroökonomischer Politik, von Ordnungs- und Ablaufpolitik, gemessen am erreichbaren „Wohlstand für alle" *(LUDWIG ERHARD)*, hängt vom gesamtwirtschaftlichen Verständnis der Wahlbevölkerung maßgeblich ab.

Der von Experten aus Wissenschaft und Unternehmen zu vernehmende Ruf nach einer „vernünftigen" Wirtschaftspolitik ist demnach zu ergänzen um einen Druck in Richtung auf die Schaffung der bildungspolitischen Grundlagen für eine solche Politik in der Demokratie. Leider könnte, wegen der fehlenden unmittelbaren Verwertbarkeit solchen Wissens durch Unternehmen, allerdings auch hier eine Rationalitätenfalle vorliegen, die sich dauerhaft schädlich auf die Wirtschaftspolitik auswirkt (Vgl. auch BEHRENS (1994).): Die Unternehmen bevorzugen bei der Einstellung Träger unmittelbar verwertbaren Wissens mit der Folge, dass die Studierenden vernünftigerweise solche Studieninhalte bevorzugen. Und die Bildungspolitiker folgen ihnen bei Ausgestaltung von Bildungsstrukturen und -inhalten. Dabei wird gesamtwirtschaftlich in der Demokratie notwendiges grundlegendes Wissen systematisch vernachlässigt. Das macht eine Gesellschaft wirtschaftlich ärmer als sie sein müsste.

Gute Wirtschaftspolitik setzt in der Demokratie ein gewisses Verständnis der Wähler, zumindest der Meinungsträger, von gesamtwirtschaftlichen Zusammenhängen voraus. Und die Behauptung, im Zeitalter der Globalisierung würde der Spielraum für die nationale Wirtschaftspolitik kleiner, trifft ins Leere. (Vgl. VON WEIZSÄCKER (1999).) Solange Menschen auch aus Erfahrung lernen können, wird vielmehr der nationale Spielraum durch Erkenntnisfortschritt, den der internationale „Wettbewerb als Entdeckungsverfahren" (VON HAYEK (1968)) hervorbringt, größer, denn: *„Der Wettbewerb der nationalen Problemlösungen ist ein globales System des Trial and Error in der Suche nach besseren Antworten."* (VON WEIZSÄCKER (1999), S. 70; Hervorhebung im Original.) Man muss die besseren Antworten dann allerdings auch aus gesamtwirtschaftlicher Einsicht wählen wollen. In der Demokratie trägt der Wähler für seine Politik, für die Regeln und die Eingriffe, letztlich selbst - zumindest zu einem überwältigenden Teil - die Verantwortung.

Literaturverzeichnis:

ACOCELLA, NICOLA, The Foundations of Economic Policy - Values and techniques. Translated from the Italian by *Brendan Jones*, Cambridge 1998.

AGHION, PHILIPPE, and HOWITT, PETER, Endogenous Growth Theory, Cambridge (Mass.) London 1998.

ALSTON, RICHARD M., KEARL, J. R. and VAUGHAN, MICHAEL B., Is There a Consensus Among Economists in the 1990's?, in: American Economic Review, Papers and Proceedings, Vol. 82 (May 1992), S. 203 - 209.

ARNDT, HELMUT, Schöpferischer Wettbewerb und klassenlose Gesellschaft. Zugleich ein Beitrag zur Preis- und Beschäftigungslehre, Berlin 1952.

ARNOLD, LUTZ, Wachstumstheorie, München 1997.

ARNOLD, LUTZ, Makroökonomik, Tübingen 2003.

ASHAUER, GÜNTER, Einführung in die Wirtschaftslehre, 7. Aufl., Stuttgart 1989.

BARONE, ENRICO, Grundzüge der theoretischen Nationalökonomie, 2. durchges. Aufl., Berlin Bonn 1935.

BARRO, ROBERT J., Are Government Bonds Net Wealth? in: Journal of Political Economy, Vol. 82 (1974), S. 1095 - 1118.

BARRO, ROBERT J., Second Thoughts on Keynesian Economics, in: The American Economic Review, Vol. 69 (1979), S. 54 - 59.

BARRO, ROBERT J., Discussion: Reflections on the Current State of Macroeconomic Theory, in: The American Economic Review, Papers and Proceedings, Vol 74 (1984), S. 416 f.

BARRO, ROBERT J., New Classicals and Keynesians, or the Good Guys and the Bad Guys, in: Schweizerische Zeitschrift für Volkswirtschaftslehre und Statistik, 125. Jahrgang (1989), S. 263 - 273.

BARRO, ROBERT J., The Ricardian Approach to Budget Deficits, in: Journal of Economic Perspectives, Vol. 3 (1989), S. 37 - 54. (1989b)

BARRO, ROBERT J., Makroökonomie. Aus dem Amerikanischen von *Hans-Jürgen Ahrns,* 3. Aufl., München Wien 1992.

BARRO, ROBERT J., bearbeitet von RUSH, MARK, Übungsbuch zu: Robert J. Barro „Makroökonomie". Aus dem Amerikanischen von *Hans-Jürgen Ahrns,* 3. Aufl., München Wien 1992.

BARRO, ROBERT J., The Aggregate-Supply/Aggregate-Demand Model, in: The Eastern Economic Journal, Vol. 20 (1994), S. 1 - 6.

BARRO, ROBERT J., Getting it Right · Markets and Choices in a Free Society, Cambridge (Mass.) · London 1996.

BARRO, ROBERT J., Macroeconomics, 5th edition, Cambridge (Mass.) 1997.

BARRO, ROBERT J. und GRILLI, VITTORIO, Makroökonomie. Europäische Perspektive. Aus dem Amerikanischen von *Hans-Jürgen Ahrns,* München Wien 1996.

BARRO, ROBERT J. and GROSSMAN, HERSCHEL I., A General Disequilibrium Model of Income and Employment, in: American Economic Review, Vol. 61 (1971), S. 82 - 93.

BARRO, ROBERT J. und SALA-I-MARTIN, XAVIER, Wirtschaftswachstum, übersetzt von *Walter Buhr,* München Wien 1998.

BARTH, HANS, J., Arbeitslosigkeit, wisu-Studienblatt, Beilage der Zeitschrift Das Wirtschaftsstudium-WISU, Oktober 1976.

BARTLING, HARTWIG und LUZIUS, FRANZ, Grundzüge der Volkswirtschaftslehre, 12. Aufl., München 1998.

BAßELER, ULRICH, HEINRICH, JÜRGEN und UTECHT, BURKHARD, Grundlagen und Probleme der Volkswirtschaft, 17. Aufl., Stuttgart 2002.

BAUMOL, WILLIAM J., The Transactions Demand für Cash: An Inventory Theoretical Approach, in: The Quarterly Journal of Economics, Vol. 66 (1952), S. 545 - 556.

BAUMOL, WILLIAM J., Retrospectives: Say's Law, in: The Journal of Economic Perspectives, Vol. 13 (1999), S. 195 - 204.

BECKER, GARY S., Der ökonomische Ansatz zur Erklärung menschlichen Verhaltens, ins Deutsche übertragen von *Monika Vanberg* und *Viktor Vanberg*, Tübingen 1982, 2. Aufl., Tübingen 1993.

BECKER, GARY S. und NASHAT BECKER, GUITY, Die Ökonomik des Alltags · Von Baseball über Gleichstellung zur Einwanderung: Was unser Leben wirklich bestimmt, übersetzt von *Gerhard Engel*, Tübingen 1998.

BEHRENS, CHRISTIAN-UWE, Dynamischer Wettbewerb und Wachstum, Frankfurt a. M. u. a. 1988.

BEHRENS, CHRISTIAN-UWE, Wann lohnen sich Zinsswap-Geschäfte? In: Zeitschrift für das gesamte Kreditwesen, 42. Jg. (1989), S. 201 - 206.

BEHRENS, CHRISTIAN-UWE, Beharrungstendenzen eines falschen Wirtschaftsdenkens, in: List Forum für Wirtschafts- und Finanzpolitik, Band 18 (1992), S. 89 - 96.

BEHRENS, CHRISTIAN-UWE, Inflationseffekte nach den Wirtschaftsreformen in Osteuropa, in: List Forum für Wirtschafts- und Finanzpolitik, Band 19 (1993), S. 165 - 179.

BEHRENS, CHRISTIAN-UWE, Praxisnähe des Wirtschaftsstudiums und Verbreitung wirtschaftlichen Wissens in der Gesellschaft, in: List Forum für Wirtschafts- und Finanzpolitik, Band 20 (1994), S. 285 - 293.

BEHRENS, CHRISTIAN-UWE, Marktwirtschaft und christliche Ethik, in: List Forum für Wirtschafts- und Finanzpolitik, Band 23 (1997), S. 363 - 372.

BEHRENS, CHRISTIAN-UWE, Irrwege der Hochschulpolitik oder: Was ist die Nachfrage nach Hochschulleistungen? In: Jahrbuch für Wirtschaftswissenschaften, Bd. 51 (2000), Heft 3, S. 273 – 297.

BEHRENS, CHRISTIAN-UWE, Ethik in einer globalisierten Wirtschaft, Diskussionsbeitrag. Als Manuskript vervielfältigt, Wilhelmshaven, Oktober 2002.

BEHRENS, CHRISTIAN-UWE und PEREN, FRANZ W., Grundzüge der gesamtwirtschaftlichen Produktionstheorie, München 1998.

BEHRENS, CHRISTIAN-UWE und KIRSPEL, MATTHIAS, Grundlagen der Volkswirtschaftslehre, München Wien 1999, 3. Aufl., 2003.

BELKE, ANSGAR, Politische Konjunkturzyklen in Theorie und Empirie: eine kritische Analyse der Zeitreihendynamik in Partisan-Ansätzen, Tübingen 1996.

BERG, HARTMUT und CASSEL, DIETER, Theorie der Wirtschaftspolitik, in: *Bender, Dieter* u. a., Vahlens Kompendium der Wirtschaftstheorie und Wirtschaftspolitik, Band 2, 6. Aufl., München 1995, S. 163 - 238.

BERNHEIM, B. DOUGLAS, Ricardian Equivalence: An Evaluation of Theory and Evidence, in: NBER macroeconomics annual, Cambridge (Mass.) 1986, S. 263 - 304.

BERTHOLD, NORBERT und FEHN, RAINER, Arbeitslosigkeit - Woher kommt sie? Wann bleibt sie? Wie geht sie?, in: List Forum für Wirtschafts- und Finanzpolitik, Bd. 20 (1994), S. 304 - 336.

BERTHOLD, NORBERT, (Hrsg.), Allgemeine Wirtschaftstheorie · Neuere Entwicklungen, München 1995.

BERTHOLD, NORBERT und FEHN, RAINER, Neuere Entwicklungen in der Arbeitsmarkttheorie, in: WiSt-Wirtschaftswissenschaftliches Studium, 24. Jg. (1995), S. 110 - 117, (1995a).

BERTHOLD, NORBERT und FEHN, RAINER, Arbeitsmarkttheorie, in: Norbert Berthold (Hrsg.), Allgemeine Wirtschaftstheorie - Neuere Entwicklungen, München 1995, S. 187 - 209, (1995b).

BERTHOLD, NORBERT, Der Sozialstaat im Zeitalter der Globalisierung, Walter Eucken Institut, Beiträge zur Ordnungstheorie und Ordnungspolitik 153, Tübingen 1997.

BLANCHARD, OLIVIER, Is There a Core of Usable Macroeconomics? In: The American Economic Review, Papers and Proceedings, Vol. 87 (1997), S. 244 - 246.

BLANKART, CHARLES B., Öffentliche Finanzen in der Demokratie, 2. Aufl., München 1994, 3. Aufl., München 1998, 5. Aufl., 2003.

BLEYMÜLLER, JOSEF, GEHLERT, GÜNTER und GÜLICHER, HERBERT, Statistik für Wirtschaftswissenschaftler, 10. Aufl., München 1996.

BLINDER, ALAN S., Discussion: Reflections on the Current State of Macroeconomic Theory, in: The American Economic Review, Papers and Proceedings, Vol 74 (1984), S. 417 - 419.

BLINDER, ALAN S., Is There A Core of Practical Macroeconomics That We Should All Believe? In: The American Economic Review, Papers and Proceedings, Vol. 87 (1997), S. 240 - 243.

BOETTCHER, ERIK, Kooperation und Demokratie in der Wirtschaft, Tübingen 1974.

BORCHERT, MANFRED, Geld und Kredit. Einführung in die Geldtheorie und Geldpolitik, 4. Aufl., München · Wien 1997.

BRANSON, WILLIAM H., Makroökonomie · Theorie und Politik, Aus dem Amerikanischen von *Christian Spieler*, 4. Aufl., München Wien 1997.

BRENNAN, GEOFFREY und BUCHANAN, JAMES M., Die Begründung von Regeln · Konstitutionelle Politische Ökonomie. Übersetzt von *Monika Vanberg*, mit einer Einleitung herausgegeben von *Christian Watrin*, Tübingen 1993.

BRÜMMERHOF, DIETER, Volkswirtschaftliche Gesamtrechnung, 3. Aufl., München · Wien 1991.

BUCHANAN, JAMES M., Die Grenzen der Freiheit · Zwischen Anarchie und Leviathan, Tübingen 1984.

BUCHANAN, JAMES M., Marktversagen und Politikversagen, in: *Peter Koslowski* (Hrsg.), Individuelle Freiheit und demokratische Entscheidung - Ethische, ökonomische und politische Theorie der Demokratie, Walter Eucken Institut, Vorträge und Aufsätze 123, Tübingen 1989, S. 34 - 47.

BURDA, MICHAEL C. und WYPLOSZ, CHARLES, Makroökonomik · Eine Europäische Perspektive, Aus dem Englischen übersetzt von *Michaela I. Kleber*, München 1994, 2. Aufl., München 2001.

CASSEL, DIETER, Funktionen der Schattenwirtschaft im Koordinationsmechanismus von Markt- und Planwirtschaften, in: ORDO, Jahrbuch für die Ordnung der Wirtschaft und Gesellschaft, Bd. 37 (1986), S. 73 - 104.

CASSEL, DIETER, RAMB, BERND-THOMAS und THIEME, H. JÖRG (Hrsg.), Ordnungspolitik, München 1988.

CLEMENT, REINER und TERLAU, WILTRUD, Grundlagen der Angewandten Makroökonomie, München 1998, 2. Aufl., München 2002.

DEUTSCHE BUNDESBANK, Artikel: „Das Produktionspotential in der Bundesrepublik Deutschland", in: Monatsbericht der Deutschen Bundesbank Oktober 1973 (10/1973), S. 28 ff.

DEUTSCHE BUNDESBANK, Artikel: „Neuberechnung des Produktionspotentials für die Bundesrepublik Deutschland", in: Monatsbericht der Deutschen Bundesbank Oktober 1981 (10/1981), S. 32 ff.

DEUTSCHE BUNDESBANK, Artikel: „Änderungen in der Systematik der Zahlungsbilanz", in: Monatsbericht der Deutschen Bundesbank März 1995 (3/1995), S. 33 - 43.

DEUTSCHE BUNDESBANK, Artikel: „Das Produktionspotential in Deutschland und seine Bestimmungsfaktoren", in: Monatsbericht der Deutschen Bundesbank August 1995 (8/1995), S. 41 - 56.

DEUTSCHE BUNDESBANK, Artikel: „Die deutsche Zahlungsbilanz im Jahre 1995", in: Monatsbericht der Deutschen Bundesbank März 1996 (3/1996), S. 28 ff.

DEUTSCHE BUNDESBANK, Artikel: „Entwicklung und Bestimmungsgründe grenzüberschreitender Direktinvestitionen", in: Monatsbericht der Deutschen Bundesbank August 1997 (8/1997), S. 63 - 76.

DEUTSCHE BUNDESBANK, Artikel: „Probleme der Inflationsmessung", in: Monatsbericht der Deutschen Bundesbank Mai 1998 (5/1998), S. 53 - 66.

DEUTSCHE BUNDESBANK, Artikel: „Die Umsetzung der Geldpolitik des ESZB durch die Deutsche Bundesbank und ihre Ausformung in den Allgemeinen Geschäftsbedingungen", in: Monatsbericht der Deutschen Bundesbank November 1998 (11/1998), S. 19 - 26.

DEUTSCHE BUNDESBANK, Artikel: „Der Euro und die Preise: zwei Jahre später", in: Monatsbericht der Deutschen Bundesbank Januar 2004 (1/2004), S. 15 - 28.

DIECKHEUER, GUSTAV, Makroökonomik. Theorie und Politik. 2. Aufl., Berlin 1995.

DONGES, JUERGEN B., Deutschland in der Weltwirtschaft · Dynamik sichern, Herausforderungen bewältigen, Mannheim 1995.

DONGES, JUERGEN B. und FREYTAG, ANDREAS, Allgemeine Wirtschaftspolitik, Stuttgart 2001.

DOSI, GIOVANNI, and NELSON, RICHARD R., An introduction to evolutionary theories in economics, in: Journal of Evolutionary Economcs, Vol. 4 (1994), S. 153 - 172.

DOWNIE, JACK, The Competitive Process, London 1958.

DREYHAUPT, KLAUS und FRECHEN, STEFAN, Volkswirtschaftslehre · Theorie und Politik. Eine Einführung unter besonderer Berücksichtigung der Bezüge zur öffentlichen Verwaltung, 6. Aufl., Köln 1995.

EHRLICHER, WERNER, Finanzwissenschaft, Artikel im Kompendium der Volkswirtschaftslehre, herausgeg. von *W. Ehrlicher* u. a., Band 2, 4. Aufl., Göttingen 1975, S. 298 - 383.

EICHENBAUM, MARTIN, Some Thoughts on Practical Stabilization Policy, in: The American Economic Review, Papers and Proceedings, Vol. 87 (1997), S. 236 - 239.

ELLIOTT, JOHN E., Schumpeter and the Theory of Capitalist Economic Development, in: Journal of Economic Behavior and Organization, Vol. 4 (1983), S. 277 - 308.

ENGELS, WOLFRAM, Arbeitslosigkeit - Woher sie kommt und wie man sie beheben kann. Frankfurter Institut für wirtschaftspolitische Forschung e.V.: Schriftenreihe: Band 5, Bad Homburg v.d.H. 1984.

ERLEI, MATHIAS, Unvollkommene Märkte in der keynesianischen Theorie, Heidelberg 1991.

ERLEI, MATHIAS, LESCHKE, MARTIN und SAUERLAND, DIRK, Neue Institutionenökonomik, Stuttgart 1999.

EUCKEN, WALTER, Grundsätze der Wirtschaftspolitik, Herausgegeben von *Edith Eucken-Erdsiek* und *K. Paul Hensel*, Hamburg 1959.

EUROPÄISCHE ZENTRALBANK, Artikel aus dem Monatsbericht der Europäischen Zentralbank Januar 1999 (1/1999): „Das Euro-Währungsgebiet zu Beginn der dritten Stufe", S. 11 - 17, „Wirtschaftliche Entwicklungen im Euro-Währungsgebiet", S. 19 - 41 und „Die stabilitätsorientierte geldpolitische Strategie des Eurosystems", S. 43 - 56.

EUROPÄISCHE ZENTRALBANK, Artikel: „Monetäre Aggregate im Euro-Währungsgebiet und ihre Rolle in der geldpolitischen Strategie des Eurosystems", in: Monatsbericht der Europäischen Zentralbank Februar 1999 (2/1999), S. 29 - 47.

EUROPÄISCHE ZENTRALBANK, Artikel: „Der institutionelle Rahmen des Europäischen Systems der Zentralbanken", in: Monatsbericht der Europäischen Zentralbank Juli 1999 (7/1999), S. 59 - 67.

EUROPÄISCHE ZENTRALBANK, Artikel: „Der Einfluss der Finanzpolitik auf die gesamtwirtschaftliche Stabilität und die Preise", in: Monatsbericht der Europäischen Zentralbank April 2004 (4/2004), S. 49 - 63.

FARMER, KARL und WENDNER, RONALD, Wachstum und Außenhandel, Heidelberg 1997.

FEHL, ULRICH, Die Theorie dissipativer Strukturen als Ansatzpunkt für die Analyse von Innovationsproblemen in alternativen Wirtschaftsordnungen, in: *A. Schüller, H. Leipold* und *H. Hamel* (Hrsg.), Innovationsprobleme in Ost und West, Stuttgart · New York 1983, S. 65 - 89.

FEHL, ULRICH und OBERENDER, PETER, Grundlagen der Mikroökonomie, 7. Aufl., München 1999.

FELDERER, BERNHARD und HOMBURG, STEFAN, Makroökonomik und neue Makroökonomik, 6. Aufl., Berlin 1994, 8. Aufl., Berlin 2003.

FISHER, IRVING, The Theory of Interest, New York 1930.

FOURÇANS, ANDRÉ, Die Welt der Wirtschaft. Aus dem Französischen von *Sabine Schwenk*, Frankfurt a. M. 1998.

FRANZ, WOLFGANG, Die Beveridge-Kurve, in: WiSt-Wirtschaftswissenschaftliches Studium, 17. Jg. (1987), S. 511 - 514.

FRANZ, WOLFGANG, Der Arbeitsmarkt - Eine ökonomische Analyse, (Meyers Forum 17), Mannheim 1993.

FRANZ, WOLFGANG, Arbeitsmarktökonomik, 3. Aufl., Berlin u. a. O. 1996.

FREY, BRUNO, Product and Process Innovations in Economic Growth, in: Zeitschrift für Nationalökonomie, Bd. 29 (1969), S. 28 - 38.

FREY, BRUNO S., Ökonomie ist Sozialwissenschaft, München 1990.

FREY, BRUNO S., Markt und Motivation. Wie ökonomische Anreize die (Arbeits-)Moral verdrängen. München 1997.

FREY, BRUNO S., POMMEREHNE, WERNER W., SCHNEIDER, FRIEDRICH, and GILBERT, GUY, Consensus and Dissension Among Economists: An Empirical Inquiry, in: American Economic Review, Vol. 74 (December 1984), S. 986 - 994.

FREY, BRUNO S., KIRCHGÄSSNER, GEBHARD, Demokratische Wirtschafts-politik. Theorie und Anwendungen, 2. Aufl., München 1994.

FRIEDMAN, DAVID, Der ökonomische Code · Wie wirtschaftliches Denken unser Handeln bestimmt. Aus dem amerikanischen Englisch von *Sebastian Wohlfeil*, Frankfurt am Main 1999.

FRIEDMAN, MILTON, Die optimale Geldmenge und andere Essays, Über-setzt von *Johannes Frerich*, *Gerd Hoff* und *Reinhard H. Pusch*, Frank-furt a. M. 1976.

FRIEDMAN, MILTON, Nobel Lecture: Inflation and Unemployment, in: Journal of Political Economy, Vol. 85 (1977), S. 451 - 472.

FRIEDMAN, MILTON, The Methodology of Positive Economics. From „Es-says in Positive Economics, Chicago 1953", in: *Frank Hahn* and *Mar-tin Hollis* (Eds.), Philosophy and Economic Theory, Oxford u. a. 1979, S. 18 - 35.

FRIEDMAN, MILTON, Capitalism and Freedom, Chicago 1962. Deutsch: Kapitalismus und Freiheit, übersetzt von *Paul C. Martin*, Frankfurt a. M. u. a. 1984.

FUEST, WINFRIED, Negative Einkommensteuer - Renaissance einer um-strittenen Idee -, in: WiSt Wirtschaftswissenschaftliches Studium, 24. Jg. (1995), S. 365 - 368.

FUHRMANN, WILFRIED, Keynesianismus und Neue Klassische Makroökonomik, in: Jahrbuch für Sozialwissenschaft, Bd. 33 (1982), S. 269 - 293.

GÄFGEN, GÉRARD, Theorie der Wirtschaftspolitik, in: W. Ehrlicher u. a. (Hrsg.), Kompendium der Volkswirtschaftslehre, Bd. 2, 4. Aufl., Göttingen 1975, S. 1 - 94.

GAHLEN, BERNHARD, Barro's Makroökonomik, Literaturabhandlung in: Jahrbücher für Nationalökonomie und Statistik, Bd. 203/4 (1987), S. 422 - 434.

GANDENBERGER, OTTO, Öffentliche Verschuldung II: Theoretische Grundlagen, Artikel im Handwörterbuch der Wirtschaftswissenschaft (HdWW), herausgeg. von *W. Albers* u. a., 5. Band, Stuttgart u. a. 1980, S. 480 - 504.

GIERSCH, HERBERT, Arbeit, Lohn und Produktivität, in: Weltwirtschaftliches Archiv, Bd. 119 (1983), S. 1 - 18.

GIERSCH, HERBERT, Allgemeine Wirtschaftspolitik - Grundlagen, Wiesbaden 1960/61, Nachdr. 1991.

GRAF, HANS-GEORG, Muster-Voraussagen" und „Erklärungen des Prinzips" bei F. A. v. Hayek: eine methodologische Analyse, Walter Eucken Institut, Vorträge und Aufsätze, Bd. 65, Tübingen 1978.

GREENWALD, BRUCE C. and STIGLITZ, JOSEPH E., Examining Alternative Macroeconomic Theories, in: Brookings Papers on Economic Activity, (1988), S. 207 - 270.

GROSSEKETTLER, HEINZ, Ist die neoklassische Theorie wirklich nur l'art pour l'art? - Zur methodologischen Kritik an der Preis- und Außenhandelstheorie, in: Jahrbuch für Sozialwissenschaft, Band 28 (1977), S. 1 - 34.

GROSSEKETTLER, HEINZ, Zur wirtschaftspolitischen Relevanz neoklassischer und verhaltenstheoretischer Ansätze der Volkswirtschaftslehre, in: *Wolfgang Rippe* und *Hans-Peter Haarland* (Hrsg.), Wirtschaftstheorie als Verhaltenstheorie, Berlin 1980, S. 11 - 57.

GROSSEKETTLER, HEINZ, Konzepte zur Beurteilung der Effizienz von Koordinationsmethoden, in: Jahrbuch für Neue Politische Ökonomie, 1. Band (1982), S. 213 - 257.

GROSSEKETTLER, HEINZ, Die Wirtschaftsordnung als Gestaltungsaufgabe - Entstehungsgeschichte und Entwicklungsperspektiven des Ordoliberalismus nach 50 Jahren Sozialer Marktwirtschaft, Reihe: Ökonomische Theorie der Institutionen, herausgeg. von *H. Dietl, Ch. Erlei, M. Erlei* und *M. Leschke*, Bd. 1, Münster Hamburg 1997.

GROSSMAN, GENE M. and HELPMAN, ELHANAN, Innovation and Growth in the Global Economy, Cambridge (Mass.) 1991.

HABERLER, GOTTFRIED, Prosperität und Depression, Bern 1948.

HABERLER, GOTTFRIED, Der internationale Handel (1933^e), Reprint, erweitert um: The Relevance of the Theory of Comparative Advantage under Modern Conditions, Berlin u. a. 1970.

HÄRTTER, ERICH, Wahrscheinlichkeitsrechnung für Wirtschafts- und Naturwissenschaftler, Göttingen 1974.

HALL, ROBERT E., Stochastic Implications of the Life Cycle-Permanent Income Hypothesis: Theory and Evidence, in: Journal of Political Economy, Vol. 86 (1978), S. 971 - 987.

HALL, ROBERT E., Consumption, Artikel in: *Robert J. Barro* (Ed.), Modern Business Cycle Theory, Cambridge (Mass.) 1989, S. 153 - 177.

HANUSCH, HORST und KUHN, THOMAS, Einführung in die Volkswirtschaftslehre, 3. Aufl., Berlin u. a. 1994, 4. Aufl., Berlin u. a. 1998.

HARDACH, KARL, Wirtschaftsgeschichte Deutschlands im 20. Jahrhundert, 2. Aufl., Göttingen 1979.

HARDES, HEINZ-DIETER, KROL, GERD J., RAHMEYER, FRITZ und SCHMID, ALFONS, Volkswirtschaftslehre · Problemorientiert, 19. Aufl., Tübingen 1995.

HARDES, HEINZ-DIETER, MERTES, JÜRGEN, Grundzüge der Volkswirtschaftslehre, 4. Aufl., München · Wien 1994.

HARDES, HEINZ-DIETER, MERTES, JÜRGEN und SCHMITZ, FRIEDER, Grundzüge der Volkswirtschaftslehre, 6. Aufl., München · Wien 1997.

HAVRILESKY, THOMAS M., Introduction to Modern Macroeconomics, second edition, Arlington Heights (Ill.) 1988.

HASLINGER, FRANZ, Volkswirtschaftliche Gesamtrechnung, 7. Aufl., München · Wien 1995.

HAYEK, FRIEDRICH AUGUST VON, Arten der Ordnung (1963^c), in: Freiburger Studien, Gesammelte Aufsätze von F. A. von Hayek, Tübingen 1969, S. 32 - 46.

HAYEK, FRIEDRICH AUGUST VON, Der Wettbewerb als Entdeckungsverfahren (1968^c), in: Freiburger Studien, Gesammelte Aufsätze von *F. A. von Hayek*, Tübingen 1969, S. 249 - 265.

HAYEK, FRIEDRICH AUGUST VON, Die Theorie komplexer Phänomene, Walter Eucken Institut, Vorträge und Aufsätze 36, Tübingen 1972. Wiederabgedruckt in: F. A. VON HAYEK (1996), S. 281 - 306. (1972)

HAYEK, FRIEDRICH AUGUST VON, Die Anmaßung von Wissen, in: ORDO Jahrbuch für die Ordnung von Wirtschaft und Gesellschaft, Band 26, Stuttgart 1975, S. 12 - 21. Wiederabgedruckt in: F. A. VON HAYEK (1996), S. 3 - 15. (1975)

HAYEK, FRIEDRICH AUGUST VON, Die Verfassung der Freiheit, 2. Aufl., Tübingen 1983.

HAYEK, FRIEDRICH AUGUST VON, Die überschätzte Vernunft, in: *R. J. Riedl* und *F. Kreuzer* (Hrsg.), Evolution und Menschenbild, Hamburg 1983, S. 164 - 192 (1983b). Wiederabgedruckt in: F. A. VON HAYEK (1996), S. 76 - 101.

HAYEK, FRIEDRICH AUGUST VON, Der Strom der Güter und Leistungen, Walter Eucken Institut, Vorträge und Aufsätze 101, Tübingen 1984. Wiederabgedruckt in: F. A. VON HAYEK (1996), S. 130 - 147.

HAYEK, FRIEDRICH AUGUST VON, Die Anmaßung von Wissen · Neue Freiburger Studien, herausgegeben von *Wolfgang Kerber*, Tübingen 1996.

HAYEK, FRIEDRICH AUGUST VON, Die verhängnisvolle Anmaßung: Die Irrtümer des Sozialismus, übersetzt von *Monika Streissler*, Tübingen 1996 (1996b).

HAYEK, FRIEDRICH AUGUST VON, Recht, Gesetz und Freiheit. Übersetzt von *Monika Streissler*, Tübingen 2003.

HELMSTÄDTER, ERNST, Wirtschaftstheorie I, Mikroökonomische Theorie, 4. Aufl., München 1991.

HELMSTÄDTER, ERNST, Wirtschaftstheorie II, Makroökonomische Theorie, 3. Aufl., München 1986.

HELMSTÄDTER, ERNST, Dynamischer Wettbewerb, Wachstum und Beschäftigung, in: *Bombach, G., Gahlen, B.* und *Ott, A. E.* (Hrsg.), Technologischer Wandel - Analyse und Fakten, Schriftenreihe des wirtschaftswissenschaftlichen Seminars Ottobeuren, Bd. 15, Tübingen 1986, S. 67 - 82 (1986b).

HELMSTÄDTER, ERNST, Perspektiven der Sozialen Marktwirtschaft · Ordnung und Dynamik des Wettbewerbs, Münster 1996.

HERDER-DORNEICH, PHILIPP und GROSER, MANFRED, Ökonomische Theorie des politischen Wettbewerbs, Göttingen 1977.

HERDZINA, KLAUS, Wirtschaftliches Wachstum, Strukturwandel und Wettbewerb, Berlin 1981.

HERDZINA, KLAUS, Wettbewerbspolitik, 5. Aufl., Stuttgart 1999.

HESSE, GÜNTER, Von der Geschichtsphilosophie zur evolutorischen Ökonomik, Jenaer Vorträge, Bd. 6, herausgeg. vom Dekan der Wirtschaftswissenschaftlichen Fakultät, Baden-Baden 1996.

HESSE, GÜNTER, Geschichtswissenschaft und evolutorische Ökonomik: Einige Überlegungen zu ihrer Komplementarität, in: *Olaf Mörke* und *Michael North* (Hg.), Die Entstehung des modernen Europa 1600 – 1900, Köln u.a.O. 1998, S. 93 – 120.

HESSE, HELMUT, Aktuelle volkswirtschaftliche und geldpolitische Probleme, Vortrag anläßlich des 2. Quedlinburger Wirtschaftsforums, am 7. Juni 1995, in: *Deutsche Bundesbank*, Auszüge aus Presseartikeln, Nr. 45 vom 21. Juni 1995, S. 4 - 10.

HEUSS, ERNST, Allgemeine Markttheorie, Tübingen · Zürich 1965.

HEUSS, ERNST, Grundelemente der Wirtschaftstheorie. Eine Einführung in das wirtschaftstheoretische Denken, 2. Aufl., Göttingen 1981.

HICKS, JOHN R., Value and Capital · An Inquiry into some fundamental Principles of Economic Theory, Second Edition, Oxford 1946.

HILLEBRAND, KONRAD A., Elementare Mikroökonomik, München · Wien 1992, 2. Aufl. 1998.

HILLEBRAND, KONRAD A., Elementare Makroökonomik, München · Wien 1996, 2. Aufl. 1998.

HIRSCHMAN, ALBERT O., Abwanderung und Widerspruch · Reaktionen auf Leistungsabfall bei Unternehmungen, Organisationen und Staaten, übersetzt von *Leonhard Walentik*, Tübingen 1974.

HOMANN, KARL und BLOME-DREES, FRANZ, Wirtschafts- und Unternehmensethik, Göttingen 1992.

HOMANN, KARL und SUCHANEK, ANDREAS, Ökonomik – Eine Einführung, Tübingen 2000.

HÜBL, LOTHAR, Wirtschaftskreislauf und Gesamtwirtschaftliches Rechnungswesen, in: *Dieter Bender* u. a., Vahlens Kompendium der Wirtschaftstheorie und Wirtschaftspolitik, Band 1, 6. Aufl., München 1995, S. 49 - 85.

ISSING, OTMAR, Währungspolitik, Internationale, Artikel im Handwörterbuch der Wirtschaftswissenschaft (HdWW), herausgeg. von Willi Albers u. a., Achter Band, Stuttgart u. a. 1980, S. 522 - 542.

ISSING, OTMAR, Speech „The Euro - four weeks after the start", in: Deutsche Bundesbank, Auszüge aus Presseartikeln, Nr. 9, 11. Febr. 1999, S. 8 - 13.

JOCHIMSEN, REIMUT, Interview: „Die Politik hat ihre Bringschuld für den Euro nicht erfüllt" · Fragen an Reimut Jochimsen, Präsident der Landeszentralbank in Nordrhein-Westfalen, Frankfurter Allgemeine Zeitung vom Do., 15. April 1999, S. 19.

JONES, ERIC LIONEL, Das Wunder Europa · Umwelt, Wirtschaft und Geopolitik in der Geschichte Europas und Asiens, übersetzt von *Monika Streissler*, Tübingen 1991.

KAUFER, ERICH, Industrieökonomik, München 1980.

KÄSTLI, RENÉ, Die Forderung nach Realitätsnähe der Annahmen: ein logischer Widerspruch, in: Zeitschrift für die gesamte Staatswissenschaft, Bd. 134 (1978), S. 126 - 132.

KEYNES, JOHN MAYNARD, Allgemeine Theorie der Beschäftigung, des Zinses und des Geldes. Ins Deutsche übersetzt von *F. Waeger*, 6. Aufl., Berlin 1983.

KING, ROBERT G., Will the New Keynesian Macroeconomics Resurrect the IS-LM Model? In: Journal of Economic Perspectives, Vol. 7 (1993), S. 67 - 82.

KIRCHGÄSSNER, GEBHARD, Wirtschaftspolitik und Politiksystem: Zur Kritik der traditionellen Ordnungstheorie aus der Sicht der Neuen Politischen Ökonomie, in: *Dieter Cassel, Bernd-Thomas Ramb* und *H. Jörg Thieme* (Hrsg.), Ordnungspolitik, München 1988, S. 53 - 75.

KIRZNER, ISRAEL M., Wettbewerb und Unternehmertum. Aus dem Englischen übertragen von *Erich Hoppmann*, Tübingen 1978.

KIRZNER, ISRAEL M., Discovery and the Capitalist Process, Chicago London 1985.

KLEIN, BURTON H., Dynamik Economics, London 1977.

KÖSTERS, WIM, Neue Wachstumstheorie und neue Außenhandelstheorie - Frische Argumente für eine staatliche Industriepolitik? In: WiSt Wirtschaftswissenschaftliches Studium, 23. Jg. (1994), S. 117 - 122.

KRELLE WILHELM, Keynes und Schumpeter: Unterschiedliche Ansätze, in: *Bös, D.* und *Stolper, H.-D.* (Hrsg.), Schumpeter oder Keynes? Zur Wirtschaftspolitik der neunziger Jahre, Berlin u. a. 1984, S. 67 - 78.

KRELLE WILHELM, unter Mitarbeit von COENEN, DIETER, Theorie des wirtschaftlichen Wachstums, Berlin Heidelberg 1985, 2. Aufl., Berlin Heidelberg 1988.

KROMPHARDT, JÜRGEN, Wirtschaftswissenschaft II: Methoden und Theoriebildung in der Volkswirtschaftslehre, Artikel im Handwörterbuch der Wirtschaftswissenschaft, 9. Bd., Stuttgart u. a. (1982), S. 904 - 936.

KRUGMAN, PAUL, Pop Internationalism, Cambridge (Mass.) · London 1996.

KRUGMAN, PAUL und OBSTFELD, MAURICE, Internationale Wirtschaft - Theorie und Politik der Außenwirtschaft, 6. Aufl., München 2004.

LAUNHARDT, WILHELM, Mathematische Begründung der Volkswirtschaftslehre, Leipzig 1885. (Ein Neudruck der Ausgabe Leipzig 1885 mit Vorwort von *Erich Schneider* ist erschienen Aalen 1963.)

LEIJONHUFVUD, AXEL, Three Items for the Macroeconomic Agenda, in: KYKLOS, Vol. 51 (1998), S. 197 - 218.

LESCHKE, MARTIN, Ökonomische Verfassungstheorie und Demokratie, Berlin 1993.

LIPSET, SEYMOUR MARTIN, Some Social Requisites of Democracy: Economic Development and Political Legitimacy, in: American Political Science Review, Vol. 53 (1959), S. 69 – 105.

LIPSET, SEYMOUR MARTIN, Soziologie der Demokratie, Neuwied 1962.

LUCAS JR., ROBERT E., Econometric Policy Evaluation: A Critique, in: K. Brunner and A. Meltzer (eds.), The Phillips Curve and Labour Markets, Amsterdam 1976, S. 19 - 46.

LUCAS JR., ROBERT E., Methods and Problems in Business Cycle Theory, in: Journal of Money, Credit, and Banking, Vol. 12 (1980), S. 696 - 715.

LUCAS JR., ROBERT E., On the Mechanics of Economic Development, in: Journal of Monetary Economics, Vol. 22 (1988), S. 3 - 42.

LUCAS JR., ROBERT E., Theorie der Konjunkturzyklen, Übersetzung: *Gerti von Rabenau*, Regensburg 1989.

MAIER, HARRY, Wellen des Fortschritts - Nikolai Kondratjew erforschte die langen Zyklen der Konjunktur. Er wurde ein Opfer des Stalinismus. In: DIE ZEIT Nr. 12 vom 19. März 1993, S. 37.

MANKIW, N. GREGORY, Recent Developments in Macroeconomics: A Very Quick Refresher Course, in: Journal of Money, Credit, and Banking, Vol. 20 (1988), S. 436 - 449.

MANKIW, N. GREGORY, Real Business Cycles: A New Keynesian Perspective, in: Journal of Economic Perspectives, Vol. 3 (1989), S. 79 - 90.

MANKIW, N. GREGORY, A Quick Refresher Course in Macroeconomics, in: Journal of Economic Literature, Vol. XXVIII (1990), S. 1645 - 1660.

MANKIW, N. GREGORY, Makroökonomik, Aus dem Amerikanischen von *Klaus Dieter John*, 3. Aufl., Stuttgart 1998.

MANKIW, N. GREGORY, Grundzüge der Volkswirtschaftslehre. Aus dem amerikanischen Englisch übertragen von *Adolf Wagner*, Stuttgart 1999.

MANKIW, N. GREGORY, Macroeconomics, Fourth Edition, New York, NY, 2000.

MCCLELLAND, D. C., The Achieving Society; deutsch: Die Leistungsgesellschaft. Psychologische Analysen der Voraussetzungen wirtschaftlicher Entwicklung. Stuttgart - Mainz 1966.

MEHLMANN, ALEXANDER, Wer gewinnt das Spiel? Spieltheorie in Fabeln und Paradoxa, Wiesbaden 1997.

METZE, INGOLF, Negative Einkommensteuer, Artikel im Handwörterbuch der Wirtschaftswissenschaft (HdWW), Herausgeg. von *Willi Albers* u. a., Neunter Band, Stuttgart u. a. 1982, S. 788 - 799.

MEYER, ERIC CHRISTIAN, MÜLLER-SIEBERS, KARL-WILHELM, STRÖBELE, WOLFGANG, Wachstumstheorie, 2. Aufl., München Wien 1998.

MUSGRAVE, RICHARD A., MUSGRAVE, PEGGY B. und KULLMER, LORE, Die öffentlichen Finanzen in Theorie und Praxis, Bd. 1, 6. Aufl., Tübingen 1994.

MUTH, JOHN F., Rational expectations and the theory of price movements, in: Econometrica, Vol. 29 (1961), S. 315 - 335.

NEFIODOW, LEO A., Der fünfte Kondratieff: Strategien zum Strukturwandel in Wirtschaft und Gesellschaft, 2. Aufl., Frankfurt am Main u. a. 1991.

NELSON, RICHARD R. and WINTER, SIDNEY G., An Evolutionary Theory of Economic Change, Cambridge (Mass.) · London 1982.

NELSON, RICHARD R., Recent Evolutionary Theorizing about Economic Change, in: Journal of Economic Literature, Vol. XXXIII (1995), S. 48 - 90.

NEUMANN, MANFRED, Innovationen, Wachstum und Freizeit, in: KYKLOS, Vol. 29 (1976), S. 639 - 659.

NEUMANN, MANFRED, Theoretische Volkswirtschaftslehre III, Wachstum, Wettbewerb und Verteilung, München 1982, S. 60 ff.

NIEHANS, JÜRG, Geschichte der Außenwirtschaftstheorie im Überblick, Tübingen 1995.

NORTH, DOUGLASS C., Theorie des institutionellen Wandels. Übersetzt aus dem Amerikanischen von *Monika Streissler*, Tübingen 1988.

NORTH, DOUGLASS C., Institutionen, institutioneller Wandel und Wirtschaftsleistung. Übersetzt aus dem Amerikanischen von *Monika Streissler*, Tübingen 1992.

NOVAK, MICHAEL, Die katholische Ethik und der Geist des Kapitalismus, Dt. Bearb. und Übers. *Johannes Stemmler*, 2. Aufl., Trier 1998.

OBERENDER, PETER und DAUMANN, FRANK, Industriepolitik, München 1995.

OHR, RENATE, Auf den Weltmärkten zum Wohlstand - Die Standortgunst eines Landes ist nur begrenzt an Leistungsbilanzsalden und Direktinvestitionsströmen abzulesen / Auf die Innovationskraft kommt es an. Artikel in: Frankfurter Allgemeine Zeitung, Samstag, 10. April 1999, S. 15.

OLSON, MANCUR, Aufstieg und Niedergang von Nationen. Ökonomisches Wachstum, Stagflation und soziale Starrheit. Übersetzt von *Gerd Fleischmann*, 2. Aufl., Tübingen 1991 (1991a).

OLSON, MANCUR, Umfassende Ökonomie, Tübingen 1991 (1991b).

OPPENLÄNDER, KARL HEINRICH (Hrsg.), Patentwesen, technischer Fortschritt und Wettbewerb, Berlin München 1984.

OPPENLÄNDER, KARL HEINRICH, Wachstumstheorie und Wachstumspolitik, München 1988.

PÄTZOLD, JÜRGEN, Stabilisierungspolitik, 5. Aufl., Bern u. a. 1993.

PARKIN, MICHAEL, Macroeconomics, Englewood Cliffs (N. J.) 1984.

PARKIN, MICHAEL, Economics, 6th ed., Boston u. a. 2003.

PERRY, GEORGE L., Reflections on Macroeconomics, in: American Economic Review, Papers and Proceedings, Vol. 74 (1984), S. 401 - 407.

PIEPER, JOSEF, Mißbrauch der Sprache - Mißbrauch der Macht, Stuttgart o. J.,S. 5 - 32. (1974^e).

PLOSSER, CHARLES I., Understanding Real Business Cycles, in: Journal of Economic Perspectives, Vol. 3 (1989), S. 51 - 77.

POLANYI, MICHAEL, Implizites Wissen, übersetzt von *Horst Brühmann*, Frankfurt am Main 1985.

POLICANO, ANDREW, J., The Current State of Macroeconomics - A View from the Textbooks, in: Journal of Monetary Economics, Vol. 15 (1985), S. 389 - 397.

POPPER, KARL. R., Ausgangspunkte - Meine intellektuelle Entwicklung, Hamburg 1979.

POPPER, KARL. R., Die offene Gesellschaft und ihre Feinde, Übers. von *Paul K. Feyerabend*, Anh. übers. Von *Klaus Pähler*, Band I: Der Zauber Platons, 7. Auflage, Tübingen 1992.

RADNITZKY, GÈRARD, Die ungeplante Gesellschaft, Friedrich von Hayeks Theorie der Evolution spontaner Ordnungen und selbstorganisierender Systeme, in: Hamburger Jahrbuch für Wirtschafts- und Gesellschaftspolitik 29 (1984), S. 9 - 33.

RAHMEYER, FRITZ, Technischer Wandel und sektorales Produktivitätswachstum - Ein evolutionsökonomischer Erklärungsansatz, in: Jahrbücher für Nationalökonomie und Statistik, Bd. 211 (1993), S. 259 - 285.

RAMSER, HANS JÜRGEN, Wachstumstheorie, in: Norbert Berthold (Hrsg.), Allgemeine Wirtschaftstheorie - Neuere Entwicklungen, München 1995, S. 235 - 250.

RECKFORT, JÜRGEN, Dynamischer Wettbewerb und Gewinngefälle. Eine empirische Untersuchung zur langfristigen Entwicklung der Gewinnverteilung im deutschen Verarbeitenden Gewerbe, Bergisch Gladbach · Köln 1996.

RECKTENWALD, HORST CLAUS, Die Klassik der ökonomischen Wissenschaft: Portraits und Zeittafel mit Genealogie, in: *Horst Claus Reck-*

tenwald, Die Nobelpreisträger der ökonomischen Wissenschaft 1969 - 1988 · Kritisches zum Werden neuer Traditionen · Selbstportrait - Lesung - Auswahl - Kritik. Unter Mitwirkung von *Assar Lindbeck* und *Geoffrey Harcourt*, Düsseldorf 1989, S. 1013 - 1049.

RICARDO, DAVID, Grundsätze der politischen Ökonomie und der Besteuerung (1817ᵉ) * Der hohe Preis der Edelmetalle, ein Beweis für die Entwertung der Banknoten (1809ᵉ). Nach der Übersetzung von *Heinrich Waentig* bearbeitet von *Fritz Neumark*. Herausgegeben und mit einer Einführung versehen von *Fritz Neumark*, Frankfurt a. M. 1972.

RICHTER, RUDOLF, SCHLIEPER, ULRICH UND FRIEDMANN, WILLY, Makroökonomik · Eine Einführung. Mit einem Beitrag von J. EBEL⁺, 4.Aufl., Berlin u. a. 1981.

RICHTER, RUDOLF und FURUBOTN, EIRIK, Neue Institutionenökonomik · Eine Einführung und kritische Würdigung, übersetzt von *Monika Streissler*, Tübingen 1996.

RIECK, CHRISTIAN, Spieltheorie: Einführung für Wirtschafts- und Sozialwissenschaftler, Wiesbaden 1993.

RÖPKE, JOCHEN, Die Strategie der Innovation - Eine systemtheoretische Untersuchung der Interaktion von Individuum, Organisation und Markt im Neuerungsprozeß -, Tübingen 1977.

ROMER, PAUL M., Increasing Returns and Long-Run Growth, in: Journal of Political Economy, Vol. 94 (1986), S. 1002 - 1037 (1986b).

ROMER, PAUL M., Crazy Explanations for the Productivity Slowdown, in: NBER macroeconomics annual, National Bureau of Economic Research 1986, S. 163 - 201 (1986a).

ROMER, PAUL M., Endogenous Technological Change, in: Journal of Political Economy, Vol. 98 (1990), S. S71 - S102.

ROMER, PAUL M., The Origins of Endogenous Growth, in: Journal of Economic Perspectives, Vol. 8 (1994), S. 3 - 22.

ROSE, KLAUS, Grundlagen der Wachstumstheorie, 3. Aufl., Göttingen 1977, 7. Aufl. 1995.

ROSE, KLAUS und SAUERNHEIMER, KARLHANS, Theorie der Außenwirtschaft, 12. Aufl., München 1995.

RÜSTOW, HANNS-JOACHIM, Die gesamtwirtschaftliche Bedeutung des Unternehmergewinns. Eine Differentialgewinntheorie, in. *Greiß, F., Herder-Dorneich, Ph.* und *Weber, W.* (Hrsg.), Der Mensch im sozioökonomischen Prozeß, Festschrift für *Wilfried Schreiber*, Berlin 1969, S. 165 - 186.

RÜSTOW, HANNS-JOACHIM, Investitionsquote, Wachstum und Gleichgewicht - Gutachten, erstellt im Auftrage des Bundeswirtschaftsministeriums, Berlin 1970.

RUSSEL, BERTRAND, Philosophie des Abendlandes · Ihr Zusammenwirken mit der politischen und der sozialen Entwicklung, 6. Aufl., Wien · Zürich 1992.

SACHVERSTÄNDIGENRAT ZUR BEGUTACHTUNG DER GESAMTWIRTSCHAFTLICHEN ENTWICKLUNG, Auf dem Weg zu mehr Beschäftigung, Jahresgutachten 1985/86, Stuttgart Mainz 1985.

SACHVERSTÄNDIGENRAT ZUR BEGUTACHTUNG DER GESAMTWIRTSCHAFTLICHEN ENTWICKLUNG, Jahresgutachten 1989/90, Bundestagsdrucksache: Deutscher Bundestag, 11. Wahlperiode, Drucksache 11/5786 vom 23.11.89 (1989).

SACHVERSTÄNDIGENRAT ZUR BEGUTACHTUNG DER GESAMTWIRTSCHAFTLICHEN ENTWICKLUNG, Jahresgutachten 1993/94, Bundestagsdrucksache: Deutscher Bundestag, 12. Wahlperiode, Drucksache 12/6170 vom 15.11.93 (1993).

SACHVERSTÄNDIGENRAT ZUR BEGUTACHTUNG DER GESAMTWIRTSCHAFTLICHEN ENTWICKLUNG, Den Aufschwung sichern - Arbeitsplätze schaffen, Jahresgutachten 1994/95, Stuttgart u. a. 1994 oder als Bundestagsdrucksache: Deutscher Bundestag, 13. Wahlperiode, Drucksache 13/26 vom 21.11.94 (1994).

SACHVERSTÄNDIGENRAT ZUR BEGUTACHTUNG DER GESAMTWIRTSCHAFTLICHEN ENTWICKLUNG, Jahresgutachten 1995/96, Bundestagsdrucksache: Deutscher Bundestag, 13. Wahlperiode, Drucksache 13/3016 vom 15.11.95 (1995).

SACHVERSTÄNDIGENRAT ZUR BEGUTACHTUNG DER GESAMTWIRTSCHAFT-LICHEN ENTWICKLUNG, Jahresgutachten 1997/98, Bundestagsdrucksache: Deutscher Bundestag, 13. Wahlperiode, Drucksache 13/9090 vom 18.11.97 (1997).

SACHVERSTÄNDIGENRAT ZUR BEGUTACHTUNG DER GESAMTWIRTSCHAFT-LICHEN ENTWICKLUNG, Jahresgutachten 1998/99, Bundestagsdrucksache: Deutscher Bundestag, 14. Wahlperiode, Drucksache 14/73 vom 20.11.98 (1998).

SACHVERSTÄNDIGENRAT ZUR BEGUTACHTUNG DER GESAMTWIRTSCHAFT-LICHEN ENTWICKLUNG, Jahresgutachten 2000/2001, Bundestagsdrucksache: Deutscher Bundestag, 14. Wahlperiode, Drucksache 14/4792 vom 29.11.2000 (2000).

SACHVERSTÄNDIGENRAT ZUR BEGUTACHTUNG DER GESAMTWIRTSCHAFT-LICHEN ENTWICKLUNG, Zwanzig Punkte für Beschäftigung und Wachstum, Jahresgutachten 2002/2003, Stuttgart 2002.

SACHVERSTÄNDIGENRAT ZUR BEGUTACHTUNG DER GESAMTWIRTSCHAFT-LICHEN ENTWICKLUNG, Staatsfinanzen konsolidieren - Steuersystem reformieren, Jahresgutachten 2003/2004, Wiesbaden 2003.

SALTER, W. E. G., Productivity and Technical Change, Cambridge 1960.

SAMUELSON, PAUL A., Volkswirtschaftslehre, Eine Einführung unter Mitarbeit bei der statistischen Aufbereitung von WILLIAM SAMUELSON, 7. Auflage, Band 1, Aus dem Amerikanischen übertragen von *Ulrich Schlieper*, *Klaus Lidy* und *Gottfried Frenzel*, Köln 1981.

SAMUELSON, PAUL A. und NORDHAUS, WILLIAM D., unter Mitarbeit von MANDEL, MICHAEL J., Volkswirtschaftslehre. Übersetzung der 15. Auflage. Aus dem Amerikanischen von *Regina* und *Helmut Berger*. Mit einem Vorwort von *Carl Christian von Weizsäcker*, Wien 1998.

SCHUMANN, JOCHEN, Input-Output-Analyse, Berlin · Heidelberg · New York 1968.

SCHUMANN, JOCHEN, Grundzüge der mikroökonomischen Theorie, 6. Aufl., Berlin u. a. 1992.

SCHUMPETER, JOSEPH A., Theorie der wirtschaftlichen Entwicklung, 5. Aufl., Berlin 1952, 9. Aufl. 1997 (1912⁶).

SCHUMPETER, JOSEPH A., Kapitalismus, Sozialismus und Demokratie, 7. Aufl., Mit einer Einführung von *Eberhard K. Seifert*, Tübingen und Basel 1993 (1950^e).

SCHUMPETER, JOSEPH A., Das Wesen und der Hauptinhalt der theoretischen Nationalökonomie, 3. Aufl., Berlin 1998 (1908^e).

SCHWARZE, JOCHEN, Mathematik für Wirtschaftswissenschaftler. Elementare Grundlagen für Studienanfänger mit zahlreichen Kontrolltests, Übungsaufgaben und Lösungen, 5. Aufl., Herne 1993.

SCHWARZE, JOCHEN, Mathematik für Wirtschaftswissenschaftler. Band II: Differential- und Integralrechnung, 10. Aufl., Herne 1996.

SIEBERT, HORST, Geht den Deutschen die Arbeit aus? Neue Wege zu mehr Beschäftigung, München 1994.

SIEBERT, HORST, Aussenwirtschaft, 7. Aufl., Stuttgart 2000.

SIEBERT, HORST, Einführung in die Volkswirtschaftslehre, 13. Aufl., Stuttgart u. a. 2000 (2000a).

SIEGEL, JEREMY J., Robert Barro, Macroeconomics, Book Review in: Journal of Monetary Economics, Vol. 14 (1984), S. 395 f.

SINN, HANS-WERNER, Interview: „Früher gab es einmal Keynesianer, die sind heute ausgestorben" · Fragen an Professor Hans-Werner Sinn, designierter Präsident des Ifo-Instituts für Wirtschaftsforschung, Frankfurter Allgemeine Zeitung vom Mi., 23. Dezember 1998, S. 15.

SINN, HANS-WERNER, Die rote Laterne – Die Gründe für Deutschlands Wachstumsschwäche und die notwendigen Reformen, ifo Schnelldienst – Sonderausgabe –, 55. Jg., Heft 23/2002.

SINN, HANS-WERNER, HOLZNER, CHRISTIAN, MEISTER, WOLFGANG, OCHEL WOLFGANG und WERDING, MARTIN, Aktivierende Sozialhilfe – Ein Weg zu mehr Beschäftigung und Wachstum, ifo Schnelldienst – Sonderausgabe –, 55. Jg., Heft 9/2002.

SOLOW, ROBERT M., Technical Progress and the Aggregate Production Function, in: Nathan Rosenberg (Ed.), The economics of technological change, Harmondsworth u. a. 1971, S. 344 - 362.

SOLOW, ROBERT M., Is There a Core of Usable Macoreconomics We Should All Believe In?, in: The American Economic Review - Papers and Proceedings, Vol. 87 (1997), S. 230 - 232

STATISTISCHES BUNDESAMT, Revision der Volkswirtschaftlichen Gesamtrechnung 1999 – Anlass, Konzeptänderung und neue Begriffe, in: Wirtschaft und Statistik, Heft 4/1999, S. 257 – 281.

STATISTISCHES BUNDESAMT, Revision der Volkswirtschaftlichen Gesamtrechnung 1991 – 1998, in: Wirtschaft und Statistik, Heft 6/1999, S. 449 – 478.

STREIT, MANFRED, Theorie der Wirtschaftspolitik, Düsseldorf 1979, 4. Aufl., Düsseldorf 1991, 5. Aufl., Düsseldorf 2000.

STÜTZEL, WOLFGANG, Konjunkturtheorie, Artikel in: Enzyklopädisches Lexikon für das Geld-, Bank- und Börsenwesen, 3. Aufl., herausgeg. von *Bernhard Benning* u. a., Band II, Frankfurt am Main 1967/68, S. 1005 - 1016.

STÜTZEL, WOLFGANG, Volkwirtschaftliche Saldenmechanik, 2. Aufl., Tübingen 1978.

TAYLOR, JOHN B., A Core of Practical Macroeconomics, in: The American Economic Review, Papers and Proceedings, Vol. 87 (1997), S. 233 - 235.

THIEME, H. JÖRG, Soziale Marktwirtschaft, Ordnungskonzeption und wirtschaftspolitische Gestaltung, 2. Aufl., München 1994.

THIEME, H. JÖRG, Geldtheorie, in: *Norbert Berthold* (Hrsg.), Allgemeine Wirtschaftstheorie · Neuere Entwicklungen, München 1995, S. 163 - 186.

TICHY, GUNTHER J., Konjunkturpolitik, 4. Aufl., Berlin u. a. 1999.

TIETZEL, MANFRED, "Annahmen" in der Wirtschaftstheorie, in: Zeitschrift für Wirtschafts- und Sozialwissenschaften, 101. Jg. (1981), S. 237 - 265.

TIETZEL, MANFRED, Erkenntnisfortschritt und Konjunkturtheorie, in: IFO-Studien, 29. Jg. (1983), Heft 1, S. 11 - 30.

TIETZEL, MANFRED, Wirtschaftstheorie und Unwissen. Überlegungen zur Wirtschaftstheorie jenseits von Risiko und Unsicherheit, Tübingen 1985.

TIETZEL, MANFRED, Ethische und theoretische Probleme interventionistischer Wirtschaftspolitik, in: *Dieter Cassel, Bernd-Thomas Ramb* und *H. Jörg Thieme* (Hrsg.), Ordnungspolitik, München 1988, S. 77 - 105.

TOBIN, JAMES, The Interest-Elasticity of Transactions Demand for Cash, in: The Review of Economics and Statistics, Vol. 38 (1956), S. 241 - 247.

TOBIN, JAMES, Liquidity Preference as Behavior Towards Risk, in: The Review of Economic Studies, Vol. XXV (1957/58), S. 65 - 86.

TUCHTFELDT, EGON, Wirtschaftssysteme, Artikel im Handwörterbuch der Wirtschaftswissenschaft (HdWW), Band 9, Stuttgart u. a. 1982, S. 326 - 353.

URSPRUNG, HEINRICH W., Schumpeterian Entrepreneurs and Catastrophe Theory or A New Chapter to the Foundations of Economic Analysis, in: *Bös, D., Bergson, A.* and *Meyer, J. R.* (Eds.), Entrepreneurship, Zeitschrift für Nationalökonomie, Supplementum 4, Wien New York 1984, S. 39 - 69.

VOSGERAU, HANS-JÜRGEN, Konjunkturtheorie, Artikel im Handwörterbuch der Wirtschaftswissenschaft (HdWW), Band 4, Stuttgart u. a. 1978, S. 478 - 507.

WAGNER, ADOLF, Lange Wellen der Konjunktur? Bemerkungen zur wirtschaftstheoretischen und wirtschaftspolitischen Bedeutung langfristiger Wachstumszyklen, in: *Hans-Georg Wehling* (Hrsg.), Konjunkturpolitik, Opladen 1976, S. 66 - 73.

WAGNER, ADOLF, Makroökonomik · Volkswirtschaftliche Strukturen II, Stuttgart · New York 1990, 2. Aufl. 1998.

WAGNER, ADOLF, Volkswirtschaft für jedermann · Die marktwirtschaftliche Demokratie, Beck-Wirtschaftsberater im dtv, 2. Aufl., München 1994.

WALTER, HELMUT, Wachstums- und Entwicklungstheorie, Stuttgart · New York 1983.

WEBER, MAX, Die protestantische Ethik und der Geist des Kapitalismus, in: Archiv für Sozialwissenschaft und Sozialpolitik, Bd. 20 u. 21 (1904 und 1905). Wiederabgedruckt in: MAX WEBER, Schriften zur Soziologie. Herausgegeben und eingeleitet von *Michael Sukale*, Stuttgart 1995, S. 333 ff.

WEEDE, ERICH, Mensch und Gesellschaft, Tübingen 1992.

WEIZSÄCKER, CARL CHRISTIAN VON, Logik der Globalisierung, Göttingen 1999.

WESTPHAL, UWE, Theoretische und empirische Untersuchungen zur Geldnachfrage und zum Geldangebot, Kieler Studien, Herausgegeben von *Herbert Giersch*, Bd. 110, Tübingen 1970.

WESTPHAL, UWE, Makroökonomik - Theorie, Empirie und Politikanalyse, 2. Aufl., Berlin u. a. 1994.

WHALEN, EDWARD L., A Rationalization of the Precautionary Demand für Cash, in: The Quarterly Journal of Economics, Vol. 80 (1966), S. 314 ff.

WILLIAMSON, OLIVER E., Die ökonomischen Institutionen des Kapitalismus, aus dem Amerikanischen von *Monika Streissler*, Tübingen 1990.

WISSENSCHAFTLICHER BEIRAT BEIM BUNDESMINISTERIUM DER FINANZEN, Gutachten „Zur Bedeutung der Maastricht-Kriterien für die Verschuldungsgrenzen von Bund und Ländern.", Schriftenreihe des Bundesministeriums der Finanzen Heft 54, Bonn 1994.

WISSENSCHAFTLICHER BEIRAT BEIM BUNDESMINISTERIUM FÜR WIRTSCHAFT, „Wirtschaftspolitik bei defizitärer Leistungsbilanz", Gutachten des Wissenschaftlichen Beirats beim Bundesministerium für Wirtschaft vom 23. Februar 1981, Der Bundesminister für Wirtschaft (Hrsg.), Studienreihe 31.

WISSENSCHAFTLICHER BEIRAT BEIM BUNDESMINISTERIUM FÜR WIRTSCHAFT, „Konjunkturpolitik - neu betrachtet", Gutachten des Wissenschaftlichen Beirats beim Bundesministerium für Wirtschaft vom 18. Februar 1983, Der Bundesminister für Wirtschaft (Hrsg.), Studienreihe 38.

WISSENSCHAFTLICHER BEIRAT BEIM BUNDESMINISTERIUM FÜR WIRT-
SCHAFT, „Strukturwandel für Wachstum und mehr Beschäftigung",
Gutachten des Wissenschaftlichen Beirats beim Bundesministerium für
Wirtschaft vom 14. Januar 1985. Der Bundesminister für Wirtschaft
(Hrsg.), Studienreihe 45.

WISSENSCHAFTLICHER BEIRAT BEIM BUNDESMINISTERIUM FÜR WIRT-
SCHAFT, „Langzeitarbeitslosigkeit", Gutachten des Wissenschaftlichen
Beirats beim Bundesministerium für Wirtschaft vom 31. Januar 1996.
Vervielfältigt vom Bundesministerium für Wirtschaft, Bonn 1996.

WITT, ULRICH, Individualistische Grundlagen der evolutorischen Ökonomik, Tübingen 1987.

WÖHE, GÜNTER, Einführung in die Allgemeine Betriebswirtschaftslehre,
18. Aufl., München 1993, 19. Aufl., München 1996.

WOLL, ARTUR, Allgemeine Volkswirtschaftslehre, 11. Aufl., München
1993, 12. Aufl., München 1996, 14. Aufl., München 2003.

WOLL, ARTUR, Wirtschaftspolitik, 2. Aufl., München 1992.

ZIMMERMANN, HORST, Wohlfahrtsstaat zwischen Wachstum und Verteilung. Zu einem grundlegenden Konflikt in Hocheinkommensländern,
München 1996.

Stichwortverzeichnis:

www.ingramcontent.com/pod-product-compliance
Lightning Source LLC
Chambersburg PA
CBHW062014210326
41458CB00075B/5433